고대 동아시아의 민족과 국가

KODAI HIGASHI ASIA NO MINZOKU TO KOKKA
by Sungsi Lee
ⓒ 2014 by Sungsi Lee

Originally published in 2014 by Iwanami Shoten, Publishers, Tokyo.
This Korean edition published 2022 by Saim Publishing Co., Ltd, Seoul
by arrangement with Iwanami Shoten, Publishers, Tokyo

고대 동아시아의 민족과 국가

2022년 4월 15일 초판 1쇄 펴냄

지은이 이성시
옮긴이 이병호, 김은진
펴낸이 신길순
펴낸곳 (주)도서출판 삼인

전화 (02) 332-1845
팩스 (02) 332-1846
E-mail saminbooks@naver.com
등록 1996년 9월 16일 제25100-2012-000046호
주소 03716 서울시 서대문구 성산로312 북산빌딩 1층

편집 윤진희
디자인 어라운드 니어 비사이드
인쇄 수이북스
제책 은정제책

ISBN 978-89-6436-216-7 93910

값 37,000원

고대 동아시아의 민족과 국가

이성시 지음

이병호 · 김은진 옮김

삼인

　이 책『고대 동아시아의 민족과 국가』는 필자가 24년 전(1998년 3월) 일본에서 간행한 한국 고대사에 관한 논문집이다. 그해 4월 이 책을 박사학위 청구논문으로 와세다대학에 제출하여 11월에 학위를 취득할 수 있었고, 나에게는 최초의 논문집이자 대표 저서라고 할 수 있는 저작이다.

　이 책과 한국학계와의 인연에 대해 언급하자면, 1998년 안식년으로 서울대학교 한국문화연구소 특별연구원으로 있을 무렵, 송기호宋基豪 교수 주최로 그해 12월 서울대학교 대학원 국사학과 관계자들이 이 책으로 합동토론회를 개최한 경험을 들지 않을 수 없다. 그날 합동토론회에는 서울대학교의 20~30대 신진 연구자가 스무 명 가까이 모였는데, 남동신·전덕재·윤선태·여호규 씨를 중심으로 전공 분야에 따라 이 책 전체를 분담해서 자세하고 철저하게 비판 검토하는 모임이었다. 이 책의 역자인 이병호 교수는 당시 가장 젊은 대학원생으로 참석했다. 합동토론회의 논의 내용은 송기호 교수가 서평으로 정리하여 「한·일 간의 거리 좁히기: 거울 저편의 초상을 보며」(『한국사론』41·42호 합본, 1999년)에 게재되었다.

　그 후의 연구생활을 돌이켜보면, 이 책은 나를 한국학계와 밀접하게 연결시켜준 논문집이라 할 수 있다. 실제로 그날 참가자들은 모두 한국 고대사

학계의 최전방에서 활약하고 있으며, 나는 오늘날까지 여러 연구자들과 가까이 교류하면서 연구 활동을 이어가고 있다.

어째서 20년도 더 지난 논문집을 지금에서야 번역·간행하게 되었는지 독자 중에는 분명 의아해하시는 분들이 있을 것이다. 당연한 일이지만 고대사를 연구하는 전문가들의 입장에서는 이 책에 게재된 논문들이 각각의 전공 분야에서 충분히 알려져 있는 내용이며, 해가 거듭될수록 연구는 일취월장하고 있다. 지난 20여 년간 한국 고대사 연구는 장족의 발전을 이루었다. 이러한 상황에서 논문들을 번역해 새삼 간행하게 된 의의는 어디에 있을까?

3년 전 이병호 교수가 이 책을 한국에서 번역·간행하는 것에 대해 타진해왔을 때만 해도 그리 깊게 생각하지 않았던 것이 사실이다. 다만 곧바로 생각이 나는 것이, 지금까지 내가 한국에서 역사 논집 『만들어진 고대』(2000년)와 『투쟁의 장으로서의 고대사』(2019년)를 모두 삼인출판사에서 간행했다는 사실이다. 특히 삼인출판사로부터 『만들어진 고대』가 지금까지도 많은 독자를 확보하고 있다는 소식을 전해 들으며 내가 무엇보다 기뻤던 것은, 이 책이 한국 고대사 연구자뿐 아니라 한국 근현대사와 세계사 연구자, 그 밖에도 고고학·문학·철학·미술사·사회학·정치학 등 한국의 다양한 학문 분야 연구자들로부터 감상평을 직접 듣게 된 경험이었다.

이 책 『고대 동아시아의 민족과 국가』의 번역·간행이 지닌 의미를 감히 생각해본다면, 이 책의 한국어판 출간을 고민하는 데에 『만들어진 고대』에 관심을 가져준 독자들을 염두에 두었다는 점이다. 당연한 일이겠지만 『만들어진 고대』에 수록된 논문들은 대부분 이 책의 논문들과 불가분의 관계에 있고, 거의 동시기에 집필한 것이기도 하다. 분명 문제의식은 그 저류에 흐르면서 함께 연결되어 있다.

다만 이 책에 수록된 논문은 소위 '실증논문'이며 이른바 고대사 연구자를 대상으로 저술한 것이기 때문에, 내용적으로 전문용어가 대부분을 차지하고 있어 일반 독자들에게는 쉽지 않고, 솔직히 말하면 오히려 난해하게 다가갈 수도 있을 것이다.

그렇지만 이 책의 간행과 관련해서 한국 독자들에게 꼭 전하고 싶은 말은 한국에서 한국 고대사 논문을 발표한다는 것과 일본에서 각국의 고대사 논문을 발표한다는 것은 전혀 같지 않다는 사실이다. 한국에서는 한국 고대사가 많은 분들에게 친숙하겠지만, 고대사 연구자층의 두께는 일본과 비교가 안 될 정도로 적다. 일본 고대사의 경우, 일본 고대유적의 발견과 유물의 발견은 일본 사회에서 일반인들까지 그 이목을 끌면서 대형 신문사의 기사 1면을 장식하는 경우마저 있다.

하지만 내가 대학원 시절 경험한 바로는 일본에서 한국 고대사 논문을 발표할 경우 서론에서 해당 주제에 대해 가능한 한 일반화할 필요가 있었다. 먼저 동양사학, 일본사학 관점에서 문맥상의 중요성을 언급하고 나서야 본론으로 들어갈 수 있었다. 당연한 일이지만 세계사로서 한국 고대사를 논하려면 논의의 전제로 일정한 절차가 필요했던 것이다. 또한 결론을 서술할 경우에도 역사학 연구의 의의를 가능한 보편적인 관점으로 의식해야만 했다.

이는 본인의 연구뿐 아니라 현재 대학원 논문지도에서도 가장 유의해야 할 점이기도 하다. '당신의 연구를 영어로 번역하더라도 한국사와 무관한 연구자들이 관심을 가질 수 있겠는가'라고 지도 학생들에게 질문하는 경우가 종종 있다.

여기서 부언하면 나에게는 쓸쓸할 일이지만, 1970년대 초 대학 학부에서 한국사 연구를 시작할 무렵 일었던 한국 고대사에 대한 열기가 지금의 일본에서는 찾아보기 어려운 실정이다. 임나일본부 문제나 광개토대왕비 조작 문제, 귀화인·도래인 문제 등 일반인을 포함한 한국 고대사의 관심도에 대해 격세지감을 느낀다. 1970년대에는 항공회사와의 제휴를 계기로 일본의 주요 유적이 소재한 각 지역에서 고대 동아시아에 관한 일반인 대상의 공개 심포지엄이 종종 개최되었고, 다시 이를 기반으로 대형 출판사에서 서적으로 간행되었다. 코디네이터는 일본을 대표하는 연구자가 맡았고, 일본 시민들은 일본의 각 분야에서 활약하는 연구자의 강연에 주목하였다. 그 중에는 반드시 한국 고대사 관련 강연이 포함되어 있었다. 일본 시민들은 거기에 만족하지 않고 학회지에 필적하는 계간지 간행과 일반인들의 연구를 공유하는 회보 간행을 통해 한국 고대 유적과 강연회 개최를 최근까지 서로 공지하였다.

사실 솔직히 말하자면 현재 일본에서는 이러한 시대가 저 멀리 지나갔고, 함께 한국 고대사를 전공한 연구자들도 현역을 떠나고 있다. 그뿐 아니라 지금까지 유지된 한국 고대사의 위상도 다른 분야로 대체되고 있는 실정이다.

이러한 현황은 한국 고대사에 국한되지 않고, 일본 인문학의 학술적인 환경 변화를 고려해야 하는 상황에까지 미치고 있다. 특히 중요한 것은 일본에서 한국사를 배워야 하는 이유가 무엇인지, 또 한국 고대사를 배우고자 하는 의의가 무엇인지를 교육하고 연구하는 데 있어서 그 목적을 지속적으로 알려야 하는 것이 현실이다. 이제 더 이상 일본이 무조건적으로 한국 고대사를 갈망하던 시대가 아닌 것이다. 이처럼 풍족하던 시대에서조차도 내가 배우던 동양사학의 학회 자리에서는 위와 같은 절차 없이는 학회 발표조차 불가능했다.

21세기에 들어와 격변하는 연구 환경 속에서 특히 세계적으로 인문학이 어떠한 공헌을 할 수 있는지에 대해서 물음이 제기되고 있다. 그러한 가운데 나는 연구 환경의 격변을 다음과 같이 느끼고 있다. 이전이라면 일본에서 일본사, 일본문학 등의 일본학 연구는 그 존재 자체에 대해 의문을 품을 필요가 없었다. 하지만 지금의 대학이나 학계에서는 국제적인 소개가 절실히 요구되고 있다. 내가 근무하는 와세다대학에서 대학 건립 당초부터 일본 문학은 이른바 '간판 학문'이었으며, 일본문학과는 일본 유수의 교수진과 커리큘럼을 갖추고 있어 국제적으로도 높은 평가를 받았다. 하지만 세계화가 점차 진전되면서 일본학 연구에서도 국제화가 요구되어 영어권 연구자와의 연계가 불가피하게 되었다. 일반적으로 국제화 속 일본학 연구란 영어로 소개해야 한다는 생각이 만연되어 있는데, 이는 상당한 착각이며 잘못된 생각이다.

나는 지금껏 10년 이상을 와세다대학의 일본학 연구 특히 일본문학 연구의 국제화에 종사해왔지만, 와세다대학 이상으로 평가가 높은 미국을 대표하는 대학 교수들은 연구 내용 자체가 국제적인 수준인지의 여부에 주목한다. 즉 국제적인 문학의 사상적 조류에 입각하고 있는지의 여부가 결정적 요소로서 좌우되는 것이다. 국제적인 평가 기준은 일본 국내 학계의 내부적인 문맥이 아닌 세계적인 조류 속에서 문제시되는 이슈와 얼마나 연계되어 있는지가 핵심적인 중대 관심사이다. 이를 다루지 않는 연구는 단순한 호사가적인 연구이자 덕후 같은 관심사에 불과하며 국제적인 학문이라고 인정받기 어렵다.

좋고 나쁨을 떠나 근대 일본의 역사학 연구는 항상 세계의 조류 속에 몸을 맡기는 데 최대한 관심을 기울여왔다. 이것이야말로 일본사의 사명이기도 하였다. 가능한 선진적인 서양의 역사학 문법을 사용하여 일본사를 언급하는 것을 목적으로 삼았다고 해도 과언이 아닐 것이다.

일본의 역사학계는 언제나 국제적인 역사학의 조류를 의식해왔다. 이를 배제하고 일본사 연구는 존재하기 어렵다는 사실을 나는 역사 연구에 종사해오며 줄곧 통감했다. 마르크스주의가 지배적이던 시대에는 마르크스-엥겔스 문헌을 근거로 한 역사 연구가 주요 관심사였고, 프랑스 아날학파가 제기한 문제는 바로 일본의 역사학계에 수용되었으며, 이 조류를 받아들인 사회사는 1970년대 이후 일본의 역사학계를 풍미하였다. 또한 1990년대 냉전 종결 이후에는 국민 국가를 상대화한 이른바 국민국가론이 역사학계를 석권하였다. 그리고 프랑스에서 『기억의 장소』가 간행되자 번역서의 축약본인데도 세 권으로 간행되어 대표자 피에르 노라가 일본 학계에 초빙되기도 하였다.

이러한 일본 역사학계의 조류에서 매우 흥미로운 점은 2021년 3월 일본을 대표하는 인문학잡지 『사상思想』에서 프랑스 베스트셀러인 『세계 속 프랑스 역사』가 자세히 소개되었다는 사실이다. 여기서 하필 왜 지금 프랑스의 내셔널 히스토리인지 궁금해진다. 알기 쉽게 설명하자면 일본 역사학계의 문맥상에서 국민국가론의 반동이라는 현상이라고 할 수 있겠지만, 이를 토대로 해서 일본 역사학계의 50년을 회고하는 좌담이 잡지에 게재되었다.

여러모로 에둘러 설명한 것처럼 요컨대 이 책은 20년도 더 이전에 간행된 한국 고대사에 관한 논문집이기는 하지만, 당시 일본 인문학의 사상적 조류와 깊이 연관되어 발상하고 구상된 외국 역사로서의 한국 고대사라는 점이다. 이 책의 논문들에 내포된 의미는 『만들어진 고대』와 공통된 고찰을 담고 있다고 좋게 표현할 수 있을 것이다.

앞서 언급한 것처럼 일본학 연구의 세계 발신을 위해서는 발신하고자 하는 내용을 세계 조류 속에서 호소할 필요가 있음을, 일본학 연구의 국제화를 선도하면서 잘 알게 되었다. 이 책은 고구려사, 신라사, 발해사와 같은 한국 고대사의 내용을 담고 있지만 당시 제목에 굳이 '동아시아'라고 표기한 것은 역사학에서 국민국가라는 틀이 자명하지 못하고, 동아시아라는 지역 속에서 고구려사, 신라사, 발해사, 고대 한반도를 둘러싼 '국제관계' 역사를 근대적인 구조에서 조금이나마 동시대 관점으로 자유롭게 검토하고자 한 시도였다. 이는 당시 한국의 한국사와는 상당히 이질적인 관점이었을 것이다. 따라서 이 책에 수록된 몇몇 논문은 한국에서 다양한 감정적인 반발을 몇 번이나 초래한 적이 있었다.

그런데 서두에서 언급한 합동토론회에서 송기호 교수가 지적한 이 책의 문제점 세 가지 중 하나는, 이 책이 내재적인 역사 전개보다는 외부와의 관계에 역점을 두고 있어, 한국 고대의 내재적인 전개가 경시되어 있다는 점이었다. 나는 결코 한국 고대사의 내재적인 전개를 경시한 것이 아니다. 한국 고대사의 역동감이 외부와의 관계 속에 두드러지게 나타나 있어, 이러한 관계 속에서 한국사의 개성적인 특징을 간파할 수 있다는 신념은 지금도 변함이 없다. 외부와의 관계가 내재적인 전개를 촉진시키고 이러한 내부의 갈등이 외부와의 새로운 관계로 전환되는 것처럼, 내부와 외부의 끝없는 관계가 지닌 역동감이야말로 한국사에 국한되지 않는 인류사의 보편적 전개라는 역사 연구의 신념을 갖고 있기 때문이다. 외부와의 관계를 중시하기보다 실체론에 대한 관계론적 관점의 우위성이라고 해야 할지도 모르겠다.

일본에는 '귀여운 자식 매로 키운다'는 속담이 있다. 애착이 가는 한국 고대사를 위해서는 한국인이 아닌 시선으로 상이한 문맥 아래 한국 고대사를 재검토하는 시도도 가능하지 않겠는가. 나만이 그러한 시도를 하고 있는 것이 아니다. 가령 한국에 애독자가 많은 박노자 씨의 『거꾸로 보는 한국사』에서 알 수 있듯이, 한국 고대사의 매력은 전혀 다른 문맥을 지닌 역사가를 통해서야 발견될 수 있다. 실제로 나는 이 책을 흥미롭게 읽었고, 그 매력을 추천글에 담기도 하였다. 바로 이러한 점들을 새삼 이 책의 번역·간행을 진행하면서 생각했다.

글로벌화 시대의 인문학, 한국학을 검토하는 것은 한국에서도 매우 주요한 과제일 것이다. 이 책이 한국 고대사 학계뿐 아니라 인문학의 국제화 논의와 연관될 수 있기를 고대한다. 다소 큰 바람일 수 있겠지만 이 책을 번역·간행하면서 차마 감추지 못한 욕심이기도 하다.

이 책의 번역에는 국립중앙박물관의 김은진 선생에게 큰 도움을 받을 수 있었다. 수록된 논문들은 학계에 맞서고자 한 패기도 담겨 있어 문장 표현에도 그러한 면들이 제법 묻어나 있었을 것이다. 그렇기에 번역하는 데 여러 가지 어려움이 많았을 것으로 생각된다.

또한 공역자인 이병호 교수는 일본 학계에서도 활약하고 있으며, 앞서 언급한 양국의 학술 현황에 정통하고 있기 때문에 번역에 여러모로 고심이 있었을 것이다. 서울대학교의 합동토론회에서 처음 만나 24년의 세월이 흘렀지만 지금도 함께 학계 활동에 종사하면서 이 책의 번역·간행에 인연이 닿게 되어 매우 기쁘게 생각한다. 이 자리를 빌어서 오랜 시간 베풀어준 후의에 깊이 감사드린다. 더불어 이 책을 한국 학계와 밀접하게 연결해주신 송기호 교수께도 감사드린다.

또 『만들어진 고대』와 『투쟁의 장으로서의 고대사』에 이어 세 번째로 이 책의 간행을 위해 힘써 주신 삼인출판사 홍승권 부대표님께 감사 말씀을 전하고 싶다. 더불어 많은 독자들과 이 책의 만남을 진심으로 고대하고 있다.

마지막으로 이우성 선생님과의 추억을 언급하는 데 모쪼록 앞서 양해를 구하고자 한다. 이우성 선생님은 내 아내와 어머니의 먼 일가친척이기도 해서, 내가 신임 학자 시절부터 항상 한국사 연구자로서 독립할 수 있도록 격려해주셨다. 1998년 학위논문을 가지고 강남에 소재한 이우성 선생님의 연구실에 인사차 찾아뵙자 한국에서의 거주를 매우 기뻐하시면서, 정약용 원서 강독회에 참석하도록 힘써 주셨다. 초여름 수많은 제자들과 아내와 함께 파주 답사에 동행했을 때에는 '함인咸仁'이란 호를 사사받았다. 이 책을 이우성 선생님 영전에 바친다.

2022년 2월

이성시

동아시아 여러 민족의 국가 형성에서 낙랑군의 역사적 위치

한나라 무제漢武帝는 기원전 108년 조선왕 위우거衛右渠를 멸망시키고, 한반도 북부에 낙랑군樂浪郡을 포함한 4군을 설치하였다. 다른 3군은 그후에 폐지되거나 이치移置되지만 현재의 평양에 설치된 낙랑군은 기원후 313년까지 약 420년간 존속하였다. 낙랑군 설치 이전에도 중국대륙의 청동기 문화는 파상적이나마 동아시아 민족에게 여러 영향을 미쳤지만, 고도의 중국 문명이 직접적으로 급격히 이 지역으로 파급된 것은 낙랑군 설치로 인한 것이었다.

오늘날 동아시아 여러 국가에서 이러한 관점을 가지고 낙랑군 설치를 둘러싼 역사적 의의를 문제시한 적은 거의 없다. 낙랑군 설치 후 이미 2100년이 흘렀지만, 그 의의를 정면에서 다룬 연구가 턱없이 부족한 것은 의외라고 할 수밖에 없다.

이는 여러 이유를 생각해볼 수 있겠지만, 특히 19세기 말부터 20세기에 걸쳐 동아시아는 근대 국민국가의 형성을 향해 매진해온 경험이 있고, 그 일환으로 국민 문화의 창조, 민족사의 구상에 전념해온 것과 무관하지 않을 것이다. 즉 내셔널리즘 시대에는 전근대의 모든 역사 과정을 국민국가 형성사에 응축시켰고, 이처럼 재편된 역사를 텍스트로 해서 국민nation을 만들어

내지 않으면 안 되었다. 이러한 관점에서 낙랑군은 민족nation의 형성을 억압하고, 독자적인 발전을 저해하는 존재에 불과하다고 판단하지 않을 수 없었을 것이다. 더욱이 낙랑군은 근대 조선의 국가 정체성을 형성하는 데 참으로 난해한 존재로 간주되었고, 그러한 의식의 발로로 낙랑군의 군치郡治를 한반도가 아닌 다른 지역으로 비정하기도 했다.

그러나 20세기 말에 가까워지면서 동아시아 국가들도 불과 100여 년 사이에 확정된 국경 안에 자국사를 가두고, 자기 완결적으로 역사를 서술하는 것이 얼마나 난해한지를 인지하기 시작했다. 말할 것도 없이 국제적으로는 이러한 일국사적一國史的 역사의 틀 자체가 회의에 휩싸인 지 오래다.

이 같은 일국사를 극복하고자 새롭게 광역사廣域史의 시점에서 바라본 의욕적인 시도가 있다. 예를 들어 중국을 중심으로 한 정치 시스템(책봉체제冊封體制)의 이론적 기반이 된 '동아시아 세계론'을 들 수 있겠다. 이는 중국, 한국, 일본, 베트남을 포함하는 광범위한 지역 내의 정치적 연관성, 문화적 공통성을 발견하여, 이러한 여러 국가들이 각각의 역사적 개성을 배양한 백그라운드로서 동아시아에 소우주적인 자기 완결성을 인정하려 한 장대한 스케일을 가진 가설을 가리킨다. 그렇지만 중국을 중심으로 한 원리(책봉)의 자기운동自己運動이라고 하는 '동아시아 세계론'은, 그것이 증거로 세운 논리의 귀결로서 비역사적인 논리 구조를 우선하는 설명 원리이기에, 동아시아 여러 민족들의 자율적인 역사의 전개를 경시한다는 점에서 지금까지도 많은 비판이 집중되고 있다.

이처럼 동아시아 세계론은 문제점도 적지 않지만, 본래 의도한 광역사적인 틀을 활용하는 한편, 예를 들어 최근 동아시아 문화권(문명권), 한자 문화권, 유교 문화권이라는 말로 부르고 있는 권역의 형성이라는 시점을 통해, 동아시아 여러 민족의 역사를 재구축하려는 시도가 가능할 수 있다. 그렇다면 이러한 권역 형성의 기점 혹은 직접적인 계기로서, 낙랑군 설치를 동아시아사 속에 포함시키려고 하는 관점은 어느 정도 유효성을 인정해도 좋을 것이다.

낙랑군이 존속한 약 420년간의 군현郡縣 지배는, 한편으로 중국 동북지방에서 한반도에 걸쳐 여러 민족ethnos을 억압하고 독자적인 발전을 저해하던 존재일 수 있다. 그러나 중요한 사실은 이와 동시에 동아시아 여러 민족들이 압도적인 격차가 있는 고도의 중국 문명과 적극적으로 접촉하면서 이를 수용해가는 '문명화'의 일면을 지니고 있다는 점에서 적극적으로 평가하고자 한다.

개인적으로 낙랑군 설치에서 비롯된 중국 문명과의 본격적인 만남에 따른 귀결은 7세기 말부터 8세기 초에 걸쳐 동아시아 3국(신라·발해·일본)에서 '율령국가律令國家' 체제의 성립이 아니었을까 생각한다. 즉 한자, 유교, 불교(한역), 율령이라는 중국 기원의 문명을 국가 통합의 원리로 삼아, 각각의 다민족ethnos을 포섭하는 국가를 형성했다는 공통점을 발견할 수 있다.

물론 중국 문명의 수용에는 지역적·민족적 차이가 커서 다양성을 무시하기 어렵겠지만, 동아시아 3국 간에 인정되는 이러한 통합 원리는 불교를 제외하면 낙랑군 설치 당초부터 도입된 것이었다.

이렇게 보면 일본을 포함해서 7세기에서 8세기로 넘어갈 무렵, 중국 문명을 수용한 3개의 고대국가가 동아시아에서 건립되었고, 여기까지 이르는 과정에는 낙랑·대방군帶方郡 시대인 420년간의 동향이 전제되어 있다는 점, 그리고 이 단계에 도달하기까지 8백 년 이상의 시간이 소요된 점을 새삼 문제 삼아야 할 것이다. 게다가 동아시아 3국은 10세기 초반까지 해당 체제를 유지하였기 때문에, 동아시아 3국의 역사가 전개된 광역의 지역에서 낙랑군 설치 이후 천 년간의 역사 과정을 해명한다는 시각 설정이 가능한 것이다.

이 책에서 목표로 하는 주제는 이처럼 약 천 년 동안 '동이東夷' 여러 종족에 의한 고대국가의 형성, 민족의 형성에 대한 특수하고 구체적인 프로세스를 해명하는 데 있다. 또한 당면 과제는 종래의 이러한 과제에 깊이 투영되어온 국민국가의 '민족', '국가'관을 상대화시키고 이를 극복함으로써 그 역사적 과정을 재구축하는 데 있다.

이 책의 개요를 설명하면 다음과 같다. 먼저 초반에 검토하려는 것은 낙랑군 설치에 의해 동이 여러 종족이 압도적인 격차가 있는 고도의 중국 문명을 접촉하고, 그 속에서 특정 민족 집단이 이를 수용하면서 어떻게 주변 여러 지역과 정치 통합을 실현해가는지, 또 그 과정에서 발생하는 인적·물적 이동, 그리고 동이 여러 종족에게 생긴 사회변화, 여러 민족 상호 간의 영향 관계에 대한 규명이다. 이에 대해 제1부 '낙랑군 설치와 고구려의 국가 형성'에서 고구려의 국가 형성에 주안점을 두고 검토하였다.

1장 '동아시아 여러 국가와 인구 이동'에서는 낙랑군 설치 이후 고구려의 국가 발전 추이를 중심으로 복잡하게 얽힌 부여夫餘·한韓·왜倭·낙랑 유민(한족漢族)의 동향을 명확히 하고, 동이 여러 종족의 국가 형성과 중국 군현과의 연관성에 대하여 동태적으로 파악하는 데 주력하였다.

이어서 2장 '예족의 생업과 민족'에서는 오랜 기간 고구려에 정치적으로 종속된 수렵어로민인 예족濊族의 공간적 이동에 주목하여, 중국의 군현 지배와 고구려의 이민족 지배의 틈바구니에서 변용되어가는 그들의 풍습을 밝힘으로써 동이 여러 종족과 문명화의 일면을 부각시키고자 하였다.

그리고 3장 '『양서』 고구려전과 동명왕 전설'에서는 앞서 1장에서 논한 국가 형성기의 인구 이동과 고구려 왕권강화와의 관계에 대하여 좀더 논점을 명확히 하기 위한 전제 작업으로, 종래 선구적으로 믿어온 부여·고구려 동일 민족설을 재검토하였고, 통설에는 후세의 조작이나 착오가 개재되어 있어 적극적인 근거가 없음을 실증하였다.

이어서 4장 '고구려의 건국 전설과 왕권'에서는 4세기 고구려의 국가 형성의 획기와 왕권의 신장에는 선비족 모용慕容씨의 압박에 의해 유입된 부여족이 관련되어 있음을 건국 전설 등의 분석을 통해 명확히 하였다.

또한 5장 '고구려 천개소문의 정변에 대하여'에서는 고구려 말기의 권신權臣 천개소문이 주도한 정변 관련 사료를 분석하여 정변의 원인과 고구려 권력 구조를 해명함과 동시에 종래의 중국 측 논리(책봉체제론)로 설명해 온 정변 이후 당唐에 의한 고구려 원정 배경에 대해 언급하면서 그러한 논리가 성립되기 어려운 점을 분명히 하였다.

앞서 언급한 것처럼 낙랑군 설치에서 비롯된 동이 여러 종족과 중국 문명의 본격적인 만남은 7세기 말부터 8세기 초 동아시아 3국(신라·발해·일본)의 '율령국가' 체제 성립이라는 결과를 초래했다고 볼 수 있다. 이에 제2부 '신라 국가의 역사적 전개'에서는 지금까지의 과정을 6세기 이후 신라의 국가 발전에 주목하여, 정치·사회·문화(종교·사상) 등 각 분야에 있어서 신라 독자적인 '율령국가' 체제 형성과 그 성립 과정을 다양한 측면에서 명확히 밝히고자 하였다.

먼저 6장 '울진 봉평 신라비의 기초적 연구'에서는 6세기 초 신라가 고구려의 속박에서 벗어나 역으로 인접한 구 고구려민을 복속시켜 새로운 국가 편성을 시도하는 단계에 대하여, 1988년에 발견된 비문에 대한 독자적인 해독을 토대로 법과 습속에 주목하여 신라의 복속민復屬民 정책을 밝히고, 아울러 6세기 신라의 급격한 국가 발전 요인에 대해 언급하였다. 이어 7장 '신라 육정의 재검토'에서는 6세기 중엽이 되면서 구 가야, 구 백제 영역까지 침식한 신라가 이러한 영역민領域民들을 정치적으로 어떻게 지배했는가에 대해 육정군단六停軍團의 성격을 규명함으로써, 군사 편성 측면에서 신라의 영역 확대에 수반되는 지역 통합의 편성 원리에 대해 해명하고자 하였다.

일반적으로 이해하면, 신라는 삼국통일을 이룩한 670년대 이후에 '율령

국가' 체제로 변모해간 것으로 생각되지만, 더 거슬러 올라가면 642년 이후 대외적인 위기 속에서 지배층을 양분한 내란을 거쳐, 650년 전후에 정치·외교·종교 등 다방면에 걸쳐 여러 개혁이 단행됨으로써 '율령국가' 체제의 기반이 마련되었다고 볼 수 있겠다. 8장 '신라 승려 자장의 정치 외교적 역할'에서는 이러한 과정을 추진하고 김춘추·김유신을 지지한 브레인 트러스트로서의 자장慈藏에 주목하여 해당 시기의 개혁이 가진 역사적 의의를 분명히 하였다.

이어서 9장 '신라 중대의 국가와 불교'에서는 651년, 그 이전과는 차원을 달리하는 새로운 불교 이데올로기(국가 불교)에 의한 불교 정책의 획기에 유념하면서, 651년 전후로 신라 불교의 성격이 크게 변화하는 점을 명확히 하였다. 더불어 이 시기에는 통일신라를 향한 권력 구조상의 결정적 변혁이 있었다는 사실도 함께 언급하였다.

그리고 10장 '신라 병제의 패강진전'에서는 8세기 전반 당나라로부터 양도된 새로운 영역에 대한 변방邊防 정책에 대하여, 그동안 분명치 않았던 해당 영역이나 구체적인 정책 내용을 해명하고자 하였다. 나아가 이 정책이 동아시아 국제환경에 깊이 뿌리박고 있다는 것, 또 그것이 기본적으로 삼국기 복속 지역에 대한 편입 원리에 의거한다는 점을 강조하였다.

동이 여러 종족은 중국 문명을 각자의 조건에 맞추어 수용하였고, 또 여러 국가들이 복잡하고 밀접한 교섭을 유지하면서 상호 영향을 미치며 독자적인 국가 발전을 이룩하게 된다. 이러한 과정의 외교 교섭 배경에는 한결같이 대륙과 한반도 간의 복잡한 대립과 갈등이 개재되어 있었다. 따라서 제3부 '동아시아 여러 국가의 국제관계'에서는 당시 동아시아의 복잡한 외교관계에 대하여, 먼저 11장 '고구려와 수일 외교'에서 6~7세기 고구려와 왜의 긴밀한 외교관계의 이면에는 고구려와 신라·수의 엄연한 대립이 그 배경에 있었음을 실증하였다. 또 왜의 대수對隋 외교에는 그러한 국제환경에 있던 고구려와의 연대가 전제되어 있음을 지적하였다.

다음 12장 '쇼소인 소장 신라 전첩포기 연구'에서는 기존의 통상무역의 관점에서만 거론되던 8세기 신라와 일본의 관계에 대해, 쇼소인正倉院에 소장된 묵서墨書의 분석을 단서로 하여 교역의 실상을 규명하고자 하였다. 나아가 8세기 중엽, 양국의 대규모 교역이 동아시아 국제적 긴장에 기인한 정치색 짙은 전략적 외교의 일환이었음을 명확히 하였다.

이어서 13장 '8세기 신라·발해 관계의 일시각'에서는 2백여 년에 걸쳐 국경을 접하고 있던 신라와 발해의 양국 관계에 대하여, 당나라 측에 전해진 설화를 분석하여 그것이 신라의 대발해 정책과 신라인의 심성을 충실히 반영하고 있음을 명확히 함으로써, 양국이 오랜 기간 적대적이었기에 교섭이 없었던 것으로 추정하였다. 14장 '발해의 대일본 외교 분석'에서는 2백여 년에 이르는 발해의 대일본 외교의 성격과 그 배경을 두 시기로 나누어 고찰하였고, 발해가 대일본 외교를 추진하게 된 배경으로 발해를 둘러싼 긴박한 국제환경과 통합된 말갈 여러 부족에 대한 복속 정책이 연관되어 있음을 밝히고자 하였다.

이와 같이 제3부에서는 동아시아 여러 국가 사이의 국제관계에는 나름대로 중국대륙의 왕조들과 국제적 긴장감이 깊이 관련되어 있음을 중시하여, 걸핏하면 중국이나 일본을 중심에 두고 고구려, 신라, 발해의 외교를 객체로 보던 기존 입장에서 벗어나 각각의 주체적 입장에서 이해하려고 하는 관점을 제시하였다.

본론에 들어가기에 앞서 방법과 용어상의 문제에 대해 부언해두고자 한다. 이 책에서 사용하는 '민족'이라는 말은 오늘날 우리가 일상적으로 사용하는 국민국가의 민족nation people이 아닌, 그 하위 개념으로 사용되는 에스노스ethnos 혹은 에스니시티ethnicity를 의미하고 있다. 이른바 동이의 여러 종족에 대해서도 이러한 개념을 적용하여 각 종족을 '민족'으로 부르도록 하겠다. 에스니시티(에스닉 그룹ethnic group) 개념의 유효성과 역사 연구의 구체적인 응용에 대해서는 나의 글 「발해사를 둘러싼 민족과 국가-국민국가의 경계를 넘어서」(『歷史學研究』 626, 1991년 11월)를 참고하기 바란다.*

---

* 이 논문은 『투쟁의 장으로서의 고대사』(삼인, 2019년)에 번역 게재되어 있음.(옮긴이)

차 례

제1부
낙랑군 설치와 고구려의 국가 형성

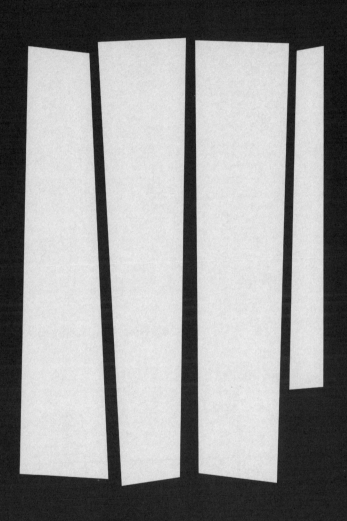

1장 동아시아 여러 국가와 인구 이동

1. 문제의 소재

지금까지 일본 고대사와 관련하여 동아시아의 인구 이동을 논할 때 두 가지 커다란 경향이 있었다. 하나는 한인漢人의 한반도 유입·진출과 함께 그들이 일본에 도래한 것으로 추정하거나,[1] 혹은 왜 왕권의 한반도 진출과 연관지어 한반도 여러 나라 사람들이 일본 열도에 귀화·도래한 것으로 추정하는 것이다.[2] 모두 제2차세계대전 이전에 강조되던 견해지만 한반도 거주민의 주체적 활동을 경시한다는 점에서 공통된다.

다른 하나는 '기마민족정복설騎馬民族 征服說'[3]이나 '분국론分國論'[4]에 보이는 것처럼, 중국 동북부 혹은 한반도 여러 국가·민족에 의한 일방적인 정복 활동이나 일본 열도 진출만을 강조하려는 것이다. 후자는 전자의 비판에서 제기된 내용이기는 하지만, 모두 동아시아 여러 민족 상호 간의 복잡한 동향이나 여러 국가 간 상호 교섭이 엮어낸 구체적인 역사 과정에 근거하고 있다고는 보기 어려울 것이다.

이러한 문제점을 극복하기 위해 이 장에서는 우선 집단적인 인구 이동을 초래한 동아시아 여러 민족(에스노스 = 민족 집단)의 커다란 움직임에 유의

하여 그 역사적 추이를 따라가 보고자 한다. 그와 더불어 인구 이동과 이를 수용·흡수한 각 고대국가 형성기의 왕권 양상과 왕권 상호 간의 여러 관계를 염두에 두고, 기존의 '귀화인歸化人·도래인渡來人' 문제 중 소위 일국사적으로 논의되던 외래인外來人 문제를 동아시아 여러 국가 공통의 수준에서, '왕권'과 '외래인'이라는 시선으로 살펴보고자 한다.

2. 낙랑·대방군과 동아시아

낙랑군 설치로 동아시아 여러 민족에 미친 영향에 대해서는 다양한 평가가 있으며, 그 설치 위치에 대해서도 이론이 있다.[5] 그러나 기원전 1세기부터 기원후 3세기까지 낙랑군이 평양을 중심으로 하여 한반도 북부에 존속했다는 것은 문자가 적힌 유물이나 문헌 기록, 고고 자료 등에 의해서도 증명되고 있다.[6] 여기서 먼저 낙랑군을 비롯한 4군이 한반도 북부에 설치됨으로써 야기된 사회변화의 실상을 인구 이동과의 관계를 통해 살펴보고자 한다.

한나라 무제漢武帝는 기원전 108년 조선왕 우거(右渠, 위씨조선衛氏朝鮮)를 멸망시키고, 먼저 왕검성王儉城이 있던 오늘날의 평양에 낙랑군을 설치하는 한편 그 남쪽에는 진번군眞番郡을, 동해안에는 임둔군臨屯郡을 두었다. 이듬해에는 동해안 북부에 현토군玄菟郡을 설치하였다. 그러나 이 지역 토착민의 저항도 있었기에 진번·임둔, 두 군은 기원전 82년에 폐지되었고, 두 군의 일부 지역은 낙랑군으로 이관되었다. 현토군 역시 기원전 75년 이후 두 차례에 걸쳐 점차 중국 내륙 쪽으로 후퇴하였다. 한편 낙랑군은 성쇠는 있었지만 약 420년 동안 일관되게 평양 지역에서 중국의 동방정책 거점으로서 그 역할을 담당하였다.

이러한 낙랑군 설치 후 한반도 북부의 사회변화에 대하여 『한서漢書』지리지 '연조燕條'에는 흥미로운 양상을 전하고 있다. 이에 따르면,

현토와 낙랑은 무제 때 설치하였다. 조선, 예맥, (고)구려 등 모두 오랑캐(蠻夷) 땅이다. 은나라의 도가 쇠하자 기자는 떠나 조선으로 갔다. 조선 백성들에게 예의, 누에치기, 농사를 가르쳤다. 조선 백성들에게는 범해서는 안 될 8가지 조목[犯禁八條]이 있었다. 서로 살해하는 자는 마땅히 죽음으로 갚게 하고, 서로를 다치게 하면 곡식으로 갚게 하였다. 남의 재물을 훔치면 남자는 빼앗아 거두어 그 가족의 종으로 삼고, 여자는 계집종으로 삼았다. 스스로 죄를 씻고자 한다면 한 사람당 50만(전)을 내야 했다. 비록 죄를 면하여 일반 백성으로 남는다고 해도 풍속이 이를 부끄럽게 여겨서 이들과 결혼하려는 사람이 없었다. 이 때문에 백성들이 마침내 서로 도둑질하지 않게 되었고, 대문을 닫아놓는 일이 없게 되었다. 부인들은 정숙하여 음란한 짓을 피하였다. 농사를 짓는 백성들은 음식을 먹을 때 대그릇과 나무 그릇을 사용했다. 도읍에서는 자못 관리와 상인들이 오가면서 가끔은 술잔으로 마시기도 했다. 군의 초기에는 관리가 요동군에서 왔는데 관리가 백성들을 보아도 감추거나 숨기는 일이 없었다. 하지만 상인들이 왕래하고 나서부터는 밤에 도둑이 드는 등 풍속이 점차 각박해졌다. 지금은 범금犯禁이 점점 많아져서 60조목이 넘는다.

라고 하여, 관찰자는 낙랑군 설치 후 군치郡治 주변의 사회변화를 '풍속의 혼란'이라는 측면에서 주목하고, 범금이 8조에서 60여 조까지 증가한 것을 지적하면서 그 원인을 내군內郡으로부터의 인구 이동에서 찾고 있다.

종래 이 기록은 진수陳壽의 『삼국지三國志』에 의한 확대 해석까지 더해져, 기원전 12세기 기자동래설箕子東來說과 관련되어 논하는 경우가 많았다. 즉 기자箕子가 만든 8조가 그대로 천 수백 년이 지난 한대漢代까지 유지되었다고 간주한 것이다. 그러나 해당 기록을 면밀히 살펴보면 기자의 정치와 '범금팔조犯禁八條'는 직접적인 연관성이 없다는 것을 분명히 알 수 있다.[7]

본래 '범금팔조'는 살인, 상해, 절도에 관한 정도의 간략한 금령禁令으로, 원초적인 고유법이었다. 중요한 것은 절도의 부대 조항(50만 전錢에 의한 속죄)에 한나라 때의 규정[8]이 포함되어 있는 점에서 알 수 있듯이 이러한 '팔조'조차도 낙랑군 설치 이후 특정 시기에 일부가 추가되어 정리되었다는 것이다.

이러한 내용을 전제로, 다시금 제기하고자 하는 문제는 낙랑군 설치 후 단기간(설치에서 '지금'에 이르는 기간. '지금'이란 전한前漢의 승상丞相·장우張禹의 조사 기간[기원전 25년~20년]으로 추정되기 때문에 약 80년간을 가리킴)에 범금이 급격히 늘어난 사실이다. 따라서 '범금팔조'는 기자 설화와 별개로 생각해야만 하고, 이 사료는 기본적으로 낙랑군 설치를 기점으로 그 이후의 사회변화를 말하는 것으로 보아야 할 것이다.

그렇다면 8조에서 60여 조로 범금이 늘어난 것은 무엇을 의미하는가. 이미 살펴본 것처럼 '범금팔조'는 살인, 상해, 절도 등 원초적인 고유법이며, 특히 이 세 가지 조항은 중국사에서도 간략한 법의 대명사였다.[9] 그러한 단계에서 단기간에 60여 조까지 늘어난 것은 내군內郡의 관리나 상인이 이 지역으로 유입된 것에 기인한다고 사료에 명기되어 있다. 그들이 이 지역에 들여온 습속과 그 영향은 식생활에서도 군치뿐 아니라 주변 촌락민에게까지 미쳤다고 한다. 실제로 범금의 증가와 직접적으로 연관되는 것은, 습속의 변화에서 상징하듯이 중국 내군과의 교섭이 열리게 되면서 이 지역 백성들의 틈새를 파고들어 악행을 저지른 그들의 소행에 있다. 그렇다면 범금

60여 조는 기존의 폐쇄적인 사회에 다른 문화와 습속이 도입되면서, 이로 인해 야기되는 사회적 혼란을 억지하고자 한 법적 표현이라고 볼 수 있겠다. 낙랑군 설치 직후, 평양 지역에는 급격하게 한인漢人들이 유입되면서 문화·습속의 마찰과 혼란이 있었음을 여기에서 읽어낼 수 있는 것이다.

그러나 동시에 주의해야 할 것이 이러한 사회변화를 겪으면서도 다른 한편에서는 기존의 질서가 뿌리 깊이 잔존하고 있었다는 점이다. 절도로 인해 노비 신분으로 전락한 자가 '백성(民)'의 신분으로 복귀할 수 있었다고 해도 여전히 혼인과 관련된 차별이 계속되었다고 한다. 이는 외부로부터 대량의 인구가 유입되더라도, 기존의 사회적인 유대관계가 낙랑 부근 지역에서조차 공고히 유지되고 있었음을 보여주는 것이라 하겠다.

이처럼 범금 8조에서 60여 조로의 사회변화는, 내군으로부터 이 지역에 급격히 인구가 유입되었기 때문에, 외부의 이異문화를 포용한 결과 초래된 것으로 해석된다. 이러한 변화에 주목해보면, 낙랑군 설치 이전의 해당 지역 모습에 대한 일정한 식견을 얻을 수 있으며, 나아가 낙랑군 설치 이후의 실상까지 모두 밝혀낼 수 있을 것으로 생각한다. 기존에 걸핏하면 낙랑군 설치 이전 시대부터 한인漢人의 대량 유입을 추정하는 경향이 강했지만 무작정 그렇게만 바라보는 것은 이 지역의 실상을 오인할 수 있다.

본래 무제가 멸망시킨 위씨조선衛氏朝鮮의 국가적 성격은 연燕의 망명자 위만衛滿을 중심으로 토착의 재지 수장층을 통괄한 연합 왕국이었으며, 이 지역 고유의 사회가 저변에 존재했던 사실을 결코 간과해서는 안 될 것이다. 예전부터 지적이 있었지만 멸망 직전 한군漢軍과의 교전이 한창일 때, 최종 결단을 내리기로 합의한 4명의 조선국 재상과 장군 중에 성씨가 없는 토착 수장(尼谿相·參)이 참여하는 사실은 그 권력 기반을 고찰하는 데 있어서도 시사하는 바 크다.[10]

이러한 점들을 감안하면 위씨조선국 멸망 이후, 왕검성王儉城 땅에 설치된 낙랑군 주변으로 한인漢人의 유입과 그로 인해 야기된 사회적 혼란이 있었던 점은 중요하다. 위씨조선 단계와 낙랑군 설치 이후 단계의 그 사이에는 한인漢人의 수용 방식에 결정적인 양적·질적인 차이가 있었다고 보아야 할 것이다.

그렇지만 진나라 말기 한반도 지역으로의 인구 유입을 과대평가해서 이를 일본 열도로 건너간 진씨秦氏라고 안이하게 연관시키는 주장은 오래전부터 지금까지 계속 거론되고 있지만, 사료를 보아서는 그렇게 주장하기는 어렵다. 예를 들어

> 陳(勝)과 項(羽)가 起兵하여 天下가 어지러워지자 燕·齊·趙의 백성
> 들이 괴로움을 견디다 못해 차츰차츰 準에게 亡命하므로, 準은 이들
> 을 西方에 거주하게 하였다.

라고 해서, 『삼국지』 위서 '동이전' 한조를 인용한 『위략魏略』에는 분명 진나라 말의 혼란기에 동북 여러 지역의 한인漢人들이 조선 지역으로 유입되었다고 적혀 있다. 그러나 이에 대해 조선왕 준準은 유이민들을 조선국의 "서방(西方, 국경 방면)"에 안치하고, 한반도로의 유입은 지역적으로 제한을 둠으로써 무질서하게 유입된 것이 아님을 알 수 있다.

이렇게 살펴보면 연나라에서 건너온 망명자 위만이 조선왕이 되는 위씨조선의 건국(기원전 195년경)조차도 한인漢人 유입의 단서가 되었다고는 해도, 한반도 내부에 기존의 사회구조를 격변시킬 정도로 다수의 한인들이 들어온 것은 아니었을 것으로 추정된다.

한편 이에 대해 종래 낙랑군을 비롯한 한나라의 4군 설치야말로 대량의 인구 이동을 전제로 하여 한반도 북부에 대한 지배도 일원적·광역적·항시적인 것으로 막연히 추정해왔다. 하지만 이미 살펴본 것처럼 낙랑군 이외의

3군이 초기에 강제적으로 폐지되거나 후퇴할 수밖에 없었던 점이나, 오랜 기간 존속한 낙랑군조차도 그사이에는 우여곡절이 있었기 때문에 그러한 견해는 일방적인 것에 불과하다.

낙랑군이 '정상적'으로 기능할 수 있었던 것은, 한 무제와 후한 광무제光武帝 시대를 중심으로 한 시기, 그리고 위魏의 경초景初·정시正始 연간 (237~249년)뿐이다. 한나라 사람의 목곽묘가 대동강 남안에 한정되고 광범위하게 분포하지 않은 점을 보더라도, 오랜 기간에 걸쳐 평양이나 황해도 주변 지역만 지배할 수 있었다는 추정이 실상에 가까울 것이다.[11] 또한 낙랑군 시대를 명실상부한 중국의 '식민지'라고 할 수 있는 지역은 대동강 하류 지역과 재령강 유역에 불과하며, 다른 지역의 시책은 다분히 원주민의 자치에 맡겨져, 한인漢人의 지배도 상당히 명목상의 성격을 띠고 있었다는 아오야마 고료靑山公亮 씨의 견해는 경청할만하다.[12]

따라서 이 시대의 이른바 동이東夷 여러 민족의 동향을 낙랑군 시대에 대륙에서 건너온 인구 이동에서 직접 구할 것이 아니라, 별도의 시각에서 바라볼 필요가 있겠다.

동이 여러 민족의 국가 형성을 논하면서, 낙랑·대방군을 중심으로 하여 한반도 북부에 대한 중국의 군현 지배가 행해진 시대를 하나의 시기로 나누는 것에 대해서는 대부분 동의할 것으로 생각한다.

다만 중국의 군현 지배와 동이 여러 민족의 국가 형성과 관련하여 먼저 유의할 것은 앞서 언급한 것처럼 군현 설치에 따라 내군에서 건너온 인구 이동은 지역적으로도 한정되어 있었다는 사실이다. 즉 내군으로부터의 인구 이동은 동이 여러 민족의 국가 형성에 매개 없이 직접 관여했던 것은 아니다. 그렇다면 낙랑군을 비롯한 군현 지배는 동이 여러 민족의 국가 형성에 어떠한 형태로 영향을 주었던 것인가.

동이 여러 민족의 가장 초기 활동을 오늘날 비교적 잘 전해주는 것이『삼국지』이다. 그 기록에 따르면 매우 불균등한 발전 상황에 있던 동이 여러 민족 중에서도 선구적인 활동을 보여주는 것이 부여夫餘이다. 부여의 흥기는 기원전 3세기 초까지 거슬러 올라가며, 동이 여러 민족 중에서는 가장 이른 시기에 국가를 형성한 안주농경安住農耕의 사람들이다. 후한 초기에는 후한과의 항쟁 끝에 조공을 바친 사실이 문헌에 보이며, 이 무렵부터 중국과의 안정적인 외교관계를 구축해갔음을 알 수 있다. 특히 국가 형성과 관련하여 빠뜨릴 수 없는 것이, 『삼국지』가 전하는 3세기 단계에는 왕권을 중심으로 제가(諸加, 수장)층의 조직화, 서열화가 이루어져 관위제官位制의 선구적 형태를 볼 수 있다는 점이다. 또한 이 무렵에 이미 주변의 이민족을 지배하고 있던 사실도 명백하게 밝혀져 있다.[13]

나아가 이 시대의 부여 왕권에 대한 실마리를 제공해준 것이 바로 부여의 건국 전설이다. 1세기 말 왕충王充의 『논형論衡』에는 부여의 건국 전설인 동명왕 전설이 기록되어 있다. 이에 따르면 북이 탁리국北夷 槖離國에서 태어난 왕자가 추방되어 남쪽으로 도주하면서 큰 강을 건너 부여국夫餘國을 건국했다고 전해진다. 이것을 근거로 부여의 왕은 권력적이지 않고, 종교적·제사장적인 존재였다는 해석도 있다. 그러나 이처럼 왕이 외부에서 왔다는 건국 전설은 전형적인 '외래왕外來王 전설'이며, 무엇보다도 권력의 유래와 정통성을 말하는 권력의 언설인 것이다.[14]

요컨대 이러한 전설이 1세기 부여에서 전해지고 있었다면, 부여에서는 당시 존재하던 현실의 왕권을 정통화하고, 현실 왕권의 영속과 번영을 기약하기 위해서라도 그러한 신화의 창작이 필요했다는 사실을 알아둘 필요가 있다. 그리고 『삼국지』가 전하는 3세기 부여의 왕권은 제가층으로 구성된 관료제라 할 수 있는 통치기구를 지닌 집권적인 국가 통솔자로서의 모습을 분명히 보여주고 있다.

이러한 부여의 왕권이 한나라 때는 현토군玄菟郡에 '속屬'해 있었다고 하며, 부여의 왕권과 현토군 사이에 특별한 관계가 있었음을 『삼국지』는 전하고 있다. 단적으로 말하면 부여왕의 장송葬送 의례에 사용된 '옥갑(玉匣, 옥으로 만든 장의葬衣)'은 항상 현토군에 구비되어 있어 왕이 승하하면 군郡으로부터 이것을 맞아들이는 관습이 있었다. 국왕 장송이라는 국가 의례에 사용할 재물을 현토군에 의존하고 있었다는 것은 부여가 현토군에 속해 있었던 사실과 밀접하게 연관되어 있다고 추정된다.

동일한 『삼국지』에서는 예전 고구려에도 다음과 같은 비슷한 사례가 있었음을 전하고 있다. 고구려는 한나라 때 현토군에 속했지만, 당초 현토군에는 고구려 현령縣令이 관리하던 명적(名籍, 명부)에 따라 '조복의책(朝服衣幘, 의관衣冠)'의 수수가 이루어졌다(3세기 중엽 무렵에는 고구려의 자의적인 관리 아래 둠으로써 그 명문을 상실하였다). 이 '조복의책' 역시 부여의 '옥갑'과 마찬가지로 왕권 아래에서 거행하던 의례에 해당하며 분명 권위를 장엄하게 하는 장치였을 것이다.

그렇다면 이러한 재물이 모두, '속'해 있던 현토군에 의존하고 있었다는 사실에 각별히 주목할 필요가 있다. 부여나 고구려 왕자王者의 권위 부여나 정통화에 동이 여러 민족의 품속 깊이 들어간 한나라의 출선出先기관(= 군郡)이 경시할 수 없는 기능을 담당하고 있었기 때문이다.

중국의 여러 문헌에는 부여나 고구려가 한대 이후, 군현에 반항과 귀순을 반복하면서도, 결국에는 그들에게 '속'해 있었음을 전하고 있다. 이러한 사태는 당연한 것이지만 중국 측 입장에서는 동이 여러 민족에 대한 지배의 문제로 서술되어 있다. 하지만 다른 한편 부여나 고구려의 왕권에서 본다면 그것은 왕권이 군과의 통교通交를 관리·독점하고, 재(財, 문물)의 출입을 조작하는 것을 통해 통치기구의 조직화를 도모한 주체적인 행동이었다고 볼 수 있을 것이다.

동이 여러 민족 중에서도 북방에 위치한 부여와 고구려는 선진적인 국가 형성을 이루었지만, 여기에는 북부 조선에 한인漢人의 거점으로 설치된 군현과의 평화적·폭력적인 교섭이 개재되어 있었고, 부여·고구려의 국가 형성은 이러한 통교 관계와 깊이 연관되어 있었다고 생각된다.

한편 한반도 남부는 한족韓族인 마한 50여 국, 진한 12국, 변한 12국 등의 여러 소국으로 분립分立되어 있었다. 마한 여러 소국의 수장층 가운데 우두머리는 신지臣智라고 부르고, 그 아래 등급은 읍차邑借라고 불렀다. 또한 변진弁辰의 여러 소국에서도 수장층은 여러 칭호를 지니고 있었는데, 그 최대의 것을 역시 '신지'라고 칭하였다. 신지란 '신하인 자'를 뜻하며 중국 황제에 대한 신하됨을 가리키고, 그것을 여러 소국 수장의 입장에서 표현한 것이다.[15] 즉 신지라는 칭호는 한족韓族 수장층과 낙랑·대방군과의 관계 속에서 생겨난 것으로, 그 자체가 낙랑·대방군과 한족韓族 여러 소국과의 관계를 나타내는 칭호인 셈이다.

이 한족韓族에서 주목되는 것이 마한 월지국月支國을 다스리고 변진 12국을 통속했다는 진왕辰王의 존재이다. 마한의 제약을 받아 자립이 불가능했다고는 하나, 진왕에게는 '솔선읍군率善邑君' 이하 '중랑장中郎將·도위都尉·백장伯長' 등 위나라의 육관六官이 하사되었다. 여기에서 알 수 있는 것처럼 진왕이란 위나라에 의해 회복된 낙랑·대방군과의 관계 속에서 등장한 수장이었다.

그런데 여기서 중요한 것은 낙랑·대방군에서는 한족韓族 여러 소국의 수장인 신지뿐 아니라 천여 명에 이르는 많은 한인韓人들에게 인수印綬·의책衣幘을 가수(假授, 비공식적 위임)했다는 사실이다. 이것을 보면 부여나 고구려의 왕권이 군郡과의 통교 관계를 관리·독점했다고 하기에는 다소 무리가 있다. 한편 진왕과 같은 새로운 연합체의 수장을 용인하면서 동시에 한족 사회의 다수에게 권위의 상징물을 하사한 배경은 좀더 복잡하게 느껴진다. 그 일단은 바다 건너 왜의 수장에게 '친위왜왕親魏倭王'을 하사하면서도 진왕 자신에게는 책봉한 행적을 찾아볼 수 없는 것처럼, 한족韓族에 대한 위나라의 자세는 유난히 엄격했다고 할 수 있겠다. 회유책을 사용하면서도 낙랑·대방군과 인접한 한족韓族 사회의 주체적인 정치적 통합을 저지하고, 변진의 철을 확보하고자 했던 위나라의 정책은 한족韓族 사회와 깊이 연관되어 있었음을 추정할 수 있다.

북방의 부여·고구려와 한족韓族 사회와의 이러한 차이는 동이 여러 민족 간의 불균등한 발전 상황이라는 주체적인 조건과 중국 측의 동방정책이라는 외적 조건의 상호 관계에 의한 것이다. 이 시대는 동이 여러 민족이 한나라 무제가 설치한 군현의 압도적인 영향력 아래 국가 형성을 개시한 시기였던 만큼, 각자에게 주어진 역사적 조건과 군현과의 통교 관계 양상에는 커다란 차이가 있었다. 동이 여러 민족은 중국 군현과의 다양한 관계 속에서 각각의 국가 형성을 개시했던 것이다.

3. 5호 16국과 고구려 국가의 전개

이상으로 낙랑군 시대를 동이 여러 민족의 국가 형성사에서 제1기로 간주하고, 군현 설치에 따른 인구 이동과 동이 여러 민족의 국가 형성과의 연관성을 살펴보았다. 이 시기에 이어서 제2기를 설정한다면, 304년부터 시작되는 소위 5호 16국 시대의 약 130년 동안이 해당할 것이다. 주지하는 것처럼 이 시기는 이민족들이 화북華北 지방으로 대거 이동하던 기간이지만, 동이 여러 민족에게는 420년간 지속된 군현 지배를 종식시키고, 여러 민족의 국가 형성이 진전되면서 부여·고구려에 이어 새롭게 백제·신라·왜 왕권 등이 출현하는 시기이다. 그러한 의미에서 5호 16국 시대는 동이 여러 민족의 역사상 제2의 획기를 이루는 시대였다고 할 수 있다.

이렇게 되면 이 시대를 중국 세력이 한반도에서 후퇴함으로써 생겨난 동이 여러 민족의 발흥기로 볼 수도 있지만, 당시의 부여·고구려와 선비족鮮卑族 모용씨慕容氏의 격렬한 항쟁은 전대前代인 낙랑군 시대에 있었던 여러 왕조와의 항쟁에 비할 바가 아니다. 예를 들어 부여의 일시적인 멸망, 쇠퇴와 고구려의 괴멸적인 타격 등에서 알 수 있는 것처럼 이들은 중국이 혼란한 틈을 타서 그와 무관하게 일어난 것이 아니라 화북 지역의 쟁란에 그대로 휘말리게 되었다. 따라서 이 시대는 전대보다 더한 대륙의 간섭과 항쟁을 그 역사적 배경으로 삼고 있다는 것을 주의해야 할 것이다.

이러한 시대에 고구려는, 동이 여러 민족 중에서도 가장 먼저 왕권을 강화하고 고대국가 형성의 선구가 되지만, 이 시대의 역사적 상황, 특히 일대 변동기의 인구 이동에 주의하면서 고구려의 국가 발전 양상을 규명하고자 한다.

고구려의 국가 형성에 가장 큰 영향을 미친 나라로 부여를 들 수 있으며, 이 시대에 동이 여러 민족의 중심적 위치를 차지한 고구려 역사를 언급하려면 부여의 동향을 빠뜨릴 수 없을 것이다.

일반적으로 부여족과 고구려족은 동족同族이라고 간주되어왔다. 그 유력한 근거로 부여의 건국 전설이 「광개토왕비廣開土王碑」나 『위서魏書』에 전하는 고구려 건국 전설과 매우 흡사하다는 점을 들 수 있다. 메이지(明治, 1868~1912년) 시대 이후, 부여와 고구려 건국 전설의 비교 연구가 진행되면서 두 민족에게 유사한 건국 전설이 있는 것은 민족적으로 근친 관계였기 때문이고, 그로 인해 부여족과 고구려족은 동족이라고 많은 사람들은 믿어왔다.

하지만 부여와 고구려의 건국 전설을 동일한 것으로 보는 것은 후세 사람들의 혼란과 곡해로 인한 오인이지 두 개의 건국 전설은 결코 같다고 할 수 없다. 즉 이러한 전설에서 두 민족의 관계를 도출하기란 불가능한 것이다.[16]

부여와 고구려의 민족적 관계가 동일하다는 근거는 결국 고구려 지배자가 스스로 선언했다는 전제 아래서만 가능한 것이다. 하지만 그것도 고구려의 정치 전략의 일환으로 제기되었을 가능성이 높다고 지적되고 있다.[17] 따라서 문헌 자료에서 부여와 고구려의 민족 관계를 동일시할 만한 확실한 근거는 없다고 해도 좋을 것이다.

더 주목해야 하는 것은 고고학적으로도 부여와 고구려의 지배자 집단은 동일 민족으로 보기 어렵다. 오늘날 알 수 있는 문헌 자료나 고고학 자료에 의거하는 한 고구려 지배층의 무덤은 건국 당초부터 적석총積石塚이며, 부여는 토광묘土壙墓 내지 목관묘木棺墓였다는 점에서 묘장제도에 커다란 차이가 있다고 인정되고 있다. 이러한 사실이야말로 고구려가 부여로부터 분열된 일파라는 생각은 성립하기 어렵다는 것을 보여준다.[18] 이러한 사실을 감안하면 이제까지 막연히 인정해온 부여와 고구려의 민족적 계보 관계는 일단 차단하여 별개의 민족 집단으로 인식하고 역사적으로 고찰해야 할 것이다.

이미 살펴본 것처럼 선진적으로 고대국가 형성을 이루었던 나라가 부여지만, 부여 역시 서진西晉 초, 모용외慕容廆의 침공으로 괴멸적인 타격을 받은 사태에 이른다. 이러한 상황 속에서 부여 왕족의 일부가 동남 방면의 옥저沃沮 땅으로 넘어가 285년에 동부여東夫餘를 건국한다. 부여는 이때 멸망의 위기에 빠지지만 진晉의 원조로 간신히 복국復國하게 된다. 게다가 부여는 346년에도 모용황慕容皝의 공격을 받게 되는데, 연나라 군대는 당시 농안(農安, 중국 지린성 소재)에 있던 국성國城을 함락시켜 부여 왕을 포로로 잡아 연나라 수도로 연행하고 모용황의 딸을 아내로 삼게 하였다. 그후 부여는 국제적으로 고구려에 대한 예속을 강화해간다. 그리고 나서 부여가 맞게 되는 운명은 불분명한 점들이 많지만 494년 물길勿吉에게 쫓겨 결국 부여 왕과 처자가 고구려에 항복함으로써 오랜 역사의 막을 내리게 된다.

이처럼 부여의 쇠퇴에는 유난히 3세기 말부터 4세기에 걸쳐 모용씨慕容氏

정권과 지나치게 가혹한 항쟁이 크게 작용하고 있었다는 점, 또 그와 함께 부여 백성들이 남쪽 고구려나 그 주변으로 유입되었다는 점에 유의해야 할 것이다.

이러한 부여의 쇠퇴와 별개로 3세기부터 4세기까지 고구려의 국가체제에서는 비약적 진전을 찾아볼 수 있다. 내정內政의 측면에서 중요한 것이 고구려 왕권을 지지하던 인적 기반인 관위제가 3~4세기 사이에 10등에서부터 13등으로 변화를 거치면서 새로운 단계에 들어섰다는 사실이다.[19] 마침 4세기 초엽에 고구려 관위제에서 커다란 획기가 구해지고 있는데, 이러한 왕권 기반의 강화와 관련하여 중요한 것이 313년 고구려의 낙랑군 배격 사건이다.

이렇게 보면 300년에 즉위하여 331년까지 재위한 미천왕은 고구려의 급속한 발전에 기여한 왕으로 새삼 주목된다. 게다가 미천왕에게는 즉위에 이르기까지 각별한 과정이 『삼국사기』에 전해지고 있어 흥미를 끈다. 즉 설화적으로 전개되는 스토리는 ① 왕도王都에서 쫓겨나 ② 국내를 정처 없이 떠돌다가 ③ 수난과 방랑 끝에 ④ 왕이 된다고 하니, 이것이야말로 왕권의 기원을 가리키는 '방랑과 수난의 왕자' 전설이며, 왕권의 정통성과 왕위 계승의 정통성을 제창하는 설명임에 틀림없다.[20]

앞서 고구려의 건국 전설과 흡사한 부여의 건국 전설을 언급하면서, 이러한 외래왕外來王 전설은 왕권을 정통화하고 현실 왕권의 영속과 번영을 기하기 위해 창작되었음을 지적한 바 있다. 따라서 고구려의 건국 전설도 기본적으로 부여와 동일한 위상에서 받아들일 수 있을 것이다. 게다가 『삼국사기』에서 전하는 고구려 건국 전설에는 미천왕과의 관련성이 암시되어 있으며 그 성립 시기도 4세기로 추정되고 있다.[21] 요컨대 미천왕은 고구려의 제도사·정치사 차원에서 주목할 필요가 있음은 물론이고, 여기에 문화인류학·민족학·신화학 관점에서도 고구려 왕권의 기원과 정통성을 지닌 왕으로서 결코 간과할 수 없는 위치에 있는 것이다. 여기에서는 무엇보다 고구려 왕권의 기원과 정통화 문제를 미천왕과 관련시켜 검토해야 한다는 점을 확인해두고자 한다.

지금까지 부여의 쇠퇴기에, 그것과는 정반대로 고구려에서는 미천왕 무렵에 왕권의 신장기를 맞이했음을 살펴보았다. 이윽고 고구려는 광개토왕·장수왕을 배출하면서 전성기에 이르게 된다. 고구려의 최전성기를 살았던 부여계 귀족인 모두루牟頭婁의 묘지가 1935년 집안集安에서 발견되었다. 오늘날 약 800자로 이루어진 묘지의 해독은 매우 어렵지만 대략적인 내용은 해명되었다.[22]

그에 의하면 모두루 일족의 선조는 북부여 출신으로, 고구려 시조 추모왕鄒牟王을 따라 남하해왔으며, 그후 대대로 고구려왕의 은총을 받아 여러 왕들을 모셔왔다. 이윽고 미천왕·고국원왕 대에 이르러 모용씨의 북부여 침공이라는 사태가 발생하자 염모冉牟라는 자가 나타나 크게 활약하여 일족을 중흥시켰다. 그 무렵 일족은 북부여 일대의 지배를 위임받아 대대로 그 자손이 계승되는 형태로 광개토왕 대의 모두루까지 이르게 된다. 모두루가 지방관으로 북부여에 부임할 무렵 광개토왕의 부고를 접하게 된다. 그 뒤에 적혀 있을 모두루 자신의 사적事跡은 오늘날에는 해독이 불가능한 상태이다.

이상에서 살펴본 것처럼 이 묘지는 독특한 형식을 띠고 있으며, 모두루 본인만이 아니라 선조 이래로 자신들의 가계가 얼마나 고구려왕에게 충성을 다하고, 대를 이어 지금까지 고구려 왕권을 지지해왔는지를, 고구려의 시조부터 광개토왕에 이르기까지 자기 선조의 사적과 중첩시켜 서술하고 있다.

그중에서도 눈에 띄는 것이, 묘주인 모두루 본인 이상으로 실질적 선조인 염모라는 인물의 사적에 대해 묘지 전체 3분의 1 이상을 할애하면서까지 고구려 왕권에 공헌한 사실을 강조하고 있는 점이다. 이는 염모의 활약이 4세기 무렵 고구려 안팎의 주요 과제(특히 340년대 모용씨와의 전쟁)에 해당하며, 이를 성공리에 해결하고 처리하였기에 그러한 대우를 받을 수 있었던 것이다. 모두루 일족은 염모의 시대, 즉 4세기 경부터 대두하였을 것으로 추정되고 있다.[23]

그런데 「모두루 묘지牟頭婁墓誌」에서 실질적인 선조의 위치에 있었던 염모가 앞에 언급한 미천왕 즉위기卽位紀에도, 미천왕과 시련을 함께한 인물로 등장하고 있다. 이러한 일치는 어떤 특정한 사실을 전하고자 한 것으로 주목된다. 즉 4세기 초엽에 활약한 것으로 추정되는 염모라는 인물의 사적은, 3세기 말 거듭되던 모용씨의 공격을 통해 유입된 부여족이 고구려 왕권에서 얼마나 큰 역할을 맡았는지를 상징적으로 보여준다고 해석할 수 있다.

본래 고구려는 240년대 위나라 관구검毌丘儉의 공격과 340년대 모용씨의 공격으로 인해 괴멸적인 타격을 받지만, 그때마다 국가를 다시 정비해서 한층 더 강해졌다. 이 시기는 앞서 살펴본 것처럼 부여족의 남하와 고구려로의 유입 시기에 해당한다. 「모두루 묘지」에 염모가 모용씨와의 교전에서 활약한 것을 적고 있는 것처럼 그들이야말로 이 당시 고구려 발전을 이끌던 중심적인 담당자였으며, 고구려 왕권을 지탱하는 중추적 존재였음에 틀림없다.

이러한 역사적 배경을 기반으로 안정된 단계에 도달한 고구려의 왕권은 지배자 공동체(5부 = 5족)로부터 초월화와 왕권 정통화의 논리로서, 그 출자를 외부 = 부여족夫餘族에게서 구하고 있다. 부여와 흡사한 고구려 건국 신화의 창작 역시 부여족이 고구려 지배층에 참여했기에 비로소 가능했을 것이다. 이 또한 당대 고구려의 국가 단계에 적합한 선택이었다.

고구려의 4세기 국가 발전에서 부여계 씨족이 맡은 역할은 결코 경시할 수 없다고 지적한 바 있다. 그러나 더 무시할 수 없는 것이 한인漢人을 중심으로 한 중국계 인사들의 동향이다. 이미 낙랑시대에 한반도로 유입된 한인에 대하여 서술했는데, 이 시대에도 수많은 중국인이 고구려 영역으로 유입되었다. 여기에서는 먼저 낙랑·대방군이 멸망한 313년 이후의 동향을 살펴보고자 한다. 특히 4~5세기에서 연도가 확실한 내용만 열거해보면 아래의 여섯 사례를 찾아볼 수 있다.

① 동진東晉	319년(太興 2년)	동진의 최비崔毖, 모용외慕容廆에게 패하여 고구려로 도주하다.
② 후조後趙	336년(建武 2년)	모용인慕容仁의 동수冬壽·곽충郭充, 모용황慕容皝의 토벌로 인해 고구려로 도주하다.
③ 후조後趙	338년(建武 4년)	후조의 봉추封抽·송광宋晃·유홍游泓 등 모용황의 토벌로 인해 고구려로 달아난다.
④ 전연前燕	370년(建熙 11년)	전연의 모용평慕容評, 전진前秦에게 패하여 고구려로 도주하다.
⑤ 북연北燕	414년(太平 6년) 이전	북연 왕풍발王馮跋의 동생 풍비馮조 내란을 일으키고 고구려로 달아난다.
⑥ 북연北燕	436년(大興 6년)	북연 왕풍홍王馮弘, 북위에 압박을 받아 고구려로 도주하다.

이러한 사례들은 모두 이 시대 화북에서의 동란과 연동된 망명 사건이며, 고구려는 그때마다 이러한 사람들을 수용하였다.[24]

그중에서도 주목되는 것이 336년에 고구려로 도주한 동수冬壽라는 인물이다. 바로 1949년 황해도 안악군에서 발견된 안악 3호분에는 68자로 이루어진 동수의 묘지墓誌가 출토되었는데, 거기에는 동진의 연호를 토대로 생전의 관직이 열거되었고 출신지 뒤에 동수가 이 지역에서 69세로 생애를 마친 사실이 적혀 있기 때문이다. 묘실 면적이 한반도에서 최대 규모를 자랑하는 만큼, 이 벽화 고분의 피장자는 묘실 내에 묘지를 남긴 동수 본인이라는 견해가 유력하다. 그리고 고구려 왕릉을 능가하는 이러한 분묘의 존재는 4세기 중반에도 이 지역에 낙랑 이래의 중국계 사람들과 중국으로부터의 유이민들이 상당히 자립적이고 반독립적인 세력을 유지하고 있었음을 보여준다는 점에서 중요시되고 있다.

그러나 동수가 죽은 지 51년 뒤, 매장된 중국계 인물의 분묘(덕흥리 고분)가 1976년 평양 서쪽의 남포시 강서구에서 발견되었다. 이곳에서도 벽화와 함께 묘지를 포함한 다수의 묵서명이 확인되었다. 이 묘지에는 고구려 연호(영락 18년, 408년)가 게재되어 있고, 고구려의 관위[국소대형國小大兄]를 띠고 있어서, 피장자인 모진某鎭에 대해 지금까지 고구려인으로 보는 견해도 있었다. 그러나 그도 역시 5호 16국의 동란 속에 화북에서 넘어와 고구려에 귀화, 망명한 중국인 중 한 사람이었다는 것은 의심의 여지가 없다.[25]

우연히 발견된 이 두 개의 묘지는 예기치 않게 4세기 중엽에서 5세기에 걸쳐 고구려 왕권과 중국계 외래인과의 정치적 관계에 커다란 변화가 있었음을 이야기하고 있다. 즉 357년에 사망한 동수와 408년에 사망한 모진 사이에는 동일하게 고구려로 유입된 중국인이면서 고구려 왕권의 도래渡來 중국인에 대한 파악 방식에 어느 정도 진전이 있었음을 인정할 수 있다. 동수로부터 반세기 이후인 모진 묘지에서는 중국 연호가 아닌 고구려 연호가 사용되고 고구려 본래의 관위가 명기되어 있다. 여기에는 고구려 왕권의 정통성을 인정하고 고구려의 정치 체계를 따르던 모진의 고구려 왕권에 대한 자세를 명확히 보여주고 있다.

그러나 이 두 사람 사이에서 이 지역 중국계 인물이 반 독립적 존재에서 고구려 왕권의 정치질서에 편입된 존재로 전환하는 과정을 읽어내기란 다소 성급한 생각일 수 있다. 먼저 문제가 되는 부분이, 기점이 되는 동수의 평가에 대한 것이다. 동수의 묘지에는 확실히 허호화虛號化했다고는 하지만, 동진 연호와 함께 동진의 것으로 추정되는 관직이 열거되어 있고, 분묘의 양식이나 규모와 더불어 이 지역에 초연한 지위를 구축한 것처럼 보인다. 그렇지만 그 속에 보이는 '낙랑상樂浪相'이라는 직위는 355년에 전연 황제의 모용준慕容儁이 고구려 고국원왕을 '낙랑공樂浪公'에 책봉한 사실과 관련되어 있는데 동수는 당시 낙랑공이던 고구려왕의 신하였던 셈이다. 동수에 대해 '독립세력'으로 평가[26]하는 것은 사실 이 점을 전혀 고려하지 않은 것으로, 전연의 관직을 매개로 동수와 고구려왕 사이에 군신관계가 성립되어 있었음을 무시해서는 안 될 것이다.

따라서 여기서는 먼저 동수와 모진 사이에 도래 중국인에 대한 고구려의 정치적인 포섭이 한층 더 진전되었고, 결정적이 되었던 역사적 추이를 찾을 수 있다는 점에 주목하고자 한다.

이상에서 유입 중국인과 고구려 왕권에 대해 개관해보았는데, 그들이 고구려 국가 발전에 미친 구체적인 역할을 파악할만한 근거는 거의 찾기 어렵다. 다소 시대가 내려오지만 472년에 백제왕 여경(餘慶, 개로왕)이 북위에 보낸 상소문(『위서』 백제전)에 따르면,

> 馮氏(북연)의 국운이 다하여(436년) 그 遺民이 (高句麗로) 도망하여 온 후로부터, 추악한 무리가 점점 강성해져 끝내 침략과 위협을 당하여 원한이 얽히고 戰禍가 연이은 것이 30여 년입니다. 물자도 다 되고 힘도 떨어져서 자꾸만 쇠잔해지고 있습니다.

라고 하여, 430년대 이후 백제와 고구려가 30년 이상의 항쟁으로, 백제는 더 피폐해졌는데, 여기에서는 북연에서 고구려로 도망간 잔당이 중요한 역할을 맡았다고 토로하고 있는 것을 볼 수 있다. 백제의 외교적 전술도 있고 해서 그대로 수긍하기 어렵다고 해도, 화북의 쟁란을 배경으로 동쪽으로 달아났던 인물들이 고구려에서 수행한 역할이 결코 작지 않았음을 여기서 어느 정도 짐작할 수 있을 것이다.

또 실제 중국 사료에는 5세기 이후, 외교·군사 장면에서 중국 성씨를 가

진 인물들의 활약상을 찾아볼 수 있는데, 이로부터 고구려가 중국계 여러 집단을 조직하여 외교 교섭이나 군사활동에 그들을 등용했었다는 것을 추정해볼 수 있다. 그렇다고 하더라도 동수에서 모진에 걸쳐, 고구려에서 유입 중국인이 맡은 역할은 모호하다. 따라서 이 문제를 좀더 다른 각도에서 살펴보도록 하겠다.

앞에서 언급한 것처럼 동수와 모진은 둘 다 고구려 땅에서 사망했고, 살아서는 고구려 왕권과의 사이에 일정한 정치적 관계를 지녔던 유입 중국인이다. 그러나 두 사람 사이에는 고구려 왕권에 대한 정치적 관계의 중재 방식에 커다란 변화가 보인다.

다만 좀더 주의가 필요한 부분은 동수 역시 전연의 관직을 매개로 해서 고구려왕과의 사이에 군신관계를 맺었다는 것이다. 양자의 관계는 이로부터 20여 년 전으로 거슬러 올라가는데, 그 무렵 동진은 전연의 모용황에게 '요동공遼東公'을 내렸다. 그런데 모용황의 속료屬僚 중에 '요동상遼東相'이 존재했고, 심지어 그가 당시 연나라에서 중추적인 지위를 차지한 사실이 있어 참고할 만하다. 즉 고구려왕-동수의 관계와 온전히 동일한 이 사례에 따르면 '공公'과 '상相'의 관계는 우선 국내에서 실질적인 군신관계가 전제되어 있고, 더구나 모용황의 국제적인 지위(요동공)를 매개로 성립된 것이었다.[27] 주지하는 것처럼 전연은 부족국가에서 왕국으로 왕국에서 정복왕조로 변화하지만, 모용씨가 밟은 국가의 여러 단계와 그때그때 관제官制 기구의 변천 과정은 전연이 고구려와 인접한 상태에서 장기간에 걸쳐 대립 항쟁을 반복해왔던 만큼 그 영향은 결코 작지 않았을 것이다.

이렇게 보면 동수를 비롯한 4세기 중엽, 구 대방군 지역의 중국계 인물이나 낙랑·대방군 유민에 대한 반 독립성, 자립성에 대한 평가도 일정한 보류가 필요하다. 오히려 동수의 '낙랑상'이 '낙랑공(고구려왕)'의 공국公國에 대응하는 상相이라는 의미가 있는 한, 동수는 고구려왕과의 관계 속에 규정되고 의존하고 있는 비자립적인 존재라고 해야 할 것이다. 그렇다면 동수를 구체적으로 어떻게 자리매김하고 그가 수행한 역할을 어떻게 평가해야 할 것인가. 고구려는 340년대에 모용씨의 가혹한 공격으로 압록강 유역에서 대동강 연안으로 후퇴하지 않을 수 없었는데, 동수는 바로 그 시대에 망명하여 고구려왕을 섬기고 이 지역에 살았던 것이다. 그렇다면 당시 고구려의 역사적 추이에 따라 동수가 맡은 역할을 추측하는 것은 그리 어려운 일이 아닐 것이다.

당시의 대략적인 동향 속에서 고구려 왕권과 동수와 같은 중국계 인물의 동향을 살펴보기로 하자. 전술한 것처럼 고구려는 이미 310년대에 낙랑군을 완전히 배격하였고, 그 뒤 전연의 공격을 받아 왕도의 5만여 명을 빼앗기자 평양 지역(東黃城)으로 소개疏開하지만 얼마 뒤 급속한 부흥을 이루게 된다. 그렇다면 이 지역에서 고구려가 겪은 후퇴와 부흥은, 체류하고 있던 낙랑·대방 유민이나 당시 중국으로부터의 유이민들과 모종의 협력 관계 없이는 결코 있을 수 없는 일이다. 그 무렵 동수처럼 중국에서 망명한 고관高官은 양자의 관계 구축에 중요한 매개적 역할을 맡았을 것이다.

고구려는 평양 지역으로 일시 피난하여 그 지방의 중국계 인물로부터 지원과 협력을 받아 부흥의 기초를 다질 수 있었다고 생각된다. 고구려 부흥에 즈음하여 이 지역의 낙랑·대방 유민과의 타협적인 공존 관계가 성립되면서 그들의 적극적인 지원이 있었다고 추정해보고자 한다.

더욱이 유의할 점은 동수의 외교적 역할이다. 고구려 고국원왕은 당시 전연에게 빼앗긴 부왕(미천왕)의 유체와 인질로 잡혀간 어머니와 왕비의 반환을 요구하는 한편 동진과 통교를 맺게 되는데 동수가 이러한 외교상의 난국에 커다란 역할을 맡았을 가능성은 충분히 있을 수 있다.

430년대 이후, 고구려에 의해 구 낙랑·대방 지역에 이러한 형태의 진출이 있었고, 게다가 이 지역의 중국계 인사 포섭에 성공하면서 거점적 세력을 부양하고자 했기 때문에 360년대 후반부터 백제와의 사이에, 특히 평양-한성 사이의 격렬한 항쟁이 시작되었던 것이 아닐까 추정된다. 이 부분에 대해서는 나중에 다시 언급하도록 하겠다.

고구려 왕권과 외래인의 문제를 역사적으로 다루면서 주목하고자 하는 것은 미천왕을 이은 고국원왕 대에 안과 밖을 구분하는 고구려 독자적인 '국國' 의식의 성립을 확인할 수 있다는 사실이다.[28] 이러한 전제하에 비로소 '국'가에 있어 '외래인'이 문제시될 수 있으며, 또한 외래인을 왕권 아래 조직화하는 문제를 정치적 과제로 삼을 수 있기 때문이다. 고구려 왕권에서 살펴본 동수에서 모진까지의 위상 변화는 이러한 고구려의 국가 발전과 밀접하게 연관되어 있다.

지금까지 살펴본 것처럼 고구려는 연과의 대립·항쟁 속에서 부여계 유이민과 중국 망명자를 수용하거나 낙랑·대방 유민을 포섭해서 그들을 왕권 아래에 조직함으로써 4세기부터 5세기에 걸쳐 왕권의 비약적인 신장을 이루었고, 고대국가 형성의 기반을 구축할 수 있었던 것이다.

4. 고구려의 남하와 백제·신라의 국가 발전

고구려가 국가 발전을 이루던 무렵 한반도 남부의 한족韓族 사회에도 커다란 변화가 나타나게 된다. 앞에서 언급한 것처럼 한족 사회는 위나라의 정책하에 자체적인 정치 통합을 저해받고 있었지만, 위나라 멸망 후인 3세기 후엽에는 마한·진한을 중심으로 진晉에 대한 적극적인 외교활동이 전개되었다. 당시의 외교적 특징은 진의 동방에 대한 통제력이 약해지면서 낙랑·대방군이 유명무실화됨과 동시에 양평(襄平, 요동군)을 다스리던 동이교위東夷校尉와 진 본국의 원거리 외교가 실현되었다는 점이다. 이러한 외교는 통교 형태의 집약 강화를 필요로 했고, 더 나아가서는 그 결과 한족韓族 여러 소국들의 통합을 가져왔다고 추정된다.[29]

4세기에 들어서 한족 여러 소국들의 동향은 많은 부분이 불투명하지만, 확실히 여러 소국의 통합 경향이 촉진되어 마침내 4세기 중반에는 마한에서 백제가, 진한에서 신라가 그 모습을 분명하게 드러내기 시작한다. 이미 4세기 초엽부터 시작된 5호 16국의 일대 변동기에 이루어진 고구려의 국가 발전 형세에 대해 개관했지만, 고구려의 평양 지역으로의 피난과 그곳에서의 역사적 부흥은 한족 여러 소국들의 통합 경향에 적지 않은 영향을 미쳤다고 생각된다.

한족 여러 소국들 속에서 성장한 백제나 신라의 대외 활동 = 국가적 활동이 명확해지는 것은 4세기 중반 이후부터이다. 백제는 고구려와의 교전(369년) 속에서 그 모습을 드러내기 시작했고, 신라는 고구려를 따라 처음으로(377년) 대중국 외교를 시작한 것처럼 백제·신라 모두 고구려와의 관계가 국제무대 등장과 밀접하게 연관되어 있기 때문이다.

아래에서는 고구려의 남진南進에 대항하면서, 한족韓族의 땅에서 일어난 백제와 신라에 대해, 인구 이동의 측면에 유의하면서 국가 형성의 양상을 개관하고 나아가 왜와의 관계를 전망하도록 하겠다.

백제의 건국에 대해서는 부여족이 남하하여 건국했다는 전설을 사실의 골자로 인정하되, 285년 부여족이 먼저 옥저沃沮 지방으로 남하했지만 그곳에 정착하지 않고 서남쪽으로 침입한 일파가 마한의 한 소국인 '백제국伯濟國'을 정복·지배함으로써 마한의 통합·통일의 지도권을 장악한 것으로 추측되어왔다. 하지만 이러한 건국 전설을 전제로 백제의 왕족을 부여족 출신이라고 간주하는 견해를 무작정 따르기는 어렵다.

예를 들어 초기(4세기) 백제의 왕릉으로 추정되는 서울시 석촌동 적석총을 살펴보면, 분명 고구려의 강한 영향을 확인할 수 있다.[30] 앞서 언급했듯이 부여족의 전통적인 분묘는 적석총이 보이지 않는다는 점에서 오히려 고구려계 사람들의 유입으로 보아야 하지 않을까. 당초 이러한 이민족에게서 출자出自를 찾는 건국 전설은 원래 정치적 성격을 강하게 띠고 있어, 이 전설도 나중에 고구려와의 대립이 격화되면서 후진인 백제가 고구려와 동일한 원류임을 대내에 표방함으로써 백제 왕권의 정통성을 호소하는 수단으로 주장되었을 가능성이 있다.

역으로 생각해보면 백제 흥기의 땅 한성漢城은 마한의 여러 소국 중에서도 낙랑·대방군과 가장 근접한 나라 중 하나였다. 한족 여러 소국의 북단에 위치하여 여러 소국에 대한 두 군郡으로의 유도권誘導權을 채울 수 있는 위치에 있었다.[31] 바로 이러한 입지가 성장의 기초가 될 수 있었다고 추정된다. 고구려가 낙랑군을 배격할 무렵 마한 역시 대방군을 공격했는데 그 중심은 백제국이었을 것이다. 대방군과 근접해 있던 백제국은 그 영향을 강하게 받으면서 발전했을 것이고, 대방군 공격과 더불어 이 지역에서 토착화된 한인漢人과 새로이 유입된 중국계 사람들이 4세기의 급격한 국가 발전에 기여했다는 사실은 그리 어렵지 않게 추측해볼 수 있다.

그렇더라도 주의해야 할 부분은 고구려 남하가 백제 발전에 미친 영향이다. 4세기 백제의 약진을 상징하는 것은, 369년 치성(雉城, 대방군 부근)에서 고구려와의 전쟁에 승리한 것이며, 2년 뒤 평양을 공격하여 고국원왕을 전사시킨 사건이다. 이듬해(372년) 백제가 동진에 조공하자 같은 해 6월 동진에서 책봉사가 파견되는 등 고구려와의 전쟁 승리와 백제의 국제무대 등장은 같은 시기라는 것에 유의해야 할 것이다. 또 이보다 앞서 364년경 한반도 남부의 탁순국(卓淳國, 창원)에 손을 써서 367년 왜와의 통교를 실현하게 되지만, 이 역시 고구려와의 대립 상황에서 초래된 외교활동으로 보인다. 나중에 오랫동안 백제의 외교정책을 규정 짓는 360년대 백제의 기본적인 외교전략의 구상은 고구려와의 대항 관계 속에서 형성되었던 것이다.

이것을 요약하면 고구려가 전연前燕과의 항쟁을 통해 평양 지역으로 도주하여 그곳에서 부흥한 것이 마한 여러 소국에는 압박이 되었고, 그 압력에 항거하는 형태로 '백제국'에 의한 주변국의 통합이 이루어짐으로써 백제의 비약적인 발전을 가져온 것이다.

게다가 그후 백제의 국가 발전에서 간과할 수 없는 것이 역시 낙랑·대방 유민, 중국계 인사들의 존재와 그 역할이다. 369년과 371년 고구려와의 전쟁에서 승리하자 백제는 동진 및 왜와의 외교를 전개하지만, 백제사에서 획기적인 동진과의 외교에는 이러한 중국계 사람들이 관여했을 것이고, 사실 왜와의 새로운 외교관계 수립을 기념하여 제작·증여된 칠지도七支刀는 그들이 제작한 것으로 추정된다.[32]

또 시대가 더 내려오면 백제의 권력층에는 왜계倭系 성씨를 띤 집단이 발견되는데, 이는 고구려 남진에 맞서지 못하고 두 차례의 천도를 거치는 과정에서 왜와의 연대가 강화된 사실과 관련이 있을 것이다. 백제는 앞서 언급한 역사적 배경을 토대로 외래의 다양한 집단을 권력층 내부에 끌어들임으로써 성장하고 발전하게 된다.

신라는, 조선 유민들이 육촌六村을 형성하였고, 하늘이 육촌에 보낸 알에서 시조가 태어나 성장하여 왕(박혁거세)으로 추대되었다는 건국 전설이 있다. 그 뒤 별개의 전승을 가진 다른 성씨(석·김)의 시조가 잇따라 왕위를 계승하는 등 전설상의 건국의 유래 또한 복잡하다. 문헌을 통해 알 수 있는 분명한 사실은 진한의 여러 소국 중 하나인 사로斯盧가 가까운 소국들을 병합하여 신라가 생겨났다는 것이다. 『삼국지』가 전하는 12국의 분립 형세가 무너지고 주변 국가와의 통합이 일단락된 것은 350년 무렵으로 추정된다. 사로에서 신라가 출현하게 된 배경에는 분명치 않은 점들이 많다. 여기서는 이전으로 거슬러 올라가 고고학적 성과를 통해 알 수 있는 이 지역의 특수성에 착안하여 사로에서 신라로 바뀌게 된 배경을 살펴보고자 한다.

먼저 한반도에서는 오늘날까지 낙랑 이외의 지역에서 한경漢鏡이 출토된 사례가 매우 적고, 현 단계에는 변진 지역에 집중되어 있다는 데 주목하고자 한다. 이러한 점에서 삼한시대의 경주·김해 지역에 유력한 집단이 형성되었을 가능성이 있고, 왜와 깊이 연관되어 있었을 것으로 추측되고 있다. 지금 이러한 집단의 형성을 상정해보면 문헌상 유의할 것이 진한에서의 진秦나라 망명인 전설에 대한 것이다. 3세기 중엽 위나라 사람의 견문에 따르면, 진한 사람들은 마한과 언어가 달랐으며 진나라의 고역苦役을 피해 도망친 자들이고, 또 낙랑 사람들은 그들이 잔류한 일부라고 하며, 진한辰韓을 진한秦韓으로 바꿔 부르는 사람도 있다고 기록되어 있다.[33] 이 지역 사람들이 한족韓族 사회에서도 특수한 위치를 차지하고 있었다는 데 주목할 필요가 있겠다.

이러한 전승에서 역사적 사실을 추출하고자 할 때 주목되는 것이 진번군과의 관계이다. 원래 진번은 진秦의 6국 통일 이전부터 연나라와 교섭하던 한반도 내 유력 국가로 알려져 있었다. 그로 인해 한의 군현 지배에 따라 진번에 군이 설치된 것으로 추정하고 있다. 진번군은 설치된 지 26년 뒤에 폐지되지만, 해당 군치郡治의 소재지에 대해서는 여러 견해가 있다. 다만 중요한 것이 한토漢土와의 거리상 경주 부근이 군치 후보지로 거론될 수 있다는 지적이다.[34] 그렇다면 이 지방에 연燕·제齊 지역의 방언과 다른 진나라 어휘가 전해지고 있는 점을 한나라 초기의 군현 설치와 함께 내군內郡 사람들의 이주가 있었던 흔적으로 보아도 무방하지 않겠는가. 후대에 와서 진나라와의 연관성이 강조되는 것은 **진번(眞番) → 진한(辰韓) → 진한(秦韓)**으로 동일한 음을 끌어다 억지로 붙였기 때문이며, 3세기 단계에 진秦과 전한前漢 초기의 어휘 변별은 사실상 불가능했을 것이다.

이렇게 보면 진한 지역에서 진번군 설치에 따른 한인漢人의 유입, 정착이 있었다고 추정하는 것이 반드시 틀렸다고는 할 수 없을 것이다. 지금까지도 경주 부근에 각종 금속품이 다수 출토되는 유적이 있어, 이러한 유적·유물과 진번군과의 관련성이 지적된 바 있다.[35] 또 진한 지역이었던 신라의 왕도 경주 부근에서만 발견되는 적석목곽분은 낙랑적인 목곽木槨과 고구려적인 분구墳丘가 일체화된 묘제로 여겨지고 있으며, 경주 출토 와질토기瓦質土器에도 낙랑 회도灰陶와의 영향 관계가 지적되고 있다.[36] 게다가 최근에는 경주에 초기 제철 기술이 도입된 사실을 유적에서 확인할 수 있는데, 이 지역에 집중적으로 분포하는 낙랑 영향의 다양한 유적·유물은 진번군 설치에 수반된 한인漢人의 정착과 관련지어 추구할 측면이 있다고 생각한다. 이처럼 진한의 사로국에서 신라로 전개되는 발전 기반은 이러한 점과도 크게 관련되어 있다고 생각한다.

여기서 지리적 조건을 살펴보면 낙동강 유역에 위치하는 변진 지역은 소백산맥 조령鳥嶺을 넘으면 바로 한강을 이용해서 낙랑 지역에 도달할 수 있는 수로 교통의 대동맥으로 연결되어 있다. 이처럼 두 강을 이용한 물길과 선박의 편리함은 이 지역 발전을 생각하는 데 결코 무시할 수 없다.[38] 게다가 이 지역은 일본 열도의 규슈 북부와 서로 영향을 주고받는 영역으로 왜와 빈번한 교류가 있었던 곳이다. 낙랑 지역에서 본다면 변진 지역은 선진 문물을 일본 열도에 전하는 집적지와 같은 위치에 있고, 이 지역에서만 일본 열도가 선택한 한경漢鏡이 출토되는 것은 그러한 지정학적 위치와 무관하지 않을 것이다.

사로국에서 신라로의 발전은 이러한 변진 지역이 공통된 기반에서 한층 더 비약한 것을 의미하지만, 신라의 국제무대 등장(377년 전진前秦에 조공)이 고구려와 함께 실현되었다는 것에서 볼 수 있는 것처럼 고구려 왕권과 결탁한 것이 가장 큰 요인이었음에 틀림이 없다. 「광개토왕비」에서는 광개토왕 즉위 이전 신라는 이미 고구려의 '속민屬民'으로 간주되고, 문헌상에서도 5세기 초 고구려군의 압력과 신라 주둔이 확인되고 있다.[39]

또한 신라가 동해안을 경유하여 진출해온 고구려와 연대하여 세력을 모은 것은 거의 동일한 여러 조건을 갖춘 다른 변진 지역(가야 제국)과 그 뒤의 역사적 전개를 달리하는 갈림길이 되었을 것이다. 「광개토왕비」에는 백제 측과 결탁한 임나가라任那加羅-안라安羅-왜倭에 맞서 신라는 고구려 측과 결탁하였고, 백제를 지원하던 왜의 공격에 직면한 사실을 전하고 있지만 이러한 정세는 그 이후의 전개 중 한 장면으로 보인다.

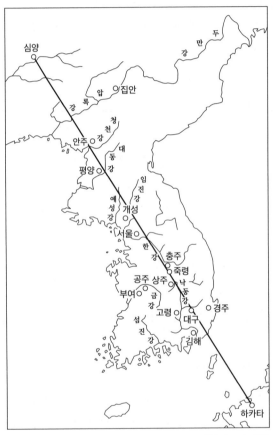

지도 1 한반도의 가상 교통축(『영남대로嶺南大路』**에서 일부 수정)[37]**
압록강, 한강, 낙동강 등 큰 강 하류지역을 연결하는 축에 따라 주요 도시가 분포한다.

5. 맺음말: 한반도 여러 국가의 항쟁과 왜

주지하는 것처럼 4세기 중엽부터 돌연 활발해진 한반도 여러 국가 간의 대립 항쟁에 왜는 적극적으로 개입하였다. 거슬러 올라가면 일본 열도의 왜인은 변진의 철 수입에 가담하였고, 또 변진을 통해 선진 문물을 수용하고 있었다. 이러한 정세를 격변시킨 것이 고구려의 남하와 한족韓族 사회에 대한 군사적 압박이었다.

그런 가운데 백제는 일찍이 탁순국卓淳國을 통해 왜와의 공적 외교를 모색했던 것이다. 이때의 양국 통교가 왕권 사이에서 이루어진 것은 물론이거니와 한반도 남부의 한족 사회와 일본 열도 사이도 이전 관계와 달리 왕권 간의 긴밀한 정치적 관계가 지배하게 되었던 것이다.

이와 함께 4세기 중엽 이후, 한반도와 일본 열도 사이의 인적 왕래는 정치 정세를 강하게 반영하게 된다. 즉 백제와 왜의 군사적 제휴는 긴박한 정세하에 백제에서 왜로, '질質'로서 왕족을 파견하는 것을 비롯하여 고도의 학예·문화를 보유한 인재 증여가 종종 이루어졌다. 「광개토왕비」에서 볼 수 있는 4세기부터 5세기에 걸친 왜의 한반도 파병은 이러한 상황을 토대로 백제의 요청에 적극적으로 응한 것이었다.

왕권 사이의 교류와 관련하여 중요한 것은 조선 여러 국가 간 항쟁에 의해 광범위한 사람들이 일본 열도에 집단적으로 건너갔다는 점이다.

오늘날 한반도에서 넘어간 대규모 인적 이동을 보여주는 유물로서 한반도계 토기를 주목할 수 있는데, 그러한 토기의 제작지나 유입 시기, 분포상황에서 두드러진 특징이 발견되고 있다. 이에 따르면 토기의 제작지는 가야 제국을 중심으로, 유입은 5세기 중엽부터 6세기 초엽까지 제한된 시기에 가장 많다고 한다. 또한 일본 열도 내에서의 분포는 기나이畿內의 가와치河內, 야마토大和가 가장 많고 기비吉備, 치쿠시築紫 지방이 그다음인데 한반도와

의 지리적 거리에 상관없이 편재성遍在性을 강하게 드러낸다고 한다.[40]

이러한 점은 당연히 5세기부터 심화된 고구려의 남진과 왜의 한반도 정세 개입 시기와 부합하고 있다. 이 시기에 특히 주목해야 할 점은 최근의 발굴 성과에 의해 신라의 토기 문화가 5세기 초부터 김해를 시작으로 낙동강 하류 지역까지 미치고 있다는 사실이며, 고구려의 남진, 그와 맺어져 급속하게 성장한 신라의 가야 제국에 대한 진출을 간과할 수 없다.[41] 이는 왜의 일방적인 개입만을 가지고 인구가 왜로 이동한 원인을 찾으려고 하는 것이 불충분하다는 것을 의미한다. 어쨌든 한반도 중부의 고구려-백제 간 대립을 기축으로 한 군사적 긴장은 남부 여러 지역으로 파급되었고, 주로 가야 제국으로부터, 백제·가야 제국을 후방에서 지원해온 일본 열도로 집단 이주가 있었다고 추정되고 있다.

2장 예족의 생업과 민족

1. 문제의 소재

한나라 무제에 의한 낙랑군 외 3군 설치를 통해 중국 동북지방에서 한반도에 걸쳐 정착한 소위 동이 여러 민족은 극적으로 변모하게 된다. 이른바이 책 1장 '동아시아 여러 국가와 인구 이동'[1]에서 밝힌 것처럼, 북부의 부여와 고구려는 군현과의 평화적이고 폭력적인 교섭을 거듭하면서 왕권 밑에 수장 계층을 조직화하고 고대국가를 형성하기 위해 박차를 가하고 있었다. 한편 한반도 남부 한족韓族은 낙랑군의 압박도 있었기에 태동은 다소 늦은 감이 있지만 군현과의 교섭을 통해 여러 소국의 활동이 활발해졌다.[2] 그러면서 낙랑군 멸망 후인 기원후 4세기 무렵에는 백제, 신라가 한족 사회에서 두각을 나타내며 주변 여러 소국들을 한층 더 점령해간 것으로 보인다.

『삼국지』권30 위서 오환선비동이전烏丸鮮卑東夷傳(이하 『위지』동이전으로 부름)은 그러한 3세기 중엽, 동이 여러 민족의 동향을 비교적 잘 전해주고 있다. 여기에서는 앞서 언급한 부여, 고구려나 삼한 이외에 예穢,[3] 읍루挹婁, 옥저沃沮 등 여러 민족들에 대해서도 각각의 독자적인 활동을 전하고 있지만, 다음에서는 특히 예족의 동향에 대해 주목하고자 한다. 예족을 다른 민족들과 비교해보면, 4군 설치 이후의 활동에서도 석연찮은 부분들이 적지 않게 발견된다. 게다가 예족은 자체적으로 국가를 형성하지 않았기 때문에 생업이나 민족적인 성격이 명확하게 밝혀졌다고 할 수 없다.

다만 예족의 활동은, 소급하면 기원전부터 중국 사료에 기록되어 있고, 그 이후에도 낙랑군과의 관계를 비롯하여 예족을 정치적으로 종속시킨 고구려 측의 사료에 의해서도 활동의 흔적을 찾아볼 수 있다.[4] 또 고구려 멸망 후에는 신라 영역에서 예족의 존재가 확인되는 등 장기간에 걸쳐 그 실재를 확인할 수 있다.[5]

예족에 대해서는 이미 오랜 연구의 역사가 있지만, 그중에서도 주목되는 것이 미카미 츠기오三上次男 씨의 논고이다.[6] 미카미 씨 연구의 특징은, 이제 까지 '예맥논쟁穢貊論爭'으로 문헌고증에 시종 매달려왔던 예족의 문제를 전환시켜 한층 더 구체화함으로써, 한반도 동북부(강원도·함경도) 및 부여 국 일부에 확실하게 실재하던 예족의 존재를 명확히 하였고, 나아가 생업과 민족적 성격을 정면에서 다룬 점을 꼽을 수 있다.

또한 예족을 주제로 논한 것은 아니지만 이를 규명하는 데 중요한 자료로 서 다케다 유키오武田幸男 씨의 두 논고를 들 수 있다.[7] 다케다 씨는 먼저 『위 지』 동이전의 분석을 통해 3세기 예족의 실태를 사회구조적인 측면에서 다 루었고, 「광개토왕비문」의 분석을 통해 4~5세기 고구려 국가의 다민족 상 황 속에서 예족의 존재 양태를 구체적으로 생생히 드러내고자 했다.

그래서 이 장에서는 미카미 씨와 다케다 씨 두 학자의 연구 성과를 계승 하면서 여러 사료에 단편적으로 기록되어 있는 예족의 동향을 재구성함으 로써, 예족의 생업과 민족적 성격을 최대한 분명히 하고자 한다. 나아가 낙 랑군 설치 후, 동이 여러 민족의 국가와 민족 형성 과정에 있어서 예족의 위 상을 살펴보고자 한다.

2. 예족의 연구 동향과 관점

먼저 예족의 연구 동향에 관하여, 앞서 언급한 미카미 츠기오 씨와 다케다 유키오 씨의 연구 성과에 대한 개요를 한번 정리하는 것에서 시작하고자 한다.

이제까지 중국과 일본 학계에서는 중국 고문헌에 종종 '예맥穢貊'이란 두 글자로 표기되어 있는 것을 가지고 '예인穢人'과 '맥인貊人' 사이의 민족적 연관성을 오랫동안 논의해왔다.[8] 미카미 츠기오 씨는 이러한 '예맥' 논란을 비판하면서 예인과 맥인을 별개의 민족으로 다뤄야 한다는 견해를 제기하였고, 그 주장에 대한 실증을 위해 노력해왔다. 그리고 이러한 점을 전제로 예족의 거주지와 민족적 성격에 대한 견해를 다음과 같이 언급하고 있다.

먼저 예족의 거주지에 대해서는 기본 사료인 『위지』 동이전 예조濊條의 분석을 근거로, 예족의 거주 지역을 함경도에서 강원도 연안 지대까지로 추정하였다. 이 지역은 기원전 128년 한나라에 투항한 '예군남려濊君南閭'와 그들의 거주지에 설치된 창해군滄海郡 지역과 겹친다고 지적하였다. 요컨대 기원전 2세기부터 기원후 3세기까지 함경남도에서 강원도에 걸쳐, 한반도의 연안 지대가 역사상 일관되게 예족의 중심적인 거주 지역이었다고 간주한 것이다. 게다가 부여의 영역에도 예족이 거주한 흔적이 확인된다는 점을 중시하여 송화강 유역에도 예족이 실재하였음을 규명함으로써, 결국 예족의 거주지로 강원도·함경도 연안과 송화강 유역 두 중심지의 존재를 지적하였다.

다음으로 이러한 지역에 분포하는 예족의 민족적 성격은 예로부터 예족이 중국 왕조에 헌상한 공납품 중에 바다에 서식하는 동물[海棲動物]이 있었다는 점이나, 예족에게서 바다에 서식하는 동물과 관련된 기록이 다수 발견된다는 점에서, 예족은 어로漁撈와 밀접한 관계를 지닌 민족이며 그들이 어

로를 중심으로 생활했다고 규정하였다.[9]

　이상을 요약하면 미카미 츠기오 씨는 기원전 2세기부터 기원후 3세기까지 예족의 거주지를 특정하고, 그들이 해안 지역이나 큰 강 주변에서 거주했으며, 특히 어로와 깊은 관계가 있던 민족으로 추정하였다.

　한편 다케다 유키오 씨는 3세기 동이 여러 민족의 국가 구조, 사회 구조를 규명하는 가운데 예족이 부여·고구려 등 선진적으로 국가를 형성한 나라에 지배당하고 예속되던 존재 양태나, 거수渠帥라고 하는 수장이 통솔하고 있던 예족의 읍락邑落 공동체의 구조를, 동이 여러 민족과의 차이와 공통성에 유의하면서 입체적으로 제시하고자 하였다.[10] 즉 미카미 씨가 지적한 예족 거주 공간에서의 존재 양태를 사회 구조적으로 구체화시켰다고 할 수 있겠다.

　뒤이어 고구려의 지배로 예속되어 있던 예족을 「광개토왕비문」에 의거하여 극명하게 추구함으로써 그 거주지나 민족적 성격에 대해 미카미 씨의 견해를 뒷받침하고 있다. 먼저 거주지에 대해서는 강원도를 중심으로 존재하던 예족이 더 광범위하게 실재하고 있어서 남쪽으로는 신라의 왕도 경주 바로 북쪽까지, 서쪽으로는 척량산맥을 넘어 서해안 부근까지 진출한 사실을 명확히 하였다. 이것에 의해 예족은 예상 밖으로 넓은 면적에 걸쳐 한반도에 분포하고 있었음을 확인할 수 있다.[11]

　나아가 예족의 민족적 성격에 대해서는 「광개토왕비문」에 적힌 "동해고東海賈"에 착안하여, 그들이 어로 생활에 기반을 두고 있던 예족 중에서도 상인 집단이었음을 알아냈다. 4~5세기 무렵에는 영동 해안에서 출발하여 고구려를 경유, 중국에 도달하는 교역로(통상通商 루트)가 있어서 해산물의 매매를 포함한 통상 활동이 실재하였음을 분명히 하였다. 요컨대 다케다 씨는 '동해고'의 분석을 통해 어로민·예족의 상업 활동, 원격 교역 활동의 일면을 추출하고 이를 실증해 보였다.

　이상이 미카미 씨, 다케다 씨 두 학자에 의해 밝혀진 예족 연구의 성과이다. 나아가 근래에는 다무라 고이치田村晃一 씨가 고고학적 관점에서 예맥의 민족 문제를 다루었고,[12] 고노 로쿠로河野六郎 씨는 언어학적 관점에서 예족을 언급하고 있다.[13] 예족에 대한 민족적 계통론을 한층 심화시키려고 한다면 이러한 성과도 참고해야 하겠지만, 이 장의 문제 설정과 직접 연관된 부분은 그다지 많지 않기 때문에 여기서는 그에 관한 언급은 생략하도록 하겠다. 우선 이 장에서는 미카미 츠기오, 다케다 유키오 두 학자가 밝힌 여러 문제들을 계승하면서, 예족의 생업과 그 민족적 성격에 대한 고찰을 중심으로 검토하겠다.

3. 예족의 생업

앞서 살펴본 것처럼 예족의 생업은 어로 중심이며, 그들이 이러한 활동에서 획득한 해산물의 판로를 찾고자 원격지에 운송·운반한 사실이 해명되었다. 이러한 예족의 모습에 대하여 중국 문헌들은 바다에 사는 해서海棲 동물과 진귀한 물고기[珍魚]를 예족과 연관시켜 전하고 있으며,[14] 이로부터 어로민 예족의 모습을 구체적으로 이해할 수 있다. 예를 들면 『설문說文』 제11편 하에서는,

> 민어(鮸), 어류다. 예사두국薉邪頭國에서 나온다.
> 새우(魵), 어류다. 예사두국薉邪頭國에서 나온다.
> 자가사리(鱳), 어류다. 표면에 무늬가 있어, 낙랑 동이東暆에서 나온다. 신작神爵 4년(기원전 58년) 처음 잡혀서, 이를 거두어 고공考工에 보낸다.

라고 해서, 한나라 때 동부도위東部都尉가 다스리던 7현(동이東晆, 불내不耐, 잠대蠶臺, 화려華麗, 사두미邪頭味, 전막前莫, 부조夫租) 가운데 동이현, 사두미현에서 유입되었다고 적혀 있어, 당시 중국에서는 예족의 거주지가 진귀한 물고기[珍魚]의 산지로 인식되었음을 알 수 있다. 따라서 한반도 동해안에서 어로를 중심으로 한 예족의 생업에 대해 굳이 의심할 여지가 없다.

게다가 여기서 추가적으로 주목해야 할 부분은 『위지』 동이전 예조에

> 이 바다에서는 반어斑魚의 껍질이 난다. 땅에는 문표文豹가 많고,
> 과하마果下馬가 나서 한나라 환제桓帝 때 이를 헌상하였다.

라는 기록이 있어 예족 거주지에는 '문표文豹'가 많이 서식하고, 그들은 이를 포획하여 '반어피斑漁皮'와 함께 전한대前漢代 공물로 헌상했음을 전하고 있다. 한편 『후한서』 동이전 동옥저조에는,

> 초포貂布, 어염魚鹽, 해산물을 천 리나 되는 거리에서 메고 지고 운반
> 하였다.

라고 하여, 이 지역의 예족이 고구려에 조부租賦로 '초포(貂布, 담비 가죽)'를 납품했다고 하는데, 여기서도 동물 가죽[獸皮]인 담비[貂]가 공물로 등장하고 있다. 그런데 『위지』 동이전 동옥저조에는 해당 기록을

> 맥포貊布, 어염魚鹽, 해산물을 천 리나 되는 거리에서 메고 지고 운반
> 하였다.

라고 하여 『후한서』의 '초포貂布'와 『위지』의 '맥포(貊布, 삼베)' 중 어느 쪽

을 수용할지 결정하기 어렵지만, 이 지역이 고대부터 근세까지 '담비[貂]'와 연관되어 있던 사실을 외면할 수 없기 때문에,[15] 『후한서』에 따라 '초貂나 포布'로 해석하는 것이 불가능하지는 않다고 생각한다.

『삼국사기』 고구려본기 태조대왕 55년(107) 동冬 10월 조에는,

동해곡東海谷 태수가 주표朱豹를 바쳤는데 꼬리 길이가 9척이었다.

라고 적혀 있어 '동해곡東海谷'의 태수가 '주표(朱豹, 붉은 표범)'를 공물로 헌납한 것이 보인다. 우선 『삼국사기』에서 고구려 초기의 왕통 계보가 후세에 조작된 부분이 있다는 것은 부정할 수 없는 사실이라,[16] 태조대왕 시대의 사건인 이 기록을 있는 그대로 신뢰하기는 어렵다. 그러나 『위지』의 '문표'에 관한 기록이나 이미 밝혀진 「광개토왕비문」의 '동해고'의 실태[17]에서 본다면 '동해곡東海谷'을 예족('동해고')의 존재 형태 중 하나로 간주하여 그들의 활동을 전하는 데 이 기록을 활용, 해석하는 것이 부당하지는 않을 것이다.

그렇다면 표범[豹]과 담비[貂] 등의 수피獸皮가 예족 거주 지역의 생산품으로 계통이 다른 사료에 각각 등장하고 있다는 점에 주목해야 할 것이다.

즉, 그들의 생업은 어로뿐 아니라 표범이나 담비 등의 수렵도 포함되는 것이 틀림없어 이러한 수피를 공납(교역)했다고 볼 수 있을 것이다.

게다가 예족의 생업은 여기에 그치지 않고, 양잠養蠶과 농경農耕도 행했던 사실을 『위지』 동이전 예조의

삼베麻布가 산출되며 누에를 쳐서 잠상蠶桑 명주실(縣)을 만들었다. 새벽에 별자리의 움직임을 관찰하여 그해의 풍흉豊凶을 미리 안다.

라는 기록에서도 충분히 짐작할 수 있다. 양잠에 대해서는 직접적으로 언급

하고 있어 새삼 논할 필요가 없을 것이다. 문제는 농경에 관한 부분으로 이 역시 후반부의 기록에서 볼 수 있듯이 점성술로 '그해의 풍흉'을 미리 알았다고 한다면 이는 농경이 전제되어 있다는 사실로 간주해야 할 것이다. 실제 예족의 농경에 대해서는 거주 지역이기도 한 동옥저의 땅이

> 그 토지는 비옥하며 산을 등지고 바다를 향해 있어, 오곡五穀이 잘 자라며 농사짓기에 적합하다.

라고 해서 농경에 적합한 토지임을 『위지』 동이전 동옥저조에서 전하고 있으며, 이것에 의해 예족 중에는 농경에 종사한 사람들이 적지 않았음을 짐작할 수 있다.

그런데 "새벽에 별자리(星宿)를 보고 그해의 풍흉을 미리 안다"는 기록에서 상기되는 것이, 『회남자淮南子』 권3 천문훈天文訓의 세성(歲星, 목성) 운행에 기반한 세성기년법歲星紀年法과 태음원시太陰元始의 풍흉豊凶 시간표이다.[18] 『회남자』 천문훈에 따르면 동틀녘 목성이 28수(성수)와 함께 거의 12년 주기로 동쪽에서 떠오르는 것을 가지고 각각 "섭제격攝提格, 단알單閼, 집서執除, 대황락大荒落, 돈장敦牂, 협흡協洽, 군탄涒灘, 작악作鄂, 엄무閹茂, 대연헌大淵獻, 곤돈困敦, 적분약赤奮若"으로 명명하였다. 이를 자세히 나타내보면,

---

태음太陰이 인寅에 있으면 그해를 섭제격攝提格이라고 하다. 웅웅雄을 목성歲星으로 삼는다. 두斗·견우牽牛에 머무르며 11월과 함께하여 새벽 동쪽에서 나온다. 동정東井·여귀輿鬼와 짝을 이룬다.

태음太陰이 묘卯에 있으면 그해를 단알單閼이라고 한다. 목성은 수녀須女·허虛·위危에 머무르며, 12월과 함께하여 새벽 동쪽에서 나온다. 유柳·칠성七星·장張과 짝을 이룬다.

태음太陰이 진辰에 있으면 그해를 집서執徐라고 한다. 목성은 영실營室·동벽東壁에 머무르며, 정월과 함께하여 새벽 동쪽에서 나온다. 익翼·진軫과 짝을 이룬다.

태음太陰이 사巳에 있으면 그해를 대황락大荒落이라고 한다. 목성은 규奎·루婁에 머무르며, 2월과 함께하여 새벽 동쪽에서 나온다. 각角·항亢과 짝을 이룬다.

태음太陰이 오午에 있으면 그해를 돈장敦牂이라고 한다. 목성은 위胃·묘昴·필畢에 머무르며, 3월과 함께하여 새벽 동쪽에서 나온다. 저氐·방房·심心과 짝을 이룬다.

태음太陰이 미未에 있으면 그해를 협흡協洽이라고 한다. 목성은 자준觜觿·삼參에 머무르며, 4월과 함께하여 새벽 동쪽에서 나온다. 미尾·기箕와 짝을 이룬다.

태음太陰이 신申에 있으면 그해를 군탄涒灘이라고 한다. 목성은 동정東井·여귀輿鬼에 머무르며, 5월과 함께하여 새벽 동쪽에서 나온다. 두斗·견우牽牛와 짝을 이룬다.

태음이 유酉에 있으면 그해를 작악作鄂이라고 한다. 목성은 유柳·칠성七星·장張에 머무르며, 6월과 함께하여 새벽 동쪽에서 나온다. 수녀須女·허虛·위危와 짝을 이룬다.

태음太陰이 술戌에 있으면 그해를 엄무閹茂라고 한다. 목성은 익翼·진軫에 머무르며, 7월과 함께하여 새벽 동쪽에서 나온다. 영실營室·동벽東壁과 짝을 이룬다.

태음太陰이 해亥에 있으면 그해를 대연헌大淵獻이라고 한다. 목성은 각角·항亢에 머무르며, 8월과 함께하여 새벽 동쪽에서 나온다. 규奎·루婁와 짝을 이룬다.

태음太陰이 자子에 있으면 그해를 곤돈困敦이라고 한다. 목성은 저氐·방房·심心에 머무르며, 9월과 함께하여 새벽 동쪽에서 나온다. 위胃·묘昴·필畢과 짝을 이룬다.

태음太陰이 축丑에 있으면 그해를 적분약赤奮若이라고 한다. 목성은 미尾·기箕에 머무르며, 10월과 함께하여 새벽 동쪽에서 나온다. 자준觜觿·삼參과 짝을 이룬다.

라고 해서, 새벽의 목성이 동쪽에 어떤 별자리와 함께 나타나는지에 따라 섭제격攝提格에서 적분약赤奮若까지 12개의 명칭이 있으며, 게다가 해마다 각각 아래와 같이 풍흉에 대한 시간표가 있었다.

섭제격攝提格의 해는 일찍부터 장마가 들고 늦게 가뭄이 들며, 벼에 병충이 있고 누에는 고치를 만들지 못한다. 콩과 보리는 풍성하고 백성들은 4되의 식량을 먹을 수 있다. 인寅과 갑甲에게 있는 것을 알봉閼蓬이라고 한다.

단알單閼의 해는 날씨가 고르고 벼, 콩, 보리, 누에가 번성한다. 백성들은 5되의 식량을 먹을 수 있다. 묘卯와 을乙에 있는 것을 전몽旃蒙이라고 한다.

집서執徐의 해는 일찍부터 가물고 늦게 장마가 있어, 다소 굶주리게 된다. 누에는 고치를 만들지 않고 보리는 여물어간다. 백성들은 3되의 식량을 먹을 수 있다. 진辰과 병丙에 있는 것을 유조柔兆라고 한다.

대황락大荒落의 해는 해마다 작은 전쟁이 있다. 누에는 고치를 작게 만들고 보리는 풍성하고 콩은 병이 든다. 백성들은 2되의 식량을 먹을 수 있다. 사巳와 정丁에 있는 것을 강어强圉라고 한다.

돈장敦牂의 해는 큰 가뭄이 든다. 누에는 고치를 만들고 벼는 병이 들며, 콩과 보리는 풍성하지만 벼는 잘 여물지 못한다. 백성들은 2되의 식량을 먹을 수 있다. 오午와 무戊에 있는 것을 저옹著雍이라고 한다.

협흡協洽의 해는 해마다 작은 전쟁이 있다. 누에는 고치를 만들고 벼는 풍성하지만 콩과 보리는 잘 여물지 못한다. 백성들은 3되의 식량을 먹을 수 있다. 미未와 기己에 있는 것을 도유屠維라고 한다.

군탄涒灘의 해는 해마다 날씨가 고르며 비가 조금 내린다. 누에는 고치를 만들고 콩과 보리는 풍성해진다. 백성들은 3되의 식량을 먹을 수 있다. 신申과 경庚에 있는 것을 상장上章이라고 한다.

작악作鄂의 해는 해마다 큰 전쟁이 있고 백성들은 질병에 걸린다. 누에는 고치를 만들지 않고 콩과 보리도 잘 여물지 못한다. 벼에는 해충이 있다. 백성들은 5되의 식량을 먹을 수 있다. 유酉와 신辛에 있는 것을 중광重光이라고 한다.

엄무閹茂의 해는 해마다 어느 정도 굶주림이 있고 전쟁도 있다. 누에는 고치를 만들지 않고 보리는 여물지 못하지만 콩은 풍성하다. 백성들은 7되의 식량을 먹을 수 있다. 술戌과 임壬에 있는 것을 원익元默이라고 한다.

대연헌大淵獻의 해는 해마다 큰 전쟁이 있으며, 큰 기근도 있다. 누에는 고치를 많이 만들지만, 콩과 보리는 여물지 않고 벼는 해충이 있다. 백성들은 3되의 식량을 먹을 수 있다.

곤돈困敦의 해는 해마다 짙은 안개가 생기고 큰 홍수가 있다. 누에는 고치를 만들고 벼는 병들지만 보리는 풍성하다. 백성들은 3되의 식량을 먹을 수 있다. 자子와 계癸에 있는 것을 소양昭陽이라고 한다.

적분약赤奮若의 해는 해마다 작은 전쟁이 있으며 일찍부터 홍수가 있다. 누에는 나오지 않고 벼는 병들고 콩은 여물지 못하지만 보리는 풍성하다. 백성들은 1되의 식량을 먹을 수 있다.

라고 하여, 새벽 동쪽에 출현하는 목성과 별자리(星宿)의 배치에 따라 그해의 풍흉이 결정되었음을 알 수 있다. 그렇다면 동이전 예조의 "새벽에 별자리를 보고 그해의 풍흉을 미리 안다"라는 문장은, 앞서 언급했듯이 세성기년법歲星紀年法과 태음원시太陰元始에 따라 풍흉 시간표를 토대로 한 점성술이었을 개연성이 높은 것이다. 따라서 『위지』동이전 예조가 이러한 사실에 입각해서 기술되었다고 보는 것은 결코 무리한 억측이라 하기 어려울 것이다.

주로 어로와 수렵에 종사하던 예족이 어떠한 경로로 이처럼 중원에서 고도로 발달한 천문 지식에 기초를 둔 점성술에 정통하고, 그들의 생활에서 실천하게 되었는지 의문이 없지 않지만 이 부분은 나중에 논하도록 하겠다. 여기서는 예족이 점성술에 정통하며 해당 내용이 농경과 밀접하게 연관되어 있다는 사실을 확인하고, 그들이 농경에도 종사했다는 점에 유념하고자 한다. 이러한 사실을 감안하면 『위지』동이전 예조에서 볼 수 있는 점성술이 결코 관념적으로 수용된 것이 아니라 예족의 생활상에 나름대로 정착되어 있었음을 추정할 수 있겠다.

이상에서 예족은 어로, 수렵을 생업으로 삼아 이를 원격지로 운반해서 교역(통상 활동)하는 한편, 원초적인 농업도 행하는 등 넓은 의미에서 그들이 채집과 수렵의 백성이었음이 판명되었다.

예족의 생업을 이상과 같이 전제하면서 특히 주목하고자 하는 것은 『위지』동이전 예조에 수록된 그들의 특이한 습속에 대한 것이다.

> 이 나라의 풍속은 산천山川을 중시하여 산과 내마다 각각 구분이 있
> 어 함부로 들어가지 않는다. [중략] 읍락을 함부로 침범하면 항상
> 처벌하여 노비와 소, 말을 부과하는데 이를 책화責禍라고 한다.

즉, 어로·수렵을 주된 생업으로 삼던 예족에게 산과 강은 그 생활권으로 중시되어 그들의 지역에 함부로 들어가는 것을 금지하는 관습이 있었는데, 이를 위반하여 침범하면 처벌 대상이 되어 상당한 보상을 지불하였다고 한다. 예족의 이러한 상호 침범을 금하는 일정한 영역(생활권)에 관해, 과거 오

바야시 다료大林太良 씨는 아이누족의 이워르(IWOR, 공동 사냥터)와의 연관성을 아주 간략하게 지적한 바 있다.[19] 안타깝게도 그 뒤 이 견해는 거의 관심의 대상이 되지 못한 채 간과되었지만 이 점은 예족의 생업과 습속의 문제를 심화시켰다는 점에서 주목해야 할 중요한 지적이라 하지 않을 수 없다.

그런데 예족의 생활권과 흡사한 아이누족의 이워르에 대해 본격적인 조사에 근거하여 고찰한 것은 이즈미 세이치泉靖一 씨였다. 이즈미 씨의 홋카이도北海道 히다카日高 지방 사루沙流의 아이누 이워르 조사에 따르면, 아이누의 코탄(집락)은 각각 코탄 고유의 영역territory을 갖고 있어 그 영역 안에서는 자유로이 수렵과 어로를 할 수 있으나 본인 이외의 외부의 것이 영역을 침범하는 것을 용납하지 않았다. 하지만 이러한 이워르는 대체로 하나의 강줄기를 끼고 양쪽 산맥의 능선 안쪽이나 연안을 그 영역으로 삼았다고 한다.[20] 게다가 이러한 성격과 매우 유사한 지역이 홋카이도 아이누 외에 북방 퉁구스Tungus에도 존재했던 것으로 보고되었다.[21] 따라서 널리 북동아시아 수렵민에게는 아이누족의 이워르로 확인된 일정 영역이 공통적으로 보이며, 이러한 생활권이 시대를 거슬러 올라가 고대의 예족에도 존재했던 것으로 추정할 수 있는 것이다.

바꾸어 말하면 이처럼 채집·수렵이라는 생업에 기반한 아이누의 습속을 고대 예족에게서도 찾아볼 수 있다는 점에서, 예족의 생업을 검토할 때 아이누를 비롯한 북동아시아 수렵민의 생업을 염두에 두고 비교 고찰할 필요가 있을 것이다.

4. 예족의 습속

예족을 아이누처럼 채집 수렵민이라고 가정했을 때 간과할 수 없는 것이,

『위지』 동이전 예조에 전하는 예족의 습속이 다름 아닌 아이누와 흡사하다는 점이다. 예를 들어 예조에는,

> 꺼리는 것이 많아 질병을 앓거나 사람이 죽으면 즉시 옛집을 버리
> 고 다시 새집을 짓는다.

라는 습속이 분명하게 기록되어 있다. 가족 누군가가 병이 나거나 사망하면 그때마다 거주하던 가옥을 폐기하고 새집을 마련했다는 뜻이다. 이와 비슷한 습속은 홋카이도 아이누에서 최근까지 유지되었던 것으로 보고된 바 있으며,[22] 이에 따르면 누군가가 죽으면 그 집을 태워버리고, 남은 가족은 그 부근에 새로운 집을 짓고 거주하든가 다른 곳으로 이주하여 새집을 지었다고 한다. 또 그러한 습속의 배경이 되었던 것은 아이누의 종교 관념이며, 아이누는 병이나 죽음을 더럽다고 여겨, 사망자가 나온 집, 마을, 유족, 장례식 참석자 모두가 부정 탔다고 여겼던 것 같다. 따라서 집을 소각하는 습속은 부정 타서 죽은 집을 태워버림으로써 부정을 없애고자 했던 것으로 추정되고 있다.[23]

이처럼 예족은 생업이 거의 비슷한 아이누나 북동아시아 채집 수렵민과 매우 유사한 습속을 가지고 있었다는 점이 그 민족적인 특징으로 보인다. 그렇지만 이러한 고유 습속이 발견되는 한편으로, 그들은 중국에 기원을 둔 문화와 습속을 적극적으로 수용했던 측면도 있어 앞서 언급한 사실과 서로 배치되는 것처럼 보인다.

예족의 습속에 혼재된 중국적인 문화 요소로서 제일 먼저 지적해야 할 것이 예족에게는 중소中小의 거수渠帥, 즉 수장들을 통솔하는 왕자가 없었고, 또 거수들은 각각 통속統屬 관계를 갖지 않아, 예를 들면 '후侯 · 읍읍 · 군군君 · 삼로三老'처럼 한나라 이후의 관작 · 관직을 갖고 있는 자가 산재되어 있었다는

사실이다. 즉 『위지』 동이전 동옥저조에는,

> 대군왕大君王이 없고 읍락에는 각각 대를 잇는 장수長帥가 있다. [중략] 한나라 건무 6년(기원후 30년), 변경의 군을 줄이고 도위都尉도 이때 폐지되었다. 그후 현에 있던 거수渠帥를 모두 현후縣侯로 삼으니, 불내不耐·화려華麗·옥저沃沮 등의 여러 현은 모두 후국侯國이 되었다. 이적夷狄들이 서로 침공하여 싸웠지만 오직 불내예후不耐濊侯만이 오늘날에 이르기까지 유지되어, 공조功曹·주부主簿 등 제조諸曹를 두었다. 예민濊民들이 모두 그 직을 차지하였다. 옥저의 여러 읍락 거수들은 스스로를 삼로三老라고 칭하였다.

라고 기록되어 있어, 여기서 중국 왕조의 정치력이 후퇴한 뒤(3세기 중엽) 예족의 정치 상황을 짐작할 수 있다. 예족의 이러한 모습은 『위지』 동이전에 기록된 동이 여러 민족 중에서도 두드러진 특징을 보여주고 있다고 할 수 있겠다. 예족과 인접해 있던 부여에서는,

> 그 나라에 군왕君王이 있으며 모두 육축六畜의 이름으로 관직명을 지었다. 마가馬加·우가牛加·저가豬加·구가狗加·대사大使·대사자大使者·사자使者가 있다.

라고 하였으며, 예족을 정치적으로 지배하고 있던 고구려에서는,

> 그 나라에 왕이 있고, 관직으로는 상가相加·대로對盧·패자沛者·고추가古鄒加·주부主簿·우대優臺·승丞·사자使者·조의皂衣·선인先人이 있으며 존비尊卑에 따라 각각 등급이 있었다.

라고 하여, 부여와 고구려에서는 모두 왕권 아래에 고유 칭호를 지닌 유력 수장층首長層이 소속되어 있었고, 부여와 고구려 왕은 그들을 조직화·서열화했던 사실이 위 사료에서 분명히 알 수 있다.[24] 부여왕과 고구려왕은 중국 왕조에 복속·책봉되어 중국의 관직을 받았다 하더라도, 내부의 수장층에게 모가某加처럼 고유 칭호를 부여함으로써 왕을 중심으로 한 독자적인 정치질서를 보유하고 있었다. 바로 여기에서 예족 수장들이 한나라 이후의 관작·관직을 계속 보유해오던 것과는 큰 차이가 인정된다고 할 것이다.

더욱이 한반도 남부의 한족韓族도 『위지』 동이전 한조에 따르면,

> 제각기 장수長帥가 있어서 세력이 큰 사람은 스스로 신지臣智라 칭하고, 그다음은 읍차邑借라 하였다.

라고 하여, 마한 여러 소국의 수장층 중에서 여러 소국의 규모에 따라 그 수장은 세력이 큰 것을 신지臣智라고 칭하고, 그다음은 읍차邑借라 했다고 전해진다. 또 진한·변한의 여러 소국에서는 국의 규모에 따라 복잡한 격차가 있어서, 같은 동이전 한조에 따르면 수장층은,

> 세력이 큰 자는 신지臣智라 하고, 그다음은 험측險側, 다음은 번예樊濊, 다음은 살해殺奚, 다음은 읍차邑借라 하였다.

라고 하여 각각의 고유한 칭호를 지니고 있었지만, 그중 가장 세력이 큰 사람을 역시 '신지'라고 칭하였다. 어쨌든 여기서 알 수 있는 것처럼 삼한의 여러 소국 중에서 규모가 큰 국의 수장은 신지로 부르고 있었던 것이다. 신지臣智란 한자인 신臣에 한족韓族 고유의 존칭인 접미어 '지'의 음차音借인 '지智'를 붙인 것으로, '신하가 되는 자'라는 해석이 여러 의견 중에서도 가

장 설득력이 있다.[25] 삼한의 수장이 스스로를 칭하는 신지가 '신하가 되는 자'라는 뜻이라면 누구에 대한 신하였을지를 고려할 때, 그들에게 권위의 상징물(인수印綬·의책衣幘)을 하사한 낙랑·대방군[26]을 지배하던 중국 황제(위나라 황제)였으며, 신지란 여러 소국의 수장 입장에서 표현한 것이었다.[27]

이러한 한족韓族과 더불어 앞서 살펴본 부여·고구려 등을 예족과 비교해 보면, 여러 소국을 통합할 왕자가 아직 출현하지 않았다는 점에서 예족은 한족韓族에 가깝다고 할 수 있을 것이다. 그렇지만 자체적으로 제창된 수장 칭호를 사용했다는 점에서 예족과 한족은 분명 차이가 있다.

이러한 점과 관련해서 주의해야 할 것이 앞서 인용한 『위지』 동이전 동옥저조의 옥저 지역에 거주하던 '불내예후不耐濊侯'에 대하여

> (오직 불내예후만이) 오늘날에 이르기까지(侯國으로서의 면모를 유
> 지하여) 공조功曹·주부主簿 등 제조諸曹를 두었다.

라는 기사가 있는데, 여기서 동이전을 쓴 사람은 한대漢代 군현 지배 이래의 정치 조직을 동이 민족이면서도 드물게 오늘날까지 온존할 수 있었다는 평가를 담아 기록하고 있다.[28] 여기에 보이는 '공조功曹·주부主簿'의 존재와 더불어 『위지』 동이전 예조의

> 대군장大君長이 없고 한나라 이후로 관직에 후侯·읍군邑君·삼로三老
> 가 있어 하호下戶를 통치하였다.

라는 기록도 함께 살펴보면, 그 관직의 명칭과 그로 인해 구성된 조직의 실태가 고대 중국과 같은 것이었는지의 여부와는 별개로, 동이 여러 민족 중에서도 특히 예족에게 중국 문화가 유입되었다고 중국 측에서 관찰하였음

을 잘 알 수 있다.

그런데 이러한 관작·관직 중에서도 간과할 수 없는 것이 말단의 수장을 '삼로三老'라고 칭했다는 것이다. 본래 진한秦漢시대의 지방 통합 조직에서 현縣 아래의 향鄕에는 향관鄕官으로서 '유질有秩, 색부嗇夫, 유요游徼, 삼로三老'가 있었으며, '유질'은 군에서 '색부·유요'는 현에서 파견되어 징세와 치안을 관할하던 하급관리에 해당된다. 한편 '삼로'는 관리官吏가 아닌 향촌의 덕망 있는 부로父老가 임명되어 '지도·감독을 담당하는' 백성들의 책임자로 민중의 교화를 맡고 있었다.[29]

그렇다고 할 때 예족의 수장이 '유질·색부·유요'가 아닌 민중 교화와 관련된 '삼로'를 칭했던 사실에 각별한 주의가 필요하다. 왜냐하면 예족이 기계적으로 중국 제도를 수용했다는 수준의 문제가 아니라, 유교적인 이데올로기가 반영된 직위를 일부러 예족 스스로가 선택하지 않았나 하고 추측할 수 있기 때문이다.

왜냐하면 『위지』 동이전 예조에는 예족의 습속으로 '동성불혼同姓不婚'이 있는데, 이는 후세 한반도 성씨에서 상식적으로 믿기 어려운 기록이긴 하나,[30] 이 기록도 '삼로'와 같이 유교적 생활 규범과 밀착된 직위를 예족이 상당 기간 계속 보유했다면 이러한 사태에 대해 나름 합리적으로 해석할 수 있을 것이다. 이 부분은 나중에 검토하도록 하고, 우선 여기서는 예족에 의한 중국 문화 수용의 두 번째 문제로, 예족에게 중국 독자적인 성씨와 함께 전통적인 금기까지 침투되었다는 점을 지적하고자 한다.

세 번째로 직접적이라고도 할 수 있는 예족의 중국 문화 수용에서 흥미로운 것이, 중국에서 체계화된 점성술을 예족이 숙지하고 있었다는 점이다. 즉 앞서 지적한 것처럼 『위지』 동이전 예조에는,

새벽에 별자리를 관찰하여 그해의 풍흉豊凶을 미리 안다.

라고 하여 주로 어로·수렵에 종사하던 예족에게 이러한 문화 상황은 얼핏 기이하다고도 볼 수 있다. 하지만 앞에서 서술한 것처럼 이는 『회남자』 천문훈의 세성기년법과 태음원시에 의거한 풍흉 시간표를 전제로 한 행위로서, 이러한 점성술에 정통했을 가능성이 매우 높다. 예족은 중원에서 고도로 발달한 천문 지식에 기초를 둔 점성술에 정통하여 생활면에서도 실천했다고 볼 수 있을 것이다.

네 번째로 예족의 중국 문화 수용 문제와 관련해서 지적해야 할 점은 『위지』 동이전·예조에

> 두 군郡에 전역戰役이 있어 조세賦調를 거둘 일이 있으면, (예濊의 백성에게도) 공급하게 하고 사역使役을 시켜 마치 (군의) 백성처럼 대우하였다.

라고 적혀 있듯이, 예족은 노역과 조세에서도 낙랑·대방의 편호編戶의 민民과 동일하게 부담하고 있었던 것이다. 『위지』 동이전을 살펴보면 동이 여러 민족 가운데 여기서 볼 수 있는 노역과 조세 수취를 매개로 한 두 군郡과의 정치 관계는 유례를 찾아보기 힘들다. 즉 예족에 대한 위나라 정치력의 파급은 직접 지배하던 군현의 양민良民에 가깝다. 예족의 중국 문화 수용은 그러한 정치 관계를 배경으로 한층 더 박차를 가한 것으로 추정된다.

이상 네 가지를 요약하면 예족에게는 오랜 기간에 걸쳐 중국 문화가 극도로 침투되어 있었고, 그들의 생활 문화에 커다란 영향을 미쳤다고 할 수 있겠다. 이러한 사실 확인을 전제로 문제 제기가 가능한 것이, 한편으로는 예족이 채집 수렵민으로서의 고유한 습속을 강하게 지니고 있었다는 점이다. 이미 생업과 연관된 고유 습속을 지적한 바 있으나 『위지』 동이전 예조에는 다음과 같은 구절이 있다.

해마다 10월이면 하늘에 제사를 지내며, 밤낮으로 술을 마시고 노래 부르며 춤을 추니 이를 무천舞天이라고 한다. 또 호랑이를 신으로 삼아 제사를 지낸다.

매년 10월에 개최되었다는 예족의 독자적인 제천 의례 '무천舞天'과 호랑이를 신격화한 제사가 전해지고 있는데, 이 모두가 예족에게는 그들의 우주관에 입각한 고유 제사가 있었고, 그것이 그들의 정신적 기반이었음을 나타내는 대목이라 할 수 있다.

이처럼 이종異種 혼합적이라 할 수 있는 양면적인 문화 상황을 도대체 어떻게 해석해야 할 것인가. 이 점이야말로 예족의 민족적인 성격을 규명하는 데 주요 과제가 될 것이다.

이에 대해서는 여러 가지 해석이 있을 수 있겠지만 다음과 같은 해석의 가능성을 제기해보고자 한다. 이때 전제되는 것이 예족은 한반도 동북부의 태백산맥 이동以東에서 산악을 등지고 해안부와 송화강 유역에 거주하던 채집 수렵민이었다는 점이다. 그들은 주로 수렵·어로에 종사하던 이른바 산의 백성(山民), 강의 백성(川民)이었으며, 포획한 산물을 원격지로 수송하기 위해 광범위하게 이동했었다는 사실이다. 생업 자체가 본래 각자가 거주하던 소小 지역에 그치지 않고, 행동 범위가 중국 내륙에까지 미치고 있었던 것이다.

주지하는 것처럼 최근 비非농업민에 관한 연구성과에 따르면 이처럼 광범위한 지역을 이동하는 산의 백성, 강의 백성들은 좀더 상위의 권력·권위에 의존하지 않으면 광범위한 이동이 불가능했다고 한다. 중세·근세 일본에서도 비농업민이 천황과 공가公家 또는 번주藩主와의 관계를 기록한 유서 서由緒書를 소지하여, 자유 교통권 등의 특권을 지니고 있었던 사실은 잘 알려져 있다.[31] 또한 그러한 사실은 화남華南에서 인도네시아에 걸쳐 산지소

전산지소전山地燒畑 농경민에서도 확인되고 있어[32] 좋은 참고가 될 수 있을 것이다.

예족 또한 대단히 이른 시기부터 중국 내륙과 통교 관계를 맺고 있었다고 추정되며,[33] 낙랑군 설치 이후에는 그러한 특권을 얻기 위해 먼저 적극적으로 군현에 접근했을 것으로 추측된다. 산의 백성, 강의 백성들이 어떤 형태로든 지고의 권력·권위와 연계하여 생업과 자유로운 행동의 토대를 마련했다고는 하지만, 예족에게 보이는 특이한 중국 문화의 침투야말로 그러한 생업에 기반한 행동 양식의 배경이 되었던 것이 아닐까 생각된다.

이 점과 관련해서 상기해야 하는 것이 예족의 '동성불혼同姓不婚' 습속일 것이다. 본래 주변 여러 민족들이 중국적인 성씨를 지닌 것은 중국 왕조와 교섭하기 위한 필수 요건이었다. 무엇보다 고대 한반도 여러 왕조의 성씨는 중국 왕조와의 교섭이 계기가 되었던 것이다.[34] 하지만 흥미로운 사례로 지적해야 할 것이 신라의 경우 그 실체는 없지만 형식적으로 왕비족에게 별도의 성을 만들어, 중국(당나라)을 위해 동성불혼의 체재를 마련했다는 행위 자체가 신라 말에 실제로 있었다고 하는 사실이다.[35] 주변 여러 민족에 의한 중국과의 통교에는 중국 문화로의 귀복歸服이란 절차를 밟을 수밖에 없었던 것이다. 또 점성술 수용에서도 알 수 있는 것처럼 고도의 천문학적 지식을 전제로 한 기법이 예족에게 침투된 배경도 중국 왕조와의 빈번한 통교 관계가 크게 작용했던 것으로 보인다.

예족은 채집 수렵민으로서의 고유 습속을 농후하게 가지면서도 한편으로는 다른 동이 여러 민족과 비교할 수 없을 정도로 중국 문화가 극도로 침투되어 이종 혼합적인 문화 상황을 보여주고 있지만, 이러한 양면적인 예족 습속의 양상은 예족의 생업에 규정되어 있었다고 보아야 할 것이다. 그들의 공간적인 이동이야말로 문화·정보의 이동을 촉진시키고, 특이한 문화 상황을 양성했음에 틀림이 없다.

5. 맺음말: 예족의 위상에 대한 평가

앞서 미카미 츠기오 씨는 예족이 기원전 2세기부터 기원후 3·4세기까지 함경도에서 강원도에 걸친 한반도 연안지대를 그들의 중심 거주지로 삼았다고 언급한 바 있다. 하지만 이처럼 5세기 이상의 기간 동안, 예족의 생활에는 지역과 시대에 따라 상당한 차이가 있었다고 신중하게 결론 내리고 있다.[36] 분명 '예(穢·薉·濊)'라고 사료상에는 동일한 호칭이 적혀 있다고는 하지만, 거기에 지역과 시대에 따라 차이가 보이는 것은 충분히 있을 수 있는 일이다. 그렇지만 미카미 씨가 예족 역사의 기점으로 삼은 기원전 128년 '예군남려' 등에 의한 전한前漢으로의 귀속과 창해군 설치에 관해 언급한다면, 이 장에서 지금까지 고찰한 것에서 볼 때, 그것이 진정 그들의 생업을 규정했다고 볼 수는 없는 일이고, 그 호구 수의 규모를 어떻게 정합적·합리적으로 생각할지를 제쳐두면, 예족의 존재와 활동은 이 시기까지 확실히 올라갈 수 있다.

그렇다면 예족의 역사는 기원전 2세기부터 기원후 3·4세기까지는 물론이고, 7세기 후반 신라에 편입된 '말갈靺鞨'을 예족으로 보아도 문제가 없기 때문에,[37] 약 800년에 걸친 예족의 존재와 그 활동의 역사를 더듬어볼 수 있게 된다.

마지막으로 생각해보고 싶은 것은 예족의 정치적 존재 양태에 대한 것이다. 이 장에서는 예족과 중국 왕조의 통교 및 교역 관계에 주목해왔지만 『위지』에도 명기되어 있는 것처럼 예족은 위나라 이전에도 일시적으로 고구려 정치권에 편입된 적이 있고, 그 뒤에는 고구려의 멸망까지 재차 고구려에 종속되었다. 그리고 고구려가 멸망한 다음에는 남부의 예족은 신라에 흡수되었고, 신라가 방기한 원산만 이북의 예족은 발해에 편입된 것으로 추정된다.[38] 이렇게 본다면 예족은 정치적으로는 일관되게 독립적인 정치 형태를 갖추지 못했음을 민족적 특징으로 분명히 지적할 수 있을 것이다. 그렇다면 이러한 예족의 민족적 특징은 어떠한 이유에 기인한 것일까.

우선 생각할 수 있는 것이 예족의 생업에 규정되어 있었던 것은 아닐까 하는 점이다. 그들은 어로·수렵을 생업으로 삼아, 이를 위해 우세한 이웃 정치 집단(중국 왕조·고구려·신라·발해)의 보호를 필요로 했으며, 경제적으로 의존하고 기생하는 것이 그들 자신의 '자율성'을 지키는 것으로 간주하였다. 우세한 정치집단의 권위와 권력에 복종하더라도 고유한 생업을 유지하기 위하여 각종 특권(예를 들어 교통상의 특권)을 얻음으로써, 최소로 필요한 활동의 자유를 확보하는 것이 그들에게는 절실한 자기 보존의 조건이었을 것이다. 이는 상대적 자율성을 획득하는 전략에서 유래한 것으로 생각된다.[39]

뒤집어 생각해보면, 낙랑군 설치 이후 동이 여러 민족의 국가 형성은 북부의 부여·고구려에서부터 한반도 남부의 한족韓族·왜倭에 이르기까지, 여러 민족 사이에 현저하게 불균등한 전개가 있었다고 볼 수 있다. 이러한 불균등한 전개의 배후에는 이 지역의 다민족 상황이 있었을 것이고, 나아가서는 여러 민족의 생업과 민족적 성격이라는 주체적인 조건도 경시할 수 없다. 예족의 동향은 바로 이 점을 대변하고 있다고 할 수 있을 것이다.

3장 『양서』고구려전과 동명왕 전설

1. 문제의 소재

동아시아 여러 민족의 공통된 시조로서 동명왕에 대해서는 잘 알려져 있으며, 부여, 고구려, 백제의 건국 설화인 동명왕 전설은 한반도의 기나긴 역사 속에서 전승되어 오늘날까지 그 명맥이 유지되고 있다.

이 장에서는 동아시아 여러 민족이 공유한 동명왕 전설에 대한 기존의 견해에 약간의 의문을 제기하고자 한다. 즉 종래 선험적으로 부여족과 고구려족이 동족同族이라는 인식이 한쪽에 있고, 또 다른 한편으로는 두 민족에게 동일한 동명왕 전설이 있는 이상, 민족적으로도 동일할 것이라는 견해가 형성되면서 부여와 고구려의 민족적 동일성이 한층 더 강조되고 있다.

그러나 이러한 일반적 경향에 대해 약간이나마 반론이 제기되고 있으며, 그러한 견해에 유의할 필요가 있다고 생각된다. 예를 들어 시라토리 구라키치白鳥庫吉 씨는 고구려의 주몽 전설(고구려의 경우 보통 주몽 전설이라고 칭함. 이하 이것을 따름)이 부여의 동명왕 전설을 개작改作한 것에 불과하며, 그 창작의 목적은 고구려가 부여족으로 둘러싸인 장수왕 시대(5세기 초)에 부여 시조를 자국의 시조로 삼으로써 부여족에게 안도감을 주기 위해 창작한

것으로 추론하였다.[1]

　사실 여부를 떠나서 우선『삼국사기』고구려본기의 주몽 전설과『동국이상국집』에 수록된『구삼국사舊三國史』의 동명왕 전설이 시대를 거치면서 윤색이 더해지고, 역사적으로 형성되었을 것이라는 점만은 인정할 수 있는 사실이다.[2] 이러한 입장에서 재차 관련 사료를 검토하고, 부여와 고구려의 민족적 계보 관계를 비롯하여 부여의 동명왕 전설과 고구려의 주몽 전설에 대해 재검토해보고자 한다.

　우선 그 단서로서 중국 사료를 검토하고 특히『양서梁書』권54 제이전諸夷傳 고구려전(이하『양서』고구려전이라고 함)에 주목하고자 한다. 지금까지 동명왕 전설이나 주몽 전설에 대해 논할 때『양서』고구려전은 그다지 문제되지 않았다. 그렇지만 여러 부분에서 사료적 성격과 함께 이 문제의 사료적 위치에 대해 재평가할 필요가 있다고 생각한다.

　『양서』제이전은 해남海南, 동이東夷, 서북제융西北諸戎으로 구분되어 여러 외국전이 수록되어 있는데, 몇 가지 예외를 제외하면 그들 각 나라의 기록에는 양나라와의 직접적인 교섭에 기반한 동시대 사료가 다수 포함되어 있음은 잘 알려져 있다.[3] 동이에 대해서도 신라·백제전에 동시대의 국내 사정을 전하는 귀중한 기록이 존재한다는 것이 일찍부터 지적되어왔다.[4] 그러한 측면에서도 고구려에 관한『양서』의 기록은 주목받고 있다. 이하『양서』고구려전을 단서로 시론을 전개해보고자 한다.

2.『양서』고구려전의 사료적 성격

　『양서』고구려전을 검토하는 데 있어서 그 전문全文을 제시하면 다음과 같다.

[I]

1. 高句驪는 그 선조가 東明으로부터 나왔다. 東明은 본래 北夷 橐離王의 아들이다. 離王이 出行한 사이에 그의 시녀가 後[宮]에서 임신하였다. 離王이 돌아와 그녀를 죽이려 하자 시녀는, "앞서 하늘 위에 큰 달걀만한 氣가 떠 있는 것을 보았는데, 이것이 저에게 내려와서 임신이 되었습니다."라고 하였다. 왕이 그녀를 가두어두었더니 뒤에 사내아이를 낳았다. 왕이 그 아이를 돼지우리에 내버리자, 돼지가 입김을 불어주어 죽지 않았다. 왕은 [이를] 신령스럽게 여겨 거두어 기르도록 허락하였다. 장성하면서 활을 잘 쏘니, 왕은 그의 용맹함을 꺼리어 다시 죽이고자 하였다. 이에 東明이 도망하여 남쪽의 淹滯水에 이르러, 활로 물을 치니 고기와 자라들이 모두 떠올라 다리를 놓아주었다. 東明은 이들을 밟고 강을 건너 夫餘에 이르러 [그 나라의] 왕이 되었는데, 그 후손의 한 支派가 句驪의 종족이 되었다.[5]

2. 그 나라는 漢代의 玄菟郡 [지역]에 있다. 遼東의 동쪽에 있으며, 요동으로부터 천 리쯤 떨어져 있다. 漢·魏 시대에는 남쪽으로 朝鮮·(穢)貊, 동쪽으로 沃沮, 북쪽으로 夫餘와 인접해 있었다. 漢 武帝 元封 4년(B.C. 107)에는 朝鮮을 멸하여 玄菟郡을 설치하고, 고구려를 縣으로 삼아 거기에 소속시켰다.[6]

3. 句驪의 국토는 사방 약 2천 리이다. 국토 가운데 遼山이 있고, 遼水가 [그 산에서] 흘러 나온다. 그 나라의 王都는 丸都[山]의 아래에 있다. 큰 산과 깊은 골짜기가 많고 넓은 들판이 없어서, 백성들은 산골짜기에 의지하여 살고 시냇물을 식수로 한다. 비록 土著 생활을 하고 있지만 좋은 토지는 없어 그들의 습속에 음식을 아껴 먹고 궁실은 잘 지어 치장한다. 왕의 궁실 왼편에 큰 집을 지어 귀신에게 제사 지내고, 또한 (零)星과 社稷에도 제사 지낸다. 사람들의 성질은 포악하고 성급하며 노략질하기를 좋아한다. 벼슬아치로는 相加·對盧·沛者·古(鄒)加·主簿·優台·使者·皁衣先人이 있어서 신분의 높고 낮음에 따라 각각 등급을 두었다. 언어나 생활 관습은 夫餘와 같은 점이 많았

으나 그들의 기질 및 의복은 서로 달랐다. 본래 5族이 있으니 (消)奴部·絶奴部·(愼)奴部·(雚)奴部·桂婁部가 그것이다. 본래는 (消)奴部에서 왕이 나왔으나 미약해지자 桂婁部에서 王位를 차지하였다. 漢나라 때에 의책·조복·고취를 하사하면 항상 현토군을 통하여 받았다. 그 뒤에 점점 교만해져서 다시는 [현도]군에 오지 않고, 단지 동쪽 경계상에 작은 성을 쌓고서 [하사품을] 받았다. 지금도 [오랑캐들은] 이 성을 幘溝(婁)라 부른다. 溝(婁)란 [고]구려 사람들이 '城'을 부르는 말이다. [그 나라는] 관리를 설치할 적에 對盧가 있으면 沛者를 두지 않고, 沛者가 있으면 對盧를 두지 않는다.[7]

4. 그들의 (습속이) 노래와 춤을 좋아하여 國中의 읍락마다 남녀가 밤마다 떼 지어 모여서 노래를 부르며 유희를 즐긴다. 그 나라 사람들은 깨끗한 것을 좋아하며 술을 잘 빚는다. 무릎을 꿇고 절을 할 경우 한쪽 다리는 펴며, 길을 걸을 때는 모두 달음박질을 하듯 빨리 간다. 10월에 하늘에 제사를 올리는 大會가 있으니 이를 '東明'이라 한다. 그들의 공식 모임에서는 모두 비단에 수놓은 의복을 입고 金과 銀으로 장식한다. 大加·主簿의 머리에 쓰는 것은 [중국의] 幘과 흡사하지만 뒤로 늘어뜨리는 부분이 없다. 小加는 折風을 쓰는데 그 모양이 고깔(弁)과 같다. 그 나라에는 감옥이 없고, 죄를 지은 자가 있으면 諸加들이 곧 모여 評議하여 사형에 처하고 처자는 몰수한다.[8]

5. 그 나라의 습속은 음란하여 남녀가 서로 野合하는 경우가 많다. 결혼을 한 뒤에는 곧 죽어서 입고 갈 壽衣를 미리 조금씩 만들어둔다. 죽은 사람을 장사하는 데에 椁은 쓰지만 棺은 사용하지 않는다. 厚葬의 풍속이 있어서 금은과 재화를 모두 장례에 소비한다. 돌을 쌓아 봉분을 만들고, 소나무·잣나무를 그 주위에 벌려 심는다. 형이 죽으면 형수를 아내로 삼는다. 그 나라의 말은 모두 작아 산에 오르기 편리하다. 나라 사람들은 氣力을 숭상하여 활·화살·칼·창을 잘 쓰고, 갑옷이 있으며 전투에 익숙하여 沃沮·東穢를 모두 복속시켰다.[9]

[II]

1. 王莽 초에 고[구]려의 군사를 징발하여 胡를 정벌하게 하였으나, [그들이] 가지 않으려 하여 위협하여 보냈더니, 모두 도망하여 국경을 넘은 뒤 [중국의 군현을] 노략질하였다. 州·郡에서 句驪侯 騊에게 허물을 돌리자, 嚴尤가 꾀어내어 베어 죽였다. 王莽은 크게 기뻐하여 高句驪의 이름을 고쳐 下句驪라 하였다. [고구려는] 이때 侯[國]이 되었다. 光武[帝] 8년(A.D. 32)에 高句驪王이 사신을 보내어 조공하면서 비로소 王號를 칭하였다. 殤帝·安帝 연간에 그 왕의 이름이 宮이었는데, 자주 遼東을 침범하였다. 현도태수 蔡風이 그들을 토벌하였으나 막을 수 없었다. 宮이 죽고 그의 아들 伯固가 왕위에 올랐다. 順帝·桓帝 때 다시 遼東을 자주 침범하여 노략질하였다. 靈帝 建寧 2년(A.D. 169)에 玄菟太守 耿臨이 그들을 토벌하여 수백 명을 죽이니, 伯固는 항복하여 遼東에 복속되었다. 公孫度가 海東에서 웅거하자 伯固가 그와 더불어 通好하였다. 伯固가 死하고 그의 아들 伊夷摸가 왕위에 올랐다. 伊夷摸는 伯固 때부터 이미 遼東을 자주 노략질하였고, 또 流亡한 胡[族] 5백여 호를 받아들였다. 建安 연간(A.D. 196~219)에 公孫康이 군대를 출동시켜 그들을 공격하여 그 나라를 격파하고 읍락을 불살랐다. 항복한 胡[族] 또한 伊夷摸를 배반하니, 伊夷摸는 새로운 나라를 다시 만들었다. 그후 伊夷摸가 다시 玄菟를 공격하자, 현도는 요동과 힘을 합쳐 반격하여 크게 쳐부수었다. 伊夷摸가 死하고 그의 아들 位宮이 왕위에 올랐다. 位宮은 용감하고 힘이 세었으며, 말을 잘 타고 사냥에서 활을 잘 쏘았다. 魏나라 景初 2년(A.D. 238) 太傅인 司馬宣王을 보내어 군대를 거느리고 公孫淵을 토벌하니, 位宮이 主簿와 大加를 보내어 병사 천 명을 거느리고 魏나라 군사를 도왔다. 正始 3년(A.D. 242) 位宮이 西安平을 노략질하였다. 5년, 幽州刺史 毌丘儉이 만 명의 군사를 거느리고 玄菟를 나와 位宮을 공격하였다. 位宮은 步兵과 騎兵 2만을 거느리고 毌丘儉의 군대를 역습하여 沸流에서 크게 싸웠다. 位宮이 싸움에 져 달아나니, 儉의 군대는 추격하여 峴에

이르러, 수레를 달아 매고 말을 묶어 丸都山에 올라 그 나라의 王都를 격파하고 1만여 명을 목 베어 죽이니, 位宮은 홀로 처자식을 거느리고 멀리 달아나 숨었다. 6년(A.D. 245)에 [毌丘]儉이 다시 공격하니, 位宮은 겨우 諸加만 이끌고 沃沮로 달아났다. 儉은 장군 王頎에게 추격하도록 하여 沃沮 천여 리를 지나 肅慎의 남쪽 지경에까지 이르러 돌에 功을 새겨 기록하였다. 또 丸都山에 이르러 不耐城이라 命名하고 돌아왔다. 그후 다시 中國과 왕래하였다.[10]

2. 晋 永嘉(A.D. 307~312)의 난리 때에 鮮卑族의 慕容廆가 昌黎를 점거하니, 元帝는 平州刺史를 除授하였다. [高]句驪王 乙弗利가 자주 遼東을 침범하였으나 廆는 막을 수 없었다. 弗利가 死하고 그의 아들 釗가 대를 이어 왕위에 올랐다. 康帝 建元 원년(A.D. 343)에 慕容廆의 아들 皝이 군대를 거느리고 공격하였다. 釗는 더불어 싸우다 크게 패하여 단신으로 말을 타고 달아났다. 皝은 승리한 기세로 계속 추격하여 丸都에 이르러 궁실을 불 지르고 남자 5萬餘口를 노략질하여 돌아왔다. 孝武帝 太元 10년(A.D. 385) [高]句驪가 遼東郡과 玄菟郡을 공격하니, 後燕의 慕容垂가 아우 農을 보내어 句驪를 쳐서 2郡을 되찾았다. 垂가 死하고 그의 아들 寶가 왕위에 올랐다. [高]句驪王 安을 平州牧으로 삼고, 遼東·帶方의 2國王에 봉하였다. 安은 처음으로 長史·司馬·參軍의 관직을 설치하였고, 후에는 遼東郡을 경략하였다. 그 후손인 高璉이 晋 安帝 義熙 연간(A.D. 405~418)에 비로소 표문을 올리고 貢物을 바쳤다. 그는 宋·齊 時代를 거치면서 한결같이 작위를 받았고, 나이 백여 세에 죽었다. 그의 아들 [高]雲을 齊 隆昌 연간(A.D. 493)에 使持節 散騎常侍 都督營·平二州 征東大將軍 樂浪公으로 삼았다.[11]

3. 高祖가 즉위하여 雲을 車騎大將軍으로 올려주었다. 天監 7년(A.D. 508)에 이렇게 詔書를 내렸다. "高[句]驪王 樂浪郡公 雲은 충성심이 두드러져 공물과 사신의 왕래가 끊이지 않았소. 이에 벼슬을 더 주노니 우리 조정의 뜻을 널리 펴시오. 撫東大將軍과 開府儀同三司를 허가하고, 持節·常侍·都督·王의 칭

호는 모두 종전과 같이 하시오." 天監 11년(A.D. 512)과 15년(A.D. 516)에 거푸 사신을 파견하여 공물을 바쳤다. 17년(A.D. 518)에 雲이 死하고, 그의 아들 [高]安이 왕위에 올랐다. 普通 원년(A.D. 520)에 安에게 조서를 내려 持節 督營ㆍ平二州諸軍事 寧東將軍의 봉작을 승습케 하였다. 7년(A.D. 526)에 安이 卒하고, 사신을 보내 공물을 바치므로, 조서를 내려 延에게 작위를 승습케 하였다. 中大通 4년(A.D. 532)과 6년(A.D. 534). 大同 원년(A.D. 535)과 7년(A.D. 541)에 거푸 표문을 올리고 방물을 바쳤다. 太淸 2년(A.D. 548)에 延이 卒하니 조서를 내려 그의 아들로 하여금 延의 작위를 승습케 하였다.[12]

여기에서 볼 수 있는 것처럼 『양서』 고구려전은 크게 두 부분으로 나누어진다. 전반부 [Ⅰ]에는 고구려의 민족적 계보, 지리적 위치, 자연적 경관과 토속, 관위 등의 정치제도, 풍속 습관 등에 대해서 순차적으로 기록되어 있다. 후반부 [Ⅱ]는 한나라부터 양나라에 이르기까지 중국 역대 왕조와의 교섭 기록으로 구성되어 있다. 후반부의 3번 기록에서 고구려가 양대梁代를 통해 통교 관계를 맺고 있었던 것을 확인할 수 있다. 그런 이유로 인해 전반부의 고구려에 관한 여러 사료 중에 양나라 때의 고구려에 대한 새로운 정보와 지식ㆍ견문이 추가될 수 있지 않을까 하는 기대를 갖게 된다.

그러나 『양서』 고구려전을 자세히 검토해보면 『삼국지』 권30 위서 오환 선비동이전 고구려조(이하 『위지』 고구려전이라고 함)에서 인용한 것으로 볼 수 있는 기록이 다수 있으며, [Ⅱ]의 교섭 기록 부분도 위나라 시대까지를 기록한 [Ⅰ]은 『위지』 고구려전에 거의 대응하는 기사가 보인다. 지금 이러한 기록들을 대조시키기 위해 『위지』 고구려전을 게재하면 다음과 같다.[13]

【Ⅰ】

2. 高句麗는 遼東의 동쪽 천 리 밖에 있다. 남쪽은 朝鮮ㆍ(濊)貊과, 동쪽은 沃

沮와, 북쪽은 夫餘와 경계를 접하고 있다.[14]

3. 丸都의 아래에 도읍하였는데 면적은 사방 2천 리가 되고 戶數는 3만이다. 큰 山과 깊은 골짜기가 많고 넓은 들은 없어 산골짜기에 의지하여 살면서 산골의 물을 식수로 한다. 좋은 田地가 없으므로 부지런히 농사를 지어도 식량이 충분하지 못하다. 그들의 습속에 음식은 아껴 먹으나 宮室은 잘 지어 치장한다. 거처하는 좌우에 큰 집을 건립하고 [그곳에서] 귀신에게 제사 지낸다. 또 靈星과 社稷에도 제사를 지낸다. 그 나라 사람들의 성질은 흉악하고 급하며, 노략질하기를 좋아한다. 그 나라에는 王이 있고, 벼슬로는 相加·對盧·沛者·古雛加·主簿·優台·丞·使者·皂衣·先人이 있으며, 신분의 높고 낮음에 따라 각각 등급을 두었다. 東夷의 옛말에 의하면 [고구려는] 부여의 別種이라 하는데, 말이나 풍속 따위는 부여와 같은 점이 많았으나, 그들의 기질이나 의복은 다름이 있다. [고구려에는] 본디 다섯 [部]族이 있으니, 涓奴部·絶奴部·順奴部·灌奴部·桂婁部가 그것이다. 본래는 涓奴部에서 王이 나왔으나 점점 미약해져서 지금은 桂婁部에서 王位를 차지하고 있다. 漢나라 때에는 북과 피리와 樂工을 하사하였으며, 항상 玄菟郡에 나아가 [한나라의] 朝服과 衣幘을 받아갔는데, [현도군의] 高句麗令이 그에 따른 문서를 관장하였다. 그 뒤에 차츰 교만 방자해져서 다시는 [玄菟]郡에 오지 않았다. 이에 [현도군의] 동쪽 경계상에 작은 城을 쌓고서 朝服과 衣幘을 그곳에 두어, 해마다 [고구려]인이 그 성에 와서 그것을 가져가게 하였다. 지금도 오랑캐들은 이 성을 幘溝漊라 부른다. 溝漊란 [고]구려 사람들이 城을 부르는 말이다. [고구려에서는] 관직을 설치할 적에 對盧가 있으면 沛者를 두지 않고, 沛者가 있으면 對盧를 두지 않는다. 王이 宗族으로서 大加인 자는 모두 古雛加로 불리워진다. 涓奴部는 본래의 國主였으므로 지금은 비록 王이 되지 못하지만 그 適統을 이은 大人은 古雛加의 칭호를 얻었으며, [자체의] 宗廟를 세우고 靈星과 社稷에게 따로 제사 지낸다. 絶奴部는 대대로 왕실과 혼인을 하였으므로 [그 大

인은] 古雛[加]의 칭호를 더하였다. 모든 大加들도 스스로 使者·皁衣·先人을 두었는데, 그 명단은 모두 王에게 보고하여야 한다. [大加의 使者·皁衣·先人은] 마치 중국의 卿이나 大夫의 家臣과 같은 것으로, 會合할 때의 좌석 차례에선 王家의 使者·皁衣·先人과 같은 列에는 앉지 못한다. 그 나라의 大家들은 농사를 짓지 않으므로, 앉아서 먹는 인구(坐食者)가 만여 명이나 되는데, 下戶들이 먼 곳에서 양식·고기·소금을 운반해다가 그들에게 공급한다.[15]

4. 그 백성들은 노래와 춤을 좋아하여, 나라 안의 촌락마다 밤이 되면 남녀가 떼 지어 모여서 서로 노래하며 유희를 즐긴다. 큰 창고는 없고 집집마다 조그만 창고가 있으니, 그 이름을 '桴京'이라 한다. 그 나라 사람들은 깨끗한 것을 좋아하며, 술을 잘 빚는다. 무릎을 꿇고 절할 때에는 한쪽 다리를 펴니 부여와 같지 않으며, 길을 걸을 적에는 모두 달음박질하듯 빨리 간다. 10월에 지내는 祭天行事는 國中大會로 이름하여 '東盟'이라 한다. 그들의 公式 모임에서는 모두 비단에 수놓은 의복을 입고 金과 銀으로 장식한다. 大加와 注簿는 머리에 幘을 쓰는데, [中國의] 幘과 흡사하지만 뒤로 늘어뜨리는 부분이 없다. 小加는 折風을 쓰는데, 그 모양이 고깔(弁)과 같다. 그 나라의 동쪽에 큰 굴이 있는데 그것을 隧穴이라 부른다. 10월에 온 나라에서 크게 모여 隧神을 맞이하여 나라의 동쪽 [江] 위에 모시고 가 제사를 지내는데, 나무로 만든 隧神을 神의 좌석에 모신다. 감옥이 없고 범죄자가 있으면 諸加들이 모여서 評議하여 사형에 처하고 妻子는 몰수하여 奴婢로 삼는다. 그 풍속은 혼인할 때 구두로 미리 정하고, 여자의 집에서 몸채 뒤편에 작은 별채를 짓는데, 그 집을 '壻屋'이라 부른다. 해가 저물 무렵에 신랑이 신부의 집 문 밖에 도착하여 자기의 이름을 밝히고 跪拜하면서, 아무쪼록 신부와 더불어 잘 수 있도록 해달라고 청한다. 이렇게 두세 번 거듭하면 신부의 부모는 그때서야 작은 집(壻屋)에 가서 자도록 허락하고, [신랑이 가져온] 돈과 폐백은 [壻屋] 곁에 쌓아둔다. 아들을 낳아서 長成하면 [남편은] 아내를 데리고 [자기] 집으

로 돌아간다.[16]

5. 그 풍속은 음란하며 남녀가 결혼하면 곧 죽어서 입고 갈 壽衣를 미리 조금씩 만들어둔다. 장례를 성대하게 지내니, 金·銀의 재물을 모두 장례에 소비하며, 돌을 쌓아서 봉분을 만들고 소나무·잣나무를 그 주위에 벌려 심는다. 그 나라의 말은 모두 체구가 작아서 산에 오르기에 편리하다. 사람들은 힘이 세고 전투에 익숙하여, 沃沮와 東濊를 모두 복속시켰다. 또 小水貊이 있다. [고]구려는 大水 유역에 나라를 세워 거주하였는데, 西安平縣의 북쪽에 남쪽으로 흘러 바다로 흘러드는 작은 강이 있어서, 고구려의 別種이 이 小水 유역에 나라를 세웠으므로, 그 이름을 따서 小水貊이라 하였다. 그곳에서는 좋은 활이 생산되니, 이른바 貊弓이 그것이다.[17]

앞서 게재한 『양서』 고구려전과 함께 두 사료를 대조시켜 대응관계를 번호로 표시하고, 여기에 『위지』의 인용 부분과 『양서』의 새로운 기술을 구분하기 위해 사료에 여러 기호를 표시해두었다. 먼저 두 사료에서 ( )로 두른 문자는 편(偏, 한자의 왼쪽 부분)과 방(旁, 한자의 오른쪽 부분)이 다르거나 문자는 다르지만 음과 의미가 통하는 것을 나타내고 있다. 물결선 부분은 두 사료가 대응하는 동일한 내용이지만 요약이나 의미를 해석할 때 약간 표현상의 차이가 있는 부분이다. 이 모두가 두말할 필요 없이 『위지』의 기록이 있었기에 가능한 것이었다. 또한 『양서』의 자구에 실선을 두른 부분은 『위지』에서는 없고 『양서』에 새로 추가된 기록이고, 『위지』의 자구에 점선을 두른 부분은 『양서』에서 찾지 못한 기사를 나타내고 있다.

이러한 『양서』와 『위지』 고구려전의 대조를 통해 다음과 같은 여러 사항을 언급할 수 있다.

(가) 『양서』와 『위지』의 고구려전은 상당 부분에서 대응 관계가 확인되

며, 문자의 상이相異도 비교적 적고 요약과 표현을 바꾼 부분도 적다.

(나) 『양서』 고구려전에 새로 추가된 기사는 의외로 얼마 되지 않는다.

(다) 지금까지의 내용을 감안하면 『양서』 고구려전은 『위지』 고구려전 혹은 『위지』와 가까운 관계의 사료[18]를 토대로 작성된 것으로 추정된다.

두 기록을 대조한 결과 이상 세 가지를 『양서』의 사료적 특징으로 들 수 있는데 중요한 것은, 얼마 되지 않지만 그 전거典據라 할 수 있는 『위지』 고구려전에 없던 새로운 기사들을 『양서』 고구려전에서 볼 수 있다는 점이다. 그리고 이것은 막상 『양서』를 편찬할 때 새로운 정보를 토대로 추가로 작성된 것으로 생각된다. 그렇다면 다음은 『양서』에 새로 추가된 기사에 대하여 검토해보고자 한다.

앞서 게재한 『양서』를 한번 살펴봐도 명확히 알 수 있듯이 『위지』 고구려전에는 없고 『양서』 고구려전에만 보이는 기사가 세 군데에 집중적으로 나타나는데, 내용적으로 다음과 같은 성격을 가진 기사라고 볼 수 있다.

① 부여의 건국 설화인 동명왕 전설을 통해 고구려 기원을 설명한 기사(I-1).

② 전한前漢 무제가 설치한 현토군과 고구려의 관계, 그리고 지리적 위치에 관한 기사(I-2·3).

③ 고구려의 풍속 습관에 관한 기사(I-5).

그중에서 ②는 양나라 때의 새로운 사실이라기보다 『위지』를 보완한, 보충적인 기사라고 해도 무방할 것이다. 문제가 되는 것은 ①과 ③이다. 먼저 ①은 고구려가 부여의 한 지파에서 나온 민족임을 부여의 건국 설화를 인용하여 설명한 기록이지만, 이는 『위지』 고구려전 I-3 기사 중 "東夷舊語, 以爲夫餘別種[東夷의 옛말에 의하면 부여의 別種이다.]"라고 적힌 문구에 대응한다고 생각할 수 있다. 그러나 나중에 자세히 언급하겠지만 이는 어디까지나 '동이의 옛말' 즉, 동이의 오래된 전언傳言에서는 고구려가 부여의 '별종別種'이라고 언급하는 것에 불과하여, 적어도『위지』는 양자의 구분 관계에 대해 명확하지 않았다고 할 수 있다. 또 앞부분의 동명왕 전설은『위지』와 거의 동시대에 성립된『위략魏略』에 부여의 건국 설화로 수록되어 송대宋代 배송지裴松之가『위략』에서 인용한 것으로,『위지』부여전의 주석에 게재된 기사와 자구字句가 거의 일치하고 있다.[19] 한편,『양서』에서는 "高句驪者, 其先出自東明[高句驪는 그 선조가 東明으로부터 나왔다.]"로 시작해서 문장의 끝부분에 "其後支別爲句驪種也[그 후손의 한 支派가 句驪의 종족이 되었다.]"라는 문장이 더해진 부분이 다를 뿐이다.『위지』의 부여전과 고구려전을 살펴보면, 동명왕 전설을 매개로 부여와 고구려와의 사이에 본지本支 관계가 있었다는 사실을 찾을 수 없어 결국『양서』기사에 다시금 주목할 수밖에 없다. 이상을 요약하면『양서』고구려전에 부여의 건국 설화인 동명왕 전설을 인용하여, 거기에서부터 부여와 고구려의 계보 관계를 명확히 한 점이『양서』고유의 고구려에 대한 새로운 인식으로서 중시할 필요가 있다고 생각한다.

다음 ③의『양서』에 새로 추가된 풍속 관계 기사에 대한 것이다. 이는 I-5에 집중적으로 나타나 있지만, 네 개의 기사 중에 첫 부분의 "多相奔誘[서로 야합하는 경우가 많다.]"란 기록은 그 앞의 "其俗好淫[그 나라의 습속은 음란하다.]"가 있어서, 그 풍속(俗)이 음란淫亂하다는 것을 보충하고 있는 기사라고 생각할 수 있을 것이다. 그렇지만 다른 세 군데의 기사는 그러한 연관성을 보여주는 말 한마디 보이지 않아『위지』고구려전 사료에서는 전혀 도출할 수 없다. 더욱이 얼핏 기이하게 느껴지기는 하지만 이 세 가지 풍속 관련 기사는『위지』부여전에서 전부 찾아볼 수 있다는 점이다. 즉 아래에서 보여주듯이 밑줄 친 부분들이 이에 해당한다.

남녀 간에 음란한 짓을 하거나 부인이 투기하면 모두 죽였다. 투기하는 것을 더욱 미워하여 죽이고 나서 그 시체를 나라의 南山 위에 버려서 썩게 한다. 친정집에서 [그 부인의 시체를] 가져가려면 소와 말을 바쳐야 내어준다. 兄이 죽으면 형수를 아내로 삼는데 이는 匈奴의 풍습과 같다. 그 나라 사람들은 가축을 잘 기르며, 名馬와 赤玉, 담비와 원숭이 [가죽] 및 아름다운 구슬이 산출되는데 구슬의 크기는 대추(酸棗)만하다. 활·화살·칼·창을 병기로 사용하며, 집집마다 자체적으로 갑옷과 무기를 보유하였다. 그 나라의 노인들은 자기네들이 옛날에 [다른 곳에서] 망명한 사람들이라고 말한다. 城柵은 모두 둥글게 만들어서 마치 감옥과 같다. 길에 다닐 때는 낮이나 밤이나, 늙은이 젊은이 할 것 없이 모두 노래를 부르기 때문에 하루 종일 노랫소리가 그치지 않는다. 전쟁을 하게 되면 그때도 하늘에 제사를 지내고, 소를 잡아서 그 발굽을 보아 길흉을 점치는데, 발굽이 갈라지면 흉하고 발굽이 붙으면 길하다고 생각한다. 적군[의 침입]이 있으면 諸加들이 몸소 전투를 하고, 下戶는 양식을 져다가 음식을 만들어준다. 여름에 사람이 죽으면 모두 얼음을 넣어 장사지내며, 사람을 죽여서 殉葬을 하는데 많을 때는 백 명가량이나 된다. 장사를 후하게 지내는데, 槨은 사용하나 棺은 쓰지 않는다.[20]

여기서 알 수 있는 것처럼 "兄死妻嫂[형이 죽으면 형수를 아내로 삼는다.]"는 자구도 『양서』와 동일하다. 또 "以弓矢刀矛爲兵, 家家自有鎧仗[활·화살·칼·창을 병기로 사용하며, 집집마다 자체적으로 갑옷과 무기를 보유하였다.]" 부분은 "便弓矢刀矛, 有鎧甲[활·화살·칼·창을 잘 쓰고 갑옷이 있다.]" 부분과 대응하고 있으며, "有槨無棺[槨은 사용하나 棺은 쓰지 않는다.]" 부분은 『양서』에서 '槨'이 '椁'으로 되어 있지만, 양자는 '덧널[外棺]'을 의미하는 동일한 글자의 별체別體이기 때문에 완전히 부합한다고 할 수 있다.

이처럼 『양서』 고구려전에 새로 추가된 풍속 관련 기사를 검토해보면, 그 것들은 『위지』 부여전에 부여의 풍속 습관으로 기록되어 있는 것과 일치한 다. 즉 동명왕 전설이 본래 부여의 건국 설화를 가리키며 배송지 또한 부여 전에 이것을 주기注記해두었지만 『양서』에서는 고구려전의 첫머리에 게재 하고 있다. 이와 마찬가지로 풍속 관련 기사도 『위지』 부여전에 게재되었던 내용이 『양서』에는 고구려의 풍속 습관으로서 고구려전에 기록되어 있는 것이다.

지금까지 『양서』 고구려전이 『위지』 고구려전을 전거로 삼으면서도 다 른 점, 특히 새롭게 추가하여 더해진 기사의 성격에 대하여 어느 정도 분명 해진 점이 있다고 생각한다. 결론적으로 말하면 그것은 고구려가 부여에서 나온 한 지파였던 민족이라는 계보관系譜觀에 근거하여 양자의 민족적 동일 성을 강조하기 위한 기사였다고 할 수 있겠다.[21]

역으로 생각해보면 종래 『위지』 고구려전의 "동이東夷의 옛말에 의하면 부여의 별종別種이라 하는데, 말이나 풍속 대부분이 부여와 같다."라는 한 문장에 근거하여, 이미 부여와 고구려를 동족同族으로 보는 견해가 의문 없 이 수용되어왔다. 그렇지만 인용문 중 "구어(舊語, 옛말)"라는 말은 예를 들 어 『한원翰苑』 주에서 인용한 『위략』에서 왜인倭人을 가리켜

옛말을 들어보면 스스로 太伯의 후손이라고 했는데, 옛날 하나라 小 康의 아들이 會稽에 봉해지자 머리를 자르고 몸에 문신을 하여 蛟龍 의 공격을 피하고자 하였다고 한다.[22]

라고 기록되어 있는데, 이처럼 매우 의심스러운 내용을 수반한 경우에 사용 되고 있다. 다무라 센노스케田村專之助 씨는 일찍이 '구어'의 내용 대부분이

중국인 자체의 사상이었다는 점을 유의하지 않으면 안 된다고 지적하고 있다. 다무라 씨에 따르면 고구려전의 해당 기사도 그러한 인종人種 관계가 사실인지의 여부와 별개의 문제이며, 기재된 내용 자체도 중국인이 추측한 표현에 불과하여, 기로耆老의 말씀이나 '구어'가 덧붙여져 설명되고 있는 것은 『위지』나 『위략』 동이전에서도 그 대부분이 중국인의 머리에서 나온 것으로, 마치 사실처럼 그럴듯하게 말하기 위해서거나 중국인의 취향에 맞춰 이러한 형식이 취해진 것이었다고 보인다.[23]

따라서 『위지』 고구려전에는 확실히 고구려가 부여의 '별종'[24](민족적으로 가까운 관계)이라고는 했지만, 여기에는 "'동이의 옛말(舊語)'에 따르면"이라는 단서가 붙어 있어, 그것 이하의 사실에 담긴 무게는 상당히 경감될 수밖에 없다. 적어도 『위지』 고구려전에 따르는 한, 고구려가 부여의 '별종'이라고 한 부분은 전해 들은 말(傳聞)이나 추측의 영역을 벗어나지 못할 것이다.

주지하는 것처럼 『위지』 동이전은 3세기 중엽 위나라의 동방경략東方經略에 의해 직접 얻게 된 지식과 견문에 기반을 둔 부분이 많고,[25] 게다가 그러한 정보는 동북아시아의 대단히 넓은 지역에까지 폭넓게 미치고 있었다.[26] 그럼에도 불구하고 그 자리를 틀고 있던 부여와 고구려 두 민족 관계에 대한 정보는 동시대에서조차도 전문이나 추측의 영역을 벗어나지 못하였다.[27]

『양서』에 이르러서는 이미 언급한 것처럼 양자의 민족적 동일성이 한층 강조되고 있는데 그렇기에 『위지』에서 『양서』로, 고구려에 대한 중국 측의 인식 차이에 대해 다시금 주의하지 않으면 안 될 것이다.

다음으로 『양서』에 보이는 고구려에 대한 새로운 인식이 언제 성립되었는지에 대한 문제를 살펴보고자 한다. 주지하는 것처럼 『양서』는 당대 초엽 (627년)에 편찬되었지만 제이전諸夷傳 중에는 양과의 직접적인 교섭에 기반한 양대梁代의 사료가 확인되며,[28] 따라서 고구려전에 대해서도 우선 양대의 인식과 깊이 연관되어 있다고 생각할 수 있을 것이다. 그리고 이 점을 뒷받침하는 것이 『양서』 제이전의 각국에 대한 기록은 양나라 소역(蕭繹, 원제)이 쓴 『양직공도梁職貢圖』 또는 그 기초가 된 배자야裵子野의 『방국사도方國使圖』를 원전으로 삼고 있다는 에노키 가즈오榎一雄 씨의 지적이다.[29] 현존하는 『직공도職貢圖』에는 고구려사조高句麗使條가 제외되어 있지만 『직공도』에 원래 고구려사조가 포함되어 있었다는 사실은 여러 사료에서 명확하게 알 수 있고,[30] 『양서』 고구려전의 기사는 『방국사도』나 『직공도』가 제작된 530년 전후 무렵의 사료로 보아도 무리가 없을 것이다. 이러한 점에서 고구려가 부여에서 나온 한 지파라는 계보관과 이에 근거한 양자의 민족적 동일성이란 인식은 6세기 초 남조 양나라에 이미 존재하고 있었다고 생각할 수 있는 것이다.

이러한 인식이 도대체 어느 시기까지 소급될 수 있는지 좀더 분명히 해두고자 한다. 동일한 남조에서는 송대宋代에 범엽范曄이 『후한서』를 저술했는데 이 『후한서』 동이전이 『위지』나 『위략』에 근거한 내용들이 많다는 사실은 이미 주지의 사실이다.[31] 실제로 『위지』와 『후한서』의 고구려전을 대조해보면 수많은 대응 기사가 있으며 자구의 차이도 많지 않다. 이러한 점에서 『후한서』 역시 『양서』와 마찬가지로 고구려전은 『위지』를 기본 사료로 삼고 있었을 가능성이 높다고 할 수 있다. 그러나 『후한서』는 『양서』와 달리 동명왕 전설이 부여전의 서두에 서술되어 있고, 고구려전에는 그러한 건국 설화는 물론이거니와 『양서』 고구려전이 채택한 『위지』 부여전의 풍속 관련 기록도 어느 것 하나 다루지 않고 있다.

요컨대 적어도 『후한서』가 편찬된 5세기 전반(424~445년)에는 『양서』에 보이는 고구려에 대한 인식이 남조에는 없었다고 말할 수 있겠다.

다음으로 남조에서는 제나라 때(487~488년) 심약沈約에 의해 『송서宋書』가 찬술되지만 고구려전은 오로지 교섭 관계 기사만 수록되어 있어, 이 문제를 검토할 만한 단서를 좀처럼 얻기 힘든 실정이다. 게다가 양나라 초, 천감 연간(天監 年間, 502~519년)에는 소자현蕭子顯이 찬술한 『남제서南齊書』가 있다. 그러나 오늘날 전해지는 고구려전은 북위北魏 원회元會에서 남제와 고구려 사신의 처우를 둘러싼 기사가 거의 전체를 차지하고 있으며, 다른 책에서 볼 수 있는 고구려전의 일문逸文도 얼마 되지 않아 부여와의 계보 관계를 논한 흔적은 찾기 어렵다.[32] 이렇게 보면 『양서』 고구려전에 드러난 고구려에 대한 인식은 역시 양대 고구려와의 직접적인 교섭이 크게 작용했다고 생각하는 것이 온당할 것이다.

이와 관련하여 흥미로운 점은 『직공도』의 원전原典인 『방국사도』의 저자 배자야가 여러 민족의 기원에 남다른 관심이 있었다는 사실이다.[33] 『양서』 배자야전은 이 방면에 대한 그의 박식함이 당대 사람들에게 널리 칭송받고 있었던 사실을 전하고 있다. 또한 『직공도』는 활국(滑國, 에프탈Ephthalites)의 민족 기원을 잘못 기록하고 있는데 이러한 착오는 배자야의 부회附會를 그대로 계승했기 때문이라는 사실이 밝혀졌다.[34] 이는 『양서』 고구려전의 성립을 고려할 때 매우 시사적이라 할 수 있다. 즉 앞서 언급한 것처럼 『양서』 고구려전의 계보관과 습속에 대해서는 고구려와 양나라의 통교에 의해 가지고 온 어떤 정보에 근거하여 기록한 것이라고 일단 생각해볼 수 있다. 하지만 이러한 『양서』 제이전의 성립을 둘러싼 경위에 따르면, 반드시 모든 것이 직접적인 견문에 입각한 기술이라고는 단언할 수 없으며, 여기에는 배자야의 자의적인 개작改作이 추가되었을 가능성도 생각해볼 필요가 있을 것이다.

지금까지의 고찰에서 특히 명기하지 않으면 안 되는 것이 『양서』 고구려전의 기술하는 방식이다. 그 내용 대부분이 수 세기 이전의 사료인 『위지』에 의거하면서도 민족 문제만큼은 작위적으로 수정한 점은 묵인할 수 없는 특징이다. 그리고 이러한 특징에 주목할 때 『위지』 고구려전에 기록된 부여와 고구려의 민족 관계에 대해서도 그러한 사실이 당시에도 애매하다는 점을 다시금 유의하지 않으면 안 될 것이다.

3. 동명왕 전설과 주몽 전설

부여와 고구려가 민족적으로 본지本支 관계에 있다거나 동족이라는 주장의 또 다른 유력한 근거로 양자는 동일한 시조 전설을 갖고 있다는 점이 지금까지 지적되어왔다. 이러한 지적이 과연 타당한지 여기서 잠시 검토해보고자 한다.

앞서 언급한 것처럼 『양서』 고구려전의 첫머리에 있는 동명왕 전설은 고구려의 계보 관계를 나타내기 위해 인용되었지만 『위략』이나 『후한서』가 그랬던 것처럼 부여의 건국 설화라는 것은 변함이 없다. 그리고 이것이 후한後漢 왕충王充의 『논형論衡』을 전거로 하고 있음은 잘 알려져 있다.[35] 따라서 앞에서 언급한 여러 중국 사료에 보이는 동명왕 전설의 전승 계보는 아래의 도표에서 보여주듯이 일관되며, 설화 그 자체도 거의 변용된 흔적을 찾아볼 수 없다. 따라서 이는 이른바 남조에 전해진 부여의 건국 설화라고 할 수 있겠다.

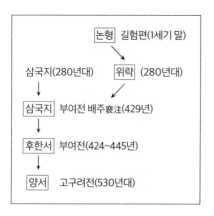

한편 고구려의 건국 설화인 주몽 전설은 『삼국사기』를 비롯해 『동국이상국집』의 동명왕편이나 『세종실록』 지리지에 상세하게 전해지고 있지만, 고구려인 자체가 남긴 가장 오래된 건국 설화는 414년에 세워진 「광개토왕비」의 비문(이하 「비문」이라고 함) 속에 있는데 거기에

는 다음과 같이 기록되어 있다.

> 옛날 始祖 鄒牟王이 나라를 세우셨다. (추모왕께서는) 北夫餘에서 나
> 셨는데 天帝의 아들이요, 어머니는 河伯의 따님이셨다. 알을 깨고
> 세상에 나오시니 태어나면서부터 성스러운 …이 있으셨다. 남하하
> 여 순행하는데 가는 길에 부여의 奄利大水를 지나게 되었다. 왕께서
> 나루에서 말씀하시길 나는 천제의 아들이며 어머니는 하백의 따님
> 인 추모왕이다. 나를 위하여 갈대를 연결하고 거북이들이 떠올라
> 라. 이 말씀에 따라 즉시 갈대가 연결되고 거북이들이 떠올랐다. 그
> 리하여 강을 건너 沸流谷 忽本 서쪽 산 위에 성을 쌓고 도읍을 세우
> 셨다. [하략]³⁶

그 뒤 얼마 되지 않은 시기인 435년, 환도丸都에서 평양平壤으로 천도한 직
후에 고구려를 시찰한 이오李敖의 보고를 토대로 기록된 『위서魏書』 권100 고
구려전의 주몽 전설이 있다.³⁷

> 고구려는 夫餘에서 갈라져 나왔는데, 스스로 말하기를 선조는 朱蒙
> 이라 한다. 주몽의 어머니는 河伯의 딸로서 夫餘王에게 [잡혀] 방에
> 갇혀 있던 중, 햇빛이 비치는 것을 몸을 돌려 피하였으나 햇빛이 다
> 시 따라와 비추었다. 얼마 후 잉태하여 알 하나를 낳았는데, 크기가
> 닷 되(升)들이만 하였다. 부여왕이 그 알을 개에게 주었으나 개가 먹
> 지 않았고, 돼지에게 주었으나 돼지도 먹지 않았다. 길에다 버렸으
> 나 소나 말들이 피해 다녔다. 뒤에 들판에 버려두었더니 뭇 새가 깃
> 털로 그 알을 감쌌다. 부여왕은 그 알을 쪼개려고 하였으나 깨뜨릴
> 수 없게 되자, 결국 그 어머니에게 돌려주고 말았다. 그 어머니가 다

른 물건으로 이 알을 싸서 따뜻한 곳에 두었더니, 사내아이 하나가 껍질을 깨뜨리고 나왔다. 그가 성장하여 字를 朱蒙이라고 하니, 그 나라 俗言에 '주몽'이란 활을 잘 쏜다는 뜻이다. 부여 사람들이 주몽은 사람의 所生이 아니기 때문에 장차 딴 뜻을 품을 것이라고 하여 그를 없애버리자고 청하였으나, 왕은 듣지 않고 그에게 말을 기르도록 하였다. 주몽은 말마다 남모르게 시험하여 좋은 말과 나쁜 말이 있음을 알고, 준마는 먹이를 줄여 마르게 하고 굼뜬 말은 잘 길러 살찌게 하였다. 부여왕이 살찐 말은 자기가 타고 마른 말은 주몽에게 주었다. 그 뒤 사냥할 때 주몽에게는 활을 잘 쏜다고 하여 [한 마리를 잡는데] 화살 하나로 한정시켰으나, 주몽이 비록 화살은 적었지만 잡은 짐승은 매우 많았다. 부여의 신하들이 또 그를 죽이려 모의를 꾸미자, 주몽의 어머니가 알아차리고 주몽에게 말하기를, "나라에서 너를 해치려 하니, 너 같은 재주와 경략을 가진 사람은 아무 데고 멀리 떠나는 것이 옳을 것이다." 하였다. 주몽은 이에 烏引·烏違 등 두 사람과 함께 부여를 버리고 동남쪽으로 도망하였다. 중도에서 큰 강을 하나 만났는데, 건너려 하여도 다리는 없고, 부여 사람들의 추격은 매우 급박하였다. 주몽이 강에 고하기를, "나는 태양의 아들이요, 河伯의 외손이다. 오늘 도망 길에 추격하는 군사가 바짝 쫓아오니, 어떻게 하면 건널 수 있겠는가?" 하자, 이때에 고기와 자라가 함께 떠 올라와 그를 위해 다리를 만들어주었다. 주몽이 건넌 뒤 고기와 자라는 금방 흩어져버려 추격하던 기병들은 건너지 못하였다. 주몽은 마침내 普述水에 이르러 우연히 세 사람을 만났는데, 한 사람은 삼베옷을 입었고, 한 사람은 무명옷을 입었고, 한 사람은 부들로 짠 옷을 입고 있었다. [그들은] 주몽과 함께 紇升骨城에 이르러 마침내 정착하고 살면서 나라 이름을 高句麗라 하였다.[38]

이 주몽 전설은 설화 구성부터 문장 표현에 이르기까지 그 대부분이 나중에 『삼국사기』에 인용되어 계승되고 있다는 점에서도 중요하다.

이러한 「비문」과 『위서』의 주몽 전설에 의해, 고구려에도 5세기 초에는 남조 측에 전해진 부여의 동명왕 전설과 거의 동일한 건국 설화가 있었던 것을 확인할 수 있다. 그렇다면 두 계통의 건국 설화에 대해 종래의 연구들을 참고하면서 문제점을 정리해보고자 한다.

먼저 부여·고구려 두 계통의 건국 설화에 대해 가장 먼저 언급한 것은 나카 미치요那珂通世 씨로, 이미 1894년에 다음과 같은 학설을 펼친 바 있다. 즉 「비문」의 추모鄒牟, 『위서』에서 말하는 주몽朱蒙, 그리고 『논형』에서 부여의 시조로 나오는 동명東明이라는 것은 동음同音이 와전轉訛되어 나온 이역異譯이라는 것이다. 그러므로 모두 동일인의 이름이라는 것, 게다가 동명이 원래 고구려 시조였던 것을 『논형』에서 부여의 시조인 것처럼 기록한 것은 잘못이고, 『논형』은 동명왕을 부여국의 건국자로 잘못 간주한 것이라고 단정하였다.[39]

그 근거로서 『논형』에서는 "북이 탁리국北夷槖離國" 왕에게서 부여의 동명왕이 출생한 것을 근거로 삼고 있지만, 이 '탁리국槖離國'을 『위략』에서는 '고리국槀離國'으로 적고 있어 '탁槖'은 '고구高句' 두 글자의 오류라고 지적하고 있다.[40] 그 결과 『논형』의 동명왕 전설에서는 북이北夷 고구려에서 부여가 갈라져 나온 것으로 되어 있지만, 이것은 부여에서 고구려가 나왔다는 설화를 『논형』의 필자가 본말을 전도한 것으로 해석하고 있다. 요컨대 동명왕 전설이란 고구려의 시조 전설이며, 부여에 동일한 설화가 있는 것은 중국 측이 잘못 전달한 것에 지나지 않는다고 말하고 있다. 이 견해는 그후의 연구에 커다란 영향을 미쳤는데 기본적인 부분에서 오늘날에도 북한이나 한국 학계에 이어지고 있다.[41]

다음으로 나이토 고난內藤湖南 씨는 동명·주몽 두 설화의 모티브가 되는 부분인, 태양 혹은 어떤 물체의 영기靈氣를 느껴 아이가 태어나고 그가 시조가 된다는 이야기는 동북아시아 여러 민족에게 공통된 소재임을 논하면서, 단지 이것들이 다양하게 변화했을 뿐이라고 언급하였다. 이러한 전설을 공유하는 여러 민족 간의 관계에 대해서는, 그들이 동일 민족임은 명확하지 않지만 적어도 같은 전설을 지닌 민족이라고 말하는 데 그치고 있다. 또 탁리국에 대해서는 송화강 지류에 거주하던 다우르Daghur족이라고 풀이하면서 『논형』의 동명왕 전설은 그대로 부여의 건국 설화라는 견해를 가지고 있다.[42]

게다가 시라토리 구라키치白鳥庫吉 씨는 부여·고구려 두 건국 설화가 시조명 외에 이야기 형식이나 내용이 동일하지만 결국 다른 점은 주인공의 활동 무대라고 하였다. 시라토리 씨의 고증에 따르면 부여의 동명왕 전설에 대해서는 역사적으로나 지리적으로 불합리한 점이 없지만 고구려의 주몽 전설은 시간적·지리적으로 종종 불합리한 부분이 있다는 점에서, 고구려의 주몽 전설은 부여의 동명왕 전설을 고구려가 개작한 것으로 추정하였다. 그리고 양자의 민족 관계에 대해서는 설화의 개작을 고구려의 부여족에 대한 정책으로 보면서 "고구려는 부여와 마찬가지로 예맥穢貊種이지만 부여와는 동족이 아니다."라고 분명히 언급하고 있다.[43]

이상의 나카 씨, 나이토 씨, 시라토리 씨 세 명의 견해는 각기 전혀 다른 입장을 취하고 있지만, 여기서 공통된 것은 동명과 주몽(추모)가 동일 인물이거나 동일 내용[44]의 다른 표기라고 되어 있는 점이다.

이에 대해 이케우치 히로시池內宏 씨는 동명왕은 부여의 시조이고 주몽은 고구려의 시조임을 분명히 하여, 부여의 동명왕 전설과 고구려의 주몽 전설을 확연하게 구별해야 한다는 점에서 세 사람과 견해를 달리하고 있다. 또한 시라토리 씨가 주몽 전설에 대해 역사적으로나 지리적으로 성립하기 어렵다고 보는 것에 반해, 내용적으로 역사적인 사실이 반영되었음을 인정하면서, 동시에 부여의 동명왕 전설과 그 구조가 일치하는 것은 민족상 본지本支 관계에 기반하기 때문이라고 결론지었다.[45] 이케우치 씨 견해에서 주목되는 점은 동명과 주몽을 별개의 인물로 간주하고 있는 것이며, 고구려 시대에는 두 나라의 시조가 결코 혼동되지 않았지만,[46] 삼국통일 후 성립된『구삼국사舊三國史』편찬의 잘못에 의해 양자를 동일인으로 보게 되었음을 명확히 하고 있다. 이로 부터 적어도 한쪽의 설화를 잘못 전했다고 해서 그 설화의 존재를 부정할 수는 없게 되었다. 그로 인해 여기에서 부여와 고구려가 각각 시조를 달리하지만 거의 동일한 건국 설화가 있었던 것으로 보아야 한다는 것을 확인하게 된다.

그러나 이케우치 씨의 견해에 전혀 문제가 없는 것은 아니다. 본인 스스로 경계하고 있는 것처럼 전설의 일치점에서 곧바로 고구려와 부여의 민족적 관계를 긍정하는 것은 결코 학술적이지 않으며, 그것은 또한 스스로가 지적한 것처럼 민족 그 자체가 이동하지 않으면서 하나의 민족에서 발생한 전설이 다른 민족에게 전파된 사례는 흔히 볼 수 있기 때문에 두 민족의 본지 관계는 전설의 유사함만으로 결정할 수 있는 성격이 아니다.[47] 이케우치 씨는 결론적으로『위지』의 '동이의 구어舊語' 운운하는 사료를 유력한 근거로 삼아 고증해나가면서 두 민족상의 본지 관계를 인정하고 있지만,『위지』의 해당 사료가 매우 의심스러운 전문이나 추정의 영역을 벗어나지 못한 사정에 대해서는 누차 언급한 바와 같다.

여기서 지적하고 싶은 것은 부여·고구려의 건국 설화는 이제까지 짜임새나 내용이 일치한다는 주지의 대전제에 대해 의심의 여지가 없었지만, 양자의 설화가 서로 건국 신화의 유형상 매우 중요한 부분에서 상이하다는 사실이다. 미시나 쇼에이三品彰英 씨에 따르면, 한반도와 소위 만주 국경 지역의 시조 신화를 구성하는 유형을 난생형卵生形·상주표류형箱舟漂流形·감정형感精形·수조형獸祖形 등 네 가지로 구별할 수 있다고 한다. 그리고「비문」

의 주몽 전설은 한반도의 난생신화 중 자료 연차가 가장 오래되었다는 것, 나아가 이 신화는 알에서 태어난 것을 전제로 천제의 아들과 하백의 딸이 결혼하는 것을 설명하며 그 인태화人態化의 정도가 두드러지게 진행되었다는 점에서 상당히 발전된 신화임을 지적하고 있다.

한편 난생卵生이라는 요소와 관련해서 보는 한 부여는 분명히 감정형에 속하는 것으로 보아야 하며, 주몽 전설의 난생형과는 전혀 다르다고 보고 있다. 게다가 주목해야 할 점은 고구려와 신라, 가라加羅 등의 건국 신화에 보이는 난생 요소의 존재는 각 나라들이 그러한 종류의 요소가 가장 성행하던 남방 해양 여러 민족들과 연계되어 있음을 보여준다는 견해이다. 고구려의 주몽 전설은 대만 등 남방 민족과의 경계 지역에 속하면서 한족漢族과 접하는 예맥족의 황해 연안 원주지原住地에서 유래한 것으로 추정되고 있다.[48] 물론 미시나 씨도 고구려의 주몽 전설에는 북방계의 일광감정日光感精 요소와 복합되는 현상이 있다는 점을 충분히 인정하고 있다. 그러나 어쨌든 주몽 전설 속 난생 요소에 주목한 미시나 씨의 견해는 이제까지 단지 신화상의 짜임새가 일치한다는 것을 대전제로 삼아 부여와 고구려의 민족 문제를 논해왔던 상황에서 고찰의 관점을 확장시켰다는 점에 대해서 높이 평가할 수 있겠다.

이상에서 지금까지 부여와 고구려가 동족이거나 본지 관계라고 주장하는데 주요 근거로 삼았던 동명왕 전설과 주몽 전설에 대해, 선학들의 연구에 의거하여 그 문제점을 검토해보았다. 이에 따르면 양자는 주인공을 달리하며 내용적으로도 동일한 설화라고 결론짓기에 어려움이 있다. 오히려 그 이질성을 인정하지 않을 수 없는 것이다. 그렇기 때문에 앞 절에서 『양서』 고구려전 고찰을 통해 지적한 점과 마찬가지로, 두 전설은 고구려와 부여의 민족 관계를 논하기에 충분한 근거가 될 수 없다는 것이 판명되었다고 생각한다.

4. 고구려의 부여 출자설

이제까지 『양서』와의 대비를 통해 『위지』 고구려전 기사에서 부여와 고구려가 동족이라고 보기에는 문제가 있다는 것과 부여·고구려 건국 신화의 유사성만을 가지고 동족으로 하는 것도 따르기 어려운 부분이 있다는 것을 지적하였다.

그렇지만 414년에 세워진 「광개토왕비」에는 고구려인 스스로가 북부여 출신이라고 명기하고 있으며, 435년 천도 후 평양을 방문한 이오 역시 "고구려는 부여에서 나왔다(高句麗自出於夫餘)."라고 해서 그것을 외국인 입장에서 확인하고 있다. 즉 『위지』가 전하는 3세기 단계에서는 부여와 고구려의 계보 관계가 명확한 사실로 인정받지 못했고, 5세기 초엽에야 고구려인 스스로 언급한 내용이 사료에 드러나 있는 것이다. 그리고 일반적으로는 이 고구려의 자칭自稱에 근거하여 부여와의 계보 관계가 드디어 확신에까지 높아지게 된 것이다.

다만 이러한 고구려의 자칭에 대해 전혀 의문이 없는 것은 아니다. 앞서 언급한 것처럼 시라토리 씨는 고구려의 주몽 전설은 부여의 동명왕 전설을 개작한 것이라는 입장에서, 고구려가 부여의 시조를 자국의 시조로 모시게 된 경위를 다음과 같이 설명하고 있다. 즉 부여와 고구려는 예로부터 적대 관계였지만 동부여·북부여 양국이 광개토왕의 신민臣民이 되면서, 남방의 백제를 포함하여 그 사방이 부여족으로 둘러싸이게 되었다. 그래도 부여국을 위무 회유할 필요가 있었기에, 장수왕은 부여족이 숭배하는 동명왕 전설을 이용·개작하여 부여족의 종가宗家에 해당되는 자격을 얻고자 획책하였고, 이렇게 부여족의 본가 본원이 된 고구려는 새로 따르게 된 부여국에 안도감을 주는 한편 백제국에 대해서는 이를 토벌할 정당한 이유를 제공한 것으로 추론하고 있다.[49]

지금 각각의 구체적인 상황 설정이나 주몽 전설을 동명왕 전설의 개작이라 한 점을 배제하더라도, 고구려가 자기의 출자를 부여로 삼지 않을 수 없었던 원인이나 배경에 대해서는 경청해야 할 견해가 제시된 것은 아닐까 생각한다. 즉 당시 고구려를 둘러싼 국제환경에 대처하고자, 특별히 정치적인 전략으로 부여 출자설이 일컬어지게 되었다는 점이다.

예를 들어 그러한 매우 상징적인 사례로 주목되는 것이 「비문」 중의

> 20년 경술(410), 東夫餘는 옛날 鄒牟王의 屬民이었는데 중간에 배반하여 조공을 하지 않았다. 왕이 친히 군대를 끌고 가 토벌하였다.
> [하략][50]

라는 기사이다. 최근의 비문 연구에 따르면 편년적으로 기록된 광개토왕의 대외 관련 기사에는 정형적인 표현이 사용되며, 해당 부분도 "東夫餘舊是鄒牟王屬民, 中叛不貢(東夫餘는 옛날 鄒牟王의 屬民이었는데 중간에 배반하여 조공을 하지 않았다)."까지가 왕이 몸소 병사를 이끌고 전투에 나가야만 했던 특별한 사정과 그 이유를 공적으로 선언하는 기능을 가진 전치문前置文에 해당한다는 것이 명확해졌다.[51] 즉 이 전치문은 왕의 친정親征이라는 행위를 정당화하는 중요한 의미를 지니고 있는데, 여기서는 직접적인 사유가 "中叛不貢(중간에 배반하여 조공을 하지 않았다)."에 있다고 해도, 고구려의 동부여 정벌에 대한 정당한 근거로 추모왕이 함께 나오고 있는 점은 간과할 수 없다. 이는 말할 필요도 없이 「비문」 서두의

> 옛날 시조 鄒牟王이 나라를 세우셨다. 北夫餘에서 나셨는데 天帝의 아들이요, 어머니는 하백의 따님이었다.[52]

와 호응하는 기록으로 보아야 하겠지만, 여기서 당시 고구려 시조의 출자 문제가 현실 정치의 장에서 중요한 역할을 했던 구체적인 사례를 보여준다고 할 수 있다.

이러한 것은 하나의 사례에 그치지 않는다. 5세기 고구려 왕권과 밀접한 관계를 맺고 있던 중견 귀족, 「모두루牟頭婁 묘지」(이하 「묘지」라고 함)에는 종족의 시조부터 묘주인 모두루까지의 사적事蹟이 기록되어 있다. 오늘날 약 8백 자로 구성된 「묘지」의 해독에는 많은 어려움이 있지만,[53] 다케다 유키오武田幸男 씨는 다음과 같이 「묘지」 전체를 파악하였다. 즉 모두루 일족의 선조는 북부여 출신으로, 고구려의 시조 추모왕을 따라 남하南下하였으며, 이후 대대로 관은官恩을 입어 국왕을 섬겼는데, 미천왕·고국원왕 대 무렵 모용씨慕容氏의 북부여 침입이라는 사태를 맞아 일족이 중흥中興의 선조라고 여기는 염모冉牟의 큰 활약이 있었다. 그 무렵 위임받은 북부여 방면의 지배는 자손 대대로 계승되어 광개토왕 대에 모두루에 이르게 된다고 하였다.[54] 「묘지」에 즉하여 그 사적을 살펴보면,[55] 먼저 그 첫머리에

河泊의 손자이며 日月의 아들인 鄒牟 聖王이 北夫餘에서 나셨으니, 이 나라의 도읍이 가장 성스러움을 천하사방이 알지니… 이 도읍을 계속해서 다스리시니… 奴客의 祖先이 … 북부여에서부터 聖王을 수행하여 (이곳으로) 왔다. … 奴客… 대대로 官恩을 입었다. [하략][56]

라고 하여 북부여 출신인 성왕聖王을 선조가 수행한 것을 말하고 있다. 이어서 「묘지」 중간에는

慕容 鮮卑 … 河泊의 자손이며 일월의 아들이 태어난 땅 … 북부여에 大兄 冉牟가… [하략][57]

라고 하여 중흥의 선조인 염모가 모용씨와 북부여를 두고 싸운 계기가 저술되어 있으며, 염모의 사적은 「묘지」의 3분의 1을 차지하고 있다. 게다가 후반에는

> 대대로 官恩을 입어 … 城民과 谷民을 (다스렸다) … 國罡上(大開)土地
> 好太聖王에 이르러 (모두루) 祖父와의 인연으로 奴客 모두루와 □□
> 牟에게 은혜를 베푸시어 北夫餘守事로 파견하니, 河泊의 자손이며
> 日月의 아들인 聖王 … 昊天이 어여삐 여기지 않았다. [하략][58]

라고 하여, 모두루는 조부와의 인연으로 공은恭恩을 입어 '북부여수사北夫餘守事'로서 성왕의 연고지에 파견되었던 것으로 보인다. 이처럼 모두루 일족의 사적이 항상 북부여와 관련되어 있는 점은 「묘지」 구성상의 커다란 특징이다.[59] 그리고 그 일족과 불가분의 관계를 가진 북부여 지역에 대하여 특별한 가치를 부여하고 있는 것이 바로 고구려 시조 추모의 신화이다.

반대로 「묘지」에 담긴 분명한 역사적 사실을 추출해본다면, 모두루 일족이 북부여 출신의 부여계 씨족이라는 점, 모용씨가 북부여에 침입했을 때 선조인 염모가 진군하여 공적을 세운 점, 이후 북부여 방면의 지배를 일족이 도맡아 한 점을 들 수 있겠다. 이러한 역사적 사실은 고구려의 시조가 북부여 출신이라는 하나의 사실에 의해 다음과 같은 효과를 가져올 수 있었다. 즉 왕권과 일족 사이에 친근함, 일체감이 형성되어, 모용씨의 북부여 침입에 대한 부당성과 전투의 필연성을 명확히 함과 동시에 이에 따른 훈공勳功을 한층 더 현창하여 북부여에 대한 일족의 공적 지배의 정당성을 확고히 할 수 있었던 것이다. 고구려 건국 설화의 부여 출자설은 여기서도 그 정치성이 유감없이 발휘되고 있었다고 할 수 있을 것이다.[60]

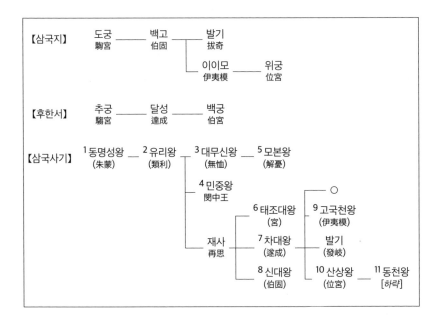

그런데 시조의 출자가 이처럼 현실적인 정치 세계에서 맡고 있던 중요한 역할과는 달리 당시 고구려는 시조 이후의 초기 계보를 망각하면서 본인의 확실한 전승을 상실하게 된다. 『삼국사기』는 고구려왕 계보를 가장 상세히 전해주고 있지만, 주지하는 것처럼 신빙성이 현저히 떨어진다.[61] 제5대 모본왕慕本王까지는 물론이거니와 6대 이후 태조대왕, 차대왕, 신대왕으로 실질적인 시조임을 나타내고자 묘호廟號를 붙이면서 왕의 휘諱가 각각 궁宮, 수성遂成, 백고伯固로 되어 있다. 이는 『삼국지』나 『후한서』에 산견되는 고구려의 왕명이기 때문에 이 세계도 고구려의 어느 시대에 중국 사료에 의거하여 조작되었다는 것이 이미 밝혀진 바 있다.[62]

그렇다면 이제 왕의 세계 전승이 결여되었다는 의미에 대해 고찰해보고자 한다. 본래 고구려가 흥기한 지역은 비류수(沸流水, 동가강) 유역의 환인桓仁·통화通化 방면에 있었다는 것은 여러 선학의 일치된 견해이다.[63] 고구려사는 대략 이 비류시대를 제1기로 하여, 천도를 계기로 환도丸都시대(210년

경~427년), 평양시대(427년~668년) 등 3기로 나누어 이해되고 있다.[64] 궁, 수성, 백고는 비류시대의 왕으로 환도시대는 3세기 초 백고의 아들인 발기拔奇·이이모伊夷模 형제가 두 파派로 분열된 뒤 남하해서 이이모가 환도에 새로운 나라를 세우면서 창시되었던 것이다. 즉 고구려인이 남긴 확실한 계보는 이이모에서 시작되기 때문에 환도시대의 고구려인조차 비류시대 왕의 계보를 완전히 망각하게 되었다.[65] 더욱이 궁, 수성, 백고 위에 가공의 왕이 조작되고 있었는데, 시조인 추모(= 주몽)로부터가 역시 『한서』 왕망전王莽傳에 보이는 '고구려후추高句驪侯騶'에 근거하여 비롯된 것이 아닐까 하는 지적이 있다.[66]

앞서 언급한 것처럼 고구려 시조로서 추모가 사료에 명확하게 등장하는 것은 환도시대 말, 5세기가 되고 나서였다. 그렇기에 추모는 적어도 환도 천도 이후부터 5세기 초엽에 이르기는 시대에, 중국 사료에서의 필요에 따라 만들어진 왕이라는 의심이 강하게 든다. 그렇다면 고구려 시조의 부여 출자설은 추모가 조작될 때에 부회되었을 가능성도 있으며, 실제로 환도시대의 고구려에는 상대上代 세계를 창작하는 데 있어 중국 사료에 의존하지 않을 수 없었고, 동시에 부여와의 연관성을 강조하지 않을 수 없는 제반 사정이 있었던 것이다.

우선 상대上代 세계 창작의 전제로서 옛 기록의 소실이 문제가 되겠지만 츠다 소키치津田左右吉 씨는 이에 대해 관구검毌丘儉 및 모용황慕容皝과 두 차례의 교전으로 인해 고구려 상대 세계에 대한 기록이 소실된 것으로 추측하고 있다.[67] 사실 두 차례의 전쟁 재해로 고구려는 괴멸적인 타격을 받았고, 그 모습은 앞서 게재한 『양서』(II -1·2)에서 보이는 바와 같다. 고구려는 환도시대에 그러한 국난을 겪으면서도 부흥하였고, 곧이어 광개토왕·장수왕이라는 최전성기를 맞이하게 된다. 고구려의 부흥에 공헌했던 것이 바로 모두루 일족처럼 부여에서 유입된 씨족이었던 것은 아닐까 생각된다.

서진 초 무렵, 부여는 모용외慕容廆의 침공을 받아 거의 멸망에 가까운 타격을 받게 되지만, 285년 왕족의 자제는 머나먼 동남쪽의 옥저로 도주하여 간신히 이 땅을 지키게 된다.[68] 이러한 왕족을 비롯한 부여족의 남하는 인접한 고구려가 대내적으로나 대외적으로 통치하는 데 간과할 수 없는 중요한 문제였을 것이다. 이러한 상황에서 생겨난 것이 시조 추모의 건국 설화가 아니었을까 생각된다.

고구려는 약 4세기 초 무렵, 과거 부여의 핵심 지역을 고구려 영역으로 편입하였으며,[69] 그 통치에는 모두루 일족에게서 그 사례를 찾아볼 수 있듯이 부여계 씨족을 발탁했음은 틀림이 없다. 이러한 내외 정세 속에서 부여를 출자로 한 건국 설화가 전략상 매우 유효했다는 것은 말할 필요도 없다. 안으로는 새롭게 귀부한 부여족과의 융합을 도모하고 밖으로는 연나라와 대적하던 시기여서, 부여의 옛 영역을 점유하기 위한 정당성과 역사적 근거를 주장하는 데 최적의 이데올로기가 될 수 있었다고 생각한다.

마지막으로 주몽 전설을 부여 동명왕 전설의 '개작'이라고 한 시라토리 학설과 관련하여 부언해두고자 한다. 435년의 견문에 기반한 『위서』의 주몽 전설에는 이미 동명왕 전설에 의한 영향과 그로 인한 윤색이 더해져 있으며, 이러한 변용은 앞서 언급한 것과 같은 경위로 이루어졌다고 생각할 수 있다. 그러나 앞 절에서 서술한 것처럼 양자 전설의 본질적인 차이는 경시할 것이 아니며, 그렇기에 고구려 독자의 전통적인 건국 설화의 전승은 존재했다고 간주해야 할 것이다. 주몽 전설을 동명왕 전설의 개작이라고 볼 때 중요한 것은, 원래 고구려에 그러한 고유의 설화가 있었고 여기에 정치적 관점에서 개작이 추가되었다고 하는 점이다.

5. 맺음말: 『양서』 고구려전의 사료적 위치

이상에서 부여와 고구려의 민족적 계보 관계 및 두 민족의 건국 설화에 대하여 몇 가지 측면에서 검토해보았다. 여기서 얻을 수 있는 결론을 열거 해보면 다음과 같다.

1. 적어도 위魏의 동방경략東方經略이 있었던 3세기 중엽 무렵까지, 부여와 고구려 사이의 민족적 계보 관계를 객관적인 사실로 인정하기는 어렵다.

2. 부여와 고구려에는 동명왕 전설, 주몽 전설이라는 각각의 건국 설화가 있었으며, 게다가 양자는 유사한 설화이기는 하지만 주인공(시조)을 달리하고, 내용적으로도 중요한 부분에서 차이를 보여 민족적 계보 관계를 논하기에는 충분한 근거가 될 수 없다.

3. 고구려는 5세기 초엽에 스스로 부여에서 출자한 것을 자처하게 되지만, 이 역시 역사적 사실이라기보다는 고구려의 정치적 전략에서 표방된 것으로 볼 수 있을 것이다.

그런데 이처럼 부여와 고구려의 민족 문제는 초기로 거슬러 올라갈수록 그 계보 관계가 의심스럽다는 점에서 인정하기 어렵지만, 그러한 반면 후대로 갈수록 양자의 계보 관계는 강조될 뿐 아니라 두 민족의 시조를 혼동하기에 이른다. 즉『삼국사기』 고구려본기에는,

> 시조 東明聖王은 성은 高氏이고 이름은 朱蒙이다. 鄒牟 또는 衆解라
> 고도 한다.[70]

라고 하여, 주몽은 동명왕의 휘諱로 간주되어 두 사람을 동일 인물로 취급하고 있다. 이처럼 시조에 대한 혼동이 고구려 멸망 후에 생긴 것은 판명되었지만 그것이 어떠한 경위로 이루어졌는지는 상세하지 않다. 예를 들어 이케

우치 씨가 두 민족의 시조를 동일 인물이라고 본 것은 신라 통일 이후 편찬자 미상의 『구삼국사』[71]에 의거했다고 하면서도, 어째서 이러한 잘못된 인식이 생겼는지에 대해서는 전혀 언급하지 않고 있다.[72] 츠다 씨 역시 후대의 고구려왕에게, 왕명 외에도 시호나 칭호를 붙이는 관례에 따르고자 했던 신라인의 소행이라고 주장했지만 왜 그것이 동명東明이어야 하는지는 불문에 부치고 있다.[73] 또 시라토리 씨는 부여와 고구려의 건국 설화가 서로 유사하기 때문에 후세의 역사가들이 오인한 것이라고 언급하고 있다.[74]

여러 선학들이 말한 것처럼 이것이 후세(고구려 멸망 이후)의 역사가에 의한 과오라 하더라도, 상이한 이름을 가진 부여, 고구려의 시조를 동일 인물로서 고구려의 시조로 규정하는 데는 나름의 근거가 있었을 것이다. 생각해보면 문헌상 그러한 소행의 단서가 된 것이 『양서』 고구려전이었던 것은 아니었을까. 즉 『양서』 고구려전은 처음에 "高句麗者, 其先出自東明(고구려는 그 선조가 동명으로부터 나왔다)."로 시작하여, 다음에 부여의 동명왕 전설을 전재轉載한 다음, 그 말미에 "其後支別爲句驪種也(그 후손의 한 지파가 구려의 종족이 되었다)."라고 맺음으로써 민족의 기원을 논하고 있다. 하지만 첫머리의 "高句麗者, 其先出自東明"이라는 한 구절이야말로 후세의 역사가로 하여금 동명을 고구려 시조라는 지위에 두게 했던 것이 아닐까 생각하게 된다. 이는 고구려전 전체 속에서 이 한 구절이 지닌 역할을 살펴본다면 더욱 분명해질 것이다.

『양서』 고구려전은 다른 대부분의 기사와 마찬가지로 고구려의 제사에 관해서도 『위지』를 전거로 삼고 있다. 『위지』에

10월에 지내는 祭天行事는 國中大會로 이름하여 東盟이라 한다.[75]

라고 적힌 기록은 『양서』에는,

10월에 하늘에 제사를 올리는 大會가 있으니 이를 東明이라 한다.[76]

로 되어 있다. 중요한 것은 거의 동일하게 쓰여 있으면서도『양서』에서는 제사의 명칭이 변경되어 있다. 원래 부여의 시조 동명東明과 연관이 없는 고구려의 제사명祭祀名[77]이 부여의 시조와 동일한 이름으로 바뀌어 있는 것이다.『양서』고구려전에 부여와 고구려의 민족적 계보 관계를 강조하는 서술들이 작위적으로 보일 정도로 적출할 수 있다는 점은 이미 언급한 바 있지만, 이 제사명의 변경도 동일한 목적에서 의도적으로 면밀히 이루어졌을 것이다. 즉『양서』는 고구려의 민족적 제사를 부여의 시조 동명의 제사에 부회하고 있는 것이다. 고구려전의 첫머리에 부여의 동명왕 전설이 인용되지 않을 수 없었던 필연성은 여기에 있었던 것이며, 이러한 관점에서『양서』고구려전의 의도는 수미일관된 것이었음을 읽어낼 수 있다.

　『양서』고구려전은 제이전 중에서 다른 전傳처럼 동시대 사료가 있는 것도 아니어서, 수 세기 전에 찬술된『위지』를 전거로 삼아 편찬자의 특정한 의도에 맞춰 조금씩 고쳐 쓴 것이다. 하지만 고구려 멸망 후에도 계승되어 독자적인 발전을 이룬 고구려의 건국 설화와 그 뒤 한층 더 강조되어온 부여와의 민족적 계보 관계에 대해『양서』가 미친 영향은 결코 적지 않다.『양서』고구려전의 사료적 위치가 재평가되어야만 하는 이유이다.

4장 고구려의 건국 전설과 왕권

1. 문제의 소재

고구려의 건국 신화인 주몽 전설은 「광개토왕비문」이나 『위서』 고구려전, 『삼국사기』 고구려본기 등에 기록되어 전해지고 있다. 고구려인 자체가 남긴 체계적인 건국 전설이 현존하지 않는 오늘날, 사료적 성격을 달리하는 이러한 사료들은 각각 독자적인 특색을 지니고 있으며, 건국 전설의 원형을 찾아가는 과정에서 상호 간의 비교 검토는 중요한 과제 중 하나라 할 수 있다. 대략 세 가지 계통으로 구분되는 사료들[1]은 약간의 차이는 있지만, 거기에 묘사된 전설 내용은 고구려의 시조 주몽(추모)이 부여 땅에서 도망쳐 대하大河를 건너 남쪽 땅에 고구려를 건국했다는 주요한 구성에서는 일치하고 있다.

고구려 건국 전설과 관련하여 이 책의 제3장 '『양서』 고구려전과 동명왕 전설'[2]에서 종래의 연구에는 문헌 조작에 착오가 있다는 점이나 전승 자체에도 후세의 오인으로 인한 새로운 혼란이 생기고 있다는 점을 지적한 바 있다. 또 부여 건국 전설과의 차이를 규명한 뒤 고구려에서 이러한 전설이 창작된 역사적 배경에 대해 약간의 언급을 추가하였다.

이 장에서는 이러한 사료 비판을 기반으로 하여 고구려의 건국 전설에 내재된 논리를 살펴보고자 한다. 고구려의 건국 전승 자체가 말하는 논리 구조를 규명함으로써 전설 성립의 역사적 배경을 재검토하고 더불어 고구려 왕권의 일면도 언급하고자 한다.

2. 전설의 구조와 외래왕 모티브

먼저 고구려의 건국 전설을 관련 사료에 의거하여 살펴보고자 한다. 오늘날 전하는 가장 오래된 고구려 건국 전설은 414년에 세워진 「광개토왕비문」(이하 「비문」이라고 함) 서두에 새겨진 아래의 기록이다.

> 옛날 始祖 鄒牟王이 나라를 세우셨다. (추모왕께서는) 北夫餘에서 나셨는데 天帝의 아들이요, 어머니는 河伯의 따님이셨다. 알을 깨고 세상에 나오시니 태어나면서부터 성스러운 …이 있으셨다. 남하하여 순행하는데 가는 길에 부여의 奄利大水를 지나게 되었다. 왕께서 나루에서 말씀하시길 나는 천제의 아들이며 어머니는 하백의 따님인 추모왕이다. 나를 위하여 갈대를 연결하고 거북이들이 떠올라라. 이 말씀에 따라 즉시 갈대가 연결되고 거북이들이 떠올랐다. 그리하여 강을 건너 沸流谷 忽本 서쪽 산 위에 성을 쌓고 도읍을 세우셨다.[3]

여기에서 볼 수 있는 것처럼 사료의 성격상 간략하긴 하지만 고구려인이 직접 써서 남긴 동시대 사료로서 존중하지 않으면 안 될 것이다.

여기에 이어지는 것은 『위서』 권100 고구려전에 수록된 고구려는 夫餘에서 갈라져 나왔는데, 스스로 말하기를 선조는 朱蒙이라 한다. 주몽의 어머니는 河伯의 딸로서 夫餘王에게 [잡혀] 방에 갇혀 있던 중, 햇빛이 비치는 것을 몸을 돌려 피하였으나 햇빛이 다시 따라와 비추었다. 얼마 후 잉태하여 알 하나를 낳았는데, 크기가 닷 되升들이 만하였다. 부여왕이 그 알을 개에게 주었으나 개가 먹지 않았고, 돼지에게 주었으나 돼지도 먹지 않았다. 길에다 버렸으나 소나 말들이 피해 다녔다. 뒤에 들판에 버려두었더니 뭇 새가 깃털로 그 알을 감쌌다. 부여왕은 그 알을 쪼개려고 하였으나 깨뜨릴 수 없게 되자, 결국 그 어머니에게 돌려주고 말았다. 그 어머니가 다른 물건으로 이 알을 싸서 따뜻한 곳에 두었더니, 사내아이 하나가 껍질을 깨뜨리고 나왔다. 그가 성장하여 字를 朱蒙이라고 하니, 그 나라 俗言에 '주몽'이란 활을 잘 쏜다는 뜻이다. 부여 사람들이 주몽은 사람의 所生이 아니기 때문에 장차 딴 뜻을 품을 것이라고 하여 그를 없애버리자고 청하였으나, 왕은 듣지 않고 그에게 말을 기르도록 하였다. 주몽은 말마다 남모르게 시험하여 좋은 말과 나쁜 말이 있음을 알고, 준마는 먹이를 줄여 마르게 하고 굼뜬 말은 잘 길러 살찌게 하였다. 부여왕이 살찐 말은 자기가 타고 마른 말은 주몽에게 주었다. 그 뒤 사냥할 때 주몽에게는 활을 잘 쏜다고 하여 [한 마리를 잡는데] 화살 하나로 한정시켰으나, 주몽이 비록 화살은 적었지만 잡은 짐승은 매우 많았다. 부여의 신하들이 또 그를 죽이려 모의를 꾸미자, 주몽의 어머니가 알아차리고 주몽에게 말하기를, "나라에서 너를 해치려 하니, 너 같은 재주와 경략을 가진 사람은 아무 데고 멀리 떠나는 것이 옳을 것이다." 하였다. 주몽은 이에 烏引·烏違 등 두 사람과 함께 부여를 버리고 동남쪽으로 도망하였다. 중도에서 큰 강을 하나 만났는데, 건너려 하여도 다리는 없고, 부여 사람들의 추격은 매우 급박하였다. 주몽이 강에 고하기를, "나는 태양의 아들이요, 河伯의 외손이다. 오늘 도망 길에 추격하는 군사가 바짝 쫓아오니, 어떻게 하면 건널 수 있겠는가?" 하자, 이때에 고기와 자라가 함께 떠 올라와 그를 위해 다리를 만들어주었다. 주몽이 건넌 뒤 고기와 자라는 금방 흩어져버려 추격하던 기병들은 건너지 못하였다. 주몽은 마침내 普述水에 이르러 우연히 세 사람을 만났는데, 한 사람은 삼베옷을 입었고, 한 사람은 무명옷을 입었고, 한 사람은 부들로 짠 옷을 입고 있었다. [그들은] 주몽과 함께 紇升骨城에 이르러 마침내 정착하고 살면서 나라 이름을 高句麗라 하고 인하여 성을 高氏라 하였다.[4]

라고 되어 있는 사료이다. 『위서』는 북제의 위수魏收에 의해 편찬되어 554년에 완성되었지만 그 기사 자체는 435년, 평양 지역을 방문한 북위 사람인 이오李敖가 수집한 것으로 생각되며,[5] 외국인에 의한 전문傳聞 사료라고는 하나 기록을 남긴 시기와 상세함에서 경시할 수 없다.

그리고 『삼국사기』 권13 고구려본기의 첫머리에는 다음과 같이 건국 전설이 채록되어 있다. 나중의 논의를 위해 전문을 나누어 소개하자면

시조 東明聖王은 성이 高氏이고 이름은 朱蒙이다.[[鄒牟 또는 衆解라고도 한다.]][6]

① 이에 앞서 부여왕 解夫婁가 늙도록 아들이 없자 산천에 제사를 지내어 대를 이을 자식을 찾았다. 그가 탄 말이 鯤淵에 이르러서 큰 돌을 보고 마주 대하여 눈물을 흘렸다. 왕이 이를 괴상히 여겨 사람을 시켜 그 돌을 옮기니 어린아이가 있었는데 금색 개구리 모양이

었다. 왕이 기뻐서 말하기를 "이는 바로 하늘이 나에게 자식을 준 것이다." 하고 거두어 기르고, 이름을 金蛙라 하였다. 그가 장성함에 책립하여 태자를 삼았다. 후에 그 재상 阿蘭弗이 말하기를 "일전에 하늘이 나에게 내려와 말하기를 '장차 내 자손으로 하여금 이곳에 나라를 세우게 할 것이다. 너희는 그곳을 피하라. 동해의 물가에 땅이 있는데 이름이 迦葉原이라 하고 토양이 기름지고 五穀이 자라기 알맞으니 도읍할 만하다'고 하였습니다."라 하였다. 아란불이 마침내 왕에게 권하여 그곳으로 도읍을 옮기고 나라 이름을 東扶餘라 하였다. 옛 도읍지에는 어떤 사람이 있어 어디서 왔는지 알 수 없으나 스스로 天帝의 아들 解慕漱라고 칭하며 와서 도읍하였다.[7]

② 해부루가 죽자, 금와가 자리를 계승하였다. 이때에 太白山 남쪽 優渤水에서 여자를 만났다. 물으니 말하기를 "저는 河伯의 딸이고 이름은 柳花입니다. 여러 동생들과 더불어 나가 노는데 그때에 한 남자가 스스로 말하기를 천제의 아들 해모수라 하고 저를 熊心山 아래로 유인하여 압록강변의 방 안에서 사랑을 하고 곧바로 가서는 돌아오지 않았습니다. 부모는 제가 중매도 없이 다른 사람을 따라 갔다고 꾸짖어 마침내 벌로 우발수에서 살게 되었습니다."라고 답하였다. 금와가 이를 이상하게 여겼다.[8]

③ 방 안에 가두었는데, 햇빛이 비치어 몸을 끌어당겨 햇빛을 피하였으나 햇빛이 또 따라와 비쳤다. 이로 인하여 아이를 임신하여 알 하나를 낳았는데 크기가 5升쯤 되었다. 왕이 알을 버려 개와 돼지에게 주었으나 모두 먹지 않았다. 또 길 가운데에 버렸으나 소나 말이 피하였다. 나중에는 들판에 버렸더니 새가 날개로 덮어주었다.

왕이 이를 가르려고 하였으나 깨뜨릴 수가 없어 마침내 그 어머니에게 돌려주었다. 그 어머니가 물건으로 알을 싸서 따뜻한 곳에 두었더니, 한 남자아이가 껍질을 부수고 나왔는데 골격과 외모가 영특하고 호걸다웠다. 나이 일곱 살에 영리하고 예사롭지 않아서 스스로 활과 화살을 만들어 쏘았는데 백발백중이었다. 부여의 속어에 활을 잘 쏘는 것을 朱蒙이라 하는 까닭에 이것으로 이름을 지었다. 금와는 일곱 아들이 있어서 늘 주몽과 함께 놀았으나 그 재주와 능력이 모두 주몽에 미치지 못하였다. 그 맏아들 帶素가 왕에게 말하기를 "주몽은 사람이 낳은 자가 아니어서 사람됨이 또한 용감합니다. 만약 일찍 도모하지 않으면 후환이 있을까 두려우니 그를 제거할 것을 청하옵니다."라 하였다. 왕이 듣지 않고 그에게 말을 기르도록 하였다. 주몽이 날랜 말을 알아보고 적게 먹여 마르게 하고, 둔한 말은 잘 먹여 살찌게 하였다. 왕이 살찐 말은 자신이 타고, 마른 말을 주몽에게 주었다. 후에 들판에서 사냥을 하는데 주몽이 활을 잘 쏘아 화살을 적게 주었으나, 주몽이 잡은 짐승은 매우 많았다. 왕자와 여러 신하들이 또 그를 죽이려고 모의하였다. 주몽의 어머니가 몰래 이를 알아차리고 알려주며 말하기를 "나라 사람들이 너를 해치려 한다. 너의 재주와 지략으로 어디를 간들 안 되겠느냐? 지체하여 머물다가 욕을 당하는 것보다, 멀리 가서 뜻을 이루는 것이 낫겠다."고 하였다. 주몽이 이에 烏伊·摩離·陝父 등 세 사람과 친구가 되어 가다가 淹㴲水〔일명 蓋斯水라고도 하는데 지금의 압록강 동북쪽에 있다.〕에 이르러 건너려고 하는데 다리가 없었다. 추격해 오는 병사들이 닥칠까 봐 두려워 물에게 알려 말하기를 "나는 천제의 아들이요, 하백의 외손이다. 오늘 도망하여 달아나는데 추격자들이 쫓으니 어찌하면 좋은가?" 하였다. 이에 물고기와 자라가 떠

올라 다리를 만들었으므로 주몽이 건널 수 있었다. 물고기와 자라가 곧 흩어지니 추격해오던 기병은 건널 수 없었다. 주몽이 가다가 毛屯谷에 이르러[[魏書에서 音述水에 이르렀다고 하였다.]] 세 사람을 만났다. 그중 한 사람은 麻衣를 입고, 한 사람은 衲衣를 입고, 한 사람은 水藻衣를 입고 있었다. 주몽이 "그대들은 누구인가? 성은 무엇이고 이름은 무엇인가?" 하고 물었다. 마의를 입은 사람이 말하기를 "이름이 再思입니다." 하고, 납의를 입은 사람이 말하기를 "이름이 武骨입니다." 하고, 수조의를 입은 사람은 "이름은 默居입니다." 라 하였으나, 姓은 말하지 않았다. 주몽이 재사에게 克氏, 무골에게 仲室氏, 묵거에게 少室氏의 성씨를 주고, 무리에 일러 말하기를 "내가 바야흐로 하늘의 크나큰 명령을 받아 나라의 기틀을 열려고 하는데 마침 이 3명의 현명한 사람을 만났으니 어찌 하늘이 주신 것이 아니겠는가?" 하였다. 마침내 그 능력을 살펴 각기 일을 맡기고 그들과 함께 卒本川에 이르렀다.[[위서에서는 紇升骨城에 이르렀다고 하였다.]] 그 토양이 기름지고 아름다우며, 산과 물이 험하고 단단한 것을 보고 드디어 도읍하려고 하였으나, 궁실을 지을 겨를이 없어 단지 沸流水가에 오두막을 짓고 살았다. 나라 이름을 高句麗라 하였는데 이로 인하여 高로 氏를 삼았다.[[혹 이르기를 주몽이 卒本扶餘에 이르렀는데, 왕이 아들이 없어 주몽을 보고는 보통사람이 아님을 알고 그 딸을 아내로 삼게 하였다. 왕이 죽자 주몽이 자리를 계승하였다고 하였다.]][9]

라고 기록되어 있다([[ ]]안은 할주割註, 이하 동일함). 주지하는 것처럼 『삼국사기』는 1145년에 김부식金富軾이 편찬한 것이다. 앞서 게재한 고구려본기의 건국 전설은 대부분 『구삼국사』에 의거하고 있으며, 그것을 약술할 때

『위서』를 참작한 것이 명확해지고 있다.[10]

주의를 요하는 것은 『구삼국사』 그 자체도 후대(993년 이후)에 편찬된 것으로, 전설 역시 중간에 부가되거나 윤색되는 등 이미 적잖은 변화를 거친 것으로 추정되고 있다.

이러한 고구려의 건국 전설에 대하여 기존에 커다란 논점의 하나가 된 것이 고구려 건국 전설과 후한시대(기원 1세기)로 소급되는 왕충王充의 『논형論衡』에 보이는 부여 건국 전설과의 관계였다. 즉 『논형』 권2 길험편吉驗篇에는

> 北夷 槀離國王의 侍婢가 임신을 하였다. 왕이 그를 죽이려고 하자 시비가 대답하여 말하기를 "크기가 달걀만 한 기운이 있었는데 하늘로부터 저에게 내려왔으므로 임신을 하였습니다." 후에 아들을 낳으니 (왕은) 돼지우리에 버렸지만 돼지가 입김을 불어넣어 죽지 않았다. 다시 마구간에 옮겨두어 말이 밟아 죽였으면 했지만 말이 다시 입김을 불어넣어서 죽지 않았다. 왕은 (아이가) 하늘의 아들[天子]이 아닐까 의심하고, 그 어미로 하여금 거두도록 하고 노비로 삼아 길렀다. 이름을 東明이라고 하고 그로 하여금 소와 말을 기르도록 하였다. 동명이 활을 잘 쏘자 왕은 나라를 빼앗길까 두려워하여 그를 죽이고자 하였다. 동명은 달아나 남쪽 掩淲水에 이르렀다. 활로써 물을 치니, 물고기와 자라가 떠올라 다리를 만들었다. 동명이 (엄호수를) 건너자 물고기와 자라가 흩어져 추격병은 이를 건널 수 없었다. 이로 인하여 도읍하고 夫餘의 왕이 되었다. 그러한 까닭에 북이에 夫餘國이 있는 것이다.[11]

라고 하여 「비문」과 『위서』 기사의 주인공 이름을 '동명東明'으로 바꾸고, 이야기의 기점이 된 나라(부여 → 북이 탁리국)와 건국된 나라(고구려 → 부

여)를 각각 바꿔놓으면 거의 그대로 『논형』에 묘사된 부여의 건국 전설이 된다. 따라서 부여와 고구려의 건국 전설 관계를 가지고 다양한 주장들이 제기되었다.[12] 게다가 『삼국사기』 권13 고구려본기는 첫머리에 건국 전설의 주인공 이름을

> 시조 東明聖王은 성이 高氏이고 이름은 朱蒙이다.〖鄒牟 또는 衆解라
> 고도 한다.〗

라고 하여, 여기에 이르러 비로소 부여 시조인 동명과 고구려 시조인 주몽을 동일 인물의 시호諡號와 휘諱로 일체화하게 된다. 이 첫머리에 기록된 시조 이름이야말로 후세에 부여, 고구려 양국의 건국 전설 관계에 대한 혼란을 일으킨 요인 중 하나가 된 것이다.

그러나 이미 3장에서 밝힌 것처럼 먼저 고구려와 부여의 두 건국 전설은 본래 시조의 이름이 '주몽(추모)', '동명'처럼 호칭이 다른 별개의 인물이었고, 또한 출생한 지점과 건국 지점이 서로 다르다는 것, 시조 신화의 주요 구성 요소(난생형, 일광감정형)에 차이가 있다는 점을 통해 고구려와 부여에는 각각 별개의 건국 전설이 존재했다고 보아야 할 것이다. 원래 서로 다른 양국의 시조 이름이 후세의 『삼국사기』에 이르러 동일 인물의 시호와 휘가 되는 과정에는, 당나라 초에 편찬된 『양서』 고구려전이 연관되어 있었다. 이러한 문헌상 혼란의 과정을 명확히 하고, 고구려의 건국 전설이 만들어진 역사적 배경에 대하여 필자는 다음과 같이 지적하고자 한다. 시라토리 구라키치白鳥庫吉 씨에 따르면 주몽 전설은 고구려가 부여족으로 둘러싸인 장수왕 시대(5세기 초)에 부여의 시조를 자국의 시조로 받아들이면서 부여족에게 안도감을 주기 위해 만들어졌다고 한다. 하지만 여기에 일정한 수정을 더하고 당시의 상황에 의거하여 구체화한다면, 역시 고구려의 건국 전설은

당시 고구려가 놓인 국제환경에 대처하기 위해 뛰어난 정치적인 전략으로 창작된 것으로 볼 수 있다. 특히 3세기 말에는 선비족鮮卑族 모용씨慕容氏의 부여 침략으로 인해 부여족은 옥저 지역으로 남하하게 된다. 하지만 이러한 대규모적인 민족 이동을 배경으로 고구려에서 주몽 전설이 창작된 것은 "내적으로 새롭게 귀부한 부여족과의 융합을 도모하고 외적으로 연燕나라와 대적하던 당시의 여건상, 부여의 옛 영역을 점유하기 위한 정당성과 역사적 근거를 주장하는 데 최적의 이데올로기가 될 수 있었다."라고 설명하였다.[13] 이러한 생각이 기본적으로 바뀌지 않았지만, 이 건국 전설의 구조를 분석하는 것에 의해 건국 전설이 성립된 역사적 배경이 고구려와 왕권 문제에 의거하여 한층 더 명확해질 것으로 생각된다.

한편 이 전설의 구조를 둘러싸고 먼저 확인해야 하는 것이 부여, 고구려, 백제의 건국 전설이 갖는 연관성이다. 각국의 건국 전설에서 시조의 탄생 지역과 건국 지역을 도식화해보면, 아래와 같이 부여, 고구려, 백제 순으로 그 기점과 도달점이 계속해서 이동하고 있는 것이 주목된다. 그러나 여기서 무엇보다 중요한 것은 각국의 시조가 태어난 나라에서 박해를 받아 도주하면서 큰 강을 넘어 새로운 지역에서 왕이 된다는 설화의 구성이 완전히 일치하고 있다는 점이다. 요약하자면 그들이 건국할 때 시조는 외부에서 왔다는 점이 공통되고 있다.

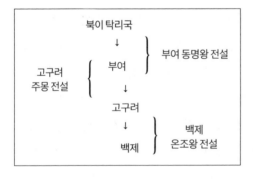

왕이 외래자外來者라는 것에 대하여 부언하면, 부여의 경우 특히 이 점을 강조하고 있다는 점에 유의해야 한다. 즉 『삼국지』 권30 위서 오환선비동이전烏丸鮮卑

東夷傳(이하『위서』라고 생략함) 부여조에는

　　그 도장에 '濊王之印'이란 글귀가 있고 나라 가운데에 濊城이란 이름의 옛 성이 있으니, 아마도 본래 濊貊의 땅이었는데, 부여가 그 가운데에서 王이 되었으므로, 자기들 스스로 '망명해온 사람'이라고 말하는 이유가 여기에 있는 듯하다.

　　〖魏略: 옛 기록에 또 다음과 같은 말이 있다. 옛날 북방에 高離라는 나라가 있었는데, 그 王의 시녀가 임신을 하였다. 王이 그녀를 죽이려 하자, 시녀는 "달걀만 한 크기의 [신령스러운] 기운이 나에게 떨어졌기 때문에 임신을 하였습니다."라고 하였다. 그 뒤에 [그녀는] 아들을 낳았다. 王이 그 아이를 돼지우리에 버리자 돼지가 입김을 불어주어 죽지 않았고, 마구간에 옮겨놓았으나 말도 입김을 불어주어 죽지 않았다. 王은 天帝의 아들일 것이라고 생각하여 그 어머니에게 거두어 기르게 하고는, 이름을 東明이라 하고 항상 말을 사육토록 하였다. 東明이 활을 잘 쏘자, 王은 자기 나라를 빼앗길까 두려워하여 죽이려 하였다. 이에 東明은 달아나서 남쪽의 施掩水에 당도하여 활로 물을 치니, 물고기와 자라가 떠올라서 다리를 만들어주었다. 東明이 [그것을 딛고] 물을 건너간 뒤, 물고기와 자라가 흩어져버려 추격하던 군사는 건너지 못하였다. 東明은 부여 지역에 도읍하여 王이 되었다.〗[14]

로 되어 있다. 여기에 보이는 부여의 건국 전설은 진수陳壽의 본문(부여왕은 스스로 예족 지역으로 망명했다고 말하고 있지만 애초에 그 이유는 따로 있다.) 이 유송의 원가元嘉 연간에 배송지裴松之가 『위략』을 인용하여 주기注記로 『위지』에 추가한 것이다. 즉 부여의 왕은 외부에서 온 사람이라는 확실한 근거를 본문에 두기 위해 이 건국 전설을 활용하고 있다. 그로 인해 부여의 건국 전설은 왕이 외래자임을 단적으로 보여주는데, 송대宋代의 배송지조차 도 이를 의식하고 있었다는 것을 알 수 있다.

그런데 이러한 모티브를 가진 건국 전설에 대해 이노우에 히데오井上秀雄 씨는 "고구려나 백제에서 볼 수 있는 왕의 모습은 무력이 뛰어난 용자勇者가 아니라 오히려 태어난 나라에서 쫓겨난 패자가 가신이나 국민에게 도움을 받아 나라를 세우게 된다는 것이다. [중략] 이러한 개국 신화는 각국의 지배 자나 국민이 품고 있던 초기국가 왕자의 모습이었다. (부여나 고구려의 왕은) 샤먼Shaman으로서 숭배 대상이 되었지만 정치권력은 강력하지 않았다."라 고 해석하였다.[15] 이러한 건국 전설은 왕자의 힘의 유무, 정치적 권력의 유 무를 보여준다고 할 수 있다. 그렇지만 유사한 모티브를 가진 건국 전설에 대해, 문화인류학의 관점에서 마샬 살린스Marshall Sahilins가 다음과 같이 지 적한 부분에 주목할 필요가 있다.

일반사회학의 입장에서 살펴본다면 기본적으로 친류연자親類緣者 즉, 다양한 혈통과 씨족으로 구성된 모든 문명에 있어서 사회적 지 배자는 사회를 초월한 자라고 인식했습니다. 그가 사회를 윤리적으 로 초월한 것처럼 그는 경지에 오른 존재이자, 일종의 두려워해야 할 신성현현神性顯現입니다. 정치적 사회의 위대한 왕이나 수장이 그 들이 지배하는 백성들에게 속하지 않는다는 점에서 뚜렷이 공통되 고 있습니다. 토지의 기원설에 따르면 왕은 외지 사람입니다. [중략] 따라서 전형적으로 이러한 지배자는 원주민과 같은 땅에서 태어나 지 않았습니다. 그들은 하늘에서 내려왔습니다. 또한 흔히 있는 예 로 다른 종족에 속해 있었습니다. 어쨌든 왕이란 외지 사람이었습니 다. 피지 사람들은 종종 그들의 왕이 그 지역의 '이인異人' 또는 '외

지인外地人'이라는 점에 불만을 갖습니다. [중략] 로물루스Romulus
에서 타르퀴니우스 2세에 이르는 로마왕 전설은 탄탈로스Tantalos와
펠롭스Pelops에서 아가멤논Agamemnon에 이르는 그리스왕과 마찬가
지로 정치철학에서 수미일관된 유사성을 보여주고 있습니다. 이에
따르면 왕은 외지 사람이며 가끔 신이나 왕인 아버지에게서 태어나
다른 지역으로 옮겨 온 용감한 왕자입니다. 그렇지만 힘에 집착한
나머지 추방당할 위기에 처하거나 살인을 범하면서 추방되어, 이
영웅은 태어난 지역에서 계승할 수 없게 됩니다. 대신 그는 다른 지
역에서 현지 여성을 통해 권력을 획득하게 됩니다. [중략] 다른 지
역에서 온 이 영웅적인 사위는 하늘이 준 능력을 보여주며 딸을 차
지하게 되고 국왕의 절반 또는 그 이상을 계승하게 됩니다.[16]

살린스는 인도 = 유럽 신화를 피지의 외래왕外來王 설로 이해함으로써, 왕
이 타지에서 왔다는 모티브의 건국 전설을 외래왕으로 개념화시킬 수 있다
고 밝힌 바 있다. 살린스의 견해에 따르자면 이노우에 씨의 해석과는 정반
대의 입장에서 외래왕 전설이란 권력의 유래와 정통성을 설명하는 권력의
언설言說이라는 의미가 될 것이다.

외래왕의 모티브에서 중요한 것은 외부로부터 온 자가 이 지역의 여성과
맺어지면서 여성을 통해 권력을 획득하게 된다는 점이다.[17] 이 부분에서 고
구려의 건국 전설에 실제로 대응하는 기록이 있다. 즉『삼국사기』소재의
전설 말미의 주석에는

혹 이르기를 주몽이 卒本扶餘에 이르렀는데, 왕이 아들이 없어 주몽
을 보고는 보통사람이 아님을 알고 그 딸을 아내로 삼게 하였다. 왕
이 죽자 주몽이 자리를 계승하였다고 하였다.

라고 하여, 고구려 건국 전설 모티브는 살린스가 언급한 외래왕과 매우 부합하고 있다. 건국 신화의 유형으로서 외래왕의 명쾌한 조감과 이론적 재구성에 대해서는 우에노 치즈코上野千鶴子 씨의 여러 논고[18]로 대신하겠지만, 어쨌든 고구려는 물론이거니와 부여·백제의 건국 전설 모티브는 살린스가 말하는 외래왕의 전형임에 틀림이 없다.

이것과 함께 재인식이 필요한 부분은 고구려의 건국 설화는 왕(시조 주몽)의 출생과 건국의 유래를 이야기하고 있다는 점이다. 바꾸어 말하면 이는 지배자의 가계家系인 왕가王家의 기원을 이야기하는 형식으로, 어디까지나 왕가의 유래에 설화 체계의 중심이 놓여 있다. 즉 천지창조와 같이 창세創世 설화가 아니기 때문에 여기서는 무엇보다 왕권의 기원을 이야기하고 있다고 보아야 한다. 그렇다면 수많은 유사 설화의 사례가 보여주듯이, 이 전설도 그것이 만들어진 당시에 존재하던 현실 속 왕권을 정통화하고, 현실 속 왕권의 영속과 번영을 기약하면서 창작된 것으로 생각할 수 있다. 이러한 점을 전제한다면, 이 전설이 성립된 시기와 그 역사적 배경을 고구려사에서 어렵지 않게 찾아볼 수 있을 것이다.

고구려사에서 이 시기를 구체적으로 찾아보기에 앞서, 또 다른 흥미로운 왕권의 기원에 대한 설명을 『삼국사기』에서 살펴볼 수 있기에 이를 먼저 검토해보고자 한다.

3. 미천왕 즉위기의 분석

고구려왕의 권력 기원과 그 정통화를 둘러싼 설명에서 간과할 수 없는 것이 『삼국사기』 권17 고구려본기의 미천왕(300~331년) 즉위기即位紀이다. 해당 부분을 구분해서 나타내보면,

美川王〖好壤王이라고도 한다.〗은 이름이 乙弗〖憂弗이라고도 한
다.〗이고 서천왕의 아들인 古鄒加 咄固의 아들이다.[19]

① 처음에 봉상왕이 동생 돌고가 다른 마음이 있다고 의심하여 그
를 죽이니, 아들 을불이 살해당할 것을 두려워하여 달아났다.[20]

② 처음에 水室村 사람 陰牟의 집에 가서 고용살이를 하였다. 음모
가 그가 어떤 사람인지 알지 못하고 매우 고되게 부렸다. 그 집 옆
연못에 개구리가 울면, 을불을 시켜 밤에 기와와 돌을 던져 그 소리
를 못 내게 하고, 낮에는 그를 독촉하여 땔나무를 해오게 하여 잠시
도 쉬지 못하게 하였다. 고난을 이기지 못하고 1년 만에 그 집을 떠
났다.[21]

③ 東村 사람 再牟와 함께 소금 장사를 하였다. 배를 타고 鴨淥에 이
르러 소금을 내려놓고 강 동쪽 思收村 사람의 집에 머물렀다. 그 집
의 할멈이 소금을 달라고 하므로 한 말 정도 주었다. 다시 달라고 하
여 주지 않았더니, 그 할멈이 원망스럽고 성이 나서 소금 속에 몰래
신을 넣어두었다. 을불이 알지 못하고 짐을 지고 길을 떠났는데, 할
멈이 쫓아와 신을 찾아내고는 신을 숨겼다고 압록 宰에게 고소하였
다. 압록 재는 신 값으로 소금을 빼앗아 할멈에게 주고 笞刑을 가하
고 놓아주었다. 이에 몸과 얼굴이 야위고 마르고 의상이 남루하여
사람들이 그를 보고도 그가 왕손인 줄을 알지 못하였다.[22]

④ 이때 國相 倉助利가 장차 왕을 폐하려고 먼저 북부의 祖弗과 동
부의 蕭友 등을 보내 산과 들을 물색하여 을불을 찾게 하였다. 비류

강변에 이르러 한 장부가 배 위에 있는 것을 보고, 몸과 얼굴은 비록 초췌하나 동작이 보통이 아니었다. 소우 등이 이 사람이 을불이 아닌가 하고 나아가 절을 하며 말하기를 "지금 국왕이 무도하여 국상과 여러 신하들이 함께 왕을 폐할 것을 몰래 꾀하고 있습니다. 王孫은 행실이 검소하고 인자하여 사람을 사랑하므로 나라 다스리는 일을 이을 수 있다고 하여, 臣들을 보내 맞이하게 하였습니다." 하였다. 을불이 의심하여 말하기를 "나는 야인이지 왕손이 아닙니다. 다시 자세히 살펴보십시오."라 하였다. 소우등이 말하기를 "지금의 임금은 인심을 잃은 지 오래되어 나라의 주인이 될 수 없는 까닭에 여러 신하들이 간절히 왕손을 기대하는 것이니 청컨대 의심하지 마소서." 하였다. 드디어 받들어 모시고 돌아가니 창조리가 기뻐하며 鳥陌 남쪽 집에 모셔두고 다른 사람이 알지 못하게 하였다.[23]

⑤ 가을 9월에 왕이 侯山 북쪽에서 사냥을 하였다. 국상 창조리가 그를 따라갔는데 여러 사람들에게 말하기를 "나와 마음을 같이 하는 자는 나를 따라서 하라."고 하고, 갈댓잎을 관에 꽂으니 여러 사람들이 모두 꽂았다. 창조리가 여러 사람들의 마음이 모두 같은 것을 알고, 드디어 함께 왕을 폐하여 별실에 가두고 병력으로 주위를 지키게 하고, 왕손을 모셔다가 옥새와 인수를 바치어 왕위에 오르게 하였다.[24]

라고 하여 미천왕 즉위에 이르기까지의 경위를 설화적으로 기록하고 있다. 우리는 여기서 언뜻 보기에도 ① 왕도에서 쫓겨나 ② 국내를 정처 없이 떠돌다가 ③ 수난과 방랑 끝에 ④, ⑤ 왕으로 모셔지게 된다는 스토리를 간파할 수 있다.

이미 이러한 설화는 왕권의 기원을 언급하는 '방랑과 수난의 왕자' 전설[25]로, 여러 민족의 설화가 검토 대상이 되며 미천왕 즉위 전 이야기도 여기에 해당된다. 또 이러한 설화 모티브의 배후에는 왕권의 정통성, 왕위 계승의 정통성을 둘러싼 이념적인 상극이 잠재되어 있다는 지적도 있다.[26] 거듭 주의를 환기해보면, 앞서 논한 건국 전설과 이 미천왕 즉위기 사이에 분리될 수 없는 언설상의 내재적 논리의 일치를 인정할 수 있다는 점이다. 예를 들어 '방랑과 수난의 왕자' 전설에 대한

〈왕〉의 순력巡歷과 여정이라는 모티브 자체는 드문 것이 아니지만, 이것이 시조 전승과 즉위 의례 중에 표출될 경우에는 특히 〈왕〉의 숨겨진 외부성外部性을 암시하는 것처럼 보인다. [중략] 이러한 〈왕〉의 순력과 여정은 모두 왕권의 시조가 외부에서 내부로 이행될 때 순회한 루트의 상징적이고 의례적인 재인식을 의미하고 있다.

라는 지적[27]은 고구려 건국 전설에 보이는 왕권의 언설과 겹쳐지는 부분이 있다. 게다가 『삼국사기』의 건국 전설과 미천왕의 즉위기에는 간과할 수 없는 공통된 문제가 내재되어 있다고 생각한다. 이에 대해서는 아래와 같이 지적해보고자 한다.

앞서 게시한 『삼국사기』에 수록된 고구려 건국 전설은 후세의 윤색이 있다고 하더라도, 구성을 잘 살펴보면 분명한 것이 『위서』에 채록된 전설을 기초로 해서 전반부 ①, ②가 추가되어 있다는 점이다. 게다가 매우 흥미롭게도 여기서 추가된 ②부터 ③까지는 미천왕 즉위기 속에 암시적으로 서술되어 있다.

우선 그 전제를 확인해보면 『삼국사기』 후반부 ③을 『위서』와 비교했을 때, 문자와 표현까지 거의 그대로라고 할 수 있을 정도로 양자는 매우 흡사

하다. 즉 『삼국사기』의 설화 구성은 ① 이야기가 부여에서 시작되어 동부여로 수도를 옮기게 되고, ② 동부여의 왕 금와金蛙가 압록강 상류의 우발수優渤水에서 하백의 딸 유화柳花를 만나게 된다. 그리고 유화를 실내에 가두었다는 부분에서 전개되는 그 이후의 설화 즉 ③부터는 『위서』와 온전히 동일한 내용으로 되어 있다.

여기서 주목할 수 있는 것은 『위서』와 거의 동일한 내용인 ③을 유도하는 무대로, 『삼국사기』가 우발수에서 금와와 유화의 만남을 설정하고, ③의 첫머리에서 주몽 탄생을 기록하고 있다는 점이다. 이 역시 실질적인 이야기의 기점이라고 할 수 있는 우발수의 '우발優渤'은 미천왕의 휘에 해당되는 '우불憂弗'[28]과 음이 유사하여 양자는 동일하다고 볼 수 있기 때문이다. 다른 한편 미천왕 즉위기에 따르면 미천왕은 방랑 끝에 비류沸流에서 발견되며 왕이 되어 달라는 요청을 받게 되지만 이 지역은 세 계통의 건국 전설이 동일하게 기록되어 있듯이 고구려 시조 주몽이 건국한 땅이기도 하다.[29]

미천왕 즉위기는 미천왕(우불憂弗 = 우발優渤)이 비류에서 발견되어 왕으로 모셔지게 되는 것에 반해 『삼국사기』의 건국 전설은 우발수에서 주몽이 태어나 비류수 지역으로 도망쳐 건국한다고 해서 서로 다른 과정이 2개의 지명地名에 의해 겹쳐져 있는 것처럼 보인다. 『삼국사기』에 기록된 건국 전설에서 후세에 추가되었다고 추정되는 부분을 제외하고, 실질적 기점이 되는 지역(우발수)과 왕이 되는 도달점(비류)에 유의하면 미천왕 즉위기에서는 우불 = 우발이 비류의 땅에서 왕으로 추대되었다는 형태가 암시적으로 말하고 있다고 해석된다.

앞서 고구려 건국 전설이 현실의 왕권을 정통화하고, 현실 왕권의 영속과 번영을 기약하기 위해 창작된 것이라고 지적한 바 있다. 또한 미천왕 즉위기를 통해 또 다른 소재에 의해 고구려 왕권의 기원을 설명하는 언설이 있음을 확인하였다. 게다가 이것이 다름 아닌 미천왕이라는 특정 고구려왕의 즉위와 관련된 설화로 전해지고 있는데, 더구나 여기에는 건국 전설과 부합하는 점들이 검출되고 있다.

우리는 신화·전설과 역사를 매개 없이 연결하는 데 주의해야 하겠지만, 지금까지의 고찰을 통해 고구려 건국 전설과 왕권의 문제는 우선 미천왕과 연관지어 검토되어야 할 것이다. 두 설화의 접점에서 미천왕대에 고구려 왕권의 정통성을 추구한 역사적 과제가 있었다고 추측해볼 수 있다.

4. 미천왕과 고구려 왕권

주몽 전설과 미천왕 즉위기는 고구려 왕권의 기원을 설명하고, 왕권의 정통성을 외부에서 찾는 언설임을 알 수 있었다. 그리고 이것이 미천왕과 연결된다는 점에 주목하였다. 앞서 서술한 것처럼 왕권의 유래를 외부에서 찾는 언설이라는 것은 바꾸어 말하면 왕권의 정통성 또는 초월성을 획득하는 논리임에 틀림없다. 이는 살린스와 여기에 부연한 우에노 치즈코 씨 등이 역설하는 부분이다. 그렇다면 여기서 구체적으로 고구려사와의 접점이 찾아질 수 있는 것은 아닐까. 즉 이러한 언설들이 미천왕 대의 왕권과 깊은 관계를 맺고 있었다고 추정된다는 점이다.

여기에서 역사적 사실과의 관계로 주목되는 것이 고구려의 왕통 계보상에서 차지하는 미천왕의 위치와 그 특이성이다. 이미 선학에 의해 『삼국사기』 고구려의 왕통 계보가 제9대 고국천왕까지는 후세의 조작인 것이 명확해졌다.[30] 즉 환도丸都(길림성 집안시)에 도읍을 옮겨 새로운 나라를 세운 산상왕伊夷摸 이후에 대해서는 특별히 의심할 만한 재료가 없다. 하지만 미천왕은 중국 사서와 한반도 사서라는 별개의 사료 계통에서 왕명王名이 일치하는 최초의 왕이기도 하다. 즉 『양서』 고구려전에 기록된 '구려왕 을불리句驪王乙

弗利'는 『위서』 고구려전 이후 처음으로 중국 사료에 나오는 고구려왕의 이름이며, 이것이 미천왕의 휘인 을불乙弗과 일치하다는 점은 말할 것도 없다. 또한 미천왕은 이러한 방증을 통해 역사적으로 분명히 확인할 수 있는 고구려 왕통의 기원이기도 하다. 나아가 미천왕 즉위기에 기록된 봉상왕烽上王에 의한 미천왕 아버지 돌고咄固의 죽음과 봉상왕의 폐위 경위가 맞물리면서 그 이전의 왕통과 단절마저 느끼게 하는 점도 경시할 수 없다.

역으로 생각해보면 고구려의 지배자 집단과 왕권과의 관계로 말하자면, 우선 문제가 되는 것이 고구려 5부이다.[31] 위魏의 사관이 알아차린 3세기 중엽 고구려 왕권과 5부의 관계에 대해서 『위지』 고구려전에,

> 본디 五部가 있으니 涓奴部·絶奴部·順奴部·灌奴部·桂婁部가 그것이다. 본래는 涓奴部에서 王이 나왔으나 점점 미약해져서 지금은 桂婁部에서 王位를 차지하고 있다. [중략] 王이 宗族으로서 大加인 자는 모두 古雛加로 불리운다. 涓奴部는 본래의 國主였으므로 지금은 비록 王이 되지 못하지만 그 適統을 이은 大人은 古雛加의 칭호를 얻었으며, [자체의] 宗廟를 세우고 靈星과 社稷에게 따로 제사 지낸다. 絶奴部는 대대로 왕실과 혼인을 하였으므로 [그 大人은] 古雛[加]의 칭호를 더하였다. 모든 大加들도 스스로 使者·皂衣·先人을 두었는데, 그 명단은 모두 王에게 보고하여야 한다. [大加의 使者·皂衣·先人은] 마치 중국의 卿이나 大夫의 家臣과 같은 것으로, 會合할 때의 좌석 차례에선 王家의 使者·皂衣·先人과 같은 列에는 앉지 못한다.[32]

라고 적혀 있으며, 고구려에는 다섯 개의 족제적族制的 색채가 농후한 정치 집단인 5부가 있으며 그들 중에 3부는 왕족·왕비족·구舊 왕족으로 구성되어 있다고 적혀 있다. 5부 상호 간에는 역사적으로 살펴보면 역학관계에 변

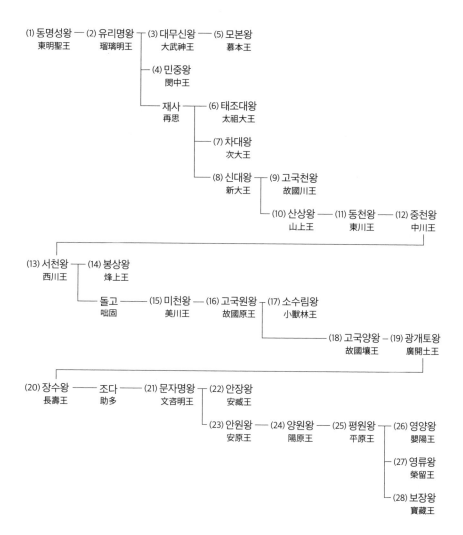

화가 있는데, 이는 3세기 단계에도 구 왕족의 부(연노부涓奴部 = 소노부消奴部)
가 확인된다는 점에서 충분히 알 수 있다. 그 이후에도(고구려사를 통해 5부
의 성격 자체도 결코 일정하지 않았다고 추정되지만), 고구려 말기의 5부를 실
견한 진대덕陳大德의 『고려기高麗記』에 따르면,[33]

內部가 비록 왕통을 잇고 있지만 서열은 東部 아래이다. 그 나라는 일을 함에 있어 동족을 으뜸으로 치므로 東部가 윗자리에 있다.[34]

이라고 해서, 5부 상호의 역학관계에 새로운 변화가 있었음을 알 수 있다. 이처럼 5부와 고구려 왕권의 모습에서 쉽게 추정할 수 있는 것은 고구려 왕권의 역사적 과제란 왕도에 집주集住하는 지배자 공동체인 5부제와의 관계에서 얼마나 왕권의 초월성을 획득했는가에 있었던 것은 아닐까, 하는 점에 있다.

아래의 표에서 알 수 있는 것처럼 5부 상호 간의 역학관계는 대략 소노부 → 계루부 → 순노부로 변화했다고 볼 수 있다. 그러나 3세기 이후 일관되게 계루부가 왕족이었고, 왕을 배출했기 때문에 고구려 전성기라 할 수 있는 광개토왕과 장수왕 부자도 계루부 출신이었을 것이다. 이 두 왕이 구축한 391년 이후 약 100년간의 역사야말로 고구려 왕권의 비약적인 신장기이며, 그 실상은 「비문」 전체를 통해 찾아볼 수 있다. 그러한 전성기를 맞이한 고

	『삼국지』(3세기 중엽)		『고려기』(7세기 중엽)		
1	계루부桂婁部	왕(족)	내부	황부黃部	왕종
2	절노부絶奴部	왕혼(왕비족)	북부	후부後部 흑부黑部	
3	순노부順奴部		동부	좌부左部 상부上部 청부靑部	首(位)
4	관노부灌奴部		남부	전부前部 적부赤部	
5	소노부消奴部	본국주(구 왕족)	서부	우부右部 하부下部 백부白部	

구려 왕권의 기점으로서 미천왕을 다시 주목할 필요가 있는 것은 아닐까. 즉 주몽 전설과 미천왕 즉위기는 4세기 전엽 당시의 고구려 왕권과 5부의 상극相克 속에서 탄생한 것으로 생각하고자 한다. 그렇다면 주몽 전설이란 어느 한 시기에 미천왕의 신격화가 진행되는 과정에서 미천왕을 머나먼 과거에 투영시켜 창작한 것으로도 생각할 수 있고, 고구려 상세上世의 왕통 계보도 그와 동시에 성립된 것으로 보는 것이 가능하지 않겠는가.

근래에 다케다 유키오武田幸男 씨는 미천왕을 계승한 고국원왕 이후로 국내성國內城 시대 4명의 왕 시호에 계속해서 '국國' 자가 포함된 점에 주목하여, 이것은 고구려의 국가 발전을 보여주는 것으로 중국 중심의 국제사회에서도 통용되던 '국'가가 의식되어, 이 무렵 여러 제도가 정비되는 등 집약적인 고구려 '국'가가 출현했다고 지적하였다.[35] 이 사실은 고구려 왕권과 불가분의 문제로 중시되지 않으면 안 된다. 즉 '국' 자를 붙여서 표기되고 있지만 안과 밖을 분절하는 고구려 자체의 '나라' 의식 성립을 확인할 수 있으며, 이는 외부를 점유한 중심이 성립되었음을 의미한다고 생각되기 때문이다.[36]

억측의 영역을 벗어나지 못했지만 이상의 검토를 통해 고구려의 건국 전설과 미천왕의 즉위기를 고구려에서 왕권과 5부의 상극 속에서 생겨난 역사적 산물로 보는 가설을 제시해보고자 한다.

5. 맺음말: 고구려 왕권과 부여족

고구려 건국 전설에 대해 마지막으로 부언해야 하는 것은 왕권의 유래가 다름 아닌 부여에서 구해지고 있는 점이다. 종래 고구려왕의 출자는 건국 전설의 첫머리에 기록된 대로 부여족이라는 것이 틀림없는 사실로 간주되어 왔다. 그러나 앞서 지적한 것처럼 이것은 고구려를 둘러싼 상황을 감안해서 표방한 전략으로 보아야지 안이한 사실과의 접합은 허용될 수 없다. 고구려 왕족의 출자를 부여족으로 삼는 것에는 다소 신중해야 할 필요가 있다. 다만 여기에 직면해서 중요한 것은 왕이 부여족이라는 것, 즉 외부자라는 것은 앞서 언급한 것과 같은 권력의 언설이겠지만 그와 동시에 이 언설이 피지배자에게도 공감되어 수용되지 않는다면 권력의 언설로서 그 의미가 없어지게 된다는 점이다. 따라서 외래자인 왕의 출자를 부여족에서 구한 고구려 고유의 정치적·사회적 배경을 규명하는 한편 이 문제를 심도 있게 다룰 필요가 있을 것이다.

고구려가 대외적으로 부여 출자설을 주장한 의미는 새삼 언급할 필요가 없다. 부여족은 동이의 이른바 명족名族으로 후세의 발해에 이르기까지 이 지역에서 일어난 각 왕조에게 계속 표방되어왔다. 실제로 4~5세기 고구려의 현실적인 정치의 장에서 기능하고 있는 것을 짐작할 수 있다.[37] 왕족의 부여 출자설은 대외적으로 왕권의 정통성을 호소하기에 충분한 이데올로기가 될 수 있었을 것이다.

문제는 대내적으로 그것이 어떻게 수용되었을까 하는 점이다. 이를 푸는 열쇠는 「모두루 묘지牟頭婁墓誌」에 있다고 하겠다. 오늘날 판독 불가능한 부분이 대부분을 차지하는 이 사료는 난해하지만, 다케다 유키오 씨의 연구에 의해 대략 그 내용을 해명할 수 있게 되었다. 그에 따르면 묘지墓誌는 대대로 고구려 왕권을 섬기던 부여계의 중류 귀족 묘실 안에 기록된 것으로, 5세기 초반의 이 묘지에는 선조 이래로 얼마나 자기들의 집안이 고구려왕을 충실히 섬기고 대를 이어 이제까지 고구려 왕권을 지지해왔는지 시조 추모왕부터 광개토왕까지 선조의 사적을 대조하면서 서술하고 있다.[38] 그중에서도 눈에 띄는 것이 매장된 모두루 본인보다 실질적 시조인 '염모冉牟'라는 인물의 사적에 대해 압도적인 분량(전체의 3분의 1)을 할애하여 고구려 왕권에 대한 공헌을 강조하고 있는 점이다.

그런데 「모두루 묘지」에 기록된 부여계 귀족 모두루 가계에서 가장 중요한 인물인 염모라는 인물은 사에키 아리키요佐伯有淸 씨의 지적처럼 미천왕 즉위기에서 시련을 함께한 '동촌東村 사람 재모再牟'에 해당하는 사람이다.[39] '재再'와 '염冉'은 글자가 매우 비슷하여 두 글자의 오류는 일반적으로 보이는데, 필사·판각이 거듭되면서 『삼국사기』에는 '재再' 자가 된 것으로 추측되었다. 미천왕 즉위기와 이 「모두루 묘지」에 일치되게 쓰인 염모의 사적은 고구려 왕권에 있어서 3세기 말에 유입된 부여족이 얼마나 큰 역할을 맡았는지를 상징적으로 말해준다고 해도 좋을 것이다.

고구려는 240년대 관구검毌丘儉의 공격과 340년대 모용황慕容皝의 공격을 받아 괴멸적인 타격을 받았지만 그때마다 나라를 다시 세우고 더욱 강대해졌다. 이 시기는 부여족의 남하와 고구려로의 유입 시기에 해당된다. 「모두루 묘지」에 염모가 모용씨와의 교전에서 활약하던 내용이 기록되어 있듯이, 그들이야말로 고구려 부흥의 중심적인 담당자였으며 고구려 왕권을 지지한 중핵적인 존재였다고 보아야 할 것이다. 이러한 역사적 배경에 힘입어 고구려 시조의 출자를 부여족에서 구한 것은 틀림이 없고, 그것은 당시 고구려인에게도 용이하게 수용되었을 것으로 추측된다.

이상의 고찰에서 알 수 있는 것처럼 주몽 전설에는 미천왕 대의 여러 역사적 상황과 부합하는 점이 적지 않게 발견된다. 그렇기 때문에 고구려 건국 전설의 창작 시기는 적어도 미천왕 이후로 보아야 할 것이며, 고국원왕에서 광개토왕에 이르는 어느 특정 시기로 볼 수 있을 것이다.

5장 고구려 천개소문의 정변에 대하여

1. 문제의 소재

『자치통감資治通鑑』 권196에 따르면 당나라 영주營州 도독 장검張儉은 태종에게 정관 16년(642) 11월 정사(丁巳, 5일)에 "고구려의 동부대인東部大人 천개소문이 그 왕인 무武를 살해하다."라고 고구려 정변 사실을 상주上奏하였다. 『자치통감』에서는 이와 함께 정변의 개요를 다음과 같이 간결하게 기록하고 있다.

개소문은 흉폭하여 불법不法이 많다. 그 왕과 대신들을 죽이고자 도모하였다. 개소문은 은밀히 이를 알고 모든 병사를 모아서 검열하는 자들을 미숙한 이들로 삼아 성대히 술과 안주를 성 남쪽에 베풀었다. 여러 대신들을 불러 때를 지켜보고 있다가 병사를 거느리고 이들을 살해하였다. 사망한 자들이 백여 명에 이르렀다. 이로써 달려가 궁宮에 들어가니 손수 왕을 죽인 뒤에 여러 부위로 잘라 도랑에 버리고 왕 아우의 아들 장藏을 왕으로 추대하여 스스로를 막리지莫離支로 삼았다. 이 관직은 중국의 이부吏部 겸 병부兵部의 상서尙書

와 같다. 그리고 여기저기에 호령하며 국사國事를 마음대로 결정하였다. 개소문은 용모가 웅장하고 의기意氣가 호방하며 몸에 다섯 개의 칼을 차고 있다. 좌우에서 감히 올려다보지 못하게 하였다. 말을 오르내릴 때마다 항상 귀인貴人, 무장武將이 땅에 엎드리도록 하여 이를 밟았다. 출행할 때에는 반드시 군대 행렬을 정비하였다. 전도자前導者라고 길게 부르면, 즉시 사람들 모두 도망치며 계곡 구멍에 피신하였다. 길에도 행인들의 발걸음이 끊겼다. 백성들이 심히 이에 괴로워하였다.[1]

이것이 소위 천개소문 쿠데타의 줄거리에 해당한다. 오늘날 이 사건에 관한 사료는 『자치통감』의 기사 내용을 출처로 하는 것이 아니라, 한국 측 사료인 『삼국사기』에서도 『자치통감』 내지는 『신당서新唐書』·『구당서舊唐書』에 의거하고 있다.[2] 다만 『삼국사기』 권20 고구려본기에는 이 정변이 장검의 상주보다도 1개월 전인 10월로 되어 있는 점에 유의할 필요가 있다.

왜냐하면 개소문의 정변은 고구려 사신에 의해 일본에도 전해지고 있는데, 『일본서기』 권24 황극천왕皇極天皇 원년(642) 2월조에 의거하면,

임진(6일), 고구려 사신이 난파진難波津에 머물렀다. 정미(21일) [중략] 사신은 바치는 일이 끝나자 의견을 묻기를 "작년 6월에 제왕자弟王子가 죽었습니다. 가을 9월, 대신 이리가수미伊梨柯須彌가 대왕을 죽이고 아울러 이리거세사利梨渠世斯 등 180여 명을 살해하였으며 제왕자의 아들을 왕으로, 동성同姓 도수류금류都須流金流를 대신으로 삼았습니다."

라고 하여 641년 9월의 사건으로 되어 있어, 『자치통감』·『삼국사기』·『일본

서기』 등 3가지 사료들 사이에는 시기적인 차이가 있기 때문이다.

이처럼 천개소문의 쿠데타에 대해서는 그 기본적인 사료가 고구려의 국외로 전해져 이른바 제삼자라 할 쪽에 남아 있는 2차 사료들이기 때문에 사건의 전모는 물론이거니와 기초적인 사실조차 불분명한 점이 적지 않다. 이 사건에 대해서는 이미 동아시아 차원에서 고찰한 관점이 제기된 지 오래되었지만,[3] 여기서는 새로이 정변에 이르는 과정이나 정변을 기획한 개소문의 의도 등을 언급하면서 정변의 역사적 의의에 대한 사견을 서술해보고자 한다.

2. 쿠데타의 시기

앞서 서술한 것처럼 개소문의 쿠데타가 일어난 시기는 정관 15년(641) 9월(『일본서기』)과 16년 10월(『삼국사기』) 두 가지 설이 있는데, 시기를 특정할 만한 결정적 근거가 빠져 있다. 그러나 영주도독 장검이 이 정변을 상주한 시점이 정관 16년 11월이었다는 것을 중시하지 않으면 안 된다. 후술하는 것처럼 당나라는 이 무렵 고구려에 대하여 각별하게 깊은 관심이 있어서 사건 발생 후 1년여의 시간이 지나서야 당나라에 전해졌다고 생각하기는 어렵다. 따라서 『일본서기』는 아마도 계년繫年의 착오에 의한 것이며,[4] 고구려 사신의 보고는 643년에 이루어진 것으로 추정된다.

여기서 642년 정변 이전의 당과 고구려 관계를 개괄함으로써, 일찍이 고구려의 정변을 파악하고 있던 당이 그때까지 대對고구려 정책에 어떠한 자세로 임해왔는지를 살펴보도록 하겠다.

양제煬帝의 4차 고구려 원정이 수포로 돌아간 채 수隋가 멸망하자 당 고조 이연李淵은 고구려에 대해 적극적인 정책을 취하지 않고 서로 항쟁을 반복하던 한반도 3국의 관계를 조정하는 등 20여 년간 소강상태가 유지되고 있었다. 그러나 부친 이연이 물러나고 태종 이세민李世民이 황위에 오르자, 고구려에 대해 강경정책으로 일변하게 된다.

먼저 태종은 정관 5년(631) 고구려에 사신을 파견하여 수와의 전쟁 승리를 기념하기 위해 세운 합동 무덤인 경관京觀을 파괴하고, 이 안에 매장되어 있던 전사자들의 유골을 당나라에 반환하도록 요구하였다. 고구려는 이 요구를 받아들여 경관을 파괴하는 한편 국경을 강화하여 동북쪽 부여성扶餘城부터 동남쪽 발해만渤海灣에 이르는 천 리가 넘는 장성의 축조에 착수한다. 이 공사는 그후 16년의 세월이 걸려 준공되었다.[5]

그동안 외교상의 오랜 공백이 있었지만 정관 13년(639) 고구려는 당에 사신을 보내고, 이듬해 640년 12월에는 세자 환권桓權을 당에 파견하여 조공하였다. 그리고 이때의 고구려 조공에 대해 당에서 답례사가 고구려에 파견되었다. 그 임무를 맡은 것이 직방랑중職方郎中 진대덕陳大德이었다. '직방'은 병부성兵部省 하부기구로 대내외 지리·풍속과 관련된 정보를 다루는 관사였으며, 진대덕은 이 관사의 장관(낭중郎中)직에 있었다.[6] 고구려에서 그의 행동은,

> 처음 그 지역에 찾아가 산천과 풍속을 알고자, 이르는 곳마다 읍성에 비단(綾綺)을 수자守者에게 보내어 말하기를 "나는 풍류(雅)보다 산수를 더 좋아하니, 이에 경치가 좋은 곳이 있으면 나는 그것을 보고자 한다."라고 했다. 수자들이 기뻐하며 그를 안내하니 돌아다니지 않은 곳이 없었다.

라고 대덕이 귀환한 뒤 태종에게 보고한 것처럼,[7] 이 주석대로 실제 그가 방문한 지역마다 성읍에서 고구려 관리에게 시중들게 하고 산천의 절경을 구

경한다는 구실로 고구려의 지리와 국내 사정을 자세히 조사했던 것이다.

진대덕의 귀국은 정관 15년(641) 8월 10일이었으며, 태종은 대덕의 보고에 매우 기뻐하였다. 대덕은 답례사 명목으로 고구려에 파견되어 정보 수집 활동에 의해 얻은 자료를 토대로『봉사고려기奉使高麗記』(이하『고려기』라고 칭함)를 정리하여 병부성에 제출하였다.[8] 즉 진대덕은 고구려의 내정 정찰을 위해 파견되어 정변 직전의 고구려 정세를 조사하고 이를 보고서로 만든 것이다.

그가 저술한『고려기』는 오늘날『한원翰苑』에 겨우 13줄의 문장으로 일부가 남아 있을 뿐이지만 여기서 엿볼 수 있는 고구려의 정치기구와 자연지리에 관한 기술은 극히 상세하다.[9] 산수, 도로, 요충 그리고 이들의 거리에 관한 자세한 보고 내용은 다가올 고구려 원정을 위해, 이미 이 단계부터 당나라가 책략을 강구하고 있었다는 사실을 무엇보다도 잘 보여주고 있다고 할 수 있겠다. 다만 귀환한 진대덕과 태종 사이에 다음과 같이 주고받은 대화가 있다는 점이 주의를 요한다.

대덕이 태종에게 아뢰기를 "그 나라는 고창국高昌國이 멸망했다고 듣고 크게 두려워하여, 관후館候가 은근하였고 보통 격식보다 더하였습니다." 그러자 왕이 말하기를 "고구려는 본래 4군郡의 땅이다. 내가 수만 명의 병사를 동원하여 요동을 공격하면 그들은 반드시 나라 전체를 기울여 구원할 것이다. 따로 수군水軍을 보내어 동래東萊에서 나가 해로를 통해 평양으로 가서 수륙水陸 양군이 합세하면 이를 취하기가 어렵지 않을 것이다. 다만 산동山東의 주현州縣이 피폐하여 아직 회복되지 않았으므로 내가 그들을 수고롭게 하고 싶지 않을 뿐이다."[10]

640년 8월, 당나라의 고창국高昌國 토벌을 알게 된 고구려 고위 관료가 대덕이 있는 빈관賓館을 자주 방문하여 그를 융숭하게 대접하면서 안색을 살펴본 점,[11] 즉 고구려가 당나라의 공격을 경계하고 있던 사태를 태종에게 보고하자, 태종은 이에 대해 "산동山東의 민호民戶가 피폐한 지금 고구려 원정은 없다."라고 대덕에게 답변하고 있는 내용이다.

얼핏 온화한 자세로도 볼 수 있는 응답이지만 이를 바꾸어 말하면 조건만 갖추어지면 언제라도 고구려를 정벌하겠다는 의미와 다름이 없다. 대덕의 복명서(『고려기』) 성격과 더불어 태종의 이러한 언변은 당나라에서 원정 준비를 착실히 진행하고 있었음을 의미하기도 하며, 이미 그 시기를 언제로 할 것인가라는 단계에 접어들었다고 해도 과언이 아니다. 진대덕의 고구려 파견은 이러한 당의 주도면밀한 목적을 가지고 수행했던 것이며, 그것은 분명 당의 대고구려 정책의 한 소임을 맡은 것이라고 할 수 있겠다.

이처럼 정변 직전 당의 고구려에 대한 자세를 살펴보면, 당에서 고구려의 내정 변화에 무관심했을 리가 없다. 영주도독 장검이 사건 후 1년이 지나서야 상주했다고는 도저히 생각하기 어렵고, 오히려 때를 놓치지 않고 바로 보고했다고 보아야 할 것이다. 그 때문에 개소문의 쿠데타는 『삼국사기』가 전하는 정관 16년(642)에 틀림없이 일어났으며, 이는 곧바로 영주營州에 전해져 태종에게 보고되었던 것이다.

정변의 시기와 관련하여 남은 문제는, 642년 9월(『일본서기』)과 10월(『삼국사기』)의 차이가 어떻게 해서 생긴 것인지, 또 어느 쪽이 타당한지에 대해서도 살펴보아야 하겠지만, 다음에서는 일단 이 문제를 보류한 채 논지를 계속 이어가고자 한다.

3. 천개소문의 실상

정변 시기가 642년 가을이라는 점을 규명했지만, 『삼국사기』 권20 영류왕榮留王 25년(642) 봄 정월조에는,

> 왕이 서부대인西部大人 개소문에게 명하여 장성 축조를 감독하게 하였다.

라고 하여 진대덕의 귀국 후, 다가오는 당의 위협에 한층 경계심을 강화한 고구려는 착공 이래로 11년째를 맞이하던 장성의 축조공사 책임자로 개소문을 임명하였다. 즉, 개소문은 당과의 긴박한 상황 속에서 고구려의 최전선에 서서 국방의 책임을 한 몸에 지고 있었던 것이다. 이러한 그가 8(9)개월 뒤에 쿠데타를 일으킨 셈이다.

쿠데타의 유인誘因과 목적 등을 오늘날 남아 있는 영세한 사료로 추정하는 것이 매우 어려운데, 쿠데타의 장본인인 개소문에 관한 것 역시 불분명한 점이 적지 않다. 우선 그의 이름에 대한 것으로 여러 사료에 의해 다음과 같이 정리해볼 수 있겠다.

천개소문泉蓋蘇文	『신당서新唐書』『자치통감資治通鑑』『삼국사기三國史記』
전개소문錢蓋蘇文	『구당서舊唐書』
천개금泉蓋金	『천남생묘지泉男生墓誌』
개금蓋金	『삼국사기三國史記』『삼국유사三國遺事』『일본서기日本書紀』
이리가수미伊梨柯須彌	『일본서기日本書紀』
입하入霞	『태자전력太子傳曆』

이상에서 볼 수 있는 것처럼 한자 표기는 상이하지만, 이미 많은 지적이 있었듯이,[12] 『일본서기』의 '이리가수미伊梨柯須彌'야말로 당사자의 성과 이름을 고구려 말소리로 표기한 것은 틀림이 없다. 단적으로 성姓인 '이리伊梨'는 천泉'이나 '전錢', '입ㅅ'으로 표기되고 있다. 게다가 개소문 본인은 아니지만, 이밖에도 천씨泉氏 일족을 '연淵'으로 표기한 경우[淵淨土]가 있다.[13] 한편 이름인 '가스미'는 '개소문', '개금', '하霞' 등으로 표기되고 있다.[14]

우선 성씨로 알려진 '천泉'과 '연淵'은 모두 원래 '샘', '원천'을 뜻하는 고구려어 '이리'의 한자 표기로 추정되며,[15] 이를 뒷받침하듯이 『신당서』 권220 동이전 고려조에는,

자신이 물속에서 태어났다고 하여 사람들을 현혹시켰다.

라고 해서 그 성에 유래하는 전승을 찾아볼 수 있다. 또한 개소문의 아들 천남생泉男生의 묘지에도,[16]

공의 성姓은 천泉이며 휘諱는 남생男生이고, 자字는 원덕元德으로 요동군 평양군 사람이다. 멀리 계보를 살펴보면 원래 천泉에서 생겨났으니, 이미 신神에 의탁하여 은총을 내리시어 마침내 이로부터 태어남으로써 그 족族에 목숨을 걸었다.

라고 하여 『신당서』의 기록을 부연한 더 상세한 전승을 엿볼 수 있다. 어느 것이든 '천泉' 성의 유래에 관한 전승이 동시대의 것이라는 점은 경시할 수 없다.

'천泉', '연淵', '전錢'과 같은 다양한 표기가 생겨난 경위에 대해서는 앞서 지적한 것처럼 '연淵'이 먼저 고구려에서 사용되었고 이것이 당에서 고조

이연李淵의 휘를 피하기 위해 '천泉'이 사용되었으며 '전錢'은 '천泉'과 음音이 통한다는 점에서 사용되었을 것이다.[17]

또 이름인 '가스미'에 대해서는 성처럼 본래 뜻이나 유래에 대해 알 수 있는 단서가 없지만, 그 표기에 대해서는『삼국사기』소나전素那傳에 '소나'에 대한 한역명漢譯名으로 '금천金川'이라고 기록하고 있는 것에서 '소素'(= 蘇)가 '금金'의 훈訓으로 사용되었다고 추정되기 때문에 '개소蓋蘇', '개금蓋金'은 동일 음을 전해주고 있는 셈이다. 나머지 '개소문'의 '문文'은 종성음終聲音 'm'을 탈락시키지 않고 표기한 것이어서 결국 '가스미'의 음차音借 표기로 볼 수 있겠다.

고구려 말기 권세를 좌지우지한 개소문 일족의 성에 얽힌 신비적인 유래는 물론이거니와 개소문에 대해, 특히 정변의 성격을 해명하고자 한 연구 시점에서도 중요한 문제가 된 것이 그의 출자에 대해서이다. 당시 고구려에는 왕도에 거주하는 지배자 집단의 오분조직(五分組織, 5부)이 있었는데, 개소문의 출자에 대해『신당서』와『자치통감』은 '동부대인東部大人'으로, 한편『구당서』와『삼국사기』는 '서부대인西部大人'으로 되어 있어 지금까지도 동부·서부 중 어느 쪽인지 판정하기가 어려운 상태이다.

그런데 이 문제를 해결하는 데 흥미로운 자료로 살펴볼 것이, 진대덕이 고구려 5부에 대해 그 동향을 살피고 '내부內部', '북부北部', '동부東部', '남부南部', '서부西部' 순으로 열거하고 각각의 별칭을 거론한[18] 뒤 다음과 같이 보고를 했다는 점이다.

> 내부內部의 성은 고高로 곧 왕족이며, 고려의 성을 칭하지 않는 자들은 모두 내부에 속한다. 또 내부는 비록 왕통을 이어가고 있지만 서열은 동부東部 아래에 있다. 그 나라는 일에 따라 동쪽을 으뜸으로 삼기 때문에 동부가 위에 있다.[19]

즉 5부에는 상호 역관계가 있었고 그중에서도 중심이 되는 것이 고씨高氏 성의 내부內部로 그들이야말로 왕족에 해당하지만 동부東部는 그러한 내부 를 능가할 정도로 권세를 떨치고 있었다고 한다. 그렇다면 개소문은 이러한 견문이 있고 1년 수개월 후에 정변을 일으켜 고구려의 전권을 장악한 셈이 기 때문에 정변 직전에 이미 내부를 능가할 실력을 갖추고 있던 동부가 출 자일 가능성이 충분히 있는 것이다.

그러나 이는 어디까지나 정변 전 진대덕의 관찰에 따른 것으로 확증할 수 있는 것은 아니다. 개소문이 정변을 통해 이러한 5부 상호 간의 역관계를 전 복시켰을지도 모르기 때문이다. 여기서 주목하고자 하는 것이 앞서 언급한 천남생泉男生의 묘지로, 여기에는 일족一族의 계보를 다음과 같이 기록하고 있다.

> 증조부는 자유子遊이며 조부는 태조太祚로 둘 다 막리지莫離支를 역
> 임하였다. 부친인 개금蓋金은 태대대로太大對盧에 임명되었다. 조부
> 나 부친이 쇠를 잘 다루고 활을 잘 쏘아 군권을 아울러 쥐고 권세를
> 독점하였다. 계루桂婁의 성업盛業도 혁연赫然하여 능히 대체할 자격
> 이 되었다.

이 기록에서 알 수 있는 것처럼 증조부인 자유子遊에서 남생男生에 이르기 까지 천씨 일족이 고구려의 실권을 장악하여 국권을 전제專制했다는 것, 또 천씨 일족은 그 기세가 왕족인 계루부(내부)를 대체할 수 있는 실권을 갖추 고 있었던 것이다. 이는 앞에서 언급한 진대덕의 『고려기』에 적힌 내용과 부합하는 사실이며, 정변 전후에 일관되게 권세를 자랑한 천씨 일족의 모습 이 여기에서부터 드러나고 있다.[20]

그렇다면 개소문의 출자는 이제 동부東部라는 데 의심할 여지가 없을 것

이다. 동시에 이것에 의해 동부의 천씨 일족과 개소문은 정변 이전에 고구려의 실권을 이미 장악하고 있었던 것이 된다.

그러나 개소문 본인이 권력을 장악하기까지 아무래도 우여곡절이 있었던지 『신당서』 권220 동이전 고려조는 부친으로부터의 지위 계승을 다음과 같이 전하고 있다.

> 부친은 동부대인東部大人 대대로大對盧이다. 그가 죽자 개소문이 마땅히 그 자리를 이어받아야 했지만 국인國人이 그를 미워하여 이어받지 못하였다. 이에 머리를 조아려 모두에게 사죄하면서 직을 맡기를 청하여 합당치 않으면 그때는 폐하여도 여한이 없다고 하였다. 무리들이 이를 불쌍히 여겨 드디어 자리를 이어받게 되었다.

동부의 대인이며 대대로의 직위에 있던 부친이 서거하자 개소문은 그대로 부친의 직위 계승을 쉽게 인정받지 못하여 주위의 반대를 무릅쓰고 애원하여 세습했다고 한다.

그런데 부친의 직위인 대대로란 진대덕의 『고려기』에 따르면,

> 그 나라는 관직을 세우는 데 9등급이 있다. 첫 번째를 토졸吐捽이라 하고 일품에 비견된다. 옛 이름은 대대로大對盧이다. 국사를 통틀어 관장하며 3년에 한 번씩 바뀌는데 만약 직에 걸맞은 자가 있으면 연한年限에 구애받지 않는다. 교대할 때에 혹여 서로 승복하지 않으면 다 같이 군사를 이끌고 서로 다투어 승자를 대대로로 삼는다. 그 왕은 다만 궁문을 닫아걸고 스스로를 지킬 뿐 제어하지 못한다.[21]

라고 하여 대대로는 고구려 최고 권력자가 역임하는 직위였음을 알 수 있

다. 게다가 현재까지 해명된 바로는 고구려 후기의 13등 관위제 실태와 대조해보더라도 대로로는 제1등의 관위이며 권력 구조의 정점에 위치하고 있었다.[22] 진대덕의 보고에 따르면 최고위인 대로로는 때에 따라 국왕의 권력도 미치지 않을 정도여서 이를 강자가 실력으로 탈취하는 경우도 있었다고 한다.

이미 명확해진 것처럼 개소문의 일족은 동부대인東部大人의 가계이며, 특히 그의 조부 때부터 고구려 지배층 중에서도 실력자로 알려져 부친과 개소문 2대에 걸쳐 고구려 최고위인 대대로에 취임하였고, 왕족인 내부를 능가할만한 권세를 과시했던 것이다. 따라서 쿠데타의 유인과 목적을 고찰하는 데 있어 이러한 입장의 개소문이 어째서 국왕을 포함한 대량 살인이라는 정변극을 굳이 도모해야 했는가라는 의문을 미리 갖지 않으면 안 될 것이다.

4. 쿠데타의 유인과 목적

여러 사료들에 의하면 개소문은 쿠데타 이후 비로소 모든 실권을 장악한 것처럼 기록되어 있고, 실제 직위가 '막리지莫離支'였다고 명기되어 있다. 이는 이미 밝힌 바 있는 개소문의 실상과는 맞아떨어지지 않는 부분이다. 앞서 언급한 것처럼 본래 그는 정변을 일으키기 전부터 실질적인 고구려의 최고 실력자였음은 부인할 수 없는 사실이다. 모두에서 제시한 『자치통감』에는 막지리를,

> 스스로를 막리지莫離支로 삼았다. 이 관직은 중국의 이부吏部 겸 병부兵部의 상서尚書와 같다. 그리고 여기저기에 호령하며 국사國事를 마음대로 결정하였다.

라고 하며, 다른 한편 『신당서』 권220 동이전 고려조에는,

> 스스로를 막리지로 삼아 나라를 자기 마음대로 했다. 이는 당나라
> 병부兵部 상서尚書 중서령尚書令의 직위와 같다고 한다.

라고 하여, 양측에 약간의 차이는 있어도 왕을 가까이에서 모시던 재상 한 사람에게 군사[兵馬]와 인사 권력을 모두 집중시키고 있었다. 따라서 종래에는 이 막리지야말로 대대로의 상위에 신설된 고구려 최고의 관위라고 해석되기도 하였다.[23]

다만 이러한 막리지의 해석과 위상에 대해서 유의하지 않으면 안 되는 것이, 이 문제는 단순히 고구려 관위제의 문제에 그치는 것이 아니라 개소문 쿠데타의 본질과 관련된 각별한 의의를 내포하고 있다는 점이다. 즉 개소문은 쿠데타를 계기로 대대로에서 막리지로 그 지위를 변경하게 되었지만, 이것이 어떠한 지위의 변화인지가 쿠데타 전후의 권력 구조의 변화와 쿠데타의 성격을 규명하는 데 중대한 열쇠가 되고 있기 때문이다.

기존의 막리지에 대한 가장 유력한 설은 대대로의 '대大' 자가 고구려어로 '마카리'라고 읽었다는 점에서 대 = 마카리 = 막리莫離가 되어 결국 막리지는 부(5부)의 대인大人임과 동시에 대대로의 통칭이기도 하다는 해석이었다.[24] 그러나 여기에서는 쿠데타 전과 후에 개소문의 관위에 아무런 변화가 없게 된다. 이 점에 대해서는 개소문이 부친인 대대로의 지위를 세습할 때 애원과 호소라는 수단을 사용했기 때문에 일응 쿠데타에 의해 실력을 획득한 것이라고 설명했지만 정변 규모를 감안한다면 매우 설득력이 떨어지게 된다.

이에 대해 근래 다케다 유키오武田幸男 씨는 막리지의 정체가 고구려 13등 관위 중 제2위인 태대형太大兄에 해당한다고 밝힌 바 있다.[25] 이것에 의해 정

변 후 개소문의 행동은 다음과 같다고 추측해볼 수 있다. 개소문은 영류왕을 살해하고 스스로 왕이 된 것이 아니라 왕 아우(王弟)의 아들(보장왕)을 왕위에 올리고, 스스로의 관위는 제1위인 대대로에서 물러나 제2위 관위에 몸을 두게 된다.

여기서 제기될 수 있는 의문이 일반적인 상하 서열의 관료제에서 보면 이러한 행동은 너무도 이해하기 어려운 과정이라고 하지 않을 수 없다. 그러나 『고려기』 일문에 있는 것처럼, 대대로는 3년마다 교체된다는 원칙이 있었다고 한다면 전에 대대로에 오른 자가 거기에서 물러나 태대형 이하의 관위를 칭하는 것이 원리상 불가능한 일은 아니었을 것이다.[26]

그렇다면 개소문은 쿠데타 이후, 굳이 왜 그런 행동을 적극적으로 취했던 것일까. 이에 대해 다케다 씨는 다음과 같이 명쾌하게 지적하고 있다. 즉 전통적 권위의 상징성을 지닌 대대로를 비워둔 채 권력이 집중되는 새로운 중심으로서 태대형을 활용, 개조시키려고 하는 것에 있으며, 개소문은 실권을 막리지 = 태대형에게 집중시켜 그 자리를 확보함으로써 전례 없는 정치적 위기에 대처하고자 했던 것이라고.[27]

이미 살펴본 것처럼 대대로는 자칫 국왕의 힘이 미치지 않을 정도의 자율성을 유지하고 있었다. 분명 대대로는 국왕 아래에 조직된 일원적 신분제인 관위제에서 제1위에 해당하지만, 지극히 족제적族制的인 성격을 강하게 띠고 있었다. 개소문은 그러한 대대로를 지양함으로써 새로운 권력 구조를 구축하고자 했던 것으로 생각된다.

그렇다면 고구려의 실권을 장악한 개소문이 굳이 쿠데타라는 비상수단에 호소할 만큼 더욱 강력한 권력의 집중·재편을 지향하는 행동으로 내몰린 것은 무엇 때문이었을까.

이 점에 대해서는 진대덕의 고구려 파견 배경에서도 어느 정도 언급했듯이, 당시 고구려를 둘러싼 치열했던 국제환경을 배제하고는 논하기 어렵다.

고구려에게는 남쪽으로 국경을 접하는 신라와의 항쟁과 긴장이 있었고, 서역의 고창국高昌國을 멸망시키고 동쪽으로 눈을 돌린 당과의 숨 막히는 긴장관계가 더해져 국가 전략을 둘러싸고 매우 강력한 지도력이 요구되었다.

개소문의 정변 이후, 한반도 남부에서 백제가 신라의 서남 지역을 기습해 40여 성을 탈취한 사건이 일어나지만 여기에는 고구려와의 연대가 있었다고 간주하고 있다. 사실 그 직후에 결사의 각오로 적국인 고구려에 구원을 요청한 신라의 권신 김춘추의 요청을 개소문은 거절할 뿐 아니라 그를 납치했던 것이다.

엄중한 국제환경에서 개소문의 강경한 외교정책은 당에도 적용되었다. 즉 정변 1년 뒤 정관 17년(643) 9월, 태종은 상리현장相里玄奬을 고구려에 파견하여, 신라를 공격하지 말라고 권고하였다. 그러나 개소문은 수隋와의 전쟁 중에 고구려 영토를 약탈한 신라에게 잘못이 있다고 주장하며 이 권고를 거절하였다. 이때 권고를 거절한 것이 계기가 되어 결국 태종은 고구려 원정을 결정하게 되지만 여기서도 개소문의 강경한 외교정책의 일단을 살짝 엿볼 수 있다.

이러한 개소문의 대외 강경노선에서 상기할 수 있는 것은, 개소문이 쿠데타 8개월 전(642년 정월)에 당과 대치하던 최전선인 장성長城 축조의 공사 책임자로 임명된 사실이다.[28] 당초 이 장성은 태종의 경관京觀 파괴 요구에 위기감을 느낀 고구려가 정관 5년(631) 이후 공사를 계속 진행해왔던 것이다. 당시 개소문은 이미 고구려의 실권을 장악하고 있었기 때문에 그가 파견될 수밖에 없었던 경위가 주목된다.

개소문을 장성에 파견하기에 앞서 정관 14년(640) 12월, 고구려는 세자 환권桓權을 당에 조공하고 있지만 그 전년도와 당시의 조공까지 약 10여 년간 고구려에서 당에 사신을 파견한 흔적은 찾아보기 어렵다. 게다가 앞서 살펴본 것처럼 그것이 단순한 조공이 아니라는 것은 조공의 답례사 진대덕이 태종에게 보고한 고구려 고관의 언동에서도 짐작할 수 있다.[29] 즉 정관 14년 8월 서역 고창국의 멸망은 고구려 권력자들에게 헤아릴 수 없는 위협이 되었고, 고구려 왕도에 체류한 진대덕에게 '대대로'는 이를 수시로 물어보며 그의 안색을 살폈다는 것이다. 고창국의 멸망이 고구려에 얼마나 큰 충격이었는지 여실히 보여주는 대목이다. 따라서 세자 환권의 조공에는 당나라의 환심을 사서 동향을 살펴보려고 했던 고구려의 명확한 의도가 있었다고 할 수 있겠다.

한편 당나라는 역으로 이를 기회로 삼아 진대덕을 답례사로 파견하여 고구려의 내정을 정찰하게 한다. 고구려의 왕도에 들어간 진대덕을 고구려의 대대로(개소문으로 추정됨)가 종종 빈관賓館으로 찾아왔다는 에피소드는 양측의 흥정을 잘 보여주고 있다.

당과 고구려 쌍방의 의도가 교차하는 가운데 고구려 입장에서는 먼저 만전의 방비체제를 정비하는 것이 급선무였다는 점을 쉽게 추정해볼 수 있다. 특히 11년간 계속되어온 장성 축조 공사의 완성이 무엇보다 절박했을 것이다. 그렇기에 당시 개소문 스스로가 직접 공사의 책임자로 나서게 된 것으로 생각된다.

이상에서와 같이 쿠데타 전후 개소문의 행동을 살펴보면, 극도의 긴장감이 고조된 대외관계 속에서 일관되게 적극적으로 대외정책을 펼친 개소문의 모습이 더욱 선명해진다. 그가 일으킨 쿠데타의 유인誘因도 이러한 행동 속에서 발견하지 않으면 안 될 것이다.

쿠데타 이후 개소문의 구체적인 시책은 분명치 않지만 정변 후 그가 막리지에게 권력을 집중시킴으로써 족제적 성격을 강하게 띠고 있던 대대로의 권위를 공동화한 점은 간과하기 어려운 부분이다. 이러한 개소문이라면 방비체제를 정비하는 데에 기존 고구려의 족제적인 여러 제도들이 속박이 되었다고 판단해도 이상하지 않다. 개소문은 그러한 생각을 기반으로 성급한

개혁을 원치 않던 수구 세력의 배제가 쿠데타의 주요한 목적이 되었던 것으로 생각된다.[30]

개소문은 쿠데타를 돌파구로 삼아 족제적인 체제에서 탈피하고, 더욱 강력한 집권화를 지향했지만 이는 가속화된 대외적인 위기에 대한 막다른 대처이기도 했다.

5. 맺음말

천개소문의 쿠데타는 자칫 개소문 한 명의 강렬한 개성을 중심으로 논하는 경우가 있다. 특히 주군을 살해했던 잔학무도한 그의 인간성이 강조되어 왔다. 『삼국사기』의 편찬자인 김부식은 그러한 명분론의 입장에서 개소문의 전傳을 다루었으며, 이것이 후세에 오랜 영향을 미쳤다고 보아도 좋을 것이다.

그러나 주의하지 않으면 안 되는 것은 개소문이나 그의 쿠데타와 관련해 남겨진 사료들이 모두 중국 측에서 유래하거나 그에 한정되어 있다는 점이다.

태종은 상리현장에게서 고구려가 권고를 거절했다는 보고를 듣고,

> 무릇 군사를 일으켜 조문하고 토벌한다는 것[弔伐]은 모름지기 명
> 분이 있어야 한다. 그가 국왕을 시해하고 아랫사람을 학살한 구실
> 을 내세운다면 무너뜨리기가 매우 쉬울 것이다.[31]

라고 답하고 있다. 즉 군대를 파견하여 고구려를 정벌하기에는 명분이 필요한데 국왕을 시해하고 신하를 학대하고 있기 때문에 이제 명분은 갖추었고

개소문을 벌하는 것은 손쉬운 일이라고 하였다. 마치 명분론에서 고구려 토벌의 필연성을 도출하는 것처럼 보이지만 이제껏 살펴보았듯이 고구려에 대한 당의 강경 대외정책은 이미 개소문의 정변 이전부터 확인할 수 있기에 고구려 정벌은 이미 정해진 방침이었다고 말하지 않을 수 없다.

오히려 태종에게 있어 개소문의 쿠데타는 태종 자신의 말처럼 명분이 있어야 할 시점에 때마침 명분이 굴러들어 온 것처럼 보인다. 그렇다면 오늘날 전해지는 개소문에 관한 사료는 당의 고구려 원정을 정당화하기 위해 상당 부분 윤색이 더해져 있다고 보아야 할 것이다.[32]

개소문의 쿠데타는 물론 그의 강렬한 개성에서 비롯된 측면도 물론 있을 것이다. 그러나 당시 고구려를 둘러싼 국제적 환경과 이에 대처하는 족제적 제도를 불식시키고 국가체제의 재편이 급무였던 고구려의 국내 사정을 유의해야 하며, 이러한 배경을 토대로 일어난 것이 바로 개소문의 쿠데타인 것이다.

제2부
신라 국가의 역사적 전개

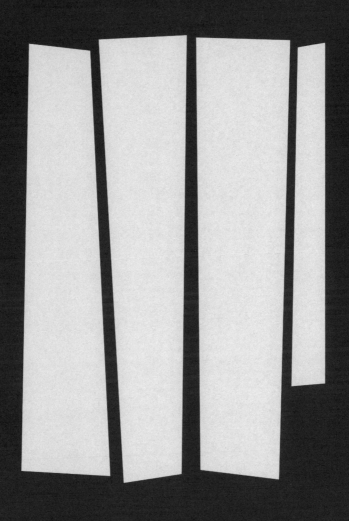

6장 울진 봉평 신라비의 기초적 연구

1. 문제의 소재

1988년 4월 중순, 한국 경상북도 울진군 죽변면 봉평리에서 400자 전후의 문자를 음각陰刻한 신라시대 비석이 발견되었다. 비는 약 2미터 되는 높이에 사각기둥 모양의 화강암을 자연석 그대로 사용하였으며, 문자가 적혀 있는 것은 한 면에서만 확인된다. 비문은 이미 한국 문화재위원에 의해 현지에서 1차 조사가 이루어졌고, 그 내용에 관해서는 석문釋文과 함께 대략적인 해석이 한국의 여러 신문에 공표되었다.[1]

이에 따르면 비석은 신라 법흥왕대(524년)의 것으로 왕의 명령을 받아 세워졌으며, 여기에 처벌 내용이 포함되어 있는 것은 분명한 사실이다. 또 이 비는 신라 최고最古의 비문 중 하나로 마멸과 파손 부분이 거의 없는 원형에 가까운 유례없이 귀중한 발견으로 전해진다.

최근에는 김창호金昌鎬 씨에 의한 연구 보고서 요지와 원비의 사진 및 탁본이 일본에도 전해졌다. 김창호 씨는 「울진 봉평 신라비의 검토」라는 제목의 논문에서 탁본과 수차례의 현지 조사를 토대로 석문을 발표하였고, 비문에 대해 처음으로 종합적인 검토를 시도한 바 있다.[2] 이미 비문 연구의 첫걸음을 내딛게 된 것이다.

비문 연구는 무엇보다 원비와 탁본에 기반한 정확한 판독을 기초로 하며, 이처럼 신중한 절차를 거쳐 검토해야 한다는 것은 굳이 언급할 필요가 없을 것이다. 그러나 이번 비석 발견의 의의를 감안하여, 이제까지 밝혀진 점들을 정리하고 공표된 자료를 토대로 논의하는 것은, 충분히 가능한 일이며 의미 있는 일이라고 생각하기에 현시점의 한정된 여건 속에서 비문에 대한 시론試論을 제시하고자 한다. 자료를 검토하면서 많은 도움을 받을 수 있었는데, 입수한 각종 자료를 신속하게 제공해주신 여러 선생님들께 감사드린다.[3]

2. 비문의 석문

비문은 높이 204cm, 폭 32~54.5cm의 비석 한 면에 10행에 걸쳐 약 400여 자의 문자가 새겨져 있다. 각 행의 글자 수는 통일되지 않아 가장 많은 행이 46자, 가장 적은 행이 25자로 되어 있다. 글자 크기도 일정치 않지만 세로 4cm, 가로 3cm 이내이다. 괘선 등은 없으며 위치에 따라서는 옆 행의 글자가 겹쳐져 있는 것처럼 보이는 부분도 있다.

현지를 방문한 문화재위원 임창순任昌淳 씨에 따르면 비문의 자형字形은 「울주 천전리 서석蔚州川前里書石 원·추명追銘」(525·539년)과 공통점이 있으며, 서체는 예서隸書에서 해서楷書로 전환되는 과정도 찾아볼 수 있어, 「진흥왕 순수비」(561~568년)에 비해 치졸한 느낌이 있다고 한다.[4] 비석 전체의 보존 상태는 사진과 탁본상으로 살펴보았을 때 양호한 편이다. 그러나 비석을 땅속에서 꺼내어 이동시킬 때, 제1행 하부가 파손된 점은 신라비로 확인되기 이전의 일이기는 하나 아쉬움이 남는다.[5]

문화재위원의 1차 조사 종료 단계에서 연구자 몇 명이 지금까지 석문을 발표했으나,[6] 여기에서는 현지 조사에 기반해서 신라 금석문을 검토한 김창호 씨가 탁본의 정밀 조사와 여러 차례의 현지 조사를 통해 얻을 수 있었던 석문을 우선적으로 참고하고자 한다.[7] 이 장에서는 김창호 씨의 석문을 기초 자료로 삼으면서, 입수한 사진과 탁본을 통해 필자 나름의 석문을 시도해보았다.

앞에서 살펴보았듯이 비석 전체의 보존 상태는 대체로 양호하지만, 탁본에 의거하면 비석에는 상부와 중간부에 균열이 있고,[8] 이 부분이 원래 공란이었는지 아니면 한 글자인지, 두 글자인지 분명치 않은 부분들이 있어 전체 글자 수는 쉽게 판단하기가 어렵다. 지금까지도 396자, 398자, 400자, 401자라는 여러 견해가 있어서 총 글자 수는 정해져 있지 않다.[9] 따라서 잠정적으로 이 비碑를 399자로 간주하고, 시론적인 석문을 제시하면 다음과 같다.

행	1234567891011121314151617181920212223242526272829303132333435363738394041424344 4546
1	甲辰年正月十五日喙部牟卽智寐·錦王沙喙部徙夫智葛文王本波部*□夫智□□
2	干支岑喙部美**斯智干支沙喙部而·粘**智太阿干支吉先智阿干支一毒夫智一吉干支喙勿力智一吉干支
3	愼·宍智居伐干支一夫智太奈麻一·尒智太奈麻牟心智奈麻沙喙部十斯智奈麻悉尒智奈麻等所敎事
4	別敎令居伐牟羅男弥只本是奴人雖·是奴人前時王大敎法道俠阼隘尒所*界城失兵**遠城滅*大軍起若有
5	者一依**爲之人備土寧王大奴村貪其**値一**二**其餘**尹**種種奴人法
6	新羅六部煞斑牛□□□事大人喙部內沙智奈麻沙喙部一登智奈麻莫**次邪足智喙部比須婁邪足智居伐牟羅道
7	使卒**波**小舍帝智悉支道使烏婁次小舍帝智居伐牟羅尼牟利一伐尒宜智波旦□只斯利一**今**智阿大兮村使人

8	奈尓利杖六十葛尸條村使人奈尓利居□尺男弥只村使人異**□杖百於卽斤利杖百悉支軍主喙部尒夫智奈
9	麻節書人牟珍斯利公吉之智沙喙部善*文吉之智新人喙部述刀小烏帝智沙喙部牟利智小烏帝智
10	·立石碑人喙部博士于時教之若此者*誓*罪於*天*··· 居伐牟羅異知巴下干支辛日智一尺世中卒**三百九十八

[석문 비고]

- *　불명확한 문자지만 석문이 가능한 문자
- ·　공란空格 부분
- **　다른 석문도 가능한 문자
- ＿　박락·복원 부분
- □　석문이 불가능한 문자

3. 입비立碑 연차와 비문의 구성

비문의 건립 연도는 비문 서두의 '갑진년甲辰年'을 언제로 추정하느냐에 달려 있다. 이 문제는 법흥왕 11년(524)으로 삼는데 연구자들의 견해가 일치되어 있어 이론의 여지가 없다. 그러한 논거도 여러 측면에서 수긍해야 하겠지만,[10] 여기서는 비문에 적힌 인물의 검토를 통해 다시금 건립 연도를 확인해두고자 한다.

비문의 등장인물에 대해서는, 거의 동시기 비문으로 추정되는 「울주 천전리 서석 원·추명」에, 비문 속 3인과 동일한 인물의 이름이 등장한다는 것이 이미 지적된 바 있다.[11] 이 서석명書石銘은 을사년(525) 사부지갈문왕徙夫智葛文王과 누이가 처음 이 골짜기를 방문하고(「원명」), 을미년(539)에 재방문한 것을 기념하여 새긴(「추명」) 것으로, 이때 법흥왕과 왕비도 수행원들과 함께 찾았던 것으로 해석되어 있다.[12]

구체적으로 각 인물의 대응 관계를 살펴보면, 먼저 비문 첫머리의 '모즉지매·금왕牟卽智寐·錦王'(1행 11~17자)은, 「추명」의 '무즉지태왕另卽知太王' = 법흥왕을 가리킨다. '무武' 자는 「적성비赤城碑」에 '무력武力'이 '무력另力'으로 표기되어 있다는 점에서 '另 = 武'가 되며, 그 음은 '모牟'와 매우 유사하다. 또한 '지智'와 '지知'는 존대의 접미사로 동음同音이다. 따라서 '모즉지牟卽智'와 '무즉지另卽知'는 동일 인물로 간주할 수 있다. 게다가 이 이름은 동시에 『양서』 신라전에 기록된 '(신라)왕모명진(新羅)王募名秦'의 '모진募秦'의 대역對譯으로 추정되고 있다.[13]

그런데 신라 왕호로서의 '매금寐錦'은 이제까지 「광개토왕비」나 『일본서기』에서 찾아볼 수 있었지만, 이번에 '왕'을 붙인 '매금왕'이라는 왕호가 발견되기에 이르렀다. 법흥왕의 왕호는 이처럼 동시대 사료에 따르면, 524년에 '매금왕'이라고 기록되었고, 539년에는 '태왕'으로 바뀐 것으로도 생각할 수 있다. 이 점에 대해서는 앞으로 검토가 필요하겠지만 두 비석에 기록된 왕호의 표기 변화는 신라 중고기 왕권을 논하는 데 있어서 향후 중대한 과제 중 하나가 될 것이다.[14]

더욱이 왕명 다음에 적혀 있는 '사훼부사부지갈문왕沙喙部徙夫智葛文王'은 「원명」의 '사훼부□□□문왕(沙喙部□□□文王)'에 해당하고, 「추명」에도 '사훼부사부지□문왕(沙喙部徒部知□文王)'이라고 기록된 인물과 동일하다고 지적되고 있다. 다만 「봉평비」에 의해, 이제까지 '도徒'라고 해석된 글자는 '사徙'로 수정해야 한다는 것이 함께 지적되었다.[15]

다음 비문 3행의 앞부분에 적혀 있는 '신·육지거벌간지愼·宍智居伐干支'는 「원명」에 '진육지사간지처아혜모홍부인眞宍智沙干支妻阿兮牟弘夫人'으로 보이며, 「추명」에도 '진육지파진간지부아육모호부인眞宍知波珎干支婦阿六牟呼夫人'이라고 적혀 있다.

「원·추명」은 모두 부인의 남편(夫) 이름으로 표현되어 있지만, 그들이 맡은 관위(이하 경위京位의 서열은 ①~⑰로 표현함)에 주목해보면, '거벌간지居伐干支' ⑨ → '사간지沙干支' ⑧ → '파진간지波珎支干' ④라고 하는 것처럼, 시기를 두고 점차 상승하고 있어 '신육지愼宍智'였던 524년부터 539년까지 점차 관위가 올라가는 과정을 복원해볼 수도 있다. 이 세 명의 이름을 시간과 공간이 다른 「천전리 서석」에서 발견할 수 있는 것은, 양자 사이에 밀접한 관계가 있었다는 것을 알려주고 있다. 이것에 의해 지금까지의 「원·추명」에 대한 연대 추정의 정확성을 확인할 수 있다면 「봉평비」의 연대가 결정될 것이며, 등장인물에 대해서도 「천전리 서석」 연구를 통해 거론되어온 내용을 원용한다면 상호 보완이 가능해져서 많은 사실들을 뒷받침할 수 있을 것이다. 특히 '사부지'와 '신육지' 두 사람은 왕의 최측근이고, '신육지'의 경우 「천전리 서석」에 기록되어 있는 것은 그의 부인이기는 하지만, 왕도王都에서 행차할 때에도 왕과 행동을 함께한 집단의 일원이었음을 알게 되어 매우 흥미롭다.

나아가 문헌사료에도 범위를 확대해보면, 2행 아래쪽에 보이는 '물력지일길간지勿力智一吉干支'는 『삼국사기』 권44 거칠부전에,

> 거칠부居柒夫 혹은 황종荒宗이라고 한다. 그의 성은 김 씨이고 나물왕奈勿王의 5대손이다. 할아버지는 각간角干 잉숙仍宿이며 아버지는 이찬伊飡 물력勿力이다. 거칠부는 [중략] 진흥대왕眞興大王 6년 을축(乙丑, 545)에 왕명을 받들어 여러 문사文士들을 모아 국사國史를 편찬하였다. [중략] 진지왕眞智王 원년 병신(丙申, 576)에 거칠부는 상대등上大等이 되어 군사와 국가의 일을 스스로 떠맡았다. 늙어서 집에서 죽으니 향년 78세였다.[16]

라고 하여 6세기 중엽에 활약한 거칠부의 아버지 이름이 '물력 이찬勿力伊飡'으로 되어 있는데, 비문에서는 존대의 접미사 '지智' 자를 붙였지만 양자는 서로 부합하고 있다. 거칠부가 활약한 시기를 살펴보아도 비문의 '물력지일

길간지勿力智一吉干支'가 거칠부의 아버지 '물력'이었다는 것은 의심의 여지가 없다.

또한 비문 6행의 '일등지나마一登智奈麻'는『삼국사기』권4 신라본기에,

> 법흥왕 12년(525) 봄 2월에 대아찬大阿湌 이등伊登을 사벌주沙伐州 군
> 주軍主로 삼았다.[17]

라는 기록의 '대아찬이등大阿湌伊登'으로 비정된다. '일등一登'이 '이등伊登'으로 표기된 것은, 관위에 사용된 '이伊'란 글자(伊伐湌 ①, 伊尺湌 ②)가 6세기 금석문에는 '일一'로 표기되어 있기 때문에 '일등一登'과 '이등伊等'은 동일 인물이라고 해도 좋을 것이다.[18]

이상의 비문 속 등장인물에 관한 분석을 통해서도 비문에 적힌 '갑진년'이 법흥왕 대의 일이며 524년에 해당한다는 것은 틀림이 없을 것이다.

다음으로 비문 전체의 성격을 체계적으로 파악하기 위해, 비문 구성에 대해 살펴보고자 한다. 이와 관련하여 참고해야 하는 것이 「적성비」(6세기 중엽)이다. 「봉평비」에는 왕의 명령을 의미하는 '교教'가 네 군데 보이는데 「적성비」의 경우 '교사教事', '절교사節教事', '별교사別教事'라는 왕명이 단서가 되어, 비문 구성의 기준으로 활용되고 있다.[19]

지금 이를 적용해보면, 이 비문에서는 '소교사所教事'(3행 41~43자), '별교령別教令'(4행 1~3자), '전시왕대교前時王大教'(4행 20~24자), '우시교지于時教之'(10행 10~13자) 등 4개의 왕명이 확인되기 때문에, 이것들이 비문 구성을 고찰하는 기준이 될 수 있을 것이다. 다만 4행의 '전시왕대교'는 나중에 언급하겠지만, 그 앞 '별교령'의 인용 부분으로 추정되기 때문에 '소교사', '별교령', '우시교지' 세 개의 왕명을 기준으로 하여 이 비문을 크게 세 구성으로 나누어볼 수가 있다. 나아가 이 비문 구성을 고찰할 때 유의해야 할 것

이 5행 후반부에 충분히 문자를 새길 수 있는 여분이 있는데도 행을 바꾸고 있다는 점이다. 이미 '소교사'와 '별교령' 사이에 구분을 두었지만, 여기에서도 행을 바꾸고 있는 것이 확인된다는 점과 행을 바꾼 뒤 6행 첫머리에 새로이 '신라육부新羅六部'라는 단어가 적혀 있다는 점을 무시할 수 없어 여기서도 단락을 설정하는 것이 가능하다. 따라서 일단 작업 가설로써 전체를 네 구성으로 간주해보고자 한다.

이 비문에는 역명歷名 기록이 대부분을 차지하고 있는데, 이를 제외하고 앞서 서술한 비문의 네 구성을 나누어 표시하면 아래와 같다.

A	甲辰年正月十五日㖨部牟卽智寐錦王〈歷名A〉等所敎事.
B	別敎令居伐牟羅男弥只本是奴人雖是奴人前時王大敎法道俠㑖尒所界城失兵遠城滅大軍起若有者一依爲之人備土寧王大奴村貪其値一二其餘尹種種奴人法.
C	新羅六部煞斑牛□□□事.〈歷名C〉
D	于時敎之若此者誓罪於天.〈歷名D〉

다음 A·C·D의 세 군데에서 열거된 역명을 살펴보면, 이들은 일정한 서식에 따라 기록되어 있으며, 지금까지 발견된 6세기 신라 금석문과 완전히 동일한 형식이라고 할 수 있다.

우선 역명 A 부분을 석문에 따라 다음의 표로 나타내보면, 부명+인명+관위 순으로 기록되어 있는데, 왕 뒤로 13명이 관위가 높은 순서대로 열거되어 있음을 알 수 있다. 이때 부명이 전자와 동일한 경우에는 생략되어 있으나 이 점 역시 기존의 비문과 동일한 형식이다. A의 역명 부분을 왕까지 포함해서 나타내보면, 한눈에 알아볼 수 있도록 모두 소속 부명을 갖고 있으며 경위京位를 지닌 왕경인王京人으로 구성되어 있다.

여기서 문제가 되는 것이 (4)의 '잠훼부 미사지 간지岑喙部美斯智干支'일 것

A	(1)	훼부喙部	모즉지牟卽智	매금왕寐錦王
	(2)	사훼부沙喙部	사부지徙夫智	갈문왕葛文王
	(3)	본파부本波部	□부지(□夫智)	□□간지(□□干支)
	(4)	잠훼부岑喙部	미사지美斯智	간지干支
	(5)	사훼부沙喙部	이점지而粘智	태아간지太阿干支 ⑤
	(6)		길선지吉先智	아간지阿干支 ⑥
	(7)		일독부지一毒夫智	일길간지一吉干支 ⑦
	(8)	훼喙	물력지勿力智	일길간지一吉干支 ⑦
	(9)		신육지愼宍智	거벌간지居伐干支 ⑨
	(10)		일부지一夫智	태나마太奈麻 ⑩
	(11)		일이지一1智	태나마太奈麻 ⑩
	(12)		모심지牟心智	나마奈麻 ⑪
	(13)	사훼부沙喙部	십사지十斯智	나마奈麻 ⑪
	(14)		실이지悉尔智	나마奈麻 ⑪

이다. '잠훼부'는 이제까지 발견된 금석문에서 볼 수 있는 150명 전후의 왕경인의 출신 부명[20]으로서는 처음 발견되었기 때문이다. 이제까지는 훼부喙部, 사훼부沙喙部, 본파부本波部 등 3개의 부만으로 구성되어 있었고, 특히 훼부, 사훼부가 대부분을 차지하고 있었다.

이러한 사실에서 6부六部는 6세기 중엽부터 7세기에 걸쳐 100여 년 사이에 3부에서 6부까지 단계적으로 성립되었다는 견해[21]가 그동안 유력했었다.[22] 그러나 이 비문에는 '신라육부新羅六部'라는 문언이 명기되어 있어, 524년 시점의 6부 성립은 지금에야 의심할 여지가 없게 되었다. 그리고 실제 제4의 부명인 '잠훼부'가 새롭게 출현하게 된 것이다. 이미 지적이 있었던 것처럼,[23] 이는 문헌사료에 보이는 모량부牟梁部, 점량부漸梁部로 비정하는 것이 온당하다고 생각된다.

또한 이 '미사지美斯智'가 띠고 있는 관위는 '간지干支'로 되어 있어서 관위로서의 의미는 없다. '간지' 앞의 한 글자(이伊 또는 '잡迊')는 새길 때 오탈誤脫된 것은 아닐까 생각된다. 왜냐하면 가령 이 비에는 (8) '물력지 일길간지'라는 부명이 '훼'로 되어 있어, '부部' 자가 잘못해서 탈락되어 있다. 실제로 이러한 사례가 비문 중에 있기 때문에 문자의 탈락은 확실치 않으나 그렇게 추정하고자 한다.

이어서 역명 C의 인명을 표로 나타내보면 다음과 같다.

C1	(15)	대인大人	훼부喙部	내사지 內沙智	나마奈麻⑪	
	(16)		사훼부 沙喙部	일등지 一登智	나마奈麻⑪	
	(17)			막차莫次	사족지 邪足智?	
	(18)		훼부喙部	비수루 比須婁	사족지 邪足智?	
C2	(19)	거벌모라도사 居伐牟羅道使		졸파卒波	소사제지 小舍帝智⑬	
	(20)	실지도사 悉支道使		오루차 烏婁次	소사제지 小舍帝智⑬	
C3	(21)		거벌모라 居伐牟羅	니모리 尼牟利	일벌一伐⑧	
	(22)			진의지 珎宜智	파단波旦⑩	
	(23)			□지사리 (□只斯利)		
	(24)			일금지 一今智		
	(25)	아대혜촌사인 阿大兮村使人		나이리 奈尒利		장육십 杖六十
	(26)	갈시조촌사인 葛尸條村使人		나이리거□척 (奈尒利□尺)		
	(27)	남미지촌사인 男彌只村使人		이(異)□		장백杖百

		직명	부명	인명	관위	
	(28)			어즉근리 於卽斤利		장백杖百
C4	(29)	실지군주 悉支軍主	훼부喙部	이부지 尓夫智	나마奈麻⑪	
	(30)	절서인 節書人		모진사리공 牟珍斯利公	길지지 吉之智⑭	
	(31)		사훼부 沙喙部	선문善文	길지지 吉之智⑭	
	(32)	신인新人	훼부喙部	술도述刀	소오제지 小烏帝智⑯	
	(33)		사훼부 沙喙部	모리지 牟利智	소오제지 小烏帝智⑯	
	(34)	입석비인 立石碑人	훼부喙部	박사博士		

표에서 알 수 있는 것처럼 기본적으로는 역명A와 동일하지만 부명 앞에 직명을 띠는 자들이 있어, 그들은 직명+부명+인명+관위 순으로 기록되어 있다.[24] 다만 이 중에서 C3의 (21)부터 (28)에 걸쳐 있는 8명에게는 부명이 아니지만 이를 대신하여 출신지명 또는 지방명을 관칭한 '사인使人'이라는 관직과 외위(外位, 이하 외부의 서열은 ①～⑪로 표현함)을 갖고 있는 사람이 있다.

그 지명들은 '거벌모라居伐牟羅', '아대혜촌阿大兮村', '갈시조촌葛尸條村'이라 하여 그들이 왕경 밖의 지방인이라는 것을 알 수 있다. 그런데 (23) 이하 (28)까지의 6명 모두에게 '파단波旦'이란 외위를 인정할지의 여부는 판단이 어렵지만, 여기서는 그들 모두가 지방인이라는 점을 확인하는 데 그치도록 하겠다.

이 C3 (21)부터 (28)까지의 8명에게서 특히 주목되는 것은 (25) '아대혜촌 사인 나이리' 이름 뒤에 '장육십杖六十'이 적혀 있고, (27) '남미지촌 사인 이□', (28) '어즉근리' 두 사람 뒤에도 각각 '장백杖百'이라고 적혀 있는 점이다. 나중에 언급하겠지만 비문 전체 내용을 살펴보자면 '장육십', '장백'은 장죄杖罪의 형량을 기록한 것임에 틀림없다. 다만 '장육십'과 '장백'이 각각 누구부터 누구까지 연관되는지는 논란이 있을 수도 있겠지만 여기서는 '장육십'을 (21)부터 (25)까지, '장백'을 (26)부터 (28)까지로 생각해두고자 한다. 지방인은 역명 D에도 나타난다.

D	(35)		거벌모라 居伐牟羅	이지파 異知巴	하간지 下干支 7	
	(36)			신일지 辛日智	일척—尺 9	

즉, 이 두 사람은 그가 띤 외위에서 '거벌모라'를 출신지로 하는 수장급에 해당하는 사람으로 생각해도 좋다. (36) '신일지 일척辛日智—尺' 뒤에는 더욱이 '세중졸삼백구십팔世中卒三百九十八'이 적혀 있다. 이에 대해서는 다시 언급하겠지만 두 사람이 거느리고 있던 '거벌모라' 출신의 백성으로 해석해 두겠다. 이렇게 보면 비문 중 A·C·D의 역명은 왕을 포함해서 이상 36명을 검출할 수가 있다. 그 내역은 왕경인 26명, 지방인 10명이 된다.

또 관직명은 C에 집중적으로 보이는데, '대인大人', '도사道使', '사인使人', '군주君主', '절서인節書人', '신인新人', '입석비인立石碑人' 등 일곱 가지를 찾아볼 수 있다.[25] 그중에서 이번에 처음 출현한 것이 '대인'과 '신인'이다.[26] 이들의 직장職掌은 쉽게 추정하기 어렵지만 '신인'이 입비立碑 관계자의 일원이라는 점만큼은 틀림없을 것이다. '대인'은 C의 해석과 연관되어 있기도 해서 나중에 검토하고자 한다.

4. '거벌모라'의 소재지

이 비문에는 C와 D에 '거벌모라'를 시작으로 하여 10명의 지방 촌락민의 인명이 확인되고 있는 것을 살펴보았다. 특히 그중에 6명의 출신지 '거벌모라'는 비문의 성격을 규명하기 위한 핵심이라고 말할 수 있다. 이 문제에 대해 이기백李基白 씨는 비문의 내용이 '거벌모라' 사람에 관한 것으로, '거벌모라'에 세워진 것이 분명하다고 하면서 비문 중에 보이는 '거벌모라'를 비의 건립 장소로 보고 있다.[27] 한편 김창호 씨 역시 비석이 발견된 봉평과 '거벌모라'를 연결시켜, 비문 중의 '거벌모라'를 비석이 세워진 봉평 지역으로 추정하고 있다.[28] 게다가 이기백 씨는 위와 같은 이유를 토대로 「적성비」의 사례를 참작하여 이 비를 '울진 거벌모라비'로 부를 것을 제창한 바 있다.

그러나 비의 건립 장소인 울진군 봉평리 부근을 '거벌모라'로 보기에는 다소 미심쩍은 점이 없지 않다. 이 비석이 세워진 울진 지방은, 『삼국지』한 전에 3세기 중엽 '우중優中'이라는 소국 이름이 전해지고 있으며, 또 6세기 「진흥왕창녕순수비」에 '우추于抽'라고 하여 『삼국사기』 권35 지리지에도 고구려 시대의 '우진야于珍也'라는 지명이 전해지고 있다. 이것에서 볼 때 이 지방은 3세기 이후, 8세기 경덕왕이 울진蔚珍으로 개칭하기까지 일관되게 〈u-jung〉〈u-jin-ya〉〈u-chu〉〈u-jin〉 등 현대 한국 한자음으로 읽어도 이와 거의 동일한 지명으로 불렸음을 알 수 있다. 게다가 울진 주변에는 '거벌모라'와 유사한 지명을 찾아볼 수가 없다. 확실히 비석의 발견지는 울진 읍내리에서 북쪽으로 5km 정도 떨어진 곳에 위치하고 있어, 당시 이곳에 별도의 읍이 없었다고는 말하기 어렵다.[29] 하지만 이 지점에 만약 '거벌모라'가 존재했다고 한다면 그에 관한 기록이 전혀 남아 있지 않은 것도 부자연스럽지 않겠는가.

본래 이 지방은 5세기 후반부터 6세기 중엽까지 신라·고구려의 치열한 전투가 지속되어 양쪽의 쟁탈이 반복되던 곳이다. 그렇지만 이러한 항쟁을 거쳐 6세기 초엽에는 신라가 이 지역을 확보하면서 특수 군사지대라고도 할 수 있는 신라 북변의 요충이 되었다.[30] 이러한 지역이었다고 하면 『삼국사기』나 다른 지지류地誌類에 지명의 흔적이 전혀 남아 있지 않은 것을 납득하기 어렵기에 오히려 그 비정에 오류가 있었다고 생각해볼 필요가 있지 않겠는가. 역으로 생각해보면, 가령 비문 중에 그 지명이 가장 많이 보이더라도 이를 비석 소재지와 결부시켜 보아야 할 필연성은 없다. 오히려 '거벌모라'로 비정할 만한 지역을 다른 곳에서 찾아야 하는 것이다.

그래서 '거벌모라'로 비정하기에 적합한 지역을 찾아본다면, 그것은 울진에서 내륙부의 서쪽으로 70km 정도 들어간 경상북도 영주시 순흥으로 보는 것이 적절하다고 생각된다. 이 지역은 통일신라 시대의 삭주朔州 관할 내 압산군岋山郡에 해당하며, 『삼국사기』권35 지리지의 삭주 압산군에는,

> 본래 고구려 급벌산군及伐山郡이었는데 경덕왕이 이름을 고쳤다. 지금은 흥주興州이다.[31]

라고 기록되어 있다. 즉 이 지역은 예전에 고구려 영토였으며 급벌산군及伐山郡으로 불리던 곳이었다.

얼핏 보면 '급벌산'과 '거벌모라' 사이에는 어떤 직접적인 관련을 찾기 어렵다. 그러나 이 비문에는 관위 제9등 '급벌간及[級]伐干'[32]을 '거벌간지'로 표기하고 있는데, 이것에 의해 당시 신라에서 '급及'을 '거居'로 적어서 음통音通했음을 알 수 있다. 그렇다면 '급벌산及伐山'은 이 당시 '거벌산居伐山'으로 표기해도 무방했을 것이다.

다음으로 남아 있는 '산山'과 '모라牟羅'의 차이를 살펴보도록 하겠다. '거벌모라'는 비문 중 다른 세 개의 지명이 '촌村'이라는 행정 단위가 붙어 있

는 것에 반해 유일하게 '모라'로 되어 있다.『양서梁書』신라전에 따르면 이 '모라'는 신라의 왕성王城을 '건모라健牟羅'로 불렀다고 적혀 있으며,『일본서기』에도 임나 여러 지역의 행정 단위로 표기되어 있다. 앞서 '모라'에 대해서는 '촌村, 부府, 성城'을 의미하는 후대의 한국어 〈마을ma-ul〉에 해당한다는 지적이 있다.[33] 그러나 유의해야 할 점은 당시 신라에서는 '모라'와 '촌'을 구분하지 않으면 안 되는 어떠한 차이가 있었다고 추정되며, 그 때문에 동일한 비문 속에도 구분하여 표기되고 있었다고 생각된다.

여기에서 '모라'에 대해 주목할 것이『일본서기』계체기繼體紀 24년(530) 9월조에 '구례모라久禮牟羅'라고 적고, 고훈古訓이 '구레무라'로 되어 있는데 반해, 동일한 실체를 가리키면서도 흠명기欽明紀 5년(544) 3월과 11월조에는 '구례산久禮山'이라고 적고 고훈이 '구레무레'로 되어 있는 점이다. 즉 '모라牟羅'는 '산山'으로 그 뜻은 '무라' 대신에 '무레'라 하여 유사하고, 게다가 이들은 동일한 실체의 호칭으로 사용되고 있다.

즉 '모라'와 '산'은 불가분의 관계가 있었던 것으로 보이며, 동일한 실체를 가리키는 호환성 있는 용어였다고 추정된다. 양자의 이러한 관계를 통해 '모라'는 읍邑의 점지나 부근의 경관이 '산'과 깊은 관련이 있었다고 추측해볼 수 있겠다.

그러나 우선 여기서 유의해야 하는 것이『일본서기』의 표기상의 변화가 530년부터 544년에 걸친 시간적 경과 속에서 일어나고 있었다는 점이다. 이 점을 중시하면 당시 한반도 남부에서도 동시기에 '모라'에서 '산'으로 표기상의 변화가 있었다고 충분히 추측해볼 수 있다. 이상의 검토에서 '거벌모라'는『삼국사기』권35 지리지 삭주의 '급벌산'이라고 볼 수밖에 없을 것이다.

이러한 비정에 대해 예기되는 반론은 '거벌모라'가 비석의 발견지에서 상당히 떨어져 있다는 점을 어떻게 해석할 것인가, 나아가 이 지역이 당시 신라 영토라고 인정할 수 있는가라는 것이다.

우선 후자의 문제부터 살펴보면, 이 지역은 오랫동안 고구려와의 영토 경계를 나누었던 소백산맥 남쪽 기슭에 위치하고 있으며, 그 산맥의 남북으로 통로를 열었던 죽령竹嶺에서 얼마 안 되지만 동남쪽으로 좀더 들어간 곳에 있다. 신라가 죽령을 기점으로 북쪽으로 넘어가 서북 경계를 확대한 것은 6세기 중반이다.[34] 최근 이 순흥 땅에서 신라의 외위를 기록한 고분(어숙지술간묘, 추정 595년)이 발견되어 주목되지만, 5세기 말의 「중원고구려비」에 따르면 고구려 세력은 이 지역에도 확실히 미치고 있었다.[35] 실제로 『삼국사기』 지리지에는 '본고구려本高句麗'라고 기록되어 있으며, 그후 어느 시점에서 신라에 복속·편입되었던 것이다. 그 시기가 어느 때인지가 문제지만 지역에서 남쪽으로 10km 정도 떨어진 영주(捺巳郡)에는 『삼국사기』 권3 신라본기 소지왕炤智王 22년(500) 가을 9월조에,

왕이 날이군捺巳郡에 행차하였다. 군郡 사람 파로波路에게 딸이 있어 이름이 벽화碧花이고 16세였는데, 진실로 나라 안의 절세미인이었다. 그 아버지가 [딸에게] 수놓은 비단옷을 입혀 수레에 태우고 색깔 있는 명주로 덮어 왕에게 바쳤다. 왕은 음식을 보낸 것으로 생각하고 열어보니 얌전한 어린 소녀가 오므리고 있으므로 이상히 여겨 받지 않았다. 궁으로 돌아왔는데 생각이 그치지 않아 두세 차례 미행微行하여 그 집에 가서 그녀와 사랑을 나누었다. 고타군을 지나는 길에 어느 할머니[老嫗]의 집에 묵었다. [왕이] 묻기를 "지금 사람들은 국왕을 어떤 군주로 생각합니까?"라고 하니, 할머니가 대답하기를, "많은 사람들이 성인으로 여기지만 저만은 그것이 의심스럽습니다. 왜냐하면 제가 가만히 듣건대 왕이 날이의 여자와 사랑을 나누기 위해 여러 번 미복 차림으로 온다고 하기 때문입니다. 무릇

용이 고기의 옷을 입으면 어부에게 잡히는 법입니다. 지금 왕은 만승萬乘의 지위에 있으면서 스스로 신중하지 못하니 이를 성인이라 한다면 누가 성인이 아니겠습니까?"라고 하였다. 왕이 이를 듣고 크게 부끄러워, 그녀를 몰래 맞아들여 별실에 두었는데 아들 하나를 낳기에 이르렀다.[36]

라고 하여 소지왕과 날이군 여식과의 혼인 설화가 남아 있다. 신라와 이 지방과의 연관 관계, 나아가 그 대략적인 시기를 보여주고 있는 점에 유의해 두고자 한다.

또한 비문 속에는 '거벌모라'가 원래 '노인奴人', '노촌奴村'이었다고 적혀 있는데, 이 점은 나중에 분석하는 것처럼 '거벌모라'가 본래 고구려 땅이며 그후 신라의 지배하에 편입된 지역이라는 것과 크게 관련된다. 여기서는 지금까지의 내용을 확인하는 데 그치도록 하겠다.

다음으로 전자의 문제를 생각해보고자 한다. 비문 중 '거벌모라' 이외의 세 지역명 중에서 '남미지촌男弥只村'과 '갈시조촌葛尸條村'은 관련 사료가 발견되지 않아 불분명하다고 할 수밖에 없다. 하지만 '아대혜촌阿大兮村'은 오늘날 충청북도 옥천군 부근으로 비정되고 있는데,[37] 그렇다면 '거벌모라'와 마찬가지로 그들은 출신지에서 멀리 떨어진 울진 지역에 함께 모여 있었던 셈이 된다. 이처럼 비문 속 다른 지역명과의 관련에서 보면, '거벌모라'와 비석 소재지와의 거리가 반드시 문제가 된다고 할 수는 없을 것이다.

여기서 의문이 드는 것이 어째서 그들은 멀리 떨어진 울진 지역에 모여, 비석에 기록되었을까 하는 점일 것이다. 다음은 이러한 의문을 해결하기 위해 비문의 기본적인 성격을 규명해보고자 한다.

5. 비문의 분석과 해석

앞서 왕명王命을 실마리 삼아 이 비문이 대략 A·B·C·D 등 네 구성으로 이루어져 있다고 언급하였다. 아래에서는 그것들의 분석과 해석을 시도해 보고자 한다.

먼저 A는 비석의 입비立碑 연월일이 적혀 있고, 왕의 이름 뒤에 왕경의 고관들 13명이 열거되어 있으며, 역명歷名의 말미에 그들이 복수라는 점을 보여주는 '등等'이라는 글자가 있고, '소교사所敎事'로 마무리된다. 갑진년甲辰年 정월 15일에 고관들에 대한 왕명이 내려졌다는 것이 드러나 있는데, 이러한 내용을 비문의 첫머리에 기록한 사례는 「적성비」에서도 확인되고 있다. 다만 거기에서는 '왕교사王敎事'+역명으로 되어 있어, '교사'(동사)는 '왕' 바로 뒤에 기록되어 있는 데 반해 이 「봉평비」는 '교사'가 목적어(왕명을 받은 고관들) 뒤에 기록되어 있는 점에서 차이가 난다. 이는 신라어의 통사론 (syntax, 統辭論)에 의거한 것으로 간주해도 좋을 것이다.

두 비석 사이의 구성상 차이에서 주목되는 것이, 여기서 중요한 것은 첫머리에 이러한 왕명이 먼저 복수의 고관에게 내려진 것을 기록한 형식이다. 즉 「적성비」와 완전히 동일한 형식이 다시 발견됨으로써, 이러한 형식이 신라 고유의 것으로 상당히 오래전부터 정식화되었음을 추측하게 한다.[38] 이러한 형식과 통사론에 유의해서 3행에 걸친 A의 해당 부분을 읽어보면,

> 갑진년 정월 15일에, 훼부 모즉지 매금왕의 … 등이 교敎한 바의 일이다.

라고 되어 있다.

이어진 B에 대해서 살펴보면, 역명 기록을 포함하지 않고 하나의 정리된

문장으로 되어 있어 비문의 핵심 부분으로 간주된다. 그렇지만 이 부분은 판독이 어렵고 석문도 정리되지 않은 부분이 있어 비문의 체계적이고 정합적인 이해에 지장을 주고 있다. 그다음 C에서도 '신라 육부 살반우新羅六部煞斑牛'까지는 괜찮지만 그 이하의 세 글자가 분명치 않아 해석이 불가능한 부분이 있다. 이에 따라 일단 D부터 검토해보고자 한다.

D의 '우시교지于時敎之' 이하의 11글자도 이제까지 판독이 불가능한 문자가 있었기 때문에 정확한 해석을 제시할 수 없었다. 이 부분에는 구체적인 왕명이 간결하게 적혀 있었을 것이고, 이곳이 해명된다면 비문 전체의 성격이 상당 부분 규명될 것으로 기대된다.

우선 '우시교지'인데 '우시于時'는 「진흥왕 황초령 순수비」에 '우시수가于時隨駕'+역명이라는 용례가 있다. 이 용례를 참고해보면 '우시'는 단순히 '이때'라는 의미뿐 아니라 왕의 직접적인 행동(순행)과 깊이 관련된 특정한 때를 나타내고 있다고 생각할 수 있다. '우시'에 이어 '교지敎之'는 고구려 이래의 많은 용례가 보여주고 있듯이 '지之' 자를 읽을 필요는 없고, 여기서는 '교敎하다'라고 읽어 '왕이 친히 순행할 때 왕명을 내리다'라고 해석된다.

'우시교지' 이하에 대해 이기백 씨는 '약차자□죄지의(若此者□罪之矣)'로 석문하고 '이러한 자는 벌한다'로 해석하고 있다.[39] 그런데 이기백 씨를 비롯하여 지금까지 '죄罪' 앞의 글자는 전혀 밝혀진 바가 없다. 하지만 탁본이나 다른 사진 자료에 따르면 「임신서기석壬申誓記石」의 7군데에 기록된 글자 '서誓' 자와 매우 비슷한 것처럼 보인다. 그뿐만 아니라 문맥상으로도 신라에서는 '죄罪'와 '서誓' 두 글자는 가끔 짝을 이루며 사용되며, 예를 들어 「임신서기석」에는,

만약 이 일(맹세)을 잃으면 하늘에 큰 죄를 얻을 것을 맹세한다.[40]

가 있고 「남산신성비南山新城碑」에도,

> 남산南山에 신성新城을 만들었으니, 이때 법에 따라 만든 지 3년 이
> 내에 무너져 파괴되면 죄로 다스릴 것이라는 사실을 널리 알리도록
> 교령으로 맹세하게 하였다.[41]

라는 사례가 있다.[42] 게다가 상기한 「임신서기석」의 인용 부분에서 알 수 있
듯이 어두의 '약차若此…'라는 문장의 형태가 해당 부분과 매우 비슷하다는
점을 알 수 있다. 이러한 표기 역시 신라 고유의 정형적인 것으로 볼 수 있을
것이다.

또한 11번째 글자 '의矣'로 석문했던 글자는 오히려 '천天' 자로 판독할 수
있고, 그 바로 앞 글자는 '어於'로 볼 수 있을 것이다. 그런데 '천天'도 '서誓'
와 밀접한 관련을 가진 문자여서 「임신서기석」에는 앞서 게재한 사례와 함
께 '천전서天前誓'(하늘 앞에 맹세한다)라는 문언이 있다.

이렇게 살펴본다면 '우시교지' 이하는 지금까지 알려진 용례에서 유추할
수 있으며, 이하 신라 금석문의 유사한 표현을 참조하면 이 부분은,

> 若此者誓罪於天(약차자서죄어천).

이라 석문하여, '만약 이처럼 한다면 벌을 받겠다고 하늘에 맹세한다.'로 읽
을 수 있다. 다만 '우시교지'와 이어지는 방식으로 보면, 이를 왕명의 일부
로서 '맹세한다'고 하는 명령형으로 읽는 것이 나을 수 있다. 즉, "왕이 친
히 명령을 내렸다. '(이후) 이러한 일이 있으면 벌 받을 것을 하늘에 맹세한
다.'"라고 하는 것으로 해석된다.[43]

이러한 왕명의 뒤에는 "거벌모라이지파하간지신일지일척세중졸삼백구

십팔居伐牟羅異智巴下干支辛日智一尺世中卒三百九十八"이라고 적혀 있다. '이지파異智巴'와 '행일지辛日智' 두 사람은 하간지 ⑦와 일척 ⑨이라는 외위를 띠고 있어 '거벌모라'의 수장층으로 추정된다. 그 뒤에 적힌 '세중졸삼백구십팔世中卒三百九十八'은 그 두 사람이 거느린 '거벌모라' 백성[民]이 398명이었다고 볼 수 있다.[44] '세중世中'은 정확히 알 수 없지만 '세'는 때, '중'은 5~6세기 고구려·신라의 금석문에 '(언제 언제)에'로 해석하는 시점의 용법이 있어서,[45] 여기서는 '그때에 거느린 398명'으로 해석해두고자 한다. 그들이야말로 앞서 언급한 왕명을 직접 내린 대상이어서 다른 해석은 있을 수 없다.

D의 이러한 해석에 의해, 이 비문은 그 말미에 '왕명을 어겨 동일한 일이 생기면 처벌한다.'라고 하는 위협을 담은 문장이 기록되어 있는 것이 판명된다. 비문 전체의 중요한 취지는 D의 이러한 내용으로 수렴되어야 할 것이다.

다음 D와의 관련성을 감안해서 C를 먼저 검토해보기로 하자. C의 첫머리에는 "신라육부살반우□□□사(新羅六部煞斑牛□□□事)"라고 해서 '신라육부' 뒤에 이어지는 '살반우煞斑牛'라는 부분은 분명히 얼굴 무늬 소를 도살(煞=殺)한 것을 의미하지만 어째서 소를 죽였는지는 불분명하다. 그러나 D의 "약차자서죄어천若此者誓罪於天"이라는 문구에서 연상되는 것이, 이른바 고대 동이 여러 민족 사이에 하늘(신)을 모시는 의식·제사가 행해졌고 그때 전통적으로 소를 도살하는 습속이 있었다는 점이다. 『삼국지』 부여전에는 '군사軍事와 관련된 일이라면 또한 하늘에 제사를 지내는데 소를 도살한다.'라는 습속을 전하고 있으며,[46] 또 일본에서는 한반도 도래인이 이른바 한신韓神 신앙에 따라 '소를 도살하여 한신漢神을 모시는' 제사를 지냈음을 알려주고 있다.[47]

이러한 사례를 감안하여 D에서 밝혀진 점들을 연관시켜 보면 다음과 같은 것이 될 것이다. 즉 「임신서기석」에도 '하늘 앞에 맹세한다.', '하늘의 대

죄를 받겠다고 맹세한다.'라는 부분이 보이며, 이 비문에서도 맹세는 하늘 앞에서 행했다고 명기되어 있다. 그렇다면 만약 이 서약을 어기게 되면 당연히 그것 이전에 하늘을 향해 맹세한 것에 대한 속죄가 필요했을 것이고, 또 새롭게 하늘에 대해 맹세하는 살우殺牛라는 제사·의례가 요청되었던 것은 아닐까.

혹은 C에는 역명 속에 8명의 지방인地方人 이름과 함께 '장육십杖六十', '장백杖百'이라고 적혀 있어 그들에게는 이러한 장형이 가해졌을 것으로 추정된다. 그렇다면 이곳에서 그러한 처벌에 앞서, 희생을 바치는 모종의 의례를 행했던 것도 이해할 수 있다. 어쨌든 소를 도살하는 행위는 D에 기록된 서맹誓盟과 밀접한 관계가 있으며 그것들은 하늘을 매개로 하는 행위였다고 말할 수 있을 것이다.

실제 판독은 거의 불가능하지만 이러한 맥락에서 '煞斑牛□□□事(살반우□□□사)'의 방점 부분에는 '謹祭天事(근제천사)'(삼가 하늘을 모시는 일)로, 하늘의 제사에 관한 것이 기록되어 있었다고 추정해보고자 한다.[48]

C가 앞서 서술한 것처럼 처벌에 앞서 행해진 제사를 첫머리에 기록했다고 한다면, 그 역명 기사의 필두에 기록된 '大人(대인)'이라는 관官은 이러한 점과 관련시켜 이해해야 할 것이다. 즉 C의 역명은 1. '대인大人' 2. 외관外官, 3. 수형자受刑者, 4. 입비 관계자立碑 關係者로 구성되어 있지만 '대인'은 그 위치상 당시 집행된 제사를 주관하던 관직이라고 볼 수 있을 것이다.

그럼 지금까지의 고찰을 토대로 B에 대해 검토해보기로 하자. 해당 부분은,

別教令居伐牟羅男弥只本是奴人雖是奴人前時王大教法道俠咋隘尓所界
城失兵遠城滅大軍起若有者日依爲之人備土寧王大奴村貪其值一二其余
尹種種奴人法.

이라 하여, 넷째 줄부터 다섯째 줄에 걸쳐 기록된 '별교령別敎令'부터 '노인 법奴人法'에 이르는 68자이다.

맨 앞에 적혀 있는 '별교別敎'라는 용례 역시 「적성비」에서는 새롭게 이 부분부터 문장이 시작된다는 것을 분명히 하고 있다. 또 이 B의 '별교령' 이 하는 A의 '교사敎事'를 받아 기록한 내용으로 볼 수 있는데, 왕이 어떤 인물 에게 '교'사하고, 다음에 그때의 '교'사한 내용을 기술하는 고구려 이래의 표현 방식이라고 할 수 있다.[49]

그런데 이 B 부분에 대해서는 발견 당초부터 넷째 줄 33~35자가 주목되 어, 이를 '성실화城失火'로 석문하여 '성의 화재로 인한 과실'이라는 해석이 지배적이며, 또 비문 전체의 성격에 대해서도 커다란 영향을 미치고 있다. 그렇지만 탁본이나 사진을 유심히 살펴보면 '화火'로 판독한 문자는 상부에 몇 개의 선線이 확인되어 이를 따르면 '병兵' 자에 가까워진다. 그래서 이 글 자를 '병'으로 석문하고, 지금까지 대세였던 견해에 구애받지 않고 고찰을 이어가 보도록 하겠다.

한편 첫머리의 '거벌모라' 다음에 적혀 있는 '남미지男弥只'는 C의 역명 기록 직명職名 중에 '남미지촌사인男弥只村事人'으로 되어 있어 여기서는 '남 미지촌'이라 해야 하겠지만, 2개의 지명地名이 병기되어 있음을 알 수 있다. 따라서 '居伐牟羅男弥只本是奴人(거벌모라남미지본시노인)'은 '거벌모라와 남미지(촌)는 본래 노인奴人이다.'라고 읽을 수 있다.

'노인' 다음의 '雖(수)'는 「적성비」에도 나오고 있는 '雖(수)'의 이체자이 며, 그대로 '비록 ~라고 해도'로 해석된다.[50] 그렇기 때문에 '雖是奴人(수시 노인)'은 '비록 노인이라 하더라도'로 해석할 수 있고, 이하 역접으로 문장 이 이어지게 된다.

여기에 보이는 '노인'이라는 것은 B의 후반부에 보이는 '노촌奴村'이나 '노인법奴人法'과 연결되는 용어임에 틀림없다. 이 짧은 문장 속에 나오는

'노인', '노촌', '노인법'이란 용어가 가진 의미는 매우 중요하여, 그것들이 이 비문의 성격을 이해할 키워드라고 할 수 있을 것이다. 왜냐하면 D에서 살펴본 것처럼 그 뒤로 왕명을 어기지 않겠다고 하늘에 맹세한 것은 '거벌모라'의 백성이었고, 그에 앞서 '별교령'이 내려진 대상은 먼저 '거벌모라'였다는 것이 명기되어 있기 때문이다. 게다가 '노인법'이라는 용어에서도 짐작할 수 있듯이 '노인', '노촌'이란 신라에서 그들의 존재 양상을 법제적으로 규정한 용어라고 추정된다. 그렇다면 B의 문장은 '노인'으로 규정된 그들의 존재 양태가 전제되어 있으면서, 거기에서 파생된 문제가 이 단문 속에 일관되게 전개되고 있다고 볼 수 있을 것이다. 따라서 B의 전체적인 내용 이해는 신라에서 그들의 존재 양태를 어떻게 파악하느냐에 따라 좌우된다고 하겠다.

그럼 '노인'이란 도대체 어떠한 의미로 사용되고 있는 것일까. 앞서 비석 발견 초기에 '노인'은 복속민이나 포로를 의미하는 것이 아닐까, 하는 지적이 있었는데,[51] 이 학설에는 시사하는 바가 크다고 생각한다. 그렇지만 이미 '거벌모라'를 순흥 지역으로 비정했는데, 『삼국사기』 지리지에 따르면 이 땅은 '본래 고구려'였다고 적혀 있다. 이곳은 고구려와 신라가 격렬하게 각축을 벌였던 지역이며, 524년 시점에 이 땅이 신라에 복속되었다고 한다면, 그것은 결코 먼 과거가 될 수 없는 지역이다. 그렇기 때문에 '노인', '노촌'이란 신라 고유의 영역 내 백성에 대해 그들이 원래 고구려 영토 내에 있던 백성을 가리키며, 또 '본래 노인[本奴人]'이란 어느 특정 시기 이후에 새롭게 복속된 고구려 백성이나 촌락을 가리켜 그렇게 부른 것이 아닐까 생각한다.

그런데 '노인', '노촌'이란 용어에서 연상되는 것이 고구려에서는 고구려왕에 대해 인격적으로 예속[臣從]되어 군신관계에 있던 자를 낮추어 '노객奴客'으로 칭했다는 사실이다.[52] 그럼 '노인'을 '노객'에서 유래한 용어로 취급하여, 여기서 '본래 노인'이란 것은 예전에 고구려 백성이었다가 새롭게 신라에 복속된 지역의 백성을 당시 신라에서는 이 호칭으로 불렀던 것으로 간주하겠다. 이렇게 해석할 경우 주목되는 것이 '人備土寧(인비토령)'(5행 6~9자)이란 네 글자이다. '인人'이라는 글자 앞에는 문장의 말미에 두는 글자 '지之' 자가 있기 때문에, '인'부터 새로운 문장이 시작된다고 보아도 틀림이 없을 것이다. 이 네 글자는 그 자체로도 충분한 의미를 지니고 있으며, '사람을 갖추면 땅이 평안하다.'라고 한문 식으로 읽을 수 있지만, 한국어 구문론으로 읽으면 '사람을 갖추고 영토를 평안하게 하다.'라고도 읽을 수 있다.

여기에 보이는 '토土'라는 것은 고구려의 비문에 '광개토경廣開土境'(「광개토왕비」), '신라토내新羅土內', '매금토내寐錦土內'(「중원고구려비」)가 있는 것처럼 국토나 영토의 의미로 사용되었다고 볼 수 있다. 그렇게 되면 옛 고구려 백성('본노인')에 대한 왕명의 문맥 속에서 이 자구가 가진 의미는 경시할 수 없을 것이다. 즉 '노인'과 '토'는 대조를 이루고 있어서 새롭게 신라에 편입된 옛 고구려 백성들에게 신라의 국토를 지키라고 명하고 있다고 할 수 있다.

한편 첫머리는 '거벌모라와 남미지(촌)이란 본래 노인이었고, 그들이 노인이라 하더라도'라고 해석되며, 그 뒤는 역접이라고 언급해두었다. 그다음으로 '前時王大敎(전시왕대교)'가 있어 왕명을 의미하는 '교敎'를 포함한 어구로 이루어져 있다. 여기서 '전시前時'란 시기를 특정하기 어렵지만, 적어도 당시 '별교령' 이전의 '대교大敎'였다는 것은 틀림이 없다.

그리고 '대교' 뒤에 이어지는 문장이 그 이전에 내린 왕명이라고 생각된다. 이 '대교' 부분이 어디까지 미치는지가 문제겠지만 문장 표현상에서 '若有者一依爲之(약유자일의위지)'란 문구에 주목할 필요가 있다. 이 문구는 분명하게 '만약 ~라고 하면, ~하여 ~한다'는 이 비문 D에 보이는 어법과 매우 비슷한 구조이며, 또 문장의 단락을 나타내는 '지之' 자를 말미에 붙여두었기 때문이다. 그렇다면 '대교' 이하는 "法道俠阼隘尒所界城失兵遠城滅大軍起(법도협조애이소계성실병원성멸대군기)"라고 해서, 여기까지의 문장을 받아서 '그러한 일이 있다면, 일一에 의거하여 그것을 삼겠다.'라고 명하는 내용의 문장으로 볼 수 있다. 이것이야말로 '前時王大教(전시왕대교)'와 호응하는 표현이라 할 수 있다. 이것들 사이에 삽입되어 있는 왕명의 구체적인 내용은 일단 배제하더라도, 적어도 여기까지가 왕의 명령이라는 점을 추정할 수 있다면, 처음부터 다시 살펴보았을 때 B의 문장은 다음과 같았을 것이다. 즉 '거벌모라와 남미지(촌)이란 본래 노인이며, 그들이 노인이라 하더라도' 이전에 왕이 다음과 같은 명령을 내렸기 때문에 (새롭게 신라에 편입된 옛 고구려 백성들이여) 사람들을 갖추고 신라 국토를 지켜라 하는 역접을 받는 문장이 이어지고, 게다가 내용적으로 보아서도 정합적인 이해가 가능해진다.

그럼 다음 과제로 그 이전에 내린 왕명의 구체적인 내용을 해석해보자. 먼저 '法道俠阼隘(법도협조애)' 부분의 다섯 글자에는 '도道', '조阼', '애隘' 등 '도'와 관련된 것으로 보이는 문자를 확인할 수 있다. 이즈음 '법도法道'라는 글귀를 상정해보고자 한다. 여기에 '법도'의 '법'이 무엇을 의미하는지 생각해본다면, 이와 관련하여 다케다 유키오武田幸男 씨가 6세기 초엽에 창설되어 신라 영역 내에 배치된 법당군단法幢軍團을 고찰하던 중 그 '법당'의 명칭 유래를 다음과 같이 해석한 것이 참고된다.[53] 즉 법흥왕 7년에 반포된 율령이야말로 당시 신라의 국법이라고 할 수 있어 '법당'이란 군단명은 이 신라 중고기의 국법國法을 의미한다고 했다. 이러한 해석을 원용하면 '법도法道'라는 것은 신라의 국법이 미치는 신라 영역 내에서 지배하기 위한 길[道]로 이해할 수 있을 것이다. 또한 동시에 그것은 신라의 지방관인 '도사道使'가 파견되어, 신라 군대인 '법당'이 출동하는 길이기도 했을 것이다.[54] 이처럼 '법도'에 관한 문제가 그 이하에 기록되어 있다고 했을 때, '협俠'은 '경시하다'라거나 '협狹'과 통한다고 보아 '좁다'가 될 수 있을 것이다. 여기서는 '법도'의 문맥이라는 점을 중시해서 후자로 해석하고자 한다. '조애이昨隘尔'의 '조昨'는 그 자체로는 의미를 파악하기 어렵지만, 앞의 '법도法道'나 다음 글자 '애隘' 자와의 관련에서 '조阻'와 음이 통한 것으로 보고, '조애阻隘'라고 하여 그 뜻은 '매우 협소하다, 험조險阻하고 협애狹隘하다.'로 이해하고자 한다. '이尔'는 신라의 금석문이나 문서에 비교적 많은 용례가 있는 '미旀'의 약자로,[55] 동사의 중지형中止形을 나타내는 조사로 볼 수 있다. 그래서 여기서는 '법도法道가 좁고 험조險阻하다.'가 된다.

다음 '소계성所界城'은 신라 영역 내의 성城이라고 해도 좋지만 나중에 서술하는 것처럼 C의 역명에는 '실지군주悉支軍主'가 비석을 세운 책임자로서 맨 앞에 기록되어 있는 점에서 '실지군주'가 이 문제와 깊이 연관되어 있다고 추정된다. 그렇게 되면 '소계성'이란 구체적으로 '실지군주' 소관의 성城으로 생각할 수 있을 것이다.

이어서 '실병원성멸失兵遠城滅'은 '병사를 잃고 원성遠城이 멸망하다.'로 읽을 수 있다. 『삼국사기』에 따르면, 신라는 당시(512년) 이미 하슬라(何瑟羅, 강릉)에 군주를 파견하는 등 영역적으로 동해안의 이 지역까지도 확보했음을 알 수 있다. 그렇기에 '소계성'의 '원성遠城'이란 비석이 세워진 해당 지점에서 좀더 북쪽에 위치하는 실직이나 하슬라를 염두에 둔 표현에 틀림이 없다. 다음의 '대군기大軍起'는 '크게 군사를 일으키다.'라고 해석해야 할 것이다.

이상에서 살펴보았을 때 '별교령' 이전에 나온 '대교大敎'라는 것을 문장이 통하도록 읽어보면 대략 다음과 같이 된다.

법도(신라의 국법이 미치는 신라 영역 내 지배를 위한 길)가 좁고 험조險阻하기에, (실지군주) 관내의 성城은 병졸을 잃고 (하슬라처럼) 먼 곳의 성은 멸망해버릴 것이다. 크게 군사를 일으켜 만약 이처럼

(좁고 막히는) 곳이 있으면 한 번에 이것에 의해 행하도록 하라.

그리고 그다음에 이어지는 문장은 이러한 왕명이 이전에 내려졌기 때문에 '본래 노인(本奴人)'이라도 왕명에 따라 '사람을 갖추고 국토를 수호하라.'고 해서, '본래 노인'에게 다시 왕명이 내려지는 형식을 취하고 있어, 여기까지가 '별교령'의 내용이라고 보아도 좋을 것이다.

그런데 B는 계속 이어져서 '王大奴村貪其值一二(왕대노촌탐기치일이)' 다음의 문장이 있는데, 왕의 현지 활동을 기록한 것으로 보이는 기사가 이어진다. 그것은 왕이 '노촌奴村'에서 크게 무언가를 했다고 읽을 수 있지만 '탐貪'은 '찾다探'와 통하기 때문에 여기서는 '왕이 이때 친히 노인奴人의 마을을 탐색했다'는 의미가 된다. '노촌'의 '기치일이其値一二'를 찾는다는 것은 그 앞에 기록된 '人備土寧(인비토령)'이라는 당시의 '별교령'에 비추어 그러한 왕명에 따랐는지의 여부를 왕 자신이 친히 탐색했다는 행위가 있었던 것은 아닐까. 게다가 '其余尹種種奴人法(기여윤종종노인법)'이라 되어 있는데, 이는 당시의 왕명과 직접 관련되지 않은 '기타 나머지도(현지 시찰에 기반하여) 옛 고구려 백성들에 관한 법을 종종 바로잡았다'고 해석할 수 있을 것이다.

이상의 해석에서 B를 처음부터 다시 살펴보면 다음과 같다

별도의 교教를 명령한다. "거벌모라·남미지는 본래 노인이었다. 비록 노인奴人이었지만 전시前時에 왕이 법을 크게 교하기를 '법도法道가 좁고 막혀서 소계所界의 성이 병사를 잃고 원성遠城이 멸망해 버렸다. 크게 군사를 일으켜 만약 이와 같은 곳이 있다면 모두 이로써 행하도록 하라'고. '사람을 갖추어 국토를 지켜라'고. 왕이 크게 노촌奴村의 그 치値 12를 탐색케 하고, 기타 나머지는 종종 노인법에 따르게 하라."

6. 입비의 목적

　지금까지 A·B·C·D의 해석을 통해 비문의 대략적인 내용을 파악해보았다. 즉 비문은 먼저 A 고관에 대해 왕명이 내려졌고, B 옛 고구려 백성인 '거벌모라'와 '남미지촌'에 대한 별도의 왕명이 내려졌으며, C 6부인에 의해 살우제천殺牛祭天 의례가 집행되고, 마지막으로 D '거벌모라'의 수장을 비롯한 400명에게 왕명이 내려졌다고 하는, 세 개의 왕명과 제천의례의 거행을 골자로 하여 구성되어 있다고 볼 수 있다. 특히 중요한 것은 마지막에 위협이 수반된 왕명이 기록된 것인데, 그것이 B에 보이는 것처럼 국방상의 일에 해당한다면 문맥적으로도 타당한 귀결이라고 할 수 있다.

　그런데 이러한 세 개의 왕명과 함께 C의 역명 기사 속에는 '장육십杖六十', '장백杖百'이라는 장죄杖罪의 형량으로 추정되는 표현이 적혀 있는데, 이것 역시 왕명에 따른 내용의 자구로 보아 틀림이 없을 것이다. 그렇지만 A·B·D의 왕명과 C의 이러한 장형의 구체적인 관련은 앞서 언급한 비문 해석을 통해서는 충분히 규명하기가 어렵다. 입비의 목적을 명확히 하려면 이 문제를 좀더 심도 있게 추구할 필요가 있을 것이다.

　여기서 지금까지의 해석을 토대로 남겨진 여러 가지 문제들을 검토하여 이 점을 추측해보고자 한다. 이때 먼저 전제되어야 하는 것이 그러한 장형에 처해진 자들의 죄과는 비석의 소재지 부근에서 일어났다는 사실이다. 게다가 그것은 비석의 소재지와 깊이 연관된 과오여야만 한다.

　왜냐하면 처벌 대상이 된 자들의 출신지는 복수의 지역으로 이루어져 있으며, 그중에 비석의 소재지 출신자는 확인되지 않고 오히려 상당히 먼 지역에서 왔다는 사실을 보여주고 있기 때문이다. 비석의 소재지와는 직접적인 관련성을 찾아보기 어려운 그들의 출신지나 이름, 처벌 내용을 왕명과 함께 2미터가 넘는 큰 돌에 기록해서 고지한 것은 이 땅에 계속해서 동일한 죄과가 일어나지 않게 하기 위한 특별한 사유가 있었다고 보는 것이 도리일 것이다. 따라서 죄과의 구체적인 내용을 알고자 한다면 우선 비석의 소재지인 이 지역에 대한 역사적·지리적 위치를 고찰할 필요가 있다.

『삼국사기』에서 전하는 것처럼 이 비석이 세워진 울진 지역에서 실직悉直, 하슬라何瑟羅로 연결되는 동해안 연안지대는 원래 고구려가 영유하고 있었다. 또 이 지역은 신라가 고구려의 속박을 벗어나 자립화의 길을 걷기 시작한 5세기 중엽부터, 신라에 가담한 백제까지 끌어들이면서 양국의 분쟁이 격화된 지역이었다. 마침내 신라는 이 지역을 확보하고, 나아가 6세기 신라의 폭발적인 영역 확대는 이 지방의 지배를 디딤돌로 삼았다고 해도 과언이 아닐 것이다.

즉, 『삼국사기』 권4 신라본기 지증왕 6년(505) 봄 2월조에는,

> 왕이 몸소 나라 안의 주州·군郡·현縣을 정하였다. 실직주悉直州를 설치하고 이사부異斯夫를 군주軍主로 삼았다. 군주의 명칭이 이로부터 시작되었다.[56]

라고 하여 이 지방의 진출과 확보가 신라 군현제의 기점으로서 신라인에게 오래 기억되었음을 알 수 있다. 이어서 7년 뒤인 지증왕 13년(512) 조에는,

> 이찬伊飡 이사부異斯夫가 하슬라주何瑟羅州의 군주軍主가 되었다.[57]

라고 하여 그 전선은 더욱 북쪽으로 뻗어가게 된다.

이 비문에 보이는 신라의 외관外官은 '실지군주'와 '실지도사' 그리고 '거벌모라도사' 등 3명이다. 이미 비석 발견 초기부터 지적되어온 것처럼 '실지悉支'는 '실직悉直'의 다른 표기로 볼 수 있다. 앞서 언급한 것처럼 『삼국

사기』에 따르면 군주軍主는 505년에 실직에 두고, 512년에는 하슬라주에 둔 것으로 되어 있다. 이것에 의해 그사이 실직에서 하슬라로 주州의 이동이 있었다고 볼 수도 있지만, 이 지역으로 전진한 정도에 따라 수시로 주치州治의 변동이 있었으며, 이 비문에 보이는 것처럼 적어도 524년 당시에는 실직悉直에 주를 두어 그곳에 군주가 파견되었다고 할 수 있다.

그러한 '실지군주'가 C3의 장형에 처해진 8명 바로 다음인 C4의 필두에 기록되어 있다. C4는 그 아래의 다른 관직명에서 엿볼 수 있는 것처럼 입비 관계자의 역명이라는 사실을 다른 금석문 사례에서도 찾아볼 수 있다. 그렇다고 하면 이 비석은 '실지군주'의 책임과 지휘·감독에 의해 건립된 것이 된다.

'실지군주'와 비석의 소재지인 울진 지역이 어떠한 관련을 갖는지에 관해서는 「진흥왕창녕순수비」가 참고된다. 거기에는 '실직군주'와 함께 '우추于抽·실직悉直·하서아군사대등何西阿郡使大等'이라는 외관명이 확인되어, '실직군주'와 함께 '우추'(울진)에서 '하서아'(하슬라)에 걸친 광역의 관할 구역을 담당하는 외관外官이 파견되어 있었음을 알 수 있다. 그리고 이러한 외관의 존재는 동시에 그 상위에 있던 군주의 권한도 추정할 수 있게 한다. 즉 「봉평비」가 건립되고 나서 37년 뒤의 일이기는 하지만 특수 군사지대로 서 이 지방에 광역의 관할지구를 담당하는 외관이 파견되고 있었던 것이다. 그렇게 되면 비문 속 '실지군주'도 울진부터 하슬라에 걸쳐 광역을 관할하고 있었음이 분명하고, 비문 속에 그 이름이 보이는 것은 울진이 '실지군주'의 직무와 깊이 연관되어 있었기 때문이라고 생각된다.

따라서 이로부터 이 지역에서 생긴 죄과라는 것은 먼저 '실지군주'의 관할과 관련되어 있었다고 보아야 할 것이다. 이는 지금까지 해석한 B의 '소계의 성, 병사를 잃고 원성이 멸망해버렸다.', '사람을 갖추어 국토를 지켜라.'라는 왕명의 내용과 모순되지 않고, 오히려 비문을 '실지군주' 관할 내의 특수 군사지대에 대한 왕명으로 보아왔던 지금까지의 추론과 합치된다.

그렇다면 '실지군주' 관할 내의 울진에서 '거벌모라'를 시작으로 한 사람들의 과오라는 것은 무엇이었을까. 이 문제를 해결하기 위해서는 조금이나마 이 지역에 대한 이해를 심화시켜야 할 것이다.

비석이 세워져 있던 울진군 죽변면은 오늘날 강원도와 접하는 경상북도 북단에 해당하며 이 두 지역의 경계에는 1,000미터 이상 산으로 연결된 소백산맥이 펼쳐지면서 그 산맥이 내륙에서 동해안까지 이어지고 있다. 한반도 동해안 일대는 대개 해안까지 산으로 가로막혀 있는데, 이것이 이 일대의 가장 두드러진 특징이기도 하다. 울진읍은 이 소백산맥 동단의 산으로 둘러싸여 있는 곳이며 약간 탁 트인 평지의 배후(남쪽)에 위치하고 있는데, 이곳은 북에서 침입해도 방어하기 좋고, 북변 진출을 위한 교두보로서 또는 군량의 보급로로서 주요한 위치에 있다.[58] 「진흥왕창녕순수비」에 '우추·실직·하서아군'이라 적혀 있듯이 남북으로 뻗은 신라 북쪽의 일대 거점이며 군사상의 요충지이기도 했다.

게다가 이 지역의 군사전략, 전술상의 중요성을 B에 기록된 '법도法道'와 관련시켜 말하면 울진은 신라 왕경에서 북상하는 간선도로와 봉화·영주 방면의 내륙부에서 동해안으로 이어지는 간선도로가 합류하는 결절점結節点이기도 하다. 봉화·영주 방면에서 울진까지는 소백산맥 남쪽 기슭, 계곡 사이의 도로가 거의 일직선으로 통과하고 있으며, '거벌모라'는 이 길을 통해 울진과 연결되어 있었던 것이다. 울진의 위치를 이렇게 확인하게 되면 신라가 이 지역에 대해 어떠한 시책을 행해왔는지 쉽게 추측해볼 수 있을 것이다. 즉 B의 왕명에 의거해서 언급하자면 이 지역을 고구려로부터 지키고 계속해서 신라의 지배를 유지하기 위해서는 북변 진출로인 요충지 울진에서 합류하는 도로를 정비하여 보급로를 상시 보존하도록 이미 왕명을 내렸을 것이다. 게다가 이러한 임무에는 신라 영역민뿐만 아니라 새로이 복속된 옛 고구려 백성들도 일관되게 수행하도록 거듭 왕명이 내려졌던 것이다.

이상과 같이 볼 수 있다면 '거벌모라'의 수장층을 비롯해서 복수 촌락의 '사인使人'이 형장에 처해져야만 했던 죄과라는 것은 앞서 내려진 왕명을 거역한 행위였다고 볼 수 있을 것이다. 즉 신라는 '실지군주'의 지도하에 울진 부근의 간선도로의 정비와 보존을 위해 복수의 촌락에서 노역을 징발하여 북변 경영을 추진한 것으로 생각되기 때문에 죄과는 이 과정에서 생긴 것으로 추정된다.

그런데 6세기 신라에서 역역力役 동원의 형태는 「남산신성비」에 관한 연구가 진전됨으로써 그 일단이 밝혀졌지만,[59] 그 성과에 따르면 이러한 북변 경영을 위한 국가의 역역 징발을 고려할 때 장형에 처해진 '사인'과 C2에 보이는 '거벌모라 도사'를 주목해볼 수 있다. 중앙에서 지방관으로 파견된 '도사道使'들의 지도와 현지 총괄을 담당하는 '사인'의 지휘·감독에 의해 '거벌모라'를 비롯한 지방민들은 '실지군주' 관내에 징발되어 이 지역에서 '대교大敎'로 보이는 임무를 집단적으로 수행하고 있었던 것이다. 이때의 왕명과 처벌은 그러한 과정에서의 죄과였기 때문에 그 책임자였던 '사인'의 일부가 처벌 대상이 되었던 것이다. '거벌모라' 이외에 '사인' 몇 사람이 동시에 처벌된 것은 신라의 북변 경영이 복수의 지역에서 지방민을 징발하여 공동으로 그 임무를 수행하게 했기 때문이라고 생각된다.

한편 '별교령' 중에 '거벌모라'와 '남미지촌'의 '본노인'들이 특필된 것은 고구려와의 긴장이 이어지고 있던 이 지역의 특수한 상황과 복속된 지 얼마 안 된 그들의 신라에서의 위상이 북변 경영의 수행상에서 미묘하게 교차되면서 다시 그들에게 주의를 환기할 필요가 있었기 때문일 것이다.

7. 맺음말: 비문 발견의 역사적 의의

「봉평비」는 524년이라는 입비 연차가 확실한 신라 최고의 금석문 사료 중 하나이다. 이것에 의해 『삼국사기』가 단편적으로 전하는 6세기 초엽 신라의 동해안 지방＝북변 진출과 그 경영의 실상을 구체적으로 알 수 있다는 점에서 그 의의가 매우 크다. 신라사에서 이 지방에 대한 진출과 경영은 경시할 수 없는 각별한 의미를 지니고 있다.

『삼국사기』 신라본기는 이 지방을 둘러싼 5세기 중엽 이후 고구려와의 항쟁을 전하고 있지만 이는 신라가 고구려로부터 자립해가는 과정이었다. 그러한 과정 중에 505년 실직주悉直州를 설치하고 이사부異斯夫를 군주로 파견한 것은 매우 획기적인 일이었다. 그후 이 지방에 대해 착실히 지배 기반을 견고히 해가지만, 신라가 이러한 지역을 지배하던 실상을 구체적인 모습으로, 그것도 524년이라는 시점에서 보여주고자 한 점이야말로 이번 비문 발견의 첫 번째 의의라고 할 수 있겠다. 앞서 언급한 것처럼 신라는 북변 경영에 신라의 영역민은 물론 과거의 고구려민을 복속시켜 '법도法道'(간선도로)의 정비·보전이라는 명목으로 북변 경영에 징발, 사역을 시키고 있다. 또한 왕명에 의해 북변 경영에 동원된 지방민들에게 죄과가 생기면 장형에 처한 것을 알 수 있었다.

이 시점에서 우리는 두 번째 의의에 대해 살펴보기로 하자. 이러한 장형이 실재하는 것에 의해 그 당시 신라에서 율律의 계수繼受와 그 운영을 추정해볼 수 있다. 비문에 보이는 '장육십杖六十', '장백杖百'은 당율唐律, 일본율日本律에서 정하는 장형이 60에서 100까지 다섯 단계로 구분되어 있다는 점과 부합하며,[60] 만약 두 처벌이 이러한 구분과 대응하고 있다면 이는 진율晉律이나 위율魏律의 계수가 다시금 문제시될 수 있을 것이다.[61]

여기서 문제의 핵심은 법흥왕 7년(520)의 율령 반포에 대한 평가이다. 앞서 이기백 씨는 당시 비문 발견에 의해 지금까지 부정적으로 바라본 율령 반포의 사실이 확인되었다는 견해를 표명한 바 있다.[62] 확실히 종래에는 이 때 반포한 율령에 대해 중국에서 발달해온 특정한 형식과 내용을 갖춘 체계적인 성문법이 아니라 의관제衣冠制나 관위제官位制를 중심으로 하고, 기타 몇 가지 제 규정으로 이루어진 신라의 고법古法이라는 다케다 유키오 씨의 학설[63]이 많은 지지를 얻어 유력시되었다. 이기백 씨는 그러한 견해가 이번 비문 발견에 의해 뒤집어졌다고 한 것이다.

그러나 우선적으로 필요로 하는 것은 양자택일적인 율령의 유무론이 아닌 비문에 기반한 구체적인 실태 해명이라는 관점이 아닐까 한다. 이 비문의 문언에 의해 율의 수용과 신라에서 형법전刑法典의 존재를 상정하기에 앞서, 먼저 주목해야 하는 것이 그러한 장형이 신라의 구체적인 특수 상황 속에서 운용되고 있었다는 점이다. 오히려 이 비문에 의거해서 살펴보면 신라 고유법과의 관련성을 가지고 문제 삼아야 할 것이다. 지금까지의 고찰에 의해 신라에서는 과거 고구려 영역에 있던 백성들을 '노인', '노촌'으로 규정하고, 그들을 대상으로 한 여러 정책으로 추정되는 '노인법'이 마련되어 있었음을 알 수 있었다. 또한 비문에 적힌 죄상罪狀은 그들의 이러한 존재 형태와 깊이 연관되어 있으며 처벌은 그러한 그들의 죄과를 문제 삼고 있다. 여기서 알 수 있는 것은 신라의 북변 진출과 그 경영에 수반하여 드러나게 된 옛 고구려 백성에 대한 사회적·법제적 제반 관계이다.

그러한 신라와 옛 고구려 백성과의 법제상의 문제로서 연상되는 것이 「적성비」에 대한 것이다. 거기에는 '전사법佃舍法'이라는 법령이 보이는데, 이는 '국법'(신라법)과 대비해서 사용되었으며, 신라의 적성赤城 경영에 공적이 있던 백성들에게 기존 고구려 방식의 농업 경영을 인정한다는 사실과 관련된 법령으로 이해되고 있다.[64] 그렇다면 이제까지 6세기 신라의 비문을 통해 확인된 두 가지 법령은 신라와 고구려의 이른바 경계상의 문제, 각각

의 국가질서 체계가 경합하던 곳에서 도출되었다는 점이 공통된다고 말할
수 있다.

이러한 점을 의식하면서 '노인법'에 대해 살펴보면 그 구체적인 내용은
불분명하지만 추측하건대 그것은 신라의 옛 고구려 백성에 대한 복속정책
과 관련되어 있다고 생각된다. '노인'이란 고구려왕과의 사이에서 지배예
속 관계에 있던 백성이며, 기존에는 고구려 지배체계의 질서 안에 위치해
있던 자들이다. 신라에서는 이처럼 다른 지배체계 속에 있던 집단을 복속시
켜 신라의 새로운 지배체계 안에 포함시키기 위해 당연히 종전의 고구려적
인 규범을 부정하고 신라의 규범을 기반으로 한 복속정책을 시행하지 않을
수 없었을 것이다. 이 점은 고구려와 첨예하게 대립하던 지역이라면 한층
더 절실히 필요한 과제였을 것이다. 어쨌든 6세기 신라에서 법의 문제는 신
라의 북변 진출과 복속민 정책에 크게 관련되어 있었다는 점은 인정된다.

여기서 신라 복속민 정책의 일환으로 새삼 주목되는 것이 신라의 외위外位
이다. 비문 속에는 '본노인'인 '거벌모라'의 4명(C [21][22], D [35][36])에게
서 신라의 외위를 확인할 수 있는데, 주지하는 것처럼 신라에는 왕경 외 지
방인에 대한 신분화·서열화 시책으로 11등으로 구성된 외위제外位制가 존
재했다. 신라는 외위 수여를 통해 복속민의 질서를 부여하고 신라 신분제에
재편성했던 것이다. 이는 신라적인 질서가 미치는 질서 세계를 실현하는 것
이라고도 할 수 있는데, 신라는 이를 통해 그 질서를 확대해나갔다.[65]

이 외위는 왕경 6부인으로 제한된 경위제京位制와 이원적으로 구성되며,
674년 경위京位로 일체화될 때까지 존속하였다. 『삼국사기』 외관조外官條에
는 당시의 일원화를 위한 외위와 경위의 해당 표가 기록되어 있는데,[66] 외
위가 경위에 상당하는 위치에 놓여 있는 것은 다시 말해 신라에서는 외위가
신라적인 질서 형성의 장에서 일관되게 기능하고 있었던 사실을 보여준다.
신라에서 외위가 이러한 의미를 가지고 있었다면, 외위 그 자체는 신라의

복속민 정책에서 중심적인 위치를 차지하고 있었던 것으로 생각해도 무방할 것이다.

이러한 외위의 성립 시기에 대해서는 6세기 초 경위와 동시에 성립되었다는 의견과 함께 신라 관위제(경위·외위)의 성립은 그 상한을 지증왕 9년(508)으로 하고, 하한을 법흥왕 7년(520)으로 한다는 지적이 있다.[67] 이번 비문에 의해 신라의 법이 영역 확대에 수반된 복속민 정책과 밀접하게 연관되어 있다는 점, 또 524년에는 이미 복속민의 수장에게 외위가 수여되고 있었다는 점 등이 분명해졌다. 이처럼 새로운 식견을 바탕으로 관위제의 성립 문제와 법흥왕 7년의 율령 반포에 대해 살펴보기로 하자.

앞서 언급한 것처럼 법흥왕 7년의 율령 반포는 관위제를 전제로 한 의관제의 성립이 중심이었다고 추정되고 있다. 여기서 관위제란 신라 고유 지역(6부인)의 신분 재편성을 도모한 것이지만 자기 완결적으로 성립된 것이 아니었다. 돌이켜 보면 이처럼 신라 고유 영역 내의 신분 편성·재편을 실현시키는 것이 역사적인 과제가 될 기회가 있었을 것이고 그것은 바로 신라의 대외관계를 제외하고 달리 없다. 즉 신라의 북방에 대한 활동이 활발해지면서 기존 고구려의 지배질서 내에 있던 집단을 복속시킨 경우, 그 집단의 수장들을 어떻게 신라의 지배질서에 편입시킬지가 현실적 과제가 되었던 것이다. 경위京位의 성립은 사실 이러한 문제와 직·간접적으로 관련되어 있었음에 틀림이 없다.

본래 경위와 외위란 양자가 일체를 이루는 신분제 원리였기 때문에 특정 시기에 동시 성립되었다고 추정되고 있다. 이처럼 관위제 성립의 역사적·사회적 배경을 감안하면, 경위·외위의 동시 성립은 원래 경위·외위의 수여 대상이 그보다 앞서 규정되어 있었기 때문에 경위 수여 대상자로서의 6부인이 규정되어 있었던 만큼, 이야말로 6부제의 성립[68]을 의미한다고 볼 수 있다. 따라서 관위제와 6부제는 신라 신분제의 원리라는 관점에서 보았을 때 동시에 성립된 셈이 된다.

한편, 신라는 복속민에 대하여 먼저 수장들에게 외위를 수여했지만 그것을 통해 신라 고유의 법 규제가 복속민에게도 미치게 되었을 것이고, 복속민에 대한 구체적인 법령도 동시에 정비되었을 것이다. 비문에 보이는 '노인법'이 그러한 것이 아니었을까.

이렇게 보면 520년 율령 반포의 실태로서 의관제와 관위제를 중심으로 한 신라 고유법의 정비라고 취급해온 지금까지의 견해는 문제의 핵심을 꿰뚫은 것으로서 그러한 전망의 옳고 그름이 새삼 부각되고 있다. 법흥왕 7년에 반포된 율령의 주요 부분이 의관제, 관위제였다는 점은 6세기 초 신라의 역사적 과제라는 측면에서도 움직이기 어렵다. 또한 여러 제도가 상호 밀접하게 연관되어 있다는 점에서 관위제, 6부제에 대해서도 그것들은 법흥왕 7년에 제도로서 체계적으로 성립되었다고 볼 수 있을 것이다.

신라의 법에 대해 비문과 관련하여 덧붙여야 하는 것이 법과 습속의 문제이다. 대개 전반적인 법 규범은 법적인 요건을 서술하는 명령과 그 명령을 따르지 않으면 강제력이 적용된다고 것을 규정하는 제재制裁로 이루어진다. 여기서 중요한 것은 비문에 이러한 명령과 제재뿐 아니라 살우殺牛 의례와 맹세誓盟라는 고유 습속이 여기에 개재되어 있다는 점이다. 살우 의례나 맹세 역시 하늘을 매개로 한 주술적 행위라는 것은 분명한 사실이다. 율령의 계수를 논할 경우 법의 심층에 있는 이러한 원초적인 규범에도 유의해야 할 것이다. 신라와 고구려에는 각각 다른 체계의 법 규범이 있었을 테지만 비문에서 볼 수 있듯이 의례나 맹세가 '신라 6부' 사람들과 '본래 노인' 사이에 행해졌다는 점에서 여기에 공통된 공희供犧·주술을 믿는 이른바 제사 공동체가 존재하고 있었음을 추측해볼 수 있다. 나아가 이러한 행위는 범죄로 인해 더렵혀진 공동체의 질서를 회복하기 위한 의례·주술적 행위였다고 해석할 수 있을 것이다.

이러한 제사 공동체의 형성에는 장기간 고구려-신라 관계가 있었던 것으로 생각된다. 「중원고구려비」에 따르면 고구려왕과 신라왕은 모두 "대대로 형처럼 아우처럼, 위아래 서로 화합하여 하늘을 지켰다."라고 알려져 있다. 신라의 고구려에 대한 종속의 역사는 훨씬 이전으로 거슬러 올라가서 볼 수 있지만 그러한 과정에서 여러 습속을 공유하는 제사 공동체라고 부를 수 있는 공간이 형성되었다고 추정된다. 이러한 점은 신라의 '율령'을 검토할 때 중요한 요소가 될 수 있어서 이제까지 지적이 있었던 것처럼 신라의 율령 계수 문제는 우선 고구려와의 관계가 중시되어야 할 것이다.[69]

비문 분석을 통해 알 수 있는 것처럼 거기에는 문장상의 표현에 이르기까지 구체적으로 고구려의 강한 영향을 지적할 수 있다. 법제 문서를 돌에 새기고 석비로 고시하는 방법 역시 「광개토왕비」를 연상하지 않을 수 없다. 신라가 고구려 태내胎內에서 성장, 발전했던 흔적은 여러 곳에서 찾아볼 수 있지만 「봉평비」는 그것을 웅변적으로 말해주고 있다.

지금까지 신라 법제사法制史의 제반 문제에 대해 여러 가지 의문을 제기함으로써 비문 발견의 의의가 결코 적지 않음을 지적하였다.

마지막으로 6세기 신라의 발전상에서 이 비문이 전하는 북변 경영의 의의와 역사적 위치에 대해 서술하고자 한다. 『삼국사기』 권4 신라본기에 따르면,

> 법흥왕 9년(522) 봄 3월에 가야국加耶國의 왕이 사신을 보내 혼인
> 을 청하므로, 왕이 이찬伊湌 비조부比助夫의 누이를 보냈다.[70]
> 11년(524) 가을 9월에 왕이 나아가 남쪽 변방의 새로 확장한 영
> 토를 순행巡幸하였는데, (이때) 가야국의 왕이 와서 만났다.[71]

라고 기록되어, 신라가 이 무렵 가야 제국을 침공해가는 모습을 전하고 있

다. 신라는 마침내 532년에 금관국金官國을 합병하고, 이윽고 562년에는 가야 제국을 멸망시키지만 이러한 역사 과정의 기점이 되는 것이 앞서 게재한 가야국(대가야)과의 혼인 문제가 발단이 된 가야 제국 침략이다.[72] 「봉평비」의 연차는 신라의 이러한 남방 진출 시기에 해당하며, 『삼국사기』에서 알 수 있는 것처럼 그것이 유리하게 전개될 조짐이 보이기 시작한 시기이기도 하다. 비문은 오랫동안 신라를 압박해온 북변 고구려 영토를 자기의 것으로 하고, 그 경영에 일정한 성과를 거두어 이 지역 지배에 대한 자신감이 커진 신라의 모습을 과시하는 것처럼 보인다. 비문이 전하는 신라 북변 경영의 성공은 가야 제국 침공의 탄력을 키우는 원동력이었으며, 그것은 또한 6세기 신라의 발전을 예고하는 것이라고 할 수 있다.

7장 신라 육정의 재검토

1. 문제의 소재

『삼국사기』권40 잡지 제9 직관하(職官下, 이하 직관지職官志라고 칭함) 무관조武官條에는 장군 이하의 31개 군관명이 열거되어 있다. 또한 각 군관직명 아래에는 군관이 배속된 군단명과 인원수·깃빛[衿色]·관위 규정 등이 기록되어 있다. 이와 별개로 군호軍號라고 해서 23개 군단이 직관지에 열거되어 있는데, 이를 가로축[橫軸]에 두고 앞의 군관을 세로축[縱軸]에 두어 표로 만들어보면, 군단별 소속 군관 일람표라고 할 수 있는 것이 완성된다. 〈표 1〉은 거기에서 육정六停에 해당되는 부분을 추려낸 것이다.[1] 또 〈표 2〉는 직관지에 수록된 육정의 연혁에 관한 기록을 그대로 표로 만든 것이다.

여기서 알 수 있는 것처럼 육정은 대당大幢·귀당貴幢·한산정漢山停·하서정河西停·우수정牛首停 등 6개의 군단으로 이루어져 있다.[2] 군단마다 군관 인원수에 약간의 차이가 있지만 각각 장군 이하 14종의 군관이 배속되어 있다. 이처럼 여러 군관들을 포괄하고 있는 육정 군단은 통설에 따르면 신라가 비약적으로 영토를 확장한 진흥왕대(540~575년)에 차례대로 설치된 것으로, 가장 먼저 창설된 대당은 왕경王京에 설치한 군단이고, 다른 5개의 군단은 영토 확대와 함께 각 지방 요충지에 설치한 군단이 된다.[3] 대당과 여타 다섯 군단의 큰 차이는 다섯 군단이 지방에 설치된 사실(이러한 점에서 편의상 이하에서는 지방 군단이라 부름) 이외에 그 소재지[4]를 옮기고 있다는 점이다.

〈표1〉

군관직명	창설연도	육정						관위규정
		대당	귀당	한산정	완산정	하서정	우수정	
장군		4	4	3	3	2	2	진골 상신-상당
대관대감	(549)	5	5	4	4	4	4	진골 ⑥-⑬ 차품 ⑥-⑪
대대감 (영보병)		3	2	3	2		2	⑥-⑪
제감	(562)	5	5	4	4	4	4	⑩-⑬
감사지	(523)	1	1	1	1	1	1	⑫-⑬
소감 (속대관)	(562)	15	15	15	13	12	13	⑫-⑰
화척 { 영보병		6	4	6	4		4	〃
속대관		15	10	10	10	10	10	〃
영보병		6	4	6	4		4	〃
군사당주	(524)	1	1	1	1	1	1	⑦-⑪
대장척당주		1	1	1	1	1	1	〃
보기당주		6	4	6	4		4	⑧-⑪
흑의장창말보당주		30	22	28	20		20	⑨-⑬
군사감		2	2	2	2	2	2	⑪-⑬
대장대감		1	1	1	1	1	1	⑩-⑬
보기감		6	4	6	4		4	⑪-⑬

一曰	대당 大幢	眞興王五年(544) 始置	衿色 紫白
二曰	상주정 上州停	眞興王十三年(552) 置 至文武王十三年(673) 改爲貴幢	衿色 靑赤
三曰	한산정 漢山停	本新州停 眞興王二十九年(568) 罷新州停, 置南川停 眞平王二十六年(604) 罷南川停, 置漢山停	衿色 黃靑
四曰	우수정 牛首停	本比烈忽停 文武王十三年(673) 罷比烈忽停, 置牛首停	衿色 綠白
五曰	하서정 河西停	本悉直停 太宗王五年(658) 罷悉直停, 置河西停	衿色 綠白
六曰	완산정 完山停	本下州停 神文王五年(685) 罷下州停, 置完山停	衿色 白紫

지방 군단의 소재지 변천 과정에 대해서는 이미 스에마쓰 야스카즈末松保和 씨가 상세히 고증한 바 있다.[5] 다음 페이지의 지도 1은 스에마쓰 씨의 고증에 따라 군단 소재지의 이동을 도시한 것이다.

지금까지의 육정에 관한 연구를 돌이켜보면 주로 연혁이나 군관 조직에 대해 많은 관심을 두었다고 말할 수 있다.[6] 그러한 연구가 가져온 성과는 그것 자체로 계승해야 할 많은 기본적인 사실을 포함하고 있다. 그러나 육정이 군단으로 취급되면서도 군단으로서의 모습이 조금도 부각되지 않았다는 인상은 부정하기 어렵다. 예를 들어 육정은 〈표 1〉에 보이는 여러 군관만을 군단의 구성원으로 삼지 않았다. 여러 군관 밑에는 군단을 군단답게 만들어줄 병졸이 존재했을 것이다. 그런데 기존 연구에서는 육정 각 군단의 병졸들이 어떤 자들로 구성되었는지, 또 그러한 병졸은 어떻게 징발되었는지, 나아가 그들은 어느 정도의 규모를 지니고 있었는지 등 군단을 고찰하는 데 기본적이고 구체적인 문제에 관해서는 깊이 논의된 바가 없었다.

다만 이제까지 대당을 제외한 지방 군단에 대해서는 막연하게 군단 소재

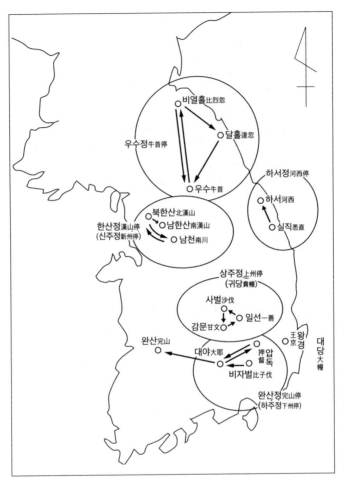

지도 1 지방 군단 소재지의 이동

지인 주치州治에 앞의 〈표 1〉에 보이는 것처럼 군관 조직을 가진 군단이 상주했던 것으로 상정되어왔다. 물론 그러한 추정이 검증된 것은 아니었다.

그래서 이 장에서는 기존의 육정 군단에 대한 이해가 타당한지를 검토하고, 만약 타당하지 않다면 도대체 육정이 어떠한 군단이었는지를 가능한 명확히 하고자 한다. 다만 다음의 두 부분은 양해를 구한다. 첫째 이 장에서는 종종 육정으로 총칭하지만 논술하는 과정에서 육정 각 군단을 균등하게 다루지는 않으며 육정 중 다섯 군단을 점하는 지방 군단을 고찰하는 데 주력하고자 한다. 둘째 이 장에서는 육정 각 군단의 전체상 파악이 목표이므로 장군 이외의 군관직에 대한 고찰은 생략하였다.

2. 육정의 장군

(1) 육정 장군의 성격

육정 군단의 전모를 해명하기에 앞서 육정의 장군에 대해 검토해보고자 한다. 육정이 어떠한 군단이었는지, 군단의 최고 지휘권을 가진 장군의 성격과 기능부터 고찰해보기로 하겠다.

육정 장군은 직관지職官志에,

> 대당大幢을 관장하는 것이 4명이고, 귀당貴幢 4명, 한산정漢山停 3명,
> 완산정完山停 3명, 하서정河西停 2명, 우수정牛首停 2명이다. 관등位이
> 진골眞骨 상당上堂으로부터 상신上臣까지인 사람을 임명하였다.[7]

라고 규정하고 있으며, 각 군단에는 2명부터 4명의 장군이 있었던 것으로 적혀 있다. 『삼국사기』의 본기나 열전에는 이러한 복수의 장군들을 무열왕 이전 기록에서는 찾아볼 수 없다. 직관지의 규정처럼 특정한 군단에 복수의 장군들이 배속되어 있던 사실을 보여주는 기록은 『삼국사기』 권6 신라본기 문무왕 원년(661) 7월 17일조 다음 사료가 처음이다.

> 김유신을 대장군大將軍으로, 인문·진주眞珠·흠돌欽突을 대당장군大
> 幢將軍으로, 천존天存·죽지竹旨·천품天品을 귀당총관貴幢摠管으로, 품

일품日·충상忠常·의복義服을 상주총관上州摠管으로, 진흠眞欽·중신
衆臣·자간自簡을 하주총관下州摠管으로, 군관軍官·수세藪世·고순高純
을 남천총관南川州摠管으로, 술실述實·달관達官·문영文穎을 수약주
총관首若州摠管으로, 문훈文訓·진순眞純을 하서주총관河西州摠管으로,
진복眞福을 서당총관誓幢摠管으로, 의광義光을 낭당총관郎幢摠管으로,
위지慰知를 계금대감罽衿大監으로 삼았다.[8]

이는 소정방蘇定方 등이 이끄는 당군唐軍이 고구려 토벌에 나선 것과 호응
하여 백제의 잔적을 소탕하고자 조직된 군단과 각 군단에 임명된 장군을 기
록한 것이다. 사료에는 대당 이외의 군단 지휘관을 총관摠管이라 하고 있는
데, 총관이란 신라가 당군 지휘관인 총관摠管의 관직명을 따서 장군호를 총
관으로 바꾼 것이다. 이러한 총관의 실태는 전적으로 장군으로 간주할 수
있다는 점이 이미 규명되었다.[9] 따라서 이 행군行軍 편성기사에서 당시 육정
의 모든 군단이 출정했다는 점, 각 군단에는 하서정河西停의 2명을 제외하고
각각 3명의 장군이 임명되었음을 알 수 있다.

이와 거의 흡사한 행군 편성기사가 『삼국사기』 권6 문무왕 8년(668) 6월
21일조에도 남아 있다.

대각간大角干 김유신金庾信을 대당대총관大幢大摠管으로, 각간 김인
문金仁問·흠순欽純·천존天存·문충文忠과 잡찬 진복眞福·파진찬 지경
智鏡·대아찬 양도良圖·개원愷元·흠돌欽突을 대당총관大幢摠管으로,
이찬 진순陳純[또는 '춘春'으로도 되어 있다]·죽지竹旨를 경정총관京
停摠管으로, 이찬 품일品日·잡찬 문훈文訓·대아찬 천품天品을 귀당총
관貴幢摠管으로, 이찬 인태仁泰를 비열도총관卑列道摠管으로, 잡찬 군
관軍官·대아찬 도유都儒·아찬 용장龍長을 한성주행군총관漢城州行軍

총관總管으로, 잡찬 숭신崇信·대아찬 문영文穎·아찬 복세福世를 비열성주행군총관卑列城州行軍總管으로, 파진찬 선광宣光·아찬 장순長順·순장純長을 하서주행군총관河西州行軍總管으로, 파진찬 의복宜福·아찬 천광天光을 서당총관誓幢總管으로, 아찬 일원日原과 흥원興元을 계금당총관罽衿幢總管으로 삼았다.[10]

이 기사는 유인궤劉仁軌가 지휘하는 당군과 연합하여 고구려를 소탕하기 위해 평양으로 향할 때의 행군 편성이다. 이 사료에서는 하주정을 제외한 육정의 각 군단이 출정했다는 사실, 대당에는 9명, 다른 네 군단에는 각각 3명의 장군이 임명되었음을 알 수 있다.

이상 두 차례에 걸쳐 행군 편성기사에 등장하는 장군은 직관지에 기록된 육정 장군과 인원수에서 약간의 차이가 있다. 그러나 그들이 육정의 장군이라는 것은 틀림없는 사실이기 때문에 이하에서는 두 차례의 행군 편성기사에 등장하는 장군을 검토함으로써, 육정의 장군이 어떠한 성격의 군관직인지를 고찰해보고자 한다. 또한 다음 페이지의 〈표 3〉 (1), (2)는 앞에 제시한 사료를 표로 나타낸 것이다.

먼저 문무왕 원년(661)의 행군 편성과 8년(668)의 행군 편성을 비교해서 알 수 있는 것은 행군할 때마다 각 군단별로 장군직을 역임한 대상이 교체되었으며, 두 차례 행군에서 장군으로 부임한 대상 절반이 소속 군단을 바꾸었다는 점이다.[11] 다시 말하면 동일한 군단의 장군호가 반드시 동일 인물에 고정되어 있지 않았다는 의미이다. 이러한 특징을 실마리 삼아 두 차례 행군에서 육정의 장군이 된 대상들을 살펴보면 장군직의 성격에 대해서 중요한 점을 발견할 수 있다. 결론부터 말하면 육정의 장군직 자체는 행군할 때 수시로 설치된 임시 관직이라는 성격을 갖고 있으며, 누군가가 특정 군단의 장군직을 항상 맡고 있었던 것이 아니라는 사실이다. 다음에서는 그

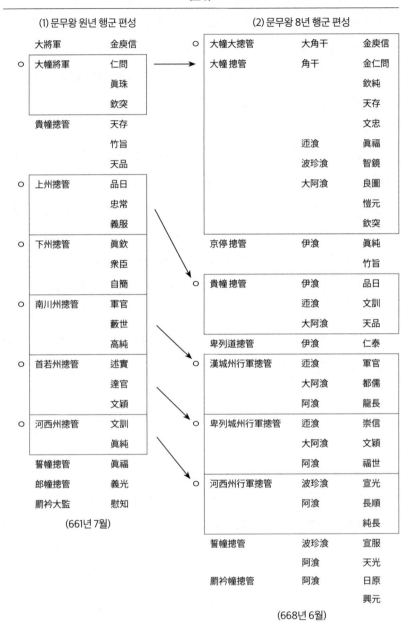

(1) 문무왕 원년 행군 편성		
大將軍	金庾信	
○ 大幢將軍	仁問	
	眞珠	
	欽突	
貴幢摠管	天存	
	竹旨	
	天品	
○ 上州摠管	品日	
	忠常	
	義服	
○ 下州摠管	眞欽	
	衆臣	
	自簡	
○ 南川州摠管	軍官	
	藪世	
	高純	
○ 首若州摠管	述實	
	達官	
	文穎	
○ 河西州摠管	文訓	
	眞純	
誓幢摠管	眞福	
郎幢摠管	義光	
罽衿大監	慰知	
(661년 7월)		

(2) 문무왕 8년 행군 편성		
○ 大幢大摠管	大角干	金庾信
大幢摠管	角干	金仁問
		欽純
		天存
		文忠
	迊湌	眞福
	波珍湌	智鏡
	大阿湌	良圖
		愷元
		欽突
京停 摠管	伊湌	眞純
		竹旨
○ 貴幢 摠管	伊湌	品日
	迊湌	文訓
	大阿湌	天品
卑列道摠管	伊湌	仁泰
○ 漢城州行軍摠管	迊湌	軍官
	大阿湌	都儒
	阿湌	龍長
○ 卑列城州行軍摠管	迊湌	崇信
	大阿湌	文穎
	阿湌	福世
○ 河西州行軍摠管	波珍湌	宣光
	阿湌	長順
		純長
誓幢摠管	波珍湌	宣服
	阿湌	天光
罽衿幢摠管	阿湌	日原
		興元
(668년 6월)		

○표시는 육정의 각 군단을 나타냄.

근거를 제시해보도록 하겠다.

한편 장군이 임시 관직이라는 설정은 장군직에 임명된 사람이 평상시에 장군직과는 다른 별도의 관직을 맡고 있었다는 사실을 분명히 할 필요가 있겠다. 무엇보다 두 차례 행군할 때 장군직에 있던 모든 사람들의 벼슬살이 경력을 조사해보면 좋겠지만 주지하는 것처럼 『삼국사기』 기록 대부분이 극히 간략해서, 모든 대상을 검토하는 것은 물론 특정한 개인의 기록도 남아 있는 경우가 오히려 드물다. 다만 요직 중에서 특히 중앙관中央官으로는 권력의 중추인 상대등上大等, 중시中侍, 병부령兵部令이, 외관外官으로는 주州·소경小京 장관인 군주(도독)·사신 등의 각 관직들이 비교적 그 임면任免 기록을 남기고 있어 이를 참고할 수 있다.

두 차례 행군에서 모두 육정 장군이 된 대상 중에서 상기의 기록처럼 확인이 가능한 요직에 있던 사람들을 정리해보면 다음의 〈표 4〉와 같다.[12]

먼저 중앙관에 대해 살펴보도록 하자. 얼핏 보아도 알 수 있는 것처럼 두 차례 중 어느 행군에서든 육정 장군이던 상당히 많은 사람들이 중앙관의 요직을 경험하고 있다. 그중에는 확실히 행군 기간 중에도 그러한 관직에 취임한 사람을 확인할 수 있다. 즉 상대등이던 김유신(두 차례), 중시인 지경(智鏡, 문무왕 8년 행군), 병부령이던 진주(眞珠, 문무왕 원년 행군)가 그것에 해당한다. 그들로 말하면 중앙관의 현직자이기도 했다.

이처럼 한정된 사료를 통해 두 차례 행군할 때 육정 장군으로 출정한 사람들 중에는 상대등, 중시, 법부령 등 요직을 역임했거나 그 현직자이며, 나중에 그러한 관직에 취임하게 된 사람들이 존재했음을 확인할 수 있다. 예를 들어 현직자로 확인되는 사람은 상대등, 중시, 법부령 등 각 관직에 한 명이 있지만, 이러한 요직은 중앙관 최고 관직이어서 표 안의 많은 사람들이 군공軍功을 세워야 요직에 취임할 수 있었기 때문에, 그들 대부분은 당시 다른 중앙 여러 관청의 현직 장관이었을 것으로 추정된다.

<표 4>

관직명	인명	재직기간	관직명	인명	재직기간
상대등	유신	660~673	병부령	진주	659~662
	군관	680~681		군관	?~681
	진복	681~694	군주 (도독)	유신	642(648)
	문영	694~695			~?
	개원	695~706		인문	653~?
중시	죽지	651~655		군관	664~?
	문충	655~658		도유	?~668
	문훈	662~665		수세	?~670
	진복	665~668		용장	685~?
	지경	668~670		복세	639~?
	천광	673~678	사신	진주	639~?
	천존	679~679		용장	(668)

　다음 외관인 군주(도독), 사신仕臣에 대해 살펴보면 역시 중앙관과 마찬가지로 현직자면서 행군할 때 장군이 된 사람이 존재한다. 즉 문무왕 8년의 행군에서 한산정[13] 장군이었던 군관軍官은 그보다 4년 전 문무왕 4년(664) 춘정월에 한산주 도독으로 임명되었다. 그후 도독 군관에 관한 사료가 없어 확증은 어렵지만 그가 문무왕 8년 행군까지 도독이었을 가능성은 충분하다.

　한편 군관이면서 동시에 한산정의 장군이었던 도유都儒는 훗날 문무왕이 당의 총관 설인귀薛仁貴에게 보낸 서한 속에,

　　또한 백제의 여자를 데려다 신라의 한성漢城 도독都督 박도유朴都儒
　　에게 시집을 보내고 함께 모의하여 몰래 신라의 병기를 훔쳐서 한
　　주州의 땅을 갑자기 치기로 하였는데, 때마침 일이 발각되어 도유

의 목을 베어서 꾀하였던 바는 이루어지지 않았습니다.[14]

라고 하여 문무왕 8년 행군이 있던 그해,[15] 그가 한성 도독(= 한산주 도독[16])이었다는 사실을 확인할 수 있다. 이렇게 보면 군관과 도유는 문무왕 8년 행군을 전후로 한산주 도독이 된 셈이지만 어찌 되었든 그들 두 명 중 어느 한쪽이 현직 도독이었다는 것은 틀림없는 사실이다.

나아가 소경小京의 장관 사신仕臣에 대해서도 흥미로운 사례가 있다. 문무왕 8년 행군에서 군관이나 도유와 더불어 한산정 장군이던 용장龍長은 『삼국사기』 권6 문무왕 8년조에,

> (겨울 10월) 25일에 왕이 나라로 돌아오며 욕돌역褥突驛에 다다랐는데, 국원 사신 용장龍長 대아찬이 사사로이 잔치를 벌여 왕과 여러 시종하는 사람들을 대접하였다. [중략] 11월 5일에 왕이 사로잡은 고구려인 7천 명을 데리고 서울에 들어왔다.[17]

라고 하여 국원소경國原小京의 사신으로 등장하고 있다. 문무왕 8년 10월 25일이라는 것은 그해의 행군 목적인 고구려 정벌에서 승리를 거두고 한성에서 논공행상을 마친 3일 뒤에 해당한다. 용장은 이때 행상行賞에서,

> 겨울 10월 22일에 유신庾信에게 태대각간太大角干의 관등을, 인문仁問에게 대각간大角干을 내려주었고, 그 밖에 이찬과 장군將軍 등은 모두 각간角干으로 삼았으며, 소판蘇判 이하는 모두 한 등급의 관등을 더해주었다. [하략][18]

라고 보이는 것처럼 '소판 이하蘇判已下'란 관위를 지닌 장군(용장은 출정 시

아찬이었다.[〈표 3〉의 (2) 참조])으로서, 한 등급 올라가 증위(아찬 → 대아찬)되어, 그 3일 뒤에 국원 사신으로서 귀경길에 오른 문무왕을 모시게 된 것이다.[19]

이처럼 용장은 3일 사이에 육정 장군에서 국원 사신이 되었지만, 이것을 가지고 용장이 논공행상 후 장군직에서 물러나 새로이 외관外官 사신에 임명되었다고는 도저히 생각하기 어렵다. 그동안 문무왕과 함께 야영 중이었다고 하면, 그러한 장군에서 사신으로 새롭게 임명되었다고 상정하기보다는 오히려 본래 국원 사신이던 용장이 문무왕 8년 행군할 때 한산정의 장군직에 취임했다가 전쟁 종료 후에 본래 관직인 사신으로 귀임한 것으로 간주해야 그사이 사건의 추이가 무리 없이 해석될 수 있는 것이다.

이상에서처럼 두 차례 행군에서 장군직에 취임한 사람들의 벼슬살이 경력을 살펴보면 이들 중에는 출정 전과 개선 후, 즉 평소에는 분명 별도의 관직을 맡고 있는 자들을 확인할 수 있다. 게다가 용장의 사례에서 알 수 있듯이 그들은 행군이 끝나면 장군직에서 본래의 관직으로 돌아가게 된다. 따라서 육정 장군직은 누군가가 항상 특정 군단의 장군직을 맡은 것이 아니라, 행군할 때 수시로 설치된 극히 임시적인 관직이었다고 말할 수 있을 것이다.

여기서 『삼국사기』 권38부터 권40에 걸쳐 기록된 직관職官 상·중·하는 대략 〈상 = 중앙행정관제, 중 = 내정內廷관제, 하 = 군관제〉라는 구성으로 되어 있지만, 여기서 주목할 점은 직관 하의 첫머리에 '무관武官'이라는 제목으로 군관직이 열거되어 있다는 것이다. 직관하에 기재된 군관직을 '무관'이라는 범주에서 파악할 수 있다면 직관 상·중에 기록된 상대등, 중시, 병부령 등의 관직은 '문관'에 해당할 것이다. 실제로 권8 신문왕 7년(687) 5월조에는,

문무 관료에게 전지田地를 차등 있게 하사하였다.[20]

라는 기사마저 있어서, 『삼국사기』는 마치 문무 관료가 각각 별개로 존재한 듯한 인상을 주고 있다.

그러나 앞서 다수의 '문관'들이 장군직을 역임한 사례를 살펴보았듯이 신라의 문무 관료를 가지고 후세의 문무 양반처럼 문관과 무관이 서로 대치하던 것으로 안이하게 정식화하는 것은 불가능하다. 종래 직관하에 소재한 군관직에 대해서 무의식적으로 문관과 대비되는 무관으로, 이를 실체화해서 다루어왔던 것 같지만 다른 군관직도 장군직과 마찬가지의 성격을 지녔을 가능성도 있어 그러한 통념은 매우 의심스럽다는 점에 주의해야 할 것이다. 무관의 최고 관직인 장군직은 적어도 행군할 때 일정한 고관들이 겸직하던 임시 관직이었던 것이다.

(2) 육정 장군과 군주(도독)와의 관계

육정의 장군직은 이미 서술한 것처럼 매우 임시적인 관직이라는 성격을 가지고 있었다. 그럼 역으로 그러한 장군직에 오른 사람들은 평상시 어떠한 관직에 있었던 것일까. 앞 절에서는 상대등, 중시, 병부령, 군주, 사신 등의 관직에 있던 사람들이 장군이 되는 사례를 살펴보았지만 이것은 우연히 알게 된 것이며 전체적인 비율로 본다면 그 일부에 지나지 않는다. 예를 들어 특정 관직에 있던 사람이 육정 장군이 된다는 법칙성은 없을까, 하는 문제를 다음에서 생각해보고자 한다.

이 문제에 대해서는 문무왕 8년 행군에서 한산정의 장군이 현직 도독이었다는 사실에 주목할 필요가 있다. 특히 장군과 도독 사이에는 다소 특별한 관계가 보이기 때문에 먼저 그러한 점을 몇 가지 지적해두고자 한다.

가장 먼저 장군이 되는 자의 신분에 대해 살펴보면, 직관지에는

관등(位)이 진골眞骨 상당上堂으로부터 상신上臣까지인 사람을 임명

하였다.[21]

라고 되어 있다. 이 기사는 이미 명백히 밝혀진 것처럼 고관직古官職에 의해 표기되어 있지만, 그것이 의미하는 바는 진골이면서 이찬伊湌에서 급찬級湌 까지에 해당하는 사람이 장군이 된다는 것이다.[22]

한편 도독이 될 수 있는 대상의 신분은, 직관지·외관조에,

관등(位)이 급찬級湌에서 이찬伊湌까지인 사람을 임명한다.[23]

라고 하여 관위 제2등급인 이찬에서 9등급인 급찬까지로 규정되어 있다. 도 독이 진골 신분 사람들이 독점한 관직이었다는 것은 동일한 외관조의,

문무왕 14년(674)에 6도徒의 진골眞骨을 5경京·9주州에 나가 살게 했다.[24]

라는 기사를 통해, 단순히 왕경인王京人이 지방으로 간 사민徙民이 아니라 지 금까지 "왕경 6부의 진골 사람을 왕경 밖 소경·주 등의 읍에(장관으로서) 나 가 살게 하였다."로 해석되고 있는[25] 점에서 수긍할 수 있을 것이다.[26]

이처럼 육정의 장군과 도독은 그 관직에 취임할 수 있는 신분상의 조건이 완전히 동일했던 것이다.

다음으로 도독은 직관지·외관조의 연혁 기사에 따르면,[27] 그 관직명이 군주(軍主, 505년) → 총관(惣管, 661년) → 도독(都督, 785년)이라는 변천 과정 을 거치는데 군주에서 총관으로 개칭될 무렵, 마치 이에 호응하는 것처럼 장군호將軍號도 두 차례 행군 편성기사에 보이듯이 총관摠管이라는 호칭을 갖게 된다. 즉 주州의 장관이라는 관직명도 육정의 장군호도 어느 한 시기에

모두 총관(摠[惣]管)[28]으로 칭해졌던 것이다.

그런데 이러한 지적은 일단 외관조의 연혁 기사가 정확하다고 인정되어야 성립되지만 무라카미 요시오村上四男 씨는 다음과 같이 해당 기사를 전면적으로 부정하고 있다. 즉 신라본기를 비롯하여 『삼국사기』에 적혀 있는 '총관'은 모두 당제唐制의 채용, 특히 당의 고구려 원정에 호응해서 사용된 장군호이며, 군주가 총관으로 개칭된 사실이 없고, 실제로는 무열왕대에 군주에서 도독으로 바뀐 것이라고 주장하고 있다.[29]

확실히 무라카미 씨가 말하는 것처럼 문무왕 원년과 8년의 각 행군 편성 기사에 보이는 총관은 장군호로 사용되고 있다. 하지만 그만한 이유를 가지고 도독의 연혁 기사, 특히 주州의 장관이 특정 시기에 총관으로 불린 사실을 그리 간단히 부정할 수는 없을 것이다. 이는 『삼국사기』 신라본기에 있는 선덕왕대부터 성덕왕대까지 주의 장관 임명 기록을 중심으로 관련 사료를 모아 정리해보면, 그 실체가 주의 장관이면서 총관으로 표기된 경우를 7군데에서 확인할 수 있다(다음 〈표 5〉[30] 참조). 이 총관들을 무라카미 씨의 주장대로 해석해보면, 총관이라는 것이 모두 장군호로 간주되기 때문에 다음 〈표 5〉의 7명은 모두 장군이 되는 셈이다. 그러나 굳이 반복할 것 없이 여기에 적출된 16명은 모두 주의 장관으로 인정되는 사람들뿐이다.

그렇다면 도독의 연혁 기사를 어떻게 이해하는 것이 좋을까. 지금 이에 대한 사견을 갖고 있지 않지만 적어도 〈표 5〉에서 엿볼 수 있는 것처럼 직관지 연혁 기사와 상관없이 신라본기는 주의 장관이 총관으로도 불렸음을 전해주고 있다. 따라서 이 사실만으로도 주의 장관과 육정의 장군이 일시적이나마 동일한 관직명으로 불렸던 사실을 뒷받침하기에 충분할 것이다.

육정의 장군과 도독의 관계에 대한 구체적인 지적은 이상의 두 가지에 그치지만 양자 모두 역임할 수 있는 신분상의 조건이 완전히 일치하고 있다는 점, 그리고 그 관직명을 특정 시기에 동일하게 사용하였다는 점, 이러한 점에서 양자가 매우 밀접하게 관계되어 있다는 것을 추정할 수 있을 것이다.

다만 주의하지 않으면 안 되는 것이 그렇다고 해서 단락적短絡的으로 도독이 곧 장군이라고 직접 연결할 수는 없다는 점이다. 실제로『삼국사기』는 도독의 전신인 군주가 군사상의 활약이 두드러졌음을 전해주고 있다. 하지만 어디까지나 군주는 각 주에 한 명씩 파견된 지방관으로, 육정의 장군과는 엄밀히 구분해야 할 것이다. 특히 앞서 서술한 것처럼 육정의 장군직은 행군 시에 설치한 임시 관직이기 때문에 정원定員도 여러 명이었다.[31] 자연히 양자 사이에 각각 독자적인 직장職掌이 있었고 당연히 권한의 차이도 있었을 것이다.[32] 지금까지의 논의를 통해 양자의 관계에 대해 언급할 수 있는 것은 외관인 도독에게는 언제라도 장군이 될 수 있는 조건이 갖추어져 있었

〈표 5〉

연차	관직명	인명
선덕왕 11년(642)	대야성大耶城 도독	김품석金品釋
11년(642)	압량주押梁州 군주	김유신金庾信
진덕왕 원년(647)	우두주牛頭州 군주	수승守勝
2년(648)	압독주押督州 도독	김유신金庾信
무열왕 8년(648)	대야주大耶州 도독	종정宗貞
문무왕 4년(664)	한산주漢山州 도독	군관軍官
8년(668)	비열홀比列忽 총관	용문龍文
〃	한성漢城 도독	박도유朴都儒
10년(670)	한성주漢城州 총관	수세藪世
11년(671)	소부리주所夫里州 도독	진왕眞王
18년(678)	무진주武珍州 도독	천훈天訓
신문왕 5년(685)	완산주完山州 총관	용원龍元
〃	청주菁州 총관	복세福世
7년(687)	사벌주沙伐州 총관	관장官長
효소왕 7년(698)	우두주牛頭州 총관	체원體元
성덕왕 3년(704)	한산주漢山州 총관	김대문金大問

다는 사실이다.

그렇다면 행군할 때 도독이 반드시 육정의 장군이 된다는 확증을 가질 수 있는지 반문해본다면, 구체적인 사례에서는 안타깝지만 두 차례 행군 편성 중에서도 문무왕 8년 행군할 때 한산정에서 한 가지 사례가 확인될 뿐이다. 그러나 유일한 방증이라 할 수 있는 이 한산정에는 주목해야 할 점이 있다. 당시 한산정의 장군을 역임한 군관은 『삼국사기』 권6 문무왕 4년 춘정월조에,

[4년(664) 1월] 아찬 군관을 한산주 도독으로 삼았다.[33]

라고 하는 것을 보면 그가 행군 직전까지 한산주 도독이었다는 것은 거의 틀림없다. 게다가 두 차례에 걸쳐 한산정의 장군직에 오른 사람이 5명(군관은 두 번 출정하고, 다른 사람들은 한 번)이지만, 그들 중 3명까지는 한산주 도독의 경험자였다는 것을 확인할 수 있다(다음 〈표 6〉 참조). 관련된 사례가 하나밖에 없지만 이러한 사실은 행군할 때 지방 군단의 장군직에는 해당 군관구軍管區[34] 내에 파견된 도독이 부임한다는 원칙이 있었음을 암시하고 있는 것은 아닐까. 특히 문무왕 8년의 행군에서 한산정 장군이 된 3명 중 2명은 도독의 경험자(군관은 현직이었다고 생각됨)이며, 나머지 1명도 동일한 군관구 내에 있는 소경의 현직 장관인 사신仕臣이었다. 이는 우연이라기보다 지방 군단의 장군직에는 해당 군관구 내의 외관이 신분상의 조건만 갖추면 부임할 수 있다는 점까지 충분히 상정해볼 수 있다.

주의 장관인 도독(군주·총관)은 그 관직명이나 실제로 그 활동에서도 본래 군사적 색채를 강하게 띤 관직이었다는 점이나 앞서 서술한 장군과의 관계를 고려했을 때 상기의 원칙을 5개의 지방 군단에 관철시켰다고 보아도 틀림이 없을 것이다.

물론 행군할 때 중앙관에서 지방 군단의 장군으로 임명된 경우도 있었을

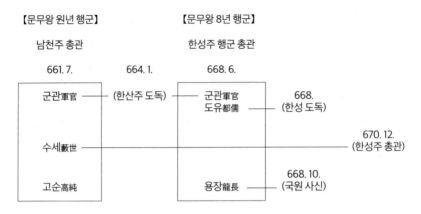

〈표 6〉

【문무왕 원년 행군】 　　　　　　【문무왕 8년 행군】

남천주 총관　　　　　　　　　한성주 행군 총관

661. 7.　　　　　664. 1.　　　668. 6.

군관軍官 ——— (한산주 도독) ——— 군관軍官 ——— 668. 　　 668.
도유都儒 ——— (한성 도독)

수세藪世 ——————————————————— 670. 12.
　　　　　　　　　　　　　　　　　　　　　　　　(한성주 총관)

고순高純　　　　　　　　　용장龍長 ——— 668. 10.
　　　　　　　　　　　　　　　　　(국원 사신)

것이다. 그러나 이는 오히려 예외에 속하는 경우가 아니었을까. 육정에는
왕경에 설치된 대당이 있었고 중앙 여러 관청의 고관은 그 대부분이 대당의
장군으로 임명되었다고 생각하기 때문이다. 두 차례의 행군에서 장군직에
오른 대상 중에, 중앙관 현직자가 대당에서만 확인되는 것은 그 나름의 이
유가 있을 것이다.

　지금까지 이 절에서 언급한 점을 정리해보면 다음과 같다. 육정의 장군직
은 본래 행군할 때 설치한 임시 관직이었다. 그리고 예를 들어 지방 군단의
장군직일 경우 실제로는 군주·사신이라는 외관에 의해 겸직을 하고 있었
다. 이러한 장군에 대한 고찰을 통해 얻은 결론은 육정 군단의 성격을 고찰
하는 데 중요한 시사점을 주고 있다. 즉 군단의 최고 지휘관인 장군이 상설
의 관직이 아니라면 군단 그 자체도 막연히 상비군常備軍적인 이미지를 가질
수 없게 된다. 또 이제까지의 육정 군단 전체상을 근본부터 되묻게 되며 새
삼 군단의 실태에 대한 해명이 요구된다. 또 그러한 경우라도 지방 군단의
장군이 동일한 군관구 내의 도독과 사신 등 외관에 의한 겸직이 보여주는
것처럼 육정 군단의 실태를 규명하기 위해 당시의 지방 지배체제의 양상을
외면할 수 없는 주요 요소로서 고찰할 필요가 있겠다. 그래서 이하에서는

이러한 육정의 장군에 대해 규명한 점들을 토대로 하여 육정 군단의 전체상을 해명해가도록 하겠다.

3. 육정 군단의 규모와 존립 기반

이미 서술한 것처럼 기존 육정 군단의 구체적인 규모와 병졸 구성에 대해서는 전무라고 할 정도로 거론되지 않았다. 다만 지금까지 연구의 단편적인 발언에서 추정해보면 대체로 다음과 같다. 즉 왕경에 설치된 대당을 제외한 지방 군단은 적어도 〈표 1〉에서 알 수 있는 것처럼 군관 조직을 지닌 군단으로서 주치州治에 배치되었고, 군단은 소재지이기도 한 주치의 이동과 동시에 옮겨졌다. 대략 이렇게 육정에 대해 논해왔다고 할 수 있다.

그런데 앞 절에서 장군에 대한 고찰에서 밝혀진 것처럼 육정의 장군은 상설로 설치된 관직이 아니라 행군 시에 마련된 임시 관직이었다. 특히 지방 군단의 경우는 주州의 장관이나 소경小京의 장관 등에 의해 장군직을 겸직하기도 했다. 이 점만을 거론해도 종래의 군단 이미지로는 파악할 수 없다는 것이 분명해진다. 예를 들어 문무왕 8년 행군에서 한산정의 장군 3명은 평상시에 1명이 한산주 도독이었고 다른 1명은 국원 소경의 사신이었던 것처럼 군단 소재지인 주치에 군단 전체의 구성원들이 상주한 것이 아니었다. 이처럼 종래의 군단상은 명확히 문헌사료에서 확인할 수 있는 사실과 어긋나는 부분이 있다는 점을 중시해야 할 것이다. 그래서 이 절에서는 지방 군단 중 하나인 완산정 관련 사료를 통해 이러한 점을 한층 더 명확히 함으로써 육정 군단의 전체를 파악하기 위한 실마리로 삼고자 한다.

(1) 완산정(하주정)을 통해 본 육정

완산정에 대해서는 직관지職官志에,

> 완산정完山停은 본래 하주정下州停이었는데, 신문왕 5년에 하주정을
> 없애고, 완산정을 두었다.[35]

라고 하여 간단한 연혁이 적혀 있다. 이에 따르면 완산정은 그 전신이 하주
정이고, 신문왕 5년(685)에 하주정을 폐지하고 완산정을 설치한 것이 된다.
그러나 직관지의 육정 연혁 기록(〈표 2〉)은 불비한 점이 많은 사료이며, 특
히 완산정에 대해서는 다른 군단 이상으로 많은 문제를 안고 있다는 사실이
지금까지 여러 차례 지적되어왔다.[36] 여기서는 이를 종합적으로 연구한 스
에마쓰 야스카즈 씨의 고증을 기초로 하여 완산정에 대해 고찰하고자 한다.
아래 〈표 7〉은 스에마쓰 씨가 본인의 고증을 도시한 것이다.[37]

〈표 7〉

555년(진흥왕16)	비사벌比斯伐에 주州 설치	하주정 창설
565년(진흥왕26)	비사벌 주 폐지 → 대야大耶에 주 설치	하주정을 대야로 옮김
642년(선덕왕11)	대야주 함락 → 압량에 주 설치	하주정을 압량으로 옮김
661년(무열왕 8)	대야주 회복 ← 압량주 폐지	하주정을 다시 대야에 설치
685년(신문왕 5)	완산주 설치 ← 대야주 폐지	하주정을 폐지, 완산정을 설치

위 표에서 알 수 있는 것처럼 완산정의 전신인 하주정은 그 소재지를 빠
르게 옮기고 있는데, 『삼국사기』 권47 죽죽전竹竹傳에는 이러한 하주정이 대
야성大耶城에 있었던 시대의 사료가 남아 있다.

죽죽竹竹은 대야주大耶州 사람이다. 아버지 학열學熱은 찬간撰干이 되었다. 선덕왕 때 사지舍知가 되어 대야성大耶城 도독都督 김품석金品釋의 당하幢下에서 보좌하였다. [선덕]왕 11년 임인(642) 가을 8월에 백제 장군 윤충允忠이 군사를 거느리고 와서 그 성을 공격하였다. 이보다 앞서 도독 [김]품석이 막객幕客인 사지舍知 검일黔日의 아내가 예뻐서 그녀를 빼앗았다. 검일은 그것을 한스러워하였다. 이때에 이르러 [검일은 백제군을] 남몰래 도와 그 창고를 불태웠다. 때문에 성안 사람들이 두려워하였고 [그] 두려움으로 [성을] 굳게 지키지 못하였다. [김]품석의 보좌관 아찬阿飡 서천西川이 성에 올라가 윤충에게 이르기를, "만약 장군이 우리를 죽이지 않는다면 성을 들어 항복하기를 원한다!"라고 하였다. 윤충이 "만약 그렇게 한다면, 그대와 더불어 우호를 함께하겠다. 그렇지 않을 경우 저 밝은 해를 두고 맹세하겠다!"라고 하였다. 서천이 [김]품석 및 여러 장수에게 권하여 성을 나가려고 하였다. 죽죽이 그들을 말리며, "백제는 자주 번복을 잘하는 나라이니, 믿을 수 없습니다. 그리고 윤충의 말이 달콤한 것은 반드시 우리를 유인하려는 것입니다. 만약 성을 나가면 반드시 적의 포로가 될 것입니다. 쥐처럼 엎드려 삶을 구하는 것은 호랑이처럼 싸우다가 죽는 것만 못합니다."라고 말하였다. [김]품석이 듣지 않고 문을 열어 병졸을 먼저 내보내니, 백제의 숨어 있던 군사가 나타나 그들을 다 죽였다. [김]품석이 나가려고 하다가 장수와 병졸이 죽었다는 말을 듣고 먼저 처자를 죽이고 스스로 목을 찔러 죽었다. 죽죽이 남은 병졸을 모아 성문을 닫고 몸소 대항하였다. 사지舍知 용석龍石이 죽죽에게 이르기를, "지금 군사의 세력이 이와 같으니, 반드시 온전할 수 없다. 항복하여 살아서 후일을 도모함만 같지 못하다."라고 하였다. 대답하기를, "그대의 말은 합당하다. 그

러나 나의 아버지가 나를 죽죽이라고 이름 지어준 것은 나로 하여
금 추운 겨울에도 시들지 않으며 꺾일지라도 굽히지 말게 한 것이
다. 어찌 죽음을 두려워하여 살아서 항복하겠는가?"라고 하였다.
마침내 힘써 싸웠고 성이 함락되자 용석과 함께 죽었다. [선덕]왕이
이 소식을 듣고 슬퍼하였다. 죽죽에게는 급찬級湌, 용석에게는 대나
마大奈麻의 관등을 추증하였다. 처자에게는 상을 주고 서울로 옮겨
와서 살게 하였다.[38]

이 기록은 선덕왕 11년에 대야성이 내부의 아군의 내통으로 인해 백제의
공격을 받아 괴멸될 때의 모습을 전하고 있다. 말할 것도 없이 여기에 등장
하는 대야성이란 도독이 파견되던 주치州治임과 동시에 〈표 7〉에서 볼 수 있
듯이 하주정의 군단 소재지이기도 하다. 대야성을 둘러싼 전시戰時 상황을
기록한 만큼 군단 소재지로 보이는 대야성의 실태를 파악하는 데 중요한 사
료라고 할 수 있을 것이다. 여기서는 먼저 사료를 통해 대야성의 인적 구성
을 살펴보도록 하겠다.

다음 〈표 8〉은 사료에서 뽑아낸 대야성 내의 주요 인물들이다. 대략적이
나마 각 인물에 대해서 약간의 고찰을 더하고자 한다.

먼저 김품석은 굳이 언급할 필요도 없이 주의 장관으로 왕경에서 파견된
대야주 도독이다. 게다가 사료에 등장하는 그의 제반 행동을 추정해보건대
대야성의 군사상 최고 지휘권이 틀림없이 도독 김품석에게 있었을 것이다.
즉, 김품석은 명실공히 대야성의 최고 책임자였다.

다음으로 도독 김품석에게 투항하도록 진언한 서천에 대해서는, '品釋之
佐(품석지좌)'라고 적혀 있을 뿐 구체적인 관직명은 찾아보기 어렵다. 그러
나 그의 지위를 외관外官에서 찾는다면 직관지·외관조에

<표 8>

	인명	관위
도독都督	김품석金品釋	이찬伊湌
좌佐	서천西川	아찬阿湌
대야인大耶人	죽죽竹竹	사지舍知
	용석龍石	사지舍知
막객幕客	검일黔日	사지舍知

주조州助[혹은 주보州輔라고도 이른다]는 9명이다. 관등(位)은 나마奈麻에서 중아찬重阿湌까지인 사람을 임명한다.[39]

라고 해서 도독의 보좌관 주조州助에 해당한다고 볼 수 있다. 그가 역임한 관위(아찬)가 매우 높다는 점에서 이렇게 언급해도 좋다고 생각한다.

죽죽竹竹·용석龍石에 대해서는 그들의 활약에도 불구하고 관직명 등 상세한 점은 거의 알려져 있지 않다. 다만 사료의 첫머리에 기록되어 있듯이 죽죽은 대야大耶가 본관이라는 점, 부친 학열郝熱이 찬간撰干이라는 외위를 맡고 있다는 점에서 대야 지방의 수장이었다는 사실 만큼은 분명하다.[40] 죽죽과 행동을 함께한 용석 역시 죽죽과 마찬가지로 대야 수장층의 일원이었다고 생각된다.

막객幕客인 검일에 대해서도 막객이라는 의미가 분명치 않아 정확한 부분은 알 수가 없다. 하지만 참고해야 할 사료로 다음과 같은 것이 있다.

이날[무열왕 7년(660) 8월 2일] 모척毛尺을 붙잡아서 목을 베었다. 모척은 본래 신라 사람으로서 백제로 도망한 자인데, 대야성大耶城의 검일黔日과 함께 성이 함락되도록 모의했기 때문에 목을 벤 것이다.

또 검일을 잡아서 [죄목을] 세면서 말하기를, "네가 대야성에서 모
척과 모의하여 백제의 군사를 끌어들이고 창고에 불을 질러서 없앴
기 때문에 온 성안에 식량을 모자라게 하여 싸움에 지도록 하였으
니 그 죄가 첫 번째이다.[41]

이 기사에서는 모척毛尺이 '본래 신라인'으로 되어 있는 데 비해 검일이
란 이름 앞에 '대야성'이 관칭된 점에 주목해보면 두 사람을 의식적으로 구
분해서 기록했다고 생각된다. 이것이 의미하는 바는 왕경인王京人 모척에 대
한 대야인大耶人 검일이었을 것이다. 그렇다면 막객幕客이라는 말도 김품석
처럼 왕경에서 파견된 사람에 대한 객적客的인 존재 즉, 재지의 사람이 되어
검일은 죽죽과 마찬가지로 대야 지방의 수장 중 한 명이었다고 볼 수 있을
것이다.

개인의 이름과 함께 적혀 있는 사람은 이상의 5명이지만 기사 중에는 '여
러 장수[諸將士]', '병졸[士卒]'이라는 존재를 함께 확인할 수 있다. 이들에 대
해서는 그 규모 등 상세한 정보를 전혀 알 수 없다. 다만 이들이 대야성의 기
본적인 군사력으로서 배치되었다는 것은 말할 수 있을 것이다.

그런데 대야성 전투 경위에서 유의할 것이 품석이나 서천 등 지휘관의 실
태와는 대조적으로 재지 수장으로 생각되는 죽죽 등의 활약에는 두드러진
점이 있다.[42] 물론 죽죽전에는 대야인 죽죽의 무용武勇을 찬양하는 일화가
다분히 과장되게 표현되어 있을 것이다. 그러나 뒤집어서 당시 신라의 신
분제[43] 양상을 생각해본다면, 이러한 사료가 남아 있다는 것 자체로 죽죽과
같은 재지 수장이 수행하던 역할의 크기를 짐작해볼 수 있는 것으로 사료
된다. 게다가 재지 수장의 군사적 활약을 고려할 경우 그들의 존재와 더불
어 휘하에 있던 군사력을 무시할 수 없기 때문에[44] '여러 장수[諸將士]', '병
졸[士卒]'에 대해서도 이러한 점을 충분히 염두에 두지 않으면 안 될 것이다.

즉 하주정의 군단 소재지인 대야성에 배치된 군사력조차 재지 수장의 군사력에 크게 좌우되었다고 생각할 필요가 있다.

지금까지와 같이 죽죽전에 등장하는 대야성에 대해 그 인적 구성을 중심으로 검토해보면, 거기에는 확연치 않은 부분도 많이 있지만 하주정의 군단 소재지였던 대야성의 구체적인 모습에 대해 몇 가지 점이 명확해졌다고 생각한다. 먼저 첫 번째로 대야성에는 외관인 도독과 도독을 보좌하는 자가 파견되었으며, 그들은 유사시에도 대야성 내 군사상의 지휘권을 관장하고 있었다는 점이다. 두 번째는 대야성 내의 군사력은 상당 부분을 대야의 수장에게 의존하고 있었다는 점이다.

이러한 점을 토대로 하여 결론적으로 말하면 다음과 같이 언급할 수 있을 것이다. 하주정의 소재지인 대야성에서는 〈표 1〉의 장군들을 비롯하여 군관들을 옹호하는 군단의 존재를 인정하기 어렵다. 사료에 의거하는 한 대야성은 도독都督과 주조州助가 파견된 주치州治 그 자체라는 관점을 띠고 있으며 중앙에서 배치한 강력한 군단이 주둔하고 있었다고는 생각하기 어려운 것이다.

이상과 같이 죽죽전의 고찰에서 얻게 된 결론은 이 장의 서두에서 언급했던 기존 연구의 의문에 부합한다고 할 수 있다. 따라서 육정 군단의 전체상은 그 근저에서부터 재검토할 필요가 있다. 다음에서는 통설에 구애받지 않고 앞서 서술한 것처럼 육정 장군의 기능과 일치하는 군단의 실태를 규명해보고자 한다.

(2) 육정과 주병州兵

오랫동안 낙동강 하류 서쪽 지역인 대야성에 있던 하주정은 앞서 살펴본 것처럼 642년 '대야성 전투'의 패배로 인해 낙동강 동쪽의 압량押梁으로 옮겨지게 된다(〈표 7〉 참조). 다음에서 제시할 사료는 김유신이 압량주 군주(도독)가 되어 '대야성 전투'의 보복을 기획하게 된 경위를 설명한 내용의 일부이다.

> 진덕왕 태화 원년(648) 무신 [중략] 이때 (김)유신은 압량주 군주로 있었는데, 마치 군사 일에는 뜻이 없는 듯 술을 마시고 풍류를 즐기며 몇 달을 보냈다. [압량]주 사람들이 (김)유신을 어리석은 장수로 여겨 그를 비방하면서, "여러 사람들이 편안하게 지낸 날이 오래인지라 힘이 남아 한번 싸워볼 만한데도 장군께서는 게으르니 어이할꼬."라고 말하였다. (김)유신이 이를 듣고 백성들을 쓸 수 있음을 알아차리고는 대왕에게, "지금 민심을 살펴보니 일을 벌일 만하옵니다. 청컨대 백제를 쳐 대량주大梁州에서의 치욕을 갚고자 하나이다."라고 고하였다. [중략] 왕이 이에 허락하였다. 드디어 (압량)주의 군사들을 선발하여 단련시켜 적에게 나아가게 하였다.[45]

보이는 것처럼 이 사료는 성격상 다소 설화적인 느낌에서 크게 벗어나지 않지만 주목할 만한 것은 유신이 '대야성 전투'의 보복을 위해 사용할 전력으로 거론되고 있는 '주인州人', '주병州兵'이다. 그들은 유신을 장군으로 부르고 있는 점에서 분명 유신의 지휘하에 있었던 병졸이었을 것이다. 특히 그들이 압량주 군주인 유신을 장군으로 부르고 있는 점에 더 주목할 필요가 있다. 따라서 이러한 '주병'의 의미 내용에 대한 검토는 하주정, 나아가서는 육정 군단의 전체상을 탐색하는 데 의미가 있다고 생각한다. 아래에서는 이 '주병'이 의미하는 바의 실태를 검토하고, 나아가 육정과 어떠한 관계에 있는지를 논하도록 하겠다.

'주병'에 대해서 가장 먼저 문제가 되는 것은 '주병'의 주州가 가진 의미일 것이다. 신라에서 '주'는 도독이 파견된 지방 지배의 거점이 되는 성읍이면서 동시에 지방 군단의 소재지이기도 했다. 따라서 '주병'의 주를 그러한 의미로 이해하는 것도 가능하다. 이렇게 이해할 경우 주병의 구체적인 모습이란 앞서 대야성 안에서 보이던 '여러 장수[諸將士]', '병졸[士卒]'이 여기에 해당할 것이다.

그런데 550년대 신라에는 이러한 주와는 의미를 달리하는 '주'가 설치된다. 이를 보여주는 것이 『삼국사기』에 산재하는 다음과 같은 사료들이다.

1) 상주尙州는 첨해왕沾解王 때 사벌국沙伐國을 취하여 주州로 삼았다. 법흥왕法興王 11년 양梁 보통普通 6년(524) 처음으로 군주軍主를 설치하여 상주上州로 삼았다.[46]

2) 화왕군火王郡은 본래 비자화군比自火郡[비사벌比斯伐이라고도 부른다]인데 진흥왕眞興王 16년(555)에 주를 두고 하주下州로 이름하였다.[47]

3) 진흥왕 14년(553) 가을 7월에 백제 동북 변경을 빼앗아 신주新州를 설치하고, 아찬阿湌 무력武力을 군주軍主로 삼았다.[48]

사료 1), 2)에 보이는 상주上州·하주下州는 얼핏 보면 사벌·비사벌의 음통音通 명칭이거나 별명이라는 인상을 주지만 스에마쓰 야스카즈 씨의 지적처럼 상주와 하주는 서로 대응하는 것으로, 당시 신라 영역을 남북으로 이등분하여 북쪽을 상주, 남쪽을 하주로 이름 붙인 일정한 영역을 나타내는 호칭이다.[49] 또한 신주新州는 백제와 고구려의 전쟁을 계기로 새롭게 획득한 백제 동북부 영역을 가리키는 명칭이다.

이처럼 당시 신라에는 '주州'라고 말하면 하나는 도독이 파견된 지방 지배의 거점인 성읍을 가리키는 '지리적 호칭'[50]으로서의 주가 있었고, 다른 하나는 그러한 주읍州邑을 비롯해 다른 성읍을 포함한 일정한 영역을 가리키는 '정치적 호칭'[51]이 있었다. 이 장에서는 편의상 양자를 협의狹義의 주와 광의廣義의 주로 부르도록 하겠다.

그래서 '주병州兵'의 의미를 광의의 주라는 개념으로 해석해보면 '주병'이란 상주·하주 등으로 이름 붙인 일정한 영역 내에 있는 병사를 의미한다. 이 장의 첫머리에서 제시한 사료에 따르면 대야성 함락 이후 그때까지 하주의 일부였던 낙동강 하류의 서쪽 지역을 잃게 되지만, 여전히 보유하고 있던 동쪽 지역의 여러 성과 촌으로 이루어진 하주의 병사를 의미한다고 볼 수 있다. 이러한 '주병'의 이해가 타당한 사례로서 『삼국사기』 권47 해론전奚論傳에는,

> 다음 해 신미(611) 겨울 10월에 백제에서 군사를 크게 일으켜 와서
> 가잠성을 백여 일 동안 공격하였다. 진평왕은 장수에게 명령하여
> 상주上州·하주下州·신주新州의 군사로써 가잠성을 구하게 하였다.
> 드디어 도착하여 백제인과 싸웠으나, 이기지 못하고 군사를 이끌고
> 되돌아갔다. (가잠성 현령) 찬덕이 그것을 분개하고 한탄하면서 병
> 졸에게 말하기를, "3주의 군대와 장수가 적이 강함을 보고 진격하
> 지 않았다."[52]

라는 기록이 있다. 이 기사에는 정작 군단 명칭이 보이지 않지만 '상주上州·하주下州·신주新州의 군사'라는 표현에서 알 수 있듯이 상주·하주라는 일정한 영역을 단위로 한 병졸 집단이 실제로 존재했었다.

이상에서 '주병'의 해석을 둘러싸고 두 가지 고찰 방법이 있음을 제시해보았는데, 후자의 주병을 이해하기 위해서는 육정 군단의 전체상을 생각하는 데 간과할 수 없는 중요한 문제가 포함되어 있다. 이미 언급한 것처럼 신라에서는 550년대에 이르러 지금까지 지방 지배의 거점인 읍邑을 가리

키턴 주州 이외에도, 일정한 영역을 가리키는 주가 3개 지역에 설정되어 그 것을 상주·하주·신주로 불렀다. 그런데 직관지에 적힌 육정의 연혁 기사(〈표 2〉)를 살펴보면, 지방에 처음 설치된 군단인 귀당貴幢은 상주정이 되고, 다음에 설치된 한산정은 처음에 신주정이라 했으며, 그다음 완산정은 본래 하주정이었다고 적혀 있다. 이처럼 대당에 이어서 순차적으로 설치된 지방 군단은, 창설기에는 상주·하주·신주라는 당시 새로 설치된 영역을 나타내는 호칭을 군단명으로 사용하고 있었던 것이다. 게다가 스에마쓰 씨의 고증에 따르면 그러한 군단의 설치와 상주·하주·신주와 같은 지역 구분의 설정은 각각 완전히 동시기에 이루어졌다.[53] 이를 단순히 우연의 일치로 정리하기는 어려울 것이다. 육정 각 군단의 성립은 상주·하주 등으로 명명한 특정 영역의 설정과 불가분의 관계에 있었다고 생각할 수 있는 것이다.[54]

한편 이렇게 육정의 군단 성립과 광의의 주 설정과의 관계를 보았을 때 광의의 주에 소속된 병사를 의미하는 '주병州兵'은 독자적인 의미를 갖게 된다. 즉 지방 군단의 성립, 광의의 주 설치, 그리고 '주병'이라는 3자의 관계를 육정 군단 전체상과 연관시켜 말하면 육정이란 광의의 주에 해당하는 영역 내의 인민을 군사적으로 편성하는 것이 가능해야 비로소 성립될 수 있다. 그리고 그 결과로서 생겨난 '주병'을 기본적인 군사력으로 삼은 군단이 아니었을까 생각한다. 처음부터 '주병'을 협의의 주, 즉 주읍州邑에 소속된 병사로 제한할 필연성은 없다. 새로 설정된 광의의 주를 단위로 삼은 병졸 집단이 존재했다는 사실이나 군단 성립과 광의의 주 설정 시기가 일치한다는 것 등을 합쳐서 생각하면 '주병'은 광의의 주에 소속된 병사로 간주하지 않을 수 없다. 육정은 이처럼 '주병'을 기본적인 군사력으로 삼은 군단이었던 것이다.

그런데 '주병'을 위와 같이 이해하더라도 당시 신라가 어떻게 주의 백성들을 징발하고 주병으로 삼아 조직화했는지 이 점을 분명히 할 필요가 있다. 따라서 다음에서는 먼저 지방 군단이 성립되던 당시에 신라의 지방 지배 양상을 서술하고, 그 뒤에 지방민을 주병으로 조직화하여 육정의 군사력으로 삼는 것이 가능했던 육정의 존립 기반을 명확히 하고자 한다.

(3) 육정의 존립 기반

최근 「남산신성비」의 분석이 심층적으로 이루어지면서 6세기 신라의 지방 지배체제에 대한 이해가 점차 분명해지고 있다. 이러한 성과를 토대로 잠시 신라의 지방 지배 양상을 개관해보고자 한다.[55]

6세기 신라의 지방 지배체제 아래에서 말단의 행정 단위는 성城·촌村이었다. 성·촌은 행정상 일단 동일한 수준으로 생각되고 있다.[56] 다만 유의해야 할 점은 촌이라고 해도 자연촌락이 아니고 통일신라의 9주제 아래에서는 현縣이라는 실체를 갖고 있었다는 점이다.[57] 각 성·촌에는 촌주村主로 불리는 재지 수장이 존재하고, 중앙 권력은 그들을 통해 지방의 성·촌 지배를 실현했던 것이다.

각 성·촌에는 왕경에서 군주君主·당주幢主·도사道使라는 지방관이 파견되었는데 군주가 파견된 성·촌은 주州가 되고, 당주가 파견된 성·촌은 군郡이 되었다. 그리고 나머지 성·촌에는 도사가 파견되었다. 즉 파견된 지방관에 따라 여러 성·촌은 행정 상 주-군-성·촌 3단계로 구분되어 서로 통속 관계를 맺고 있었다고 생각된다.

다음으로 이러한 6세기 지방 지배체제의 실질적인 측면을 살펴보기 위해 남산신성南山新城의 축성 공사 모습을 간추려서 언급하도록 하겠다.

진평왕 13년(591), 신라 왕경에 있는 남산에 산성을 축조하기 위해 당시 신라 전역의 지방민들이 공사에 동원되었다.[58] 축성할 때는 산성의 작업 거리를 2백 이상으로 나누고, 나누어진 일정 거리를 분단마다 담당케 하였다. 이 축성 분단의 기본 단위는 지방민의 경우 성·촌이고, 왕경인의 경우 리里

였다.[59] 각 분단마다 하나씩 만들어진 「남산신성비」에는 축성공사에서의 서약, 그리고 분단 감독이었던 지방관의 이름이 적혀 있고, 이어서 공사에 참여했던 실질적인 작업 책임자로서 외위를 띤 촌주를 비롯한 재지 수장들의 이름이 열거되어 있다. 이로부터라도 축성 공사라는 국가의 역역力役 징발을 할 때 재지 수장이 얼마나 중요한 역할을 맡고 있었는지를 짐작할 수 있을 것이다.

앞서 지적한 것처럼 남산신성의 축조 공사를 위한, 이러한 전국 규모의 역역 징발은 세역歲役과 같이 전 지방민에 대한 항상적恒常的·정액적定額的인 역역으로 간주하지 않을 수 없을 것이다.[60] 하지만 그렇다고 하더라도 우리들은 먼저 신해년 2월 26일, 전국의 성·촌에서 동원된 노역 부담자를 일제히 서약하게 하고, 왕경의 축성공사에 사역시킬 정도로 지방 지배가 성립되었다는 사실에 주목해야만 할 것이다.

이처럼 6세기 신라는 촌주村主로 대표되는 재지 수장이 관여하고 있었지만 전국의 지방민을 일제히 징발해서 국가사업에 사역시킬 만큼 지방의 지배체제가 정비되어 있었던 것이다. 이러한 기본적인 확인 사항에 입각해서 육정의 각 군단이 어떻게 지방민을 징발하고 주병으로 편성시킬 수 있었는지, 또 육정에는 왕경에 설치된 대당이 있는데 이 군단의 군사적 기반은 무엇이고 어떻게 편성되었는지 등의 문제를 차례로 검토해보고자 한다.

먼저 지방에 설치된 상주정上州停을 시작으로 한 지방 군단이 지방민을 주병으로 편성한 경우 생각해볼 수 있는 것이, 재지 수장의 지배력에 의거해서 지방 통치의 기초 단위였던 성·촌마다 지방민을 징발하여 주병으로 편성한 것은 아닐까 하는 점이다. 이미 남산신성의 축성 공사 사례를 통해 살펴본 것처럼, 전국에서 지방민을 징발하여 국가사업에 사역시키는 것은 지방민을 직접 중앙의 축성사築城司에 집중시켜 재편성한 뒤 노역에 임하게 한 것이 아니라, 재지 수장이 관여하여 징발한 성·촌민을 그대로 노동 편성의 기본 단위로 삼아 노역에 임하도록 하였다. 일반적으로 군역軍役은 노역의 일부로 생각되었기 때문에 군역으로서 지방민을 징발하고, 주병으로서 편성하는 경우에도 동일한 방법이 사용된 것은 아닐까 추정된다. 즉 실제로 지방민을 장악하여 지방의 군사력을 보유하고 있던 재지 수장은 전투할 때도 성·촌민을 거느리고 국가의 군대로서 기능할 수 있도록 제도적으로 규정되어 있었던 것이 아닐까 생각된다. 따라서 아래와 같이 재지 수장의 군사활동을 사료에 의거하여 검토함으로써 이 점을 확실히 하고자 한다.

『삼국사기』권4 진흥왕 15년(554) 7월조에는,

> 백제왕 명농明穠이 가야[加良]와 함께 와서 관산성管山城을 공격하였
> 다. [중략] 신주군주新州軍主 김무력金武力이 주병州兵을 이끌고 나아
> 가 서로 맞붙어 싸웠는데, 비장裨將인 삼년산군三年山郡의 고간高干
> 도도都刀가 갑자기 공격하여 백제왕을 죽였다. 이에 여러 군대들이
> 승세를 타고 크게 이겼다.[61]

라는 기사가 있어, 신주新州 군주軍主 김무력金武力을 따르던 비장裨將 도도都刀의 활약을 확인할 수 있다. 도도는 외위 3등급인 고간高干을 띠고 있는 것처럼 분명 재지 수장 중 1명이며, 게다가 사료에는 그의 본관이 삼년산군三年山郡이라는 사실이 명기되어 있다. 도도가 띠고 있는 고간은 지금까지 발견된 5개의 「남산신성비」에 드러난 각 성·촌의 촌주가 가진 외위에조차 미치지 못하지만, 그가 삼년산군에서 가장 유력한 재지 수장 중 1명이었다는 것은 틀림이 없을 것이다. 또 그가 촌주였을 가능성은 크다. 이처럼 삼년산군의 수장인 도도가 비장이라는 지위에 있으면서 놀라운 활약을 펼쳤다는 점에서, 당시 재지 수장이 신라의 군정軍政상 중요한 역할을 수행했다는 것은 충분히 짐작할 수 있다.

게다가 촌주의 군사활동을 설명해주는 자료로서,『삼국사기』권6에는 다음과 같은 기록이 있다.

> a 문무왕 7년(667) 가을 8월에 왕이 대각간大角干 김유신金庾信 등 30명의 장군을 거느리고 서울을 나섰다. 9월에 한성정漢城停에 이르러 영공英公을 기다렸다. 겨울 10월 2일에 영공이 평양성平壤城 북쪽 200리 거리에 도착하였다. [영공이] 이동혜尒同兮 촌주村主 대나마大奈麻 강심江深을 뽑아 보내니, [강심이] 거란契丹 기병騎兵 80여 명을 거느리고 아진함성阿珍含城 거쳐 한성漢城에 도착하였다. 편지를 전하여 출병할 시기를 독촉하므로 대왕이 이를 따랐다. [중략] 이에 강심에게 급찬의 관등을 주고, 벼[粟] 500석을 하사하였다.[62]

또 권7에 기재되어 있는, 문무왕이 나중에 당나라 장군 설인귀薛仁貴에게 보낸 서한 중에도 다음과 같은 기사가 있다.

> b 영공이 보낸 강심江深이 와서 "대총관의 처분을 받들어 신라 병사와 말은 성을 공격할 필요 없이 빨리 평양으로 와서 군량을 공급하고 모이라."라고 말하였습니다.[63]

이는 고구려 토벌을 위해 한성漢城에 주둔하고 있던 문무왕에게 출병 시기를 독촉하는 서한을 보낸 경위를, 당 장군 영국공英國公 이적李勣이 평양에 도착해서 촌주 강심江深에게 설명하는 내용이다. 촌주 강심이 한 부대에 해당하는 거란병契丹兵 80여 명을 거느리고 있는 것처럼 여기에서도 임전臨戰 시 촌주의 역할을 짐작할 수 있다.

하지만 얼핏 보면 촌주 강심은 때마침 평양에 도착한 이적에게 파견된 평

양지방의 촌주인 것 같지만, 사료 a에서 알 수 있듯이 강심의 본관은 이동혜尒
同兮이며 이는 통일신라의 9주제 아래에서 상주尙州 일선군一善郡의 영현領縣
에 해당한다. 즉 이 땅은 사료 a의 첫머리에 있는 것처럼 8월 왕경을 출발하
여 9월 한성에 도착한 정벌군에 가담하지 않으면, 평양은 물론 한성에도 도
착할 수 없는 곳에 위치하고 있다.[64] 그래서 앞서 언급한 문무왕의 서한을
자세히 살펴보면 그 전문前文에,

> 건봉乾封 2년에 이르러서는 대총관 영국공英國公이 요동을 정벌한
> 다는 말을 듣고서 [나는] 한성주漢城州에 가서 군사를 보내 국경에
> 모이게 하였습니다. 신라 군사와 말이 홀로 쳐들어가서는 안 되었
> 으므로 먼저 간자間者를 세 번이나 보내고 배를 계속해서 띄워 대군
> 의 동정을 살펴보게 하였습니다. 간자가 돌아와서 모두 "대군이 아
> 직 평양에 도착하지 않았다."라고 하였습니다.[65]

라고 하여 신라군의 주둔지였던 한성에서 평양지방으로, 이적의 군사들이
도착한 것을 확인하기 위해 몇 번이나 사자使者를 보낸 것을 알 수 있다. 요컨
대 촌주 강심은 우연히 이적의 사자가 된 것이 아니라 미리 평양지방 정찰을
위해 한성에서 파견된 신라군의 일원이었다고 간주해야 할 것이다. 이러한
경위가 있었기 때문에 촌주 강심에게 "급찬의 관등을 주고, 벼[粟] 500석을
하사했다."라는 논공행상이 이루어진 것이며, 따라서 촌주 강심의 군사적
인 활약상이 크게 평가될 수 있었던 것이다.

그 밖에 재지 수장의 전공戰功을 기록한 것으로 다음의 사료가 있다.

> 한산주소감漢山州少監 박경한朴京漢은 평양성 안에서 군주軍主 술탈
> 述脫을 죽인 공이 첫째였으며, [중략] 군사軍師인 남한산南漢山의 북

거北渠는 평양성 북문北門에서 전공이 첫째였으니 술간述干의 관등을 주고 벼[粟] 1,000석을 하사하였다. 군사軍師인 부양斧壤의 구기仇杞는 평양 남교南橋에서 전공이 첫째였으므로 술간의 관등을 주고 벼[粟] 700석을 하사하였다. 가군사假軍師인 비열홀比列忽의 세활世活은 평양소성平壤少城에서 전공이 첫째이니 고간高干의 관등을 주고 벼 500석을 하사하였다. 한산주소감漢山州少監 김상경金相京은 사천에서 전사하였는데 공이 첫째였으므로 일길찬의 관등을 추증하고 조租 1,000석을 하사하였다.[66]

이것은 고구려 정벌 이후, 문무왕 8년 10월 22일 한성에서의 논공행상을 설명한 것이다(〈표 9〉 참조). 사료에 보이는 5명은 한산정 군관 2명과 술간·고간 등의 관등을 받은 3명의 지방인으로 이루어져 있다. 3명의 지방인은 각각 남한산南漢山·부양斧壤·비열홀比列忽을 본관으로 한다는 것이 명기되어 있으며, 그들의 군공에 의한 증위增位를 차치하고라도 관위官位의 위상으로 보건대 각각의 본관이 적힌 성·촌에서 유력한 재지 수장이었음을 알 수 있다.

〈표 9〉

관직官職	인명人名	사위賜位	사물賜物
한산주소감漢山州少監	박경한朴京漢	일길찬一吉湌	조租일천석
군사남한산軍師南漢山	북거北渠	술간述干	속粟일천석
군사부양軍師斧壤	구기仇杞	술간述干	속粟칠백석
가군사비열홀假軍師比列忽	세활世活	고간高干	속粟오백석
한산주소감漢山州少監	김상경金相京	일길찬一吉湌	조租일천석

한편 이러한 재지 수장들이 군사軍師·가군사假軍師라는 관직을 띠고 있는 점에 주목할 필요가 있다. 군사·가군사에 대해서는 이미 기무라 마코토木村誠 씨의 지적이 있는 것처럼 촌주와 마찬가지로 재지 수장 중에 한정된 사람에게만 허용된 관직이었다고 생각된다.[67] 군사가 촌주와 함께 재지 수장에게 수여한 관직이라는 점은 틀림없는 사실이지만 여기서 군사와 촌주는 어떠한 관계에 있었던 것일까.

기무라 씨는 이에 대해 "군사가 군단에 직접적으로 편성되어 전투 행동에 일상적으로 참가했던 것에 반해, 촌주는 오히려 지방 행정관적 성격이 강한 것이었다."라고 설명하고 있다.[68] 재지 수장 중에도 군정관軍政官, 민정관民政官과 같은 직장의 분화가 있었다고 주장하는 이유이다. 그러나 반드시 그렇다고 단정하기에는 다소 어려움이 있다.

첫 번째로 앞서 기술한 것처럼 촌주 강심이 고구려 정토군의 일원으로 참가하고 있는 사례가 있다. 게다가 촌주의 군사활동을 보여주는 사료는 하나에만 그치지 않는다. 『삼국사기』 권11 진성왕眞聖王 3년(889)조에는,

> 이때 원종元宗·애노哀奴 등이 사벌주를 근거지로 반란을 일으켰다. 왕이 나마 영기令奇에게 명해 사로잡게 했는데 영기는 적들의 망루를 바라보고 두려워하여 나아가지 못했다. 촌주 우련祐連이 힘껏 싸우다가 죽었다.[69]

라는 기사도 보인다. 적어도 이러한 촌주의 군사활동을 예외적인 현상으로 결론 내리기에는 다소 무리가 있다.

그리고 두 번째로는 다음과 같은 사료가 있기 때문이다. 즉,

> 그때 열기는 보기감步騎監으로 따라갔는데 마침내 군사軍師 구근仇

近 등 15인과 함께 활과 큰 칼을 가지고 말을 달렸다. [중략] [김]유신이 [문무]왕에게 고하기를 "열기와 구근은 천하의 용사입니다. [중략] 후에 [김]유신의 아들 [김]삼광三光이 나라의 정무를 맡았을 때 [중략] 구근仇近은 원정공元貞公을 따라 서원경西原京의 술성述城을 쌓았다. 원정공이 다른 사람의 말을 듣고 일을 게을리한다고 하면서, 그를 곤장으로 때렸다. 구근이 "나는 일찍이 열기와 더불어 미루어 알기 어려운 땅에 들어가 대각간大角干의 명령을 욕되게 하지 않았다."[70]

이 기사를 통해 전장에서 중책을 맡은 군사 구근이 평상시에는 축성공사에도 참여하고 있었음을 알 수 있다. 「남산신성비」 연구에서 밝혀진 것처럼 지방민을 축성공사에 징발할 경우 성·촌의 촌주들이 가장 중요한 역할을 수행하였다. 구근이 축성공사를 태만하게 해서 문책을 받았다는 점에서 보건대 구근이 촌주를 관칭하지는 않지만 그가 촌주의 직무를 담당하고 있었던 것은 의심할 여지가 없다. 이 사료로 보는 한 기무라 씨가 주장한 것처럼 민정民政만을 역임한 촌주, 군정軍政에만 관여하던 군사처럼 재지 수장들의 직장 분화는 굳이 생각할 필요가 없는 것이다.

오히려 촌주 강심이나 군사 구근과 같이 특정 재지 수장들은 군역이나 노역에도 종사했다고 보는 것이 온당할 것이다. 즉 촌주와 군사는 서로 다른 사람이 담당하던 관직이 아니라 재지 수장층 중에 특정한 한 명이 상황에 따라 어느 쪽이라도 맡을 수 있는 관직이었던 것은 아닐까. 좀더 추측해보면 군사라는 관직은 육정이 편성될 때만 설치된 관직이며 그 관직에는 촌주가 취임했다고 생각된다. 그렇게 되면 흡사 주州의 장관 도독과 지방 군단의 장군과의 관계에도 비견해볼 수 있을 것이다.

이상과 같이 재지 수장의 군사활동을 사료에 의거해서 살펴보면, 그 활약은 대단히 뛰어났고 그들은 신라의 군정상에서도 중요한 존재였음을 알 수 있다. 그러나 그들이 전쟁 시에 군사軍師라는 군관직을 띠고 있었던 것이 상징하듯이 그들의 신라 군제상의 위상은 명확히 규명되었다고 보아야 할 것이다.

한편 이러한 사실을 토대로 지방 군단이 어떻게 지방민을 징발하고 주병으로 편성했는가, 하는 문제에 대해 생각해보는 것도 그리 어려운 일은 아닐 것이다. 재지 수장은 노역에서 그랬던 것처럼 군역에서도 성·촌민의 실질적인 장악자로서, 중앙 권력과 지방 사회와의 결절점으로 기능하고 있었으며, 그들은 일단 타당하면 성·촌민을 징발하여 통솔했던 것이다. 따라서 주병州兵이란 이러한 위상을 가진 그들의 손에 의해 성·촌마다 통솔된 병졸을 상주·하주의 규모까지 편성 조직했던 것에 다름 아니다. 지금까지 살펴본 재지 수장들의 군사상 활약 배후에 있던 것은 신라의 군사 체제에 위치하고 있는 그들의 특이한 역할이었으며, 그들의 존재 없이 육정은 존립하지 못했다고 말할 수 있을 것이다.

마지막으로 육정 중 제일 먼저 거론되는 대당大幢의 존립 기반에 대해 간단히 다루어보고자 한다. 주지하는 것처럼 대당은 직관지에 창설연대가 진흥왕 5년(544)으로 기록되어 있을 뿐 다른 군단과 같은 소재지의 변천 기록이 전혀 없다. 하지만 여러 선학들이 설명한 것처럼, 왕경에 설치된 군단이라는 사실은 분명하다. 그런 까닭에 대당은 왕경 육부를 그 존립 기반으로 한 군단으로 추정되고 있는 것이다. 이미 지방 군단이 역역을 징발하는 경우와 마찬가지로 성·촌 지배를 토대로 주병을 편성한 것으로 보았지만 「남산신성비」에 따르면 왕경 6부인이라 하더라도, 리里를 단위로 축성공사에 동원되었다는 사실이 있기 때문에 대당은 부部 관할하의 리마다 왕경의 백성들을 징발하여 병졸로 조직한 군단이었다고 생각된다. 즉 육정의 지방 군단이 주병을 기본 군사력으로 삼은 군단이었던 것에 대해, 대당은 왕경 6부인을 기본적인 군사력으로 삼은 군단이었던 것이다. 지금까지 서술한 내용을 정리한 것이 다음의 〈표 10〉이다.

〈표 10〉

군단	지방 군단	대당大幢
	주(州, 군관구)	왕경王京
편성 단위	군郡	부部
	성城·촌村	리里
기본 군사력	주병州兵	6부인六部人

4. 맺음말

이상으로 이 장에서 언급한 점을 정리해보면 다음과 같다. 육정은 그 장군직이 행군할 때 수시로 설치되는 임시 관직이었으며, 게다가 외관에 의해 겸직한 것에서 단적으로 드러나듯 상비군이 아닌 비일상적인 군사행동을 목적으로 한 극히 임시적인 군단이었다. 신라는 6세기 중엽에 이르러 급격하게 영토를 확장하는 한편, 일정한 영역을 주州로 설정하고 주 내의 성·촌민을 재지 수장이 관여하여 징발함으로써 육정 각 군단의 기본적인 군사력으로 삼았다. 육정이야말로 6세기 신라의 국가 및 지방 지배의 양상에 곧바로 응한 군단이었다고 말할 수 있을 것이다.

그런데 이러한 육정 이해에는 언급해야 할 몇 가지 문제점이 남아 있다. 예를 들어 이제까지 주치州治가 군단 소재지이기도 했던 것으로 여겨왔지만 앞서 언급한 군단의 실태에서 보건대 군단 소재지라는 개념 자체가 그 의미를 상실하고 말았다. 그렇다면 군단 소재란 무엇을 가리키는 것일까. 지금으로서는 이 점에 대해 다음과 같이 생각하고 있다. 이른바 군단 소재지는 도독이 파견된 주읍州邑이며, 지방 지배의 중심을 이루는 거점임이 분명하다. 게다가 여기에 머무는 도독은 행군할 때 주병의 최고 지휘관인 장군이 되고 있기 때문에, 군단 편성 시에 주치는 주병의 간단한 훈련[簡練]이나 검열[簡兵]을 행했다고 생각한다. 무엇보다 기본적으로는 행군 등을 할 때 군량이나 무기를 구비한 군사시설로서의 기능을 갖추고 있었을 것이다. 직관지에는 '정停' 자의 각주[割注]에,

> 신라인은 군영營을 정停이라 하였다.[71]

라고 해서 군단명에 사용되고 있는 '정停'의 본래 의미가 군영軍營이라는 것을 말해주고 있는데, 이것이야말로 모든 군단 소재지의 실태를 알려주고 있는 셈이다. 즉 군단 소재지가 되었던 주치는 행군할 때 군단을 편성하기 위한 필수 군영으로서의 기능을 겸비하고 있었던 것이다.[72]

게다가 남아 있는 커다란 문제 중 하나로 육정의 여러 군관들이 주병과 구체적으로 어떻게 연계되었는지가 문제로 남아 있지만 이 점에 대해서는 다시 해명해야 할 과제로 삼아야 할 것이다.

8장 신라 승려 자장의 정치 외교적 역할

1. 문제의 소재

7세기 중엽, 특히 640년대는 신라에 의한 삼국통일 과정을 검토하는 데 간과할 수 없는 중요한 시기로 주목할 수 있다. 즉 642년 백제의 신라 서남부에 대한 대규모 공격을 계기로, 이후 고구려·당을 끌어들이면서 신라의 대외적 위기가 더욱 가속화된다. 이윽고 신라 지배층이 둘로 나누어지게 되는 내란을 거쳐 650년 전후에는 정치·외교·종교 여러 방면에 걸쳐 개혁이 단행되었다. 이 과정을 거쳐 신라는 국내의 정치 기반을 강화시키면서 동시에 당과의 연대를 반석으로 삼아, 백제·고구려와의 최종 항쟁에 돌입하게 되었다.

이미 오래전부터 이 시기의 동아시아 여러 나라에서의 정치 과정을 국제적 규모에서 폭넓게 전개된 권력집중 현상의 일환으로 바라보는 시각이 제기되어왔다.[1] 하지만 그러한 입장에서 신라사에 관한 구체적인 검토는 아직 충분하다고 할 수 없는 상황이다.[2]

이러한 인식을 토대로 당시 신라의 변혁 과정에 대하여 지금까지 여러 관점에서 사견을 언급한 바 있다.[3] 먼저 신라의 내정內廷 성립과정에 대한 고찰을 통해, 통일기 신라의 집권적 관료기구 성립 기점이 된 651년, 관제 개혁의 주요한 과제 중 하나로 국가 재정과 왕실 재정이 분리되었다는 가설을 제시하였다. 그와 동시에 외교적인 면에서는 649년 당의 의관제衣冠制 도입과 650년 당 연호年號 채용에서 알 수 있듯이, 한쪽에서 명실공히 당의 외신外臣이 되면서도 다른 한쪽에서는 신라 중심의 새로운 외교질서 형성을 도모한 점에 대해 외교 기관의 변천에 대한 고찰을 통해 지적하였다.[4] 나아가 진덕왕 5년(651) 개혁으로 초래된 재정기반 배경으로, 불교 통제기관의 내실화와 호국사원의 조영을 가능케 한 체제 정비가 이루어진 점을 명확히 하고, 이 시기에 왕실 불교에서 국가 불교로 전환된 것을 확인할 수 있다고 논한 바 있다.[5]

이처럼 신라는 642년 이후 대외적 위기 속에서, 650년을 전후로 하여 정치·외교·종교 등 다방면에 걸쳐 커다란 변모를 이루었다고 볼 수 있다. 지금까지 이러한 과정을 추진하고 그 중심적 역할을 해왔던 인물로서, 외교에서는 김춘추, 군사에서는 김유신 두 명이 중시되었다. 기본적으로 이러한 견해에 이론은 없지만 김춘추 등이 시행한 여러 정책을 배후에서 지지한 전문 고문단으로서 자장慈藏의 역할을 다시금 평가해볼 필요가 있다고 생각한다.

자장에 대해서는 636년 혹은 638년에 입당入唐하여 643년 신라로 귀국하고 나서, 신라 삼보三寶 중 하나인 황룡사 구층목탑 건립을 진언한 것이나 신라 불교계의 개혁에 노력한 것이 잘 알려져 있다. 하지만 그 외 자장의 행동에 대해서는 그다지 명확하게 규명되었다고 보기 어렵다.[6]

그래서 이 장에서는 7세기 중엽 신라의 정치외교상의 여러 개혁에 대하여, 자장이 수행한 역할이라는 관점에서 재검토하고 아울러 그것이 지닌 역사적 의의에 대해 언급해보고자 한다.

2. 자장 관련 사료와 그 사적

자장에 관한 사료는 약간 의외이기는 하지만, 한반도 쪽에는 부족하고 중국 측에 남겨진 『속고승전續高僧傳』이 분량상으로는 그 대부분을 차지하고 있다. 물론 국내 사료인 『삼국유사』에도 자장 관련 기사가 수록되어 있지만, 그것들은 『속고승전』에 의거한 부분을 제외하면 단편적인 내용에 그치고 있다. 게다가 『속고승전』은 당대 도선道宣에 의해 편찬된 것인데, 자장의 입당入唐 시기가 정관貞觀 연간이라는 점에서 동시대 사료라고 할 수 있다. 따라서 자장의 사적事蹟을 규명하는 데 가장 기본적인 사료라고 해도 과언이 아닐 것이다.

여기서 그 전문全文을 내용에 따라 4개의 단락으로 나누어보면 다음과 같다.

A

①	1	釋慈藏, 姓金氏, 新羅國人, 其先三韓之後也, [中略] 藏父名武林, 官至蘇判異〖以本王族比唐一品〗旣亨高位, 籌議攸歸, 而絶無後嗣, 幽憂每積, 素仰佛理乃求加護, 広請大捨祈心佛法, 幷造千部觀音, 希生一息, 後若長成, 願發道心度諸生類, 冥祥顯應, 夢星墜入懷, 因卽有娠, 以四月八日誕, 載良晨, 道俗形衛慶希有瑞也.
	2	年過小學, 神叡澄簡獨拔恒心, 而於世數史籍皆周覽, 情意漠漠無心染趣, 會二親俱喪, 轉厭世華, 深體無常終歸空寂, 乃損捨妻子第宅田園, 隨須便給行悲敬業, 子爾隻身投於林壑, 麤服草屬用卒餘報, 遂登隙隙獨靜行禪, 不避虎兕, 常思難施, 時惑弊睡心行將微, 遂居小室, 周障棘刺露身直坐, 動便刺肉, 懸髮在梁, 用祛昏漠, 修白骨觀轉向明利.
	3	而冥行顯被物望所歸, 位當宰相頻徵不就, 王大怒, 勅往山所將加手刀, 藏曰, 吾寧持戒一日而死, 不願一生破戒而生, 使者見之不敢加刀, 以事上聞, 王愧服焉, 放令出家任修道業, 卽又深隱, 外絶來往, 糧粒固窮, 以死爲命, 便感異鳥各銜諸果就手送与, 鳥於藏手就而共食, 時至必爾, 初無乖候, 斯行感玄徵, 罕有聯者, 而常懷感感慈哀含識, 作何方便令免生死, 遂於眠寐見二丈夫曰, 卿在幽隱欲爲何利, 藏曰, 惟爲利益衆生, 乃授藏五戒訖曰, 可將此五戒利益衆生, 又告藏曰, 吾從忉利天來, 故授汝戒, 因騰空滅, 於是出山, 一月之間國中士女咸受五戒.
	4	又深惟曰, 生在邊壤佛法未弘, 自非目驗無由承奉, 乃啓本王西觀大化.

②	1	以貞觀十二年, 將領門人僧實等十有餘人, 東辭至京, 蒙勅慰撫, 勝光別院厚禮殊供, 人物繁擁財事旣積, 便來外盜, 賊者將取心戰自驚, 返來露過, 便授基戒, 有患生盲, 詣藏陳懺後還得眼, 由斯祥應, 從受戒子日有千計, 性樂栖靜.
	2	啓勅入山, 於終南雲際寺東懸崿之上, 架室居焉, 旦夕人神歸戒又集, 時染少疹, 見受戒神爲摩所苦, 尋卽除愈.
	3	往還三夏常在此山, 將事東蕃, 辭下雲際, 見大鬼神其衆無數, 帶甲持杖云, 將此金輿迎取慈藏, 復見大神与之共鬪拒不許迎, 藏聞臭氣塞谷蓬勃, 卽就繩床, 通告訣別, 其一弟子又被鬼打斃死乃蘇, 藏卽捨諸衣財, 行僧德施, 又聞香氣遍滿身心, 神語藏曰, 今者不死, 八十餘矣.
	4	旣而入京, 蒙勅慰問, 賜絹二百匹, 用充衣服, 貞觀十七年, 本國請還, 啓勅蒙許, 引藏入宮, 賜納一領雜綵五百段, 東宮賜二百段, 仍於弘福寺爲國設大齋, 大德法集, 并度八人, 又勅太常九部供養, 藏以本朝經像彫落未全, 遂得藏經一部并諸妙像幡花蓋具堪爲福利者, 齋還本國.
③	1	旣達鄕壞, 傾國來迎, 一代佛法於斯興顯, 王以藏景仰大國, 弘持正敎, 非夫網理, 無以肅淸乃勅藏爲大國統, 住王芬寺, 寺卽王之所造, 又別築精院, 別度十人恒充給侍, 又請入宮, 一夏講攝大乘論, 晩又於皇龍寺講菩薩戒本, 七日七夜天降甘露, 雲霧奄藹覆所講堂, 四部興嗟聲望彌遠, 及散席日.
	2	從受戒者其量雲從, 因之革屬十室而九, 藏屬斯嘉運, 勇銳由來, 所有衣資並充檀捨, 惟事頭陀, 蘭若綜業, 正以靑丘佛法東漸百齡, 至於住持修奉蓋闕, 乃与諸宰伯祥評紀正.
	3	時王臣上下, 僉議攸歸, 一切佛法須有規猷, 並委僧統.
	4	藏令僧尼五部各增旧習, 更置網管, 監察維持, 半月說戒依律懺除, 春冬總試令知持犯, 又置巡使, 遍歷諸寺誡勵說法, 嚴飾佛像營理衆業, 鎭以爲常, 據斯以言, 護法菩薩卽斯人矣.
	5	又別造寺塔十有餘所, 每一興建合國俱崇, 藏乃發願曰, 若所造有靈, 希現異相, 便感舍利在諸巾鉢, 大衆悲慶積施如山, 便爲受戒, 行善遂廣.
④		又以習俗服章中華有革, 藏惟歸崇正朔義豈貳心, 以事商量擧國咸邃, 通改變服一准唐儀, 所以每年朝集位在上藩, 任官遊踐並同華夏.

이 기록에서 볼 수 있는 것처럼 전문의 구성은 ① 출생에서 입당 전까지 자장의 사적, ② 당 체재 중의 사적, ③ 귀국 후 신라불교 개혁에 관한 사적, ④ 자장의 정치적 역할과 평가로 이루어져 있다.

한편 외국 사료이기도 한 『속고승전』에 비해 국내 사료인 『삼국유사』에서도 자장에 관한 기록을 찾아볼 수 있는데, 특히 같은 책 권4 자장정율조慈藏定律條에는 앞서 게재한 『속고승전』에 거의 대응하는 기록을 확인할 수 있다. 이 대응관계를 명기하고 해당 부분을 제시하면 다음과 같다.

B

①	1	大德慈藏, 金氏, 本辰韓眞骨蘇判〖三級爵名〗茂林之子, 其父歷官淸要, 絶無後胤, 乃歸心三寶, 造千千部觀音, 希生一息, 祝曰, 若生男子, 捨作法海津染, 母忽夢星墜入懷, 因有娠, 及誕, 与釋尊同日.
	2	名善宗郎, 神志澄睿, 文思日瞻, 而無染世趣, 早喪二親, 轉厭塵譁, 損妻息, 捨田園爲元寧寺, 獨處幽險, 不避狼虎, 修枯骨觀, 徵或倦弊, 乃作小室, 周障荊棘, 裸坐其中, 動輒箴刺, 頭懸在梁, 以祛昏暝.
	3	適臺輔有闕, 門閥當儀, 累徵不赴, 王乃勅曰, 不就斬之, 藏聞之曰, 吾寧一日持戒而死, 不願百年破戒而生, 事聞, 上許令出家.
	4	乃深隱岩叢, 粮粒不恤, 時有異禽, 含菓來供, 就手而喰, 俄夢天人來授五戒, 方始出谷, 鄕邑士女, 爭來受戒, 藏自嘆边生, 西希大化.
②	1	以仁平三年丙申歲〖卽貞觀十年也〗受勅, 与門人僧實等十有餘輩, 西入唐. ※ 謁淸涼山, 山有曼殊大聖塑相, 彼國相傳云, 帝釋天將工來彫也, 藏於像前禱祈冥感, 夢像摩頂授梵偈, 覺而未解, 乃旦有異僧來釋云〖已出皇龍塔篇〗又曰雖學万敎, 未有過此, 又以架裟舍利等付之而滅〖藏公初匿之故唐僧傳不載〗藏知已蒙聖莂, 乃下北臺, 抵太和池.
	2	入京師, 太宗勅使慰撫, 安置勝光別院, 寵賜頗厚, 藏嫌其繁.
	3	擁啓表入終南雲際寺之東崿, 架嵒爲室, 居三年, 人神受戒, 靈応日錯, 辭煩不載.
	4	旣而再入京, 又蒙勅慰, 賜絹二百匹, 用資衣費, 貞觀十七年癸卯, 本國善德王上表乞還, 詔許引入宮, 賜絹一領雜綵五百端, 東宮亦賜二百端, 又多禮貺, 藏以本朝經像未充, 乞齎藏經一部泪諸幡幢花蓋堪爲福利者皆載之.
③	1	旣至, 泪擧國欣迎, 命住芬皇寺〖唐傳作王芬〗給侍稠渥, 一夏請至宮中, 講大乘論, 又於皇龍寺演菩薩戒本七日七夜, 天降甘澍, 雲霧暗靄, 覆所講堂, 四衆咸服其異.
	3	朝廷講曰, 佛敎東漸, 雖百千齡, 其於住持修奉, 軌儀闕如也, 非夫網理, 無以肅淸, 啓勅藏爲大國統, 凡僧尼一切規猷, 總委僧統主之〖下略〗.
	4	藏直斯嘉會, 勇邀弘通, 令僧尼五部各增旧學, 半月說戒, 冬春惣試, 令知持犯, 置員管維持之, 又遣巡使, 歷檢外寺, 誡礪僧失, 嚴飾經像爲恒式, 一代護法於斯盛矣, 如夫子自衛返魯, 樂正雅頌, 各得其宜.

2 5	當此之際, 國中之人, 受戒奉佛, 十室八九, 祝髮請度, 歲月增至, 乃創通度寺築戒壇, 以度四來[戒壇事已出上]又改營生緣里第元寧寺, 設落成會講雜花万偈, 感五十二女 現身証廳, 使門人植樹如其數, 以旌厥異, 因號知識樹.
④	當以邦國服章不同諸夏, 舉議於朝, 簽允曰藏, 乃以眞德王三年己酉, 始服中朝衣冠, 明年庚戌又奉正朔, 始行永徽號, 自後每有朝覲, 列在上蕃, 藏之功也.

A·B 두 사료를 대조해보면 한눈에 구성상의 대응 관계를 확인할 수 있으며, 게다가 표현의 차이는 있어도 거의 동일한 내용이라는 점을 알 수 있다. 따라서 『속고승전』과 『삼국유사』의 성립 사정에서 보건대 『삼국유사』의 자장정율조는 기본적으로 『속고승전』을 전거로 삼고 있다고 볼 수 있다.

하지만 자세히 검토해보면 반드시 그렇게 단정할 수는 없을 것이다. 즉 B의 ②-※와 ③-1의 각주에 인용된 '당승전唐僧傳'과 '당전唐傳'은 『속고승전』을 가리키는 것으로 추정할 수 있다. 그런데 예를 들어 '당승전'에 수록되어 있지 않아도 여기에 기록해두겠다는 문구나 해당 부분에 대해 '당전'에서는 다르게 기록되어 있다는 내용의 주석이 붙어 있는데, 이러한 문구를 보면 한국 측에도 자장의 사적에 관한 독자적인 사료가 있었음을 엿볼 수 있다.[7]

여기서 이 점을 명확히 하기 위해, 외국 사료(A)와 국내 사료(B)라는 관점을 가지고 양자의 커다란 차이를 살펴본다면, 먼저 B에는 신라 측의 국내 사적에 대해 인물 명을 중심으로 A에서는 보이지 않는 고유명사가 발견되는 등 좀더 구체적인 기술을 찾을 수 있다. 구성이나 내용이 거의 동일하다는 것을 전제로 하면, 대체로 『속고승전』에 의거하면서 후대가 되어 본국에 전해 내려온 사료에 세부를 보완하는 과정이 있었다고 볼 수 있다.

다음 A·B 두 사료의 차이점으로 경시할 수 없는 것이 자장의 입당入唐 시기에 대해서이다. A는 정관 12년(638)으로 되어 있는 데 반해 B는 정관 10년(636)으로 되어 있어 2년 정도의 차이가 난다. 하지만 자장의 입당·귀국 연

도에 대해『삼국사기』권5 신라본기에는,

> (선덕왕) 5년(636), 자장법사慈藏法師가 당나라에 들어가 불법을
> 구하였다.[8]
> (선덕왕) 12년(643) 3월, 당나라에 들어가 불법을 배우고 있던 고
> 승高僧 자장慈藏이 돌아왔다.[9]

라고 하여 자장의 입당과 귀국 연도가『삼국유사』와 일치하고 있다.[10] 따라
서 이 문제에 관한 한, 당 측과 신라 측 사이에는 각각 다른 계통의 기록이
있어 양자 사이에 근본적인 차이가 있었을 가능성이 있다.

더욱이 간과할 수 없는 것이 이 입당 시기의 2년 차이와 관련하여 당나라
에서 자장의 발자취에 현저한 차이가 확인된다는 점이다.

A의『속고승전』에서는 장안長安에 도착한 후 태종의 극진한 대접을 받아
승광별원勝光別院에 안치되었고(②-1), 스스로 요청하여 종남산終南山에 부임
(②-2), 여기에서 3년을 보낸(②-3) 것으로 되어 있다. 이에 대해 B의『삼국유
사』에서는 입당 후 곧바로 오대산(청량산)에 부임하였으며(②-※), 그후 장
안에 가서 태종의 독려하에 승광별원에 안치되었고(②-2), 번뇌를 거부하여
종남산에 들어가 여기서 3년 거주한(②-3) 것으로 되어 있다. 이를 도면으로
나타내면 아래와 같다.

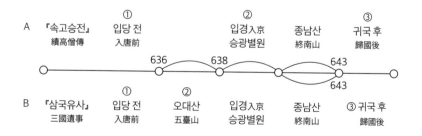

즉 두 사료에는 자장의 입당구법入唐求法 기간으로 5년과 7년이라는 차이가 있는 바 체재 기간을 2년 더 길게 보는 『삼국유사』에서는 오대산에서 신인(神人, 문수보살)과의 신비체험을 기록하고 있는데, 그 내용과 분량을 3년 동안의 종남산 수행과 동등하게 다루고 있어 오대산 체험이 얼마나 중요했는지를 보여주고자 했음을 읽어낼 수 있다.

이 점은 자장과 관련된 여러 기록이 수록된 『삼국유사』의 일관된 특징이며, 예를 들어 같은 책 권3 황룡사장육조皇龍寺丈六條에는,

C

자장慈藏이 당으로 유학하여 오대산五臺山에 이르러 문수보살의 현신이 감응하여 비결을 주고 인하여 부탁하여 말하기를 "너희 나라의 황룡사는 곧 석가와 가섭불迦葉佛이 강연하던 땅으로 연좌석宴坐石이 아직 있다. 그러므로 천축의 무우왕無憂王이 황금 약간 근을 모아 바다에 띄워 1300여 년을 지난 연후에 곧 너희 나라에 도착하여 이루어져 그 절에 안치되었다. 대개 위덕의 인연이 그렇게 만든 것이다."라고 하였다. [중략] "선덕왕대 절의 첫 주지는 진골인 환희사歡喜師였고, 제2주지는 자장 국통이고, 그다음은 국통 혜훈惠訓, 그다음은 상률사廂律師이다."라고 하였다.[11]

라고 하여, 여기서 알 수 있듯이 자장은 귀국 후 황룡사의 주지가 되지만 이보다 앞서 오대산에서 문수보살의 현신現身으로부터 석가와 황룡사와의 인연을 구수口授받았다고 되어 있다. 한편 마찬가지로 권3 황룡사구층탑조皇龍寺九層塔條에는 다음과 같이 기록되어 있다.

D

중국의 태화지太和池 근처를 지나칠 때 갑자기 신인神人이 나와서 물었다. "어찌 이에 이르게 되었는가?" 자장이 답하여 말하기를 "보리菩提를 구하기 때문입니다."라고 하였다. 신인이 예를 갖춰 절하고 또 묻기를 "너희 나라는 어떤 어려움에 빠져 있는가?"라고 하니 자장이 "우리나라는 북쪽으로 말갈靺鞨을 연하고 남쪽으로 왜인을 접하고 있고 고구려와 백제 두 나라가 번갈아 변경을 침범하여 이웃 나라의 침략이 종횡하니 이것이 백성의 걱정입니다."라고 하였다. 신인이 말하기를 "지금 너희 나라는 여자가 왕이 되어 덕은 있으나 위엄은 없다. 그러므로 이웃 나라가 꾀하는 것이다. 마땅히 속히 본국으로 돌아가라."라고 하였다. 자장이 "본국으로 돌아가면 장차 무엇이 이익이 되겠는가."라고 물으니 신인이 "황룡사 호법룡은 나의 장자로 범왕梵王의 명을 받아 그 절에 가서 호위하고 있으니 본국으로 귀국하여 절 안에 구층탑을 조성하면 이웃 나라가 항복하고 구한九韓이 와서 조공하여 왕업이 영원히 평안할 것이다. 탑을 건립한 후에 팔관회를 베풀고 죄인을 사면하면 곧 외적이 해를 가할 수 없을 것이다. 또 나를 위하여 경기京畿 남쪽 해안에 정려精廬 하나를 세워 함께 나의 복을 빌어주면 나 역시 덕을 갚을 것이다."라고 하였다. 말이 끝나자 드디어 옥을 받들어 바치고 홀연히 사라져 보이지 않았다. [사중기寺中記에는 종남산終南山 원향선사圓香禪師의 거처에서 건탑의 이유를 받았다고 한다.]¹²

얼핏 보면 여기에 전개된 자장과 신인의 만남, 그리고 황룡사 구층목탑을 둘러싼 대화는 오대산과 아무런 연관이 없는 것처럼 보이지만, 이 우화의 소재지인 '대화지大和池'라는 것이 오대산 속 중대中臺 꼭대기에 있는 '태화지太華池'에 다름 아니다.[13] 따라서 이것 역시 오대산에서의 신비체험을 말하고 있는 것으로 볼 수 있을 것이다. 이렇게 보면 사료 B ②-※는 자장의 경사(京師, 장안)에 이르기까지의 경로를,

> 청량산淸凉山을 찾아갔다. [중략] 이에 북대北臺를 내려가 태화지太和池로 갔다. 장안에 들어갔다.

라고 하여, 그 도중에 신비체험을 서술하고 있는데, 이는 청량산 즉, 오대산을 방문하여 북대에서 중대의 태화지로 이동하는 과정 중에 생긴 사건이라는 점이 명백해진다. 또한 사료 D는 입당 경로 도중에 오대산에서 신인으로부터 구층목탑 건립에 대한 계시를 받은 상황을 묘사하고 있는 것으로 판단할 수 있다.

이처럼 『삼국유사』의 여러 조목에 수록된 자장 관련 기록은 오대산에서의 신비체험에 관한 내용으로 장식되어 있다고 할 수 있을 것이다. 그러한 체험이 귀국 후 구층목탑 건립 등 황룡사에 관여한 자장의 사적과 결부된다는 줄거리가 되는 셈이다.[14] A의 『속고승전』에서 이 내용에 대해 전혀 다루고 있지 않은 만큼 이는 『삼국유사』의 두드러진 특징이라고 볼 수 있다.

게다가 A ②에는 이에 대한 기록이 발견되지 않고 청량산(오대산)에서의 자장 사적을 서술한 부분에 "자장 공이 처음에 이를 은닉하였다. 그로 인해 당나라 승전僧傳에는 수록되지 않았다."라는 주석이 달려 있어, 자장 스스로가 오대산에서의 체험을 감추었기 때문에 『속고승전』에는 오대산에서의 사건이 기재되지 않았다고 한 해석이 주목된다. 그러한 사실이 있었는지는 별개로 하더라도, 귀국 후 자장의 활동 유래와 배경을 오대산에서의 체험에서 구하고, 그것이 중국 측에 전래되지 않은 이유를 나름대로 설명하고자 하고 있기 때문이다. 역으로 말하자면 『삼국유사』에서는 오대산의 신비체

험을 뒷받침할 근거가 있다고 적극적으로 주장하고 있다고도 할 수 있다.

그렇다면 한국 측 사료인 『삼국유사』 자장정율조와 『삼국사기』 신라본기가 자장의 입당시기를 2년 일찍, 당에서의 체재 기간을 2년 길게 볼만한 해당 근거가 있다면, 이는 『속고승전』에 없는 오대산에서의 신비체험이 연관되어 있다고 생각한다. 즉 오대산에서의 체험은 경사(장안)에 들어가기 전이기 때문에 『속고승전』이 전하는 입당 연도 이전에, 실제로 자장이 비공식적으로 오대산을 방문한 사실에 입각했다고 보는 것을 하나의 가능성으로 생각할 수 있다. 다른 하나는 자장의 우상화가 이루어진 뒤에, 입당 시기를 2년 앞당김으로써 오대산에서의 신비체험을 합리화하기 위해 조작된 것으로 볼 가능성이다.

이 점에 유의하면서 또 다른 사료에 주목해보고자 한다. 즉 황룡사 구층목탑 심초 부분에서 출토된 금동제사리함에 적혀 있는 『찰주본기刹柱本紀』에 따르면,[15]

E

자세히 살펴보건대 저 황룡사 구층탑은 선덕대왕善德大王 대에 세운 것이다. 예전에 선종랑善宗郎이라는 진골眞骨의 귀한 사람이 있었다. 어려서 살생을 즐겨 매를 풀어서 꿩을 잡았는데, 꿩이 눈물을 흘리면서 울자 이에 마음이 움직여 발심發心하였다. 출가하여 불도에 들어가기를 청하였으니 법호가 자장慈藏이었다. 대왕께서 즉위한 지 7년째 되는 당나라 정관貞觀 12년 우리나라 인평仁平 5년 무술년에 우리나라 사신 신통神通을 따라 당나라[西國]에 들어갔다. 〈선덕〉왕 12년 계묘년에 본국으로 돌아오고자 하여 남산南山의 원향선사圓香禪師에게 머리를 조아려 사직하였다. 선사는 "내가 관심觀心으로 그대의 나라를 보니, 황룡사에 9층의 탑을 세우면 해동海東의 여러 나라가 그대의 나라에 항복할 것이다."라고 하였다. 자장은 이 말을 지니고 〈신라에〉 돌아와서 아뢰었다. 이에 〈왕은〉 감군監君인 이간伊干 용수龍樹에게 명하여 대장大匠인 ▨▨아비阿非 등과 소장小匠 2백여 인을 거느리고 이 탑을 만들도록 하였다. 글자를 새긴 사람은 승려 총혜聰惠이다. 14년 되던 해 을사에 건립하기 시작하여 4월 ▨▨에 찰주를 세웠고, 다음 해에 공사를 마쳤다. 철반鐵盤 이상은 높이는 7〈보步〉이고 이하의 길이는 30보 3척이다. [하략][16]

라고 하여, 자장의 입당 시기에 대해 『삼국유사』나 『삼국사기』가 아닌 『속고승전』과 일치하고 있다. 또한 황룡사 구층목탑 건립의 유래에 대해서는 『삼국유사』황룡사구층탑조와 대산오만진신조臺山五萬眞身條가 모두 오대산 신인(문수현신)과의 만남과 계시를 언급하고 있는 것에 반해, 『찰주본기』에서는 종남산 원향선사元香禪師에게서 귀국 전 자장에게 전해진 송별의 인사말이 건립의 계기가 되었다고 하여, 『삼국유사』의 자장 관련 기록과는 전혀 다른 내용으로 이루어져 있다.

원래 『찰주본기』는 872년 황룡사 구층목탑 개축 공사 때 기록된 것으로,[17] 자장의 사후 2백여 년이 지났지만 『삼국유사』 편찬 시기를 훨씬 거슬러 올라가는 사료라서 가볍게 다루기 어렵다. 게다가 간과할 수 없는 것이 사료 D에는 구층목탑의 건립이 오대산에서 신인의 계시에 의한 것이라고 기록하면서도 그 각주에서는,

사중기寺中記에는 종남산終南山 원향선사圓香禪師의 거처에서 건탑의 이유를 받았다고 한다.

라고 『사중기寺中記』를 인용하여, 『찰주본기』와 동일한 전승이 한국 측에 있

었음을 함께 기록하고 있다. 적어도『삼국유사』가 편찬될 때까지 자장의 사적은 상이한 두 계통의 사료가 전해지고 있었지만, 일연—然은『삼국유사』에서 군이 국내에 전승된 한 계통의 사적을 특히 중시하여 같은 책 각 조條의 본문에 수록한 것으로 볼 수 있다.

이를 요약하면 자장의 사적에 관한 기본 사료는『속고승전』이라는 데 우선 동의할 수 있을 것이다. 다만 이와 함께『삼국유사』를 비롯해서 한국 측에는 다른 계통의 사료가 분명 실재하고 있었으며,『속고승전』에 없는 자장에 대한 독자적인 사적을 전하고 있었다. 이것들은 설화화된 부분이 있어 주의가 필요하지만, 자장의 귀국 후 사적을 설명하기 위한 중요한 전제로 자리매김하고 있었기 때문에 외면하기 어렵다. 따라서 그러한 다른 계통의 사료가 한쪽에 남아, 자장의 귀국 후 사적에 대한 유래와 배경을 보여주고자 한 점은 자장의 역사적 역할을 검토하는 데 그것 자체가 고찰의 대상이 될 수 있을 것이다. 여기서는『삼국유사』를 포함한 한국 측 사료들을『속고승전』과 다른 계통의 사료로 간주하고 이를 보완적으로 활용하고자 한다.

3. 자장의 귀국과 신라의 동향

앞서 제시한 사료 A ③과 B ③이 전하는 것처럼, 자장의 귀국 후 활동을 통해 신라 불교계에서의 다양한 변화를 찾아볼 수 있다. 이 시기 신라 불교계의 변혁에서 자장이 미친 역할은 괄목할 만한 것이며, 이를 배제하고 자장을 논할 수는 없을 것이다.[18] 하지만 그렇다고 해서 자장의 본국 소환이 단순히 신라 불교계의 요청에만 국한되었는지에 대한 의문에는 반드시 꼭 그렇다고 보기 어렵다.

자장의 귀국 경위에 대해 사료 A ②는 "장차 동번東蕃에서 일이 생기려 하니 이제 운제雲際에서 내려오라."고 되어 있으며, 사료 B ②는 "정관 17년 계묘, 신라의 선덕왕이 표를 올려 귀환하기를 청하였다."라고 한 것처럼, 무엇보다 본국에서 위급한 사태가 먼저 일어나 선덕왕이 당 태종에게 직접 자장의 소환을 요청하였기 때문이다. 게다가 이러한 자장 소환의 직접적인 계기가 된 '큰일'이란 자장이 귀국한 643년의 전년도 7월에 백제의 기습을 받아 서쪽의 40여 성을 빼앗긴 사태[19]를 가리키며, 자장의 귀국에 의해 기대한 것이 먼저 이 사건에 대한 대처일 것이다.

이러한 어려움 속에서 귀국을 요청받은 자장은 어떠한 인물이었을까. 우선 주목하고 싶은 것이 그의 출자出自이다. 사료 A ①에 부친의 이름은 '무림武林'이고 관위는 '소판蘇判'에 달한다고 적혀 있으며, 그 신분은 '본래 왕족'이었다고 적혀 있다. 이는 사료 B ①의 '무림', '진골 소판'과 전적으로 대응하고 있다. 즉 '무武'와 '무茂'는 음이 통하며 한국 측에서 '무茂'를 사용한 것은 고려 혜종의 휘諱인 무武를 피하기 위함으로, 『삼국유사』에서는 종종 '무武'를 대신해 '호虎'를 사용하고 있다. 다음으로 B에 보이는 '진골'이란 신라의 신분제인 골품제도의 최상위 신분이며, 넓은 의미에서는 A ①-1에서 말한 '왕족'에 상응하는 계층에 해당하는 사람들이다.[20]

자장이 진골 출신이라는 사실은 사료 B ① 및 E에 출가 전 이름이 '선종랑善宗郎'이라고 적혀 있는 사실에서도 뒷받침된다. 즉 신라의 젊은이가 모랑이라고 칭할 경우 그것은 화랑花郎을 의미했다. 주지하는 것처럼 신라의 화랑이란 청년 집단의 리더이며, 화랑이 이끄는 낭도들은 평상시 심신을 연마하고 전쟁 시에는 청년 전사단으로 활약하였다. 화랑은 진골 계층의 자제 중에서 용모 단정한 15~16세 청년이 특별히 선출되었고, 그 아래에 수백 명 이상의 낭도들이 속해 있었다. 이러한 집단의 지도적 입장에 있었던 화랑은 성인이 되면 국가의 중추적 관직에 올라 국가의 기둥으로서 역할을 수행하게 된다.[21] 따라서 자장에게 A ①-3의 '재상宰相'이, B ①-3의 '대보台輔'라는 직위가 내려져 촉망을 받았다는 일화는 어느 정도 사실을 반영한 것으로 볼 수 있을 것이다.

자장의 이러한 출자나 출가 전 사적과 더불어 중요한 것이, 그의 부친인 무림이 화백和白이라는 신라 최고 합의기관의 구성이었다는 사실이다. 『삼국유사』 권1 진덕왕조에는,

> 왕의 시대에 알천공閼川公·임종공林宗公·술종공述宗公·호림~~공虎林~~
> 公[자장의 아버지이다]·염장공廉長公·유신공庾信公이 ~~있었~~는데, 이
> 들은 남산南山에 있는 오지암亐知巖에 모여 나~~라의~~ ~~일~~을 의논하였다.
> 이때 큰 호랑이 한 마리가 좌중에 뛰어~~들어~~ 여러 공들이 놀라 일어
> 섰는데 알천공만은 조금~~도 움직이~~ ~~않~~고 태연히 담소하면서 호랑
> 이 꼬리를 붙잡아 땅에 ~~메쳐~~서 죽였다. 알천공의 완력이 이와 같
> 아서 윗자리에 앉았으~~나 [중략]~~ 신라에는 네 곳의 신령한 땅[四靈地]
> 이 있어 나라의 큰~~일을 의~~論할 때에 대신들이 그곳에 모여서 의논
> 을 하면 일이 반~~드시 이~~루어졌다.[22]

라는 것에서 ~~보이~~듯이 진덕왕대 대신(대등) 회의에 화백 구성원으로서 자장 부친이 ~~명단에~~ 올라가 있다. 유의해야 할 것은 이 사료가 자장의 귀국 후에 즉위~~한 진덕~~왕 시대의 구성원을 전하고 있다는 점이다. 게다가 이 회의 석좌~~를~~ 맡고 있는 사람이 알천閼川으로 되어 있지만 알천에 대해서는 『삼국~~사기~~』 권5 신라본기에,

> (진덕왕) 원년(647) 2월에 이찬伊飡 알천閼川을 상대등上大等에 임명
> 하였다.[23]

이라고 하여 알천이 진덕왕 원년에 상대등으로 임명된 사실이 명기되어 있다. 주지하는 것처럼 상대등이야말로 대등 회의의 석주라고 해석되기 때문에,[24] 앞서 언급한 사료가 진덕왕대의 정책 결정에 관련된 화백 구성원을 보여준다고 생각할 수 있을 것이다.

그렇다면 사료 A·B 모두 자장이 일찍이 부모를 잃었다고 기록된 것은, 자장의 출가 계기를 미화하기 위한 정형적인 표현이라고 간주할 수 있을 것이다. 즉 자장의 부친 무림茂林은 자장의 귀국 후에도 계속해서 국정 제일선에서 활약하고 있었기 때문에 자장도 원래 그러한 역할이 기대되던 인물이었다고 볼 수 있을 것이다. 이는 자장의 소환과 귀국 후의 행동을 이해하는 데 중요한 열쇠가 되는 사실이다.

이러한 그의 입장에서 경시할 수 없는 것이 자장의 입당 경위이다. 사료 E에 의하면 자장은 조공사朝貢使를 따라 당나라에 들어간 것으로 보인다. 또한 사료 A ②-1·4에 의하면 입경 시에는 태종의 극진한 보호가 있었던 점이나 귀국할 때 하사품들이 극히 구체적이며 그러한 사실이 있었음을 알 수 있다는 점, 나아가 본국 소환에는 선덕왕이 태종에게 상소문을 올렸다는 점 등에서 자장이 당에서 체재하는 동안 태종의 후한 대접을 받았다는 것은 거의 사실이라고 보아도 틀림이 없다. 이러한 처우는 일개 학문승學問僧에게는 지나치게 파격적이라고 생각할 수밖에 없기 때문에 자장의 입당 목적 자체만으로 본다면 도저히 학문승에 의한 단순한 사적인 구법求法이라고는 도저히 생각하기 어렵다.

그렇다면 왕족이면서 권력 중추의 일각을 담당하던 아버지를 가진 법사 자장에게 도대체 어떠한 역할을 기대하고 있었던 것일까. 이미 서술한 것처럼 자장이 소환된 직접적인 계기는 백제의 공격으로 인해 서쪽 국경 40개의 성을 빼앗긴 것이었다. 이러한 위기 상황을 타개하기 위해 신라는 곧바로 몇 가지 대외적인 방책을 강구했는데 그 하나가 선덕왕을 보필하던 김춘추의 대외 활동이었다. 김춘추는 그해 겨울, 고구려에 군사 지원을 요청하는 사신으로 임명되지만 이때의 외교는 완전한 실패로 돌아가 김춘추 자신이 고구려에 붙잡혀 겨우 탈출했다는 결말로 끝나게 된다.[25]

때마침 자장이 당나라에서 귀국한 것은 김춘추의 대고구려 외교가 실패한 직후에 해당되며, 자장의 귀환을 요청한 상소문은 대내외 사료에 일치되게 기록한 정관 17년(643) 정월의 사신 파견을 통해 전해진 것으로 보아야 할 것이다. 따라서 자장의 소환은 신라의 국난과 이를 타개하기 위한 외교 활동과 관련되었을 가능성이 높다.

여기서 자장의 귀국(3월) 후 신라의 외교 전개를 살펴보면, 그해 9월 신라는,

> 대당大唐에 사신을 보내서 말하기를, "고구려와 백제가 저희 나라를 여러 차례 침범하여 여러 차례 수십 개의 성을 공격하였습니다. 두 나라가 군사를 연합하여 기필코 빼앗고자 하여 장차 이번 9월에 크게 군사를 일으키려고 합니다. [그렇게 되면] 저희 나라의 사직社稷은 반드시 보전될 수 없을 것입니다. 삼가 저의 신하를 보내어 대국大國에 운명을 맡기니, 바라건대 약간의 군사를 내어 [저희를] 구원해주십시오."라고 하였다.[26]

라고 적혀 있듯이 당에게 고구려·백제 토벌을 위한 지원군[乞師]을 요청하고 있다. 여기서 신라의 대백제 전략은 고구려와의 연대에서 당과의 연대로 대폭적인 궤도 수정이 이루어졌음을 알 수 있다. 이러한 외교 노선의 전환과 대당 외교의 추진에는 귀국 직후 자장이 관여되었다고 간주할 수 있을 것이다.

왜냐하면 먼저 첫 번째로 이미 언급한 것처럼 자장이 당에서 체재하는 동

안 태종의 극진한 대접을 받고 있었다면, 당나라 조정과 친밀한 자장에게 그러한 환경 속의 인맥을 당연히 기대했을 것이기 때문이다. 두 번째로 중국 유학 경험이 있는 신라의 승려 중에 걸사표乞師表와 관련된 전례가 실재한다는 점이다. 즉 『삼국사기』 권4 신라본기에는,

> (진평왕 30년, 608) 왕이 고구려가 자주 강역을 침략하는 것을 근심하여 수나라에 군사를 요청하여 고구려를 정벌하고자 원광圓光에게 명하여 걸사표乞師表를 짓게 하였다. 원광이 아뢰기를, "자기가 살고자 남을 죽이는 것은 승려가 할 행동이 아닙니다만, 저[貧道]는 대왕의 영토에서 살며 대왕의 물과 풀을 먹고 있으므로 감히 명을 따르지 않을 수 없습니다."라고 하고, 곧 [걸사표를] 지어 올렸다.[27]

라고 하여 승려 원광圓光이 진평왕의 명에 따라 걸사표에 직접 관여한 사실을 전하고 있다. 원광은 진평왕 11년(589) 봄 3월에 남조 진陳에 건너가 중국에서 11년 동안 수학한 후 신라가 수隋에 보낸 조빙사朝聘使와 함께 귀환했는데, 그러한 원광에게 걸사표 작성을 명한 바 있다.

즉 원광과 마찬가지로, 자장의 경우도 정관 17년 9월 당에 전해진 걸사표 작성에 연관된 것으로 볼 수 있어, 당시 신라의 외교전략을 크게 전환시킨 배후에는 자장의 관여가 있었다고 추정하게 된다. 따라서 자장에게 귀국을 요청한 것은 백제·고구려에 포위된 상황으로 인해, 꼼짝하지 못하던 국면을 당과의 외교로 극복하고자 자장에게 당에 대한 교두보 역할을 기대한 것으로 생각된다.

그런데 이러한 역할이 기대되던 자장이지만 그 결과는 기대와는 달리 커다란 오산을 초래하게 된다. 태종은 신라 사신이 걸사표를 가져오자 세 가지 구원책을 제시했다고 전해지며,[28] 그중 하나로 "당신의 나라는 여성을

주군으로 삼아 이웃 나라에게 멸시를 받기에, 주를 잃고 외적이 거듭나 해가 지나도 평온하지 못하다. 우리 왕족을 보내니 당신의 국주로 삼도록 하라."라는 책策을 내렸다고 한다.[29] 요컨대 구원의 대가로 신라의 선덕여왕을 폐위시키고 당나라 조정의 남성 일족一族을 왕위에 즉위시키는 것이 어떠냐는 내용이었다. 신라의 곤경을 거꾸로 쥐고 불합리한 방책을 제시하여 답변이 궁해진 신라 사신에게, 태종은 큰일을 해낼 만한 역량이 이 사신에게는 없다고 조소하는 태도로 답하였다.[30]

그뿐 아니라 이 시기의 대당 외교는 단지 외교상의 실패로만 그친 것이 아니라, 신라의 곤경에 들이대는 칼날이 되어, 지배층의 분열과 심각한 대립을 야기하게 된다. 즉 이 견당사에서 3년이 지나, 상대등(상신) 비담毗曇이 태종의 방책을 방패 삼아 '여왕을 잘 대체할 수 있다.'라고 제창하면서 반란을 도모해 두 파의 대립은 군사 충돌에까지 미치게 된다. 결국 이 쿠데타는 김춘추와 김유신에 의해 진압되지만 선덕왕의 서거逝去라는 큰 대가를 치를 수밖에 없었다.

그런데 태종의 세 가지 방책이 제시되고 비담의 난에 이르는 과정에서 신라 지배층의 대립 원인을 지금까지 줄곧 사회계층 간, 여러 혈연 집단 간의 연합과 대립의 정치적 역학에서 구하는 경향이 강했다. 따라서 비담의 난에서 대외관계란 단순히 외적인 것, 우발적인 것 또는 표면적인 구실에 불과하다는 견해가 일반적이었다.[31] 그 대립 구도 역시 수구파인 '문벌귀족'과 왕당파인 '신흥 중소귀족'의 대립이라는 견해[32]가 상당한 영향력을 가지고 있다.

이에 대해 최근 다케다 유키오武田幸男 씨는 그러한 대립 구도를 사료적 뒷받침이 결여된 것이라며 배제하고, 신라 지배층 내부의 근본적인 대립은 사신을 파견할 때 태종으로부터 받은 방책을 따르고자 한 '당 의존파'(비담 등)와 당과의 연대를 전제로 삼으면서도 태종의 방책에 반발하고 현 체재를 수호하고자 한 '친당 자립파(김춘추 등)'의 대립이라고 보았다. 이를 통해 '비담의 난'이 갖는 실상을 이제까지와는 다른 새로운 관점에서 접근하고자 하였다.[33] 비담의 난을 신라의 대외정책과 국제관계의 밀접한 연관성을 토대로 해석하고자 한 시각은 자장의 입장과 역할을 고찰하는 데 시사하는 바가 매우 크다고 생각한다.

그러한 이해를 계승하고 논지를 전개해나간 단서로서 주목한 것이 사료 D이다. 즉 황룡사 구층목탑 건립의 연유로서 자장이 오대산을 방문했을 때, 신인神人으로부터 "지금 당신의 나라는 여성을 왕으로 삼았다. 덕망은 있어도 위엄이 없어 이웃 나라가 이를 모의한다."라는 계시를 받고 이를 극복하기 위해 구층목탑을 건립하라는 계시가 내려졌다고 적혀 있는데, 자장의 오대산 신비체험에서 태종의 언사와 동일한 내용을 발견할 수 있기 때문이다.

이미 지적한 바와 같이 『삼국유사』의 자장 관련 기록에는 『속고승전』에 없는 다른 계통의 사료가 포함되어 있으며, 그것들은 자장 귀국 후 사적에 대해 그 유래와 배경이 나타난다는 특색이 있다. 일견 황당무계한 설화일 수 있겠지만 이것이 가령 설화나 후세 조작이라 하더라도, 흥미로운 것은 걸사표를 가져온 신라 사신에게 태종의 여왕 통치에 대한 비난이 시간을 거슬러 올라가 당에 체재 중이던 자장 사적에 포함되었고, 그것이 다시 자장의 건언建言인 황룡사 구층목탑 건립의 유래로 자리매김하고 있다는 점이다.

여기서 문제가 되는 황룡사 구층목탑 건립 시기에 대해서 사료 E에는,

(선덕왕)14년, 을사년에 건립하기 시작하여 4월 ▨▨▨에 찰주를 세웠고 다음 해에 공사를 마쳤다.

라고 적혀 있으며, 또 다른 『삼국사기』 권5 신라본기에는,

(선덕왕) 14년 3월에 황룡사탑皇龍寺塔을 창건하였는데, [이는] 자

장慈藏의 요청에 따른 것이다.[34]

라고 하여 약간 어긋나는 부분이 보이지만, 645년 봄에 착공하여 이듬해에 준공되었다고 볼 수 있을 것이다.[35] 어쨌든 구층목탑 건립 시기는 태종의 방책이 제시된 이후가 되며, 그렇다면 황룡사 구층목탑 건립은 신라 지배층이 둘로 나뉘어 대립하던 상황이 진행됨에 따라 자장의 청원으로 착공된 것이라고 볼 수 있을 것이다.

자장 귀국 후에 전개된 신라의 외교와 내정의 동향은 자장의 걸사표를 소지한 견당사가 기점이 되지만, 이 사신에 대한 태종의 대응을 비롯하여 구층목탑 건립과 비담의 난 모두가 다른 형태를 띠고 있어도, 각각 여왕 통치에 대한 비난이 거의 동일하게 드러나고 있다는 부분은 결코 경시할 수 없을 것이다. 또한 걸사표 작성이나 구층목탑 건립에 분명 자장이 직접적으로 연관되어 있었기 때문에, 자장 자신이 선동한 대당 외교에 의해 야기된 신라 지배층 내부의 대립에도 스스로를 개입시킬 수밖에 없었던 가능성을 그리 어렵지 않게 추정할 수 있을 것이다.

4. 구층목탑 건립과 신라의 질서 세계

스스로 추진한 대당 외교의 반동에 의해 동요를 초래한 지배층 내부의 대립에도, 자장은 관여하지 않을 수 없었다고 볼 수 있지만, 이러한 신라 지배층을 둘로 나눈 대립이 첨예화되면서 구층목탑을 왕도의 중심에 건립하고자 했던 자장의 안목은 도대체 어떤 것이었을까.

구층목탑 건립에 이르는 경위에 대해서, 앞서 게재한 사료 D에 따르면 자장은 오대산의 신인(문수현신)에게 "당신의 나라에는 어떠한 어려움이 있는 것인가."라는 질문을 받고 "우리나라는 북쪽으로 말갈과 이어지며, 남쪽으로 왜인과 접하며 고구려·백제 두 나라가 번갈아 변경을 침범하여 이웃 나라의 침략이 종횡합니다."라고 답하자, 신인은 "지금 너희 나라는 여자가 왕이 되어 덕은 있으나 위엄은 없다. 그러므로 이웃 나라가 꾀하는 것이다. 마땅히 속히 본국으로 돌아가라.", "구층탑을 (황룡사) 절 안에 조성하면 이웃 나라가 항복하고 구한九韓이 와서 조공하여 왕업도 영원히 평온해질 것이다."라는 계시를 받았는데 이것이 건립의 계기가 되었다고 전하고 있다.

또한 사료 E에는 자장이 당을 떠나면서 남산 원향선사南山圓香禪師로부터 "황룡사 구층탑을 세우면 해동海東의 여러 나라가 그대의 나라에 항복할 것이다."라는 말씀을 듣고 귀국하여 그것에 따라 건립한 것으로 되어 있다.

이밖에도 『삼국유사』 권3 황룡사구층탑조에 인용된 『동도성립기東都成立記』는 그 연기緣起를 다음과 같이 전하고 있다.

> 또 해동의 명현名賢 안홍安弘이 편찬한 『동도성립기東都成立記』에 다음과 같이 말한다. "신라 제27대에 여왕이 왕이 되니 도道는 있으나 위엄이 없어 구한九韓이 침략하였다. 만약 용궁 남쪽 황룡사에 구층탑을 세우면 곧 이웃 나라의 침입이 진압될 수 있다. 제1층은 일본, 제2층은 중화, 제3층은 오월, 제4층은 탁라托羅, 제5층은 응유鷹遊, 제6층은 말갈, 제7층은 거란, 제8층은 여적女狄, 제9층은 예맥穢貊이다."[36]

라고 하여 신라는 여왕이 통치하고 있기 때문에 외적이 침략한다는 이유로 황룡사에 구층탑을 세워 이웃 나라의 재화災禍를 진압하고자 한다는 내용이 담겨 있다.

어쨌든 각 사료들은 구층목탑의 건립 목적을 이웃 나라의 침공을 막아내고자 한 부분에서 일치하고 있다. 또 간과할 수 없는 것이, 무엇보다도 이웃의 침략을 초래한 여왕 통치의 결함을 보완하는 역할이 기대되었다고 전하는 부분이다. 이에 따르면 구층목탑은 국가진호國家鎭護, 호국의 상징으로 볼 수 있을 것이다. 그러나 이처럼 건립의 목적을 막연히 '진호국가'로 수렴하기 전에, 그 배경과 목적을 신라의 정치 과정과 연관시켜 고찰할 필요가 있다고 생각한다. 자장의 중국 오대산 사적에 여왕 통치의 가부 문제가 짙게 투영되어 있다는 사실을 감안하면서, 구층목탑의 건립 목적을 642년 이후 신라의 내외 정세에 대처하는 정치 과정 속에서 구체적으로 재검토해보고자 한다.

그렇다고 해도 종종 지적된 것처럼 자장의 오대산에서의 사적과 함께 구층목탑 건립의 연기緣起는 설화적 색채가 강하고 또 후세의 윤색이 더해져 있어,[37] 자장의 진짜 목적을 탐구하기가 용이하지 않다. 그래서 여기서 한 가지 확실치 않은 자장의 역할과 구층목탑 건립의 목적을 해명하기 위한 보조선補助線으로, 당시 신라가 놓여 있던 상황과 막다른 난국을 타개하기 위해 자장에게 부여된 사명을 추측해보고 이를 고찰해보고자 한다.

한편 문제 해명의 단서가 되는 것이, 사면초가 속에서 당과의 연대에 걸었던 신라 외교가 뜻밖에도 지배층 내부의 대립을 야기하고 내란에 이르게 된 과정을 들 수 있다. 그럼 어째서 이 정치 과정에서 지배층을 두 갈래로 나누는 심각한 대립이 일어나야만 했던 것일까. 또한 양자 대립을 만든 노선상의 결정적인 차이란 무엇이었던 것일까. 적어도 확실히 말할 수 있는 것은, 군사 지원을 얻기 위해 당과의 관계를 강화시켜야 한다는 점에서 양자의 노선상의 차이는 없었다는 점이다. 사실 신라의 활로는 오직 이것뿐이었던 것이다. 그래서 생각할 수 있는 것이 양자는 당과의 연대에 의해 국가 방어라는 자기 보존을 추구한다는 점에서 공통되지만, 연대 방법에는 원리적으로 타협할 수 없는 차이가 있었다고 할 수 있다.

즉 비담이 일으킨 쿠데타의 목적은 그 슬로건에서 알 수 있는 것처럼, 여왕 통치의 부정이었지만 이것은 태종이 제안한 당 왕조 일족인 남성을 왕으로 모신다는 데 동의한다는 선언이었다. 즉 신라 고유의 왕권을 부정하더라도 자기 보존을 도모하고자 한 계획이었다. 한편 반란을 진압한 김춘추는 다시금 여왕(진덕왕)을 추대한 후에 스스로 당으로 건너가 의관제衣冠制 도입을 자청하고 이것에 의해 당과의 군신관계의 강화를 꾀하였다. 어디까지나 신라 왕권의 전통과 권위를 존속시키면서 당의 요구에 가능한 양보하고자 한 의사 표명이기도 했다. 다케다 유키오 씨가 말하는 '친당자립親唐自立'이란 바로 이러한 자세를 말하는 것이다.

이처럼 양자는 당과의 결속을 강화하고자 한 점에서 공통되지만, 당과의 연대가 실현되어 신라의 보전保全이 완수된 이후의 국가 형태에 결정적 차이가 생기게 된다. 즉 신라는 당 태종에게 신라 고유의 왕권 폐기를 강요받지만 이를 수용하는 것은, 그때까지 신라 왕권이 준거해온 기반을 부정함과 동시에 왕권의 권위를 토대로 형성·유지된 지배질서의 부정이며, 하나의 질서 세계 총체를 부정하는 의미이기도 했다. 643년 대당 외교에 의해 신라가 직면한 커다란 위기는 지배자 집단이 수립한 정통성의 근간 그것 자체를 뒤흔들었다는 점에서 그 심대함이 있었던 것이다.

지금 이러한 사태가 가진 중대성을 신라의 질서 세계와 왕권과의 관계에 의거해서 살펴보면, 신라에는 6세기 이래 독자적인 왕권사상이 있었으며, 그 일면을 「진흥왕 마운령 순수비」(568년) 서두[38]에서 웅변하고 있다.

태창 원년 세차 무자 8월 21일 계미에 진흥태왕眞興太王이 영토를 순수巡狩하고 돌에 새겨 기록하였다. 무릇 순풍이 일어나지 않으면 세상의 도리가 참되지 않고, 그윽한 덕화德化가 펴지지 않으면 사악한 것이 서로 경쟁하게 된다. 그러므로 제왕이 연호를 제정함에 자신

을 닦아 백성을 편안하게 하지 않으면 아니 된다. 그러나 짐은 왕위
에 오르는 운수[歷數]가 자신에 이르러 위로는 태조의 기틀을 이어
받아 왕위를 계승하여, 몸을 조심하며 스스로 삼가나 하늘의 도리
[乾道]를 어길까 두렵다.[39]

라고 되어 있듯이, 진흥왕은 독자적인 연호를 토대로 천하에 군림하는 황제
인 것처럼, 중화 이데올로기를 토대로 하여 확대된 여러 지역에서 정치 지
배를 실현시키고자 했다. 신라 왕권은 6세기 중엽 이후, 전통적 권위[40]상에
서 이러한 중화 이데올로기를 가지고 질서 세계를 확대·형성하고 있었다.
태종의 요구는 따지고 보면 그러한 지배 사상과 질서 세계의 포기를 압박하
는 것이었다.

이에 대해 비담 등은 백제·고구려·왜의 포위망 속에 고립된 신라를 보전
하기 위해서는 어쩔 수 없다는 입장에서 여왕 폐위를 주장한 것이며, 다른
한편 김춘추는 고유 왕권을 지키고 유지한다는 입장에서 비담에게 대항한
것이다. 그러나 김춘추 역시 결과적으로 당과의 연대를 강화할 필요성 때문
에 의관제 도입을 스스로 태종에게 자청하였다.

여기서 유의하고자 하는 것은, 김춘추의 선택에 있어서 의관제 도입과 당
연호 채용은 곧 당의 외신外臣이 되겠다는 사실을 의미하기 때문에, 신라의
질서 세계(위신의 체계)를 지지하는 근거, 즉 이른바 위신의 기반이 되는 중
심성의 희박화稀薄化와 통한다고 볼 수 있다는 점이다. 돌이켜 보면 이것은
정말 신라 왕권을 토대로 집약된 지배층에게는 중대한 사태였던 것이다.

그렇다면 의관제 도입과 당 연호 채용을 완수한 뒤에, 신라는 고유한 질
서 세계의 중심성을 상실하게 된 것일까. 분명 신라는 예를 들어 신문왕 7년
(687)에 정립된 것으로 추정하는 종묘제에서, 천자칠묘天子七廟에 대해 제후
오묘諸侯五廟의 예를 따르는 등 중국 예제禮制의 규제를 감수하고 있었으며,

「진흥왕 순수비」에서 볼 수 있는 것 같은 기존의 자립·자존적인 입장을 포기하고 있는 것처럼 보인다.[41] 하지만 한편으로는 어디까지나 신라왕을 중심으로 한 질서 세계를 견지한 흔적이 엿보인다. 예를 들어 『삼국사기』에는,

> (문무왕) 2년(662) 2월, 탐라국주耽羅國主 좌평佐平 도동음률徒冬音律이 와서 항복하였다. 탐라는 무덕武德 연간 이래로 백제에 신속臣屬해왔기 때문에 좌평佐平을 관직 호칭으로 썼는데, 이때에 이르러 항복해서 속국이 되었다.[42]
>
> (애장왕) 2년(801) 동10월, 탐라국耽羅國에서 사신을 파견해 조공하였다.[43]

라고 하여, 신라는 백제 멸망 후에 그때까지 백제에 신하로 따랐던 탐라국을 '속국屬國'으로 삼아, 탐라국에서 사신을 보내 조공을 받았던 사실이 확인된다. 또 고구려 멸망 후 왕족 안승安勝을 비롯한 고구려 유민을 금마저(金馬渚, 익산)에 안치시켜, 그들을 고구려 계승국으로 삼아 신라의 피책봉국(보덕국)으로 자리매김하고자 한 사실을 『삼국사기』 권6 신라본기에서는 다음과 같이 전하고 있다.

> (문무왕) 10년(670) 7월, 사찬沙湌 수미산須彌山을 보내어 안승安勝을 고구려왕으로 책봉하였다.[44]

이것에 더하여 7세기 말 고구려 유민과 말갈 여러 부족이 집결해서 건국한 발해渤海에 대해서도, 탐라국 및 보덕국과 동일한 위상을 부여하고자 한 점이 엿보인다. 즉 최치원의 '사불허북국거상표謝不許北國居上表'에 따르면,

그 추장 대조영이 신의 나라로부터 제5품 대아찬大阿餐의 벼슬을 처음 받았습니다. 그후 선천先天 2년에 이르러 비로소 대조大朝의 총명寵命을 받아 발해군왕渤海郡王으로 봉해졌습니다. 그런데 이후 점차 황은皇恩을 입게 되자 어느새 대등한 예로 대하게 되었습니다. [하략][45]

에서 볼 수 있듯이, 적어도 선천先天 2년(713) 당에 책봉되기 전까지 발해국왕 대조영은 신라 5등급의 관위를 수여받게 되는데, 이것이 사실이라면 신라왕과의 사이에 군신관계가 있었던 것으로 볼 수 있을 것이다.

그렇기에 신라는 의관제를 도입하고 당 연호를 채용한 뒤에도 탐라와 고구려, 발해라는 나라를 속국과 조공국으로 나누어 이들을 자체적인 질서 구조 안에 두고자 했던 것이 분명하다. 바꾸어 말하면 신라는 당의 외신이라는 위치에 있으면서도, 한편으로는 신라 주변국을 속국으로 삼은 것처럼 독자적인 질서 세계를 존속시키고 있었던 셈이다. 그렇다면 이처럼 당과 군신관계를 유지하면서도 자기를 중심으로 한 질서구조를 견지한다는 이 난제를 어떠한 방법으로 해결할 수 있었던 것일까.

먼저 신라에 닥친 과제라는 것은 중국의 질서 세계에 매몰되지 않고 새로운 원리에 기반한 질서 세계의 구축과 확보였음에 틀림없다. 당의 외신이 되면서도 자기를 중심으로 한 질서 세계를 유지하기 위해 새로운 위신 체계의 구축이 필요했을 것이다. 말할 필요도 없이 이러한 상황에 대처하기 위해 신라는 6세기 중엽 이후 수용해온 중국의 예제(중화 이데올로기)를 무효화시킬 수밖에 없었다. 외신이 되면, 그러한 이데올로기의 질서 세계는 중국을 중심으로 일원적인 질서 내에 완전히 포섭되어버리기 때문이다. 원래 「진흥왕 순수비」에서 볼 수 있는 중화 이데올로기에 기초한 질서 세계는 중국 왕조와 일정한 거리가 있었기에 성립될 수 있었을 것이다.

따라서 자기를 중심으로 하는 질서 구조를 확보하기 위해서는, 중국 예제와 다른 차원의, 좀더 고차원적인 사상적 뒷받침이 요청되었던 것이다. 환언하면 스스로가 중심이 될 수 있는 성스러운 원리에 기반을 두어야 했다. 이는 신라 고유의 질서 세계를 근거로 삼아, 그것을 보증할 가치의 원천이 될 수 있는 권위의 근거여야 했을 것이다.

여기서 주목되는 것이 자장의 오대산 체험을 기록한 일련의 사료들이다. 이미 자장에 관한 신라 측 사료 중에는 중국 측에 전래되지 않은 다른 계통의 사료가 포함되어 있음을 밝힌 바 있다. 그것들은 또 귀국 후 자장의 활동 유래와 배경을 설명하는 내용으로 구성되어 있었다. 오대산에서 문수보살(신인)에게 이웃 나라를 물리치고 여왕 통치의 결함을 보완하기 위해 황룡사에 구층목탑을 건립하도록 계시를 받는다거나, 신라의 황룡사는 석가와 특별한 인연을 가진 불국토임을 고지告知하도록 한 내용이 몇 가지 변형된 형태로 서술되어 있다.

또한 『삼국유사』 권3 황룡사 구층탑조에는,

> 자장법사가 당나라에 유학하여 곧 오대에서 문수보살이 불법을 주는 것을 감응하여 얻었다. 자세한 것은 본전에 보인다. 문수가 또 말하기를 "너희 국왕은 천축의 찰리종刹利種 왕으로 미리 불기佛記를 받았기 때문에 특별히 인연이 있어 동이東夷 공공共工의 종족과는 같지 않다."[46]

라고 하여 신라왕이 석가와 같은 찰제리종(刹帝利種, 크샤트리아)이며, 동이 여러 민족과는 다르다는 점을 강조하고 있다. 이는 모두 신라가 불교상 특별한 가호 아래 있는 국가임을 말하고 있는 것이다.

앞서 서술한 것처럼, 자장의 오대산 신비체험을 통해 이야기하고 있는 이러한 우화는 중국 측에는 일체 전해지지 않으며,『삼국유사』는 이를 자장이 몰래 감춘 것에 의한 것으로 보고 있다. 그 진위 여부와 별개로, 자장과 관련된 일련의 사료들은 황룡사가 석가와 인연 깊은 땅이라는 점이나, 황룡사에 구층목탑을 건립하면 이웃 나라의 침공을 방어하고 여왕 통치를 보완할 수 있다는 등을 문수보살(신인)의 말씀으로 설명하고 있다. 그것들은 신라를 불국토佛國土로 보려는 주장임과 동시에 신라를 특이화하려는 사상에 다름 아니다. 당시 신라에게 절실히 필요했던 것은 중국의 예제와는 다른 차원의 좀더 고차원적인 사상적 뒷받침이었으며, 이것을 토대로 신라 왕권을 중심으로 하는 독자적인 질서 구조를 확보하는 데 있었다. 오대산에서의 체험을 기록한 일련의 사료 내용은 설화적인 측면이 있지만, 이것이 문수보살(신인)이라는 초월자의 말씀을 통해 언급된 만큼, 그러한 요청에 맞추어 초월적인 신성성을 부여하고자 한 언설로 볼 수 있을 것이다.

그렇다면 귀국 후 매우 어려운 과제를 떠맡아야만 했던 자장이, 신라 왕권의 존립 위기에서 불교의 초월적인 언설과 구층목탑의 건립으로 대처하고자 한 것은 충분히 있을 수 있는 일이 아니었을까.

실제로 자장의 진언에 따라 건립된 황룡사 구층목탑은 분명 신라의 그러한 현실적인 과제에 부응할 수 있었을 것이다. 하늘 높이 솟아 있는 구층목탑의 위용이야말로 천상계의 수미산須彌山을 본떴을 것으로 불국토로서의 신라를 상징하는 데 충분했을 것이다. 이미 거론한『동도성립기』의 일문에서도 볼 수 있는 것처럼 후세에 이르러 구층목탑은 각 층마다 주변국과 여러 민족이 비정되고 있다. 이는 신라를 위협하는 이웃 나라(외적)이기도 했지만, 구층목탑 자체에 그러한 외부의 형상화가 생겨난 것은 구층목탑이 신라 내부의 질서 세계를 환기시키는 기능을 지니고 있었기 때문일 것이다. 그러한 의미에서 구층목탑은 신라왕을 중심으로 한 위신의 체계를 드러내 보여주는 상징적 의미가 담겨 있다고 볼 수 있을 것이다.

신라에 남겨진 외교적인 선택지는 당과의 관계 강화밖에 없었지만 거기에는 불가피한 난관이 가로막고 있었다. 압도적인 당의 질서 세계 속에서 자체적인 질서 세계를 얼마나 확보하고 자리매김할 수 있는지의 과제였다. 자장은 이 문제가 신라 왕권에 있어 얼마나 절실한 과제였는지 숙지하고 있었기 때문에 지배층의 균열을 눈앞에 보고 구층목탑 건립을 진언했던 것이 아닐까 생각된다. 또한 신라 측에만 전승된 자장의 오대산 신비체험은 윤색과 조작이 가미되어 있다고 하더라도 신라의 질서 세계에 근거를 부여한다는 언설이라는 것은 의심할 여지가 없다. 자장이 불교적인 설명을 빌어 신라왕 중심의 위신 체계를 유지·재구축하고자 한 것은,[47] 구층목탑의 건립목적에서도 충분히 있을 수 있다고 생각한다. 오대산의 신비체험이 자장에게 몰래 감춰져 있었기 때문에 중국 측에 전하지 않았다고 보는 것도, 이것이 신라 내부의 질서 세계와 연관되어 있다면 오히려 당연하다고 해야 할 것이다.

5. 맺음말

자장이 완수한 정치 외교상의 역할에 대해서, 오늘날 이를 명확히 전하는 것은 사료 A·B 말미에 게재된 아래의 문언들이다.[48]

> 또한 풍속과 복장은 중화와 큰 차이가 있었는데 자장은 (중국의) 정삭正朔을 받듦에 의리상 어찌 두 마음이 있을 수 있겠는가 생각하였다. 구체적인 일들을 헤아려 (제안하니) 온 나라가 모두 실천하였다. 변방[신라]의 복식을 완전히 고쳐 오로지 당의 풍속대로 하였다. 그래서 매년 조정에 (외국 사신들이) 모일 때에 (신라 사신의) 위치가

상번上蕃이 되고 (신라 사신이 중국의) 관직을 받아 부임하는 것이
모두 중국 사람과 같게 되었다.(A)

일찍이 나라의 복장服章이 중국과 같지 않으므로 조정에 건의하니
허락하여 좋다고 하였다. 이에 진덕왕眞德王 3년 기유己酉에 중국의
의관衣冠을 입기 시작했다. 다음 해 경술庚戌에 또한 정삭正朔을 받들
어 처음으로 영휘永徽 연호를 썼다. 이후 매번 조공할 때마다 반열
이 상번上蕃에 있었는데 자장의 공로이다.(B)

전자에서는 중화中華 사상의 입장에서 후자에서는 모화慕華 사상의 입장
에서, 각각 자장에 의한 당나라 의관제의 도입, 당나라 연호의 채용을 높이
평가하고 있다. 거기에는 자장이 무엇을 의도해서 그러한 정책을 추진했는
지에 대해 전혀 언급되어 있지 않기 때문에, 당시 상황에 의거한 적극적인
해석은 지금껏 이루어지지 않았다고 생각한다.

여러 차례 언급했던 것처럼 자장은 642년 백제의 급습으로 인한 위기 이
후 결코 쉽지 않은 신라의 정치 과정에서 활약하였고 신라를 존망의 위기에
서 회피시켰다. 위에 게재한 사료는 그 결과의 일부를 보여주는 것에 불과
하여 여기까지 이르는 과정이 신라에게 어떠한 것이었으며 그 귀추가 어떠
한 의미를 지니는지 전혀 언급되어 있지 않다. 그러나 앞서 설명했듯이 구
층목탑 건립과 불교의 말씀을 통해 신라 고유의 질서 세계를 확보하였기에
비로소 도달할 수 있는 귀결이었다. 자장은 당에 의존하면서 자립을 추구한
다는 원래의 모순당착矛盾撞着에 빠진 과제에 잘 대처할 수 있었기 때문에,
중국의 질서 세계와 신라 고유의 질서 세계라는 상극 속에서 건곤일척, 혼
신의 계획을 꾀한 것으로 추측할 수 있을 것이다.

원래 그러한 난제에 대처할 수 있었던 것도 자장이 당에서 오래 체재하면

서 당이라는 타자他者와 조우하여 자기(신라)를 대자화對自化한 계기를 갖고 즉자성卽自性에서 벗어날 수 있었기에, 타자인 당과 자기(신라)와의 관계를 연계시키는 방안을 모색할 수 있었던 것이다. 또 대외적인 위기에 닥쳐서 그 본질을 끝까지 연구하여 신라의 재편再編으로 맞선 창의야말로, 그가 왕족 출신이면서 화랑이었다는 경력과 무관하지는 않을 것이다.

다시 생각해보건대, 640년대 신라의 정치 과정에서는 한반도 문명화(중국화)의 일면을 찾아볼 수 있으며, 그것은 뼈를 깎는 듯한 궁여지책이기도 했다. 중국 문명을 향한 대항은 그 뒤 고구려나 조선 왕조에서도 항상 커다란 정치 과제로 이어지지만, 그러한 관점에서도 자장이 완수한 역할은 중국의 역대 왕조를 상대로 한반도의 역대 왕조가 추진하던 외교전략의 연원淵源으로서 주목받고 있다.

9장 신라 중대의 국가와 불교

1. 문제의 소재

신라에서는 6세기 초 불교를 공식적으로 수용한 이래, 935년 왕조 멸망에 이르는 400년이라는 오랜 기간에 걸쳐 독자적인 불교문화를 개화시켰다. 불교를 배제하고 신라문화의 번영을 설명하기란 불가능하다. 이처럼 신라 불교의 특징으로 종종 지적되는 것이 국가적 성격에 대한 것이다. 고승들의 숭고한 호국사상을 비롯하여 신라 불교에 국가적 색채가 짙었다는 사실은 다방면으로 언급되고 있다.[1]

그러나 여기서 의문스러운 것은 과연 신라에 불교가 공인된 이래로, 수용 당초부터 왕조 말기까지 그 성격에 전혀 변화가 없었던 것일까, 하는 점이다. 신라에 수용된 불교는 그후 신라사의 '중고中古'(514~654년) · '중대中代'(654~780년) · '하대下代'(780~935년)라는 시기 구분법으로 불리던 시대를 거치면서 융성이 극에 달하게 되며, 그것은 곧 신라의 국가적 발전 과정이라고도 할 수 있다.[2] 이처럼 고대국가의 형성 발전과 더불어 신라 불교의 국가적 성격도 역사적 전개에 따라 독자적인 변용을 이루었음을 충분히 유추해볼 수 있다.

종래 신라 불교의 국가적·호국적 성격에 대해서는 다양한 관점에서 논해왔지만, 역사적 변용 과정에 대한 의식적인 규명은 충분히 진행되지 못하였다. 이 장에서는 그러한 변용 과정에 유의하면서 신라의 전성기라는 중대 국가와 불교의 관계 및 그 성격에 대하여 불교 통제기관이나 불교 관계 관사官司의 고찰을 통해 분명히 하고자 한다.

2. 불교 통제기관

국가와 불교의 관련성을 이해하는 데 중요한 단서가 되는 것이 이른바 불교 통제기관일 것이다. 신라의 불교 통제기관에 대해서는 사료가 턱없이 부족하기 때문에 아직 충분히 규명되지 못한 부분도 분명 있을 것이다. 그러나 여기서는 선학의 연구에 의해 얻어진 성과를 토대로,[3] 중고기에 성립된 불교 통제기관의 관제官制상의 변천을 개관하고 그 성격 변화에 대하여 규명하고자 한다.

중국 남북조시대에 발달한 불교 통제기관은 신라에 불교가 공인되고 얼마 지나지 않아 이미 신라에도 수용되었는지, 사료상에는 조기에 성립된 것이 확인되고 있다. 이를 보여주는 것이 『삼국사기』와 『삼국유사』에 각각 수록된 아래의 기사이다(〖 〗는 할주, 이하 동일).

정관(政官)〖혹은 정법전政法典이라고도 이른다.〗 처음에는 대사大舍 1명과 사史 2명으로 관사를 만들었는데, 원성왕 원년(785)에 이르러 처음 승관僧官을 두고, 승려 중에 재주와 행실이 있는 자를 택하여 임명하였다. 사유가 있으면 교체하는데 재임 기한은 없었다. 국통國統은 1명으로〖한편 사주寺主라고도 이른다.〗 진흥왕 12년(551)

에 고구려 혜량법사惠亮法師를 사주寺主로 삼았다. 도유나랑都唯那娘은 1명으로 아니阿尼이다. 대도유나大都唯那는 1명인데 진흥왕 때 처음 보량법사寶良法師를 임명하였고, 진덕왕 원년(647)에 1명을 더하였다. 대서성大書省은 1명으로 진흥왕이 안장법사安臧法師를 임명하였다. 진덕왕 원년(647)에 1명을 더했다. 소년서성少年書省은 2명으로 원성왕 3년(787)에 혜영惠英·범여梵如 두 법사를 이에 삼았다. 주통州統은 9명이다. 군통郡統은 18명이다.(『삼국사기』 권40 직관지)[4]

신라 진흥왕眞興王 11년 경오庚午에 안장법사安藏法師를 대서성大書省으로 삼았는데 1인을 두었고, 또한 소서성小書省 2인을 두었다. 다음 해 신미辛未(551년)에 고구려 혜량법사惠亮法師를 국통으로 삼았는데 또한 사주寺主라고도 하였고, 보량법사寶良法師를 대도유나大都維那로 삼아 1인을 두었고, 주통州統 9인, 군통郡統 18인 등을 두었다. 자장 때에 이르러 다시 대국통 1인을 두니 대개 상설직이 아니었다. [중략] 후에 원성대왕元聖大王 원년元年(785년)에 이르러서는 또 승관僧官을 설치하였는데 이름이 정법전政法典으로 대사大舍 1인, 사史 2인을 관리로 삼았는데 승려 중에 재행才行이 있는 사람을 뽑아 삼았고 유고시에는 곧 교체하였으며 연한은 정해져 있지 않았다.(『삼국유사』 권4 자장정율조)[5]

이상에서 볼 수 있듯이 두 사료는 거의 동일한 내용을 적고 있지만 잘 대조해보면 반드시 일치하지는 않는다. 게다가 방증할 만한 사료가 결여되어 각각의 해석을 둘러싼 여러 견해가 있고 충분히 해명되지 못한 부분도 적지 않다. 하지만 두 사료에서 인정해도 좋을 만한 사실들을 열거하면 아래와 같다.

먼저 첫 번째로 신라의 승관은 정관政官으로도 불렸으며,[6] 정관의 효시는 진흥왕 12년(551) 고구려 승려인 혜량惠亮을 국통에 임명한 일이다. 그리고 진흥왕대에는 국통 외에 대도유나大都唯那, 대서성大書省 같은 승관도 설치되었고, 도유나랑도 이 무렵에 설치된 것으로 보인다.[7]

두 번째로 이러한 승관 조직은 진덕왕 원년(647)에 약간의 정원 보충이 있었음이 확인된다.

세 번째로 승관은 지방에도 두었는데 주통州統 9명, 군통郡統 18명은 그 정원수에서 통일 이후의 9주제가 성립된 후 각 주州마다 주통 1명, 군통 2명을 각각 파견한 것으로 생각된다.

네 번째로 그후 원성왕 원년(785) 승관 조직인 정관에 큰 변화가 일어났다는 것이다. 자세한 것은 분명치 않은 점들이 많지만 여기서는 변선웅 씨의 의견에 따라 정관이 새로 설치된 정법전政法典에 흡수 통폐합[8]된 것으로 보고자 한다.

이상 승관에 의한 통제기관에 대해 속관俗官에 의한 불교 통제기관으로 대도서大道署가 있다. 대도서에 대해서는 『삼국사기』 권38 직관지에,

대도서大道署[[혹은 사전寺典이라고도 이르고, 혹은 내도감內道監이라고도 이른다.]]는 예부禮部에 속해 있다. 대정大正은 1명으로 진평왕眞平王 46년(624년)에 두었다. 경덕왕景德王이 정正으로 고쳐 삼았다가 후에 다시 대정大正으로 칭하였다. 관등(位)이 급찬級湌부터 아찬阿湌까지로 삼았다.[[한편 대정大正 밑에 대사大舍 2명이 있었다고도 한다.]] 주서主書는 2명으로 경덕왕景德王이 주사主事로 고쳐 삼았다. 관등(位)이 사지舍知로부터 나마奈麻까지인 사람을 임명한다. 사史는 8명이다.[9]

라고 하여 예부禮部에 속하며 대정大正, (대사大舍), 주서主書, 사史로 구성되어 있음을 알 수 있다. 대도서의 연혁에 대해서는 먼저 진평왕 46년(624) 대정 1명을 설치한 것에서 비롯되었다고 적혀 있으나, 설치 당시의 관사명은 할주에서 말하는 사전寺典이었으며, 그 뒤에 대도서로 개칭되었고 다시 경덕왕대의 특정 시기에 내도감內道監으로 개칭되었음이 이미 지적된 바 있다.[10] 또한 사전寺典에서 대도서로 개칭된 시기 역시, 중앙 행정관청의 대규모 개편이 이루어졌던 진덕왕 5년(651)임이 밝혀져 있다.[11] 따라서 대정 1명의 설치에서 시작된 속관의 불교 통제기관인 사전은 651년에 이르러 관인의 대폭적인 증원과 함께 대도서로 개편되었던 것이다.

진평왕대		진덕왕대		경덕왕대		
사전寺典 (대정)	→	대도서大道署 (대정·대사·주서·사)	→	내도감內道監	→	대도서大道署

이상은 얼마 되지 않는 사료에서 확인 가능한 신라의 불교 통제기관에 관한 개요이다. 이러한 승僧·속俗으로 구성된 불교 통제기관에 대해 먼저 주의해야 하는 것이 그 실태와 기능일 것이다. 과거 신라의 승관은 관제상으로 북제北齊와 유사하기 때문에 기능 역시 '자치적인 승려의 통제기관'으로 간주된 적이 있다.[12] 그러나 그 뒤에 이러한 규정은 신라의 실상을 무시한 견해이며, 관제의 유사성이 반드시 동일한 기능을 초래한다고 보기 어렵다는 비판이 있었다.[13] 즉 신라에서는 남북조에 불교 통제기관이 만들어진 것처럼 불교 세력이 국가권력과 접촉하면서 국가가 지배체제를 견지하기 위해 승관을 설치했다는 역사적 상황은 신라에 존재하지 않았고, 국가권력에 의해 통제해야 할 승관 집단과 교단 등의 불교 세력은 적어도 6세기 단계에는 확인하기 어려운 실정이다. 따라서 앞서 언급한 것처럼 진흥왕대 신라의 승관은 불교 통제기관이나 자치기관으로서 기능하지 않고, 국왕이 승려를 우

대하기 위해 일종의 영예로운 칭호에서 비롯되었다는 견해[14]가 타당할 것이다. 그렇기에 신라의 승관 설치는 그 실태 측면에서 보건데 불교를 보호하고 육성하기 위한 조치였다고 할 수 있을 것이다.

그런데 도입 당초에는 이러한 성격을 강하게 띠고 있던 승관도 고구려·백제와의 항쟁이 격심해지는 7세기 중엽에는 변모되는 흔적이 발견된다. 먼저 이 점을 관제상에서 보여주는 것이 647년에 대도유나, 대서성에 각 1명씩 증원된 사실이며 속관의 불교 통제기관인 사전에 651년 관인이 대폭 증원되면서 대도서로 확대 개편되었다는 점이다. 승관의 증원이나 관제상의 이러한 변화가 지닌 의의가 결코 적지 않다는 것이, 643년 당에서 귀국한 자장이 대국통으로 임명되면서 불교의 여러 정책을 지시한 경위와 내용을 기록한 다음의 사료가 잘 설명해주고 있다.

> 조정에서 의논하여 "불교가 동쪽으로 점점 퍼진 것이 비록 오래되었으나 그 주지住持 수봉修奉함에 규범이 없다. 무릇 통제하여 다스리지 않으면 바로잡을 수 없다."라고 하였다. 상계하니 칙서를 내려 자장을 대국통大國統으로 삼고 무릇 승니僧尼의 일체 법규를 승통僧統에게 모두 위임하여 주관하게 했다. 자장은 이 좋은 기회를 만나 과감히 나가서 불교를 널리 퍼뜨렸다. 승니 5부部로 하여금 각각 구학舊學을 늘리고 반달마다 계戒를 설명하고, 겨울과 봄에 모두 시험하게 하여 지계持戒와 범계犯戒를 알게 하였으며 관원을 두어 이를 유지하게 했다. 또한 순사巡使를 보내 외사外寺를 돌며 검사하고 승려들의 잘못을 살피며 경전과 불상을 엄중하게 정비하여 규정 형식을 만들었다. 한 시대의 불법을 보호함이 이때에 가장 융성하였다.[15]

즉 밑줄 친 부분에서 알 수 있듯이, 이 무렵이 되면 승니僧尼에게 임하는 자세에서 글자 그대로 국가권력이 불교를 지배체제의 예속하에 둔다는 의미의 불교 통제라는 것이, 현실적인 과제로 실재하고 있었음을 보여준다. 앞서 언급한 승관의 증원이나 관제상의 변화는 이러한 과제에 대해 대응한 시책으로 보아야 하며, 바로 여기서 불교 통제를 포함한 신라의 불교 정책 전반에 걸친 커다란 전환점을 발견할 수 있는 것이다.

요컨대 불교 통제기관을 통해 신라의 국가와 불교의 연관성을 검토한다면, 7세기 중엽에 중요한 획기를 확인할 수 있을 것이다. 또한 그것은 중고기의 종언과 중대 개시의 틈새에 해당한다는 사실에 주목해야 할 것이다.

3. 중대의 불교 관계 관사

신라의 불교 통제기관은 중대 직전인 640년대에 커다란 변화가 있었고, 신라의 국가와 불교 관계를 고찰하는 데 중요한 획기로서 주목된다고 지적했지만 그 뒤 중대에서 통제기관의 변화는 사료상에서 확인되지 않는다.[16] 그래서 다음으로 중대의 불교 관계 관사官司를 고찰함으로써 별도의 관점에서 중대의 국가와 불교의 관계를 검토하고자 한다.

『삼국사기』 권38 직관지에는 중앙 행정관제가 기록되어 있는데 아래 표는 그것에 의거하여 8세기 중엽 경덕왕대의 관사명과 그 관직의 구성을 보여주고 있다.[17] 표에서 알 수 있는 것처럼 그중에는 불교 통제기관이던 대도서(내도감) 외에 일군의 사원 관계 관사를 확인할 수 있다. 무엇보다 먼저 눈길을 끄는 것이 그것들 속에서 상급 관사에 비견되는 오등五等 관제를 구비한 대규모의 관사가 존재했다는 사실이다. 이러한 사원 관계 관사는 8세기 중엽 시점에 여섯 군데 발견되는데 그밖에도 바로 직후에 설치되었다고 직관지에 기록된 봉은사성전奉恩寺成典이 있으며,[18] 더욱이 기록에 누락된 몇 가지 사원 관계 관사가 있었음이 지적된 바 있다.[19]

관사명(옛 명칭)	관직명					
	령令	경卿	감監·좌佐	대사大舍	사지舍知	사史
집사부執事部	시중侍中	시랑侍郞		낭중郞中	원외랑員外郞	랑郞
병부兵部	령令	시랑侍郞		낭중郞中	사병司兵	소사병小司兵
창부倉部	령令	시랑侍郞		낭중郞中	사창司倉	사史
예부禮部	령令	경卿		주부主簿	사례司禮	사史
대부大府 (조부調府)	령令	경卿		주부主簿	사고司庫	사史
이제부利濟府 (선부船府)	령令	경卿		주부主簿	사주司舟	사史
사어부司馭府 (승부乘府)	령令	경卿		주부主簿	사목司牧	사史
사빈부司賓府 (영객부領客府)	령令	경卿		주부主簿	사의司儀	사史
사위부(위화부) 司位府(位和府)	금하신衿荷臣	상당上堂		주부主簿		사史
수례부修例府 (예작부例作府)	령令	경卿		주부主簿	사례司例	사史
수성부修城府 (경성주작전京城周作典)	령令	경卿		주부主簿	사공司功	사史
좌·우의방부 左·右議方府	령令	경卿	평사評事	주부主簿		사史
숙정대肅正臺 (사정부司正府)	령令	경卿	평사評事	주부主簿		사史
감사천왕사부監四天王寺府 (사천왕사성전四天王寺成典)	감령監令	경卿		감주부監主簿		사史
수영봉성사사원修營奉聖寺使院 (봉성사성전奉聖寺成典)	검교사檢校使	부사副使		판관 녹사判官 錄事		전전

(상급관사)

사원관계관사	수영감은사사원修營感恩寺使院 (감은사성전感恩寺成典)	검교사 檢校使	부사 副使		판관 녹사 判官 錄事		전典
	수영봉덕사사원修營奉德寺使院 (봉덕사성전奉德寺成典)	검교사 檢校使	부사 副使		판관 녹사 判官 錄事		전典
	수영영묘사사원修營靈廟寺使院 (영묘사성전靈廟寺成典)		판관 判官		녹사 錄事		사史
	감영흥사관監永興寺館 (영흥사성전永興寺成典)			감監			사史
중급관사	영창궁성전 永昌宮成典		경卿				사史
	사훈감司勳監(상사서賞賜署) [속창부屬倉府]		정正				사史
	내도감內道監(대도서大道署) [속예부屬禮部]		정正				사史
	대학감大學監(국학國學) [속예부屬禮部]		사업 司業				사史
	대악감大樂監(음성서音聲署) [속예부屬禮部]		사악 司樂				사史
하급관사	전경부典京府 (전읍서典邑署)				대사읍 大司邑	중· 소사읍	사史
	대일사전大日仕典 (생략省略)	-	-	-	-	-	-
	전사서典祀署 [속예부屬禮部]			감監	주서 主書		사史
	전사서典祀署 (공장부工匠府)			감監	주서 主書		사史
	전채서典彩署 (채전彩典)			감監	주서 主書		사史
	좌·우사록관 左·右司祿館				감監	주서 主書	
	전설관典設館 (신궁新宮)				감監	주서 主書	
	동·서·남시전 東·西·南市典				감監	주서 主書	
	사범서司範署 [속예부屬禮部]					주서 主書	

하급관사	도정역都亭驛 (경도역京都驛)						대사 大舍	
	누각전漏刻典					박사 博士		
	창척전倉尺典						대사 大舍	
	직도전直徒典						대사 大舍	
	고관가전古官家典						당幢 〈하략〉	

　이러한 사원 관계 관사는 경덕왕대 관사명 개칭 이전의 모사성전某寺成典이라는 옛 명칭과 개칭 이후의 수영모사사원修營某寺使院이라는 관사명에서, 사원 건립을 비롯한 영선營繕·조불造佛 등의 토목공사와 사원의 관리를 목적으로 한 기관이었다고 추정된다. 이러한 설치 목적이나 금석문 등의 사료에서도, 사원 관계 관사가 속관俗官에 의해 속무俗務를 담당했던 것은 분명하다. 그렇지만 이러한 사원 관계 관사(이하 편의상 사원성전寺院成典으로 칭함) 중에서도 특히 주목되는 것이 사천왕사, 봉성사, 감은사, 봉덕사 등의 사원성전이다. 그것들은 관직의 구성에 있어서 상급 관사에 필적하는 규모를 가지며, 50년부터 100년 이상의 오랜 기간 관사가 존재한 것이 확인된다는 점[20]에서 공통되며, 게다가 네 사원은 중대에 건립된 것을 확정할 수 있기 때문에 이들 사원성전은 중대의 국가와 불교 관계를 알 수 있는 중요한 단서가 될 것이다. 나아가 이 네 사원은 모두 저명한 사원으로 『삼국사기』에는 건립의 유래나 그 사원에 관한 옛 기록이 남아 있다. 이미 네 사원의 건립 유래나 사원의 기능, 역할에 대해서는 여러 차례 언급이 있었기에 이를 참고하면서 건립 시기에 따라 각각의 개요를 개관해보고자 한다.

　먼저 사천왕사四天王寺는 『삼국사기』에 따르면 문무왕 19년(679)에 건립되었으며, 건립 유래와 경위는 『삼국유사』에 상세히 기록되어 있다.[21] 다분히 설화적인 윤색을 강하게 띤 내용이지만 적혀 있는 내용을 요약하면 다음과 같다. 고구려 멸망 후 신라와 당의 관계가 악화되어 양측의 전쟁은 불가피한 상황이었다. 그때 승려 명랑明朗의 권유로 경주 낭산 남쪽에 사원을 건립했더니 당군唐軍의 배가 전복되었다고 한다. 명랑이 조사造寺와 함께 도량 개설을 진언한 것에서 알 수 있는 것처럼 사천왕사는 대외적인 위기에 닥쳤을 때 진호국가鎭護國家의 도량으로 건립되었음을 알 수 있다.

감은사感恩寺에 대해 『삼국유사』에서는 신문왕이 돌아가신 아버지 문무왕을 위해 건립한 것을 명기하고 있다.[22] 그러나 그 할주에 인용된 『사중기寺中記』에는 문무왕이 왜병을 진압하기 위해 경주의 동해안에 건립을 시작했지만, 미완성 상태로 돌아가셨기 때문에 아들인 신문왕이 완성시켰다는 이설異說이 실려 있다. 나아가 『사중기』에는 용이 된 문무왕을 위해 금당에 특수한 시설을 갖춘 사실이 언급되어 있는데,[23] 발굴조사에 의해 그 특이한 유구가 『사중기』의 내용과 부합한다는 것을 확인할 수 있었다.[24] 이렇게 보면 생전에 문무왕이 지의智義 법사에게,

> 짐은 죽은 뒤에 호국대룡護國大龍이 되어 불법佛法을 받들고 나라를 수호하고자 한다.[25]

라고 말한 점을 감안하면, 적어도 감은사는 신문왕이 아버지를 추선追善하기 위한 보리사菩提寺였다고 하기보다는, 원래 불법의 가호에 의해 나라의 수호를 기원한 문무왕의 발원에 의한 호국사원이었다고 하는 것에 비중이 두어져야 할 것이다.

다음 봉덕사奉德寺는 이른바 에밀레종, 성덕대왕 신종이 봉납奉納된 사원으로도 유명하다. 이 사원에 대해 『삼국유사』는 두 가지 설을 게재하고 있지만 불분명한 부분이 있다. 일설에는 성덕왕이 신룡神龍 3년(707)에 증조부

인 태종 무열왕의 추선追善을 위해 조영했다고 하며, 다른 일설에는 효성왕이 돌아가신 아버지 성덕왕을 추선하기 위해 개원開元 26년(738)에 절을 세웠다고 한다. 건립의 유래에 관한 두 가지 설은 나중에 검토하겠지만, 어느 쪽이든 지금까지 선왕을 추선하는 왕실의 보리사라는 성격이 강조되어왔던 사원이다.[26]

마지막 봉성사奉聖寺는 『삼국유사』에 신문왕이 신하 신충信忠을 추선하기 위해 건립한 '신충봉덕사信忠奉德寺'가 보이는 것에서, 이 사원은 신하를 추선하기 위한 보리사로 간주되고 있다. 다만 그 건립 시기에 대해서는 8세기 중엽 경덕왕대로 보아야 한다는 주장이 있어,[27] 이 점에 대해서는 나중에 다시 검토하도록 하겠다.

이상에서 네 사원의 건립시기와 그 유래를 개관해보았는데, 그것에 의해 성전의 조직을 가진 이러한 사원들이 호국사원이거나 선왕과 신하의 추선을 위한 사원임을 알 수 있었다. 그렇기에 국가나 왕실의 두터운 보호와 관리를 받아온 사원이라는 기존의 지적[28]은 일단 인정해도 무방할 것으로 생각한다.

그러나 여기에서 특히 문제가 되는 것은 성전 조직을 갖춘 이러한 사원들에 대해 각각을 '호국사원'과 '왕실사원'으로 판별하면서 결국 이곳들이 국가와 왕실의 두터운 보호와 관리를 받았다고 했지만, 한편으로는 국가와 왕실을 구별하여 서로 다른 기능을 지녔다고 하면서도 다른 한편에서는 그 차이를 엄밀히 규정하지 않고 국가와 왕실을 병렬로 논하고 있다는 점이다.[29] 사견에 따르면 신라 중대에 국가와 왕실은 원칙적으로 관제상의 구분과 이를 뒷받침하는 재정상의 구분이 있었기 때문에 사원 성전을 논할 때 국가와 왕실을 무한정으로 혼용해서는 안 된다고 생각한다. 좀더 자세히 말하면 신라 중대의 관제는 중앙행정 관제와 내정 관제로 명확히 구분되며, 이는 『삼국사기』 직관 상·중으로 나누어 기재되어 있다. 이렇게 구분된 이유는 진덕왕 5년(651) 신라의 대대적인 관제 개혁에 있다고 할 수 있으며, 이를 획기로 하여 신라에서는 국가 재정과 왕실재정을 분리시켜 중앙행정 관청은 국가 재정에 의해 운영된 것으로 생각되고 있다.[30] 따라서 중앙행정 관청 속에 위치하는 사원 성전은 명확히 국가 재정에 의해 운영되어야 하는 관사에 해당한다. 또 거기에서 조영한 사원의 기능도 당연히 국가적인 역할이 기대되었다고 추정할 수 있는 것이다.

이미 사천왕사나 감은사에 대해서는 그러한 것이 사료상에서도 확인할 수 있었다. 여기서 문제가 되는 것은 개인의 추선을 위해 건립되었다는 전승이 있는 봉덕사와 봉성사이다. 이 두 사원은 앞서 서술한 바와 같이 건립 유래에 두 가지 설이 있거나 시기적인 착오가 있어 전승이 명확하지 않다는 점에서도 공통된다. 그러므로 먼저 이러한 것 자체에, 그러한 전승에 오해나 후세의 부회가 있었던 것은 아닌가 의문을 가지게 된다. 예상한 것처럼 그것들의 애매한 건립의 유래를 충분히 검토함으로써 두 사원의 창건 배경에 호국의 기원이 담겨 있다는 사실이 드러나게 될 것이다. 이하에서는 이 점을 분명히 하고자 한다.

봉덕사의 건립 유래에 대해서는 앞서 언급한 것처럼 『삼국유사』에 상이한 기사가 보인다.

제33대 성덕왕聖德王 ① 신룡神龍 2년 병오丙午에 흉년이 들어 인민들의 굶주림이 심하였다. 이듬해 ② 정미丁未 정월 초하루(707년)부터 7월 30일까지 백성을 구제하기 위해 곡식을 나누어주었는데, 한 사람에 하루 3승升으로 하였다. 일을 마치고 계산해보니 모두 30만 5백 석이었다. ③ 왕이 태종대왕太宗大王을 위해 봉덕사奉德寺를 창건하고, 인왕도량仁王道場을 7일 동안 열고, ④ 크게 사면하였다.(권2 성덕왕조)[31]

[이] 절은 곧 효성왕孝成王 개원開元 26년 무인戊寅(738년)에 부왕인 성덕대왕의 명복을 빌기 위하여 창건한 것이다.(권3 황룡사종 · 분황사약사 · 봉덕사종조)[32]

라고 하여, 두 사료는 첫 번째로 창건연도에 31년의 차이가 있고, 두 번째로 한쪽은 태종대왕 다른 한쪽은 성덕대왕의 추선을 위해 절을 건립했다고 한 점에서 차이를 보인다. 그러나 이미 이호영李昊榮 씨에 의해 밝혀진 것처럼, 이러한 상이점을 지닌 두 사료는 첫 번째의 창건연도가 모순된 것이 아니라, 봉덕사는 성덕왕 정미년丁未年에 착공되어 효성왕 무인년戊寅年에 완성되었다고 보아야 할 것이다.[33] 이호영 씨의 이러한 지적과 함께 중요한 것이 성덕왕조의 사료가 가진 의미에 관한 것이다. 이 사료는 2년에 걸친 사건들을 기록하고 있는데 그것은 또 ③ 부분을 제외하면 『삼국사기』 신라본기에 대응 기사가 있지만,[34] 결코 단순한 사건들의 나열이 아니다. 이는 역시 병오년 기근飢饉에 관해 일련의 시책을 기록하고 있어, 전후 관계가 명료하고 일관된 문장으로 되어 있다.[35] 따라서 ③ 부분도 이러한 문맥 속에서 파악할 필요가 있어, 봉덕사 창건을 단순히 성덕왕대와 관련된 사건으로서 전후 맥락상 배제하고 생각하기란 쉽지 않다.[36] 즉 봉덕사 창건은 병오년 기근과 연관지어 살펴보지 않으면 안 되고, 직접적으로는 기근에 대처하는 방책 중 하나였다고 생각할 수 있다. 이를 보완해주듯이 봉덕사 창건에 이어 인왕도량仁王道場 개설에 관한 기사가 있다. 이와 관련해서는 하마다 고사쿠浜田耕策 씨도 지적한 바와 같이,[37] 착공한 지 얼마 안 된 봉덕사에서 개최되었다기보다 호국의 중심 도량인 황룡사 인왕회仁王會였다고 추정된다. 그러나 유의해야 하는 것은, 인왕도량이 다른 사원에 개설되었다고 하더라도 봉덕사가 대기근 속에 창건되었고 이어서 인왕도량이 마련되었다는 점이다.

주지하는 것처럼 인왕도량에서 강설된 『인왕호국반야바라밀경仁王護國般

若婆羅密經』은 호국 경전이며, 국가안온國家安穩과 제재치복除災致福을 기원할 때 종종 이용되던 경전이다. 이러한 점을 감안하면 인왕도량에 앞선 봉덕사 건립의 목적이 일차적으로 어디에 있었는지 저절로 분명해질 것이다. 즉 봉덕사는 전년도 대기근에 대처하고자 707년에 국가 안태安泰와 옹재초복擁災招福을 기원하며 착공된 호국사원이며, 따라서 이 시기에 사원 성전이 조직되었다고 할 수 있다.[38]

봉성사에 대해서도 역시 동일하게 생각해볼 수 있다. 『삼국유사』 권5 신주神呪 혜통항룡조惠通降龍條에는 봉성사에 대해서 다음과 같이 기술하고 있다.

> 처음에 신문왕이 등창이 나서 혜통에게 치료해주기를 청하니 혜통이 와서 주문을 외우자 즉시 나았다. 이에 말하기를 "폐하가 예전에 재상의 몸으로 장인臧人 신충信忠을 잘못 판결하여 종으로 삼아서 신충이 원한을 가지고 윤회하여 보복하는 것입니다. 지금 이 등창도 또한 신충의 탈이오니 마땅히 신충을 위해서 가람을 창건하고 그 명복을 빌어서 그것을 풀어주십시오."라고 하였다. 왕이 심히 그렇다고 생각하여 절을 세우고 이름을 신충봉성사信忠奉聖寺라고 했다. 절이 완성되자 공중에서 노래하는 소리가 났는데 이르기를 "왕이 절을 지어주셨기 때문에 괴로움에서 벗어나 하늘에 태어났으니 원한은 이미 풀렸습니다."라고 하였다.[39]

이에 따르면 봉성사는 신하인 신충의 원한을 풀기 위해 신문왕이 추선 공양을 목적으로 건립한 사원이 된다. 그런데 신충은 신문왕대의 인물이 아니라 8세기 중엽 경덕왕대에 활약한 인물이다.[40] 신충에 대해 『삼국사기』 신라본기에서는 물론 『삼국유사』 권5 피은避隱 신충괘관조信忠掛冠條에도,

효성왕孝成王이 왕위에 오르기 전에, 현명한 선비인 신충과 궁의 뜰 잣나무 아래에서 바둑을 두었는데, 일찍이 일러 말하길 "훗날에 만약 卿을 잊는다면, 저 잣나무와 같으리라." 하였다. 신충은 일어나 절하였다. 몇 달이 지나 왕이 즉위하여 공신들에게 상을 내리는데, 신충을 잊고 그 차례에 넣지 않았다. 신충은 원망하여 노래를 짓고 잣나무에 붙이자, 나무는 곧 노랗게 시들었다. [중략] 이내 그를 불러서 벼슬과 녹봉을 주니, 잣나무는 이에 되살아났다. [중략] 이로 인하여 총애함이 두 왕(효성·경덕)에게서 있었다.[41]

라고 적혀 있어 이는 틀림없는 사실일 것이다. 다만 앞서 게재한 신문왕대의 사건으로 등장하는 신충과 봉성사 관련 사료를 신뢰할 수 없다고 해서 모두 배제할 수는 없는 노릇이라 신충에게는 현세에 대한 깊은 원망이 있었다는 점, 봉성사는 신충과 밀접한 관련이 있었다는 사실 만큼은 인정할 수 있을 것이다. 왜냐하면 『삼국사기』 신라본기에는 신충이 신라의 최고 직위인 상대등을 역임했음을 알 수 있고, 그 뒤 왕에게 배신당하면서 단기간에 물러난 사실을 확인할 수 있기 때문이다.[42] 신충의 원망이 이러한 현실의 정치문제와 관련되어 있다면, 봉성사 건립 유래도 신충의 상대등 재직과 밀접한 관련이 있었다는 것을 상정해볼 수 있을 것이다.

여기서 주목할 만한 점은 신충이 상대등에 취임하기까지의 경위이다. 즉 경덕왕 13년 8월, 가뭄과 메뚜기로 인한 피해가 맹위를 떨치고 나서 이듬해 봄 전국적으로 기근에 허덕이다가 질병이 유행한 사실을 『삼국사기』에서 찾아볼 수 있다.[43] 이러한 사태에 대해 당시 상대등이던 김사인金思仁은 『삼국사기』 권9 신라본기 경덕왕 15년(756) 봄 2월조에,

이 근년에 재앙과 이상한 일들이 자주 나타났으므로 왕에 글을 올

려 당시 정치의 잘되고 잘못된 점을 극론했다. 왕은 이를 기꺼이 받
아들였다.[44]

라고 되었는데, 구체적인 상소의 내용은 불분명하지만 경덕왕에게 정책상
의 책임을 추궁한 것처럼 보인다. 김사인의 상소가 기꺼이 받아들여졌다고
는 하나, 그는 이듬해 정월 질병을 이유로 면직되고 있다.[45] 그 직후 상대등
에 취임한 것이 신충이었다. 앞의 두 사료에서 알 수 있듯이 신충은 원래 왕
의 측근이었지만 그러한 그가 여러 해 계속된 천재와 기근이라는 어려운 정
치 상황 속에서 상대등으로 발탁된 셈이다.

상대등의 경질을 초래한 사태 직후 상대등에 취임한 신충이 꺼낸 정책 중
하나가 호국사원의 창건이었다고 생각한다. 신충이 독실하게 불교를 신봉
했다는 것이나[46] 앞서 서술한 성덕사 건립 경위를 감안하면 신충에 의해 호
국사원의 창건 건의가 있었다고 해도 전혀 이상하지 않을 것이다. 국가적인
대사원의 건립에는 수십 년의 기간이 소요되기 때문에 공사는 신충의 상대
등 재직 중에 준공되기 어려웠을 것으로 생각되며, 아마 그의 사후에야 낙
성되었다고 보는 것이 좋을 것이다. 감은사와 봉덕사의 사례에서 알 수 있
는 것처럼 사원의 발원자나 공사를 계속 추진한 자가 최종적으로 공사를 완
성시킨 자에 의해 추선되었고, 사원 자체도 그러한 사람들에 대한 보리사로
전해진다는 점에서[47] 당초 국가안온, 제재치복을 기원하며 창건된 봉성사
가 후세에 신충을 추선하는 사원으로 알려졌다고 해도 전혀 이상한 일은 아
닐 것이다.

이렇게 생각할 수 있다면 봉성사는 본래 신하의 추선을 위해 건립된 보리
사가 아니라 계속되는 천재와 기근 속에서 국가안온, 제채치복을 기원하는
호국사원으로 창건된 국가 사원에 해당한다고 할 수 있을 것이다.

이상의 고찰에 의해 봉덕사와 봉성사도 단순히 개인의 추선이라는 목적

외에도 사천왕사나 감은사와 마찬가지로 국가적인 역할이 기대되는 호국 사원이었음을 알 수 있다. 그 때문에 사원 성전이 조직되었고 국가의 관리 와 보호가 있었던 것이다. 환언하면 성전이 조직된 사원은 국가 재정에 의 해 관리·운영되는 국가 사원이며, 정책이나 재정상에서도 왕실과는 원칙적 으로 분리되어 있었을 것이다. 사원 성전은 국가 사원의 건립과 수리를 목 적으로 하는 관사인 셈이다.

이러한 생각을 뒷받침하는 것으로 중앙 행정관청 안에 위치하는 사원 성 전에 대해 내정內廷에도 왕실의 독자적인 사원 관련 관사가 존재한 사실을 지적하고자 한다.

『삼국사기』 권39 직관지에는 115개의 내정 관사가 열거되어 있는데, 이러 한 관사는 앞서 언급한 것처럼 651년 이후 국가 재정과 분리된 독자적인 재 원을 통해 운영되었다고 생각한다.[48] 그리고 그 내정 관사들 중에 사전寺典, 아니전阿尼典, 원당전願堂典, 승방전僧房典 등의 불교 관사를 확인할 수 있다. 이러한 관사들은 약간의 관직 구성을 알 수 있을 뿐 연혁이나 기능은 전혀 밝혀진 바 없지만[49] 관사명을 통해 어느 정도 추정은 가능하다.

먼저 사전은 대도서大道署의 옛 명칭이며 651년 대도서로 확대 개편될 때, 내정에 이관된 것으로 생각된다.[50] 따라서 그 기능 역시 속관俗官에 의한 불 교 통제기관으로서의 성격을 지니고 있었다고 추정된다.

아니전阿尼典에 대해서는, 신라에서 '아니阿尼'는 비구니를 의미하는 것이 분명하기 때문에,[51] 비구니를 관리·감독하는 관사였던 것으로 생각된다.

다음으로 원당전은 '원당願堂'이란 용어 자체가 신라에서의 다른 용례를

찾기 어렵기 때문에,[52] 시대가 약간 늦지만 고려 태조의 『십훈요十訓要』를 찾아보면,

> 둘째, 여러 사원은 모두 도선道詵이 산수山水의 순역順逆을 미루어 점쳐서 개창한 것으로, 도선이 이르기를 "내가 점을 쳐 정한 곳 외에 함부로 덧붙여 창건하면 지덕地德이 줄어들고 엷어져 조업祚業이 길지 못하리라."라고 하였다. 내가 생각하건대 후세의 국왕이나 공후公侯·후비后妃·조신朝臣이 각각 원당願堂이라 일컬으며 혹시 더 만들까 봐 크게 근심스럽다. 신라新羅 말에 다투어 사원[浮屠]을 짓다가 지덕이 쇠하고 손상되어 결국 망하는 데 이르렀으니 경계하지 않을 수 있겠는가.[53]

라고 하여 이 용례를 참고하면 '원당'은 국왕을 비롯한 왕후 귀족들의 개인 사원, 기원사祈願寺를 의미하는 것으로 보인다. 따라서 원당전은 왕실과 사적인 관계가 있는 사원을 관리·통할하는 관사로 볼 수 있겠다.

마지막으로 승방전은 글자 그대로 승방僧房을 관리하는 관사로 추정해볼 수 있다.

이처럼 내정에는 왕실 불교를 관장하는 관사가 존재하였으며, 그로 인해 왕실 관계 사원은 원당전을 포함한 이러한 관사들에 의해 독자적으로 관리·운영되었음을 추측해볼 수 있을 것이다.[54]

구체적인 사료 부족으로 인해 내정의 불교 관련 관사가 신라 중대 왕실의 불교 활동에 실제로 어떻게 관여했었는지 사료에 의거한 검토가 불가능한 것은 유감이다. 다만 내정이 왕실 사원을 독자적으로 관리·운영했음을 엿볼 수 있는 사료로서 다음의 기사를 거론할 수 있다.

선제宣帝 14년 교教를 내려 망수望水, 이남댁里南宅 등도 금金 160분分, 조租 2천 곡斛을 내놓아 공덕을 꾸미는 데 도와 충당하고 사원은 선교성宣敎省에 속하게 하였다.[55]

라는 내용과 그 밖에,

이때 헌강대왕이 봉필鳳筆을 보내 궁궐로 초빙하고는 사자산師子山 흥녕선원興寧禪院을 중사성中使省에 예속시켰다.[56]

라는 기록에서처럼 비록 불교 관련 관사는 아니지만, 신라 하대에 지방 선종사원이 왕의 명령에 따라 내정 소관 관사인 선교성宣敎省이나 중사성中使[事]省에 소속되어 있던 사례[57]를 찾아볼 수 있다.

이처럼 국가 사원이 사원성전을 통해 조영·관리되어 있었던 것에 반해, 왕실의 원찰을 비롯한 왕실 관련 사원은 내정의 불교 관사를 통해 관리와 운영이 이루어지고 있었다.

이상으로 중대의 불교 관사인 사원성전과 내정 관련 관사에 대하여 고찰해보았다. 이것에 의해 성전이 조직된 사원은 종래와 같이 국가와 왕실의 보호·관리를 받았다는 애매한 표현이 허용되지 않으며, 그러한 사원의 국가적인 역할과 기능을 새삼 주목해야 할 필요성이 분명해졌다. 사원성전에 의해 건립된 사원은 국가 사원이며, 조영 목적과 역할은 무엇보다도 호국 기원에 있었던 것이다. 중대는 이러한 성전에 의한 호국사원의 조영이 본격화된 시대였다. 그리고 이러한 호국사원의 조영을 가능케 한 것이 651년 관제 개혁이며, 이때 성립된 새로운 단계의 관료제적 조직력에 의해서만 사업이 가능했던 것이다. 다시 말하면 이러한 관료제 국가의 성립으로 인해 국가와 불교의 관계가 새로운 국면을 맞이했다고 할 수 있겠다.

4. 황룡사와 중고기의 불교

불교 통제기관에 대한 고찰을 통해 신라의 국가와 불교의 관계에 있어서 7세기 중엽이 획기임을 지적하였다. 즉 이 시기는 국가권력에 의해 지배체제 강화의 일환으로, 불교 통제기관이 그 예속하에 두어지면서 본래의 기능과 내실內實이 뒷받침되기 시작했음을 명확히 했다. 그리고 앞 절에서는 651년의 관제 개혁에 의해 내정의 불교 관계 관사를 정비함과 동시에 중앙 행정 관청에서도 사원성전이라는 호국사원의 영선營繕과 관리를 담당하는 관사를 출현시킴으로써, 이때에 이르러 국가 차원의 호국사원 건립이 본격화되었음을 언급하였다.

이러한 점에서 볼 때 신라의 국가와 불교 관계를 고찰하는 데 중고기부터 중대에 걸친 7세기 중엽이 매우 중요한 획기였음을 새삼 유의해야 할 것이다. 앞서 언급한 바 있지만, 신라 불교에 이처럼 커다란 변화를 초래한 것이 직접적으로는 651년 관제 개혁과 이로 인해 새롭게 성립된 관료제적 조직력이었다고 생각한다. 여기서 신라 불교는 이 시기에 어떻게 질적 전환이 있었는지, 또 그 의의는 무엇이었는지 의문을 갖게 된다. 다음에서는 이러한 문제들을 밝히기 위해 다시 앞 시대로 돌아가 중고기의 국가와 불교의 관계를 검토해보고자 한다.

한편 중고기의 불교를 국가와 연관시켜 살펴본다면, 역시 중대와 마찬가지로 호국적 색채가 짙은 국가 불교로서의 성격을 인정하지 않을 수 없다. 예를 들어 법흥왕 14년(527) 불교의 국가적 공인 이후, 바로 대규모 조사造寺, 조불造佛 사업이 진행되었다. 특히 신라 전 시대에 걸쳐 호국사원의 중심적 존재였던 황룡사皇龍寺는 고구려 승려 혜량惠亮을 승통僧統에 임명한 직후(553년)에 착공하였고, 17년간의 공사 끝에 일단 완성되었다('창건가람創建伽藍'). 그 뒤에도 장육상丈六像의 주조나 금당의 개축이 이어지면서 선덕왕

15년(646) 구층탑 건립에 의해 '중건가람重建伽藍'이 최종적인 완성에 이르기까지, 착공 이래 100년에 가까운 세월이 소요되었던 셈이다.[58] 이 황룡사는 여러 차례 백좌강회百座講會가 개최되었다는 점이나 구층탑이 건립된 경위와 더불어 창건 당초부터 신라 호국사원의 총 본산으로 간주되어왔다. 또한 중고기의 호국 불교는 황룡사를 중심으로 논의되어왔다고 해도 과언이 아니다. 이에 따라 여기서는 먼저 황룡사를 실마리 삼아 중고기의 국가와 불교의 관계에 대해 검토해보고자 한다.

그런데 황룡사는 항상 호국사원으로서의 성격이 강하다고 지적되어왔지만, 그것을 황룡사 창건 당초부터 무조건적으로 인정하기에는 많은 의문이 남는다.

먼저 첫 번째로 황룡사는 진호鎭護 국가의 법회(백좌강회)를 개최하기 위해 혜량의 권유로 건립되었다고 하지만,[59] 황룡사의 백좌강회 개최를 보여주는 사료는 『삼국사기』 권4 신라본기 진평왕 35년(613) 7월조의,

수나라 사신 왕세의王世儀가 황룡사皇龍寺에 이르자, 백고좌회百高座會를 개최하고, 원광圓光 등 법사法師를 맞이하여 불경을 강설講說하게 하였다.[60]

라는 기록에서 처음 보이고 그 이전에는 확인되지 않는다.[61] 게다가 당시의 백좌강회는 황룡사에 수나라 사신인 왕세의王世儀를 맞이하여 이루어졌지만, 호국 법회를 개최해야만 했던 적극적인 이유는 발견되지 않는다. 왕세의의 신라 파견은 분명 고구려와의 항쟁 속에 진행되었다는 점을 감안하면 이를 대고구려 전쟁과 연관시켜 외적 항복을 기도한 법회로 해석해도 무방할 것이다.[62] 그러나 이 법회가 수나라 사신 도착과 밀접하게 연관되어 있다는 사실[63]을 고려했을 때, 그러한 해석보다 오히려 왕세의의 영접 의례로서

의 의미가 더 크지 않을까 추정된다.[64] 어쨌든 당시 백좌강회가 사료에 등장하는 것은 『삼국사기』 권5 신라본기 선덕왕 5년(636) 3월조에,

> 왕이 병이 들었는데 의술과 기도로 효과가 없었으므로 황룡사皇龍寺에서 백고좌회[百高座]를 열어 승려들을 모아 『인왕경仁王經』을 강론하게 하고, 100명에게 승려가 되는 것을 허락하였다.[65]

라고 하여 여기서도 역시 백좌강회는 호국 법회가 아닌, 왕의 질병 쾌유를 기원하는 법회로 표현되어 있다.

이상과 같이 중고기 황룡사의 백좌강회는 사료에서도 불과 두 차례의 개최 사례만 확인할 수 있을 뿐이다. 물론 이것만을 가지고 단언하기는 어렵지만, 적어도 이 두 사례만을 보고 중고기의 황룡사 백좌강회가 호국 법회로서의 성격을 지녔다고 인정하기는 어려울 것이다.

다음으로 황룡사가 국가 사원이었다는 사실을 보여주는 것으로, 황룡사 주지에 대한 지적이 있다. 즉 황룡사 주지는 승관 최고 직위인 국통을 겸직하는 사례가 많이 보여, 여기에 황룡사와 주지가 가진 국가적 역할을 짐작할 수 있을 것이다.[66] 그런데 황룡사 주지에 대해서는 『삼국유사』 권3 탑상 황룡사장육조에,

> 진평왕 5년 갑진(584년)에 금당이 조성되었고, 선덕왕대 절의 첫 주지는 진골인 환희사歡喜師였고, 제2 주지는 자장국통이고, 그다음은 국통 혜훈惠訓, 그다음은 상률사廂律師라고 하였다.[67]

라고 하여 황룡사 주지가 선덕왕대 환희사歡喜師로 시작된다고 적혀 있다. 사료에는 선덕왕대의 언제부터인지 명기되지 않아 그 외에는 알 수 없지만,

황룡사 주지를 그 전에 두지 않았던 것만큼은 확실하다. 국통을 함께 겸임할 수 있는 황룡사 주지가 선덕왕대 처음 마련된 것이라면, 국가 사원으로서의 황룡사가 지닌 기능도 당연히 주지의 신설新設 시기와 관련시켜 생각해보지 않으면 안 될 것이다.

본래 사료상에서 황룡사가 명확하게 호국이란 국가적 역할을 지녔다고 보여주는 것은 선덕왕 15년에 완성된 구층탑의 건립 경위를 기록한 『삼국유사』 권3 황룡사구층탑조의 다음 내용을 들 수 있다.

> 자장법사가 당나라에 유학하여 곧 오대에서 문수보살이 불법을 주는 것을 감응하여 얻었다. [중략] 자장이 "본국으로 돌아가면 장차 무엇이 이익이 되겠는가."라고 물으니 신인이 "황룡사 호법룡은 나의 장자로 범왕梵王의 명을 받아 그 절에 가서 호위하고 있으니 본국으로 귀국하여 절 안에 구층탑을 조성하면 이웃 나라가 항복하고 구한九韓이 와서 조공하여 왕업이 영원히 평안할 것이다. 탑을 건립한 후에 팔관회를 베풀고 죄인을 사면하면 곧 외적이 해를 가할 수 없을 것이다. [중략] 나 역시 덕을 갚을 것이다."[68]

나아가 구층탑 건립 경위에 대해서는 앞 장에서도 다루었지만, 경문왕 12년(872) 개수 공사 때 기록한 『황룡사 구층목탑 찰주본기』[69]를 발견, 여기에는 귀국하는 자장에게 남산 원향선사南山圓香禪師가 전한 대화 속에,

> 선사는 "내가 관심觀心으로 그대의 나라를 보니, 황룡사에 9층의 탑을 세우면 해동海東의 여러 나라가 그대의 나라에 항복할 것이다."라고 하였다. 자장은 이 말을 지니고 〈신라에〉 돌아와서 아뢰었다. 이에 〈왕은〉 감군監君인 이간伊干 용수龍樹에게 명하여 [중략] 탑을

만들도록 하였다.[70]

라고 적혀 있다. 이를 통해 『삼국유사』 기록은 설화적인 윤색은 있어도 건립 계기에 관한 역사적인 사실을 충실히 전하고 있음을 알 수 있다. 그리고 두 사료를 통해서도 구층탑이 이웃 나라의 재해를 진압하기 위해 건립된 호국의 상징이라는 것을 분명히 알 수 있다. 이렇게 살펴본다면 귀국 후 자장에 의해 불교 정책상 큰 개혁이 있었던 점이나 황룡사 주지 신설이 선덕왕대라는 점을 함께 감안할 때 호국사원으로서 지닌 황룡사의 역할도 바로 이 선덕왕 시대의 소산이었다고 볼 수 있다.

이를 조금이나마 뒷받침하는 것이 이전 시대 황룡사는 호국사원으로서의 국가적 성격보다 오히려 왕실과의 관련이 더 강했다고 볼 수 있다는 점이다. 황룡사 창건 유래는 『삼국사기』 권4 신라본기에,

> 진흥왕 14년(553) 봄 2월에 담당 관청에 명하여 월성月城의 동쪽에 새 궁궐을 짓게 하였는데, 그곳에서 황룡黃龍이 나타났다. 왕이 이것을 괴이하게 여기고는 [계획을] 고쳐서 불사佛寺를 짓고, '황룡皇龍'이라는 이름을 내려주었다.[71]

라고 하여, 황룡사가 건립된 부지에 본래 '신궁新宮'(『삼국유사』는 자궁紫宮)[72] 즉 왕실의 궁전을 조영하기로 되어 있었음을 알 수 있다. 최근 황룡사지 발굴조사가 진전됨에 따라 특수한 가람 배치가 주목받고 있는데, 특히 하층가람지 = 창건가람이 고대 가람의 일반적인 평면구성과는 전혀 다르다는 지적이 있다.[73] 이러한 현상은 궁전을 위한 공사가 어느 정도 진전된 단계에서 사원으로 개조되었기 때문에, 이미 완성된 궁전의 지면 구획과 기초를 그대로 활용해서 사원으로 삼았음을 보여주고 있으며, 본격적인 가람 형식은 중

건가람이 최초로 반영된 사례로 해석되고 있다.[74] 즉 창건가람과 중건가람 사이에 큰 변화가 보이며 창건가람의 특이한 구조는 당초 궁전 건립이라는 계획 아래 진행되었던 공사에 그 이유가 있었다고 볼 수 있다. 황룡사 창건 시에 이러한 경위가 실제로 있었다면 황룡사는 처음부터 호국사원으로 건립되었다기보다는 오히려 왕실의 사적인 성격이 강한 사원으로 세워졌을 가능성이 높아지게 된다.

중고기 황룡사가 왕실의 사적인 성격을 지니고 있었을 가능성과 관련하여 주목할 수 있는 것이 중고기 불교에는 왕실과 매우 밀접한 관계가 발견된다는 사실이다. 이를 단적으로 보여주는 것이 왕족의 이름이다. 중고기는 '불교왕명시대佛教王名時代'라고도 할 수 있듯이,[75] 모든 왕과 일족에 대해 불교에서 기인한 이름이 지어지고 있다. 예를 들어 진흥왕 이후의 왕과 왕족에 사용된 글자 '진眞'(진종설眞種說)과 진흥왕의 두 아들 이름 금륜金輪, 동륜銅輪(전륜성왕설轉輪聖王說), 또 진평왕을 중심으로 왕족 휘諱에 석가의 가족과 동일한 이름을 붙이는 등 여기에는 왕즉불王卽佛 사상이 직접적으로 표현되어 있다.[76] 이것에 의해서도 중고기의 왕실이 불교와 어떠한 관계였는지를 분명히 알 수 있을 것이다. 여기서 왕실과 불교가 완전히 밀착되어 일체가 된, 왕실을 중심으로 한 궁정불교의 일면을 엿볼 수 있을 것이다.

이상으로 황룡사를 단서로 중고기 불교의 성격을 검토해보았다. 그에 따르면 황룡사는 창건 당초부터 호국사원이 아닌, 왕실의 개인 사원으로 세워졌을 가능성이 매우 높다. 이러한 황룡사가 호국적인 성격을 띠게 된 것은 선덕왕대이며, 이 시기의 황룡사 구층탑 건립, 사주寺主의 신설은 자장의 귀국을 계기로 추진된 불교정책의 한 축을 맡고 있었다고 생각된다. 나아가 황룡사의 창건가람에서 중건가람으로 변화하는 과정을 상징해주는 현상으로도 간주할 수 있을 것이다.

그동안 중고기의 불교에 대해 호국적인 성격이 강조되면서 중대에는 이러한 성격이 한층 더 강해졌다는 정도로 인식되어왔다. 그렇지만 이 시대의 황룡사로 상징되는 중고기의 불교는, 중대 사원성전을 통해 건립된 사원의 호국적인 성격과는 기본적으로 다른 왕실의 사적인 성격을 짙게 지니고 있다. 이러한 사실을 전제로 생각해본다면 7세기 중엽 신라 불교의 획기는 중고기 왕실 불교에서 중대 국가 불교로의 전환이라고 파악할 수 있다.

5. 맺음말

지금까지 언급해온 내용을 정리하면 다음과 같다. 일반적으로 신라 불교는 국가적 성격이 강한 불교로 간주되어왔다. 하지만 역사적인 변용 과정에 유의해서 신라의 국가와 불교의 관계 및 그 성격을 검토해본다면 7세기 중엽에 간과하기 어려운 커다란 획기가 있었음을 알 수 있다.

먼저 그러한 점을 잘 나타내고 있는 것이 신라의 불교 통제기관에서 보이는 성격의 변화이다. 6세기 중엽, 설치 당초에는 불교의 보호와 육성을 지향한 승관僧官은 640년대에 통제기관으로서의 내실과 기능을 갖추게 되고, 속관俗官의 통제기관도 651년에 대도서大道署로서 조직의 내실화가 이루어졌다. 여기서 신라에서는 처음으로 불교 통제가 현실적인 과제가 되었고, 이 과제에 대처하고자 불교가 국가의 행정기구 안에 편입되어가는 양상을 살펴볼 수 있었다.

또 한 가지 이를 뒷받침하는 것으로 651년의 관제 개혁을 계기로 사원성전이 중앙 행정관청 내에 성립되었다는 점이다. 사원성전은 호국사원을 조영·관리하기 위한 관사이며, 그 사원은 대외적인 위기 또는 천재나 기근에 국가 안온과 제재치복을 기원하며 조영되었다. 사원성전과 그로 인한 조영 사업은 관사 조직뿐 아니라 그 정책 역시 왕실과는 원칙적으로 분리된 공적인 성격을 강하게 띠고 있었다.

이러한 중고기에서 중대로의 과도기에 신라 불교는 거시적으로 어떠한 질적 전환을 이루었던 것일까. 이러한 의문에 대해 중고기의 불교, 특히 황룡사를 단서로 검토해보면 왕실 불교에서 국가 불교로의 전환이라고 볼 수 있다.

황룡사는 종래 창건 당초부터 호국사원으로 인식되어왔다. 또 실제로 불교 흥융의 중심이 되는 사원이었다. 그러나 창건 당초에는 오히려 왕실의 사적인 성격을 강하게 띠고 있었는데, 이는 중고기 왕실과 불교의 연관성으로도 간파할 수 있다. 황룡사가 명실공히 호국사원으로서의 면모를 갖추게 된 것은, 646년 구층탑 건립을 대비하면서 640년대 자장에 의해 추진된 일련의 불교 정책과 궤를 같이하고 있다.

중고기에서 중대로의 과도기에 이상과 같은 변용을 거쳐 출현한 것이 중대의 호국 불교인 것이다. 그것은 국가 불교로 부르기에 적합한 새로운 단계의 불교였다고 할 수 있을 것이다.

10장 신라 병제의 패강진전

1. 문제의 소재

패강진전浿江鎭典은 8세기 말에 설치된 신라의 변방 기관이다. 신라는 당과의 전쟁이 끝난(675년) 후, 북쪽 변경 영역으로 예성강 이남 지역을 확보하고 옛 백제와 고구려 영역을 포함한 전 영역에 9주제九州制를 시행하였다 (685년). 그후 개원 20년(732)에 발해 등주登州의 입구入寇 사건*을 계기로, 당으로부터 패강浿江 이남의 지역을 하사받아(735년), 신라는 새롭게 북쪽 변경 경영에 임하게 된다. 이러한 경위 속에서 설치된 것이 패강진전이다.

패강진전에 대해서는 지금까지 여러 문제의식과 다양한 관점에서 다루어지고 있다.[1] 그러나 이러한 개별 논의들은 예를 들어 신라의 군현제나 병제, 그리고 고려 왕조 성립기의 여러 문제들과 연관성 속에서 언급되는 등 반드시 패강진전을 주제로 한 것이 아니었기 때문에 여전히 그 실태에 대해

---

* 발해의 2대 무왕은 흑수말갈의 관할이나 당으로 망명한 동생 대문예의 처리 문제를 둘러싸고 당나라와 갈등하다가, 732년 9월 장군 장문휴張文休를 보내 등주(登州, 오늘날 산동성 봉래시)를 공격하고, 이듬해에는 거란과 연합하여 하북 지방을 공격하게 된다. 당나라는 군사를 보내 이를 격퇴하는 한편, 신라를 끌어들여 발해 남쪽을 공격하게 했다. 신라의 공격은 실패로 돌아갔지만, 전쟁이 종식된 뒤 735년 신라는 그 공로로 패강 이남의 영유권을 인정받게 된 사건을 가리킨다.(옮긴이)

서는 명확한 부분이 결여되어 있다. 이미 패강진전의 중요성이나 역사적 의의에 대해서는 선학들이 지적한 바 있다. 그런 까닭에 더욱 더 패강진전의 기본적인 문제를 충분히 검토할 필요가 있다고 생각한다. 그래서 이 장에서는 특히 패강진전의 조직과 그 통할 구역의 문제를 중심으로 하여 여러 견해에 대해 검토하고, 더불어 신라 병제에서 패강진전이 갖는 위상에 대하여 약간의 고찰을 더하고자 한다.

2. 패강진전의 조직과 그 통할 구역

패강진전의 조직이나 기구 그리고 통할 구역 등에 대해서는 이제까지 다양한 주장이 있었지만, 새롭게 획득한 패강 이남 지역의 군사시설이라는 공통된 견해가 있을 뿐 정설은 보이지 않는다. 이는 패강진전 자체를 설명한 사료가 불과 『삼국사기』 권40 잡지 제9 직관하(이하 직관지職官志로 약칭함.) 외관조에 기록된 아래의 기록만 남아 있는 데 기인한다.

> 패강진전. 두상대감頭上大監은 1명이다. 선덕왕宣德王 3년에 처음으로 대곡성두상大谷城頭上을 두었다. 관등(位)이 급찬級飡에서 사중아찬四重阿飡까지인 사람을 임명한다. 대감大監은 7명이다. 관등(位)은 태수太守와 동일하다. 두상제감頭上弟監은 1명이다. 관등(位)이 사지舍知에서 대나마大奈麻까지인 사람을 임명한다. 제감弟監은 1명이다. 관등(位)이 당幢에서 나마奈麻까지인 사람을 임명한다. 보감步監은 1명이다. 관등(位)은 현령縣令과 동일하다. 소감少監은 6명이다. 관등(位)이 선저지先沮知에서 대사大舍까지인 사람을 임명한다.[2]

언뜻 보아도 분명하게 드러나듯이 이 사료에서는 패강진전 장관長官의 설치 연도나 그 관직명, 인적 구성을 확인할 수 있을 뿐이다. 그러나 패강진전의 구체적인 양상을 규명하기 위해서는 먼저 이 사료의 충분한 검토를 필요로 한다.

다음 페이지의 표에서 알 수 있는 것처럼, 패강진전에는 신라의 대표 군단인 육정六停 군관과 동일한 직명을 지닌 군관이 배속되어 있으며, 군관의 구성이나 인원수는 육정에 미치지 못하지만, 그 주요 군관의 직명이나 서열에는 유사점이 인정된다. 따라서 기존에는 패강진전을 '군단軍團'으로 간주하는 견해도 있었다.[3] 분명 그러한 유사점에 주목하지 않으면 안 될 것이다. 하지만 여기서는 조급하게 성격을 규정하기보다는 먼저 패강진전의 조직이나 기능을 직관지의 사료에 의거하여 검토해보고자 한다.

먼저 직관지의 패강진전조 서두에 기록된,

두상대감頭上大監은 1명이다. 선덕왕宣德王 3년에 처음으로 대곡성두상大谷城頭上을 두었다. 관등(位)이 급찬級湌에서 사중아찬四重阿湌까지인 사람을 임명한다.

라는 부분에 대해 검토해보기로 하자. 종래 이 기사에 대해서는 두 가지 해석이 있었다. 하나는 (패강진) 두상대감頭上大監[4]과 대곡성두상大谷城頭上을 별개의 존재로 간주하는 견해가 있으며,[5] 다른 하나는 둘 다 동일한 지방의 동일 직책으로 보는 견해가 있다.[6] 그러나 이는 스에마쓰 야스카즈末松保和 씨가 직관지의 다른 사례를 인용해서 밝힌 것처럼, 해당 기록은 두상대감의 기원을 설명한 유래由來 기사로도 볼 수 있어, (패강진) 두상대감과 대곡성두상 모두를 별개의 존재로 간주하기에는 다소 무리가 있다. 따라서 이 기사

육정 (한산정)	인원수	관위규정	패강진전	인원수	관위규정
장군將軍	3	진골 상신-상당	두상대감 頭上大監	1	⑥-⑨
대관대감大官大監	4	진골 ⑥-⑬	대감大監	7	⑥-⑬
대대감隊大監 (영보병領步兵)	3	차품 ⑥-⑪	두상제감 頭上弟監	1	⑩-⑬
제감弟監	4	⑩-⑬	제감弟監	1	⑪-⑭
감사지監舍知	1	⑫-⑬	보감步監	1	⑧-⑰
소감少監 (속대관屬大官)	15	⑫-⑰	소감少監	6	⑫-⑰
화척火尺 一영보병 一속대관 一영보병	6 10 6	〃 〃 〃			
군사당주軍師幢主	1	⑦-⑪			
대장척당주大匠尺幢主	1	〃			
보기당주步騎幢主	6	⑧-⑪			
흑의장창말보당주 黑衣長槍末步幢主	28	⑨-⑬			
군사감軍師監	2	⑨-⑬			
대장대감大匠大監	1	⑩-⑬			
보기감步騎監	6	⑪-⑬			

관위에 대해서는 이 책 483쪽 7장 주석 1 참조

는 선덕왕 3년(782) 처음으로 대곡성두상이 설치되었고, 이후 패강진 두상대감으로 개편된 것으로 이해할 수 있을 것이다.[7]

이것에 의해 패강진전의 기원은 본래 대곡성두상이 설치되면서 비롯된

사실을 알 수 있다. 또한 대곡성두상 설치에 대해서는 『삼국사기』권9 신라
본기에,

> (선덕왕 3년) 2월에 왕이 한산주를 두루 돌며 살펴보고 백성들을 패
> 강진浿江鎭으로 옮겼다.[8]

라고 하는 내용과 그 이듬해 조인,

> (선덕왕) 4년(783) 봄 정월에 아찬 체신體信을 대곡진大谷鎭 군주軍主
> 로 삼았다.[9]

라는 기사와 연관시켜 생각해야 한다는 점은 선학들이 지적한 바와 같다.
즉 초기의 패강진전은 이에 앞서 경덕왕 7년(748) 가을 8월에,

> 아찬 정절貞節 등을 보내 북쪽 변경을 검찰하게 하고, 처음으로 대
> 곡성大谷城 등 14개 군과 현을 두었다.[10]

와 같이, 소위 패강 이남 지역에 새로이 설치된 14군현[11] 중 하나인 대곡성
(영풍군)에 마련된 군진軍鎭이었던 것이다.[12] 그로 인해 일면에서는 그후 한
주漢州의 서해안 지방에 설치된 당성진唐城鎭·혈구진穴口鎭과 상통하는 성격
을 갖추게 된 것으로 생각할 수 있다. 당성진과 혈구진에 대해서는 『삼국사
기』권10·11에 각각

> (흥덕왕) 4년(829) 봄 2월에 당은군唐恩郡을 당성진唐城鎭으로 만
> 들고, 사찬 극정極正을 보내 그곳을 지키게 하였다.[13]

(문성왕) 6년(844) 가을 8월에 혈구진穴口鎭을 설치하고, 아찬 계
홍啓弘을 진두鎭頭로 삼았다.[14]

라고 하여, 전자의 경우 군郡을 개편하여 진鎭을 설치했다는 점, 후자의 경우
여기에 파견된 대상이 '진두鎭頭'라는 점[15] 등에서 대곡성(영풍군)의 군진軍鎭
설치와 유사성을 찾아볼 수 있다.

그런데 신라는 735년 패강 이남 지역을 당에게 하사받은 이후, 이 지방에
748년 일찍이 군현을 설치하였고, 762년 해당 지방의 오곡五谷, 휴암鵂巖, 한
성漢城, 장새獐塞, 지성池城, 덕곡德谷 등 6개 군현에 성을 축조하였다.[16] 멸악
산맥滅惡山脈을 따라 축조된 이 육성六城은 지도 1에서 알 수 있는 것처럼 대
곡성을 둘러싼 형태로 배치되어 있으며, 앞서 게재한 선덕왕 3, 4년의 두 사
료는 이러한 육성의 요충지로서 대곡성에 군진이 설치되었음을 의미하고
있다.

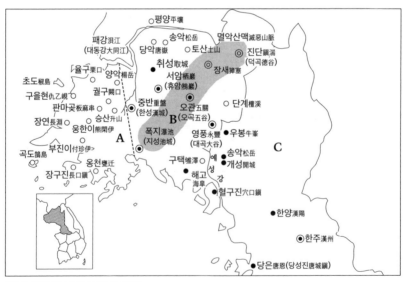

지도 1 패강 이남 주요 군현성의 위치

그렇지만 주의가 필요한 것이, 대곡성大谷城에 설치된 군진과 당성진, 혈구진 사이에는 명확히 구분되는 질적인 차이가 있다는 점이다. 이는 패강진전이라는 이유도 있지만, 스에마쓰 씨는 『삼국사기』 직관지에 보이는 '전典'자의 용례에서 그 의미 내용을 검증하여, 패강진전의 경우 '관서官署의 집합 조직을 뜻하는 전典'에 해당된다는 점을 명확히 하고 있다.[17] 따라서 대곡성에 설치된 군진과 다른 군진을 동일 수준에서 논하기에는 다소 어려움이 있어, 대곡성 군진을 포함한 패강진전의 관서로서의 조직 전체를 규명하지 않으면 안 될 것이다.[18] 근래 패강진전에 관한 연구 주제로 삼고 있는 것이 바로 이러한 점이고, 결론적으로 패강진전은 대곡성을 '본부本部', '본영本營'으로 삼아 기타 통할 구역을 가진 북방 변경 방비의 군사시설이라는 데 여러 견해들이 집약된다고 할 수 있을 것이다.

한편 지금까지의 연구에 의해, 9세기 신라에는 이른바 패강 이남 지역에 한주漢州와 구별되는 독립된 행정구획이 성립되었다는 지적이 있고, 이는 역사적 사실로도 확인되는 부분이다.[19] 그러나 명확히 하지 않으면 안 되는 것이, 그렇다면 패강진전이 통합했다고 간주되는 그 행정구획이 구체적으로 어느 지역을 가리키는가 하는 점이다. 이 문제에 대해서는 여러 견해들이 있지만, 패강진전의 조직이나 기능 자체에서 간과할 수 없는 문제이기도 하여 다음에서 이에 관한 여러 견해를 검토해보고자 한다.

그동안 한 지점에 있던 커다란 기구로서 간주되어온 패강진전을 처음부터 여러 '방위소防衛所'와 관련시켜 보려고 한 것이 스에마쓰 씨이다. 스에마쓰 씨는 직관지에 기록된 패강진전 배속의 여러 군관 구성에 주목하여 각 군관직軍官職에 대해, 두상대감頭上大監·두상제감頭上弟監을 진鎭의 본부(대곡성)에서의 장관·차관으로, 대감칠인大監七人·소감육인少監六人을 '대방위소大防衛所'(7지역), '소방위소小防衛所'(6지역)의 장으로 이해하였다.[20] 그리고 대소大小를 합친 13군데의 '방위소'는 『삼국사기』 권37 잡지 제6 지리4에 고구려 연고지로 수록된 오늘날의 재령載寧-해주 이서(海州以西, 지도 A지역)의 12개 지역[21]과 본부가 있던 대곡성으로 비정하였다. 요컨대 스에마쓰 씨는 패강진전이 통할하던 구역을 대소 12곳의 '방위소'를 합친 A지역으로 간주하였고, 패강진 자체를 본부가 있던 한 지역과 12개 지역에 배치된 '방위소'의 종합으로 파악한 것이다.[22]

한편 이기동李基東 씨는 패강진전의 통할 구역을 748년에 14군현이 설치된 패강(대동강) 이남과 예성강 이북 지역(지도 B지역)으로 추정하고 있다. 패강진전에 배속된 군관과 관련해서, 먼저 두상대감을 대곡성에 있던 '본영'의 장관으로 간주하는 데 이견은 없다. 그러나 대감大監을 B지역의 영풍(대곡성), 해고海皐, 폭지瀑池, 중반重盤, 천암栖嵒, 오관五關, 취성取城 등 7군郡의 책임자로 보았고, 소감小監 이하의 관직에 대해 구체적인 추정은 시도하지 않았다.[23]

그 밖에 기무라 마코토木村誠 씨의 견해가 있지만, 그 입론에 다소 무리가 있어 여기서는 고찰 대상에서 제외하고자 한다.[24]

따라서 패강진의 통할 구역에 대해서는 스에마쓰, 이기동 두 사람의 의견으로 좁혀볼 수 있을 것이다. 두 견해를 검토하기에 앞서 결론부터 말하면, 아래에 제시하는 근거에 따라 이기동 씨의 견해를 지지하고자 한다.

먼저 첫 번째로 앞서 잠시 언급한 패강진전의 통할 구역을 고찰할 때 무시할 수 없는 것이, 9세기 신라에는 이른바 패강 이남 지역에 한주(지도 C지역)와는 구분되는 독립 행정구획이 성립되어 있었고, 이 행정구획을 통할하는 것이 패강진전이었다는 사실이다. 더욱이 이기동 씨가 추정한 B지역은 『삼국사기』의 단편적인 기록에서처럼, 735년(패강 이남의 지역 획득) 이후로 신라가 그 지역에 취한 정책으로 추정해보더라도 충분히 해당 지역의 행정구획 성립 과정을 가늠해볼 수 있다.

① (748년) 아찬 정절貞節 등을 보내 북쪽 변경을 검찰하게 하고, 처음으로 대곡성大谷城 등 14개 군과 현을 두었다.[25]

② (762년) 오곡五谷, 휴암鵂巖, 한성漢城, 장새獐塞, 지성池城, 덕곡德谷의 여섯 성을 쌓고 각각 태수를 두었다.[26]

③ (782년) 왕이 한산주를 두루 돌며 살펴보고 백성들을 패강진浿江鎭으로 옮겼다.[27]

④ 우잠牛岑 (826년) 태수 백영白永에게 명하여, 한산漢山 북쪽 여러 주군州郡의 인민 1만 명을 징발하여 패강장성浿江長城 3백 리를 축성케 하였다.[28]

이러한 일련의 정책으로서 먼저 ① 이 지역에 대한 군현 지배의 단서가 밝혀지면서(취성군取城郡, 토산현土山縣, 당악현唐嶽縣, 송현현松峴縣은 포함되지 않음.[29]), 다음 ② 본영이 있는 대곡성을 둘러싸고 멸악산맥을 따라 해당 군현에 군사 방비를 위한 여섯 개의 성이 축조되었고, 나아가 ③ 지금까지의 정책 성과로 해당 지역의 민호民戶 내실화를 도모하였으며, ④ 여기에 최북단 취성군 외 3현의 설치[30]가 실현되었다고 해석하고 있다. 즉, 이러한 과정을 거쳐 패강진전과 통할 구역이 성립된 것으로 볼 수 있을 것이다.

두 번째는 9세기 전반에 일어난 사건으로 아래와 같은 것이 전해지고 있다는 사실이다.

(寂忍) 선사가 [중략] 일찍이 천태산天台山 국청사國淸寺에 머무를 때 [중략] 처음 당나라에 갈 때 죄인의 무리와 함께 같은 배로 취성군에 도착하자 군감郡監이 이를 알고 칼을 씌워 가두고 추궁하였다. 선사는 흑백을 말하지 않고 또한 같이 하옥되었는데, 군감이 사실을 갖추어 아뢰고 교를 받아 30여 명을 목 베었다. 마침내 순서가 선

사에게 이르자 선사는 얼굴이 온화하여 죄인 같지 않았고 스스로
형장에 나아가자 감사가 차마 바로 죽이라고 하지 못하였다. 곧 다
시 명령이 있어 석방되니 오직 선사만이 (죽음을) 면하였다.[31]

즉 신라 영토 최북단에 위치하는 취성군에는 군郡의 책임자로서 '군감郡監'
의 존재가 확인되며, 사료에 보이는 그의 행동에서 '군감' 직무에 이 지방의
해상 교통로의 경비가 포함되었다고 볼 수 있다. 특히 취성군은 패강(대동
강) 하구河口에 위치하고 있는데, 패강 하구는 등주에서 신라 당은포唐恩浦까
지의 항로에 해당되며[32], 이 지역이 발해와 군사적으로 대치하고 있었다는
점[33] 등을 감안한다면 취성군의 '군감'은 단순히 해상 교통로 경비에 그치
지 않고 중요한 직무를 맡고 있었다고 생각된다. '군감'이라는 관직명뿐 아
니라 이러한 '군감' 직무의 내용을 통해서도 사료에서의 '군감'을 패강진전
의 대감과 동일시할 수 있을 것이다. 그렇다면 이로부터 B지역의 군에 대감
이 파견되었던 사실을 확인할 수 있다.

세 번째는 신라 말 고려 초 왕건의 정권 수립에 공헌, 활약한 무장이 B지
역에서 다수 배출되었다는 점이다.[34] 즉 평주(平州, 대곡성) 출신의 유금필庾
黔弼과 박수경朴守卿, 염주(鹽州, 해고군) 출신의 유선尹瑄, 중화현中和縣 출신의
김락金樂 그리고 무장은 아니지만 왕건의 참모로 활약한 황주(黃州, 취성군)
토산현土山縣 출신의 최응崔凝, 염주鹽州 출신의 태평泰評 등이 있다. 이것은
무엇보다 B지역에 강력한 군사력이 배치되어 있었을 뿐 아니라, 이 지역이
북방 변경 방비를 관장하는 패강진전의 통할 구역이었기에 생긴 현상이라
고 설명하지 않을 수 없다.

지금까지의 세 가지 특징에 의해 패강진전이 통할하던 행정구획으로 B지
역을 비정해야 한다는 사실을 인정할 수 있다고 생각한다.[35] 다음 절에서는
이제까지 거론한 내용을 정리하면서 신라 병제상에서의 패강진전의 위상

에 대한 사견을 언급해보고자 한다.

3. 신라 병제의 패강진전 위상

당나라에 의해 패강 이남의 땅을 하사받은 이래로, 착수된 신라의 북쪽 변방 경영 중 패강진전은 당초 대곡성에 설치된 군진으로 시작되어, 이윽고 패강 이남 예성강 이북의 광범위한 지역을 통할하는 변방 기관이 되기에 이른다. 직관지의 패강진전조浿江鎭典條에 열거된 군관직은 이러한 패강진전의 기구를 잘 반영하고 있으며, 군관軍官들은 각각 본영과 통할 구역 내 군현을 담당 부서로 삼고 있었다. 두상대감과 두상제감은 본영인 대곡성에서, 대감은 취성군에서 각각 그 사례를 통해 해당 구역의 군에, 그리고 대세로 유추하건데 소감은 현에 배속되어 있었다고 볼 수 있다. 이처럼 군관이 배속된 패강진전의 통할하에, 군현은 한주漢州에서 독립된 별개의 행정구획을 형성하고 있었음은 재론할 필요가 없을 것이다. 패강진전에 관하여 언급해온 내용들은 대략 이상과 같이 개괄해볼 수 있다.

여기서 주목되는 것이 신문왕 5년(685)에 9주제九州制로 군현 지배를 확립한 신라가 새로 획득한 패강 이남의 땅에 군현 지배를 시행하면서도 이지역에 9주제의 군현과는 다른 통치 형태를 취했다는 점이다. 본영으로서 대곡성(영풍군)에 군진을 설치하고 나아가 통할 구역의 군현에 군태수나 현령이 아닌, 신라의 중핵적인 군단인 상급 군관과 동일한 직명을 가진 대감大監이나 소감小監 등을 파견한 것은 분명 9주제의 군현과는 이질적이며, 바로 이 점에 패강진전이 지금까지 군사시설로 알려진 이유가 있다. 그러한 의미에서 이기동 씨의 결국 신라는 발해 말갈족에의 방위책으로서 일시적인 군대의 파견이 아닌, 개척농민開拓農民을 이곳에 투입하여 이들을 평화무장하는 형태로서 패강진을 설치, 유지하였던 것으로 생각할 수 있다. 따라서 패강진은 구서당九誓幢과 육정六停 혹은 십정十停이나 오주서五州誓와 같은 순수한 군단軍團이 아니라고 생각된다. 이것은 동시에 지역 단위地域單位로서 행정적行政的 의미도 갖는 것이라고 생각된다.[36](강조는 필자)

라는 발언이나,

패강진은 그 자체의 군단적軍團的인 성격에도 불구하고, 예성강禮成江 이북 지역을 다스리는 최일선 지방 행정 단위로 간주되었고 바로 이 점에 패강진만이 갖는 특색이 있었다고 보여진다.[37]

라는 견해는 패강진전의 성격을 고찰하는 데 매우 시사적이다.

하지만 이기동 씨가 언급하는 육정六停에 대해서는 이 책의 제7장 '신라 육정의 재검토'에서 다음과 같이 지적한 바 있다. 육정이란 6세기 성·촌 지배(= 군현 지배)를 기반으로, 주州 규모로 편성된 주병州兵을 기본 군사력으로 삼은 군단이지만, 장군직은 행군 때 수시로 마련되면서 주의 장관이나 소경의 장관이 겸직하였다. 이처럼 상비군의 존재가 아닌 비일상적인 군사 행동을 목적으로 한 극히 임시적인 군단이라 할 수 있다. 따라서 앞의 표에 게재된 육정(한산정)의 군관 조직을 실체적으로 다루는 것은 위험하며, 오히려 행군에 대비한 야전군野戰軍 조직의 소속 군관 배치표와 같은 성격의 것으로 다루어야 할 것이다. 그렇다면 장군뿐 아니라 상급 군관직인 대관대감大官大監, 대대감隊大監, 제감弟監, 소감小監 등도 장군이 그렇게 했던 것처럼 군태수나 현령 등의 외관에 의해 겸직되었을 가능성은 충분하다.

육정의 상급 군관직이 행군 시에 주州 내의 외관에 의해 겸직되었던 것을 전제로 생각해보면, 패강진전은 다음과 같이 언급할 수 있지 않을까 한다. 앞서 언급한 바와 같이 패강진전의 통할 구역은, 육정 각 군단의 존립 기반이던 행정구획 단위인 주와 대응한다고 간주할 수 있지만, 이 지역이 발해와 대치하던 준準 임전체제하의 특수 군사지대임을 감안한다면 패강진전의 통할 구역 내 상황은 육정이 행군 시에 주 내의 외관으로 군관직을 충당했던 상황과 서로 유사하다. 따라서 패강진전의 통할 구역 내 군현에 대감·소감이라는 군관이 파견되었던 것이다.

이러한 점에서 신라 병제상에서 패강진전의 위상을 논한다면 이는 행군 조직의 상주화常駐化에 따른 군진軍鎭이며, 소위 행군이 항상적인 변방 기관으로 변화된 군사시설이었다고 할 수 있을 것이다. 패강진전의 통할하에 있던 해당 지역에 두상대감 이하 여러 군관들이 배속되어 있었던 것의 의의는 패강진이 가진 이러한 특성과 기능에서 찾아야 할 것이다.

제3부
동아시아 여러 나라의 국제관계

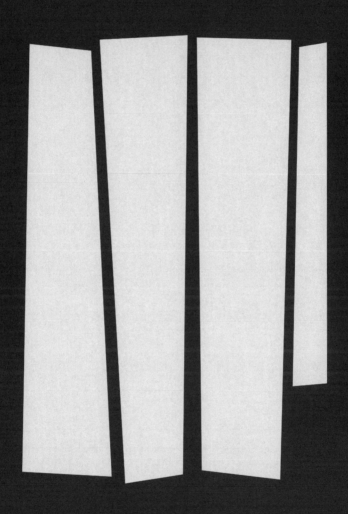

11장 고구려와 수일 외교

── 소위 국서 문제에 관한 시론

1. 문제의 소재

수일隋日 외교에 대해서는 일본 외교사상의 획기로서 널리 그 역사적 의의가 논의되어왔다. 특히 오노노 이모코小野妹子가 수나라에 가져간 국서國書의 첫머리 부분, "해 뜨는 곳의 천자[日出處天子]가 해지는 곳의 천자[日沒處天子]에게 서신을 보낸다. 무탈한가 운운"(『수서隋書』 왜국전)은 수나라에 대해 쇼토쿠태자聖德太子가 대등한 외교 자세로 임했음을 단적으로 보여주는 것으로 대서특필되어왔다. 그리고 스이코推古 시기 6차례에 걸쳐 사절을 파견, 이른바 견수사遣隋使[1] 역시 이 시대의 일본 역사를 개척한 것으로 다양한 의의가 논해졌다.[2]

그중에서도 그 역사적 의의와 관련하여, 당시 일본(왜)*이 수나라에 외교 사절을 파견한 그 이유에 대해서는 일본 사학계의 연구사에서 일종의 도달점을 보여주는 것으로 다음과 같은 견해가 있다. 먼저 '한반도 문제'의 처리를 들 수 있는데 기존의 왜는 권익을 가지고 있던 임나任那를 562년 신라에

---

* 앞으로 이 장에서는 당시의 국가명 '왜倭'를 사용하지만 왜와 수의 외교에 대해서는 편의상 '수일隋日' 외교로 통칭하도록 하겠다. 다만 원문에는 일수日隋로 되어 있지만 이 책에서는 '수일'로 번역하였다.(옮긴이)

313

빼앗기게 되면서, 신라로부터 임나＝가야 여러 나라의 탈환을 당면 목표로 삼고 있었다. 이와 직접 관련되면서도 다른 한편으로는 수 왕조에 의한 중국 재통일이라는 동아시아 정세의 일대 변화에 대응하기 위함이라는 것이다.[3]

이것에 대해 좀더 구체적으로 언급하자면, 수가 중국을 통일하자 고구려·백제·신라 삼국은 차례로 수에 조공하고 책봉을 받음으로써 각국의 왕은 수의 외신外臣이 되었고, 삼국은 수의 일원적인 질서에 편입되었다. 이것이 왜의 대수 외교의 자세를 결정지었다고 하는 부분이다. 왜냐하면 4세기 이후 한반도 정세에 관여해온 왜로서는 한반도 삼국에 대해 계속해서 유리한 입장을 유지하기 위해 수와 외교 교섭을 할 필요가 있었지만, 그러나 여기서 왜가 삼국과 동일한 조공을 하게 되면 삼국과 동렬에 위치하게 되어버린다. 왜는 한반도 삼국을 신속국臣屬國으로 보고 전통적인 우위의 입장이었기 때문에 삼국과 동일하게 수나라에 조공을 바치면 전통적인 자세와 모순된다. 그래서 삼국과는 다른 자세, 즉 수와 대등한 자세로 외교에 임했다는 것이다. 요컨대 이러한 왜의 외교는 수의 책봉체제 말고도 "일본을 중심으로 한 소小'책봉체제'의 유지"를 목적으로 한 것, '소중화제국小中華帝國을 지향'하는 것이었다.[4]

또 이러한 정치적 목표와 더불어 대수 외교의 중요한 목적은 중국문화의 섭취였다는 문화적 의의가 함께 지적되어왔다.[5]

그런데 대업大業 3년(607)의 견수사와 이때 수에 가지고 간 국서의 의의와 관련된 문제로서, 왜의 대수 외교 자세에 대한 역사적 배경으로 2가지 요인이 강조되고 있어 주목할 만하다. 먼저 하나는 중국에 대해 왜의 군주를 '천자天子'라고 칭할 만큼의 내실이 일본열도 내에 성립되어 있었다는 지적이다. 즉 '왜국 내부에서의 군주관君主觀의 성장'이 있었기에 중국을 중심으로 한 천하에 포함되지 않고, 천하를 다스리는 군주('치천하대왕治天下大王')가 실재한다는 것이다. 그리고 다른 하나는 '삼국에 대한 우월감'이 정착되어 있었기에 이러한 자세를 취할 수 있었다는 점이다.[6] 여기서는 뜻밖에도 수일 외교의 해석을 통해 일본 고대국가 발전의 새로운 국면과 거기에 종속된 한반도 삼국의 모습에 초점을 맞추어 양자를 대비적으로 부각시키고 있다.

그러나 니시지마 사다오西嶋定生 씨로 대표되는 이러한 생각에는 근본적인 의문을 금하지 않을 수 없다. 먼저 당시 국제정세와의 연관이 구체적인 역사적 전개에 의거하여 규명되지 않아 형식적인 것에 불과하다는 점이다. 예를 들어 "삼국과 동렬 이상을 요구하지 않는다면 한반도 삼국에 대한 전통적 자세와 모순된다."라는 주장은 무엇을 근거로 삼고 있는지 납득하기 어렵다. 특히 고구려에 대해서는 적어도 논거가 필요한 문제이며, 당시(6세기 단계까지) 고구려에 대한 왜의 전통적 자세라는 것은 백제를 사이에 두고 일관되게 날카롭게 대립하고 있었다. 이것은 「광개토왕비」에 보이는 4~5세기의 국제관계나 왜 5왕의 외교에 관한 최근의 성과를 참고하면 충분할 것이다.[7] 그러나 나중에 살펴보겠지만 6세기 말 돌연 고구려와 왜 사이에 공적인 외교관계가 성립되고 이후 양국 관계는 점차 돈독해지면서 수일 외교 시에는 극히 빈번한 왕래가 있었음이 확인되고 있다. 이러한 고구려가 언제, 어떠한 계기로 왜의 번국(藩國, 신속국)이 되었는지, 또 왜는 고구려에 대해 언제, 어떠한 우월감을 갖게 되었는지가 규명되지 않는다면 니시지마 씨의 입론은 성립되지 않을 것이다.

원래 왜의 대수 외교에는 고구려의 영향이 숨어 있다는 것을 많은 연구자들이 종종 지적하고 있지만,[8] 이 우월감이라는 애매한 표현으로는 당시 왜와 고구려의 관계를 모두 파악하기 어려운 것이다.

예를 들어 수일 외교에서 고구려의 역할에 대해, 경시할 수 없는 문제로 주목되는 것이 스이코 조정의 친밀한 양국 간 교류와 함께 고구려 승려 혜자慧慈의 역할에 주목할 필요가 있다. 사카모토 요시타네坂元義種 씨에 따르면 스이코 천황 3년(595) 일본으로 혜자를 파견한 것은 고구려 영양왕嬰陽王

의 의사일 가능성이 높다고 하였다.[9] 이 혜자는 20년간 왜에 체재하면서 쇼토쿠태자가 불교의 스승으로 모신 저명한 인물이지만, 사카모토 씨는 "4차례의 요동 전쟁(수의 고구려 정벌)은 영양왕 시대의 일이며, 혜자의 일본 입국과 귀국도 같은 왕 때의 일이었다. 덧붙여 말하자면 왜가 파견한 6차례에 걸친 견수사는 모두 혜자의 일본 체재 중의 일이었다. [중략] 이러한 인물이 스이코 조정의 실력자 배후에 있었던 것 자체가 수에 대한 왜의 고자세를 낳은 요인 중 하나였음은 의심의 여지가 없다."라고 지적하고 있다.[10] 여기서 말한 3가지의 연대를 나타내면 다음과 같다.

> ◦ 자장의 체재 기간: 595~615년
> ◦ 요동 전쟁: 598~614년
> ◦ 견수사 ①~⑥: 600~614년

이러한 견해는 니시지마 사다오 씨의 앞서 언급한 논의에서는 문제가 되지 않는다고 할지 모르겠다. 그래서 이 장에서는 6세기 말엽에 개시된 고구려와 왜의 외교관계에 착안해 수일 외교가 가지고 있는 새로운 측면에 초점을 맞춰보고자 한다.

2. 고구려의 대왜 외교 개사 시기와 계기

고구려의 대왜對倭 외교가 언제, 어떤 배경에서 시작되었는지에 대해서는 이미 선학의 지적이 있다. 우선 그 개시 시기는 긴메이欽明 천황 말년부터 비다쓰敏達 천황 즉위에 걸친 기간이라고 볼 수 있다. 주지하는 것처럼 『일본서기』에는 이보다 더 소급된 고구려와의 교섭 기사가 있지만, 많은 연구자들이 일관되게 주장하는 것처럼 570년의 견사遣使가 최초라고 보아도 좋을 것이다.[11] 이 점은 고대 동아시아의 역사적 추이에서도 충분히 수긍할 수 있는 일이다. 나아가 이를 납득시켜주는 것이 이때 고구려 사자가 가져온 국서가 해독 불가능이었는데, 이것을 백제계 관인 왕진이王辰爾가 해독했다는 일화가 『일본서기』에 전해지고 있다. 이 해독 불가능한 국서야말로 고구려 최초의 정식적인 대왜 외교의 표징인 것이다. 즉 국서의 존재에서 고구려 사절이 결코 우발적으로 표착漂着한 것이 아니었음을 확인할 수 있다. 다음 해독 불가능한 국서라는 것을 통해 추측할 수 있는 것은 『일본서기』가 설화적으로 전해주는 특수한 세공이 국서에 반영되었다기[12]보다는, 어쩌면 「중원고구려비」에서 볼 수 있는 고구려 양식의 독특한 한문으로 기록되어 있었기 때문은 아니었을까.[13] 그 이전은 국교를 맺지 않았기 때문에 국서에 의한 의사소통이 충분치 않았음을 의미하는 것으로 이해되고 있다.[14]

어쨌든 570년 고구려가 왜에 파견한 사절이 최초의 공적 외교였다면 무엇보다 중요한 것은 고구려가 왜에 접근한 사실 자체가 동아시아 국제정세의 근본적인 변화를 의미한다는 사실이다. 왜냐하면 4세기 중엽에 시작된, 한반도 중부에서 고구려와 백제가 격하게 대립한 이래로 동아시아는

중국 북조 = 고구려 = 신라 ↔ 중국 남조 = 백제 = 왜

라는 두 개의 추축 간 대립이 6세기 초까지 계속되었던 것과 관련이 있다.[15] 이는 521년에 신라가 고구려 주도의 북조 외교를 포기하고, 백제 주도의 남조 외교로 환승한[16] 적은 있지만 기본적으로 고구려와 백제의 대립을 기조로 한 틀이 유지되고 있었다. 따라서 고구려가 왜에 접근하는 것으로 인해 오랫동안 동아시아에서 유지되던 고구려와 백제의 대립 구도를 기축으로 삼은 이 도식은 완전히 해소되어버렸다고 볼 수 있다. 그렇기 때문에 570년

대 고구려가 왜 왕권에 접근한 것은 동아시아사의 관점에서도 경시할 수 없는 문제인 것이다. 이러한 관점을 전제로 삼아야 고구려의 대왜 외교가 왜 이 시기에 갑자기 시작되었는지, 그 역사적 배경이 무엇이었는지에 대한 고찰의 의의가 재인식될 수 있을 것이다. 기존에는 이러한 시각이 없었기 때문에, 이 문제가 반드시 의식적으로 규명되었다고 할 수 없지만, 중국의 동향에 주목한 외교활동으로서 즉, 중국이 남북으로 나누어진 상황에서 수가 통일하기까지의 움직임을 경계하면서 대왜 외교가 진행된 것이라고 보는 견해가 지금까지 유일하다.[17] 그러나 고구려의 대왜 외교를 수의 통일과정과 연관시키기에는 시기적으로 다소 이르고 설득력도 떨어진다. 여기서 이 문제를 다시 고구려사에 의거하여 재검토해보고자 한다.

먼저 이 문제를 570년대 고구려에 있어서 국정상 가장 중요한 과제가 무엇이었을까 하는 관점에서 살펴보기로 하겠다.

이보다 더 거슬러 올라가 6세기 한반도·중국·일본의 여러 사료들을 상호 보완해서 연대기 별로 삼국 항쟁의 동향을 살펴보면, 고구려 입장에서 6세기는 신라에 의해 고구려 영역이 침식되던 과정이라고 해도 과언이 아닐 것이다. 신라의 6세기 영역 확대 과정은 동해안 일대(505년) → 한강 하류역(552년) → 가야 여러 나라(562년) → 함경남도 지방 예족穢族 거주지(568년) 순이 된다. 신라의 이러한 과정은 가야 여러 나라를 제외하면 그 밖의 모든 지역이 고구려와 직접적으로 관련된 절실한 문제였다. 특히 6세기 중엽 이후, 고구려 최대의 적은 백제가 아닌 신라였으며, 한반도의 고구려 영역은 거의 전역에 걸쳐 신라와 직접 국경을 접하며 군사적으로 대치하고 있었다. 이러한 한반도 형세를 감안하면 고구려의 대왜 외교는 신라와의 군사적 대치와 불가분의 관계에 있었다고 먼저 추정할 수 있다.

이것을 다른 측면에서 뒷받침해보고자 한다. 그것은 대왜 외교보다 먼저 고구려 국가체제에서 신라와의 군사적 대치가 고구려 내부에 어떠한 문제를 초래하였는지를 동시에 밝힐 수 있을 것이다.

신라의 비약적인 영역 확대에 호응한 고구려의 움직임으로 간과할 수 없는 것이 고구려 평양지역 내에서 새로운 수도(장안성)의 조영과 천도이다. 다행히도 최근 연구에 따르면 고구려 후기의 왕도였던 장안성 연구가 비약적으로 진전되었고, 특히 장안성의 조영 시기와 천도 문제가 해명되면서,[18] 신라의 대두와 장안성 축조가 밀접한 대응 관계가 있었음을 거의 확실시하게 되었다.

즉 종래 427년 평양에 천도하고 나서 고구려는 일관되게 대성산성大城山城 방면을 왕도로 삼고 있었다는 견해도 있기 때문에,[19] 장안성(현재의 평양시 내) 천도는 단정하기 어려웠다. 그러나 다나카 도시아키田中俊明 씨는 천도 사실을 확정하고, 더불어 장안성 축조가 552년부터 593년까지 약 42년간에 걸쳐 이루어졌으며, 천도는 축조가 완료되기 전 586년에 진행되었음을 실증하였다. 여기에 이르러 처음으로 장안성 천도의 역사적 배경과 의의를 규명할 수 있는 길이 열린 셈이었다.

이러한 성과에 근거하여 다케다 유키오武田幸男 씨의 "장안성 천도는 정국政局의 전환을 도모한 것이며 새로운 왕도新都 조영의 착수가 중부 영역의 상실 시기와 일치한다는 점에서 이는 신라에 대처하기 위한 것이었다."라는 지적은 중요하다.[20] 장안성의 구조적 특징은 일찍이 언급된 바 있지만 전통적으로 왕도를 구성하는 두 가지 주요한 요소로서 평지성과 산성으로 분리된 것을 하나로 접목시켜, 왕의 거주 구역과 왕경인의 거주 구역의 결합을 도모하고 여기에 견고한 나성羅城을 두른 점을 들 수 있다.[21] 이러한 구조를 가진 도성의 축조와 천도는 임기 대응을 위해 보다 더 기능적으로 견고한 방비체제의 요청에 따른 것으로 생각된다. 새로운 왕도 장안성은 국방의 위기 속에 조영된 성새城塞 도시로 보아야 할 것이다. 고구려는 신라와의 군사적 항쟁으로 인해 전혀 새로운 성새 도시의 건립이라는 국내 방비체제를 강화시킬 수밖에 없었던 것이다.

이미 살펴본 것처럼 고구려의 대왜 외교 개시 시기는 570년이었다. 2세기 동안 유지되던 동아시아 외교적 틀을 격변시킨 고구려의 이 외교활동은 고구려 측의 각별한 사유를 제시함으로써 설명되어야 할 것이다. 하지만 지금은 그것이 신라와의 군사적 대치에 있었음은 의심의 여지가 없는 사실이다. 이 시기는 신라의 북부 침입(568년) 직후에 해당되며, 신라의 공세를 염두에 두고 그 이전부터 시작된 방비체제 강화를 추진하던 시기이기 때문이다.

한편 이상과 같이 신라의 대두는 틀림없이 고구려의 내외 정책에 심대한 영향을 미치고 있었지만, 고구려를 대왜 외교로 향하게 한 또 다른 요인은 560년대 시작된 신라의 남북 두 왕조에 대한 자주 외교를 들 수 있다. 주지하는 것처럼 그 이전에는 고구려만이 남북의 분단체제를 역으로 이용해서 안정된 대중국 외교를 잘 유지할 수 있었다. 하지만 신라가 552년 한강 하류역을 획득하여 그곳을 확보하게 되자 장기간에 걸쳐 고구려·백제에 의존하던 외교에서 자주외교로 비약적인 진전을 하게 되었다. 이러한 신라의 북조 북제(564년), 남조 진(566년) 양측에 보낸 견사와 수작(受爵, 북제)은 고구려에 대한 군사적 압박과 함께 다대한 위협을 주었음은 어렵지 않게 추측할 수 있다.

상술한 것처럼 신라의 대두는 고구려를 대내적으로나 대외적으로 위급한 대응책을 강구하게 만들었다.

3. 고구려의 국제환경과 외교전략

이상에서 570년대에 개시된 고구려의 대왜 외교가 신라의 군사적·외교적 공세에 대처하기 위해서였다는 것을 이해할 수 있을 것이다.

여기서 다시금 문제가 되는 것이 570년대 고구려의 대왜 외교가 세 차례 (570·573·574년)의 사신 파견으로 중단되지만 스이코 조정에 들어와 재개되어 본격화되었다는 것이다. 그간의 사정을 명확히 하면서 스이코 조정에서의 고구려의 대왜 외교에 대한 역사적 배경을 살펴보도록 하겠다.

결론부터 말하면 고구려의 대왜 외교가 일단 좌절된 배경은 중국의 정세에 의한 것이다. 특히 유의해야 할 것이 복잡한 양상을 띠고 있던 북조의 동향으로, 먼저 책봉을 받은 북제北齊의 멸망이 있었고, 이어서 북주北周의 멸망, 수隋의 성립으로 이어진다. 고구려는 수 왕조의 성립 이후 매년 사신을 파견하고 있다. 이윽고 진陳의 멸망으로 인해 수의 중국 통일을 맞이하게 되지만 이는 남북 분단체제에서 유리하게 전개해온 고구려의 외교전략을 근본부터 흔들어놓은 새로운 위협의 탄생이었다. 실제로 고구려는 수의 침공을 우려하여 수나라의 공장工匠을 약탈하는 등 '병사를 관리하고 곡물을 축적하여' 군비를 차근차근 정비함으로써 수와의 전쟁에 대비하고 있었다 (『수서』 고구려전). 이것을 수나라가 알게 되었고 곧바로 고구려는 문책까지 받게 된다.

따라서 이러한 일련의 과정을 통해 수의 성립 이후 고구려의 외교전략은 동남쪽 신라의 공격에 대처하면서 서쪽의 수나라와 대치하고 있었다는 것을 쉽게 추정할 수 있을 것이다. 그렇다면 중국의 정세 변화에 의해 일시적으로 중단된 대왜 외교는 고구려의 "신라와 싸우면서 수에 대비한다."라는 새로운 전략 구상이 불가항력적으로 더욱 더 큰 비중을 차지하게 되었다고 생각된다.

역으로 이러한 고구려 전략으로서 대왜 외교는 고구려에만 제한되지 않고 백제·신라에도 해당된다는 것에 유의해야 할 것이다. 무엇보다도 중국이 남북 분단에서 통일로 전환되면서 삼국에는 왜의 전략적 위상이 필연적으로 높아졌기 때문이다. 중국 왕조가 하나라는 것은 통교 관계의 대상이 한정된다는 것이며, 남북조 시기에 전개된 외교상의 흥정은 제약받지 않을 수 없게 되어, 결과적으로 삼국에 있어 왜의 전략적 위상은 상대적으로 높아지게 되었다.[22]

이러한 가운데 수나라와 일촉즉발의 위기 상황에 있던 고구려의 왜에 대한 외교 공세는 더욱 부각되었고, 고구려 영양왕대(590~617년)의 두드러진 인적·물적 교류는 『일본서기』 스이코기推古紀에 보이는 바와 같다. 이미 사카모토 요시타네 씨의 지적을 소개했지만 스이코 천황 3년(595)에 일본에 건너간 혜자는 고구려 외교의 상징적 존재로서 간과할 수 없다. 이 혜자와 관련하여 한때 왜 왕권의 권력 중추였던 쇼토쿠태자와의 관계를 『일본서기』에는,

> (3년, 595) 5월 戊午 초하루 丁卯 고려 승려 慧慈가 귀화하자, 황태자의 스승으로 삼았다. 이 해 백제의 승려 慧聰이 왔다. 이 두 승려는 불교를 널리 펴서 모두 三寶의 棟梁이 되었다.[23]

> 여름 4월 庚午 초하루 己卯 厩戶豊聰耳 皇子(聖德太子)를 皇太子로 삼아 攝政하도록 하고, 정치를 모두 위임하였다. [중략] 태어나면서 말을 잘하고 성스러운 지혜가 있었다. 장성해서는 한꺼번에 열 사람의 訟事를 들어도 능히 판별하지 않음이 없었고, 아울러 앞날의 일도 미리 알았다. 또 고려의 승려 慧慈에게서 內敎를 익혔고, 博士 覺哿에게서 外典을 배워, 아울러 모두 통달하였다.[24]

라고 해서 단순히 불교의 사제 관계 측면만을 기록하고 있지만, 많은 연구자들은 결코 그러한 관계에만 그치지 않는다는 것을 인정하고 있다. 특히 두 사람의 인연이 가볍지 않은 관계였음을 보여주는 일화로서 『일본서기』

스이코 천황 29년(621) 봄 2월조에는,

> 이 달 上宮太子(聖德太子)를 磯長陵에 장사 지냈다. 이때에 高麗의 僧
> 慧慈는 上宮太子가 죽었다는 말을 듣고 크게 슬퍼하며, 황태자를 위
> 하여 승려들을 모아 齋會를 열었다. 그리고 몸소 경을 강하는 날에
> 서원하여, "日本國에 聖人이 있어 上宮豐聰耳皇子라 하였다. (그는)
> 진실로 하늘이 낸 분으로, 聖人의 덕을 지니고 日本의 나라에 태어
> 나셨다. 夏 禹王·殷 湯王·周 文王의 덕(三統)을 두루 갖추고 옛 聖人
> 의 큰 계획을 이었으며, 佛·法·僧 三寶를 공경하고 백성의 재난을
> 구원하셨으니, 그는 진실로 大聖人이셨다. 지금 太子께서는 이미 돌
> 아가셨다. 나는 비록 나라는 다르지만 마음은 똑같아 쇠라도 끊을
> 수 있는 정도이다. 혼자 사는 것이 무슨 이득이 있겠는가. 나는 내년
> 2월 5일에 반드시 죽어서, 上宮太子를 淨土에서 만나 함께 중생을
> 교화할 것이다."라고 말하였다. 그리고 慧慈는 기약한 날이 되어 죽
> 었다. 이로 말미암아 당시 두 나라의 사람들은, "上宮太子만 聖人인
> 것이 아니라 慧慈 또한 聖人이었다."라고 말하였다.[25]

라고 적혀 있다. 여기서는 태자에 대한 후세의 성인관聖人觀이 짙게 반영되
어 있음을 고려하더라도, 주목해야 할 것은 두 사람이 이별한 뒤 소식이 동
해를 건너 전해지고 있다는 것으로, 혜자가 체재한 20여 년간 두 사람 사이
는 보통 관계가 아니었다고 짐작된다. 그것은 고구려에 있어 그 20여 년이
외압에 의해 핍박받은 극히 어려운 시대였다는 사실과도 전혀 무관하지 않
고, 역시 고구려의 전략적 외교와 혜자의 파견은 깊이 관련된다고 추정할
수 있다.

그런데 지금 고구려의 전략적 외교를 언급했지만 고구려의 주체적인 외

교활동의 전모는 『삼국사기』를 비롯해 다른 사료에는 전혀 전하지 않아, 혜자의 파견을 시작으로 하는 대왜 외교를 고구려의 전략적 외교와 관련시키려고 해도 그것은 어디까지나 추측의 영역에서 벗어나지 못하고 있다. 그러나 동시기 고구려 외교전략의 일면을 다행히 중국 측에 남아 있는 사료에 의해 살펴볼 수 있다. 이는 대업 3년(607년) 8월 동돌궐東突厥 계민가한啓民可汗의 장막에서 고구려 사신이 양제煬帝와 조우한 사건이다. 즉 북쪽 변방 이민족에게 수나라의 위엄과 권위를 확인시킴으로써 그 종속從屬과 입조入朝를 확실히 하기 위해,[26] 양제는 스스로 낙양에서 북쪽으로 약 600km 떨어진 유림(楡林, 내몽골자치구) 퉈커퉈현托克托縣 땅으로 행행行幸하여 계민가한의 장막을 방문하게 되었는데, 이때 계민가한은 양제에게 고구려 사자를 숨기지 않고 소개하였다. 이 사건을 『수서』 배구전裵矩傳은,

> 계민[가한]의 장막으로 행차하니 그때 고구려가 사신을 보내어 먼저 동궐과 교통하였다. 계민이 감히 숨기지 않고 그를 데려와 황제를 만나게 했다.[27]

라고 되어 있으며 한편 마찬가지로 돌궐전突厥傳에는,

> 먼저 고[구]려가 몰래 계민[가한]의 처소에 사신을 보냈는데, 계민[가한]이 성심을 다해 [수]나라를 받들어서 감히 다른 나라와의 교통을 숨기지 않았다. 이날 고[구]려 사신을 만나려고 할 때 [황제가] 우홍에게 명령해 조서로 다음과 같이 말했다. "짐은 계민[가한]이 진심으로 [우리]나라를 받들기 때문에 몸소 그가 사는 곳까지 왔다. 내년에는 분명히 탁군涿郡까지 갈 것이다. 네가 돌아가는 날 고[구]려 왕에게 알게 말해라. 마땅히 짐에게 일찍 조공하러 오는데,

스스로 의심해 두려워하지 말라고 해라. [짐이 고구려를] 보살펴 기르는 예를 마땅히 계민[가한의 그것]과 똑같게 해줄 것이다. 혹여 조정에 오지 않는다면 [짐이] 반드시 계민[가한]을 데리고 너의 땅까지 순행을 갈 것이다." [이 말을 듣고 고구려의] 사신이 몹시 두려워했다.[28]

라고 하여 간결한 서술 속에 긴박했던 세 사람 각자의 생각과 언행이 기록되어 있다. 특히 "고려가 몰래 사신을 계민이 있는 곳으로 보내어 [중략] 굳이 경외지교境外之教를 숨기지 않는다."라고 묘사한 부분이나 고구려 사신을 향한 공갈적 언변에서도 양제의 심중이 평온하지 않았음을 쉽게 짐작할 수 있다. 그도 그럴 것이 9년 전 전쟁을 벌인 고구려 사신이 공순恭順을 맹세한 돌궐의 장막을 방문했다고 하면 당연한 일이다.

세 사람이 만난 이 지역은 고구려에서 직선거리로도 1,200km 이상 떨어져 있으며, 수나라 측의 반응에서도 단순한 통교로 보기는 어려워 고구려가 염두에 둔 대돌궐 외교의 전략적 의도는 충분히 추측해볼 수 있을 것이다. 양제의 행행에 앞서 장손성長孫晟에 의해 계민가한에게 행사한 위압적인 의례도 있었고,[29] 양제에게 공순의 뜻을 표명하고자, 말하자면 희생 삼아 사신을 보낸 것이기 때문에 우연히 발각된 이 사건은 고구려의 전략적 외교활동과 수나라에 대한 견제가, 견제책이 실재하고 있었음을 여실히 보여주고 있다.[30]

이 사건을 통해 고구려가 이 당시 긴박한 국제환경 속에서 자체적인 보전을 위해 널리 전략적인 외교활동을 전개하였다는 것은 더 이상 의심할 여지가 없다. 거의 동시기에 전개된 왜에 대한 고구려 외교 역시 마찬가지로 전략적 외교활동의 일환으로 고려해볼 필요가 있다고 생각한다.

4. 국서의 분석

지금까지 고구려를 둘러싼 국제환경에 유의하여, 6세기 말부터 7세기 초까지 고구려 내외 정책을 논함으로써 대왜 외교가 고구려의 전략적 외교의 일환으로 볼 수 있는 가능성을 지적하였다. 이러한 추정을 바탕으로 하여 고구려의 전략 구상에서 대왜 외교가 기획되었음을 어느 정도 뒷받침하는 근거로, 대업 3년 왜에서 수로 전해진 국서國書를 주목하고자 한다.

주지하는 것처럼 문제의 국서는『수서』왜국전에,

> 그 국서國書에서 이르기를, "해 뜨는 곳의 천자(日出處天子)가 해지는 곳의 천자(日沒處天子)에게 서신을 보낸다. 무탈한가?" 운운이라고 하였다. 황제가 [이를] 보고 기꺼워하지 않고, 홍려경鴻臚卿에게 이르기를, "오랑캐의 글이 무례한 바가 있으니, 다시 보고하지 않도록 하라."고 하였다.[31]

라고 해서 그 첫머리의 일부가 오늘날까지 전해지고 있다. 종래 이 국서에 대해서 수양제는 도대체 어떤 부분이 내키지 않아 '不悅(기꺼워하지 않았다)'이었는가 하는 문제에 많은 관심이 쏠려왔다. 통설에 따르면 수일 외교가 '대등 외교'로 말해지고 있는 것은 국서에 수나라 황제와 동일하게 왜왕 스스로를 '천자'라고 칭한 점에 의거하고 있지만, 양제 역시 이 부분에 트집을 잡았다는 설이 유력하다.[32] 동방의 일개 오랑캐(蠻夷) 수장이 '천자'라고 칭한 사실에 큰 문제가 있었다는 것이다.

그런데 한편으로 이 국서는 왜가 대등 이상의 자세로 수나라에 임했음을 보여주고 있다는 설이 있다. 구리하라 도모노부栗原朋信 씨에 의하면 '일출처日出處', '일몰처日沒處'라는 용어는 양자의 우열 가치를 띤 용어이며, 설령 왜의 주관적 의식이었다고 하더라도 여기에는 왜를 상위에 두고 수나라를 내려다보는 자세가 포함되어 있어 왜와 수의 관계는 경사傾斜 관계였다고 설명하고 있다. 따라서 양제의 노여움을 자초한 것도 이 표현이었다는 것이다.[33]

이러한 두 가지 설의 가부[34]에 대한 사견은 나중에 언급하도록 하고, 여기서는 '대등'이나 '경사'와 같은 관점이 아니라 새로운 시각에서 이 국서를 검토해보고자 한다.

우선 국서의 자구에 의거한 검토에 들어가기에 앞서 고려해두고자 하는 것은, 이 국서에 대한 수의 대응에 대한 것이다. 현실적인 역학관계라면 보통 상식 밖이라고 할 수 있는 오만방자한 자세의 왜에게 양제는 불쾌감을 나타냈다. 그러나 이해할 수 없는 것이 양제는 홍려경에게 "오랑캐의 글이 무례한 바가 있으니 다시 보고하지 않도록 하라."고 분개하면서도 배세청裵世淸을 오노노 이모코小野妹子와 함께 왜에 파견하여 왜의 견사에 화답하고 있다는 점이다. 본래 법외적인 사신 파견이라면 무시하거나 묵살할 수도 있고, 사신을 붙잡아 징벌을 내릴 수도 있었을 것이다. 그렇지만 무례한 국서를 가져온 왜에게 양제는 일부러 사신을 보내고 있다.

이 점에 대해서도 다양한 해석이 있어 하나의 결론으로 정리될 부분은 아니지만,[35] 이 한 건에 대해 주의할 점은 『수서』 왜국전에,

신라와 백제가 모두 왜를 큰 나라이며 진기한 물품이 많다고 여겨 모두 공경하고 우러러보며, 항상 사신을 보내어 왕래한다.[36]

라는 일절이 있다는 것이다. 즉 왜는 신라·백제 양국에게서 대국大國으로 존경받는 입장이며 항상 왜와의 사이에 사절 왕래가 있었다고 하지만, 해당 내용은 왜의 사신이 수나라 측에 직접 구두로 전했거나 국서에 적혀 있는

것에 의거하고 있다. 『수서』에 기록되어 있는 이상, 왜가 '대국'이라는 입장을 추인할 만한 수나라 쪽의 모종의 판단이 있었던 점을 먼저 추정하지 않으면 안 되지만, 중요한 것은 어쨌든 이 기사를 통해 왜 측이 스스로를 존대한 자세에는 나름대로 믿는 구석이 있었기에 수나라 측에 어필하고 있었다고 할 수 있다.[37]

그렇다면 배세청이 왜에 파견된 이유는 이러한 점과 밀접하게 연관되어 있다고 볼 수 있을 것이다. 왜냐하면 고구려와의 긴장관계가 지속되면서 군비를 정비하고 있던 수나라에게 왜의 이러한 주장은 좌시할 수 없는 문제이기 때문이다. 즉 왜가 백제·신라에 대해 대국처럼 행동하면서 빈번하게 교섭하고 있었다면, 고구려와 이웃한 백제·신라의 배후에 있던 '대국' 왜의 동향은 수의 동방경략을 추진하는 데 있어 간과할 수 없었기 때문이다. 앞서 서술한 것처럼, 그해 8월은 양제가 계민가한의 장막에서 고구려 사신을 만나 엄하게 이를 질책한 지 얼마 안 된 시점이었다. 왜의 사절이 수나라의 도성 장안(대흥)에 도착한 것은 그해 연말이며, 왜국 사절의 언행이 수나라 측에, 고구려와 왜의 연대에 대한 위기감을 안겨주었다고 해도 전혀 이상하지 않다. 왜의 외교 자세는 수나라 측에 상상 이상의 충격을 가져다주었다고 보아야 할 것이다.

이처럼 대업 3년 왜의 대수 외교활동과 수나라의 대응을 살펴보면, 당시의 외교는 양국 간에 완결하지 못한 역학 속에서 상황이 변화해간 것을 알 수 있다. 지금 왜의 대수 외교에 고구려의 의사가 반영되었는지의 여부는 제쳐두더라도, 고구려에 있어 왜의 고압적인 외교는 수를 동요시켜 견제하게 만든 환영할 만한 동향이었다고 할 수 있다. 다른 한편으로 이러한 정세 속에서 수는 왜의 법외적인 외교 자세라도 묵인하고 수용하지 않을 수 없었고, 불손한 국서를 가져왔다고 해서 당연히 무시하거나 비난할 수 없었을 것이다. 그렇게 되면 배세청의 파견은 왜의 정세 시찰이라는 의미를 담고 있었을 것이다. 수나라에서 취한 일련의 대응은 고구려와의 긴장관계를 경시해서는 결코 이해할 수 없는 대목이다.

그렇다면 이러한 수의 대처를 예상해서 왜의 대수 외교가 이루어졌다고 볼 수 있을까. 부연하자면 왜의 대수 외교 배후에는 고구려의 전략에 따른 시나리오가 있었다고 할 수 있지 않겠는가.

여기서 역으로 고찰하고자 하는 것이 국서에 적힌 문구이다. 여기에는 왜와 수의 군주를 각각 '일출처천자', '일몰처천자'로 표현하고 있으나, '일출처', '일몰처'는 어디에서의, 그리고 누구의 지리관인지, 다시 검토함으로써 이 의문의 단서로 삼고자 한다.

일반적인 이해에 따르면 국서에 적힌 '일출처'란 동방의 일본열도를 가리키며 '일몰처'란 서방의 중국대륙을 가리키는 것으로 생각되며 이 점에 의문을 제기할 여지는 없다고 생각된다. 그러나 잘 생각해보면, 쇼토쿠태자의 손에 의한 것이라 할 수 있는 이 국서의 표현에는 이해하기 어려운 부분이 있다. 본래 일본열도의 거주민들은 자기들의 소재가 '일출처'라는 자기인식이 가능했던 것일까. 예를 들어 『낙양가람기洛陽伽藍記』에 보이는 북위의 사신 송운宋雲과 서역의 오장국왕烏場國王과의 문답에 다음과 같은 내용이 있다.

> 국왕이 [중략] 위나라 말에 능통한 사람을 보내어 송운에게 이르기를 "경은 해가 뜨는 곳에서 온 사람인가". 송운이 말하기를 "우리나라는 동쪽으로 큰 바다에 접해 있어 해가 그 속에서 나오니 실로 여래의 뜻입니다".[38]

즉 이 문답에서 알 수 있듯이 뜻하지 않게 서역의 사람들에게 화북華北은 '해 뜨는' 곳이지만 화북華北 사람들에게 '해 뜨는 곳'이란 동방의 황해黃海

인 것이다. 따라서 일본열도에 거주하는 사람이라면 '일출처'란 일본열도의 동방 해상, 즉 태평양이라는 점은 자명한 사실일 것이다.

이에 대해 '일출처', '일몰처'란 어디까지나 국서의 수신처인 중국 측에 양국의 위치 관계를 나타내고자 한 목적이 있었다고 생각할 수도 있을 것이다. 즉 읽는 이의 인식에 맞추어 수식어가 사용되었다고 볼 수 있다. 그러나 중국(장안)에 인식 주체를 둔다면 '일출처'는 왜倭가 되겠지만, 중국이 '일몰처'가 되면 이는 중국인에게 논외論外가 된다. '일몰처'란 서방의 여러 나라이며, 2~3세기 중국 지식인들에게도 '일몰처', '해가 들어가는 곳'이 대진국大秦國(로마제국)보다 머나먼 저편에 있다고 인식되었다는 사실이 밝혀진 바 있다.[39]

그렇다면 국서를 쓴 필자는 생활세계의 실감에서 벗어나 마치 지구본을 바라보는 것처럼 이 수사법을 생각해냈던 것일까. 사실 이러한 표현은 소박하게 동서를 의미한다는 해석도 나와 있다.[40] 그러나 이제까지 알려져 있는 민족 간, 국가 간의 방위 관계를 나타내고자 사용된 '일출日出'이나 '일입日入'의 용례[41] 속에서, 이러한 단어를 사용한 자의 소재지에서 실감에 반하는 사례는 보이지 않는다.

그러나 굳이 그 가능성을 제시해본다면 『후한서』 남만서남이열전南蠻西南夷列傳에 기술되어 있는 백낭왕白狼王 당추등唐萩等이 명제明帝에게 헌정한 '원이모덕가시遠夷慕德歌詩'의 한 소절에,

만이가 머무는 곳은 해가 들어가는 부분이지만 의를 사모하여 교화
되어 해 뜨는 곳의 주인에게 돌아가리.[42]

라고 하여 백낭왕이 본인의 소재지를 '일입지부日入之部'라 하고, 중국 황제를 '일출주日出主'라고 표현한 사례가 있다. 분명 동·서를 '일출'과 '일입'으

로 표현하고 있어, 문제의 국서와 동일한 방법으로 보인다. 게다가 '서남이 西南夷' 백성[43]들이 스스로를 '만이蠻夷가 있는 곳은 해가 들어가는 지점'이라고 칭한 것은 왜가 자체적으로 '일출처'라고 표현한 것과 서로 비슷한 것이다.

그렇지만 '원이모덕가시'는 기록에 남게 된 경위를 고려하지 않으면 안 된다. 백낭왕 등은 '문산이서汶山以西'의 민족으로, 영평(永平, 58~75) 연간에 공내대산邛來大山을 넘어 익주자사益州刺史 주보朱輔가 있는 나라로 귀순하였다. 가시歌詩는 원래 '이인본어夷人本語'인 것을 익주건위군연益州犍爲郡掾 전공田恭이 당시 '화언華言'에 '중역훈고重譯訓詁'하여, 그후 주보가 명제明帝에게 헌상한 것이었다. 가시가 익주 지방에서 만들어졌고 중역훈고를 거친 것이라면, 인식상의 기점이 되는 것은 해당 지역일 것이다. 이는 당시 귀순한 백낭 외에 100여 국의 소재지를 '일입지부'로 감지할 수 있으며, 동시에 명제의 소재지를 '일출'로 볼 수 있는 이른바 중간 지점에 해당된다. 따라서 백낭왕 등이 "만이가 머무는 곳은 해가 들어가는 부분이다(蠻夷所處, 日入之部)."라고 노래하면서 자기의 소재지를 '일입지부'라고 한 것은, 가시가 익주 지방에서 만들어져 이 지역에서 번역된 것과 관련이 있으며, 그동안의 경위를 감안하면 백낭왕 등의 소재지를 '일입지부'라고 보더라도 지금까지의 용례와 다를 바가 없을 것이다.

그렇다면 왜 국서의 경우는 어떻게 해석하면 좋을까. 여기서 참고가 되는 것이 다름 아닌 '원이모덕가시'의 용례이다. 즉 '가시'의 경우와 마찬가지로 '일출처'가 왜가 되고, 중국이 '일몰처'라고 실감할 수 있는 지역이 이 국서 작성과 어떤 관련이 있었다고 생각해보도록 하겠다. 그래서 그러한 지역이 실재하고 국서 작성에 관여할 수 있는지를 검토해보고자 한다. 먼저 일본열도를 '일출처'로 볼 수 있는 지역을 특정하기에는, 『삼국지』위서·오환선비동이전烏丸鮮卑東夷傳 서문에 있는 아래의 사료가 주목된다.

景初 연간(A.D. 237~239, 高句麗 東川王 11~13)에 크게 군대를 일으켜 [공손]연을 죽이고, 또 몰래 바다를 건너가서 樂浪郡과 帶方郡을 수습하였다. 그후로 해외가 안정되어 東夷들이 굴복하였다. 그 뒤 高句麗가 배반하므로 또다시 약간의 군대를 파견하여 토벌하면서 지극히 먼 지방까지 추격하니, 烏丸과 骨都를 넘고 沃沮를 거쳐 肅慎의 王庭을 짓밟고 동쪽으로 大海에까지 이르렀다. [그곳의] 長老가 "얼굴이 이상한 사람이 해가 돋는 근처에 살고 있다."라고 이야기하였다. 드디어 여러 나라를 두루 관찰하고 그들 나라의 법령과 습속을 수집하여 나라의 크고 작음의 구별과 각국의 명칭을 상세하게 기록할 수가 있었다. [그 나라들은] 비록 오랑캐의 나라이기는 하지만 俎豆를 쓰는 예절이 남아 있으니, '중국이 禮를 잃으면 四夷에게서 구한다'는 것을 더욱 믿을 수 있다. 그러므로 그 나라들을 순서대로 찬술하고 그 같고 다른 점을 열거하여 前史의 미비한 점을 보완한다.[44]

라고 해서, 이는 중국이 어떠한 과정을 거쳐 동서東西 변경 지역의 인식을 제고해갔는지를 약술한 말미 부분으로, 동방에 관한 정보를 비약적으로 많이 얻을 수 있었던 것은 위魏와 고구려의 교전交戰에 있다고 언급한 일절이다. 주목되는 것이 위나라 연해주의 옥저 지역을 지날 때까지 고구려군을 추적했을 때 동해와 면하고 있는 토지의 장로長老에게 들은 내용은 "얼굴이 이상한(異面) 사람이 해가 돋는 근처에 살고 있다."라는 부분이다. 여기서 말하는 '얼굴이 이상한 사람'은 『삼국지』 동이전의 여러 종족 중에서도 유일하게 얼굴에 문신을 새긴 왜인을 가리키는 것이 명백하다. 즉 연해주 지역에서 바다와 면하고 있으며, 왜인의 소재는 해가 뜨는 방향과 가까운 곳에 위치한다고 설명하고 있는 것이다. 여기에는 이 지역에서 살아온 사람들의 생활

세계의 실감에 기인한 인식이 자연스러운 형태로 드러나 있어, 장로가 말하는 이 지역 '일출처'야말로 왜라는 것을 솔직하게 감지할 수 있을 것이다. 두말할 것도 없이 이 지점에서 중국 방향은 '일몰처'에 해당하며, 국서에 기록된 지리적 조건을 충족시키고 있는 것이다.

요컨대 이 지역이 고구려 동북부 영역에 위치한다는 점, 또한 동시에 이러한 지리관은 고구려의 거의 전역에 걸쳐 있다고 해도 과언이 아니라는 점, 게다가 '일출처'와 동일한 표현('日之所出')이 문헌상으로 확인된다는 점에서, 국서의 첫머리 부분은 고구려인의 지리관을 극히 자연스럽게 표현하고 있다고 해도 좋을 것이다.

그렇게 되면 쇼토쿠태자를 오랜 기간 옆에서 모신 혜자의 존재는 결코 무시할 수 없을 것이다. 이미 많은 지적이 있었던 것처럼 당시 한반도의 삼국 특히 신라에서는 외교활동에 있어서 승려의 활약이 두드러졌고,[45] 혜자 역시 권력 중추에 있는 쇼토쿠태자를 섬기고 있었다면 외교문서의 작성 등 수일 외교에 관여하고 있었다고 생각하지 않을 수 없다. 국서 첫머리의 표현은 뜻밖에도 그것을 살짝 보여주는 것이 아닐까. 국서는 아마도 혜자가 쓴 글이고, 그 국서에 작성된 언사에는 왜와 연계해서 수를 견제하고자 한 고구려의 전략적 의도가 반영되어 있었다고 생각한다.[46]

5. 수일 외교와 고구려

수일 외교에는 그 배후에 고구려와 왜의 국제적 연계가 있었다고 추정해 본다면, 이제까지 국서를 둘러싼 논쟁 여부나 종래의 상당히 무리해서 바라본 관점의 문제, 혹은 애매한 이해에 머물던 문제 등에 대해서도 각각 해명의 실타래를 풀 수 있을 것으로 생각한다. 모든 것을 하나하나 짚고 넘어갈 여력은 없지만 여기서는 그중 몇 가지 문제에 대해 대략적인 전망을 언급해 보고자 한다.

이미 언급한 것처럼 국서 문제의 커다란 쟁점 중 하나는 수일 외교가 '대등 관계'인지, '경사 관계'인지의 여부이다. 그러나 이 논점 역시 이제까지 서술해온 관점에서 고찰한다면 동아시아에 있어 수일 외교의 성격을 규명하는 데 반드시 적절한 문제 제기 방식이 아니라는 것을 알 수 있다. 즉 수일 외교는 양국 간 역학관계에서 자기 완결된 관계가 아니었으며, 그렇다면 수일 외교가 '대등 관계' 혹은 '경사 관계'인지 그 본질적 의미를 논하기란 불가능한 일이다. 어떠한 상황 속에서 그러한 태도를 취할 수 있었을까,[47] 하는 것을 문제 삼지 않고, 양국의 관계 자체를 '대등'이나 '경사'로 묻는 것은 국제관계를 역사적으로 검토하는 입장에서 벗어나 있다고 생각한다.[48] 수일 외교는 수와 고구려의 긴장관계 속에서 비로소 성립된 역사적·정치적인 산물인 것이다. 이 점에 대해서는 나중에 다시 언급하도록 하겠다.

다음으로 다루어야 할 것이 이른바 국서 탈취 사건에 대한 것이다. 『일본서기』에 따르면 오노노 이모코小野妹子가 수에서 귀국했을 때 백제에 의해 수의 답서를 약탈당했다고 보고하여, 노한 여러 신하들에 의해 유배를 당할 처지가 되지만 스이코 천황의 중재로 이를 면하게 된다. 기존에는 이 사건에 대해 오노노 이모코가 수의 국서를 가지고 돌아오면 '대등'을 인정하지 않는 수나라의 자세가 드러나게 되어, 오노노 이모코가 이를 우려해 감추기 위해 허위 보고로 했다는 해석이 유력했다.[49] 그러나 본래 수나라 사신 배세청과 함께 귀국한 오노노 이모코의 귀국에 그와 같은 조작이 있었다고 하더라도 거기에 얼마만큼의 큰 의미가 있겠는가. 배세청의 왜국 내에서의 언행은 결코 거침이 없어서 『수서』 왜국전에서 알 수 있는 것처럼 '조공'을 가상히 여긴 양제의 발언은 배세청에 의해 왜의 조정에 전해졌다고 보아야 할 것이다.

오히려 이 사건은 『일본서기』에 전하는 것에 의거하여 그대로 이해해야 할 것이다. 『수서』 백제전에는,

> 그해에 또 使者 王孝鄰을 보내어 貢物을 바치면서 高[句]麗의 토벌을 청하였다. 煬帝는 이를 허락하고, 高[句]麗의 동정을 엿보게 하였다.[50]

라고 하여 백제는 당시 고구려와 날카롭게 대립하고 수에 종종 고구려 토벌을 요청하고 있었다. 『수서』에는 당시 백제의 사신 파견이 고구려와 내통하여 수나라 정세를 엿보려는 위장 공작이라는 수 쪽의 비판이 기록되어 있지만,[51] 고구려 외교전략에 가담한 왜의 외교를 백제는 당연히 묵인할 수 없었을 것이며 국서의 탈취는 이러한 상황에서 충분히 일어날 수 있는 사건이었다.[52] '대등 외교'에 휩쓸려 이것과 연동시켜 해석한 허위설은 그 전제에서부터 성립되기 어렵다고 생각한다.

다음으로 고구려는 수일 외교에 앞서 혹은 그 이후 일정 기간 주로 혜자를 통해 왜 왕권과 긴밀한 유대관계를 맺었다고 추측되는데, 이 기간 고구려와의 관계가 왜에 가져온 문화적 영향에 대해 언급하도록 하겠다. 일반적으로 스이코 조정의 정치형태 및 정치사상에 한반도 삼국의 영향이 매우 크다는 것이 지적되었다. 제1회(개황 20년) 견수사의 국서에 적힌 '하늘의 아들(天兒)'을 의미하는 '아메타라시히코阿每多利思比狐'나 수나라 문제文帝에게 사신이 답변한 말 중에 나타나는,

> 왜왕은 하늘을 형으로 여기고, 해를 아우로 여기며, 아직 밝기 전에 나와서 정사를 행하는데 정좌하고[跏趺坐], 해가 뜨면 곧 정무 보는 것을 그만두고 말하기를 나의 아우에게 맡긴다고 한다고 하였다.[53]

라는 '하늘(天)'과 '해(日)'의 사상적 배경은 이미 지적한 것처럼 먼저 고구려에서 찾아야 할 것이다.[54] '하늘'과 '해'를 매개로 한 왕권사상은 5세기 초 고구려에서 분명히 확인할 수 있으며,[55] 이러한 사상은 혜자와 연관되어 있었다고 보는 것이 자연스럽다.

또한 『수서』에도 기록된 왜의 개인별 신분 표식인 관위冠位 12계階 역시 구조적인 분석에서 고구려와의 연관이 지적된 지 오래다.[56] 향후 스이코 조정의 정치형태 및 정치사상에 대해서는 혜자와의 관계에서 고구려로 범위를 좁혀 해명해야 할 과제들이 적지 않을 것이다.[57]

마지막으로 다루어야 할 것이 왜의 대수 외교와 한반도 문제의 관계에 대한 것이다. 첫머리에 언급한 것처럼 통설에 따르면 수일 외교는 항상 왜의 대신라 관계(임나 탈환 요구)가 기본적으로 전제되어 있었다. 이는 당시 왜가 신라에 강경 자세로 외교에 임했기 때문이다. 게다가 『일본서기』에 따르면 신라에서 575년, 600년, 611년, 622년에 '임나의 조調'를 가져오는 등 왜에 대한 신라의 타협적 자세를 찾아볼 수 있다는 데 의거한다. 그러나 이 문제도 앞서 서술한 고구려 전략을 염두에 둔다면 큰 무리 없이 해석할 수 있을 것이다. 즉 고구려가 국제적 연대에 의해 왜에 기대한 것은 신라와 수에 대한 견제였다. 여기서 왜가 신라에게 '임나의 조'를 요구하는 등 신라에 강경 자세를 취한 시기를 살펴보면, 4차례의 '임나의 조'를 가져온 시기가 말해주듯이 그것들은 모두 고구려와 왜의 외교관계가 긴밀할 때였음을 알 수 있다.[58] 실제로 신라에 대한 고구려·백제와 왜의 군사적 연대에 대해서는, 일찍부터 지적이 있었는데 601년 오오토모노 무라지쿠히大伴連囓의 고구려 파견, 같은 해 사카모토노 오미 아라테坂本臣糠手의 백제 파견은 그 이듬해부터 백제·고구려의 신라 공격과 서로 연관되어 있다고 추정되어왔다.[59]

종래 이러한 상호 관계는 일관되게 왜 주도에 따른 것이라고 해석되어왔지만 6세기 후반부터 7세기에 걸쳐 왜의 대신라 강경노선은 한반도 남부에 있어 왜 고유의 권익 탈환 그 자체에 있었다기보다는 삼국 항쟁이 신라 우위로 옮겨간 정세를 이유로 불리해진 고구려와 백제가 신라에 대해 왜와 정략적으로 군사적 연대를 맺게 된 결과라고 보아야 할 것이다. 최근 가야 제국사의 연구성과에 따르면 『일본서기』에 기록된 역사적 유래를 토대로 '임나의 조'를 논하기에는 어려움이 있다.[60] 비다쓰기부터 스이코기의 대신라 강경노선에는 왜와의 연대에 성공한 고구려의 요청과 지원이 있었다고 추측되는 부분이다.[61]

6. 맺음말

지금까지 6세기 말부터 7세기 초까지 고구려의 대왜 외교를 주요 논점으로 하여 수일 외교가 가진 하나의 측면을 논하였다. 먼저 고구려의 외교전략으로서 대왜 외교가 실재하였음을 지적하였고, 나아가 수일 외교에는 고구려의 "신라와 싸우면서 수에 대비한다."라는 전략 구상에 기반하여 왜와의 연대를 심화시켜 실현한 것으로 추정하였다.

이 장에서 명확히 한 것처럼 고구려의 동향을 중심으로 6세기부터 7세기까지 동아시아의 국제관계를 검토해보면, 기존의 정적인 구조론으로는 다양한 관계 파악이 극히 어렵다는 사실을 알 수 있다. 고대 동아시아 국가의 국제관계는 시시각각 변화하는 현실적이고 유동적인 정세 속에서, 주체적으로 판단하고 행동하는 왕조국가 간의 전략과 전술이 교차하는 것이었다. 외교는 이러한 상호 의혹이 교차하고 타협하면서 비로소 성립되는 것이다.[62] 수일 외교의 고찰을 통해 고대 동아시아의 국제관계에 대하여 동아시아 국가들의 주체적인 외교전략 관계부터 검토해야 할 필요성을 다시 제기하고자 한다. 전근대 국제관계를 왕조국가 상호 간의 전략과 전술의 여러 관계로 간주함으로써, 근대 국민 국가관을 상대화시켜 당시의 왕조국가 간 정치행동에 의거하여 외교 교섭의 양상을 냉정하게 바라볼 필요가 있을 것이다.[63]

어떤 역사적 상황 속에서 위험한 균형 위에 간신히 성립된 관계도 분명 존재했을 것이다. 수일 외교는 일종의 절박한 긴장관계 위에 성립된 외교관계라고 생각한다. 이러한 관계를 지지하던 관계의 총체를 되돌아보지 않고 선험적으로 양국 간의 관계를 설정하고, 그 관계를 전제로 삼아 관계 성립의 역사적 조건을 일본 고대국가 발전의 내실에서 직접 구하려고 했던 종래의 관점에는 많은 의문을 갖게 된다.

최근에서야 당일唐日 관계사의 재검토가 시도되면서 양국 간 외교관계가 결코 '대등 외교'가 될 수 없다는 주장이 제기되고 있지만,[64] 바로 지금 수일 외교의 재검토가 재차 요구되고 있는 것이 아닌가 생각된다.

12장 쇼소인 소장 신라 전첩포기 연구
── 신라·일본 간 교역의 성격을 중심으로

1. 문제의 소재

　신라와 일본(왜)의 교류는 오래전으로 거슬러 올라갈 수 있지만 그중에서도 백제와 고구려 멸망 이후 신라는 당과의 교전(674~676년)도 있었기 때문에 대당對唐 관계를 감안하면서도 일본에 빈번하게 사절을 파견하였다. 이것에 관해 일본에서는 백촌강 전투에서 백제에 가담하여 신라·당 연합군과 싸워 패했다는 경위도 있고 해서 신라에 대해 강경한 자세를 취하기보다는 신라 측의 사절을 받아들이고 나아가 신라에도 적극적으로 사절을 파견하였다. 이러한 양국 사절의 왕래는 35회에 미치며, 신라가 당나라와의 관계를 회복·강화하는 7세기 말까지 계속되었다.[1]

　8세기가 되면서 신라는 국내정치의 내실화와 안정된 대당 관계를 배경으로, 정중한 일본 외교를 지속할 의미가 적어지게 되자 일본과의 사이에서 종종 마찰이 일어났다. 그래도 신라는 100여 명이 넘는 규모의 사절을 파견하는 등 양국의 공적인 교류는 779년까지 계속되었다. 따라서 이 시대 교류의 특징은 정치적인 긴장감을 증대시키면서도, 신라는 일본으로 사신 파견을 대규모화했다는 점이 지적되고 있다.[2]

그런데 최근 한국에서 고고학 연구 성과의 도움으로 인해 일본의 쇼소인正倉院 보물 속에 수많은 신라 문물이 포함되어 있다는 사실이 밝혀지게 되었다.[3] 또 쇼소인 보물 속 신라문서의 연구에 의해서도 이러한 사실이 뒷받침되고 있다.[4] 이러한 문물들은 8세기 신라와 일본의 교류가 활발했음을 보여주며, 그것들이 이 시대 교류의 소산이라는 것은 의심의 여지가 없다.

여기서 문제가 되는 것이 8세기 신라와 일본 간 교류의 성격에 대한 것이다. 지금까지의 통설적인 이해에 따르면, 8세기 신라가 대규모 사절을 일본에 보낸 이유는 어디까지나 신라를 종속국으로 본 일본 측과 타협하면서도 무역을 확대하고자 한 경제 우선 정책에 기인하며, 8세기 신라와 일본 간 교류의 특성은 험악해진 정치와 통상무역의 활성화라고 이해되어왔다. 또 교류의 주체도 실질적으로는 신라 상인이나 신라의 수공업자였다고 간주되었다.[5] 쇼소인 보물 속 신라 문물은 그러한 신라 상인에 의해 일본으로 전래되었다고 알려져 있다.[6]

그러나 이러한 해석에는 반드시 확실한 근거가 있는 것이 아니다. 많은 연구자들이 9세기 초엽부터 여러 사료에 등장하는 신라 상인의 활동에 의거해, 이를 8세기 전반까지 소급시켜 추측한 것에 불과하다.

이러한 연구 현황을 토대로 이 장에서는 주로 통상무역론을 비판적으로 검토하고, 8세기 신라와 일본과의 교류 성격에 관하여, 당해 시기 교류의 실상을 토대로 명확히 하고자 한다.

2. 신라 전첩포기氈貼布記의 해독

8세기 신라와 일본과의 교류 성격을 해명하기 위한 실마리로서, 신라에서 일본에 전해진 문물의 구체적인 전래과정을 탐구하는 데에서 시작하고자 한다. 또 그 고찰의 대상으로는 쇼소인 보물을 선택하고자 한다. 왜냐하면 쇼소인 보물은 입고入庫 경위가 비교적 분명하고, 대부분 8세기 중엽 궁궐이나 도다이지東大寺에서 사용된 것으로 보고 있기 때문이다.[7] 거기에는 신라 문물로 특정할 수 있는 것이 있는데 신라에서 일본으로 전해진 과정을 해명할 수 있다면 8세기 신라와 일본과의 교류에 대한 구체적인 모습이 드러나게 될 것이다.

그래서 이 장에서 분석 대상으로 삼고자 하는 것은 쇼소인에 현재까지 전해지는 모전毛氈과 거기에 붙어 있던 포기布記이다. '모전'이란 양털을 압축해서 만든 직물의 깔개이며 쇼소인에는 현재 색전(色氈, 단색 전)과 화전(花氈, 문양 있는 전)을 합쳐 약 50점이 남아 있다.[8]

그중에는 모전의 한쪽 귀퉁이에 묵서가 있는 마포麻布 조각이 붙어 있는데, 쇼소인에는 현재 그러한 모전이 2점(색전과 화전) 남아 있고, 2매의 포기에는 각각 다음과 같은 문자가 적혀 있다.

A	'紫草娘宅紫称毛一 念物絲乃綿乃得 追亏 今綿十五斤小 長七尺広三尺四寸'
B	'行卷韓舍價花氈一 念物得追亏'

보이는 것처럼 모두 한자로 표기되어 있지만, 한문(중국 고전어)으로는 전혀 해석이 불가능하며 일본 만요가나萬葉假名에도 해당하지 않는다. 그러나 B에서 보이는 '한사韓舍'는 분명 신라의 관위官位이며, A·B 양쪽에는 모두 공통된 어휘('염물念物', '득추울得追亏')가 보이기 때문에 동일 목적으로 사용되었음을 쉽게 추측할 수 있고 이것들이 모두 신라어로 작성된 문서로

지적되어왔다.[9] 또 이러한 포기가 붙어 있는 2점의 모전은 당연히 신라에서 가져온 것으로 추측되고 있다.

여기에서는 먼저 이 묵서들을 축어적逐語的으로 해독하여 그것이 신라의 문서라는 것을 명확히 하고, 2매의 포기가 어떠한 용도로 사용되었는지를 규명함으로써 모전이 신라에서 일본으로 전해진 과정을 해명하는 단서로 삼고자 한다.

한편 신라어로 된 문서로 추정되는 2매의 포기에 대해, 이제까지 여러 선학들의 연구가 있었는데 그것들은 대부분 단편적인 일부 자구字句의 해석으로 묵서 전체의 성격은 모호했다. 그 가운데 본격적으로 이 묵서를 해석해 적극적으로 문서의 성격을 밝히려고 시도한 이가 도노 하루유키東野治之 씨였다.[10]

그에 따르면 먼저 묵서의 성격을 해명하는 데 가장 중요한 어휘로 주목을 받아온 '염물念物'의 해석에 대해 일단 "신라 속문俗文 한자의 특별한 용례"가 아닐까 추정하면서 한반도에서는 '염念' 자가 '경과하다'라는 의미로 사용된다는 것에 착목하였다. 나아가 '경과하다', '왕래하다'라는 의미의 단어는 매매·교역 등의 뜻으로 바꾸어 사용한 구어적 용법이 당대唐代에 간혹 보인다는 점을 강조하면서 신라에서 사용한 '염물'은 신라의 교역품이라는 뜻으로 해석하였다.[11]

이어서 A의 첫머리에 써 있는 '자초랑택紫草娘宅'은 쇼소인 보물 중 묵墨의 명문에 '新羅楊家上墨(신라양가상묵)', '新羅武家上墨(신라무가상묵)'이 있는 점이 참고되며, 이 기록의 '양가楊家', '무가武家'는 제조업자의 가호家號라는 것이 명백하고 중국 송대宋代 이후 거울이나 칠기에도 종종 제조업자의 가호가 '모가某家'로 적혀 있기 때문에 '자초랑택' 역시 A 문서가 부착된 모전 제조업자의 가호일 것으로 간주하였다.[12]

도노 씨는 이러한 두 자구의 해석을 토대로 묵서에는 첫머리에 제조업자의 가호를 적고 나아가 교역품을 의미하는 문자('염물')가 보이는 것에서 2매의 문서를 신라의 모전 판매자가 신라 상인에게 판매를 위탁하면서 붙인 것으로 추측하였다.

이와 같이 도노 씨는 신라 문서의 해석에서 신라의 용례에 나름대로 유의하고 있지만 중국의 문자 용례와 그 의미 내용을 최종적인 해석의 판단 기준으로 삼았다고 할 수 있을 것이다. 더욱이 중국의 용례는 동시대의 경우도 있지만 시대가 다른 것도 함께 참고하였다. 그에 비하면 한반도의 용례와 그 의의에 대해서는 충분히 고려되었다고 보기 어렵다.

다소 염려되는 부분은 동일한 한자를 사용하더라도 그것을 사용한 민족이나 국가에 의해 그 의미는 상상 이상으로 달라진다는 것을 어느 정도 고려할 필요가 있다는 점이다. 구체적으로 묵서의 자구 해석을 시도할 때는 동시대 신라나 그후의 한반도 여러 왕조의 용례를 검색하여 검토해볼 필요가 있을 것으로 보인다. 또 신라인이 사용한 문서라면 당연히 신라사에 의거한 해석이 바람직할 것이다.

따라서 '택宅' 자에 관해서는 한반도 사료에서 볼 수 있는 용례를 찾아보도록 하자. 먼저 고대 한반도의 여러 문헌에서 신라의 '택' 자 용례를 모아보면 다음과 같이 네 종류의 '택'의 의미가 확인된다.

먼저 첫 번째로는 부지를 포함한 가옥을 의미하는 '택'이다. 예를 들어 『삼국사기』 권8 신라본기 성덕왕 15년 3월조에,

> 성정成貞 왕후王后를 [궁에서] 나가게 했는데 채색 비단 5백 필, 전지
> 田地 2백 결結, 조租 1만 석, 집[宅] 한 채를 하사하였다. 집은 강신공康
> 申公의 옛집을 사서 주었다.[13]

라는 '택'이나 『삼국사기』 권48 향덕전向德傳에 기록된,

왕이 하교하여 조 3백곡, 집[宅] 한 채, 구분전口分田 약간을 내려주
었다.[14]

라는 기사 등이 이에 해당한다. 한편 동일한 문맥에서 사용된 것으로서 『삼
국사기』 권48 효녀지은조孝女知恩條에는,

대왕이 이 소식을 듣고 또한 조租 5백 섬과 집[家] 한 채를 내려주고
요역을 면제시켜주었다.[15]

라고 되어 있어 앞서 제시한 '택宅'이 '가家'와 호환적으로 사용되었다고 볼
수 있을 것이다.

두 번째로는 관청명官廳名으로서의 '택'으로 『삼국사기』 권39 직관지에
는 내정 관사군 중 내성과 동궁에 각각 '세택洗宅'이란 이름이 보인다.

(내성) 세택洗宅은 경덕왕景德王이 중사성中事省으로 고쳤고 후에
예전대로 회복되었다. 대사大舍는 8명, 종사지從舍知는 2명이다.[16]
(동궁관) 세택洗宅은 대사大舍가 4명, 종사지從舍知는 2명이다.[17]

경덕왕대의 어느 시기에 중사성中事省으로 개칭된 이 관사에 대해서는 관
련 사료가 없어 기존에는 고찰 대상으로 삼기에 어려움이 있었다. 그러나
통일신라 시대의 궁원지인 안압지 출토 목간에 '세택'이란 문자가 검출됨
으로써 일약 주목받게 되었는데,[18] 그것이 국왕이나 왕자를 곁에서 모시고
비서·문필을 담당하던 기관이었다는 것이 해명되었다.[19]

세 번째로 이궁離宮을 의미하는 '택'이다. 『삼국유사』 권1 진한조辰韓條에
는 다음과 같은 기사가 있다.

봄에는 동야택東野宅이요, 여름에는 곡량택谷良宅이요, 가을은 구지
택仇知宅이요, 겨울은 가이택加伊宅이다.[20]

여기에 보이는 사계절마다 유흥을 위해 마련된 '택'은 이궁으로 불러도 좋
을 것이다. 실제로 신라의 '택'에는 분명히 한자 궁宮의 뜻을 띤 용법이 있었
다는 것이 다른 사례에서도 뒷받침된다. 즉 신라 말 고려 초의 승려 균여均如
가 지은 열한 수의 향가 '보현십종원왕가普賢十種願王歌'[21] 중의 하나인 보개
회향송普皆迴向頌 1절에는,

懺爲如乎仁惡寸業置法性叱宅阿叱寶良

라는 구절이 있다.[22] 이 향가에 대해 균여와 동시대 인물인 최행귀崔行歸의
한역가漢譯歌가 첨부되어 있는데 이는 다음과 같다.

異體咸歸法性宮

해당 부분을 포함해서 '보현십종원왕가' 11수의 한역가는 직역이 아니라
전체의 뜻을 담아 의역한 것이다.[23] 향가의 '법성질택法性叱宅'에는 소유·소
속의 격조사('叱')가 포함되어 있지만 한역가 '법성궁'에 그대로 대응하고
있음을 일목요연하게 보여주고 있다. 즉 신라인에게는 한자어 '궁宮'에 대
하여, '택宅'이 국풍, 신라풍의 용자라는 인식이 있었다는 것을 이 이 향가와
그 번역가에게서 짐작할 수 있다.
이궁으로서의 '택'에 대해서는 이밖에도 『삼국사기』 권10 신라본기 민
애왕 2년 춘윤 정월조에,

왕의 군사 중 죽은 자가 반이 넘었다. 이때에 왕은 서쪽 교외의 큰 나무 아래에 있었는데, 측근 신하들이 모두 흩어지자 홀로 서서 어찌할 바를 모르고 있다가 월유택月遊宅으로 도망쳐 들어갔으나 병사들이 찾아내 죽였다.[24]

라고 되어 있는 '월유택月遊宅'이 이궁에 해당한다는 견해가 이미 제기된 바 있는데,[25] 앞서 언급한 향가와 그 번역가에서도 수긍할 수 있다.

신라에서 '택'의 네 번째 의미는 신라 진골귀족의 가호家號이다. 『삼국사기』 권1 진한조의 첫머리에는,

신라의 전성시대에 서울 안 호수가 178,936호戶에 1,360방坊이요, 주위가 55리里였다. 서른다섯 개 금입택金入宅[부유한 대저택을 말한다.]이 있었다.[26]

라고 해서 그 뒤에 '35 금입택'의 택호宅號가 열거되어 있다. 여기서 알 수 있듯이 '금입택'에는 '부유한 대저택을 말한다.'라는 각주가 추가되어 있어, 이것에 의해 9세기 후반 신라 왕도에 집주한 유력자의 가호 중에서도 가장 저명한 것이 열거되고 있다는 해석이 있다.[27] 여기서 중요한 것은 그들이 신라 신분제의 최상위를 차지하던 진골층 가문 중 유력자였다는 사실이며, 그들은 왕실과의 통혼 관계를 가지고 방대한 경제적 기반을 배경으로 왕실에 비견할 만한 권세를 과시하고 있었다.[28] 이러한 유력자 가호로서의 '택'은 머지않아 고려 이후 존칭으로 사용되어 조선시대에는 부녀자의 이름을 부르지 않고 '모某 댁'으로 부르게 된다.[29]

이상 '택'의 의미는 이러한 네 가지 의미 중 어느 하나일 것이다. 그렇다면 적어도 신라 '택'의 용례를 보는 한 무엇보다 '택' 자를 '제조업자의 가

호'라고 직접적으로 해석하기란 어려울 것이다. 또 바로 뒤에서 검토하겠지만 B의 첫머리 부분에 적힌 내용과의 대응 관계에서도 4가지 '택'의 의미 중에 A의 '자초랑택' 해석에 가장 적절한 것은 네 번째 진골귀족의 가호가 될 수밖에 없다.

앞서 제시한 『삼국사기』 권1 진한조에 따르면 '신라의 전성시대'(9세기 후반경[30])에는 왕도에 '금입택金入宅' 35채가 있었고, 그들의 택호가 전해지고 있지만 이는 어느 특정 시기의 일괄 사료로 간주되기 때문에 가령 그중에 '자초랑택' 명칭이 보이지 않더라도 '자초랑택'이 그러한 '금입택' 중 하나였다고 볼 수 있을 것이다. 그리고 신라에서 '모택某宅'으로 부른 것은 왕실과의 통혼 관계를 지닌 왕족과 연관된 자들이며, 『삼국사기』, 『삼국유사』를 비롯해서 금석문에 적힌 글자 '낭娘'의 용례에 비추어보면 그것들은 진골층의 여성 이름에 붙어 있으며 왕녀, 왕비 등에도 그 사례를 찾아볼 수 있다.[31] 따라서 '자초랑택'이란 왕녀가 시집갔거나 혹은 왕실과 어떤 혼인 관계를 맺은 자의 가호였을 가능성도 있다.[32]

지금까지 '택' 자의 분석을 통해 묵서 A의 첫머리에는 진골귀족의 가호가 적혀 있는 것이 분명해졌다. 다음으로 이 '자초랑택'과 대응하는 위치에 적힌 B의 '행권한사行卷韓舍'에 대해 검토해보기로 하자. 먼저 '한사'는 이미 지적한 것처럼 신라 17등급 관위 중에 12등급 '대사大舍'의 이표기이다. 신라의 관위 표기법에는 변화가 있어 시대에 따라 일정한 경향을 확인할 수 있다. 그에 따르면 '한사'는 '대사'를 대신해서 8세기 들어 처음 사용된 표기이며, 7세기로 소급되어 사용한 사례는 보이지 않는다.[33]

더욱이 주의해야 할 것이 묵서는 '한사' 두 글자를 압축해서 한 글자인 것처럼 표기하고 있다는 점이다. 잘 알려진 것처럼 신라에서는 관위를 비롯해 한자 두 글자를 합성한 독자적인 문자가 사용되었다.[34] 특히 '대사大舍'는 '사舍'로 표기된 사례가 다수 발견되고 있다. B의 '한사'는 기존의 '대사'를 한 글자로 축약한 자형字形이라는 사실에서 영향을 받은 표기법이라고 볼 수 있을 것이다. 그렇다면 여기에서 B의 묵서가 신라 관인에게는 일상적인 표기 형식을 전해주고 있다고 보아도 좋을 것이다.

이러한 관위 앞에 적혀 있는 '행권行卷' 두 글자는 인명+관위라는 정형적인 표기가 금석문 등에 폭넓게 발견되고 있어 인명으로 보아도 큰 문제가 없다. '행권'이 인명이라면 성姓이 없는 것이 의아할 수 있지만 『삼국사기』나 『삼국유사』 등에 보이는 것처럼 어떤 고관高官이라도 신라 국내에서의 행동이 기재될 경우에는 원칙적으로 성을 붙이지 않는다는 점을 상기하면 충분할 것이다.

다만 당나라에 파견된 사신일 경우 『삼국사기』에도 종종 성을 기록하고 있으며, 또한 8세기 일본에 보낸 사신은 일본 측 기록에 대사大使의 성이 반드시 기록되어 있다.[35] 즉 대외적 교섭을 담당하는 사람의 경우는 성과 이름을 표기하는 것이 관례였던 것으로 보인다. 따라서 B의 첫머리에는 '행권'이라는 이름만 기록되어 있으며 그 사용 목적으로 인해 성을 표기할 필요가 없었던 것이다.

그런데 '행권'이란 인명에서 주목되는 것이 덴표 호지 4년(760) 9월에 일본에 건너간 신라 사신 '김정권金貞卷'이다.[36] 신라에서 돌림자(輩行)를 쓴 사례는 그다지 많이 발견되지 않지만, 만약 묵서의 사용 연대가 이와 비슷한 시기라면 행권行卷과 정권貞卷 두 사람은 '권卷' 자를 공유하는 동족(형제, 사촌)일 가능성이 충분히 있을 것이다. 이 점은 나중에 고증할 묵서의 사용 연대와도 관련된 문제이므로 잠시 보류하도록 하겠다.

한편 B의 첫머리 인물명에 성을 기록하지 않은 것은 경시할 수 없는 부분이다. 8세기 이후 일본 측과의 외교 교섭에 연관된 신라인 모두가 일본 측 사료에 성과 이름이 모두 전해지고 있기 때문에 이 묵서에 성이 없는 것은 묵서가 누가 누구에게 지시한 내용인지를 밝히는 데 주요한 참고가 된다. 적어도 묵서 자체가 일본 측에 공적으로 전해야 할 내용이 아닌 것은 분명하다. 여기서 더 부연하자면 신라 관인층의 내부 관계자 사이에서 전달된 내용일 가능성이 높다. 이 점은 묵서의 용도와 관련된 문제로 나중에 다시 언급하도록 하겠다.

이상의 고찰에 의해 A·B 묵서 모두 문장 앞부분에 신라 귀족의 개인명혹은 귀족 가호가 적혀 있음을 확인할 수 있었다.

그러한 첫머리 부분의 대응 관계에서 다음으로 주목되는 것이 A의 '자칭모紫稱毛'와 B의 '화전花氈'이다. 이것들은 동일한 위치에 적혀 있을 뿐 아니라 얼핏 보면 각각 부착된 모전을 가리키고 있어서, A가 자색紫色의 단색單色모전毛氈이며 B가 화전이라는 것을 명시하고 그것들이 서로 대응하고 있음을 쉽게 추정할 수 있다. 다만 B에는 '화전' 위에 '가價' 자가 붙어 있는데 이것을 잠시 보류해두고, 우선 '자칭모'와 '화전'의 해석을 시도해보고자 한다.

먼저 A의 '자칭모'는 명확하지 않지만 B의 묵서가 화전에 꿰매어져 있으면서 거기에 '화전'이라고 적혀 있었다면, '자칭모'도 동일하게 A의 묵서가꿰매어진 자줏빛 단색 모전을 표현하고 있다고 보아도 좋을 것이다. 따라서'자칭모'는 자줏빛 색전色氈을 가리키는 신라적 표기임에 틀림없다. 예를 들어 앞서 살펴본 것처럼 『삼국유사』에서는 '금입택'이라는 신라의 한자 표기에 대해 다시 '부유한 대저택'이라는 주석을 붙였는데 자칭모도 이러한유형의 용자법用字法이었다고 추측된다. 여기서 신라의 내성內省 관할 관사인 '모전毛典'을 참고할 필요가 있다. 이는 신라적인 용자법에 의한 관사명으로 신라의 군현명이나 관사명이 8세기 중엽에 중국풍으로 개칭되었을 때이 관사는 '취취방聚毳房'으로 변경되었다. 『주례周禮』 등 중국의 고문헌에따르면 '취毳'는 양모羊毛라는 뜻이며 전氈을 의미하는 것으로 사용되었기때문에, 신라에서는 전 또는 그 재료인 양모를 독자적으로 '모毛'라고 표시하여 의식적으로 구분한 것이라 볼 수 있을 것이다. 그렇다면 '자모紫毛'란 자줏빛 색전이 되겠지만 여기서 '칭稱' 자의 해석을 감안하면 '자칭모'는 자줏빛의 '적절하게 들어맞는' 전이 될 것이다.

이렇게 보면 A·B 두 매의 묵서는 첫 번째 행에 귀족의 가호나 개인명을 기록하고, 그다음에 묵서가 첨부된 모전의 명칭을 기록하고 있는 셈이다. 그 뒤에 기록된 '일一'은 그 수량으로 보아도 무방할 것이다.

다음으로 A·B 두 번째 행 첫머리에 기록된 '염물念物'의 해석에 대해 살펴보기로 하자. '염물'은 포기 2매의 키워드라고도 할 수 있는 문자이며, 이미 언급한 것처럼 도노 하루유키 씨는 이 문자의 해석을 그대로 묵서의 성격을 이해하는 단서로 삼고 있다. 그렇기에 '염물'의 해석은 묵서 전체를 이해하는 데 각별히 중요한 의미를 갖는다.

그런데 우선 도노 씨의 해석은 신라에서의 문자 용례를 참고하고 있지 않다는 점에 주의를 환기할 필요가 있지만, '염물'이란 어휘에 대해서는 유감스럽게도 오늘날까지 한반도 측에서 전해지는 여러 문헌에서 직접적으로 그 용례를 발견할 수 없다.

그러나 12세기 초엽 송에서 고려에 파견된 손목孫穆이 그 지역의 관습·언어를 견문하고 이를 토대로 편찬한 『계림유사鷄林類事』(1103~04년)의 방언 편에는 '염물'의 해석에 참고가 될 만한 기록이 보인다.[37] 그것은,

乞物曰念受勢.

라는 부분으로, "(고려에서는) 물건을 구하는 것을 '염수세'라고 말한다."라고 되어 있다. 『계림유사』 방언 편은 말하자면 오늘날 한한漢韓 사전에 해당하며, 350여 개의 어휘를 모아 기록하고 있어 현대 한국어와 연결시킬 수 있는 것이 적지 않다.[38] 그런데 '乞物曰念受勢걸물왈염수세'는 현대어와의 관련성이 밝혀지지 않아 이것만으로는 전체적인 모습을 짐작하기가 어렵다. 그

래서 유사한 사례를 참고해보면,

借物曰皮離受勢.

라는 기사가 있다. 손목은 "물건을 빌리는 것을 '피리수세'라고 한다."라고
적고 있다. 앞서 거론한 '乞物曰念受勢걸물왈염수세'는 현대어와의 연관성을
찾지 못했지만 '借物曰皮離受勢차물왈피리수세'는 현대어를 참조하는 것이
가능하다. 이는 오늘날 일본어로 물건을 빌릴 때 '貸して下さい(빌려주세요)'
라는 말이다. 이를 현대 한국어로 말하면 '빌려주세요'가 된다. 즉 12세기
초엽 고려어를 한자음을 빌려 표기한 '피리수세皮離受勢'의 '피리pili'는 '빌
리다'에 해당하며 '수세zyuse'는 '~해주세요'에 하는 것이다.

그런데 '수세皮離'는 『계림유사』에서 다른 용어와 함께 다섯 가지 사례
를 찾아볼 수 있다. 과거 마에마 교사쿠前間恭作 씨는 이것을 '존경의 명령법
어미'로 해석했다.[39] 마에마 씨의 시역試譯은 이것과도 다르지 않다. 요컨대
'피리수세'는 현대 한국어의 '빌려주세요'에 해당하는 말이며, 12세기까지
거슬러 올라가 확인할 수 있다.

그래서 이 사례를 참고하여 '乞物曰念受勢걸물왈염수세'를 해석하면, '수
세'는 '~해주세요'라는 의미이기 때문에 '염수세'를 물건을 구할 때의 말로
'가져다주세요'라고 가정해보도록 하겠다. 이렇게 되면 먼저 '염' 자는 '가
져오다'라는 동사를 표기하고 있는 것이 된다. 또 '염'은 한자어 '걸乞'의 의
미 내용에 대응하는 것이 되기 때문에 '염'물은 '걸'물에 대응하는 셈이다.
따라서 그 의미는 '구하는 물건' 즉, '바라는 물건'이나 '희망하는' 물건이
되는 것이다.

이러한 '염물'의 해석과 관련하여 주목되는 것이 사실은 일본 측에 이 '염
물' 두 글자가 적힌 문서가 존재한다는 사실이다. 이는 덴표天平 쇼호勝寶 4년

(752) 6월부터 7월까지 신라 문물을 구입하기 위해 일본의 5위급 이상 귀족들이 소정의 관청에 요청한 문서(「매신라물해買新羅物解」[40])로, 이러한 문서가 약 30여 통 확인되고 있다.[41] 이러한 문서에는 '염물'이 '신라물新羅物'과 동일한 의미로 사용되는데, 둘 중 어느 하나를 적고 신라의 문물을 열거한 다음, 대가('가직價直', '직直', '가價')로 지불해야 할 견제품絹製品의 종류, 그 수량 및 제출 연월일, 제출자 이름 등이 명기되어 있다.[42] 지금 '염물'을 『계림유사』를 참고하여 구하는 물건이나 바라는 물건으로 해석할 수 있다고 했는데, 이를 「매신라물해」에 적용해도 큰 문제는 없을 것이다. 일본의 귀족들에게 '신라물'은 구하는 물건, 바라는 물건이었기 때문이며,[43] 그것을 구입하기 위한 대가로서 견제품을 준비한 것으로 볼 수 있을 것이다.

이에 경시할 수 없는 것이 묵서 B에도 「매신라물해」와 마찬가지로 '가價'와 '염물'이 대응하는 것처럼 보인다는 점이다. 즉 B의 경우 "(신라 귀족의 김)행권 한사韓舍가 대가로서 화전을 1매(그것에 대해) 구하는 물건…"으로 해석할 수 있고, 한편으로 A도 역시 '가' 자는 없지만 생략된 것으로 간주할 수 있을지도 모르겠다. 즉 "자초랑택이 (대가로서) 자줏빛의 색전을 1매(그것에 대해) 구하는 물건…"이 되는 것이다. 요컨대 A·B의 묵서는 일본 측의 「매신라물해」에 그 내용이 대응하는 문서 형식을 갖추고 있는 셈이다.

여기서 A·B 양쪽에 보이는 '득추울得追亐'을 검토해보면 '울亐'은 '우亍'의 다른 글자이지만,[44] '추우追亍'의 용례는 후세에도 이두로써 종종 쓰이고 있다.[45] 여기서는 '-tarok'이라고 읽고 '~하도록'으로 해석할 수 있기에 '득추울得追亐'은 'ot-tarok(얻ᄃ록)'이라 읽고 '얻도록'으로 해독할 수 있을 것이다.[46] 이렇게 되면 B의 '念物得追亐염물득추우'의 해석은 한국어 문장법에 따라 읽으면 '염물(희망품)을 얻도록'으로 해석할 수 있을 것이다. 한편 A 묵서의 경우 '염물'과 '추득우' 사이에 B에는 없는 '糸乃綿乃(사내면내)'라는 자구가 삽입되어 있다. 이에 대해서는 먼저 '내乃'가 신라의 금석문이나 향가에서 많은 용례를 찾아볼 수 있듯이 이두에 해당되며, 현대 한국어 '나na'에 해당하고,[47] '~든가(또는)', '~라도 ~라도'를 의미하기 때문에 '염물을 실이나 (또는) 면으로 얻듯이'로 해석할 수 있을 것이다.

이렇게 해석하면 B의 묵서에서는 A처럼 희망품(염물)을 특정하지 않는다는 점에 의문이 생길 수 있을 것이다. 그러나 이에 대해서는 다음과 같이 생각하면 좋을 것이다. 즉 「매신라물해」에 따르면 당시 신라 문물에 대한 일본 측의 대가는 면綿, 견絹, 사糸, 시絁 등 4종의 견제품[48]에 한정되지만 그 대부분은 면이었다.[49] 면은 신라물의 대가로서 중요한 위치를 차지하고 있었던 것이다. 이를 뒷받침하는 것이 『속일본기續日本紀』 권29 진고게이운 2년(768) 겨울 10월 갑자조에,

> 左右大臣에게 大宰府의 綿 각 2만 屯, 大納言 諱와 弓削御淨朝臣淸人에게 각각 1만 屯, 從2位 文室眞人淨三에게 6천 屯, 中務卿 從3位 文室眞人大市·式部卿 從3位 石上朝臣宅嗣에게 4천 屯, 正4位下 伊福部女王에게 1천 屯을 주어 新羅의 교역물을 사게 하였다.[50]

라고 해서 신라의 교역품을 구입하기 위해 좌우 대신을 비롯한 고관들에게 다자이후大宰府의 면을 지급하였다. 또 『연희식延喜式』에 따르면 신라나 발해의 조공 사朝貢使에 대한 회사回賜로서 면·견·사·시 등의 견제품을 주는 규정이 있었지만 이 중에서도 면이 과반을 차지하고 있었다.[51] 이러한 면의 각별한 역할을 감안하면 희망하는 견제품이 무엇인지를 특정하지 않은 경우 '염물'은 자동적으로 면을 가리키게 된다고 추측해도 좋을 것이다. 따라서 A의 경우 면이 아닌 실糸이 첫 번째 희망이었기 때문에 '糸乃綿乃(실이나 면이나)'로 굳이 기록할 필요가 있었던 것으로 보인다.

그렇다면 지금까지 논의한 A·B 묵서에 대한 해석을 정리하면 다음과 같다.

A 자초랑택이 (대가로서) 자줏빛의 색전을 1매, 염물을 실이나 (또는) 면으로 얻도록.

B (김)행권 한사가 대가로서 화전을 1매, 염물(면)을 얻도록.

보이는 것처럼 한국어 문장법에 따라 한자어 사이에 적절히 조사를 보충하면서 훈독했지만, 이러한 해독법은 6세기 이후 출토된 사료의 사례에서 보면 전혀 문제될 것이 없다.

이제 남은 것은 묵서 A에 적힌 B에는 없는 14자의 해석이다. 이것들은 그 앞에 적은 문자와는 분명히 서체가 다르고, 서풍을 달리하는 이필異筆임에 틀림이 없다.[52] 이 이필에 의한 14자 중에서도 특히 '금면십오근소今綿十五斤小'라는 6자에 대해서는 포기布記가 부착된 자줏빛 색전에 대한 대가를 나타내는 것이라는 지적이 있어 이를 따르도록 하겠다.[53] 이는 앞서 분명히 한 것처럼 그 직전의 자구를 "염물을 실이나 (또는) 면으로 얻도록"으로 해독할 수 있기 때문에, 이 지시에 따른 형태로 실이 아닌 '면 15근소'를 색전의 대가로서 획득한 사실을 기록하고 있는 것으로 볼 수 있기 때문이다.[54]

그런데 면의 계량 단위가 되는 '근斤'에 대해서는 나라시대 일본에서 '둔屯'과 함께 면의 계량 단위로서 널리 사용되고 있었다.[55] 양자의 차이는 면의 일반적인 단위로 둔이 사용되었지만 이는 짐[荷駄]의 형태를 기준으로 삼은 단위로 보이며, 구체적으로 '몇 포'를 나타낸 것이지 중량을 직접 나타내는 것은 아니다. 이에 대해 '근'은 중량이 다른 짐을 지급할 필요에서 새로이 계량 단위로 사용된 것으로 보인다.[56] 또 소제小制에 의한 계량 단위로서의 근은 대근大斤의 3분의 1에 해당하며 실이나 면, 은과의 환산에 이용되었으며, 면 1둔은 1근소斤小에 해당하는 것으로 추정되고 있다.[57] 어쨌든 이 당시 일본에서는 면의 계량 단위로 소제가 사용되었음을 여기에서는 확인해 두고자 한다.

다음 네 번째 행은 '장칠척광삼척사촌長七尺廣三尺四寸'으로 되어 있는데, 이 치수가 부착되어 있던 색전의 크기(길이 212cm, 폭 109cm)와 그대로 일치한다는 것이 명확해지고 있다.[58] 즉 묵서 A의 말미에는 색전의 크기가 표시되어 있었던 것이다.

이상에서 살펴본 것처럼 묵서 A에는 원래 기록되지 않았던 14가 추가로 적혀 있는데, 그것은 색전의 대가인 '금면십오근소今綿十五斤小'와 색전의 치수를 나타내는 '장칠척광삼척사촌長七尺廣三尺四寸'으로 구성되어 있다. 여기서 문제가 되는 것이 이 두 가지 추기追記가 언제, 어디서, 누구에 의해 이루어졌는가 하는 점이다. 이 문제와 관련하여 지금까지 두 가지 견해를 이미 논한 바 있다. 즉, 도노 하루유키 씨는, 구입자(일본) 측에서 어쩌다 그 대가와 치수를 기입한 것으로 해석했으며,[59] 그 이유로 이 묵서가 벗겨지지 않은 채 모전에 부착된 채 지금까지 전해진다는 점을 들고 있다. 한편 스즈키 야스타미鈴木靖民 씨는 신라에서 매각할 때 외교·무역을 취급하던 관사官司가 이 모전 제조처의 희망에 대하여 그 대가와 현물 치수 등을 추가 기록하고 확인한 것으로 보고 있다.[60]

어느 쪽이든 이 문제에 대해서는 관련 사료가 전무하기 때문에 결정적 단서가 결여되어 있다고 말해야 할 것이다. 그럼에도 감히 추측해보면 먼저 색전의 대가인 '금면십오근소今綿十五斤小'에 대해서는 이 6자를 추기한 기록 주체를 규명하는 일이 관건이 되는 것이, 나중에 자세히 언급하게 되겠지만, A·B 묵서는 일본 측의 「매신라물해」에 대응하는 신라 문서라는 사실이다. 즉 일본·신라 두 문서가 각각 양국의 관청에서 취급하여 양국 관인을 매개로 교역이 실현되었다고 볼 수 있는 것이다. 따라서 A의 추기 '금면십오근소'는 양국 관인이 모전과 면을 일본에서 교환할 때 기록한 것으로 추정할 수 있다.

이처럼 추기가 교역의 과정에서 기록되었다고 한다면 그 필자는 신라인과 일본인이라는 두 가지 가능성을 모두 상정하지 않으면 안 될 것이다. 먼저 신라인이 이 6자를 추기했다고 하면 묵서의 지시 내용('실이든 면이든 얻도록')에 응하는 형태로, 색전의 대가로서 획득한 것이 실이 아닌 면이고, 그 중량이 '15근소'였다는 교역의 결과를 적은 것이 된다. 이 경우 본문도 추기도 신라 관인 상호 간의 전달을 목적으로 한 내용이고, 색전에 묵서가 부착된 채로 매각된 쪽인 일본에 전래된 사실에서 보면 원래 여기에서 묵서의 용도가 완료되어 벗겨져야 했던 것이 매수자 쪽에 그대로 인도되었을 것이다. 그렇기에 이 추기는 교환의 결과를 당장 확인하기 위해 필기한 것으로 추측할 수 있다.

한편 일본 측 관인이 추기한 것이었다면 신라가 교역품으로 내놓은 색전에 대해 그 대가로 '면십오근소'를 지불했다는 것을 현물인 색전의 수령 직후에 우연히 꿰매 붙인 마포의 여백에 실무 담당자가 적은 것으로 볼 수 있다. 그것은 「매신라물해」에 적힌 구입 희망품으로서의 신라물과 대조할 필요가 있었기 때문에 기록했다고 추정된다. 이상에서처럼 '금면십오근소'의 추기는 두 가지 가능성을 상정해보는 것이 가능하지만, 어느 경우든 신라의 모전과 일본의 면이 교환된 직후의 추기였다고 할 수 있을 것이다.

남은 색전의 치수를 나타내는 '장칠척광삼척사촌'에 대해서는 그보다 더 나중의 추기일 가능성이 높다. 이는 '금면십오근소'와 '장칠척광삼척사촌'이 문자의 크기가 매우 다르기 때문인데 만약 동시에 쓴 것이라면 여백 전체에 대한 문자의 배분이 고려되었을 것으로 생각되기 때문이다. 또 쇼소인의 보물에는 크기, 중량을 부전付箋이나 포에 적은 것이 적지 않게 남아 있는데, 그것들은 입고 후 보물에 대한 폭량개검曝涼開檢[61] 때 적은 것이라고 해도 '장칠척광삼척사촌' 8글자는 색전이 쇼소인에 납입된 후 기록한 두 번째 추기라고 볼 수 있을 것이다.

이제까지 언급해온 것처럼 A에는 두 번에 걸친 추기가 더해졌지만, A·B의 묵서는 기본적으로 용어, 문장 구성 등이 동일하며 필적도 유사하다는 점에서, 동시기에 사용된 동일 형식의 신라 문서로 판단할 수 있다. 또 이 묵서의 용도는 신라의 귀족이 일본과의 교역을 전제로 그 명의와 가치를 기록하고, 이에 대한 교역 희망품의 획득을 지시하기 위한 꼬리표(荷札)이며 오늘날의 전표傳票에 해당된다고 추정된다. 또 신라 고유의 용어나 문법 구조를 지니며, 성을 생략하고 관위를 명기하고 있다는 점에서 이 꼬리표는 신라의 관인 상호 간에 사용되었다고 보아도 틀림이 없을 것이다.

포기 2매의 용도는 일본에서의 교역에 앞서 신라에서 꼬리표로 첨부된 것이었다. 원래 꼬리표는 목적이 달성된 경우에는 폐기되지만 이 2매의 포기는 모전에 실로 꿰매져 있었기 때문에 떼어내 폐기하지 않고 구입자의 손에 넘겨졌다고 추측된다. 따라서 A·B 묵서의 내용을 기록한 대장의 존재도 상정해둘 필요가 있을 것이다.

그렇다면 신라에서 전래된 모든 물품에 당초에는 이러한 꼬리표가 첨부되어 있었을 것이다. 모전이라는 성격에서 포기가 사용되었지만 물품에 따라서는 목간이 사용되기도 했을 것이다. 어쨌든 2매의 포기는 신라와 일본과의 교역을 뒷받침하는 신라 측의 문서라고 보아도 좋을 것이다.

3. 신라의 모전 생산과 그 사회적 배경

A·B 2매의 포기 해독에 의해 여기에 적힌 묵서는 신라가 일본과의 교역에서 사용한 꼬리표라는 것이 판명되었다. 또한 동시에 이로부터 신라의 진골 귀족이 일본의 견제품을 구입하기 위해 그 대가로 모전을 지불한 사실도 명확해졌다.

그런데 종래 신라에서 일본으로 유입된 문물은 당나라와의 중계에 의한 것으로 종종 강조되어왔다.[62] 특히 쇼소인의 모전은 기술·의장意匠 등으로 보건데, 중국 서북부에서 한반도를 경유하여 일본에 전해졌다는 주장이 지금도 뿌리 깊이 남아 있다.[63]

가령 모전에 부착된 꼬리표에 의해 모전이 신라에서 가져온 것이라고 해도, 그것이 중국대륙에서 신라를 거쳐 일본에 반입되었다는 가설은 나름 대로 성립이 가능하다. 게다가 『신당서新唐書』 권145 동이전 신라조에 따르면 신라에는 "양이 없다."라고 기록되어 있다. 이것이 사실이라면 양모가 원재료인 모전을 신라에서 제조했다고 했을 때, 과연 구체적으로 모전은 어디서 어떻게 제작되었는지를 분명히 하지 않으면 안 될 것이다. 나아가 A·B의 묵서 첫머리에 적힌 신라인은 모전을 어떻게 입수해서 일본의 견제품을 획득하기 위해 그것들을 지불할 수 있었는지 그러한 과정을 명확히 할 필요가 있을 것이다.

지금까지 A·B 2매의 포기에는 판매자(물품 소유자·제조업자)와 신라 상인과의 사이에 거래한 내용이 기록되었다는 해석이 보이고,[64] 8세기 신라·일본 관계의 전반적인 성격 규정도 역시 그러한 이해를 토대로 신라 상인에 의한 통상 무역이라는 관점으로 논의되는 등 포기의 해석이 미친 영향은 간과할 수 없는 것이다. 포기가 8세기 이후 신라·일본 간 교역에 사용되었다는 것은 의심의 여지가 없지만, A·B의 포기를 매개로 한 교역의 담당자가 신라 상인이었는지는 쉽게 단정하기 어렵다. 그래서 8세기 신라·일본 간 교역의 담당자를 특정하기 위해, 신라에서 모전 생산과 그 사회적 배경을 검토해보도록 하겠다.

(1) 신라 귀족의 경제 기반과 수공업

앞서 언급한 것처럼 일본의 견제품을 획득하기 위해 그 대가로 색전을 지불한 자초랑택紫草娘宅은 신라 왕도에 거주하는 진골 귀족이었다. 일본과의 교역에 참여했던 그들의 존재 양상이나 경제 기반은 구체적으로 어떠한 것이었을까? 그 윤곽을 명확히 하고자 먼저 참고해야 할 것이 『삼국사기』권33 잡지雜志 색복色服·거기車騎·용기用器·옥사屋舍조이다. 이는 흥덕왕 9년(834) 왕경인을 대상으로 그들의 사치를 억제시키고자 한 법령이다. 그 서문은 다음과 같다.

> 흥덕왕興德王 즉위 9년, 태화太和 8년에 하교하여 말하기를 "사람은 상하가 있고, 지위에는 존비가 있으니 명칭과 법칙도 같지 않으며 의복 역시 다르다. 풍속이 점차 각박해지고 백성들이 서로 다투어 사치와 호화를 일삼아서, 다만 신이하고 진기한 물품을 숭상하고 오히려 비야鄙野한 토산품을 경시하니, 예절이 점차 잃어가는 참람함에 이르고 풍속은 언덕이 평평해지듯이 점차 쇠퇴하기에 이르렀다. 감히 옛 법칙에 따라 분명한 명령을 내리니, 만약 고의로 어기는 사람은 일정한 형벌이 있을 것이다."라고 하였다.[65]

요컨대 사치를 신분에 상응하도록 법으로 단속한다는 취지이지만, 이 서문 뒤에는 골품제(진골·육두품·오두품·사두품·평인·백성)에 따라 색복, 거기, 기용, 옥사 등 각 항목에 걸쳐 상세한 여러 규정이 이어진다. 유의해야 할 것은 신라의 왕경인을 대상으로 사치를 억제시키기 위해 규정한 이 법령에 각각 구체적인 여러 규정 속에 '금禁', '불용不用', '부득不得', '불우不遇'라는 부정적·금지적인 표현이 사용되고 있다는 사실로, 거기에는 그러한 표현 배후에 있는 억지해야 할 실태와 현실을 조금이나마 엿볼 수 있다.[66] 즉 이 법령은 당시 신라의 진골을 비롯한 왕경인의 자산이나 소비 양상을 찾아볼 수 있는 좋은 사료가 될 수 있는 것이다.

지금 밝히려고 하는 진골 귀족의 존재 양상이나 경제 기반에 대해서는 다양한 규제를 가장 먼저 받는 존재였던 최상위 진골층을 대상으로 한 규정을 통해 많은 부분을 추정하는 것이 가능하다. 예를 들어 옥사조의 규정에 따라 신라 왕경에서 진골 이하의 주거 공간을 정리해보면 다음 표와 같다.

구분	진골	육두품	오두품	사두품-백성
방 크기 (室長)	24척을 넘을 수 없음.	21척을 넘지 못함.	18척을 넘지 못함.	15척을 넘지 못함.
담장垣墻	-	8척을 넘지 못함.	7척을 넘지 못함.	6척을 넘지 못함.
	들보와 마룻도리를 설치하지 못하고, 석회를 칠하지 못함.	(진골과 같음.)	들보를 설치하지 못하고, 석회를 칠하지 못함.	(오두품과 같음.)
문門	-	겹문 및 사방문을 설치하지 못함.	대문과 사방문을 두지 못함.	(오두품과 같음.)
마구간(廐)	-	말 다섯 마리를 둘 수 있음.	말 세 마리를 둘 수 있음.	말 두 마리를 둘 수 있음.

이에 따르면 육두품 이하 신분에게는 '겹문重門'과 '사방문四方門' 설치가 허용되지 않았지만, 역으로 진골에게는 그러한 제한이 적용되지 않았다. 여기서 진골의 저택이 사방문을 갖추고 있었다면 주목되는 것이 『삼국유사』 권1 진한조에 신라의 왕경을 '1,360방坊 55리里'라는 기록으로, 이것에 근거할 때 신라의 방리제坊里制와 금입택金入宅 점지占地와의 관계가 시야에 들어올 것이다. 신라의 방리제에 대해서는 그 플랜에 대해 여러 학설이 있음에도 불구하고, 예를 들어 그것이 부정형이라고 해도 확실히 시행되었다고 보는 것에는 의견이 일치하고 있다.[67] 또 금입택 소재에 대해서는 예를 들어 진한조에,

남유택南維宅〖반향사反香寺 하방下坊〗
판적택板積宅〖분황사芬皇寺 상방上坊〗

이라고 해서 방리와 관련지어 그 위치를 표시하고 있는 것으로 보이기 때문에,[68] 진골의 저택은 방리의 구획에 맞춰 전개되고 있었다고 보아도 좋을 것이다.

나아가 진골 귀족의 경제 기반에 대해서는 전라남도 담양군 소재의 『개선사석등기開仙寺石燈記』에 지방에서 그들이 대토지를 소유하고 있는 일단을 보는 것이 가능하다. 즉 석등기 9행에서 10행에 걸쳐 용기龍紀 3년(891)에 승려 입운入雲이 구입한 수전水田을 표기한 부분에,

석보평石保坪 대업大業에 있는 물가의 논[渚畓] 4결[[□뙈기이며, 동쪽은 영행令行의 토지이고 북쪽도 마찬가지다. 남쪽은 지택池宅의 토지이고 서쪽은 하천이다.]]과 물가에서 멀리 떨어진 논[奧畓] 10결[[□뙈기이며, 동쪽은 영행의 토지이고 서쪽과 북쪽도 마찬가지다. 남쪽은 지택의 토지이다.]]을 정상적으로 매입하였다.[69]

라고 해서 수전水田 4결과 10결의 경계四標가 1필筆마다 가는 글자[細字]로 새겨져 있다. 10행으로 이루어진 석등기 전반부에는 석등의 건립 유래가 기록되어 있는데, 그 명문의 주요한 목적이 이렇게 매입한 토지를 영구히 보전하려는 데 있었다.[70] 즉, 『개선사석등기』는 석등에 새겨진 전권田券이라고도 할 수 있는 성격이 있어서, 산천 등의 자연조건과 더불어 사방의 토지 소유자 이름(지택池宅·영행令行)에 의해 사방 경계표를 표시하고 있기 때문에 당시 신라의 토지 사유私有 양상을 짐작할 수 있는 것이다.[71]

그중 주목되는 것이 이 개선사 토지에 인접하여 '지택의 토지(池宅地)'가 발견되는 것으로, 왕도에서 멀리 떨어진 전라남도 변방의 한 귀퉁이에 금입택 중 하나인 '지택池宅'의 사유지가 실재하고 있었다는 점이다.[72] 그들이 왕경 주변뿐 아니라 신라 영역 내 각지에 자신들의 토지를 갖는 대토지 소유

자이기도 했던 사실을 단편적으로나마 엿볼 수 있는 것이다.

이러한 그들의 대토지 소유에 대한 구체적인 양상을 고찰하는 데 있어 흥미로운 것이 『삼국사기』 권6 신라본기 문무왕 9년(669)조에 적혀 있는 다음 기록이다.

> 말 목장[馬阹]을 나누어주니 모두 174곳이었다. 소내所內에 22곳, 관官에 10곳을 속하게 하고, 유신庾信 태대각간太大角干에게 여섯 곳, 인문仁問 태각간太角干에게 다섯 곳, 각간 일곱 명에게 각각 세 곳, 이찬伊飡 다섯 명에게 각각 두 곳, 소판蘇判 네 명에게 각각 두 곳, 파진찬波珍飡 여섯 명과 대아찬大阿飡 열두 명에게 각각 한 곳씩 주었으며, 이하 74곳도 적절하게 내려주었다.[73]

여기에는 고구려를 멸망시킨 이듬해, 전국에 산재한 174개소의 말 목장(馬阹)을 관官(국가), 소내所內(왕실)[74], 진골 귀족 등에 분배한 것을 보여주고 있다. 마거馬阹란 말 목장을 의미하지만,[75] 이 시기에 나누어준 말 목장을 표로 나타내면 다음과 같다.

배속처	말 목장 수	배속처		배당	말 목장 수
소내(왕실)	22	① 각간角干	7명	3	21
관(국가)	10	② 이찬伊飡	5명	2	10
김유신	6	③ 소판蘇判	4명	2	8
김인문(王弟)	5	④ 파진찬波珍飡	6명	1	6
-		⑤ 대아찬大阿飡	12명	1	12
소계	43	소계			57

43+57+74('이하') = 174

이미 서술한 것처럼 말 목장은 산과 계곡의 지형을 이용해서 설치된 목장으로, 당시의 정세로 보건대 군사상의 주요 시설이며 군사 기지도 될 수 있는 전략적 요충지였을 것이다. 그렇다면 이러한 시설이 한 지방에 집중되어 있었다고 생각하기는 어렵고, 전국적으로 분포되어 있었을 것이다. 따라서 진골 귀족들의 지방에서의 토지 지배는 이러한 말 목장을 포함한 광범위한 것이었다고 생각할 필요가 있다.

　　이러한 이해가 단순한 추정이라 할 수 없는 것이 엔닌圓仁의 『입당구법순례행기入唐求法巡禮行記』에,

> 오전 6시경에 무주의 남쪽 땅인 황모도黃茅嶼의 니포泥浦에 도착해
> 배를 정박하였다. 이 섬을 또는 구초도丘草嶼라고도 부른다. 네댓 사
> 람이 산 위에 있기에 사람을 보내어 잡으려 하였으나 그 사람들은
> 도망가 숨어버렸으므로 잡으려 해도 있는 곳을 알 수 없었다.[76]

라고 해서 한반도 서남부 지방의 다도해역에 '제3재상第三宰相'의 방목장放牧場이 있었다고 한다. 이것은 이미 많은 지적이 있었던 것처럼 『신당서』 권220 동이전 신라조의,

> 재상의 집에는 녹祿이 끊어지지 않으며, 노비가 3천 명이나 되고,
> 갑병甲兵과 소(牛)·말(馬)·돼지도 이에 맞먹는다. 가축은 해중海中의
> 산에 방목放牧을 하였다가 필요할 때에 활을 쏘아서 잡는다.[77]

라고 하는 사료와 대응하는 것이며, 신라의 진골 귀족이 도서島嶼 지역에도 방목장을 소유하고 있었다는 것이 당시 국제적으로도 널리 알려져 있었던 것이다.

이상에서 진골 귀족이 신라 영역 내 각지에 토지를 소유하고 그것을 관리·경영하여 스스로의 경제 기반으로 삼았던 사실을 살펴보았다. 나아가 그들은 이러한 경제 기반을 토대로 유능한 장인과 대규모의 가산공방家産工房을 소유하고 있었다는 것에 주목하고자 한다. 즉 『삼국유사』 권3 탑상 황룡사종·분황사약사·봉덕사종조에 따르면,

신라 제35대 경덕대왕이 천보天寶 13년(754) 갑오甲午에 황룡사종皇龍寺鐘을 주조하였는데 길이는 1장 3촌이요, 두께는 9촌, 무게는 49만 7,581근이었다. 시주는 효정이왕삼모부인孝貞伊王三毛夫人이요, 장인匠人은 이상택里上宅 하전下典이었다.[78]

라고 해서 신라 최대의 호국사원인 황룡사 범종이 이상택里上宅의 하전下典에 의해 주조되었음을 알 수 있다. 여기에 보이는 이상택이란 '35금입택'에도 포함된 택宅 중의 하나이지만, 현존했다면 한반도 최대가 될 거종巨鐘[79]을 택 소속 공장의 손으로 만들었음을 의미한다. 최근 왕도의 거의 중앙에 위치하는 황룡사의 장대한 가람 배치가 발굴조사를 통해 확인되고, 그 과정에서 구층탑과 남문 사이의 공간에서 종각鐘閣의 흔적이 검출되었기 때문에[80] 앞서 게재한 사료의 범종은 여기에 걸었던 것으로 보아도 좋을 것이다.

황룡사는 6세기 중엽 왕실 사원으로 창건되어, 7세기 중엽 호국사원의 본산으로서 면목을 일신하고서는 신라 멸망에 이르기까지 일관되게 국가의 극진한 보호 아래 여러 차례 보수가 진행되었다.[81] 이러한 사원의 범종이 이상택 공장에 의해 주조된 후, 효정과 그 부인에 의해 봉납되었던 것이다. 그 때문에 택의 공장은 국가적 대사업에도 참여할 수 있는 역량을 지니고 있었다고 할 수 있을 것이다.

또한 이와 유사한 사례를 보여주는 것으로 「상원사동종명上院寺銅鐘銘」

(725년)이 있다. 강원도 평창군 진부면 동산리에 현존하는 이 범종은 그 형태나 섬세하고 화려하며 우아한 부조가 유명하지만[82] 그 명문의 말미에,

조남택照南宅 장인匠人은 사□(仕□) 대사이다.[83]

라고 해서 이 범종 역시 조남택(照南宅, '毛'은 '宅'의 이체자)의 공장인 '사모仕某 대사大舍'가 주조하였음을 알 수 있다.

그렇다면 이제 그러한 범종을 주조한 공장의 신분에 대해 검토해보기로 하겠다. 황룡사 종을 주조한 이상택의 '하전下典'은 조선시대에 '상전上典'이 노비의 주인을 의미한다는 점에서 노비로 해석된 적이 있었다. 그러나 앞서 지적한 바와 같이 내성 관할의 관사인 벽전壁典, 자원전刺園典의 관직으로서 '하전'이 배속되어 있어 이를 참고하지 않으면 안 될 것이다.[84] 즉 내성 관직으로서의 '하전'이 택 산하에 있는 인간 집단의 일원에게도 적용되었다고 볼 수 있으며, 황룡사종을 주조한 이상택의 '하전'이란 원래 내성의 관직이지만 사실상 이상택에 소속된 사장私匠이었던 것이 된다.

한편 상원사 동종 주조를 담당한 조남택의 사모는 12등 관위인 대사大舍로 띠고 있는데, 이것은 바꿔 말하면 금입택의 공장 중에 관위를 가진 자가 실재하고 있었음을 말해주고 있다. 이것에 의해 금입택은 관위·관직을 가진 인간 집단을 자기 휘하에 조직하고 있었음을 확인할 수 있게 된다.

다만 엄밀히 말하자면 택 아래 조직했다고 하지만 관위·관직을 가진 공장을 반드시 '사장私匠'이라는 범주에서 다룰 수 없는 것도 사실이다. 관위나 관직을 갖고 있다는 점에서 그들은 원칙적으로 국가에 속해 있었지만, 실질적으로는 택에 사적으로 종사하던 이른바 양속적兩屬的인 이중 신분이었다고 볼 수도 있기 때문이다. 우선 여기에서는 실질적인 측면을 중시해서 편의적으로 그들을 사장私匠으로 부르도록 하겠다.[85]

그런데 새삼 언급할 필요도 없지만 신라에는 택에 소속된 사장이 있었지만, 중앙 관부에는 '박사博士', '백사伯士'로 불리는 주조 장인鑄匠이 있어 호국사원의 범종 주조에 종사하고 있었다. 또한 지방 관아에는 '대장大匠'으로 부르는 주조 장인이 존재했던 것도 확인되고 있다.[86] 어쨌든 그들은 모두 관장官匠이며, 그들이 주조한 것이 분명한 범종들이 적지 않게 전해지고 있다. 그 밖에도 사원의 승장僧匠에 의한 범종도 전해지고 있는데 그 명문에 의해 분명해지고 있다.[87] 따라서 주조 장인에 대해 말하자면 신라에서는 기본적으로 관영 공방, 궁정 공방에는 관장官匠이, 사원에는 승장僧匠이 존재했다고 보아도 좋을 것이다.

그렇다면 황룡사 종과 상원사 동종은 그러한 관장이나 승장이 아닌, 굳이 택의 사장을 발탁해서 주조하게 한 셈이다. 이러한 사실에서 다음과 같이 말할 수 있을 것이다. 즉 금입택에는 대규모 가정기관家政機關이 존재하고 있어서 그 기관들은 국가적 사업에 참여할 수 있는 규모와 능력을 가지고, 국가나 왕실에 결코 뒤떨어지지 않는 역량을 갖추고 있었다고 볼 수 있다. 금입택은 국가·왕실에 필적하는 대규모의 인간 집단을 조직하는 가정기관을 보유하고 있었으며, 거기에는 유능한 기술자를 거느린 가산 공방이 있었다고 추정할 수 있다.

(2) 신라의 양모 생산과 가공 기술

신라의 금입택에는 국가와 왕실 공방에 필적할 만한 자체적인 가산 공방이 있었음을 살펴보았다. 그렇다면 그러한 공방에서 양모의 가공이 행해지고 있었던 것일까. 이와 관련하여 문제가 되는 것이 앞서 지적한 『신당서』 권220 동이전 신라조의 기록이다. 신라 전역에 산재한 진골 귀족의 방목지에 양이 존재했는지의 여부는 불분명하다. 그러나 『일본기략日本紀略』 전편14 홍인 11년(820) 5월 갑진(4일)조에는,

신라 사람 이장행 등이 고력양(羖䍽羊, 염소) 2, 백양白羊 4, 산양山羊 1, 거위 2마리를 바쳤다.[88]

라고 하여 9세기에 들어서의 일이지만 신라에서 일본으로 다양한 종류의 양이 전해졌음을 알 수 있다. 다른 지역에서 반입한 것에 비해 신라인에 의한 반입이 그 수나 종류가 많았다는 점에서 신라에 양이 실재했을 가능성을 인정해도 좋을 것이다.[89]

또 이와 관련하여 내성內省에 양모를 가공하는 공방이 실재한 점도 주목된다. 즉 이미 지적한 것처럼 내성에는 모전毛典이 있었고, 그 명칭은 한때 취취방聚䶢房으로 개칭된 바 있다. '취취聚䶢'의 의미를 보더라도 이것이 양모 가공을 위한 궁정 공방이었다는 것은 틀림없다. 진골 귀족은 궁정 공방을 능가하는 기술자 집단을 보유하고 있었으며, 내성에 이러한 공방이 있었다면 금입택에서도 그 존재를 상정하는 것이 무리가 없을 것이다.

게다가 모전毛氈 제조의 원재료가 되는 양모의 풍부한 공급을 엿볼 수 있는 것으로, 전氈이 신라 왕도에서 소비재로 널리 사용되었음을 알 수 있는 사료가 있다. 『삼국사기』 권33 잡지 거기車騎 조의 욕자褥子, 좌자坐子와 관련된 부분에는,

(진골)	바닥깔개(褥子)는 능릉·견견 이하를 사용하되 두 겹을 넘지 못한다. 좌석깔개 (坐子)는 전鈿·금錦과 두 가지 색상의 능릉 이하를 사용하였다.[90]
(육두품)	바닥깔개(褥子)는 시絁·견絹 이하를 사용한다. 좌석깔개는 시絁·견絹을 사용한다.[91]
(오두품)	바닥깔개(褥子) 다만 털로 짜거나氈 혹은 포布를 사용한다.[92]

라고 하여 5두품 수레(車騎)의 욕자(바닥깔개)로 사용한 재질이 전氈이나 포布

였다고 한다. 수레의 바닥깔개에 관한 규정은 진골에서 5두품까지 해당되지만, 그중에서도 최하급인 5두품의 규정에 털로 짠 전이 지정되어 있다. 다시 말하면 진골이나 6두품이 바닥깔개로 견제품을 사용하고 있었던 것에 비해, 5두품은 이보다 재질이 떨어지는 전이 지정되어 있었던 것이다. 이러한 사실은 신라에서 모전이 깔개로서 반드시 최고급이었다고 할 수 없음을 암시한다고 할 수 있다. 모전은 신라 왕도에서는 상당히 널리 사용되던 소비재였다고 보아도 좋을 것이다.

여기에 더하여 『삼국사기』 권33 잡지 기용조器用條에는 다양한 양모 제품이 금지의 대상이 되어 있는 것이 보이는데, 이것을 통해 양모 제품이 일상적으로 사용되었음을 상상할 수 있을 뿐 아니라 신라 양모 가공 기술의 수준을 보여주는 것으로 경시할 수 없을 것이다. 즉 이에 따르면,

> ○ 진골: 금金·은銀 및 도금鍍金을 금한다.[93]
>
> ○ 육두품·오두품: 금·은金銀 및 도금鍍金·도은鍍金銀을 금한다. 또 호피虎皮, 구수毬毬, 탑등毾㲪의 사용을 금한다.[94]
>
> ○ 사두품에서 백성까지: 금金, 은銀, 유석鍮石(놋쇠), 주리평문한 것(朱裏平文物)을 금하고, 또 구수毬毬, 탑등毾㲪, 호피虎皮와 당나라 담요(大唐毯) 등을 금한다.[95]

라고 하여, 6두품 이하에는 구수毬毬(문양 있는 모직물), 탑등毾㲪(올이 촘촘한 모직물)과 같은 모직물 사용이 금지되었음을 알 수 있다. 특히 4두품부터 백성에 대해 '대당담大唐毯(당나라 담요)'을 금지했다는 것이 주목되는데, '대당담'이란 신라 국내산 '담毯'의 존재를 전제로 한 표현에 다름 아니다. 역으로 '대당'이 붙어 있지 않은 모직물은 모두 신라산으로 볼 수 있기 때문에 신라에서는 국내적으로 광범위하고 다양한 모직물이 생산되었음을 알 수 있다.

그러한 신라산 모직물에 대한 평판은 당나라에도 전해져서 소악蘇鶚의 『두양잡편杜陽雜編』 권상卷上에 의하면 대종대(代宗代, 762~779년)의 일로,

遇新羅國獻五彩氍毹, 製度巧麗, 亦冠絶一時, 每方寸之內, 卽有歌舞伎樂
列國山川之象, 忽微風入室, 其上復有蜂蝶動搖, 燕雀飛舞, 俯而視之, 莫
弁眞仮.

신라에서 가져온 구유氍毹,[96] 즉 모전의 문양이 대단히 사실적이라서 거기에 묘사된 곤충이나 새가 실제 날아다니며 움직이고 있는 것 같았다고 하여 제작 기법의 뛰어남을 칭송하고 있다. 거의 유사한 내용이 『삼국유사』 권3 사불산四佛山 · 굴불산掘佛山 · 만불산萬佛山 조에 있는데 그것을,

경덕왕은 또 당나라 대종代宗 황제가 특별히 불교를 숭상한다는 말을 듣고 공장工匠에게 명하여 오색五色 모직물氍毹을 만들었다.[97]

라고 적어, 경덕왕의 명으로 구유가 제작되었다고 하면서 그 이하에 신라 측의 입장에서 『두양잡편』과 대동소이한 내용을 기록하고 있다. 이러한 것들은 8세기 중엽 신라의 모전 제조와 가공 기술의 수준이 당에서도 인정받고 있었음을 보여주는 일화라고 보아도 좋을 것이다.[98]

그런데 이러한 구유는 신라의 어느 공방에서 제조되었을까 생각한다면 먼저 궁정 공방으로 추측할 수 있지만, 이미 택도 왕실에 버금가는 가산 공방을 갖추고 있어 유능한 공장 등 인간 집단을 조직한 가정기관이 실재하고 있었음을 지적하였다. 앞에서 서술한 양모 생산과 가공 기술의 수준을 보더라도 당시 신라에서는 각종 양모 제품이 생산되고 있었음은 의심할 여지가 없을 것이다. 또한 그것은 궁정 공방을 비롯하여 택의 공방에서도 생산되었

다고 보아도 틀림이 없을 것이다.

(3) 신라의 모전과 일본

지금까지 신라에서는 모전의 제작은 물론이고 양모 가공 기술이 상당한 수준에 이르렀음을 확인하였다. 또 그것들은 궁정 공방이나 택의 공방에서 제조되었다고 볼 수 있는 근거가 있음을 서술하였다. 이것에 의해 A·B의 묵서가 첨부된 모전은 물론 쇼소인에 소장된 많은 모전들도 신라에서 생산되어 전래되었을 가능성이 한층 더 높아졌다고 할 수 있다.

이처럼 신라에서 제작된 모전이 일본에 전래된 것과 관련하여 흥미로운 것이 고대 일본에서 그것을 부르던 호칭이다.[99] 『일본서기』 권29 덴무天武 천황 10년(681) 4월 신축辛丑 조에는 전氈의 고훈古訓을 '오리카모'라 하고, 10세기 중엽 『화명류취초和名類聚抄』에서는 전을 '카모'라고 읽었다. 이를 근거로 마쓰오카 시즈오松岡靜雄 씨는 '오리카모'란 현대 한국어의 '옷감'과 어원이 같고, "포布의 재료인 모毛라는 의미일 것"이라고 지적하였다.[100] 요컨대 고대 일본에서는 전을 '오리카모' 혹은 '카모'라고 불렀는데, 그 유래는 고대 한국어에서 찾을 수 있다는 것이다.

이와 관련해서 상기할 수 있는 것이, 쇼소인 보물 가운데 이른바 사하리佐波里라고 하여, 구리·주석·납의 합금으로 만들어진 수저(匕), 접시(皿), 사발(鋺) 등의 식기류가 대량으로 남아 있다.[101] 고대 일본에서는 이러한 제품의 재질 명을 사하리라고 불렀는데, 이것이 본래 신라어에서 유래했다는 점을 대부분 인정하고 있다.

구체적인 어원으로는 먼저 신라에서 기물器物로서의 완鋺의 호칭인 'sabal'에서 유래하며, 신라에서 일본으로 전해진 뒤에 언제부터인가 형태명에서 재질명으로 바뀌었다고 보는 견해가 있다.[102] 다른 하나로 '사하리'는 불교 용어인 '사장沙張'('초라鈔鑼·사라沙鑼'라고도 쓴다. 약간 속이 깊은 둥근 사발 같은 동기銅器로 만들어져, 불전에서 독경할 때 두드려서 연주하는 악기)에서 유래하여 그것이 신라어로 들어갔다는 설이 있다. 그것은 『화명류취초』에서 초라를 '사후라'라는 신라어가 와전된 것으로 설명하거나 「매신라물해」에서 금속제 사발을 '잡라迊羅'(소우라·사후라)로 기록하고 있다는 점에서 뒷받침된다고 할 수 있을 것이다.[103]

한편 이처럼 신라의 문물명文物名에 기원을 둔 쇼소인 보물은 또 다른 사례를 추가할 수 있다. 쇼소인에는 나무막대 사이를 쪼개어 조개를 꽂은 조개수저(貝匙)가 있어 이를 '가비可比'라 부르는데, 현대 한국어로 읽으면 '가비'가 된다. '조가비', '조개비'는 조개껍질을 의미하기 때문에,[104] 쇼소인의 조개수저인 '가비'는 신라에서 전래되어 그 호칭이 전해진 것으로 보아도 좋을 것이다.

이러한 사례와 마찬가지로 앞서 언급한 '전氈'이란 호칭을 살펴보면, 모전 역시 신라에서 제작되어 그것이 일본에 전래되는 과정에 신라인이 깊이 관여되어 있었기 때문에 제품명에 신라어의 흔적이 남아 있는 것이라고 할 수 있다. 따라서 지금까지도 지적되어온 것처럼 모전이 사하리 제품과 함께 당시 신라의 특산품이었다는 견해는[105] 충분히 성립된다고 생각한다.

이상에서 신라의 모전 생산과 사회적 배경에 대해 검토해보았다. 종래 신라 수공업 발전에 대해 개괄적으로 언급된 적은 있지만, 구체적인 근거를 가지고 논한 경우는 거의 없다고 할 수 있다. 그러나 앞서 설명한 것처럼 범종의 주조나 양모 제품의 제작을 통해 신라의 수공업 수준과 그 기술을 뒷받침하는 사회적 배경을 어느 정도 보여줄 수 있었다고 생각한다. 일본과의 교역도 이러한 신라에서 택의 경제 기반이나 그것에 토대로 둔 생산 활동을 시야에 넣을 필요가 있을 것이다.

4. 모전 전래의 과정과 신라·일본 관계

지금까지 쇼소인에 전해 내려오는 2매의 전첩포기氈貼布記의 해독을 통해 그것들이 신라어로 적혀 있다는 점, 그 의미 내용은 신라 귀족이 모전을 제공하고 그 대가로 견제품의 획득을 지시한 내용을 적은 물품 꼬리표(荷札)라는 점, 그리고 그러한 포기가 모전에 실로 꿰매어 붙여진 상태로 신라에서 유입되었다는 점 등을 분명히 했다. 나아가 모전이 신라에서 제작되어 널리 소비되고 있었다는 점, 또 모전이 고대 일본에 전래 수용된 것은 신라와의 연관성이 깊다는 점을 명확히 했다.

이상에서 쇼소인에 전해내려 온 많은 모전 역시 신라에서 제작된 것이고, 신라인에 의해 일본에 반입되었다는 것이 명확해졌다.

여기서 다음으로 검토해야 할 것이 A·B 포기를 첨부한 모전이 언제, 누구에 의해 어떠한 과정을 거쳐 신라에서 일본으로 반입되었는가를 해명하는 것이다. 나아가 신라와 일본 사이에 이루어진 교역의 역사적 성격을 명확히 하기 위한 방법을 찾아보도록 하겠다.

(1) 모전의 전래 과정

앞서 명확히 한 것처럼 A·B 2매의 포기는 동일한 형식으로 구성되어 있다. 또 필적에서도 공통점이 보이기 때문에 A·B는 같은 시기에 기록되어 사용되었다고 생각해도 좋을 것이다.

여기서 문제가 되는 것은 동시기에 사용되었다고 추정되는 A·B 포기를 실제 사용한 시기에 대한 것이다. 이 점을 밝히는 데 중요한 단서가 되는 것이 B에 적힌 관위 '한사韓舍'의 표기법이다. 신라 17등 관위는 520년에 체계적으로 성립되었는데, 당초 제12등 관위는 '대사大舍'로 표기되었다. 이것이 '한사'로 표기된 것은 8세기 이후의 일이다.[106] 적어도 동시대 사료에 따르면 7세기까지 '한사' 표기는 확인되지 않기 때문에 A·B 포기가 사용된 시기의 상한은 8세기 이후로 보아야 할 것이다.

그 하한 시기를 특정하는 데 주목되는 것이 묵서 A에 보이는 지시 내용이다. "염물念物을 실이나 (또는) 면으로 얻도록" 하라는 구체적인 지시가 적혀있는데, 이것은 그러한 지시를 완수할 수 있다는 일정한 전망이 있어야 비로소 성립될 수 있는 내용인 것이다. 바꿔 말하면 그러한 지시에 응하는 상대 측의 응답을 전제로 한 것이다. 즉 지시 내용에 대한 일본 측의 대응을 예상하지 못한다면 이러한 지시를 내릴 수 없는 것이다.

예를 들어 8세기 말 이후 신라와 일본 간에 공적 외교가 단절되었던 시기에는 신라 국가가 직접적으로 관여하지 않는 특이한 형태의 교류가 두드러졌지만 거기에서 이러한 응답은 생각하기 어렵다. 게다가 포기는 신라의 관인 상호 간에 사용되었다고 보이기 때문에 국가가 직접 개입하지 않은 그러한 시기에 사용되었을 확률은 적어진다.

그렇다면 먼저 묵서 A의 지시에 대해 일본 측의 좀더 확실한 반응을 기대할 수 있었다는 것은 왕권 간 통교通交 관계가 어느 정도 계속되던 시기로 보는 것이 타당하며, 그러한 조건에 근거한 것이라야 그것은 더 잘 성사될 수 있는 지시 내용인 것이다. 이러한 하한의 설정은 쇼소인의 수많은 보물의 입고와 전래 과정의 대세에서[107] 보더라도 일단 납득할 수 있는 것이다. 여기서는 우선 좀더 확실한 시기를 설정함으로써 그 상한과 하한을 700년부터 779년으로 보도록 하겠다.

그리고 시기를 한정할 때 주의해야 할 것이 「매신라물해」의 실재와 포기와의 대응 관계이다. 전술한 것처럼 「매신라물해」는 신라 문물을 두고 일본의 5위 이상의 귀족들이 752년 6월부터 7월에 걸쳐 관련 관사官司에 제출한 상신문서上申文書이다. 한편 포기는 신청자 이름과 함께 '염물'과 그 대가를 명기하고 있다는 점에서 「매신라물해」와 대응하는 신라 측의 문서라로 볼 수 있음을 앞서 명확히 하였다.

　게다가 유의해야 하는 것이 「매신라물해」를 일본의 소정 관사에 제출하기 위한 조건으로서 A·B 포기의 존재는 그에 우선하는 필요 불가결한 것이었다고 하는 것이다. 왜냐하면 「매신라물해」에 보이는 신라 문물의 구입 신청은 신라 측이 매각 의도를 가지고 신라 문물을 일본에 반입시켜야 비로소 취할 수 있는 행위가 될 수밖에 없다. 따라서 일본의 견제품과 교환을 지시한 포기의 내용은 신라와 일본 사이에 공적 관계가 유지되고 있던 시대, 즉 상기의 80년 사이에, 신라 사절이 일본에 다양한 문물을 가져와 교역이 성립되던 시기라면 언제 사용해도 이상할 것이 없다. 더욱이 부정할 수 없는 사실은 752년에도 A·B와 동일한 형식과 내용을 가진 포기가 첨부된 문물이 신라 사절에 의해 반입되었다고 하는 것이다.

　물론 A·B 포기가 752년에 사용된 것이 아닐 가능성도 충분하지만, 752년에 동일한 형식의 문서가 사용되고 있었다는 것만은 부정할 수 없을 것이다. 실제로 지금까지 발견된 약 30통의 「매신라물해」에서 4종 5점의 모전이 확인된 점을 감안하면,[108] A·B 2매의 포기가 사용된 연대를 752년으로 가정하는 것이 허용될 것이다.

　그래서 이러한 추론을 토대로 포기와 더불어 모전이 752년에 어떠한 경위를 거쳐 신라에서 헤이죠쿄平城京로 반입되었는지 그 과정을 검토해보고자 한다.

　먼저 752년 일본에 파견된 신라 사절에 대해 개관해보고자 한다. 이 해 윤 3월 22일에 츠쿠시築紫 항구에 도착한 신라 사절 일행의 규모나 그들의 일본에서의 경로는 『속일본기續日本紀』에 비교적 자세히 기재되어 있다. 이를 살펴보면 왕자 김태렴金泰廉, 신라 공조사貢調使, 송왕자사送王子使 등 700여 명이 배 7척을 타고 츠쿠시에 입항하였다. 그 소식이 헤이죠쿄의 고켄孝謙 천황에게 전해지자 그녀는 이를 오우치大內·야먀시나山科·에가惠我·나오야먀直山 등의 능陵에 사신을 보내어서 역대 천황에게 보고했다고 한다. 그 뒤 370여 명을 이끌고 입경한 김태렴 일행은 7월 14일에 '배조拜朝', '공조貢調'를 행하고, 17일에는 일본 측이 조당朝堂에서 향연을 베풀었다. 22일에는 다이안지大安寺와 도다이지東大寺에서 예불을 드리고, 7월 24일에 김태렴 일행이 나니와노 야카타難波館으로 돌아왔음을 『속일본기』는 전하고 있다.

나니와노 야카타란 나니와難波에 설치된 객관客館으로, 당시 신라 사절은 세토 내해瀬戸內海를 이용하여 츠쿠시에서 나니와쓰難波津에 이르렀고, 정박지인 신라강新羅江에 상륙하여 나니와노 야카타에 들어가 그곳에서 헤이죠쿄로 향했던 것이다.[109] 7월 24일에 나니와노 야카타로 '돌아왔다'는 것은 신라 사절이 귀로에 올랐다는 것을 의미하며, 여기에서 그들을 환송하는 의례가 행해졌던 것이다. 그렇다면 정확한 입경 시기는 알 수 없어도 6월 14일에 '배조拜朝'하고 있는 것을 보면 그 이전에 다양한 영접 의례를 거쳐 입경해야 했기 때문에 김태렴 등은 7월 24일까지 적어도 1개월 반 이상 헤이죠쿄에 체재했던 셈이 된다.

이때의 신라 사절에 대해서는 지금까지 다양한 관점에서 논의되어왔지만, 그중에는 신라의 상인 집단이 조공사로 위장했다는 극단적인 견해까지 있어,[110] 그 성격이 확실히 규명되어 있는 것은 아니다. 그러나 뒤에서 언급하겠지만, 752년 전후의 동아시아 국제정세에서 보면 그러한 조공사를 가장한 상인 집단의 입공入貢이라는 추정은 성립될 수 없다. 또 김태렴이 왕자가 아닐 수 있다는 지적이 있는데,[111] 이 점은 몇몇의 논자에 의해 강조되고 있다. 그렇지만 그러한 모습은 오히려 당연한 것이어서, 왕자로 칭한다고 해도 실제로는 신라 왕족이나 지배층의 구성원이 대행했을 가능성이 충분히 있을 수 있다. 따라서 그것을 근거로 이 사절의 특징을 규정하기에는 다소 어려움이 있다.

오히려 문제가 될 수 있는 것은 그해 일본에 건너간 신라 사절 일행은 일본 측이 일찍부터 희망하던 번국蕃國으로서의 사신 파견에 걸맞은 격식과 규모를 갖추고 있었다는 점이다. 예를 들어 735년에는 전년도 말에 도착한 신라 사절을 입경시키면서도 국명을 '왕성국王城國'으로 칭했다는 이유로 그들을 '되돌려 보낸' 사례[112]가 있었음은 상기할 필요도 없이, 신라가 이 때는 각별하게 일본 측이 요구하는 조건을 만족시켰다는 점에 유의해야 할 것이다. 그러한 모습은 『속일본기』 권18 덴표 쇼호 4년(752) 6월 기축(14일)조의,

> 신라의 왕자 金泰廉 등이 조정에서 배알하고 아울러 調를 바쳤다. 그러한 뒤에 아뢰기를 "신라 국왕이 일본을 밝게 비추는 천황의 朝庭에 아뢰기를, 신라국은 옛날부터 대대로 끊이지 않고 배와 노를 잇달아 와서 國家를 받들었습니다. 이번에 국왕이 몸소 와서 朝貢하고 調를 바치려고 하였으나 생각해보니 하루라도 임금이 없으면 국정이 해이해지고 문란해질까 염려됩니다. 이 때문에 왕을 대신하여 王子 韓阿飡 泰廉을 우두머리로 하여 370여 사람을 거느리고 가서 入朝하게 하고 겸하여 여러 가지 調를 바치고 삼가 아뢰게 합니다." 라고 하였다.[113]

라는 김태렴의 상주上奏 문언과 임진(17일)조의 고켄 천황이 김태렴에게,

> 이날 신라 사신에게 朝堂에서 잔치를 베풀었다. 조를 내리기를 "신라국이 와서 朝庭을 받든 것은 氣長足媛皇太后(神功皇后)가 그 나라를 평정한 때부터인데 지금까지 우리의 蕃屛이 되어왔다. 그러나 前王 承慶과 大夫 思恭 등은 말과 행동이 게으르며 지켜야 할 禮를 잃었다. 이 때문에 사신을 보내어 죄를 물으려고 하는 사이에 지금 그

나라의 왕 軒英이 후회하며 이전의 과실을 고치고 친히 조정에 오기를 바랐다. 그러나 국정을 돌봐야 하기 때문에 王子 泰廉 등이 대신하여 入朝하고 겸하여 調를 바쳤다. 朕은 그 정성을 매우 기쁘게 생각하는 바 官位를 올려주고 물건을 내린다.”라고 하였다. 또 조를 내려 “지금 이후로는 국왕이 직접 와서 아뢰도록 하고 만약 다른 사람을 보내어 入朝할 때에는 반드시 表文을 가지고 오도록 하라.”고 하였다.[114]

라는 조詔에서도 살펴볼 수 있다. 또 사절 일행이 일본에 건너가 귀국하기까지의 발자취가 대단히 상세하게 『속일본기』에 기록되어 있는 점도 극히 드문 사례이다.

즉 이 해의 신라 사절은 사전에 양국 상호 간의 약정과 양해가 있었기에 성립될 수 있었던 것으로 생각하지 않을 수 없다. 게다가 『속일본기』에 따르면 신라의 일본 사절 파견에 앞서 3개월 전인 1월 25일에, 야마구치노 히토마로山口人麻呂가 견신라사遣新羅使에 임명되었으며, 시기적으로도 이때 일본 측에서 신라에 사절 파견을 요청하기 위해 먼저 파견되었을 가능성이 있다. 이러한 일본의 요구에 응하는 형태로 ‘왕자’를 비롯한 700여 명의 사절 파견이 실현되었던 것이다.

이렇게 되자 신라는 일본 측의 사절 파견 요청에 대해 그것을 수락하였고, 그 결과로서 3개월 뒤 신라 사절이 츠쿠시에 내항하게 된 셈이다. 이 단기간의 일본 측 요청에 대해 신라가 어떠한 정세 판단으로 일본에 사절 파견을 결정했는지는 나중에 검토하기로 하고, 여기에서는 먼저 일본에 사절 파견이 결정된 후 구체적인 사절 파견의 준비나 그것과 함께 반출되는 대량의 문물을 준비하고 관리한 해당 관련 관사에 대해 고찰해보고자 한다.

신라에서 외교 교섭을 관장하던 관사라고 하면, 우선 영객부(領客府: 사빈부司賓府)를 들 수 있을 것이다. 그에 따라 8세기 일본과의 외교 교섭도 이 관사가 담당했던 것으로 생각된다. 그러나 영객부의 연혁을 거슬러 올라가 보면,[115] 흥미로운 사실과 마주치게 된다.

본래 영객부(사빈부)는 대왜對倭 외교를 관장하던 기관으로서, 591년에 성립된 왜전倭典에 그 기원을 두고 있다. 그리고 618년 당이 건국되면서 621년 당과의 본격적인 외교 교섭에 수반되어 그 이후 왜전의 근본적인 개편과 개칭이 반복되었다. 『삼국사기』 권38 직관지(상)와 관련 사료를 토대로 대략적인 연혁을 정리하면 다음과 같다.

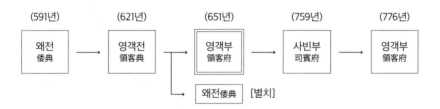

지금까지의 연구를 개괄해보면, 원래 신라의 외교관계를 관장하던 관사는 오로지 왜와의 교섭을 목적으로 설립된 왜전뿐이었다. 그러나 당과의 외교 교섭이 본격화되면서부터 '왜'라는 개별적 명칭을 폐기하고, 이를 '영객領客'으로 고쳐 '영객전'으로 삼았다. 651년 신라의 중앙 행정 관제가 대폭 개편되었고, 이 무렵 당과의 관계가 긴밀해진 부분도 있어 중소관사의 조직명이던 '전典'에서 장관(령)을 둔 관사인 '부府'로 확대·재편되었던 것이다.

여기서 주목되는 것이 『삼국사기』 권38 직관지(상)에는 왜전을 영객전으로 개칭한 뒤에 "왜전을 별도 설치했다."라고 전하고 있는 것이다. 즉 신라의 외교 기관인 왜전은 당과의 교섭이 본격화되면서 개칭·개편되었지만 완전히 폐기된 것이 아니라 왜와의 외교 교섭을 위한 전문기관으로 별도로 설치했다고 추정된다. 여기서 드는 의문은 이 별도 설치된 왜전이 도대체 언제·어디로 이관되었던 것일까, 하는 점이다.

결론부터 먼저 말하면 『삼국사기』권39 직관지(중)에는 내성內省에 '왜전'이란 이름이 보이는데, 내성 관사가 7세기 중엽 이후에 확충되었다는 점이나[116] 그 관사명이 온전히 동일하다는 점에서 이것이야말로 별도로 설치된 왜전이 틀림없을 것이다.

그렇다면 언제 어떠한 이유로 왜전이 내성에 별도로 설치되었는지 그 배경에 대해 다음과 같이 추론하는 것이 가능하다. 먼저 649년부터 651년에 이르는 정치 과정에서 신라의 대당 관계가 단번에 긴밀해지고, 종래와는 차원이 다른 외교관계를 맺을 수 있게 된 점을 그 중요한 배경으로 주목하고자 한다. 즉 649년에 신라 고유의 의관제衣冠制를 폐기하고 당나라의 의관제를 도입하고, 그 이듬해 당의 연호를 사용하고 있는데, 이것은 바꿔 말하면 명실공히 당의 외신外臣이 되었다는 것을 의미한다.[117] 그리고 그 이듬해(651년)에 신라의 여러 제도는 대규모로 개편되기에 이른다.

이러한 프로세스에서 당과의 책봉 관계가 신라의 여러 제도에 필연적으로 중국의 예禮적 규제가 영향을 미치게 되었다고 볼 수 있는 것이다. 이제까지의 신라는 독자적인 연호를 가지고, 자기를 중심으로 중국의 예제를 모방한 정치질서가 있었다. 그러나 명실공히 당의 외신이 되었다는 것은 당황제와 신라의 왕 사이에 당의 예제와 그 규범이 직접적으로 영향을 미치는 것을 의미한다. 구체적으로는 당에서 온 사절의 영접 의례를 비롯하여 대당 외교의 교섭 전반에 걸쳐 당의 예적 질서의 규제를 수용하게 되었던 것이다.[118]

따라서 신라에게 당과 왜는 전혀 차원을 달리하는 교섭 상대국이 되었고, 이러한 외교 원리가 영객전의 확대·개편을 가져오면서 영객부에서는 당의 예제에 따르는 전문적인 외교 담당자가 그것을 담당하게 되었고, 다른 한편으로 왜와의 교섭에서는 왜전을 별도 설치할 필요가 있었던 것으로 생각된다.

이처럼 8세기 신라의 대일본 외교를 담당하던 관사가 651년에 대폭 개편하여 성립된 내성 관하의 왜전이라는 것은 거의 틀림없는 사실이다. 그렇기에 752년 1월에 일본으로부터 신라에 사절 파견의 요청이 있었을 때, 그 대처와 사절 파견의 준비에 직접 관여한 관사는 왜전밖에 없었다고 생각한다.

그렇다면 윤3월 22일에 신라 사절을 통해 반입된 신라 문물들은 어떻게 왜전에서 준비할 수 있었던 것일까? 이를 보여주는 사료는 전혀 없지만, 굳이 추측하자면 다음과 같은 과정이 있었던 것으로 생각된다.

먼저 일본으로 사절을 파견하기에 앞서 왜전은 왕경 내의 진골 귀족들에게 통지해 일본에 가는 사절에게 맡길 문물의 제공과 그 대가(견제품)를 지정해달라고 요청했을 것이다. 왜전에서는 진골 귀족들이 보낸 문물의 제출과 그 위탁 문서를 수령하게 되면, 이에 관한 여러 항목을 대장에 기입하고, 그 대장에 기초하여 위탁된 문물과 그 하물 주인의 이름이나 대가의 내용을 약술한 목간 내지 포기를 붙여 포장했을 것이다. 이러한 과정은 추정에 의할 수밖에 없지만 B 문서에 적힌 '한사韓숨'의 압축된 글자 형태로 미루어볼 때 관사 사이에 문서를 개재시킨 사실은 부정할 수 없다. 또 신라에서 목간이 꼬리표(荷札)로 사용되었다는 것은[119] 말할 필요도 없지만 목간·포기 어느 쪽으로 사용할지는 문물의 재질에 따라 결정되었을 것이다.

지금까지 신라에서 대일본 외교를 관장하던 관청이 왜전이었다는 점을 추정하고, 일본에 파견한 사절에 앞서 신라 측에서 일본에 반출할 문물의 수집 방법과 포기의 작성 과정, 그들의 일본 전래 과정을 추측해보았다. 이것에 의해 모전에 부착된 포기가 신라에서 내성 관하의 관사·왜전에서 작성되고, 그것이 모전에 실로 꿰매어 부착된 후 일본에 가져간 것으로 추정하였다.

(2) 8세기 신라·일본 교역의 역사적 배경

전항에서 포기의 작성 과정과 거기에 부착된 신라 문물의 전래 과정을 살펴보았다. 중요한 것은 포기의 작성이나 신라 문물의 일본 반입에 신라의 공적 기관이 개입되어 있었다는 점이다. 이것은 앞서 제2절에서 밝힌 것처럼「매신라물해」를 통해 알 수 있듯이, 신라 문물을 매각할 때 일본 측에서 취한 방법에 대응하는 것이다. 즉 신라와 일본과의 사이에 상호적으로 공적 기관이 매개자가 되어 양국의 일정한 계층 간에 대규모 교역이 이루어졌음을 의미한다.

종래 신라에서 건너온 박재품舶載品으로 추정되는 쇼소인 보물에 대해서는 신라 상인의 '통상무역'에 의해 반입된 것으로 논의되어온 경우가 많다. 하지만 752년 양국 간의 교역이 신라 상인에 의해 "상당히 자유롭게 상품 매매가 허용되었다."[120]라고 성격을 규정하기에는 그 논거가 충분치 않다.

무엇보다 먼저 752년 신라 사절을 파견할 때 신라 상인의 중심적인 역할을 상정하기 어렵고, 당시 긴장된 국제정세는 이를 더욱 고려하기 어렵게 한다. 그래서 이러한 국제정세를 다시금 검토해보고자 한다.

8세기 국제정세를 한마디로 설명하기란 쉽지 않지만, 동아시아 국가 상호 간의 국제관계의 특질을 규명하기 위해 여기에서는 720년대부터 750년대까지 약 40여 년 동안의 동아시아 정세를 개관해보도록 하겠다.

먼저 이 기간 동안 동아시아 정세의 첫 번째 국면은 720년대 초반에 신라와 발해의 대립 상황이 두드러진 것에서 그 기점을 구할 수 있다.[121] 옛 고구려 지역에서의 발해 건국(698년)과 당에 의한 발해왕 책립(713년)은 당시 국경을 접하고 있던 신라에 위협이 될 수밖에 없었다. 양국의 긴장을 전해주는 사료는 먼저 신라의 동북 국경지대(발해의 동남단)에 대한 축성築城 기록이 효소왕대(692~702년)에 보이며,[122] 이어서 성덕왕 20년(721) 7월에는 "하슬라도(何瑟羅道, 현 강릉)의 정부丁夫 2천 명을 징발하여 북쪽 변경에 장성長城

을 쌓았다.(『삼국사기』권8 신라본기)라고 되어 있어, 신라가 발해와 국경을 접하는 동북지방에 장성을 축성하고, 신속하게 군사적으로 대응하고 있음을 전하고 있다.

다음 두 번째 국면은 당·흑수말갈과 발해의 대립이다. 발해는 앞서 언급한 신라와의 대립에 더하여 발해의 북쪽에 위치한 흑수말갈에 가담한 당과 새로운 긴장관계가 생기게 되었다. 즉 당은 발해의 북쪽에 위치한 흑수말갈의 땅에 720년대에 군사 개입을 하고, 발해는 이를 앞뒤에서 공격을 더한 것이라며 당에게 항의하고 있다. 당은 흑수말갈과 함께 발해에게는 위협의 대상이었던 것이다.[123]

세 번째 국면은 신라·당·흑수말갈의 압박으로 대륙에서 고립된 발해가 727년에 처음 일본에 사절을 파견하고 일본과의 연대를 모색하고 있는 것이다. 그 뒤에도 계속해서 발해가 대일본 외교를 추진하게 된 계기는 발해의 등주입구登州入寇 사건이다. 732년 발해가 산동반도의 등주를 침공하자 당은 이에 응전하기 위해 신라에 대해 파병을 요청하고, 신라는 이에 호응하여 한반도 남부에서 병사를 보냄으로써 결국 한반도 북부에서 발해와 신라의 직접적인 교전이 이루어졌다. 엄동설한 속에서 싸운 이 전쟁에서 신라는 아무것도 얻는 것 없이 물러날 수밖에 없었지만,[124] 발해의 위기의식은 고조되었다. 이처럼 발해의 대일본 외교는 대륙에서의 고립 상황을 타개하기 위해 기도된 것이었다.

이러한 당과 발해의 대립에서 신라가 독자적인 의도를 가지고 개입하면서 네 번째 국면이 시작된다. 즉 당은 735년에 신라 참전의 공적을 인정하여, 오랜 기간 군사적 공백 지대였던 패강(浿江, 대동강) 이남 지역을 신라에 할양함으로써 한반도 남부에서 발해를 견제하고자 하였다. 신라 역시 이 지역을 영유하면서 차제에 이곳을 특수 군사지역으로 삼아 방어시설을 견고히 하였다.[125] 736년에는 국경 지대의 거점을 검찰하여 재빨리 이 지역에 대한 의욕을 보이고, 748년에는 패강지방에 14군현을 설치하는 등 신라는 이 땅을 군사지대로서 멸망할 때까지 유지·경영하게 된다.[126] 요컨대 당·발해의 분쟁에 의해 신라와 발해 양국 간의 대립이 결정적이 되고, 당·신라와 발해의 대립 구도가 더 명확해졌던 것이다.

다섯 번째 국면은 신라와의 대립이 결정적인 것이 되었던 발해가 일본과의 연대 강화를 도모했다는 것이다. 무엇보다 750년대에는 752, 758, 759년에 일본으로 사절을 파견했는데, 이는 일본에 대한 '무력武力에 의한 원조 또는 제휴 요청'을 목적으로 한 것이며, 발해가 일본과 밀접한 관계를 유지·발전시킴으로써 불시의 후원이나 신라를 배후에서 견제하는 역할을 기대한 외교였다고 간주되고 있다.[127] 요컨대 발해는 당·신라의 군사적 위협에 대항하기 위해 적극적으로 대일본 외교를 전개해갔던 것이다.

여기서 중요한 것은 758년 발해에 파견된 오노노 다모리小野田守가 발해 사절과 함께 귀국하면서 안사安史의 난이 일본에 보고되었다는 것이다.[128] 대사 양승경揚承慶 일행은 후지와라노 나카마로藤原仲麻呂의 사전에서 마련한 연회에 참석했는데, 당의 지원이 불가능하다는 예측하에 신라 정벌을 위한 모의가 이때 이루어졌다고 추측되고 있다.[129] 실제로 나카마로는 그 이듬해 다자이후大宰府에 행군식行軍式을 지시하는 등 신라 정벌 계획에 착수하여 3년 이내를 목표로 각 도에 500척의 병선兵船을 건조할 것을 명하여, 761년에는 미노오美濃, 무사시武藏 2국國의 소년 40명에게 신라어를 배우게 했으며, 그 뒤 각 도에 절도사節度使 체제를 강요하여 전투에 대비하게 했다.[130]

여섯 번째 국면은 신라와 일본의 대립 관계이다. 이것은 발해가 일본에 군사적 요청을 매개로 한 측면도 있지만, 신라와 일본의 대립·긴장은 단순히 발해의 요청에 한하지 않고 신라와 일본 사이의 특수한 대립 감정이 그 저변에 흐르고 있었다고 보인다.[131] 가령 722년 신라 왕경의 남부에 모벌군성(毛伐郡城, 관문성)을 축조한 사실이 『삼국사기』와 『삼국유사』에 보이는

데,[132] 관문성은 '일본을 방어하는 요새'이며 '일본의 경로를 차단하기'위한 목적으로 축조되었다. 또 731년 4월에는 "일본국 병선 300척, 바다를 건너 우리 동쪽을 습격하였다. 왕이 장군에게 명하여 병사를 보내 이를 크게 무찌르도록 하였다."(『삼국사기』 권8 신라본기)라며, 해상에서의 교전도 확인된다. 신라는 이 시기에 100명 이상의 대규모 사절을 파견하지만 이 사절단은 다자이후에서 '되돌려(放還)'지는데, 그러한 사례는 738, 742, 743년에도 보인다.[133]

문제가 되는 752년 이후의 동향에서도 왕자 김태렴 일행의 반례사返禮使가 되었던 오노노 다모리가 신라를 방문하지만 오만방자했기 때문에 경덕왕이 알현을 허락하지 않았음을 『삼국사기』에 전하고 있다. 한편 이 사건은 일본 측에서도 용인할 수 없는 대응으로 인식되어, 그러한 입장에서의 기록이 남아 있다.[134] 당사자인 오노노 다모리는 앞서 설명한 것처럼 758년에 발해로 건너가 그 뒤 일본과 발해 군사동맹의 계기를 만듦으로써, 이 시기의 삼국 간 긴장관계에 가장 깊이 관여한 인물이라고 말할 수 있다.

지금까지 720년대부터 750년대까지 약 40년 동안에 걸친 동아시아의 국제정세를 6개의 국면으로 나누어 살펴보았다. 이것에 따르면 해당 시기 신라와 일본의 관계가 동아시아의 국제적 긴장이 고조된 속에서 이루어진 '교류'였음을 이해할 수 있을 것이다. 바로 이것이 신라 상인에 의한 통상무역이 성립되기 어렵다고 서술한 이유이기도 하다.

그렇지만 그러한 국제적 긴장 속에서 '왕자'를 동반한 장대한 사절단이 파견되고, 왕경(헤이죠쿄)에서 그들과의 사이에서 대규모 교역이 이루어진 사실은 주목할 만하다. 문제는 어떤 배경과 사정으로 이러한 교역이 이루어졌는지, 그 교역의 성격이 어떤지를 해명하는 데 있을 것이다.

(3) 한반도 제국諸國의 대왜對倭 외교와 교역

동아시아의 국제적 긴장이 극도로 고조된 가운데 이루어진 교역은 그 유례가 없지는 않다. 곧바로 연상되는 것이 한반도 삼국(고구려·백제·신라)과 일본(왜) 사이에 이루어진 문물의 증여·교역이 여기에 해당한다. 특히 일본 측의 특정 계층에 재물이 반입되었다는 점에서 보면 643년 백제 사절이 왜에 파견된 사례가 눈길을 끈다.

이 당시 백제는 그 이전 해인 642년에 신라를 기습하여 옛 가야 제국諸國 대부분을 탈취한 지 얼마 지나지 않은 상태였으며, 신라는 곧바로 궁지에 몰려 고구려·왜와의 외교에 활로를 찾을 수밖에 없는 상황에 이르렀다.[135] 그러한 여건 속에서 먼저 선수를 치듯이 백제가 왜와의 외교를 추진하게 된다. 이러한 백제의 대왜 외교에서 백제 사절을 맞이한 왜 측의 대부大夫 사이에서 증여를 위한 재물을 둘러싼 다툼이 일어나게 되었다.『일본서기』황극천황 2년(643) 가을 7월 기유 삭 신해(己酉朔辛亥, 3일) 조에 따르면,

> 몇 명의 大夫를 難波郡에 보내어 백제국의 調와 바치는 물건을 살 피게 했다. 이에 대부가 調使에게 "백제국에서 바치는 調는 종전의 예에 비하여 조금 모자란다. 대신에게 보내는 물건은 지난 해에 돌려보낸 品目을 바꾸지 않고 그대로이며, 여러 卿들에게 보내는 물건 은 전혀 가지고 오지 않았다. 모두 종전의 사례에 어긋나니 어찌된 일인가. 하고 물었다. 大使 達率 自斯와 副使 恩率 軍善이 그 물음에 대하여 모두 "지금 즉시 갖추겠습니다."라고 대답하였다.[136]

이에 앞서 6월 23일 백제의 선박이 나니와難波 항에 도착하자, 왜 측은 대부 몇 명을 나니와군難波郡에 보내 백제의 조서와 헌상물을 점검하게 하였다. 그 결과 조서는 전례보다 적고 대신(소가노 에미시, 蘇我蝦夷)에게 올리는

증물贈物도 전년도에 보내온 품목과 다르지 않았으며, 군신에게 보내는 증정품이 전혀 없었던 것도 전례와 맞지 않는다고 하여 백제 사절을 질책한 일이 있었다. 즉 백제 사절에게 전례를 방패 삼아 왜의 고관高官에 대한 헌상품이 적다는 점을 비난하고 있는 것이다. 이것에 의해 알 수 있는 것은 백제가 왜에게 공적인 사절을 파견할 경우 왜의 특정 계층을 위한 증여가 관례화되어 있었다고 하는 사실이다.

이를 가지고 당시 백제가 왜에게 정치적으로 종속되어 있었다고 보는 것은 그다지 의미가 없다. 오히려 중요한 것은 백제뿐 아니라 한반도 삼국이 각각 삼국의 항쟁 속에서 전략적 외교의 일환으로 대왜 외교를 추진하였고, 그중에 재물의 증여가 관례화되었다고 추정이 가능하다는 점에 있다. 시대를 거슬러 올라가 보면 때로는 문물의 증여 외에 인재의 파견도 이루어졌던 것이다. 이러한 사실은 늦어도 5세기 단계부터 확인이 가능하며 주지하는 것처럼 백제는 4세기 말부터 왕족을 비롯하여 기술자 집단, 승려 등을 왜에 파견하고 있다. 고구려도 6세기 말부터 왜와의 빈번한 교섭을 시작하지만 쇼토쿠聖德 태자 집정기에 인재와 물품의 전래가 월등히 많았고, 혜자惠慈는 그러한 교류를 상징하는 인물이었다.[137] 또한 신라에서도 이른바 '임나任那의 조調'라는 명목으로 6세기 말부터 7세기에 걸쳐 대량의 문물이 왜로 전해지고 있다.

이러한 사례들은 모두 유사한 상황을 간파할 수 있는데, 증여하는 측인 한반도의 여러 국가들에게 엄중한 국제환경을 타개할 만한 절실한 과제가 있었기에 왜(일본)를 전략적으로 중시할 수밖에 없었다는 점에서 공통되고 있다.

이러한 외교상의 밀당 속에서 증여가 행해진 것은 한반도 여러 국가들에게서 왜로 일방적으로 이루어졌다고 할 수는 없다. 왜 측에서도 백촌강白村江의 패전 이후 668년에 신라 문무왕과 김유신에게 두 차례(9월, 11월)에 걸쳐 배나 견제품 등을 증여한 사실이 있다.[138] 전략상의 보전책으로서 증여는 왜 측에도 실재했던 것이다.

고대 동아시아의 여러 국가들 사이에는 국제적인 긴장관계를 배경으로 재물의 증여가 관례화되어 있었던 사실에 주의하지 않으면 안 될 것이다.

그러한 여러 국가 간 국제적인 긴장 속에서 문물의 증여에 더하여 문물의 교환(교역)이 이루어진 구체적인 사례로서 다루고자 하는 것이 727년 처음 일본을 방문한 발해 사신이 헤이죠쿄平城京에 머물 때의 행적이다.

이미 지적한 것처럼 발해는 대륙에서의 고립감이 커지면서 그것을 타개하고자 727년 일본에 처음으로 사절을 파견하게 된다. 당시 그들이 헤이죠쿄에 체재한 흔적을 명확히 보여주는 목간이 우연히도 1988년 나가야오長屋王 저택 유적에서 출토되었다. 그것은 한 변의 길이가 약 8cm인 사각형 목간으로 거의 한가운데에 '발해사渤海使'라고 적혀 있다.[139]

'발해' 목간이 출토된 저택지 주인인 좌대신左大臣 나가야오는 천평 원년(729) 2월에 일명 '나가야오의 변變'에 의해 자살한 인물이지만, '발해' 목간이 출토된 유구에서는 715년부터 729년까지의 목간군이 검출되었는데 특히 729년의 목간이 가장 많이 출토되었다.[140] 따라서 '발해' 목간이 출토된 유구는 729년에 그 기능이 정지된 것으로 추정된다. 따라서 '발해' 목간은 727년 일본에 건너간 발해 사절 일행이 헤이죠쿄 체재 기간 중의 행적을 기록한 것에 틀림이 없다. 바꾸어 말하면 이 목간은 727년에 일본에 건너간 발해 사신이 나가야오 저택에 들린 사실을 말해주는 귀중한 사료인 것이다.

여기서 주목되는 것이 목간 중앙에 적힌 '발해사渤海使'와 함께 그 주변에 여러 차례 연이어 적혀 있는 '교역交易'이라는 글자가 확인된다는 점이다. 이 목간은 습서習書 목간으로 이 글자들은 붓을 정돈하기 위해 연습한 것으로 추정된다. 어쨌든 이 글자들은 나가야오 저택을 방문한 발해 사신과의 사이에서 '교역'이 행해질 때 쓴 것으로 보아 틀림이 없을 것이다.[141]

이러한 점을 뒷받침해주듯이 나라시대에는 집정대신執政大臣의 저택에 신라사나 발해사를 초대하여 연회를 개최한 사실을 여러 사료에서 찾아볼 수 있으며, 여기서 대량의 면綿이 하사되었다는 기록도 있어 집정대신의 사택에서 외국 사신과의 교역이 이루어졌음을 짐작할 수 있다. 이로부터 집정대신 정도라면 외국 사신이 가져온 문물의 전매권이 있으며, 특권적인 지위를 이용하여 교역품을 독점했다는 견해도 성립될 수 있을 것이다.[142]

'발해' 목간은 나가야오 저택에 발해사가 초대된 사실을 분명 전하고 있지만, 앞서 서술한 사례를 참고하면 '발해' 목간을 통해 동일한 교역이 나가야오 저택에서 이루어졌음을 충분히 추정할 수 있다. 나가야오 저택에서 이루어진 발해사와의 교역은 국제적 긴장감이 높아지던 상황에서 파견된 정치적 색채가 강한 사절과 일본의 귀족 사이에 실제로 교역이 행해졌음을 보여주는 사례가 될 것이다.

앞서 설명한 것처럼 제1회 발해 사절에 의한 외교는 신라와의 국경 부근에서 야기된 군사적 긴장감이 단초가 되었고, 당·흑수말갈과의 갈등으로 초래된 고립 상황을 타개하기 위한 목적이 담겨 있었다. 발해는 일본과 연계하여 신라를 배후에서 견제해줄 것으로 기대하고 대일본 외교를 전개해갔던 것이다. 이러한 발해의 대일본 외교에 있어서 나가야오 저택에서 교역이 이루어진 사실은 중요한 의미를 갖고 있는 것이다.

이미 삼국시대 한반도 여러 국가들의 사례를 살펴본 것처럼 국제적 긴장속의 외교에서는 집권자에 대한 증여가 널리 인정되고 있었다. 이러한 관점에서 보았을 때 나가야오 저택에서 이루어진 발해사와의 교역은 말 그대로 '정치적 목적'으로 건너간 사절이 상대국의 유력자에게 증여뿐 아니라 교역도 수행하고 있었음을 보여주는 구체적 사례라고 할 수 있다. 정치적인 필요에 따라 행해진 외교의 장에서 교역이 전개된 점을 중시하지 않으면 안 될 것이다.

5. 752년 교역의 성격

(1) 통상무역론에 대한 비판

종래 「매신라물해」는 신라 사절 혹은 수행원(상인)을 통해 반입된 신라 문물을 구입하기 위한 신청 문서이며, 그들과 일본 귀족 간에 이러한 문물들을 교환한 사실을 보여주는 것으로 간주되어왔다. 그것에 의거하여 752년 신라 사절이 일본에 건너간 목적은 통상무역이라는 견해가 의심의 여지없이 통용되어왔다. 그러나 무엇보다도 「매신라물해」에 보이는 문서 형식 자체가 상급관사(대장성大藏省 또는 내장료內藏寮)에 상신되어야 비로소 신라 문물의 구입이 실현될 수 있다는 것을 보여주고 있다는 점에서,[143] 신라의 문물을 둘러싸고 국가의 관리 통제가 이루어지고 있었던 사실을 무시할 수 없게 되었다.

여기서 더 유의해야 할 것은 교역의 참가 계층과 교역이 이루어지는 장소가 한정되어 있었다는 점이다. 신라 사절은 나니와의 나루터에서 육로로 헤이죠쿄로 들어갔고, 귀국할 때는 다시 나니와의 나루터로 돌아와 귀로에 올랐는데,[144] 이는 6월 14일 이전의 어느 날[145]부터 7월 24일까지의 일이었다. 지금까지 발견된 「매신라물해」에 의하면 6월 15일[146]부터 7월 8일[147]까지의 사이에, 5위 이상의 귀족들이 소정의 관사에 제출된 것이다. 즉 신라 사절이 헤이죠쿄에 머물던 기간이라고는 하지만, 구입 신청 문서가 일단 관련 관사에 제출되었기 때문에, 신청자와 신라 사절 사이에 직접적인 교역이 이루어진 것은 결코 아니다.[148]

적어도 「매신라물해」를 근거로 신라 사절을 수행한 신라 상인이 주체가 되어 일본 귀족과의 사이에 자유롭게 교역했다고는 결코 생각할 수 없다. 이미 명확히 한 것처럼 「매신라물해」와 '전첩포기'의 해석에 의거하는 한 752년 신라와 일본 사이에 이루어진 교역은 양국의 정부기관에 의해 엄격하게 관리되었음을 먼저 인정하지 않으면 안 될 것이다.

그렇지만 사절단이 상업 무역을 목적으로 일본에 건너갔다는 견해는 여전히 뿌리 깊이 자리 잡고 있다. 그 대표적인 것으로 원래 752년 신라의 대일본 사절단은 신라국가가 일본을 대상으로 공적인 교역을 요구해서 조직된 것이기에 일본에 대해 어디까지나 타협적인 자세로 임했다는 주장이 있다.[149] 즉 신라에게 있어서 위에서 언급한 김태렴의 상주上奏와 그에 대한 고켄 천황의 조詔에서 알 수 있는 것처럼, 신라가 일본의 번국蕃國처럼 행동하는 외교 자세를 취하게 된 것은 정치적으로 타협하더라도 경제를 우선하고자 한 의도가 있었기 때문에 다름 아니라는 것이다.[150]

하마다 고사쿠浜田耕策 씨에 따르면 신라·일본 관계를 악화시킨 것은 신라를 번국으로 삼고자 한 외교 논리에 있지만, 신라가 굳이 이러한 일본이 요구하는 외교 형식에 따라 사절을 파견한 것은 높은 수준의 신라 '수공예 기술'과 '수공업자의 성장'이 있었기 때문이며, 외교 형식에서 타협하고 '경제적인 요청'을 우선시했기 때문이라고 한다.[151]

또 이시이 마사토시石井正敏 씨도 이 당시 사절 파견의 목적은 "인원수 등에서 판단컨대 무역 진흥을 도모한" 것이고, '8세기에 여러 차례 긴장을 겪으면서도 교섭이 계속된' 것은 "신라에는 무역이 주목적이고, 일본 측에는 견당사遣唐使 보호의 의뢰, 신라 문화 혹은 신라를 경유한 당唐 문화의 유입이라는 정치·문화 정책상의 요청이 있었기"[152] 때문이라고 하였다. 그래서 "신라는 당에서 수입한 물품이 증가하고 자국에서 생산된 제품도 풍부해지자 그 판로·시장으로서 일본을 주목하게 되었고 무역을 주목적으로 하는 사절을 일본에 파견하게 된 것이다."라고 하여 "이제까지 신라 사절은 무역을 부차적인 목적으로 삼아 왔으나 이번의 김태렴 일행은 국가적인 규모로 대일 무역을 담당하기 위해 편성된 경제 사절단으로 불러도 좋다."[153]라고 서술하고 있다.

더욱이 도노 하루유키東野治之 씨는 "8세기 신라와의 관계를 특징짓는 것으로 외교관계의 냉각화와는 정반대로 교역 면에서 융성했다."[154]라고 하면서 하마다·이시이 씨 두 사람의 견해와 궤를 같이하여 이 시기 신라와 일본과의 교역 양상을 개괄하고 있다.

이러한 견해에 대해 다음의 두 가지 점을 우선 지적해두고자 한다. 첫 번째는 위에서 살펴본 견해는 당시의 국제 상황, 즉 신라와 발해의 대립을 기축으로 한 동아시아의 긴장된 정세를 전혀 시야에 전혀 넣지 않고 있다는 점이다. 『속일본기』에 기술된 외교 논리에 그대로 끌려가 일본이 신라에 요구한 외교 형식을 고집한 자체가 양국 간 분쟁을 초래하였다고 믿고 있는 듯하다. 앞서 720년대부터 750년대까지 동아시아의 국제정세에서 살펴본 것처럼 당시 동아시아는 일본이 중심이 되어 국제정치가 전개되지는 않았다. 신라와 발해 사이의 긴장관계가 동아시아 정세에 미친 영향의 크기와 그 중요성에 대해서는 이미 서술한 바와 같다.

두 번째로 세 사람의 견해는 상인에 의한 사무역私貿易이 아닌 신라가 추진한 국가 차원의 '공적인 무역'으로 보는 점에서는 공통된다. 752년의 교역을 신라와 일본의 국가 간 무역, 즉 당초부터 상호 무역의 이윤을 목적으로 한 국가 간의 경제관계로 보고 있지만 여기에는 근본적인 의문이 있다. 비非시장 사회인 고대사회를 근대 시장경제 원리에 의해 도출된 경제관계의 관점을 전제로 해석하고 있지만, 이는 근대적인 국가 간의 경제관계를 순진하게 그대로 고대사회에 투영시키고 있다고 말하지 않을 수 없다. 비시장 사회에서 인간 행동의 동기나 사회적 관계를 규정하는 원리는 이른바 경제적 요인과는 다른 영역과 연관될 가능성을 고려할 필요가 있다.

게다가 간과할 수 없는 것이 그러한 견해들이 8세기 신라와 일본 관계의 본질을 정치적 갈등의 심화와 경제(교역)의 융성이라는 모순된 원리에서 찾음으로써, 국가 간 국제정치와 경제가 각각 별개의 논리로 움직인다고 보고 있는 점에서 공통되는데 바로 이것이 기존 견해의 특징이다.

먼저 문제가 되는 것은 과연 8세기 신라와 일본의 관계를 '교역의 융성'과 '정치적 냉각(군사적 긴장)'의 상극으로 보는 것처럼, 정치와 경제를 상호 모순된 관계로 구별해서 보는 것이 가능할까 아닐까 하는 점이다.

나중에 서술하겠지만 외국의 사절이 파견되어 문물을 가져와 그것을 왕경에서 교역하면 양국 간에 '통상 교역'이 이루어졌다고 말할 수 있는가 하는 점이 우선 문제이다. 나아가 그것을 전제로 '교역의 융성'이 어느 한쪽에만 해당된다고 보고, 경제적 요구가 다른 한쪽의 '정치적 냉각'을 밀어냈다는 단순화된 논리가 허용될 수 있는 것일까. 인류사회에 있어서 교환·교역의 행위를 경제적 행위로만 보려고 한 것은 고전적 근대경제학에서 비롯된 단순화라는 비난을 피할 수 없다. 비시장 사회에서의 교역은 마치 "전쟁과 교역을 분리해서 연구하는 것 자체가 어려운 행위이다. 교역이란 평화적으로 해결되는 잠재적 전쟁이며, 전쟁은 교역이 실패로 끝난 결과물이다."[155] 라는 관점도 반영하여 파악할 필요가 있는 것은 아닐까. 증여나 교환도 넓은 의미에서 교역이라고 본다면 정확히 교역과 정치는 별개의 논리가 아닌 일체화된 것이 분명하다. 오히려 발생론적으로 살펴본다면 교역이란 원래 극히 정치적인 것이었다.[156]

문화인류학, 경제인류학의 견해에 의거할 필요도 없이 교환·교역이라는 것은 원래 평화로운 공존인지 아니면 전쟁인지를 가늠하는 교섭이며, 교역은 평화적 교섭의 확립을 목적으로 두고 있다. 교환·교역이라는 행위에 담긴 심성心性에도 눈을 돌려야 할 것이다.[157]

(2) 교역이 이루어진 시간·공간

앞에서 752년 신라 사절과 일본 측 귀족의 교역에는 양국의 국가기관이 관여하고 있었음을 언급한 바 있다. 또 그러한 교역이 어떠한 국제환경 속에서 이루어졌는지에 대해서도 언급하였다. 이것에 의해 752년 헤이죠쿄平城京에서 양국 간 교역이 얼마나 특수한 상황에서 이루어졌는지에 대해서도 논하였다.

교역(교환)에는 겉으로 드러나지 않는 또는 의식할 수 없는 기능이 있지만, 그러나 교역의 의미가 드러나는 사회적 문맥에서 그 단서를 발견할 수 있을 것이다. 이러한 시점에서 752년 신라·일본 간 교역의 성격을 규명하기 위해 일본 측에서 신라 사절을 빈객賓客으로 대우하며 빈례賓禮에 따라 헤이죠쿄에 체재했었다는 사실에 착안해서 그 과정을 조금 상세하게 살펴보기로 하자.

주지하는 것처럼 중국을 중심으로 한 동아시아 여러 국가에서는 중국의 제도를 모방하여 빈례를 도입하였다. 최근 일본 율령국가의 빈례에 대해서 그 구체적인 절차가 명확해지고 있다.[158] 이를 대략적으로 나타내면 다음과 같다.

a. 도착지에서의 안치 b. 존문사存問使의 파견 c. 영객사領客使의 상경 d. 나니와難波에서의 환영 → 나니와노 야카타難波館에 안치 e. 입경入京 시 마중 f. 홍려관鴻臚館에 안치, 위로사慰勞使·노문사(勞問使) 파견과 장객사掌客使의 임명 g. 조정에서의 사지주상使旨奏上, 공헌물 봉정 h. 여러 행사의 참가 i. 천황 주재의 향연, 수위授位·사록賜祿 j. 신하 주최 향연 k. 홍려관에서의 향연 l. 홍려관에서의 일본 국서 하사 m. 영귀향객사領歸鄕客使가 인솔하여 출경·귀국 n. 나니와노 야카타 관에서의 연향讌響 → 귀국

이상과 같은 영접 과정을 거쳐 귀국할 때까지의 의례를 통칭하여 빈례賓禮라고 부른다. 그런데 주목되는 것이 『연희식延喜式』에 따르면,

> 무릇 번객蕃客이 내조(來朝)하여 교관交關에 응하는 자는 승록丞錄·
> 사생史生이 장부藏部·가장價長 등을 거느리고 객관客館에 와서 내장
> 료內藏寮와 더불어 함께 교관한다.[159]

라고 해서 번객蕃客과의 교역은 대장성大藏省과 내장료內藏寮의 주도하에 객
관(客館, 홍려관)에서 집행하도록 규정하고 있었다.

752년 신라 사절의 경우도 대장성 내지 내장료를 매개로 교역이 이루어
졌다고 추정되며, 또 헤이죠쿄의 객관 역시 교역의 장으로 기능하고 있었던
것으로 추측되고 있다.[160] 따라서 신라와 일본의 교역은 대부분 『연희식』에
적혀 있는 것처럼 거행되었다고 보아도 좋을 것이다.

당초 나라·헤이안 시대, 일본 빈례의 전거가 되었던 당나라 제도에서도
홍려관은 외국 사절의 영접 의례에 있어 무엇보다 중요한 의례 공간이었다.
빈례에 있어서 중요한 의례 공간이었던 만큼 일본도 역시 이를 모방하여 동
일한 의식을 거행했던 것이다.[161] 그러한 공간에서 교역이 이루어졌다는 사
실을 먼저 명기해두고자 한다.

한편 「매신라물해」가 상신된 날짜가 단적으로 말해주는 것처럼 그것은
신라 사절의 헤이죠쿄 체재 기간 중에 관련 관사에 제출되었다. 사절의 파
견 경위나 쓰쿠시에 도착한 이후의 확실한 동향, 입경 후 일련의 의례에서
도 신라 사절이 빈례에 따라 입경한 사실은 의심의 여지가 없다. 즉 「매신라
물해」를 통해 알 수 있는 교역은 『연희식』의 규정대로 번객내조蕃客來朝 때
의 정식화된 교역의 한 형태였던 것이다.[162]

이상에서 살펴본 것처럼 신라 사절이 가져온 문물의 교역은 빈례의 일환
으로 구성되었다고 보지 않으면 안 된다. 이미 6월 14일에 고켄천황을 알현
한 이후, 7월 24일에 나니와노 야카타에 돌아가기까지의 여정을 논하였는
데 그것은 빈례에 따른 행동 그 자체였다. 신라 사절을 받아들인 일본 측은

어디까지나 빈례를 토대로 신라 사절을 예우했던 것이며 교역도 이러한 빈례와 무관하게 이루어지지 않았던 것이다.

즉 752년에 신라 사절과 일본 귀족 사이에 있었던 교역은 국가의 관리하에 이루어진 교역이며 빈례라는 의례 과정의 일환으로 자리 잡고 있었다고 말하지 않으면 안 된다. 그래서 다음으로 문제가 되는 것이 빈례의 과정에서, 틀림없이 영접 의례가 행해진 공간에서 이루어진 교역이라는 것이 과연 어떠한 성격을 갖고 있었는가 하는 점이다.

(3) 교역의 성격

752년 신라 사절이 가지고 온 문물의 교역은 빈례라는 국가적 의례 과정 속에 포함되어 있었다. 교역은 결코 자유 거래가 아니라 정치적으로 철저히 관리되었다. 「매신라물해」를 통해 알 수 있는 교역이라는 것은 일본 측의 관리하에 있었다는 사실이다. 그러한 관리라는 것은 구체적으로 말하면 교역이 이루어진 장소(헤이죠쿄 내), 참가자의 자격(5위 이상), 교역의 감독(대장성 내지 내장료), 문물의 보관·지불 규정 등 광범위하게 미치고 있었다고 추정된다. 그리고 무엇보다도 교역 자체가 빈례에 포함되어 있었다는 것은 교역의 성격도 빈례라는 의례가 완수한 역할과 무관하지 않을 수 없는 것이다.

빈례라는 것은 외국 손님을 환대하는 영접 의례이지만 도대체 그것에 의해 무엇을 알 수 있을까 하면, 바로 이 의례를 통해 국가의 우주론적인 질서 구조가 눈앞에 가시적으로 전개된다는 사실이다. 성대한 국가적 의례란 단순한 행사 그 이상으로 참가자에게 안정감을 부여하고 흥분시키며, 중심의 실재와 가치의 원천을 느낄 수 있게 함으로써 의례를 매개로 참가자 앞에 국가 구조를 가시적으로 보여주는 것이다.

의례 중에서도 특히 빈례는 외부의 손님을 초대하여 그것에 의해 중심의 소재가 어디에 어떻게 존재하는지를 똑똑히 보여주는, 다시없는 무대장치이기도 하다. 번속국蕃屬國으로서의 신라가 왕자를 보내 천황에게 공물貢物을 바치는 장면에서, 천황을 중심으로 한 일본의 고대국가체제를 나란히 늘어선 군신들에게 분명히 보여줄 수 있었을 것이다. 여기서 비로소 일본 율령의 규정에 걸맞은 양국 관계가 구현화具現化되었다고 할 수 있다.

게다가 빈례는 헤이죠쿄에 거주하는 지배층에 대하여 이러한 질서를 공적으로 보여줄 수 있는 최적의 기회가 된다. 따라서 정성스레 짜인 의례 과정은 무엇보다 천황이 전 지배 영역에서 백성의 중심이라는 것을 상징하고 있었고, 이러한 상징 작용을 하는 의례 과정 속에서 교역이 이루어졌기 때문에 교역의 성격 역시 이러한 맥락에서 살펴보아야 할 것이다.

「매신라물해」를 매개로 전개된 교역은 천황의 거처에 조공을 위해 파견된 신라 사절이 가져온 문물,[163] 즉 외부에서 천황에게 바친 재물을 천황의 위신에 걸맞게 거행된 빈례 속에, 천황의 권위로 조직된 관료 기구를 통해 이를 재분배하는 행위라고 볼 수 있을 것이다. 결국 일본 측에서 본다면 이 교역은 천황의 위신과 권위에 의해서만 가능했던 것이며, 그 때문에 교역은 천황에 의한 규범적 질서를 널리 보여주는 의미가 있는 것이다.

이를 요약하면 고켄 천황은 빈례라는 의례 속에서 신라의 조공에 의해 천황의 거처인 헤이죠쿄에 집적된 외부의 재물을 왕도의 유력 귀족들에게 재배분한 것이다. 이러한 행위를 통해 천황의 위신은 높아졌고 천황과 유력 귀족 간 군신관계의 유대는 더욱 강화되었을 것이다. 신라의 조공은 왕권의 강화, 천황을 중심으로 한 정치 시스템의 강화, 일본 고대국가의 질서 유지에 크게 공헌했다고 할 수 있을 것이다.

한편 신라의 왕권도 당시 사절 파견과 그 교역에 의해 얻은 재물을 자국의 진골 귀족에게 재분배했으며, 가지고 돌아온 외부의 재물을 관리·독점하고 이를 재분배함으로써 왕권의 강화를 도모했던 것으로 추정된다. 따라서 신라·일본 양국은 왕권의 권위를 토대로 조직된 재분배 기구(관료기구)에 의해 서로 연계되었고, 이것에 의해 서로 '우호' 관계 내지 '지배·종속' 관계를 확인했다고 할 수 있을 것이다. 즉 한쪽이 다른 한쪽을 이용했다기보다는 그것은 서로의 의도가 합치되어야 비로소 가능했던 공연共演이었다고 보지 않으면 안 될 것이다.

그런데 이미 논의한 것처럼 752년 신라 사절의 일본 파견은 일본 측의 강한 동기에 의해 시작되었고, 그 결과 쌍방의 특정 계층이 참여한 대규모 교역이 실현되었던 것이다. 신라 측 응답이 있었기 때문에 대량의 문물을 일본에 가져가 교역이 실현될 수 있었다. 본래 교역은 넓은 의미에서 커뮤니케이션 중 한 형태라는 것을 지적했지만 여기서도 교역이 지닌 평화와 우호의 의사 표시라는 일면을 간과해서는 안 될 것이다.

왜냐하면 신라는 당시 한반도 남북에서 경계를 접한 발해와의 대립 속에서 어떻게든 일본 측을 고려해야 하는 절박한 상황이었기 때문이다. 즉 일본 측의 사절 파견 요구에 신라가 응하여 대량의 문물을 일본에 반입한 것은 그러한 국제정세 아래에서 제한된 전술에서 선택한 전략상의 방책이었다고 생각할 필요가 있을 것이다. 요컨대 신라의 입장에서 보면 안전을 구하는 전략적 사고를 중시해야 하며, 신라의 보전책[164]은 일본 측의 의도와는 별개로 실재하고 있었을 가능성이 있다고 할 것이다.

다만 752년의 신라·일본 외교 교섭의 성립 배경을 신라 측의 '보전책'에서만 구해서는 단순히 일면적인 이해에서 벗어나지 못할 것이다. 외교는 상호 의도의 교차와 대항 속에서 쌍방이 그 나름의 결실을 얻을 수 있어야 비로소 성립되는 것이다. 따라서 일본 측도 대규모의 신라 사절을 요청한 이유가 따로 있었을 것이다. 예를 들어 그해 4월 9일 도다이지東大寺에서 대불개안大佛開眼 공양이 있었고, 신라 사절이 입경하면서 6월 22일 도다이지에서 예불을 드리게 된다. 쇼소인 보물 중에는 신라에서 가져온 불구佛具가 종

종 보이는데, 개안 공양과 관련된 일련의 의식에 신라 사절이 필요했던 것은 아니었을까.[165]

본래 도다이지의 비로사나불毘盧舍那佛은 화엄교학 및 대불 건립의 이념을 구현한 본존이며, 세계를 널리 비추는 광명편조光明遍照의 부처였다. 막상 신라 사절은 개안 공양에 맞춰 도착하지 못했지만 일본이 대불개안의 해에 번국을 초대한 것은 이러한 본존의 개안 공양에 들어맞는 것이며, 신라에 사절 파견을 요청한 것은 대불 개안회를 성공시키기 위해 국제적인 색채가 짙은 연출을 위한 시나리오의 일환이기도 했던 것이다.

대국적인 관점에서 본다면 7세기 말부터 8세기 중엽에 걸쳐 동아시아 여러 국가는 국제적인 긴장을 지렛대 삼아 각각 지배층의 결집을 도모하고 있었다고 볼 수 있다. 신라에서는 왕권과 연계된 특권적 지배층(진골 귀족)이 각자 방대한 가산조직家産組織·가정기관家政機關을 소유하고 있었다. 일본에서도 나가야오長屋王 저택 유적 출토 목간을 통해 새삼 왕족의 가산조직 기구나 그 규모가 명확해지고 있다.[166] 신라와 일본의 정치적 지배체제는 이 시대에도 어떤 의미에서는 그들의 가산조직을 국가에 일원화하지 않은 채, 그러한 특권적 지배층의 가산조직을 국정에 내재시키고 있었다. 이른바 지배층의 가정기관 자체가 왕권 기능의 일부를 담당하고 있었다고 할 수 있을 것이다.[167]

특히 740년대부터 750년대에는 신라 경덕왕과 일본 후지와라노 나카마로 모두 한 몸에 권력을 집중시키면서 권력 강화를 위해 노력하던 시기였다.[168] 또 두 사람은 예를 들어 관제官制의 한화漢化 정책에 보이는 것처럼 유사하게 중국적인 색채가 강한 시책으로 알려져 있다.[169] 752년의 교역은 그러한 시대의 한가운데에서 이루어졌던 것이다. 그로 인해 국제적 긴장이 한창인 양국 간의 대규모 교역에는 양국의 특권적인 지배층에 대한 왕권 측의 지배력 강화가 기획되어 있었다고 생각하지 않을 수 없을 것이다. 이처럼 신라·일본 양측의 의도가 일치했기 때문에 대규모 사절 방문이 실현되었다고 생각한다.

6. 맺음말

종래 8세기 신라와 일본의 관계는 신라 상인을 매개로 한 경제적 교류 관점에서 다루어져 다시 널리 정착되었다. 그러나 752년의 구체적인 사례를 '전첩포기'의 분석과 해석을 단서로 삼아 규명한 것처럼 그 성격을 경제관계로만 살펴보아서는 당시의 신라와 일본의 복잡한 교류의 실상을 충분히 파악할 수 없다.

8세기의 극도로 긴장된 동아시아의 국제정세 속에서 신라는 발해와의 격심한 대립 상황을 두고 그때그때의 정세에 맞추어 대일본 외교를 전개했던 것이다.

특히 750년대에 들어와서는 발해를 끌어들이면서 신라와 일본의 삼국 간 외교 전술은 매우 치열해졌다. 752년 신라의 사절 파견은 일본 측의 강한 요청에 의해 실현된 것이지만 신라는 발해와의 대립 상황도 있었기에 그 보전책으로 일본 측이 요구하는 번국蕃國의 입장으로 입조入朝하고 아울러 대량의 문물을 가져갔던 것이다.

이러한 신라와 일본의 관계는 기본적으로 720년대부터 760년대까지 계속되었다고 생각되지만, 그 무렵까지 신라와 일본의 기본적인 관계는 당이나 발해를 포함한 동아시아의 국제정세에 구속된 채 정치적 색채가 짙은 전략적인 외교를 상호 전개해갔다고 볼 수 있다.

이윽고 8세기 말부터 9세기에 이르게 되면 신라 상인이 주체가 된 활발한 상업 활동이 두드러지지만 그들이 활동한 획기는 760년대부터 770년대에 해당한다고 추정된다. 그러한 전환은 신라나 일본에서 권력 집중책의 반동으로 초래된 국내정치의 쇠퇴가 하나의 원인이고, 한편으로는 안사의 난 이후 당이 대외적인 영향력을 상실함으로써 동아시아 여러 국가 간의 긴장이 완화되고, 그것이 또 동아시아 여러 국가들에서 왕권이 지방에 대한 구심력을 급속하게 상실하게 되며, 이러한 동아시아의 역사적 변동에 의해 표출되었던 것으로 생각된다. 이 부분에 대한 자세한 내용은 별도의 논고에서 다루도록 하겠다.[170]

13장 8세기 신라·발해 관계의 일시각
— 『신당서』 신라전 장인 기사의 재검토

1. 문제의 소재

통일신라 시대의 국내 상황이 기록된 사료는 의외로 적은 편이다. 그중에서 『신당서新唐書』 권220 동이전 신라조(이하 『신당서』 신라전新羅傳이라고 약칭함)는 비록 다른 나라의 사료지만 귀중한 동시대 사료를 담고 있어 내용적으로 주목을 받아왔다. 그런데 이 『신당서』 신라전 속에 있는,

> 신라의 [중략] 동쪽은 장인국長人國에 닿고, [중략] 장인長人은 그 키가 3장丈이나 되고, 톱니 이빨에 갈고리 손톱에다 검은 털이 온몸을 덮고 있다. 화식火食을 하지 않고 새나 짐승을 날로 물어뜯으며, 간혹 사람을 잡아먹기도 한다. 부인婦人을 얻으면 의복衣服이나 만들게 한다. 그 나라의 산은 수십 리씩 연결되어 있는데, 입구의 골짜기에 튼튼한 쇠 문짝[鐵闔]을 만들어 달고 관문關門이라 하였다. 신라는 이곳에 항상 노사弩士 수천 명을 주둔시켜 수비하였다.[1]

라는 기사는 지금까지 거의 문제시된 적이 없었다. 이는 나중에 언급할 『신

당서』신라전 대부분이 직접적인 견문을 토대로 한 내용임에도 불구하고, 이 부분만 일반적인 생활 세계에서 벗어나 있어 이해하기 어려운 기사이기 때문이다.

그렇다고 기존에 해당 기사에 대한 언급이 전혀 없었던 것은 아니다. 예를 들어 『삼국사기』(1145년)의 편찬자 김부식은 같은 책 권34 지리지 첫머리에서, 고대 한반도 삼국의 지리적 위치 관계를 논하면서 다음과 같이 서술하고 있다.

> 『신당서』에는 또 말하기를 "동쪽으로 장인長人과 대치하고 있는데, 장인長人이라는 것은 키가 3장丈이며, 톱니 이빨과 갈고리 손톱으로 사람을 잡아먹었다. 신라는 항상 쇠뇌(弩)를 쏘는 군사 수천 명을 주둔시켜 수비하였다."라고 하였으나, 이는 모두 전해지는 소문이지 실제적인 기록은 아니다.[2]

에서 알 수 있는 것처럼 서술이 매우 기괴한 내용이었기 때문에 사실에서 동떨어진 근거 없는 억측에 불과하다고 판단하고 있다.

그 뒤 조선시대 김정호는 『대동지지大東地志』(1864년)에서 『신당서』의 장인 기사에 대해,

> 관문성關門城〖곧 임관군성臨關郡城을 가리킴. 성덕왕 21년, 장정丁夫 39,000명을 징발하여 각간 원진元眞에게 명하여 모벌군성毛伐郡城을 축조토록 하였다. 석성의 둘레는 6,799척으로 일본군의 침입 경로를 차단하도록 했다. 지금은 관문성으로 부른다. 신당서에서 말하기를 "그 나라는 산이 수십 리씩 연결되어 있는데, 입구의 골짜기에 튼튼한 쇠 문짝을 만들어 달고 관문關門이라 부른다. 동쪽은 장

인국長人國에 닿고 있다. 신라는 항상 노사弩士 수천 명을 주둔시켜
수비하였다."라고 하였다. 살펴보면 장인은 곧 일본을 가리킨다. 당
서唐書의 장인은 잘못되었다.]](권7 경상도 경주 성지조城池條.)

라고 해서, 경주의 남쪽 20km 정도 지점에 있는 관문성關門城³과 결부시켜
『신당서』의 장인 기사는 성덕왕 21년(722)에 축조된 관문성을 가리키며, 여
기서 장인이란 일본인에 해당한다고 했다. 그 해석의 옳고 그름과는 별개
로, 장인 기사를 역사적 사실과 관련시켜 해석하려 한 시도가 이미 있었음
을 확인할 수 있다.

그래서 이 장에서는 『신당서』 신라전의 장인 기사를 분석·검토하여, 거
기에서 역사적 사실을 추출하는 것이 가능한지, 가능하다면 이 기사에서 어
떠한 사실을 판명할 수 있는지와 같은 문제에 대해 분석해보고자 한다.

2. 방선주 씨 견해의 검토

김정호 이후, 오늘날까지 이 난해한 사료를 본격적으로 연구하여 해석을
시도한 유일한 연구자가 방선주方善柱 씨이다.⁴ 방선주 씨는 이 기사를 종합
적으로 고찰하여 흥미로운 견해를 제기했는데, 그 주장은 대략 다음과 같다.

먼저 『신당서』 신라전에는 『구당서舊唐書』에 없는 독자적인 사료가 이용
되고 있으며, 『신당서』의 밑줄 부분은 다른 사료에서 볼 수 없는 오리지널
사료라는 것을 지적하고, 바로 그것을 고찰의 출발점으로 삼고 있다. 『신당
서』 신라전의 해당 기사를 제시하면서 방선주 씨의 견해를 정리해보도록
하겠다.

新羅는 弁韓의 후예이다. 漢代의 樂浪[郡] 땅에 위치하니, 횡으로는 1천리, 종으로는 3천 리이다. 동쪽은 長人(國)에 닿고, 동남쪽은 日本, 서쪽은 百濟, 남쪽은 바다에 연해 있으며, 북쪽은 高[句]麗와 [접해 있다]. 王은 金城에 사는데 그 둘레는 8리이며 衛兵은 3천 명이다. 城을 侵牟羅라 부르며, 그 邑이 [侵牟羅의] 안에 있는 것은 喙評이라 하고, 밖에 있는 것은 邑勒이라 한다. 喙評은 6군데, 邑勒은 52군데 있다. 朝服은 흰빛을 숭상하고, 山神에게 제사하기를 좋아한다. 8월 보름날에는 벼슬아치들에게 큰 잔치를 베풀어주고 활쏘기를 시킨다. [그 나라의 官制는 [王의] 親屬으로 上官을 삼으며, 族名은 第1骨과 第2骨로 자연히 구별된다. 형제의 딸이나 고모·이모·從姉妹를 다 아내로 맞아들일 수 있다. 王族은 第1骨이며, 아내도 역시 그 族으로, 아들을 낳으면 모두 第1骨이 된다 [또 第1骨은] 第2骨의 여자에게 장가를 가지 않으며, 간다 하더라도 언제나 媵妾으로 삼는다. 官吏로는 宰相·侍中·司農卿·太府令 등 모두 17등급이 있는데, 第2骨이 이 관직을 맡는다.] [국가에] 일이 있으면 여러 사람과 의논하여 결정하는데, 이를 '和白'이라 하며, 한 사람의 異議만 있어도 중지하였다. 宰相의 집에는 祿이 끊어지지 않으며, 奴婢가 3천 명이나 되고, 甲兵과 牛·馬·돼지도 이에 맞먹는다. 가축은 海中의 山에 放牧을 하였다가 필요할 때에 활을 쏘아서 잡는다. 곡식을 남에게 빌려주어서 늘리는데, 기간 안에 다 갚지 못하면 奴婢로 삼아 일을 시킨다. 王의 姓은 金氏이고 貴人의 姓은 朴氏이며, 백성에게는 姓은 없고 이름만 있다. 食器는 버드나무로 만든 杯를 사용하는데, 구리나 질그릇을 쓰기도 한다. 정월 초하룻날은 서로 축하하며, 이날에는 日月神에게 절을 올린다. 남자는 褐袴를 입는다. 여자는 긴 襦를 입는데, 사람을 만나면 반드시 꿇어앉아 손을 땅에 짚고 공손히 절한다. 분을 바르거나 눈썹을 그리지 않고, 모두 치렁치렁한 머리를 틀어 올려 구슬과 비단으로 꾸민다. 남자는 머리를 깎아 팔고 검은 모자를 쓴다. 市場에서 물건을 사고파는 것은 모두 婦女들이 한다. 겨울에는 집 안에 부엌을 만들고, 여름에는 음식물을 얼음 위에 둔다. 가축 가운데 羊은 없고, 나귀와 노새는 적으며, 말은 많다. 말의 몸집은 크지만 잘 달리지를 못한다. 長人은 그 키가 거의 3장이나 되고, 톱니 이빨에 갈고리 손톱에다 검은 털이 온몸을 덮고 있다. 火食을 하지 아니하여 새나 짐승을 날로 물어뜯으며, 간혹 사람을 잡아먹기도 한다. 婦人을 얻으면 衣服이나 만들게 한다. 그 나라의 산은 수십 리씩 연결되어 있는데, 입구의 골짜기에 튼튼한 쇠문짝을 만들어 달고 關門이라 한다. 新羅는 이곳에 항상 弩士 수천 명을 주둔시켜 수비하였다.[5]

밑줄 친 『신당서』에만 보이는 독자적인 기사는 그 대부분을 차지하고 있는 것이 768년 신라에 파견된 당나라 고음顧愔의 직접적인 견문에 기초하여 쓰인 『신라국기新羅國記』(768년)와 관련이 있으며 이에 관해서는 이미 지적된 바 있다.[6] 이를 염두에 두고 『신당서』를 한 조항씩 분석해보면, 『신당서』에만 등장하는 신출 사료(밑줄 부분)는 모두 『신라국기』에 기초한 것이지 다른 책은 이용하지 않았다고 한다. 왜냐하면 신라전의 풍속 기사는 첫머리에 여러 나라와의 위치 관계를 언급하면서 장인長人과 경계를 접하고 있는 사실을 다루고, 풍속 기사의 말미를 장인 관련 사료로 끝맺고 있는 것처럼 그 내용이 기술 전체에서 보면 수미일관되고 있기 때문이다. 따라서 장인 기사는 당나라 고음이 신라에 건너가서, 용모가 다른 민족에 관한 신라인 자신의 전문傳聞을 입수한 것에 의해 성립되었다고 추정되고 있다.

이러한 점을 전제로 하여 장인 기사를 살펴보면, 그 기사의 특징은 대단히 구체적이며(특히 후반부), 그 때문에 이 기술을 당시 실재하던 이민족의 이형화異形化로서 다루어 고찰하는 것이 가능하게 되며, 인류학의 성과를 참고하면 이형화는 실재하던 이민족에 대한 기이함이나 공포감에서 비롯되었다고 전망할 수 있음을 지적한다.

그래서 장인을 역사적 사실에서 구해보면, 그들은 신라에 침공한 왜군이며 왜의 패잔병(왜구적인 존재를 상정)으로 간주할 수 있다고 한다. 왜냐하면 『일본서기』 웅략기雄略記에 따르면, 왜의 신라 침공군으로 아이누족(하이병[蝦夷]) 병사가 징용되었는데 그들이 집단 탈주를 감행하고 있는 것이 보이기 때문이다. 불만을 가진 아이누족 병사들이 신라 영역 안에서 탈주했다면 그러한 집단은 부녀자를 필요로 했을 것이라고 해석한다.

이상과 같이 신라시대에, 국내에 적대적인 이민족의 존재가 인정되고, 그들이 왜군의 일부, 즉 아이누족 병사일 가능성을 시사하며, 그 대상을 괴물 같은 거인으로 묘사한 것은 중국인 고음이 옛날부터 중국에 내려오던 동해 지방에 있는 거인巨人 신앙을 투영시켜 이러한 전승이 양성되었던 것은 아닐까, 하고 추정하고 있는 것이다.

이러한 방선주 씨의 학설은 『신당서』 신라전의 사료적 성격을 검토한 뒤 그것에 기초하여 장인 기사를 신라시대의 동향으로 위치시킴으로써 선뜻 이해하기 어려웠던 이 기사를 배제하지 않고, 어떤 역사적 사실을 반영하는 것으로 살려낸 흥미로운 고찰이라 할 수 있다. 특히 사료가 수집된 시대를 한정하고, 그 사료를 신라인의 의식에 입각해서 해석하려고 한 것은 시사하는 바가 크다.

그렇지만 역사적 분석에서는 심각한 문제가 있다. 먼저 8세기 중국인에 의해 수집된 정보를 『일본서기』의 5세기 기사나 17세기 말기 일본에 표류한 조선시대 백성의 견문 등을 겹쳐서 해석한 뒤 결론을 도출하고 있는 부분은 너무 자의적이고 비약이 있다. 무엇보다도 신라시대 역사적 사실의 반영으로서 장인 기사를 해석하는 방법을 제시하려면 이 사료는 신라사의 구체적인 역사적 사실에 입각하여 고찰해야 할 것이다.

3. 장인 기사의 출처

그래서 가장 먼저 방선주 씨가 장인 해석의 전제로 삼은 『신당서』 장인 기사가 과연 그가 추정한 것처럼 당나라 고음의 『신라국기新羅國記』에 기초를 둔 사료라고 할 수 있을지에 대해 검토해보자.

방선주 씨의 주장처럼 『신당서』 신라전은 『구당서』의 오리지널 부분을 대부분 계승하고 있으며, 『북사北史』와 『수서隋書』의 일부를 참고하면서도 상당 부분(밑줄 부분)이 독자적인 사료로 이루어져 있다. 하지만 그것들이 잃어버린 『신라국기』에 기반을 둔 것이라는 점을 실증하는 것도 쉬운 일이 아니다.

이러한 어려움 속에서 주목되는 것이, 앞서 인용한 『신당서』 신라전의 [ ] 안의 내용이 고음이 직접 견문한 기록에 기초한 것을 모아서 정리한 기사라는 사실이 다케다 유키오武田幸男 씨에 의해 논증된 것이다.[7] 특히 신라의 관료제도와 대조해보더라도 해당 기록이 시대적인 변화를 충실하게 전하고 있음[8]을 규명하였고, 특히 그 인용 부분을 엄밀하게 변별한 점도 주목할 만하다.

그렇다면 또 다른 밑줄 부분에 대해서도, 고음의 『신라국기』가 모두 인용되었다고 말할 수 있을까. 과거 이마니시 류今西龍 씨는 "신당서 신라전의 풍속 기사는 그 자료 2~3권으로는 전부 수록할 수 없어, 예문지藝文志에 게재한 고음의 신라(국)기가 중요한 자료가 된다."라고 지적한 바 있다.[9] 즉 고음의 『신라국기』가 『신당서』 신라전의 주요한 자료라는 것은 인정되지만, 그밖의 여러 사료가 편찬 시에 사용된 것은 아닐까 한 것이다. 이러한 점은 제약이 있는 조건이라면 충분히 상정하지 않으면 안 될 것이다.

따라서 방선주 씨의 견해처럼 신출자료(밑줄 친 부분의 사료) 전체를 고음의 『신라국기』에서 인용했다고 보는 것은 다소 무리가 있음을 인정하지 않을 수 없다. 확실히 이 점은 오늘날 더 이상 『신라국기』 일문逸文이 없는 이상 엄밀한 고증을 거친 논증은 불가능하다.

그러나 예를 들어 정보를 가지고 온 시기(8세기 중엽)나 그 사료상의 성격(중국인이 직접 견문했다는 시각에서의 구체성 등)이란 관점에서, 『신당서』 신라전의 풍속에 관한 사료를 재검토하는 것은 의미 있는 일이라 하겠다.

먼저 재상가宰相家 재력에 대하여 『신당서』 신라전의,

> 宰相의 집에는 祿이 끊어지지 않으며, 奴婢가 3천 명이나 되고, 甲兵
> 과 牛·馬·돼지도 이에 맞먹는다. 가축은 海中의 山에 放牧을 하였다
> 가 필요할 때 활을 쏘아서 잡는다. 곡식을 남에게 빌려주어서 늘리
> 는데, 기간 안에 다 갚지 못하면 奴婢로 삼아 일을 시킨다.[10]

라는 기술에 대해서는, 『신라국기』의 일문임이 분명한 [ ] 안의 '재상'에 관해 보충 설명하는 부분으로 보는 것이 가능할지 모르겠다. 그와 동시에 이기사의 내용을 살펴보더라도 조금 나중에(847년) 엔닌圓仁이 목격하고 작성한 기사와 대조해보면,

> 오전 6시 경에 무주의 남쪽 땅인 황모도黃茅嶋의 니포泥浦에 도착해
> 배를 정박하였다. 이 섬을 구초도丘草嶋라고도 부른다. 네댓 사람이
> 산 위에 있기에 사람을 보내어 잡으려 하였으나 그 사람들은 도망
> 가 숨어버렸으므로 잡으려 해도 있는 곳을 알 수 없었다. 이곳은 신
> 라국의 제3 재상宰相이 말을 방목하는 곳이다. 고이도高移島로부터

구초도에 이르기까지는 산들이 있는 섬이 서로 이어져 있으며 동남

쪽으로 멀리 탐라도耽羅嶋가 보인다.[11](『입당구법순례행기入唐求法巡

禮行記』대중 원년[847] 9월 6일조)

라고 적혀 있듯이, 밑줄 부분과 내용적으로 부합되는 부분이 보여, 거의 동
시대의 관찰에 의한 리얼리티라는 것이 느껴진다.

게다가 『신당서』신라전에는,

남자는 머리를 깎아 팔고 검은 모자를 쓴다. 市場에서 물건을 사고
파는 것은 모두 婦女들이 한다.

라고 하여, 남자의 모발이 신라 국내에서 매매되었다고 적혀 있다. 이 기사
에 대해서도 8세기 이후 신라의 당나라에 대한 조공 품목 중에 많은 모발이
주요 품목으로 포함돼 있었던 것과 부합한다고 보인다.[12] 고음이 신라에 파
견되기 전에, 그러한 사실을 염두에 두고 두발에 대해 특별한 관심을 두었
기에 오히려 『신당서』신라전과 같은 서술이 가능했던 것으로 사료된다.

이상은 8세기 신라의 국내 사정에 대해 외국인이 목격하고 주목한 사실
이다. 따라서 『신당서』의 독자적인 사료가 특정 시기에 일괄적으로 수집한
정보(고음의 견문)에 기반한 것이라고 한 점은 딱히 부당하다고 생각하지 않
는다.

그러나 장인 기사와 관련해서는 그 전거典據를 다른 곳에서 구하지 않을
수 없다. 『태평광기太平廣記』권481 신라조에는 우숙牛肅의 『기문紀聞』이 전
하는 기사로서, 두 군데에서 다음과 같은 사료를 찾아볼 수 있기 때문이다.
그 전문을 게재하면 다음과 같다.

A. 신라국은 동남쪽으로 일본과 접하며 동쪽으로 장인국과 접하고 있다. 長人은 그 키가 거의 3장이나 되고, 톱니 이빨에 갈퀴 손톱에다 검은 털이 온몸을 덮고 있다. 火食을 하지 아니하여 새나 짐승을 날로 물어뜯으며, 간혹 사람을 잡아먹기도 한다. 그 나라의 산은 수십 리씩 연결되어 있는데, 입구의 골짜기에 튼튼한 鐵門을 만들어 달고 鐵關이라 부른다. 新羅는 이곳에 항상 弩士 수천 명을 주둔시켜 지킨다. 따라서 이를 통해 지나가지 않았다. 『紀聞』에 의거한다.[13]

B. 또 ① 天寶(742~756년) 초기에 贊善大夫 魏曜를 신라에 사신으로 보내, 어린 임금을 책립하려 했는데 위요가 연로하여 그것을 매우 꺼렸다. 당시 신라에 다녀온 적이 있는 객이 있어 그 여정에 대해 물었다. 객이 말하기를 永徽(650~655년) 연간에 신라·일본과 모두 우호관계를 맺어 사신을 보내오면 그에 보답하였다. 사신이 신라에 도착한 뒤 장차 일본국으로 가려고 하였다. 바다에서 큰바람을 만나 파도가 크게 일고 수십 일 동안 그치지 않았다. 사신은 파도를 따라 표류하여 어디로 가는지도 몰랐다. 갑자기 바람이 멈추고 파도가 잠잠해지더니 어떤 해안가에 이르렀다. 해가 막 지려고 했다. 그때 몇 척의 배에 함께 타고 왔던 사람들이 곧장 배를 대고 해안으로 올랐는데 약 100여 명이고, 해안의 높이는 20~30장이었다. 멀리 집이 보이자 사람들은 그곳으로 다투어 달려갔다. 그 집에서 장인이 나왔는데 키가 2장이고 몸에 옷을 갖춰 입었으나 언어가 통하지 않았다. 당나라 사람을 보고 크게 기뻐하였다. 사람들을 에워싸서 집 안으로 몰아넣은 뒤 돌로 문을 막고 모두 떠나갔다. 얼마 뒤 같은 종족 100여 명이 서로 뒤따라 도착하였다. ② 이에 당나라 사람 중에

서 몸이 포동포동한 자를 검열하여, 50여 명을 뽑은 뒤 모두 삶아서 함께 모여 맛있게 먹었다. 아울러 진한 술을 꺼내와 함께 잔치를 즐기면서 밤 깊도록 모두 취했다. (아직 살아남은) 여러 사람들은 그 틈에 여러 정원으로 빠져나갈 수 있었다. ③ 뒤쪽 정원에 부인 30여 명이 있는데, 모두 전후의 풍랑에 표류하다가 붙잡혀온 사람으로, 스스로 말하기를 남자들은 모두 잡아먹고 부인들만 남겨놓아 옷을 만들게 했다. 당신들은 지금 저들이 취한 틈을 타서 어찌 도망가지 않는가. 우리가 길을 안내하겠다고 했다. 사람들이 그 말을 듣고 기뻐했다. 부인들은 자신들이 만든 명주실 수백 필을 꺼내 짊어지고, 그런 다음 칼을 가지고 가서 취한 자들의 목을 베고, 이에 도망쳐서 해안에 이르렀다. 해안이 높고 날이 어두워서 내려갈 수 없었는데 모두 명주비단으로 몸을 묶어 매달린 채 내려오는 방법으로 여러 사람이 서로 매달아 내려주었다. 물가에 도착한 뒤 모두 배에 올라 날이 밝을 무렵 배가 출발하였다. 산꼭대기에서 고함 소리가 들리니 내려왔던 곳을 돌아보니 이미 천여 명이 줄줄이 산을 내려오고 있었다. 순식간에 해안에 이르렀지만 이미 배를 따라잡을 수 없게 되자, 호랑이처럼 울부짖으며 펄쩍펄쩍 뛰었다. 그리하여 사신과 부인들은 모두 고향으로 돌아올 수 있었다. 『기문紀聞』에 의거한다.[14]

위 두 글은 모두 장인을 설명하고 있는데 뒤에서 언급하겠지만 서로 밀접한 관계에 있음이 분명하다. 특히 『신당서』 장인 기사와 관련하여 말하면 전자의 사료가 중요하기에 『신당서』와의 대응 관계를 살펴본다면 다음과 같다(●은 『기문』, ◎는 『신당서』).

● 新羅國, 東南與日本隣, 東與長人國接, 長人身三丈,

◎ 新羅 … 東南日本 … 東拒長人, 長人者, 人類長三丈,

● 鋸牙鉤爪, 不火食, 逐禽獸而食之,

◎ 鋸牙鉤爪, 黑毛覆身, 不火食, 噬禽獸,

● 時亦食人, 裸其軀, 黑毛覆之,

◎ 或搏人以食, 得婦人, 以治衣服,

● 其境限以連山數千里, 中有山峽, 固以鐵門,

◎ 其國 連山數千里, 有峽, 固以鐵闔,

● 謂之鐵關, 常使弓弩數千守之, 由視不過.

◎ 号關門, 新羅常屯弩士數千守之.

여기서 한눈에 알아볼 수 있는 것처럼, 자구字句에 이르기까지 거의 일치
하고 있어 이것에 의해 『신당서』 장인 기사는 우숙의 『기문』을 전거로 하고
있다는 것은 틀림이 없을 것이다.

그렇지만 장인 기사의 전거가 되고 있는 우숙의 『기문』은 『신당서』 권59
예문지藝文志에,

　　　牛肅 『紀聞』 十卷

으로 되어 있는 부분에 해당한다. 오늘날 이 책은 잃어버려 전해지지 않지
만 『태평광기』에 100여 편의 설화가 남겨져 있다. 저자인 우숙에 대해서는

그다지 확실하지 않지만 야마우치 도모야山內知也 씨에 따르면, 7세기 말에 태어나 개원開元·천보天寶 연간에 청장년 시절을 보낸 것으로 추정되고 있다.[15] 우숙은 요괴나 요술을 포함한 다양한 설화를 기록하면서 일어난 사건들의 일자를 함께 적었으며 수록한 설화는 개원 10년(722)부터 천보 10년(751)까지 30년 사이에 대부분 집중되어 있다. 이것에 의해 『기문』은 적어도 숙종대(肅宗代, 711~762년) 이전의 저작으로 보아도 무방할 것이다.

이처럼 『신당서』 장인 기사의 전가 8세기 중엽의 『기문』이라는 것이 판명되었다. 여기에서 흥미로운 점은 장인 기사가 『기문』에 수록된 것은 밑줄 ①에 보이는 것처럼, 천보 연간(742~755)에 사절로 신라에 파견된 위요魏曜라는 인물과 연관되어 있다는 사실이다. 이 위요에 대해서는,

> 天寶 2년(743)에 承慶(효성왕)이 卒하니, 조서를 내려 贊善大夫 魏曜를 보내어 弔祭하게 하였다. 그의 아우 憲英을 册立하여 新羅王으로 삼고, 아울러 그 형의 官爵을 承襲케 하였다.[16] (『구당서』 권199 동이전 신라조)

라고 적혀 있는 것처럼 천보 2년(743)에 신라를 방문한 적이 있는 실존 인물이다. 더 주목되는 것은 장인담長人譚이 과거 사절로서 신라를 실제로 방문한 인물('객')의 입에서 위요에게 전한 이야기가 『기문』에 채록되어 있는 것이다. 그래서 이 『태평광기』에 채록되어 있는 『기문』의 장인 기사를 분석함으로써 거기에서 역사적 사실과의 관련을 추출할 수 있는지에 대해 검토해 보고자 한다.

4. 장인 기사의 분석

앞서 제시한 것처럼 『태평광기』에는 『기문』 소재의 장인 기사로서, 『신당서』 신라전과 대응하는 개괄적인 내용에 해당하는 부분 A와 장인에 대한 구체적인 내용을 서술한 부분 B 두 가지를 수록하고 있다. 그러나 후자의 구체적인 서술이 전자의 개괄적인 기사를 작성하는 데 기초적인 정보를 제공하고 있다는 것을 쉽게 추정할 수 있다. 예를 들어 『기문』 장인 기사 B에서 밑줄 부분 ②에 장인이 인간을 잡아먹는다고 했고, 또 ③에서는 인간 여성이 붙잡혀서 장인의 의복을 만들고 있는 것이 보이는데, 각각 A 혹은 그것을 전거로 한 『신당서』 장인 기사의 해당 부분에 대응하고 있다.[17] 즉 A와 B 두 기사는 서로 밀접한 관계가 있는 것으로 보이며, 중복되지 않는 부분도 적지 않게 있다는 점에서 미루어보면 원래 하나였던 것이 『태평광기』에 수록될 때 분리되어 게재된 것으로 추정된다. 따라서 B의 내용은 신라에 파견되기 직전에 위요가 과거 신라를 방문한 적이 있는 '객'에게 전해 들은 이야기로 기록되어 있지만, A의 기사도 그 성립은 이러한 경위와 불가분의 관계에 있다고 생각해도 좋을 것이다.

이러한 A와 B의 기사에 기초하여 역사적 사실과의 관계를 추구한다는 관점에서 두 기사를 살펴볼 때, 가장 먼저 드는 의문은 장인담長人譚이 전승되어 온 경위에 대한 것이다.

앞서 언급한 것처럼 B에 따르면 장인의 이야기는 과거 신라를 방문한 적이 있는 '객'이 영휘(永徽, 650~655) 연간에 체험한 것을 천보(天寶, 742~755) 초 위요에게 말했던 것이 된다. 743년 위요의 신라 파견은 여러 사료에서 찾아볼 수 있어 부합되지만, 만약 '객'이 영휘 연간에 체험한 것을 743년의 사신 파견에 앞서 위요에게 말한 것이라면, 거기에는 적어도 88년이라는 시간이 경과한 셈이 된다. 즉 이러한 시간적 차이를 감안하면 실제로는 '객'과

위요 사이에 이야기하는 사람과 듣는 사람의 관계를 상정하기에 어려움이 따른다.[18]

이로 인해 『기문』의 장인 기사는 '객'으로부터 위요에게 전해졌고, 그것이 우숙에 의해 기록되기에 이르지만 과연 위요가 어떠한 경위를 거쳐 얻은 정보인지는 명확히 규명하기가 어렵다.

게다가 내용에 입각해서 보면 장인 설화의 설정에 의문이 없는 것은 아니다. 즉 장인국은 신라에서 동남쪽의 일본으로 항해하는 도중에 조난당해 도달한 곳이며, 그곳은 신라의 '동쪽'에 해당한다고 되어 있다. 그러나 여기에서 드러난 신라·일본·장인국 3국 간의 방위 관계에서 볼 때 그곳에 해당하는 지역을 곧바로 특정하기는 곤란하다. 왜냐하면 장인국은 신라의 동쪽에 위치한다고 하며, 그곳은 신라와 연결된 지역이고 또 그 경계에는 신라의 군사시설이 있었다고 알려져 있기 때문이다.

더욱이 신라시대의 역사적 사실과의 연관성을 규명할 때 곤혹스러운 것은 그러한 이야기의 설정상 문제를 포함하여 상식적으로는 완전히 이해하기 어려운 장인에 대한 서술이다.

그렇지만 이와 같은 의문점이 있는 반면 앞서 방선주 씨의 지적이 있었던 것처럼, 특이한 모양의 장인에 관한 묘사와 비교할 때 그것과는 대조적이라고 할 수 있을 만큼 구체적이고 솔직한 서술이 포함되어 있는 것이다. 즉 『신당서』 신라전에서 "其國連山(그 나라는 산이 수십 리씩 연결되어 있다)." 이하의 문장이 그 부분에 해당한다. 거기에는 신라와 장인과의 경계에 신라의 군사상 방비시설이 있어 신라군이 상주하고 있다고 기록되어 있다.[19]

또 『기문』의 일문에서 명확해진 것처럼 장인의 이야기에는 실제로 신라에 파견된 위요라는 역사상의 인물과 결부해 말한 것도 포함시킬 수 있을 것이다.

따라서 이러한 점을 감안하면 비록 이야기의 설정상 이해하기 어려운 부분이나 장인 자체의 비상식적인 묘사가 있더라도 구체성을 띤 기사에 대응할 만한 역사적 사실, 일례로 위요가 파견되었을 당시 신라 동쪽에 장인(여기서는 가설로서 이방인 내지 이민족으로 간주함)이 존재했고, 그 경계 지역에 '관문'과 같은 군사시설을 발견할 수 있다면 장인 기사에 관한 역사적인 해석의 길은 열려 있는 셈이다. 그것을 통해 장인으로 이루어진 집단에 대해서도 역사적 사실에 의거한 해석을 기대할 수 있을 것으로 생각된다.

그런데 『신당서』의 장인 관련 기사와 대응하는 『기문』의 장인 기사 A는 대략 세 가지 요소로 구성되어 있다. 즉 (1) 신라 동쪽에 '장인' = 이방인·이민족이 존재한다는 것, (2) 장인에게는 비인간적인 구체적 특징이 있는데 인간을 잡아먹거나 여성을 붙잡아 노동을 시킨다는 것, (3) 신라와 장인과의 경계 지역에 '관문'(철관)으로 불리는 군사시설이 있다는 것이다. 장인 기사 B는 상기의 (2)를 뒷받침하는 구체적인 내용이라 할 수 있다.

여기서 먼저 역사적 사실과 조합해보아야 하는 것이 (1)과 (3)이다. 가장 먼저 문제가 되는 것은 신라 동쪽에 존재하는 이민족에 대한 것이다. 오늘날의 지리관에서 보면 신라의 동방은 바다이며, 그 때문에 김정호는 장인을 일본인이라고 간주했던 것이다.

이 방위에 대해서는 『구당서』와 『신당서』의 신라전에서 모두 멸망한 백제와 고구려를 각각 신라의 서쪽과 북쪽에 경계를 접하는 나라로 거론하고 있으며, 또 『신당서』는 일본을 신라의 동남쪽에 위치하는 나라로 기록하고 있다. 적어도 백제·고구려·일본이라는 일반적으로 잘 알려진 신라 주변국의 방위에 대해서는 그들 방위에 대해 애매한 점을 찾기 어렵다. 그렇다면 신라 동쪽에 인접해 있다는 장인만큼은 유독 근거 없는 잘못으로 보아야 할 것인가.

이 의문을 해결할 수 있는 열쇠는 바로 『신당서』 신라전의 국가 영역의 규모를 보여주는 숫자에 있다. 『신당서』 신라전은 신라의 영역을,

횡으로는 1천 리, 종으로는 3천 리이다. 동쪽은 長人[國]에 닿고, 동남쪽은 日本, 서쪽은 百濟, 남쪽은 바다에 연해 있으며, 북쪽은 高[句]麗와 접해 있다.[20]

라고 기록하여, "횡으로 1천 리, 종으로 3천 리"의 영역 밖에 동쪽에 장인, 동남쪽에 일본, 서쪽에 백제, 북쪽에 고구려가 위치한다고 되어 있다.

주의하지 않으면 안 되는 것이 『구당서』 신라전에는,

동쪽과 남쪽은 모두 큰 바다에 연하여 있고, 서쪽은 百濟와 접하였으며, 북쪽은 高[句]麗와 인접하였다. 동서로 1천 리, 남북으로 2천 리이다.[21]

라고 하여, 『신당서』는 『구당서』에 비해 남북으로 1천 리, 즉 북방으로 1천 리나 더 영역을 확대시키고 있는 것을 알 수 있다. 요컨대 『신당서』에서는 이미 멸망한 백제와 고구려의 방위를 나타내고 있지만, 사실은 신라의 삼국 통일을 고려하여 그 영역은 7세기 말 이후의 것을 명시하고 있다.

이러한 점에 유의하면 신라의 동쪽이라는 방위가 반드시 의심스럽다고 보기는 어렵다. 왜냐하면 대륙과 연결된 한반도 동북부를 인접 지역으로 시야에 포함시킬 수 있기 때문이다. 게다가 이 지역은 고려시대에는 '동계東界'라고 부르던 지역이었다. 따라서 신라 동쪽에 '이민족'이 존재한다는 장인 기사는 방위와 관련해서는 통일신라의 국가 영역과 연관시켜 다룰 수 있을 것이다.

그렇다면 다음으로 오늘날 한반도의 동북부 부근으로 비정되는 신라와 장인국과의 경계 지역에 '관문'(철관)으로 불리는 군사시설이 존재했었는지의 여부이다. 이 과제를 규명하기 위해서는 장인 기사 자체를 역사적 사실로 위치시킬 수 있는지를 명확히 할 필요가 있을 것이다.

한편 문제의 핵심은 위요가 신라를 방문한 시기에, 즉 늦어도 740년대에 신라 동북부의 '관문關門' 혹은 '철관鐵關'으로 불리는 군사시설을 발견할 수 있는지의 여부에 달려 있다.

주지하는 것처럼 통일신라의 동북 국경은 오늘날 원산 부근까지 이어지고 있지만 삼국시대 북단의 군사 거점이 된 것은 비열홀군(比列忽郡, 삭정朔庭)이며, 『삼국사기』 권35 지리지에 따르면,

> 朔庭郡은 본래 高句麗의 比列忽郡이다. 眞興王 17년, 梁 太平 원년(556)에 比列州로 삼고 軍主를 두었다. 孝昭王 때 성을 쌓았는데 둘레는 1180步이다.[22]

라고 하여 그곳은 당의 세력을 몰아낸 뒤, 효소왕대(692~702년) 이 지역에 축성築城한 사실이 확인되며, 통일기에도 계속해서 북쪽 변경의 주요 거점이었음을 엿볼 수 있다.

그러나 주목해야 할 것은 『삼국사기』 권7 신라본기에는 더 거슬러 올라가서 문무왕 15년(675) 가을 9월 29일조에,

> 安北河를 따라 關과 城을 설치하고, 또한 鐵關城을 쌓았다.[23]

라고 적혀 있다. 또 『삼국유사』 권2 문호왕 법민조法敏條에도,

> 安北河 가에 鐵城을 쌓았다.[24]

라고 해서 동일한 내용을 전하고 있다. 안북하安北河는 오늘날 함경남도 덕

원군에 흐르는 북면천北面川으로 추정되며, 그것은 비열홀군의 더 북부의 천정군泉井郡이 있던 부근에 위치한다.[25] 즉 675년 이 지역에 '관성', '철관성', '철성'이 축조되었다고 하는 것이다. 게다가 중요한 것은 『삼국사기』 권35 지리지에서는 정천군에 대해,

> 井泉郡은 본래 高句麗 泉井郡이었는데 文武王 21년(681)에 이를 취하였다. 景德王이 이름을 고치고, 炭項關門을 쌓았다. 지금은 湧州이다.[26]

라고 적혀 있다. 이것에 의하면 통일기의 최북단에 위치한 정천군에는 '탄항관문炭項關門'이 축조되었다는 사실을 알 수 있다.

여기서 정천군에 축조했다는 '관성', '철관성', '철성'이나 '탄항관문'의 자세한 상호 관계는 배제하더라도, 지금까지 『삼국사기』나 『삼국유사』가 전하는 사실들이 장인 기사에서 설명한 '(철합鐵閤) 관문'(『신당서』), '철관鐵關' (『태평광기』 인용 『기문』)과 명칭이 일치하거나 유사할 뿐 아니라 그 위치에서도 중시해야 할 필요가 있을 것이다.

그런데 『신당서』와 『삼국사기』에 보이는 '관문'과 관련하여 주목되는 것은 서론에서 김정호의 견해를 인용할 때 살펴본 것처럼 8세기 왕도 남쪽의 모벌(화)군에 축조된 관문성關門城이다. 이에 대해 『삼국유사』 권2 효성왕조孝成王條에,

> 개원開元 10년(722) 임술壬戌 10월에 처음으로 모화군毛火郡에 관문關門을 쌓았다. 지금의 모화촌毛火村으로 경주慶州의 동남지역에 속하니, 곧 일본日本을 방어하는 요새였다. 둘레는 6,792보 5자이고, 동원된 역부는 3만 9,262명이며, 감독관掌員은 원진元眞 각간角干이었다.[27]

라고 하여, 여기에 기록된 '관문關門'은 『삼국사기』 권8 신라본기 성덕왕 21
년(722)조에 따르면,

모벌군毛伐郡에 성을 쌓아 일본日本의 침입로를 막았다.[28]

라고 해서 이 '관문'을 '모벌군성毛伐郡城'이라고도 칭했음을 알 수 있다. 오
늘날 일반적으로 관문성關門城이라 부르는 월성군 모화리毛火里의 성벽 유구
는 최근의 조사에 의해 사료의 '관문關門' = '모벌군성毛伐郡城'임이 확인되
고 있다.[29] 현재 이 유구를 통해 알 수 있는 관문성의 형태는 다음의 지도 1[30]
에 보이는 것처럼 산과 산 사이의 계곡에 문자 그대로 관문을 설치해둔 것
이다. 따라서 장인 기사의 신라의 '관문'을 고찰할 때 이 모벌군성을 중요하
게 참고해야 할 것이다.

특히 이 관문성은 계곡 사이의 평지에다 약 12km에 걸쳐 세운 장성長城
으로 보고되었지만, 이것이 일본과 군사적 긴장관계에 있던 722년에 축조
되었다는 점, 그리고 신라시대에 '관문'이나 '모벌군성'이라고 불렸던 점이
주목된다.[31] 이러한 점은 신라와 장인 사이를 막고 있던 '관문'을 검토하는
데 많은 시사를 주고 있다.

또 앞서 장인의 소재지가 신라 동쪽이라는 방위에 대해 문제를 제기한 바
있는데 신라의 북변에 실재하던 정천군의 '탄항관문', '관성', '철관성', '철
성'을 기준으로 한다면 그곳에서 동쪽이라는 방위에 일정한 지역이나 집단
을 상정하는 것은 전혀 문제시되지 않을 것이다.

다음 그 명칭과 관련하여, 장인 기사에는 '철합鐵閤 관문'(『신당서』), '철
관鐵關'(『태평광기』 인용 『기문』)으로 각각 기록되어 있고, 정천군의 군사시
설은 '탄항관문', '관성', '철관성', '철성' 등으로 여러 사료에 표기되어 있
다. 그렇다면 과연 이것들은 동일한 실체의 다른 명칭으로 볼 수 있을까.

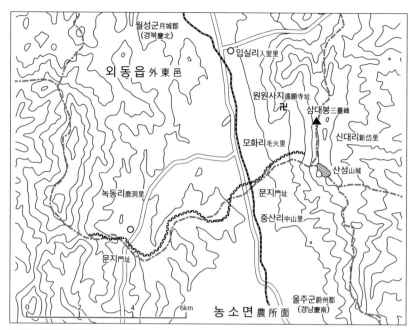

지도 1 관문성의 위치와 주요 유구

돌이켜 생각해보면 문무왕 15년 안북하安北河 유역에 설치했다는 『삼국사기』 신라본기의 '관성關城'과 '철관성鐵關城'은 두 개의 다른 명칭을 전하고 있지만 『삼국유사』의 '철성鐵城'과 더불어 모두 동일한 성을 가리키는 명칭일 것이다. 그러한 명칭은 일견 여러 종류가 있는 것처럼 보이지만 자세히 살펴보면 기본적으로 '철관성'과 '관문'이란 두 명칭이 있을 뿐 거기에서 각각 파생된 호칭에 불과하다는 것을 알 수 있다.[32] 그렇다면 신라 왕도의 남쪽에 위치한 '관문'이 '모벌군성'으로도 불린 사례를 통해 동일한 시설에 두 가지 호칭이 있었다고 보아도 무방할 것이다. 즉 신라에서 '관문'은 부근의 산성과 연결된 그 형태나 축조상의 기법을 가지고 '모성某城'이라고도 호칭되었다고 추정되는 것이다.

더욱이 '철관성鐵關城'과 유사한 이칭異稱으로는 『신당서』 신라전에 '철합鐵闔'(쇠로 된 문짝[扉])의 관문이라고 적혀 있듯이 관문 일부에 '철합'이 사용된 사실과 연관이 있다면, 그러한 이칭은 모두 동일한 실체를 복수의 명칭으로 불렀다는 추측도 가능할 것이다.[33]

지금까지의 고찰에 의해 신라의 동북부에 '관문' 내지는 '철관성'이라는 이름을 가진 군사시설이 실재했던 것을 확인하였다. 이는 장인 기사에 통일기 신라의 역사적 사실과 부합하는 내용이 포함되어 있음을 보여주는 중요한 사실이다.

그렇다면 이 지방에 왜 '관문'이 설치되었던 것인가. 앞서 서술한 것처럼 왕도 남쪽의 관문성은 720년대 초두에 일본과의 긴장관계에서 축조되었던 것이다. 그렇다면 동북부의 '관문' 역시 인근 지대와의 군사적 긴장감을 우선 추정해볼 필요가 있을 것이다.

그런데 단지 동북부에서 군사시설의 설치 시기만 놓고 본다면 『삼국사기』 신라본기에는 이미 문무왕대에 관성을 축조했다고 하며, 그것은 또한 '철관성'('철성' 『삼국유사』)으로도 불렸다고 전해진다. 그러나 다른 한편 지리지에는 동일한 군사시설을 가리키는 것으로 추정되는 '탄항관문'을 경덕왕대에 축조한 것처럼 기록하고 있다.[34] 따라서 여기서는 일단 양자택일하듯이 그 시기를 특정하지 않고, 우선 먼저 이 지역에 관한 군사적 긴장관계를 개괄해보고자 한다.

여기서 상기되는 것이 7세기 말 고구려 옛 영토에 나라를 세운 발해와의 관계이다. 이미 명확해진 것처럼 720년대부터 신라와 발해의 국경지대에는 군사적 긴장감이 고조되어 중국 당나라를 개입시킨 국제 분쟁으로까지 발전하게 된다.[35] 그리고 발해와의 군사적 대립 속에서 신라는 여러 정책을 단행하지만, 732년 당나라의 요청에 의해 발해 지역으로 파병을 감행한 이후에는 북변 국경지대의 방비가 계속해서 강화되었다. 이러한 추이를 정리하면 다음과 같다.

721년 7월	하슬라도何瑟羅道의 인부 2천 명 징발, 북경에 장성 축조.[36]
722년	일본 침략에 대비, 모벌군성(관문) 축조.
732년	발해, 등주입구登州入寇, 신라 원군 파병.[37]
735년	당, 신라에 패강(대동강) 이남 지역 할양.[38]
736년	신라, 평양주(북한산)·우두주(춘천) 등 북부 검찰.[39]
743년	당, 조문사·위요의 신라 파견.
748년 8월	신라, 대곡성 등 14군현 설치, 패강 지방의 방비 강화.[40]

지도 2 신라의 관문 관련 주요 지명과 성곽

장인 기사에 대응하는 것으로 보이는 동북변의 '관문'은 이러한 동향들과 연관된다고 추정된다. 이는 첫째 발해와의 군사적 긴장관계와 거의 동시기에 일본과의 관계가 악화되면서 마찬가지로 군사시설(모벌군성 = 관문)이 축조되었고, 둘째 지역적으로도 동일한 발해와의 국경지대인 서북 지역에 대규모 군사시설 '패강진전浿江鎭典'의 기선을 잡았기에,[41] 다른 한쪽 국경지대인 동북부에 아무런 시책도 강구하지 않았다고는 생각하기 어렵기 때문이다.

따라서 관문의 축조는 문무왕대 이후로 보아도 좋지만 '탄항관문'의 축조를 경덕왕대라고 한 지리지의 해석 가능성을 외면하기 어렵고, 발해와 첨예하게 대립하던 당시의 정세하에서 동북변의 방비는 문무왕대, 이어서 경덕왕대에 점차 증강되었다고 추측해볼 수 있다.[42]

이상에서 장인 기사는 역사적 사실과 부합하는 내용이 포함되어 있다는 것을 명확히 했다. 조문사弔問使 위요가 당에서 신라에 파견될 당시 신라에는 발해와의 군사적 긴장감이 고조되는 가운데, 동북쪽 국경지대에 '관문' 또는 '철관성'으로 불리던 군사시설이 실재하고 있었음을 확인할 수 있다.

5. 신라의 동북 변경과 이방인

지금까지 고찰한 결과 『신당서』 장인 기사의 전거가 분명해졌다. 또 그 분석에 의해 장인 기사가 8세기 전반의 역사적 사실 일부를 확실히 반영하고 있는 것으로 판명되었다. 즉 장인 기사는 전혀 황당무계한 내용을 담고 있는 것이 아니라 신라 국내의 귀중한 사실을 전하고 있는 것이다. 장인기사는 당시 신라에 파견된 위요가 아니면 알지 못하는 내용이 담겨 있고, 실제로 위요와 관련되어 설명하고 있다는 점에서 이러한 정보는 신라에서 견문한 것에 기초한 내용을 위요 자신이 당나라에 전했고, 직·간접적으로 우숙이 전해 들은 것으로 볼 수 있을 것이다.

다만 장인 기사 B의 장인국 체험담에 대해서는 밑줄 부분 ①에 명기된 것처럼 위요가 신라에 파견되기 전에 전해 들은 전문傳聞 형태로 적혀 있으며, 게다가 그것은 중국인의 직접적인 체험에서 얻어진 이야기로 되어 있다. 그러나 이것에 대해서는 원래 이야기의 설정에 의문이 있다고 지적한 것처럼, 이 부분은 설화화 과정에서 사실이 모티프가 되었을 가능성을 고려할 필요가 있을 것이다. 또 이 점을 감안하여 합리적으로 해석해보면, 위요는 당시 당나라 내부에서 유포된 장인담을 파견 전에 듣게 되었고, 파견 이후 신라에서 얻게 된 구체적인 정보를 더하여 그후에 우숙에게 전했을 가능성도 생각해볼 수 있을 것이다.

그렇다면 '장인'이란 어떠한 집단을 가리키는 것일까. 또 장인 기사가 의미하는 것은 어떤 것일까. 앞서 언급한 것처럼 '관문'이나 '철관성'은 신라의 동북 변경, 정천군에 위치하고 있었다. 그렇다면 이곳에 인접하는 동방의 집단이란 발해 영역민을 염두에 두지 않을 수 없다. 그곳에는 '탄항관문'이나 '철관성'이라는 군사시설이 있었고, 그 설치에는 발해와의 군사적 긴장이 연관되어 있음을 이미 설명하였다. 따라서 장인은 정천군 이북의 발해 영역민으로 볼 수밖에 없을 것이다.

그러나 대체 이 지방의 발해 영역민에 대한 색다른 이미지를 신라인의 인식으로 단정할 수 있는 것일까. 장인 기사는 『신당서』나 『기문』 모두 중국 사료이며, 게다가 장인 기사 B는 중국인의 눈을 통해 장인을 묘사하고 있기 때문이다. 다만 이 장인에 대한 인식 주체는 신라인이 되어야 할 것이다. 왜냐하면 장인 기사 A에는,

튼튼한 鐵門을 만들어 달고 鐵關이라 부른다. 항상 弩士 수천 명을

주둔시켜 지킨다. 따라서 이를 통해 지나가지 않았다.

라고 해서 '철관鐵關'이 있기 때문에 장인이 여기를 통과하지 못했다는 것이다. 이 기사에서 알 수 있는 것은 장인을 공포의 대상으로 삼아 이를 방어하고자 한 것은 어디까지나 신라인이고, 다름 아닌 신라가 설치한 '철관'을 사이에 두고 장인과의 사이에 긴장관계가 있었다는 것이다. 따라서 장인이라는 것은 '관문'을 매개로 한 인식을 갖고 있는 이상, 장인에 대해 색다른 이미지를 갖고 있던 인식의 주체는 일차적으로 신라인이 되지 않으면 안 된다. 장인은 신라인이 품고 있던 발해 영역민에 대한 인식으로 보지 않으면 안 될 것이다.

그렇다면 왜 신라인 사이에서 발해 영역민에 대해 장인 기사에 보이는 것과 같은 기괴한 인식이 생겨난 것일까.

『신당서』나 『태평광기』 인용 『기문』에 따르면, 장인은 인간과는 다른 신체적 특징(신장 3장, 짐승과 같은 모습)을 갖고 있으며 사람을 잡아먹고 인간 여성을 잡아다 의복을 만들게 했다고 한다. 이는 방선주 씨도 지적한 것처럼 이형이류異形異類의 전승으로 보아도 좋을 것이다. 일반적으로 다른 민족에 대해 보통 인간과 다른 신체적 특징을 가진 이형異形으로 구분하고, 또 적대시하는 대상 혹은 자신들의 이해를 넘어선 우주관을 지닌 사람들을 모두 인간이 아닌 동물이나 요괴로 형상화하는 것이 지적되고 있다.

장인 기사에서 이형異形이나 식인食人에 대한 묘사를 보더라도 장인이 공포의 대상이었음은 의심의 여지가 없다. 이미 지적한 것처럼 장인 기사가 신라의 변경에서 군사적 긴장이라는 문제와 밀접하게 관계된 것은 분명하며, 장인으로 묘사된 이형이류라는 것은 신라 동북 변경의 발해 영역민에 대한 신라인의 인식으로 보아야 비로소 이해할 수 있는 것이다.

특히 이것이 이형으로 비친 것은 변경 지대에서 두 나라에 속한 사람들의 관계, 접촉 방식에서 그 유래의 일면을 찾아볼 수 있을 것이다. 즉 상대에 대한 공포감을 부각시키는 상호 교섭의 형태가 무엇보다 그 저변에 깔려 있었던 것은 아닐까. 즉 이 지역에 관한 신라시대의 사료는 극히 찾아보기 어렵지만, 예를 들어 9세기의 사건으로,

> 12년(886) 봄 北鎭에서 아뢰기를 "狄國人이 鎭에 들어와 판자 조각을 나무에 걸고 돌아갔습니다."라고 하고, 드디어 가져다 바쳤다. 그 나무 조각에는 글이 15자 쓰여 있었는데, "寶露國과 黑水國 사람이 함께 신라국과 화친해 소통하고자 한다."라고 하였다.[43] (『삼국사기』 권11 신라본기 헌강왕 12년(886) 봄)

라고 해서, '적국인狄國人'이 어느 날 북진北鎭[44]에 침입하여 목편木片을 나무에 걸고 도망친 사건이 신라 왕도에 보고되고 있다. 그리고 왕도에 전달된 목편에는 "보로국寶露國 사람, 흑수국黑水國 사람 모두 신라와 화친해 소통하고자 한다."라고 적혀 있었다고 한다.

여기서 신라 측이 말하는 '적국인'이라 지칭하고 있는 '보로국인, 흑수국인'은 지금까지 여러 견해가 있지만, 발해국에 속한 말갈계 종족으로 보아 틀림이 없다.[45] 평소 발해 영역민과 밀접한 교류가 있었다면 이러한 형식의 교섭 제안은 있을 수도 없고, 이는 그전부터 신라와 발해의 국경 부근에서 이루어진 양국 교섭의 형태를 암시하는 것이다. 여기서 알 수 있는 것은 분명 의도적으로 직접적인 접촉을 기피한 교섭이고, 이러한 상황이 있었기에 교섭 대상으로 하여금 불안감이나 공포감을 부각시켜 상대방을 이형으로 묘사하게 되었음에 틀림이 없다.

또한 선뜻 이해하기 어려운 장인 기사도 한반도 동북부의 이 지방 풍토에 비추어보면 아예 이해가 불가능한 것도 아니다. 가령 18세기 중엽의 『택리

지擇里志』[46]에는 이 지방에 대해 다음과 같이 기록하고 있다.

> 함흥 이북은 산천山川이 험악하고 풍속이 사나우며 기후가 춥고 토
> 지도 메말라 곡식은 조와 보리뿐이며 벼는 적고 면화도 없다. 지방
> 사람들이 개가죽을 입고 겨울을 막으며 굶주림을 견디는 것이 여진
> 족과 같다. 산에는 초피와 인삼이 많이 나고 백성은 초피와 인삼을
> 남쪽 상인의 무명과 교환하여 바지를 입지만 이것도 살림이 넉넉한
> 사람이 아니면 하지 못한다.

여기서 알 수 있듯이 이 지역의 험난한 자연환경은 음식뿐 아니라 의복에
이르기까지 부족한 상태였다. 그로 인해 사람들은 개의 가죽을 걸치고 면포
를 구하였으며, 한반도 남부 여러 지역과의 교역을 통해 특산품인 초피貂皮
나 인삼을 구할 수 있었다. 따라서 장인 기사 중에 "흑모黑毛를 몸에 두르다."
와 "부인을 얻어 의복을 만들게 하였다."라는 내용은 18세기까지 의류 등이
궁핍했던 이 지방의 실상이 반영되어 만들어졌다고 추측할 수 있을 것이다.
장인 기사는 이 지방을 살아가던 사람들의 습속에서 기인하면서도, 드물게
이루어지던 일상적인 교섭에 군사적 긴장감이 더해지면서 양성된 신라인
의 환상이 만들어낸 산물이었다고 생각된다.

특히 발해와 일본의 군사적 긴장감이 고조되던 8세기 전반부터 중엽까지
신라의 국가체제와의 연관성에 유의할 필요가 있다. 주지하는 것처럼 위요
가 파견된 경덕왕대는 여러 방면에 걸쳐 중앙집권책이 기획되던 시대이기
도 하다. 720년대부터 750년대에 걸쳐 지속되던 국제적 긴장관계는 국내 체
제의 강화를 압박했는데, 장인담은 이러한 시대에서 중심의 강화에 의해 짜
여진 외부의 언설이라고 보아도 좋을 것이다.

6. 맺음말

이상의 고찰에 의해 『신당서』 신라전의 장인 기사가 8세기 중엽의 『기문』을 전거로 하고 있다는 점, 장인 기사에는 동시대 신라의 사실史實과 대응하는 서술이 인정된다는 점, 그 기사의 성립에는 743년 신라에 사절로 파견된 위요가 연관되어 있는 것으로 추정된다는 점 등을 명확히 하였다. 이를 토대로 장인 기사는 신라인과 동북 국경 부근에서의 발해 영역민과의 교섭 양상이나 그들에 대한 이미지를 반영하고 있다고 추정된다.

그런데 최근 한국과 북한의 발해사 연구에 따르면 발해와 신라는 원래 동일 민족으로 구성된 국가라는 견해가 유력하다. 『삼국사기』를 비롯해서 현존하는 여러 사료들은 양국의 교섭을 거의 전하고 있지 않지만 이는 후세의 편찬자에 의한 의도적인 조작이 개입되었을 것이며, 양국에는 '동족同族'으로서의 상호 인식과 그에 수반되는 교섭이 있었다고 추측하고 있다.[47]

과거의 졸고에서 이러한 신라와 발해의 병존 시대를 일민족一民族 이국가二國家로 다루는 '남북국'론에 대해 오늘날의 국민국가의 민족관이나 혹은 거기에 강하게 얽매인 심정을 매개 없이 과거에 투영시킨 논리라고 비판한 적이 있다.[48] 그리고 당시 신라·발해 사이의 국제관계의 실상을 파악하는 데는 신라인 자신의 심성心性에 입각해서 신라인의 발해관을 추구할 필요가 있다는 것을 제언하였다. 장인 기사는 바로 그러한 당시 신라인의 발해 인식을 규명할 수 있는 단서를 제공해주고 있는 것이다.

14장 발해의 대일본 외교 분석

1. 문제의 소재

발해는 7세기부터 10세기 초까지 지금의 중국 동북부 2성(길림성·흑룡강성)을 중심으로, 남쪽은 한반도 일부를 포함하며 북쪽으로는 러시아 연해주에 이르는 지역을 영토로 삼은 국가이다. 발해와 고대 일본 사이에는 친밀한 외교관계가 장기간에 걸쳐 지속되었으며, 727년 이후 약 200년 동안 발해에서는 34차례, 일본에서는 13차례의 사절이 왕래한 것을 확인할 수 있다.

고대 일본의 대외관계 속에서도 특이한 위치를 차지하는 발해와의 교류는 지금까지 다양한 관점에서 언급되어왔지만, 여기에서 특히 주목하려는 것은 일본과 발해의 이러한 관계가 단순히 고대 왕조국가 간의 '우호 관계'처럼 외교적인 문제에 그치지 않고, 발해 국가 성립 그 자체와도 연관된 일면을 가지고 있다는 사실이다. 즉 발해사는 발해인이 직접 기록한 사료가 거의 남아 있지 않아 역사 그 자체에서도 불분명한 점들이 적지 않지만, 발해의 대일본 외교에 내재된 문제는 발해 국가의 특징을 해명하는 데 중요한 단서를 제공하고 있다.

따라서 이 장에서는 발해의 대일본 외교의 여러 양상들을 다각적으로 살펴봄으로써 이 점을 가능한 도출해보고자 한다.

2. 전기 대일본 외교의 성격과 배경

200여 년에 이르는 발해와 일본의 외교관계는 지금까지 크게 두 시기로 나누어 논의되어왔다. 즉 727년 발해에서 파견한 제1차부터 759년 제5차까지를 전기前期로 보고, 그 이후를 후기後期로 나누어 교류의 성격 차이를 중시하고 있다. 여기에서는 먼저 전기의 사절이 어떠한 배경하에서 5차례 파견되었는지를 살펴보도록 하겠다.

발해가 일본에 처음 외교사절을 파견한 것은 신구神龜 4년(727) 9월의 일이었다. 발해의 대일본 외교가 시작된 계기는 건국 초기 발해를 둘러싼 국제환경이 크게 작용하였다.

무엇보다 발해가 좌시할 수 없던 사태는 흑룡강 이북의 한랭지역에 정착하고 있던 흑수말갈부와의 대립이었다. 흑수말갈부가 722년, 80여 년 만에 당에 접근을 시도하자 당은 이에 대처하면서 725년 흑수말갈부 지역에 흑수군黑水軍을 설치하고, 이듬해에는 거기에 흑수부黑水府를 설치하여 장사長史를 파견하는 등 이 지역을 유주도독幽州都督의 지배(기미 지배)에 편입시키려고 하였다. 이러한 사태에 대해 발해는,

> (黑水가) 모두 우리에게 먼저 알려왔다. 이제 唐에 벼슬을 청하면서
> 우리에게 알리지 않았으니, 이는 반드시 唐과 더불어 앞뒤로 우리
> 를 치려는 것이다.[1](『신당서』 권219 북적전北狄傳 발해조)

라고 당나라에 호소한 것처럼, 발해가 이제까지 영향력을 행사하던 흑수말

갈부에 대한 당의 정치적 개입에 큰 위기감을 느끼고 있었던 것이다.[2]

이처럼 발해 북쪽 변경에서 긴박한 긴장관계가 발생하기에 앞서 남쪽 변경을 접한 신라와의 대립이 이미 부각되고 있었다. 즉 신라는 721년 동해안 '북경北境'의 요충지인 하슬라(강릉)에 장성壯盛을 축조함으로써 발해의 남침에 대한 방어책을 이때 이미 준비해두었다. 신라의 이러한 반응은 당연한 일이겠지만, 앞서 양국의 적대적 관계가 고조된 것이 전제가 되었다. 그리고 이것이 마치 계기라도 된 것처럼 722~723년을 기준으로 신라의 대당 외교가 갑자기 적극적으로 변하게 된다.[3]

요컨대 이것들은 발해의 입장에서 보면 발해의 북쪽과 남쪽 변경 양쪽에서 거의 동시기에 군사적 압력을 받고 있었으며, 그 배후에는 둘 다 당나라의 선동이 있었을 것이다. 당시 발해는 동방의 해변 지역을 제외하면 모든 지역이 외부의 위협을 받고 있는 상황이었다.

그러한 상황 속에서 발해는 제1차 사절을 일본으로 파견하게 되었다. 발해의 긴박한 상황은 사절의 구성원에도 여실히 반영되어 있어서, 주요 관료들이 모두 무관직武官職을 띤 자들로 채워져 있었다. 게다가 발해국왕 대무예大武藝가 이때 일본에 보낸 국서에는,

> 어진 이와 가까이하며 우호를 맺고, 옛날의 예(이전 고구려와 일본의 우호 관계)에 맞추어 사신을 보내어 이웃을 찾는 것이 오늘에야 비롯하게 되었습니다.[4] (『속일본기』 권10 · 신구 5년[728] 정월 갑인조)

라는 구절에서 알 수 있듯이 이 부분이야말로 무력武力에 의한 원조 혹은 제휴 요청을 의미한다고 해석되며, 일본에 대한 지극히 현실적인 활동을 목적으로 접근하고자 했음을 알 수 있다.[5]

즉 발해의 대일본 외교는 발해가 고립된 국제환경 속에서 그것을 타개할

실室

위韋

실카강

아무르강

흑黑
수水
(흑룡강黑龍江)

흑수말갈黑水靺鞨

하바롭스크

월희越喜

우수리강

철리鐵利

눈(년)嫩
강江

화花

송松

(목단강牧丹江)

우루虞婁

블라디보스토크

하얼빈시哈爾濱

제第
이二
송松
아阿
집什
강江

목단강시牧丹江市

화花
송松
강江

상경용천부上京龍泉府
(동경성東京城)

(시라무렌강Sira Moren(몽골어))

길림시吉林市

율말栗末

부여부扶餘府

구국舊國
(돈화敦化)

발渤

해海

거란契丹

황黃
수水

요수遼水
(요하遼水)

동경용원부東京龍原府
(팔련성八連城)

서경압록부西京鴨綠府
(임강臨江)

장백산長白山

중경현덕부中京顯德府
(서고성西古城)

영주營州(조양시朝陽市)

집안集安

백산白山

압鴨
록綠
강江

요遼
하河
강江

남경남해부南京南海府
(북청北青)

패浿
강江
대大
동同
강江

평양平壤

철합관문鐵閘關門(덕원德源)

등주登州
청산포靑山浦

아슬라阿瑟羅(강릉江陵)

동
해

노토能登

신新

라羅

후루라진福良津
(후쿠우라福浦)

일본日本

경주慶州

헤이안쿄平安京

송원객관松原客館
(츠루가敦賀)

헤이조쿄平城京

다자이후大宰府

0   50   100km

지도 1 발해의 주요 행정구역과 부족

수 있도록 안전보장상의 명확한 목표를 노리고 시작되었던 것이다. 발해는 일본과의 관계를 긴밀히 함으로써 불시의 지원, 특히 직접 한반도 남·북으로 대치하고 있던 신라를 배후에서 견제하는 역할을 일본에 기대하고 있었다고 생각된다.

이처럼 727년부터 시작된 발해에서 일본으로의 사신 파견은 먼저 남쪽에 국경을 접하고 있는 신라와의 대립과 서쪽에 접하고 있는 대국大國 당, 그들과 행동을 함께한 북쪽 변경의 흑수말갈과의 대립이 더해지면서 발해의 대외적인 위기감이 급격히 고조되었다는 사실에 기인하고 있다. 이러한 국제적 긴장이 결국 완화되지 않은 상태에서 발해는 당·신라와 직접 전쟁을 치르게 된다.

그 발단은 발해 왕실의 내분에 기인하며 외교정책상의 대립은 곧 내전內戰을 초래하였고, 그 결과 동생 대문예大門藝가 개원 18년(730) 당으로 망명하게 되는 사건으로까지 발전한다. 친당적親唐的인 대문예의 망명은 발해와 당 사이에 결정적인 대립을 일으켰고 다음으로 발해와 긴밀한 관계에 있던 거란契丹이 당군에게 대패(732년 3월)하자 군사적 긴장은 고조되었다. 그리고 732년 9월, 마침내 발해는 산동반도의 등주登州를 기습 공격하게 된다.[6] 이 것이 바로 '등주입구登州入寇' 사건이다.

이로 인해 발해와 당 사이에는 본격적인 무력 항쟁이 시작되지만 발해는 이어서 733년 윤삼월에도 당과 싸우던 거란에 지원군을 보냄으로써 이 전쟁은 당에 커다란 타격을 주었다. 그래서 당은 그해 겨울, 신라에 발해 정벌에 가담할 것을 요청하게 되며, 신라는 북쪽 변경에 군대를 보냈고 이로써 발해와 신라의 직접적인 교전交戰이 시작된다.

이 나당羅唐 연합군에 의한 발해 정벌은 실패로 끝나지만, 발해는 거란·돌궐이 쇠퇴하면서 고립되었기 때문에 결국 735년 대무예大武藝는 동생 대번大蕃을 당에 파견하여 관계 회복을 도모하였다. 이리하여 당과 발해 사이

극도의 긴장 상태는 다소 해소되지만, 이 전쟁은 궁극적으로 발해와 신라 사이에 새로운 대립을 파생시키게 된다.

즉 당은 신라가 출병 요청에 응한 공적을 인정하여, 735년 발해와 신라의 경계 구역인 패강浿江(대동강) 이남의 땅을 정식으로 신라에게 할양割讓해주었는데, 이것이 교전 후 신라와 발해 사이에 새로운 긴장관계를 낳게 된 것이다. 신라는 이 지역을 할양받고 이듬해 바로 '평양주平壤州·우두주牛頭州' 등 북부 지역의 검찰檢察을 시행하게 된다. 나중에 패강 이남의 지역에는 특수 군사지대로서 변방기관(패강진전浿江鎭典)을 설치함으로써,[7] 신라가 이미 그 무렵부터 발해와 대치하던 이 지역에 적극적으로 개입하고 있었음을 엿볼 수 있다.

이러한 당시 정세로 인하여 또다시 발해에서 739년에 제2차 사절이 일본으로 보내진 것이다. 즉 여기서도 역시 신라와의 군사적 긴장이 사절 파견의 원인으로 거론될 수 있는 것이다.

그런데 여기에 이어진 제3차부터 제5차까지의 사절 파견은 750년대에 집중적으로 이루어졌으며, 앞서 두 차례의 파견과 마찬가지로 여기서도 신라와 발해의 고조된 긴장관계를 간파할 수 있다. 즉 신라는 748년 8월 패강 이남 땅에 14군현을 설치하고 이 지방의 방비를 증강하여 본격적인 변방책을 추진하게 된다.[8] 그것에 대해 발해는 752년 보국대장군輔國大將軍 모시몽慕施蒙을 대사大使로 한 제3차 사절을 일본에 파견하게 된다. 이어서 758년에는 앞서 일본에서 발해로 파견되었던 오노노 다모리小野田守가 동행하는 제4차 사절이 일본에 파견된다. 중요한 것은 같은 해 12월에 입경한 사절 일행에 의해 755년 당에서 일어난 안사安史의 난이 일본에 보고되었다는 점이다.

게다가 대사 양승경揚承慶 일행은 이듬해 1월 후지와라노 나카마로藤原仲麻呂의 사저私邸에서 벌어진 연회에 초대를 받았고, 그때 그 자리에서 신라 정벌을 위한 군사 제휴의 모의가 이루어졌던 것으로 추정되고 있다. 즉 신라의 뒤에서 방패 역할을 하던 당나라가 내란內亂 상태를 겪게 되면서 신라에 대한 지원군 파병이 불가능하다는 점을 예측한 다음에 신라 정벌을 위한 군사동맹이 체결되었을 것이다.[9]

실제로 후지와라노 나카마로는 759년 6월에 다자이후大宰府에 행군식行軍式 (군사행동에 관한 규정) 수립을 지시하여 여기에서 신라 정벌 계획이 추진되었고, 762년까지 3년 이내라는 기한을 두고 전국적으로 군사동원 체제를 정비하게 된다. 이로부터 제4차(758년)·제5차(759년)의 발해 사절은 나카마로의 이러한 신라 정벌 계획 추진에 크게 관여했다고 보아도 틀림이 없을 것이다. 신라도 그것에 대항이라도 하듯이 762년 5월 패강 지방에 육성六城을 축조함으로써 동아시아의 삼국 간에 일촉즉발의 군사적 긴장이 높아지게 되었다.

이 신라 정벌 계획은, 나카마로를 둘러싼 일본의 국내 정세의 급변과 나중에 언급하겠지만 발해 측의 정세 변화로 좌절되지만 발해가 일본에 제안한 공작에 일본 측이 적극적으로 응하면서,[10] 분명 양국에 의한 신라 협공이라는 군사전략을 구상한 것은 이 시기까지 발해의 대일본 외교의 성격을 고찰하는 데 경시할 수 없는 부분이다.

이상과 같이 발해의 전기前期 대일본 외교는 발해와 신라의 대립이 일관되게 그 저변에 깔려 있었고, 특히 733년 직접적인 교전 등을 포함해서 국경 부근에서의 긴장이 고조되었을 때 사절이 일본에 파견된 점은 간과할 수 없다. 또한 758년 제4차 사절이 일본을 방문했을 때 발해와 일본 사이에 신라 정벌을 위한 '군사동맹' 체결이 추측되는 것처럼, 발해가 일본과의 외교에서 기대한 것은 분명 대립하던 신라에 대한 군사적 견제였을 것이다. 제1차에서 제5차의 사절이 파견될 때까지 계속해서 무관武官인 대사가 임명된 것은 발해 측에서 이러한 목적을 수행하기 위한 인물을 특별히 선정하였기 때문일 것이다.[11]

요컨대 발해의 전기 대일본 외교는 앞서 서술한 것처럼, 절박한 동아시아 국제정세에 대응하고자 일본 측의 무력 지원 혹은 제휴를 요청하는 등의 안전보장상의 목적을 가진 것으로 볼 수 있다.

3. 후기 대일본 외교의 성격과 그 배경

앞서 살펴본 것처럼 발해는 727년 이후로 주변 국가 중에서도 특히 신라와의 대립관계를 배경으로 하여 다섯 차례의 사절을 일본에 파견했는데, 그 중에서도 특히 제6차 사절에 주목할 필요가 있다. 이전까지 일관되게 무관이 대사로 임명되어 파견된 데 반해 이때에는 일전하여 문관文官인 왕신복王新福이 762년 10월 고려대산高麗大山을 대동하고 일본으로 건너갔기 때문이다.

고려대산은 나카마로가 매우 신뢰하던 귀화계歸化系 귀족으로 신라 정벌 계획에 관한 마지막 조정 역할을 위해 그해에 견발해사遣渤海使의 대사로 파견되었던 인물이다.[12] 그런데 고려대산과 함께했던 왕신복의 일본 방문 목적은 일본 측의 의도와 달리 발해 측의 '정벌'에서 '평화'로의 방향 전환을 전하고자 한 것이었다.

이처럼 갑작스런 전환의 계기는 그해 당에서 발해왕의 관작을 '군왕郡王'에서 '국왕國王'으로 격상시킴에 따라 당시 신라왕과 동등한 관직(검교태위檢校太尉)이 발해왕에게 수여됨으로써, 발해는 당과 유례없는 친밀한 관계를 구축하기에 이른 것이다. 이렇게 당과의 사이에 이제껏 없던 견고한 관계를 맺게 된 이상, 당의 외신外臣인 신라를 같은 입장의 발해가 일본과 함께 정벌할 이유가 없었던 것이다.[13] 발해의 권력 중추 행정관(정당성政堂省 좌윤佐允)이던 왕복신의 일본 파견 목적은 발해 측의 이러한 국제정세 변화에 기반한 전략상의 전환을 일본 측에 전달해야 할 사명이 있었다고 볼 수 있다.[14]

발해와 당의 관계는 이후에도 돈독해져서 대력(大曆, 766~779) 연간에는 신라왕을 능가하는 관직이 발해왕에게 수여되는 등 당과의 관계가 급속도로 호전된다.[15] 이는 동시에 동아시아의 국제정세가 확실히 긴장 완화로 향하고 있음을 의미하기도 한다.

본래 발해의 대일본 외교의 배경에는 발해를 둘러싼 긴박한 국제정세가 있었기 때문이고, 동아시아의 긴장 완화는 필연적으로 대일본 외교의 의미가 희박해진 것이 된다. 발해가 대일본 외교를 추진하게 되는 요건이 적어도 소멸된 것이다.[16]

그렇지만 8세기 후반에는 이전과 성격이 다른 발해 사절이 일본으로 건너가기 시작한다. 771년부터 779년까지 단기간에 걸쳐 5회의 사절이 파견되었고, 그 규모는 전기의 5회가 평균 36명 정도였다면 180명에서 300명을 넘는 인원으로 크게 증가하였다. 특히 771년 일만복壹萬福이 이끄는 사절의 규모는 325명으로 국서國書를 비롯하여 여러 가지 이례적인 점들이 많아 이것을 일본 측으로부터 엄히 책망을 받게 된다.[17]

이전과는 분위기가 달라진 발해 사절의 파견 배경에는 무엇이 있었던 것일까. 일반적으로 762년 제6차 사절 파견을 기준으로 변질되어, 발해의 일본에 대한 외교 목적은 '정치'에서 '경제'로 옮겨가고, 그 이후 일관되게 양국 관계는 경제상의 교류를 목적으로 지속된 것으로 보인다. 이렇게 그 성격이 변화된 뒤 장기간에 걸친 외교관계가 전개되지만, 앞서 서술한 다섯 차례(771~779) 사절 파견의 성격을 재차 명확히 하여 '경제' 목적을 지닌 후기의 대일본 외교 배경을 살펴보도록 하겠다.

돌이켜 보면 발해는 건국 초기 특히 720년부터 760년 초까지 약 40년 사이에 걸쳐 대외적인 긴장이 이어지지만 그것은 발해 왕권이 주변 말갈 여러 종족을 통합해가는 과정과 시기적으로 겹치고 있다.[18] 발해는 고구려의 영향을 강하게 받은 속말말갈부粟末靺鞨部를 중핵으로 하여 곧이어 주변의 여러 종족(불열拂涅, 월희越喜, 철리鐵利, 흑수黑水 등)을 점차 정치적으로 포섭해 가면서 전성기에는 이 장의 서론에서 언급한 영역까지 지배력을 확대시켜 가게 된다.[19] 이러한 발해의 국가 통합 과정은 발해인 자신이 쓴 사료가 남아 있지 않아 구체적인 양상은 알 수 없지만 그 과정을 간략하게나마 추측할 수 있는 것이 당시 말갈 여러 종족과 당과의 통교 관계에 관한 기록이다.

즉 중국 측 사료에 따르면 발해의 건국 초기(710~750년대)에는 발해 왕권뿐 아니라 말갈 여러 종족의 각 부족들이 독자적으로 빈번하게 대당 외교를 전개해간 모습을 짐작해볼 수 있다. 또 이것에 의해 말갈 여러 종족은 그 무렵까지 대당 교역을 목적으로 한 자율적 대외 활동을 진행하고 있었던 것으로 추측된다.[20]

그렇지만 8세기 중반이 지나면서 말갈 여러 종족의 이러한 활동은 점차 소멸되고 발해 왕권과 흑수말갈부 양자에 의한 당과의 통교만이 당 측의 기록에 남게 된다. 9세기 이후가 되면 흑수말갈부의 대당 통교도 모습을 감추고 발해 왕권만이 단독으로 안정적인 통교를 유지해가는 모습을 찾아볼 수 있다. 이러한 당과의 통교 관계 양상은 그대로 발해에 의한 말갈 여러 종족과의 정치적 통합과정과 겹친다고 추정되어왔다.[21]

그렇다면 앞 절에서 살펴본 것처럼 발해는 신라·당과의 대립 상황에서 대일본 외교를 추진하면서도 한편으로 주변 말갈 여러 종족을 점차 포섭해간 것으로 볼 수 있을 것이다. 이것은 또한 말갈 여러 종족의 자율적인 대외 통교를 억압하면서 발해 왕권이 독점해가는 과정이라고도 할 수 있겠다.

그렇다면 발해 왕권은 대외적인 위기 속에서 혼잡한 말갈 여러 종족을 어떻게 처우했던 것일까. 이러한 의문에 대한 답변을 암시하는 것이 779년 9월 데와(出羽, 지금의 야마가타山形현과 아키타秋田현)에 도착한 359명 규모의 발해 사절이다. 일본 측 기록에 따르면 당시의 사절은 '발해 및 철리鐵利'로 표기되어 있으며 또한,

다만 온 사신은 미천하여 손님으로 모시기에는 족하지 않으므로, 이
제 사자를 보내어 잔치를 베풀고 그 길로 돌려보내고자 한다.[22] 『속
일본기』 권35 보구 10년(779) 9월 경진庚辰조

라고 하거나

押領 高洋粥 등이 올린 表가 무례하니 마땅히 올리지 못하게 하고,
아울러 筑紫에도 나아가지 못하게 하라. 간사한 말로 편의를 구하
니.[23] 『속일본기』 권35 보구 10년(779) 11월 을해乙亥조

등에서 전기前期처럼 명확한 목적을 가진 사절과는 다소 성격을 달리하고
있음을 알 수 있다.

주목되는 것은 '압령押領(감독관) 고양죽高洋粥'이나 '통사(통역) 고설창高
說昌' 등이 다수의 철리인鐵利人과 함께 입조入朝했는데 무슨 이유에서인지
철리인들이 그들을 관리하기 위해 수행 온 발해 관인들을 일본의 관인 앞에
서 능멸하는 태도를 취한 일이 있다.[24] 일본 측 사료에는 이 일행을 '발해 및
철리'로 적고 있지만 철리부鐵利府는 당시 이미 발해 왕권에 통합되어 있었
기 때문에,[25] 그 당시 사절은 발해 왕권에 포섭된 지 얼마 안 된 철리부를 동
반하게 된다. 그렇지만 철리부 사람들은 발해 관인과 동행했기 때문에 대일
본 통교에 참여할 수 있었음에도 일본 측 관인과의 교섭 자리에서 반항하며
스스로 민족의 귀속의식을 강하게 주장했기 때문에 '발해 및 철리'라고 일
본 측 기록에 남게 되었던 것이다.

이러한 사실의 배경에는 발해에서 다음과 같은 과정이 있었다고 추정할
수 있다. 본래 철리부는 발해 왕권에 포섭되기 이전에 독자적으로 대외 교
역을 하고 있었지만 발해와의 정치적 관계를 맺음으로 인해 기존의 천리부

가 독자적으로 교역하던 대외 활동을 새로이 발해 왕권의 주도하에 교류할 수밖에 없었던 것이다.

요컨대 779년 '발해 및 철리'의 파견은 발해 왕권에 의해 새롭게 포섭된 말갈 여러 종족을 회유하기 위해 교역단과 같은 것을 조직하고 그것이 발해의 국가적 사절의 일원으로서 대외 통교에 항상적으로 더해지던 초기 단계의 사건이었다고 추측되는 것이다. 772년부터 779년까지 다섯 차례 이루어진 사절 파견은 이례적인 부분을 찾아볼 수 있다. 특히 사절이 대규모화된 것은 발해의 말갈 여러 종족에 대한 정치적 통합 과정과 연관되어 있으며, 당시 대일본 통교에서의 '혼란'은 이러한 발해의 정치 과정을 미묘하게 반영하고 있는 것이다.

이러한 점을 감안할 때 흥미로운 것은 발해가 주변 말갈 여러 종족을 통합하여, 그 전성기라 할 수 있는 9세기에 이르면 발해의 대일본 사절은 거의 105명 정도의 인원으로 구성되기에 이른다는 점이다. 841년 '발해국중대성첩渤海國中臺省牒'[26]사본에 따르면 일본에 건너간 105명의 내역은 다음과 같다.

1명	사두使頭	정당성 좌윤左允 하복연賀福延
1명	사사嗣使	왕보장王寶璋
2명	판관判官	고문훤高文暄, 오효신烏孝愼
3명	녹사錄事	고문선高文宣, 고평신高平信, 안관희安寬喜
2명	역어譯語	계절헌季節憲, 고응순高鷹順
2명	사생史生	왕록승王祿昇, 이조청李朝淸
1명	천문생天文生	진승당晉昇堂
65명	대수령大受領	
28명	초공梢工	

이러한 발해 사절의 인원 구성에 대응하듯이 『연희식延熹式』에는 발해 사절의 구성원과 그들에게 건넨 답례(回賜) 품목과 분량을 다음과 같이 규정하고 있다.[27]

발해왕	견絹	30필	시絁	30필	사絲	300구	면綿	300둔
대사	견絹	10필	시絁	20필	사絲	50구	면綿	100둔
부사			시絁	20칠	사絲	30구	면綿	각70둔
판관			시絁	각15필	사絲	각20구	면綿	각50둔
녹사			시絁	10필			면綿	각30둔
역어			시絁	5필			면綿	각2둔
사생			시絁	5필			면綿	각2둔
수령			시絁	5필			면綿	각2둔

여기에서 보이는 것처럼 사절의 구성원이 거의 부합하며, 앞서 언급한 9세기 이후 발해 사절 인원이 105명으로 거의 일정해졌기 때문에 그후에도 기본적으로 사절 구성과 인원수에 변화는 없었다고 보아도 무방할 것이다.

여기서 주목되는 것이 사절의 인원 속에 압도적으로 다수를 차지하고 있는 수령(대수령)의 존재이다. 수령이란 말갈 여러 종족 속에서도 지역사회에서 지배자로서 군림하던 자들로, 발해 왕권은 그들을 포섭하여 그것을 국가적으로 재편성하는 것에 의해 집군적인 지배를 가능하게 했던 것이다.[28] 즉 그들이야말로 발해가 포섭한 말갈 여러 종족의 수장일 뿐 아니라 발해는 그들을 제도적으로 조직화해서 대일본 외교에 항상적으로 참가시켰던 것을 알 수 있다.

위에서 제시한 사료에 보이는 것처럼 수령들은 사절과 함께 일본에 건너가면, 일본 측에서 답례로 견제품을 하사받았는데, 그 분량은 발해국에 가져가는 전체 답례품 중에서 과반을 차지하고 있었다.[29] 826년 우대신右大臣 후지와라노 오츠구藤原緒嗣는,

실제로 이들은 무역(商旅)을 중심으로 활동하여, 사신으로 대우하 기에 부족함이 있다. 그들의 무역 활동을 사신으로 대한다면 이는 국가의 손실이다.(『유취국사類聚國史』권194·천장 3년(826) 3월 무진 삭戊辰朔조)

라는 발언이 잘 알려져 있는데, 사신(賓客)이었기에 입국을 허용한 일본 측 이 발해 사절을 '무역(商旅)'으로 간주하여 멀리한 원인은 그 빈번한 파견 횟 수 말고도 사절과 동행하면서 대량의 답례품을 가져간 수령의 존재에 있었 다고 보아도 틀림이 없을 것이다.

발해는 국제적 긴장감이 고조되는 가운데 주변의 말갈 여러 종족을 차례 로 포섭해가면서 그들을 수령으로 삼아 왕권 아래에 복속시켰지만, 760년 대 국제적인 긴장이 완화되자 포섭된 말갈 여러 종족의 수장들을 대외 교역 에 참가시킴으로써 그들을 회유하고 말갈 여러 종족에 대한 지배를 더 견고 하게 하기를 겨냥했던 것이다. 그로 인해 9세기 이후 일정한 인원으로 빈번 하게 이루어진 대일본 외교는 발해 왕권에 의한 지방(말갈 여러 종족) 지배 양상을 보여주는 거울이라고도 할 수 있지 않겠는가.

4. 발해의 대외 통교와 오경五京·오도五道

발해와 일본의 교류는 760년대를 경계로 정치 목적에서 경제 목적으로 전환되었다고 말해지고 있지만, 앞 절에서는 그 이행기에 주목하여 경제 목

적으로 본 발해 후기의 대일본 외교의 배경을 검토하였다. 당시 발해와 일본의 통교 관계를 통해 그 배후에 있던 발해 왕권과 말갈 여러 종족의 정치적인 여러 관계의 일단을 살펴볼 수 있었다고 생각한다. 즉 발해는 동아시아 국제적 긴장이 완화되자 포섭된 말갈 여러 종족의 수장층에 대해 기존의 권익을 환원해주듯이 대외 교역의 편의와 안전을 제공함으로써 말갈 여러 종족에 대한 정치적 지배를 더 확고히 한 것으로 보았다.

그렇지만 발해의 대외 통교는 말할 것도 없이 일본에만 국한되지 않았고 당과의 관계는 일본 이상으로 중요하였다. 발해의 대당 통교는 건국 이래, 전쟁 중이던 특정 시기를 제외하면 거의 정례적으로 사절을 파견하였으며, 이는 발해의 멸망기까지 지속되었다. 따라서 발해의 대당 통교는 대일본 통교와 함께 단순한 경제적 활동에 그치지 않고 발해의 말갈 여러 종족에 대한 정치적 지배의 근간과 관련되어 있다고 볼 수 있을 것이다.

이처럼 발해의 대외 통교는 발해 국내의 정치적 지배와 표리表裏 관계를 보여주고 있지만, 여기서 유의할 것은 발해의 대외관계에는 매우 두드러진 특징이 있다는 것이다. 즉 발해는 당이나 일본 사이에서 장기간에 걸친 통교 관계를 유지하면서도 다른 한편으로는 남쪽에 인접한 신라와는 외교 교섭을 거의 하지 않았다는 점이다.

사료상에서도 전 시대에 걸쳐 신라에서 발해에 사절을 파견한 것은 두 차례밖에 확인되지 않으며, 이를 단지 기록을 잃어버렸기 때문으로 보는 견해도 있지만 그렇게 해석할 여지는 거의 없다. 그 근거의 하나로 신라와는 동해 쪽 국경 부근에 다음과 같은 전승이 남아 있다.

신라국은 [중략] 동쪽으로 長人國과 접하고 있다. 長人은 그 키가 거의 3장이나 되고, 톱니 이빨에 갈퀴 손톱에다 검은 털이 온몸을 덮고 있다. 火食을 하지 아니하여 새나 짐승을 날로 물어뜯으며, 간혹 사람을 잡아먹기도 한다. 婦人을 얻으면 衣服이나 만들게 한다. 그 나라의 산은 수십 리씩 연결되어 있는데, 입구의 골짜기에 튼튼한 鐵門을 만들어 달고 鐵關(鐵闉)이라 부른다. 新羅는 이곳에 항상 弩士 수천 명을 주둔시켜 지킨다.[30] (『태평광기』 권481 신라조)

이 내용은 기본적으로 8세기부터 9세기에 걸친 신라의 발해와의 국경 부근에서의 정책과 동북 변경 경계 이북의 발해 영역민에 대한 신라인의 사고 방식을 상징적으로 이야기한 설화임을 앞서 명확히 한 바 있다.[31] 요컨대 신라인에게 국경을 접하고 있는 발해인은 이형異形이며 공포의 대상이었다. 발해인을 공포의 대상으로 여기는 설화가 생겨난 것은 양자가 장기간에 걸쳐 교섭이 없었고 군사적 긴장이 지속되었기 때문으로 볼 수 있다. 신라가 발해와의 국경 부근에 강력한 군사시설(서북의 패강진전, 동북의 관문)을 설치한 점이나 발해 영역민에게 이형의 이미지를 갖고 있었던 점에서도 양국 사이의 빈번한 교섭을 추정하기란 어렵다.

다른 하나의 근거는 발해의 쇠퇴기부터 말갈 여러 종족이 신라의 국경 부근에 출몰하여 교역을 요구해왔다는 사실이다. 예를 들어 886년 발해에 속해 있던 말갈의 두 부족이 신라 북진北鎭에 직접적인 접촉을 피하면서 문자를 적은 목편木片을 가지고 통교를 제안한 사건이 있었다.[32] 발해 영역민과 일상적인 교섭이 있었다면 이러한 형식의 제안은 나올 수 없었을 것이고, 이는 기존 국경 부근에서 이루어진 양측의 교섭 양상을 반영하고 있다고 말할 수 있을 것이다.[33]

이를 뒷받침하듯이 발해가 멸망한 뒤, 신라를 대신한 고려와 구舊 발해 지역의 말갈 여러 종족(여진족) 사이에 전례 없는 과잉된 교섭이 전개되고 그것은 금金나라가 출현할 때까지 이어지고 있다.[34] 발해의 쇠퇴기부터 시작된 양국 국경 부근에서의 교류 활성화는 발해의 쇠퇴·멸망에 의해 초래된 현상으로 추정할 수 있다.[35] 따라서 신라와의 몰교섭이라는 특이한 관계는 발해의 국가적인 성격과 연관지어 고찰해야 할 문제가 된다.

결론적으로 말하자면 이러한 발해와 신라 간 교섭의 부재는 장기간에 걸쳐 전개된 당이나 일본을 대상으로 한 안정된 통교관계와 뗄 수 없는 발해의 기본적인 국가 전략이었던 것이다. 즉 발해의 쇠퇴·멸망으로 인해 옛 신라 지역과의 교섭이 증대되었다는 것이 보여주듯이, 발해에게 대적하는 신라와의 국경 부근에서 말갈 여러 종족을 관리·규제한 것은 발해의 국가 존립의 근간과 직결되는 과제였다고 추정된다.

해당 지역의 민(예족, 후에 말갈족)은 예로부터 어류와 모피를 멀리 중국 내륙까지 교역하던 수렵·어로의 민으로 여러 사료에 기록되어왔다.[36] 그들은 원거리 교역을 생업으로 삼았고 발해의 대외 교역이란 이러한 생업에 종사하던 말갈 여러 종족의 교역 활동을 말하자면 국가적으로 편성한 것으로 생각된다. 따라서 말갈 여러 종족을 널리 포섭·통합한 발해 왕권의 정치적 안정화란 신라와 인접한 말갈 여러 종족의 타 지역과의 교역을 관리·통제하는 것이 필수 과제였던 것이다.

발해 왕권이 이미 포섭한 말갈 여러 종족의 대외 교역을 보증해줄 수 없었다면 그들을 왕권 아래 제어할 수 없었을 것이며, 남쪽 신라와의 통교도 말리지 못했을 것이다. 따라서 대당·일본과의 장기적이고 안정된 통교 관계는 그 한편에서 남쪽에 인접한 신라와의 적대와 몰교섭을 포함해서 발해의 기본적인 국가 활동이었다고 할 수 있을 것이다.

이처럼 발해 왕권은 포섭된 말갈 여러 종족에 대한 외부와의 통교를 관리하는 것이 국가지배의 요체였다고 추측된다. 하지만 중국 측 사료에 따르면 발해가 외부와 통하는 주요 간도幹道는 당과 연결되는 '조공도朝貢道', '상주도尙州道'가 있으며 이밖에 거란과 연결되는 '거란도契丹道', 신라와 통하는 '신라도新羅道', 일본과 통하는 '일본도日本道' 등의 오도五道가 있었다고 한다.[37]

이러한 외부와의 통교와 관련하여 주목되는 것이 발해의 오경五京 제도이다. 오경에 대해서는 소재지를 비롯하여 구체적인 제도상의 기능 등 지금까지 많은 논의가 있었음에도 미해결된 문제가 적지 않게 남아 있다. 그러나 최근의 연구에 의해 오경이 발해의 국내 지배 및 대외 교통과 관련된 주요 거점이었다는 것이 밝혀지게 되었다.[38]

즉 오경 중에서 가장 오랜 기간 왕도가 설치된 상경上京 용천부(龍泉府, 흑룡강성 영안현 동경성)에서 내륙부 중경中京 현덕부(顯德府, 길림성 화룡현 서고성)를 거쳐, 압록강 부근의 서경西京 압록부鴨綠府를 연결하는 루트는 당과의 통교를 위한 '조공도朝貢道'에 해당된다. 한편 동일한 상경을 기점으로 동해에 근접한 동경東京 용원부(龍原府, 길림성 휘춘현 팔연성)를 이어주는 루트가 일본과의 통교를 위한 '일본도日本道'였다. 여기에 동경에서 남경南京 남해부南海府로 내려가는 루트는 신라와의 국경과 연결되는 '신라도新羅道'였다. 이상 오경을 연결하는 세 가지 루트는 앞서 언급한 발해의 외교전략과 일치하고 있다.

당연히 '조공도'와 '일본도'는 밀접한 관계가 있는 당·일본과 연결되는 정치·경제의 대동맥이었다. 한편 '신라도'는 전 시대에 걸쳐 거의 교섭 없이 적대적이었던 신라를 방어하기 위한 목적의 간도幹道였다. 발해의 간도는 이밖에도 내륙의 장령부長嶺府를 거쳐 당과 연결되는 '상주도尙州道'와 서북쪽 부여부扶餘府 방면에 거란을 방어하기 위한 '거란도契丹道'가 있었지만 전자는 안전의 문제가 있었기 때문에 그 위치가 낮고,[39] 후자는 발해사 속에서 그다지 적극적인 의미를 발견할 수 없다.

어쨌든 발해의 국가체제를 떠받치던 오경五京·삼도三道와 일본이 깊이 연관되어 있는 점은 앞서 언급한 일본과의 밀접한 교류와 중복되고 있어 주목된다. 특히 동경에는 8세기 말의 특정 시기에 왕도王都가 옮겨져 이곳이 지방 지배의 가장 중요한 거점이 되었던 것을 감안하면 상경과 동경을 연결하

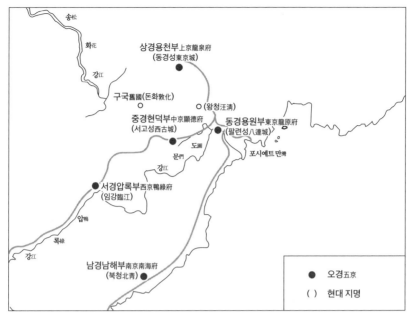

지도 2 발해의 오경과 주요 교통로

고 도문강圖們江 하구까지 약 300km에 이르는 '일본도'야말로 발해에는 가장 중요한 간도로서의 위치를 점하고 있었음을 쉽게 이해할 수 있다.

최근 중국에서는 '일본도'에 관한 고고학 조사가 진행되어 기존의 모습들이 밝혀지고 있다. 예를 들어 이 루트에 있는 왕청현汪淸縣 문화국과 길림성吉林省 문물고고연구소의 조사에 의해 알하강嘎呀江 계곡의 도로를 따라 발해시대의 토성土城이나 사원지가 발견되는데,[40] 이것들은 약 20km마다 확인되고 있다. 이것은 기존 문헌사료에서 존재 자체가 부정적이었던 관역館驛의 실체를 충분히 뒷받침할 만큼 괄목할 만한 사실이다.[41] 상경에서 동경을 거쳐 도문강 하구 부근의 항구에 이르는 '일본도'가 발해를 받쳐주던 대동맥이었다는 것은 의심의 여지가 없으며, 발해의 대일본 통교에 대한 각별한 의의를 재인식시켜주고 있다.[42]

5. 맺음말

이상 발해의 대일본 외교의 성격과 배경에 대한 고찰에 의해 발해의 대일본 외교가 단순히 양국의 오랜 기간에 걸친 친밀한 우호 관계였다는 수준에 그치는 문제가 아니라 발해라는 국가의 성립 그 자체에서 기인한 국가적인 활동이었다는 점을 분명히 하였다.

발해 측에 남겨진 사료가 거의 없기 때문에 발해의 대외활동에 의해 통교 상대국에 남겨진 흔적을 단서로 하여 말하자면 상호관계의 결절점을 짚어가면서 발해 국가의 여러 모습을 언급하였다. 즉 국가의 통합과정, 민족의 구성, 발해 영역민의 생업, 지방지배 제도, 대외정책(외교전략) 등 여러 갈래에 걸친 내용이었지만 이것들이 상호 밀접하게 연관되어 있어 발해 국가의 전체상을 해명하는 데 실은 우리에게 많은 시사를 주고 있는 것이다.

동아시아의 일각에서 '해동성국海東盛國'으로 불리며 200여 년에 걸친 확고한 위치를 점하던 발해의 모습은 아직 막연하기만 하다. 이 장은 동해를 초월한 교통·교역·커뮤니케이션에 의해 고대 일본에 보내진 발해의 메시지를 분석하고, 그것을 발해의 주체적 시선에서 해독하고자 한 작은 시도에 불과하다.

이 책은 지금까지 20년에 걸쳐 발표해온 개별 논문을 '고대 동아시아의 민족과 국가'라는 제목으로 취사·선택하여, 3부 14장 구성에 맞추어 편집한 것이다. 이 책에 논문을 수록하면서 글자의 수정 등 가필과 보정을 최소화하여 정리하고, 발표 시의 형식에 따르려고 하였다. 각 논문이 처음 발표되었을 때를 제시하면 다음과 같다.

서론	동아시아 여러 민족의 국가 형성에서 낙랑군의 역사적 위치東アジア諸民族の國家形成における樂浪郡の歴史的位置(사회문화사학회 1992년도 대회의 보고 원고 「동방의 여러 민족과 중국 문명의 만남東方諸民族の中国文明との出会い」에 일부 가필).
1장	동아시아 여러 국가와 인구 이동東アジア諸國と人口移動(田村晃一·鈴木靖民編, 『신판 고대 일본新版 古代の日本』二, 아시아에서 본 고대 일본アジアからみた古代日本, 角川書店, 1992년 5월).
2장	예족의 생업과 민족穢族の生業とその民族的性格(武田幸男編, 『조선 사회의 역사적 전개와 동아시아朝鮮社会の史的展開と東アジア』山川出版社, 1997년 4월).
3장	『양서』고구려전과 동명왕 전설『梁書』高句麗傳と東明王傳說(早稲田大學文學部東洋史研究室編, 『중국 정사의 기초적 연구中国正史の基礎的研究』, 早稲田大学出版部, 1984년 3월).
4장	고구려의 건국 전설과 왕권高句麗の建國傳說と王權(『사관史觀』第121冊, 早稲田大学史學會, 1989년 9월).

이 책이 완성되기까지 20여 년의 세월을 돌이켜 보면 지금까지 지도·편달해주신 은사님과 선배, 학우와의 만남이 생각난다. 그러한 과정을 거치지 않았다면 오늘날의 연구 생활은 존재조차 하지 않았을 것이고 어쩌면 이러한 형태로 연구 성과를 정리할 수도 없었을 것이다.

학부의 교양과정을 끝내고 동양사학과에 진학한 지 얼마 되지 않아, 강습으로 지도해주시던 후쿠이 시게마사福井重雅 선생님의 소개장을 들고 미야타 세츠코宮田節子 선생님을 찾아뵌 것은 1974년의 일이었다. 한국 고대사로 졸업논문을 쓰고 싶다고 말씀드리자, 이내 다케다 유키오武田幸男 선생님과 스즈키 야스타미鈴木靖民 선생님의 성함을 거론하시면서, 두 선생님께 논문 지도를 받도록 권해주셨다. 두 선생님께 직접 소개해주실 때에는 사전에 "두 분 모두 뛰어난 연구자이며 학문에 있어 매우 엄격한 분들이시니 무책임한 연구 자세로는 곤란합니다."라고 담담한 말투로 말씀하시던 모습이 지금도 강한 인상으로 남아 있다.

그 이후 다케다, 스즈키 두 선생님 밑에서 학부 강의를 수강하게 되었고, 대학원에 진학하고 나서는 강습에 참석할 수 있도록 허락받았다. 그러한 강의와 연습을 통해 많은 선배·학우들을 만날 수 있었다. 요시다 미츠오吉田光男 씨, 사카요리 마사시酒寄雅志 씨는 두 선생님의 지도를 받으며 항상 가까이서 동학으로서 도움의 손길을 내밀어주었다.

또한 동시에 다케다 선생님께서 주재하신 신라사연구회에도 참석할 수 있도록 해주셨다. 연구회에는 한국 고대사 연구에 뜻을 둔 젊은 연구자들이 모여 있었고, 긴장된 분위기 속에서 격주마다 열정 가득한 발표가 진행되었다. 처음에는 마치 다케다 선생님을 사범으로 삼아 진검 승부하는 도장 같은 분위기에 압도되었지만, 창설 당초부터 간사를 맡았던 기무라 마고토木村誠 씨에게 다양한 가르침을 받으면서 연구의 발판을 다질 수 있었다. 이 책에 수록된 초기 논문은 연구회에서의 성과 중 일부이다. 신라사연구회 참가자는 그후 많이 교체되었지만 여전히 계속해서 개최되고 있다. 나의 연구는 바로 이곳에서 첫걸음이 시작되었고 성장해갔다고 해도 좋을 것이다.

대학원에 진학하자 다케다 선생님께서 조선사연구회의 간사 자리를 추천해주신 덕분에 정례회 담당 간사를 맡게 되었다. 그후 오랜 기간 정례회 운영을 담당하게 되어 하타다 다카시旗田巍 회장님(당시)께 친근하게 여러 말씀을 듣게 되거나, 마부타 사다토시馬淵貞利, 요시노 마코토吉野 誠 두 분을 비롯한 근대사 연구자께도 연구 동향을 일상 대화처럼 들을 수 있는 등 고대사 연구에만 국한되지 않고, 일본에서 전후에 한국사 연구를 담당해오신 분들이 가진 문제의식을 직접 접할 수 있었던 것은 소중한 경험이었다.

몇 차례 논문을 발표할 무렵, 다나카 도시아키田中俊明 씨와 함께 간토關東와 간사이關西 지역의 젊은 연구자들과 밤새 토론도 하면서, 분야와 시대를 뛰어넘어 심도 있는 교류를 할 수 있었다. 그후에도 다나카 씨를 통해 고고학·문헌학의 수많은 연구자들을 만날 수 있었다.

지금 되돌아보면 그후 연구 생활의 커다란 전환기가 두 차례 찾아왔던 것으로 기억한다. 하나는 1982년부터 와세다대학早稻田大學 문학부 강사로 강단에 서게 되면서 자신의 연구 성과를 강의에서 언급할 기회를 갖게 된 일이다. 교실에서 학생과 직접 마주 보며, 엄격한 사료 분석·해석에 의거하면서도 독자적인 역사 연구를 어떻게 전개해야 하는지 깊이 고민하지 않을 수 없게 된 것이다. 그 무렵, 대학원 시절부터 함께 수학한 구도 모토오工藤元男 씨와 사회과학이나 현대사상에 대해 토론하면서 연구의 방향을 모색하던 중 많은 것을 구상할 수 있었다.

다른 하나는 1992년 요코하마국립대학橫浜國立大學 교육학부 일본·아시아문화 과정의 담당 교관으로 부임한 것이다. "아시아 문화론" "아시아 지역론" "아시아 경제와 사회" "조일朝日 문화론"과 같은 강의를 담당해야 한다는 시련에 직면하게 되면서, 이제까지 본인의 연구를 근본부터 되짚어 보아야 하는 상태에 이르렀다. 한국 고대사에서 고대 동아시아사로, 나아가 근대를 포함한 동아시아사로 점차 관심이 옮겨간 것도 학생들의 엄중한 눈빛에 필사적으로 응하고자 고통에 몸부림치던 결과였다. 이 책의 구상도 그 무렵에 확고해졌다고 할 수 있다.

이 책은 고구려, 신라, 발해와 같은 동아시아 여러 민족의 고대국가 형성, 국제관계의 연구를 도모하고 있지만, 오늘날 남아 있는 사료가 극히 적어 그 흔적은 애처로울 만큼 미약하다. 하지만 근래 석비의 발견이나 고고학 발굴 성과에 의해 고대 동아시아사로의 진입 통로가 분명 조금씩 열리고 있다. 여러 민족의 역사가 전개된 옛 지역이나 유적·유물이 발견된 현지를 답사하는 것은 지금에야 역사 연구와 불가결한 작업이 되었다. 연구에 뜻을 둔 처음에는 상상조차 할 수 없었던 국제학술 교류가 일상화되면서 1989년부터 다케다·스즈키 두 선생님과 다나카 씨의 안내로 고대 동아시아 여러 민족의 활동 거점을 중심으로 주요 지역을 둘러 볼 특혜를 가질 수 있었다. 문헌사료에서는 알 수 없었던 세계와 접함으로써 고대사 연구에 대한 궁금증이 확장되었고 문제의식을 한층 제고시킬 수 있었다.

당시 조사 여행에서 한국의 이기동李基東, 윤무병尹武炳, 신경철申敬澈 선생, 중국의 왕협王俠, 왕금림王金林, 관영管寧 선생을 비롯한 많은 분들께 아낌없는 지원을 받았다. 한편으로 하타다, 다케다, 스즈키 세 선생님을 통해 한국, 중국, 영어권의 많은 연구자들과 교류할 수 있었던 것은 현재에 이르기까지 연구 생활의 큰 버팀목이 되어주고 있다. 특히 한국의 이우성李佑成, 이기백李基白 두 선생님께는 초학자일 무렵부터 변함없는 독려와 조언을 해주셨다.

이 책은 조촐한 연구 생활의 이정표에 불과하지만 많은 은사님, 선배, 학우들의 도움으로 여기까지 도달할 수 있었던 증거이며 지금까지의 연구 기점이기도 하다. 이 기회에 지금껏 지도해주시고 함께해 주신 은사님, 선배, 학우들께 다시 한 번 깊이 감사드리며, 더욱 연구에 정진할 것을 약속드리고자 한다. 또 현재 진행 중이며 향후 나아갈 연구 방향에 대해서는 새로 준비하고 있는 논문집에 미루도록 하겠다.

마지막으로 이 책 출판을 위해 기회를 마련해주신 전前 이와나미서점岩波書店 편집부의 아이바 아츠시合庭惇 씨에게 감사드린다. 그리고 이와나미서점 편집부 고지마 기요시小島 潔 씨에게는 이 책을 간행하면서 시종일관 적잖은 조력을 받았다. 과거 병상에 있던 시절, 새로운 구상으로 논문을 쓸 수 있도록 전화로 독려해주신 이후, 계속해서 나태한 나를 질타하며 기분 좋은 자극이 되어주셨다. 지면을 빌어 다시 한 번 진심으로 사의를 표하고 싶다. 또한 교정이나 색인 작성에는 나행주羅幸柱, 이노우에 나오키井上直樹 두 분을 번거롭게 하면서 소중한 조언 말씀을 들을 수 있었다. 감사 말씀을 드린다.

언제부터인가 돌아가신 아버님의 향년이 될 때까지는 논문집을 출판하고 싶다는 마음을 이어왔다. 이제야 간행하게 된 이 책을 아버님 영전에 바치고 싶다.

1998년 1월

　이 책은 이성시 선생이 쓴『古代東アジアの民族と國家』(岩波書店, 1998년)를
번역한 것입니다. 이성시 선생은 1952년 일본 나고야에서 태어나 와세다대
학과 대학원에서 한국고대사를 전공했으며, 이 책은 와세다대학에 제출한
박사학위 논문에 해당합니다.

　저자의 책과 논문은 국내에도 다수 소개되어 있습니다. 그 중『동아시아
의 왕권과 교역』(1999년),『만들어진 고대: 근대 국민국가의 동아시아 이야
기』(2001년),『투쟁의 장으로서의 고대사』(2019년) 등은 고대사 연구자뿐만
아니라 근현대사를 비롯한 다양한 분야의 연구자들과 독자에게도 큰 반향
을 일으켰습니다. 그래서 현재 일본에서 활동하는 가장 유명한 한국 고대사
연구자라 할 수 있습니다.

　옮긴이 두 사람이 처음 이 책을 번역하자는 이야기를 나눈 것은『투쟁의
장으로서의 고대사』출판이 거의 마무리되어 가던 2019년 여름의 일입니
다. 옮긴이 중 한 사람인 이병호는 와세다대학 박사학위논문의 지도교수인
이성시 선생의 학문적 성과를 가능하면 원문 그대로 충실하게 국내에 소개
하고 싶다는 생각을 했습니다. 국립중앙박물관에서 국제교류 업무를 담당
하는 김은진 역시 자신의 전문성을 발휘할 수 있는 좋은 기회라고 생각하여

용기를 냈습니다.

옮긴이 두 사람이 번역을 결정한 다음 곧바로 이성시 선생께 이 책을 번역해도 좋을지 허락을 요청하는 메일을 드렸습니다. 선생께서는 매우 좋은 제안이라고 하시면서 흔쾌히 승낙을 해주셨습니다. 아울러 크게 두 측면에서 이 책을 번역할 필요가 있다는 말씀을 해주셨습니다.

먼저, 한국에서는 『만들어진 고대』라는 책이 성공을 거두면서 저자의 이미지가 역사 평론가로서만 지나치게 부각되는 경향이 있었는데, 이 책 『고대 동아시아의 민족과 국가』의 출간을 통해 한국 고대사 연구자라는 저자 본래의 모습이 제대로 부각되는 계기가 될 수 있다는 점입니다. 『만들어진 고대』나 『투쟁의 장으로서의 고대』에서 제시한 문제의식이나 역사적 관점이 어느 날 갑자기 나타난 것이 아니라, 저자가 전문적인 연구논문 작업을 하는 과정에서 부각될 수 있었음을 이 책의 출간을 통해 구체적으로 확인할 수 있으리라는 점입니다.

두 번째로 이 책이 지닌 현재의 학술적 의미입니다. 이 책의 연구사적 의의는 크게 두 가지를 들 수 있습니다. 먼저 낙랑군 설치를 기점으로 중국 동북지방, 한반도, 일본열도의 고대국가 및 민족형성을 파악하는 새로운 관점을 제기한 것입니다. 다음으로 이러한 지역에서는 7세기 말에서 8세기 초기에 발해, 통일신라, 일본이 성립하는데 이러한 국가들을 낙랑군 설치를 계기로 한 문명화의 도달점으로 간주할 수 있다는 관점을 제시하고 있는 점입니다.

이러한 의의를 지닌 이 책에 수록된 14편의 논문이 이후 저자의 모든 연구 활동에서 출발점이 되고 있다는 데 새삼 주목하고자 합니다. 즉, 고대 동아시아 문화권 형성에 관한 연구, 한국 목간을 비롯한 출토문자 자료의 연구, 근현대를 대상으로 한 사학사史學史 연구의 전개는 이 책의 개별 실증 연구를 토대로 하고 있습니다. 예를 들어 최근 일본 고대사 연구에서 한국의 목간 연구가 외면할 수 없는 가치를 지니게 된 사실은 아주 시사적이라 할 수 있겠습니다.

이 책의 번역 출간을 통해 이와 같은 현재 한일 고대사 연구 현황을 새롭게 검토하고, 그 필요성을 다시금 제기하고자 합니다. 이 책에서 논하는 수많은 역사적 사실들은 서로 공유할 수 있겠지만, 그 전제가 되는 패러다임은 한국 학계와 완전히 달리하고 있습니다. 따라서 현재까지의 저자의 연구를 이해하기 위해서는 우선 이 책에서 전개되는 문맥을 받아들일 필요가 있을 것입니다. 바로 그 점이 이 책을 번역 간행하게 된 의의라 할 수 있습니다.

이러한 이성시 선생의 격려에 힘입어 번역을 시작했지만 실질적인 작업은 2021년도 상반기에야 본격화될 수 있었습니다. 번역은 일본어에 능숙한 김은진이 초역과 감수를 하면 이병호가 국내외 논문과 자료를 찾아가며 교정을 실시하였고 출판사의 최종적인 전문 교정을 거치는 방식으로 진행하였습니다. 이 책이 1998년 출간되었으므로 그 사이 새로운 자료의 발견으로 인해 저자의 생각이나 견해가 수정된 부분이 있다는 사실을 알고 있지만, 출간 당시의 제한된 자료 속에서 고심하던 문제의식을 되짚어본다는 측면에서 가능한 원서에 충실하게 옮기려고 했음을 밝혀둡니다.

번역을 진행하면서 무엇보다 학문 탐구에 대한 열정과 치밀하고 진중하신 선생의 성품이 저서 곳곳에 묻어나 있음을 확인할 수 있었습니다. 단어하나, 문장 하나 얼마나 고심하고 선택해서 저술했는지 그 방대한 식견과 깊이가 느껴져 매순간 경외감을 갖고 작업에 임했습니다.

우리나라에서 일본어 역사 번역서는 그다지 인기가 없습니다. 하지만 앞서 두 권의 책을 번역 출간한 바 있는 삼인출판사 홍승권 부대표께서 상업적 이윤을 기대하기 어려운 이 책의 출판을 기꺼이 맡아주셨습니다.

삼인 출판사에서 출간하게 된 이 책은 이제 『만들어진 고대』, 『투쟁의 장으로서의 고대』와 더불어 이성시 선생의 3부작으로 자리매김하게 될 것이라는 점에서 더 없이 기쁘게 생각하며, 삼인 출판사 식구들에게도 깊이 감사드립니다.

2022년 2월
이병호·김은진

1장 동아시아 여러 국가와 인구 이동

1   木宮泰彦, 「上古の歸化漢人と文化の移植」, 『日支交通史』(金刺芳流龍堂, 1926년 9월).

2   今井啓一, 『歸化人の硏究 總說編』(綜芸社, 1972년 5월).

3   江上波夫, 『騎馬民族國家』(中央公論社, 1967년 11월).

4   김석형, 『초기조일관계사연구』(사회과학출판사, 평양, 1966년 1월). 日本語 譯, 『古代朝
    日関係史』(勁草書房, 1969년 10월).

5   리순진·장주협, 『고조선문제연구』(사회과학출판사, 평양, 1973년 12월).

6   谷豊信, 「樂浪郡の位置」(『朝鮮史研究會論文集』 24, 1987년 3월).

7   李丙燾, 「「箕子朝鮮」의 정체와 소위 「箕子八條敎」에 대한 신고찰」(『韓國古代史研究』, 박
    영사, 1976년 12월). 日本語 譯, 『韓國古代史研究』(學生社, 1980년 12월).

8   『漢書』의 첫 기록은 기원전 95년.

9   예를 들어 『漢書』 刑法志에 「漢興, 高祖初入關, 約法三章曰, 殺人者死, 傷人及盜抵罪, 蠲削
    煩苛, 兆民大說」라고 하는 漢 高祖의 法三章 참조.

10 三上次男, 「朝鮮半島における初期古代國家形成過程の研究」(『古代東北アジア史研究』, 吉
    川弘文館, 1966년 8월).

11 青山公亮, 『漢魏時代の朝鮮』(明治大學文學部史學地理學科, 1973년 3월).

12 青山公亮, 『漢魏時代の朝鮮』(앞의 책).

13 武田幸男, 「魏志東夷傳にみえる下戸問題」(『朝鮮史研究會論文集』 3, 1967년 10월).

14 李成市, 「高句麗の建國傳說と王權」(『史觀』 121, 1989년 9월(原載), 이 책 4장).

15 武田幸男, 「魏志東夷傳における馬韓」(『馬韓·百濟文化』 12, 원광대 마한백제문화연구소,
    1990년 12월).

16 李成市, 「『梁書』高句麗と東明王傳說」(早稻田大學文學部東洋史研究室編, 『中國正史の基礎
    的研究』, 早稻田大學出版部, 1984년 3월(元載), 이 책 3장).

17 白鳥庫吉, 「夫余國の始祖東明王の傳說に就いて」(『服部先生古稀祝賀記念論文集』, 富山房,
    1936년 4월(原載)『白鳥庫吉全集』 5, 岩波書店, 1970년 9월 게재).

18 田村晃一, 「高句麗の積石塚」(『東北アジアの考古學』, 六興出版, 1990년 2월).

19 武田幸男, 「高句麗官位制とその展開」(『朝鮮學報』 86, 1978년 2월).

20 李成市, 「高句麗の建國傳說と王權」(앞의 글, 이 책 4장).

21   李成市, 「高句麗の建國傳説と王權」(앞의 글, 이 책 4장).

22   武田幸男, 「牟頭婁一族と高句麗王権」(『朝鮮學報』 99·100合, 1981년 7월).

23   武田幸男, 「牟頭婁一族と高句麗王権」(앞의 글).

24   武田幸男, 「廣開土王碑からみた高句麗の領域支配」(『東洋文化研究所紀要』 78, 1979년 3월).

25   武田幸男, 「德興里壁畫古墳被葬者の出自と經歷」(『朝鮮學報』 130, 1989년 1월).

26   岡崎 敬, 「安岳第三號墳(冬壽墓)の研究」(『史淵』 122, 1990년 3월).

27   三崎良章, 「前燕の官僚機構について」(『史觀』 122, 1990년 3월).

28   武田幸男, 「好太王の時代―四·五世紀の高句麗と東アジア」(讀賣テレビ放送編, 『好太王碑と集安の壁畫古墳』, 木耳社, 1988년 9월).

29   末松保和, 「新羅建國考」(『新羅史の諸問題』, 東洋文庫, 1954년 12월).

30   東潮·田中俊明, 『韓國の古代遺跡2 百濟·伽耶編』(中央公論社, 1989년 2월).

31   末松保和, 「新羅建國考」(앞의 책).

32   鈴木靖民, 「石上神宮七支刀銘についての一試論」(『坂本太郎博士頌壽記念 日本史學論集』 上, 吉川弘文館, 1983년 12월).

33   『三國志』 卷30 魏書 烏丸鮮卑東夷傳 韓條.

34   末松保和, 「眞蕃郡治考」(『靑丘史草』 1, 私家版, 1965년 4월).

35   三上次男, 「朝鮮の古代文明と外來文化」(『古代史講座』 3, 學生社, 1962년 4월).

36   東潮·田中俊明, 『韓國の古代遺跡1 新羅編』(中央公論社, 1988년 7월).

37   崔永俊, 『嶺南大路』(고려대학교 민족문화연구소, 서울, 1990년 10월).

38   中村榮孝, 「漢江と洛東江」(『靑丘學叢』 12, 1933년 5월).

39   末松保和, 「新羅建國考」(앞의 책).

40   關川尙功, 「古墳時代の渡來人」(『橿原考古學研究所論集』 9, 1988년 10월).

41   申敬澈, 「五世紀における日本と韓半島」(日本考古學協會編 『シンポジウム東アジアと九州』, 學生社, 1994년 4월).

2장 예족의 생업과 민족

1   李成市, 「東アジアの諸國と人口移動」(田村晃一·鈴木靖民編, 『新版 古代の日本』 2, 角川書店, 1992년 5월[원문 수록], 이 책 1장).

2   한족韓族의 동향에 관한 최신 성과는 다음을 참조. 武田幸男, 「三韓社會における辰王臣智(上·下)」(『朝鮮文化研究』 2·3, 1995년 3월·1996년 3월).

3   예족穢族의 표기는 사료상 薉·濊·穢로 시대와 사료에 따라 다르게 사용되고 있지만 이 책의 본문에서는 편의상 '穢'로 통일하여 사용한다.

4   武田幸男, 「廣開土王碑からみた高句麗の領域支配」(『東洋文化研究所紀要』 78, 1974년 3월).

5 李成市,「渤海史をめぐる民族と國家—國民國家の境界をこえて」(『歷史學研究』626, 1991년 11월); 同「古代東北アジア諸民族の動向と對日本交易—穢·高句麗·渤海を中心に」(『余市シンポジウムの記録—北東アジア海域の諸民族と交易』, 北海道東北史研究會, 1995년 7월).

6 三上次男,「穢人とその民族的性格について(1)」(『朝鮮學報』2, 1951년 10월[原載], 『古代東北アジア史研究』, 吉川弘文館, 1966년 8월[所收]).

7 武田幸男,「魏志東夷傳にみえる下戶問題」(『朝鮮史研究會論文集』3, 1967년 10월); 同「廣開土王碑からみた高句麗の領域問題」(앞의 글).

8 연구사와 관련해서는 다음을 참조. 三上次男,「穢人とその民族的性格について」(앞의 책), 349~354쪽.

9 三上次男,「穢人とその民族的性格について」(앞의 책).

10 武田幸男,「魏志東夷傳にみえる下戶問題」(앞의 글).

11 武田幸男,「廣開土王碑からみた高句麗の領域問題」(앞의 글), 126~130쪽.

12 田村晃一,「新穢·貊考」(斎藤忠先生頌壽記念論文集刊行會編, 『考古學叢考』上, 吉川弘文館, 1988년 10월).

13 河野六郎,『三國志に記された東アジアの言語および民族に關する基礎的研究』(平成2·3年度科學研究費補助金一般研究B研究報告書, 1993년).

14 三上次男,「穢人とその民族的性格について」(앞의 책), 356~357쪽.

15 이 지역의 초(貂, 담비) 생산에 대해서는 다음을 참조. 李成市,「八世紀新羅·渤海關係の一視覺—『新唐書』新羅傳長人記事の再檢討」(『國學院雜誌』92-4, 1991년 4월[原載], 이 책 13장).

16 李成市,「『梁書』高句麗傳と東明王傳說」(早稻田大學文學部東洋史研究室編, 『中國正史の基礎的研究』, 早稻田大學出版部, 1984년 3월[原載], 이 책 3장); 武田幸男,「高句麗王系成立の諸段階」(『高句麗史と東アジア』岩波書店, 1989년 6월).

17 武田幸男,「廣開土王碑からみた高句麗の領域問題」(앞의 글), 126~131쪽.

18 楠山春樹,『新釋漢文大系 淮南子(上)』(明治書院, 1979년 8월); 飯島忠夫, 『天文曆法と陰陽五行說』(恒星社, 1939년 5월).

19 大林太良,『邪馬臺國』(中央公論社, 1977년 4월), 141~143쪽.

20 泉 靖一,「沙流アイヌの地緣集團におけるIWOR」(『民族學研究』16-3·4, 1952년 2월).

21 泉 靖一,「民族誌としてのアイヌ繪」(『アイヌの世界』, 鹿島出版會, 1968년 9월).

22 アイヌ文化保存対策協議会編,『アイヌ民族誌』下(第一法規出版, 1969년 3월). 527~530쪽.

23 久保寺逸彦,「北海道アイヌの葬制 續」(『民族學研究』20-3·4, 1956년 12월), 186~189, 197쪽.

24 田鳳德,「古代官名「加」研究」(『法學研究』1-1, 서울, 1954년 6월[原載], 『韓國法制史研究』, 서울大学교출판부, 서울, 1968년 12월[所收]); 武田幸男,「朝鮮諸國の古代國家形成」(鈴木靖民 외 編, 『伽耶はなぜほろんだか』, 大和書房, 1991년 12월).

25 武田幸男, 「魏志東夷傳における馬韓」(『馬韓·百濟文化』12, 원광대마한백제문화연구소, 1990년 12월).

26 『위지』동이전 한조에는 다음과 같이 적혀 있다. 景初 연간(237~239년)에 明帝가 몰래 帶方太守 劉昕과 樂浪太守 鮮于嗣를 파견하여 바다를 건너가서 [帶方·樂浪의] 두 郡을 평정하였다. 그리고 여러 韓國의 臣智에게는 邑君의 印綬를 더해주고, 그다음 사람에게는 邑長[의 벼슬]을 주었다. [韓族의] 풍속은 衣幘 입기를 좋아하여, 下戶들도 [樂浪이나 帶方] 郡에 가서 朝謁할 적에는 모두 衣幘를 빌려 입으며, [대방군에서 준] 자신의 印綬를 차고 衣幘을 착용하는 사람이 천여 명이나 된다.

27 武田幸男, 「魏志東夷傳における馬韓」(앞의 글), 20쪽.

28 武田幸男, 「魏志東夷傳にみえる下戶問題」(앞의 글), 25쪽.

29 櫻井芳郎, 「漢代の三老について」(『加藤博士還曆記念 東洋史集說』, 冨山房, 1941년 12월); 守屋美都雄, 「父老」(『東洋史研究』14-1·2, 1955년 7월[元載], 『中國古代の家族と國家』, 東洋史研究會, 1968년 10월 [所收]).

30 잘 알려져 있듯이 예족의 거주 지역을 포함해 한반도 대다수의 사람들에게 성씨가 보급된 것은 서기 10세기 이후이며, 동성불혼은 17·18세기에 이르러서야 정착하게 된다. 따라서 예족의 '동성불혼'이란 당시 습속은 그 뒤 혼인 습속의 역사적 전개에 있어서 믿기 어려운 사태라고 하지 않을 수 없다. 한반도의 성씨에 대해서는 다음을 참조. 武田幸男, 「朝鮮の姓氏」(『東アジア世界における日本古代史講座』10, 學生社, 1984년 12월).

31 千葉德爾, 『狩獵傳承硏究』(風間書房, 1969년 11월); 橋本鐵男, 『ろくろ』(法政大學出版局, 1979년 1월); 同『木地屋の民俗』(岩崎美術史, 1982년 8월); 井上銳夫, 『山の民 川の民―日本中世の生活と信仰』(平凡社, 1981년 2월); 河岡武春, 『海の民―漁村の歷史と民俗』(平凡社, 1987년 2월).

32 白鳥芳郎, 「評皇券牒と槃瓠の傳承―瑤族の種族史と移動經路の記錄」(『山本博士還曆記念 東洋史論叢』, 山川出版社, 1972년 10월); 同「評皇券牒に見られる槃護傳說とヤオ族の十八神像」(『上智史學』17, 1972년 10월[元載], 『華南文化史研究』, 六興出版, 1985년 9월[所收])에서는 산악민山岳民 야오족에 전해지는 '평황권첩評皇券牒'의 분석을 통해서 이것이 중국 왕조에 발포되어 야오족 이동을 보증하는 특허장 혹은 통행권이라는 성격을 지녔음을 규명하고 있다. 이 밖에도 성씨의 문제를 포함한 예족의 습속을 검토하는 데에 참고할 수 있는 견해들이 적지 않다.

33 三上次男, 「穢人とその民族的性格について」(앞의 책).

34 武田幸男, 「朝鮮の姓氏」(앞의 글), 47~59쪽.

35 武田幸男, 「朝鮮の姓氏」(앞의 글), 70~73쪽.

36 三上次男, 「穢人とその民族的性格について」(앞의 책).

37 『三國史記』권40 직관지 무관조에는 신라의 중앙군단 서당誓幢 중 하나인 흑금黑衿 서당에 대해 "神文王 三年(683), 以靺鞨國民爲幢, 衿色黑赤"이라고 적혀 있다. '말갈국민'이 예족은 가리키는지에 대해서는 권오중, 「靺鞨의 種族系統에 關한 試論」(『震檀學報』 49, 1980년 6월) 참조.

38 李成市, 「渤海史をめぐる民族と國家ー國民國家の境界をこえて」(앞의 글); 同 「古代東北アジア諸民族の動向と對日本交易ー穢·高句麗·渤海を中心に」(앞의 글).

39 예족이 우세한 정치집단으로부터 오랜 기간 '더러움[汚穢]'을 연상시키는 '예穢' 자를 사용한 것은 이동하는 채집 수렵민에 대한 정주 농경민의 시선에 의한 것으로 추측된다.

3장 『양서』 고구려전과 동명왕 전설

1 白鳥庫吉, 「夫餘國の始祖東明王の傳說に就いて」(『服部先生古稀祝賀記念論文集』, 富山房, 1936년 4월[原載], 『白鳥庫吉全集』 5, 岩波書店, 1970년 9월[所收]).

2 이러한 견해에 비판이 전혀 없는 것은 아니다. 예를 들어 리준영, 「고구려의 국가 기원에 대하여ー주몽설화를 중심으로」(『력사과학』 1964년 4호, 평양)는 『삼국사기』 고구려본기의 주몽설화는 모두 『삼국유사』 북부여조에서 인용한 古記類 = 고구려 문헌에 의거하여 기록된 것으로 간주하고 있다. 이 장에서는 가능한 성립 연차가 분명한 사료에 근거하여 고찰한다는 입장에서, 초기에 그러한 문헌의 존재를 상정한 리준영 씨의 견해는 보류하고 이하의 고찰을 진행하고자 한다.

3 金井之忠, 『唐代の史學思想』(弘文堂, 1940년 2월), 27~28쪽; 松田壽男, 「吐谷渾遣使考(下)」(『史學雜誌』 48-12, 1937년 12월), 60~63쪽.

4 末松保和, 「梁書新羅傳考」(『新羅史の諸問題』, 東洋文庫, 1954년 11월); 이홍직, 「梁職貢圖論考ー특히 百濟國使臣圖經을 中心으로」(『고대60주년기념논문집』, 인문과학편, 고려대학교, 서울, 1965년 5월[原載]; 『韓國古代史의 研究』, 新丘文化社, 서울, 1971년 3월[所收]). 末松 논문은 『양서』 신라전의 분석 결과, 이것이 양대 사료라고 단언할 수 없음을 주장한 것이지만 그 뒤 신라전의 원본 기록이 양대 교섭을 기반으로 한 사료로 적합하다고 밝힌 末松 씨의 견해가 있다. 武田幸男, 「金石文資料からみた新羅官位制」(『江上波夫教授古稀記念論集 歷史篇』, 山川出版社, 1977년 5월); 田中俊明, 「朝鮮古代史研究の現狀と課題」(『歷史公論』 4-9, 1978년 9월, 86쪽) 참조.

5 高句驪者, 其先出自東明, 東明本北夷橐離王之子, 離王出行, 其侍兒於後任娠, 離王還, 欲殺之, 侍兒曰, 前見天上有氣如大鷄子, 來降我, 因以有娠, 王囚之, 後遂生男, 王置之豕牢, 豕以口氣嘘之, 不死, 王以爲神, 乃聽收養, 長而善射, 王忌其猛, 復欲殺之, 東明乃奔走, 南至淹滯水, 南至淹滯水, 以弓擊水, 魚鼈皆浮爲橋, 東明乘之得渡, 至夫餘而王焉, 其後支別爲句驪種也.

6　其國, 漢之玄菟郡也, 在遼東之東, 去遼東千里, 漢魏世, 南與朝鮮(穢)貊, 東與沃沮, 北與夫餘接, 漢武帝元封四年, 滅朝鮮, 置玄菟郡, 以高句驪爲縣以屬之.

7　句驪地方可二千里, 中有遼山, 遼水所出, 其王都於丸都之下, 多大山深谷, 無原澤, 百姓依之以居, 食澗水, 雖土著, 無良田, 故其俗節食. 好治宮室, 於所居之左立大屋, 祭鬼神, 又祠(零)星社稷, 人性凶急, 喜寇(抄), 其官有相加對盧沛者古(鄒)加主簿優台使者皁衣先人, 尊卑各有等級, 言語諸事, 多與夫餘同, 其性氣衣服有異, 本有五族, 有(消)奴部(愼)奴部藋奴部桂婁部, 本(消)奴部爲王, 微弱, 桂婁部代之, 漢時賜衣幘朝服鼓吹, 常從玄菟郡受之, 後稍驕, 不復詣郡, 但於東界築小城 以受之, 至今猶名此城爲幘溝(婁), 溝(婁)者句(驪)名城也, 其置官有對盧則不置沛者, 有沛者則不置對盧.

8　其(俗)喜歌(儛), 國中邑落男女, (每)夜羣聚哥戲, 其人(潔)淸自喜, 善藏釀, 跪拜申一脚, 行步皆走. 以十月祭天大會, 名曰東(明), 其公會衣服, 皆錦繡金銀以自飾, 大加主簿頭(所)著(似)幘而無(後), 其小加著折風, 形如弁, 其國無牢獄, 有罪者, 則會諸加評議殺之, 沒入妻子.

9　其俗好淫, 男女多相奔誘, 已嫁娶, 便稍作送終之衣, 其死葬, 有槨無棺, 好厚葬, 金銀財幣盡於送死, 積石爲封, 列(植)松栢, 兄死妻嫂, 其馬皆小, 便登山, 國人(尙)氣力, 便弓矢刀矛, 有鎧甲, 習戰鬪, 沃沮東(穢)皆屬焉.

10　王莽初, 發高驪兵以伐胡, 不欲行, 强迫遣之, 皆亡出塞爲寇盜, 州郡歸咎於句驪侯騶, 嚴尤誘而斬之, 王莽大悅, 更名高句驪爲下句驪, 當此時爲侯矣, 光武八年高句驪王遣使朝貢, 始稱王, 至殤安之間, 其王名宮, 數寇遼東, 玄菟太守蔡風討之不能禁, 宮死, 子伯固立, 順和之間, 復數犯遼東寇抄, 靈帝建寧二年, 玄菟太守耿臨討之, 斬首虜數百級, 伯固乃降屬遼東, 公孫度之雄海東也, 伯固與之通好, 伯固死, 子伊夷摸立, 伊夷摸自伯固時已數寇遼東, 又受亡胡五百餘戶, 建安中, 公孫康出軍擊之, 破其國, 焚燒邑落, 降胡亦叛伊夷摸, 伊夷摸更作新國, 其後伊夷摸復擊玄菟, 玄菟與遼東合擊, 大破之, 伊夷摸死, 子位宮立, 位宮有勇力, 便鞍馬, 善射獵, 魏景初二年, 遣太傅司馬宣王率衆討公孫淵, 位宮遣主簿大加將兵千人助軍, 正始三年, 位宮寇西安平, 五年, 幽州刺史毌丘儉將萬人出玄菟討位宮, 位宮將步騎二萬人逆軍, 大戰於沸流, 位宮敗走, 儉軍追至峴, 懸車束馬, 登丸都山, 屠其所都, 斬首虜萬餘級, 位宮單將妻息遠竄, 六年, 儉復討之, 位宮輕將諸加奔沃沮, 儉使將軍王頎追之, 絶沃沮千餘里, 到肅愼南界, 刻石紀功, 又到丸都山, 銘不耐城而還, 其後, 復通中夏.

11　晉永嘉亂, 鮮卑慕容廆據昌黎大棘城, 元帝授平州刺史, 句驪王乙弗利頻寇遼東, 廆不能制, 弗利死, 子釗代立, 康帝建元元年, 慕容廆子晃率兵伐之, 釗與戰, 大敗, 單馬奔走, 晃乘勝追至丸都, 焚其宮室, 掠男子五萬餘口以歸, 孝武太元十年, 句驪攻遼東玄菟郡, 後燕慕容垂遣弟農伐句驪, 復二郡, 垂死, 子寶立, 以句驪王安爲平州牧, 封遼東帶方二國王, 安始置長史司馬參軍官, 後略有遼東郡, 至孫高璉, 晉安帝義熙中, 始奉表通貢職, 歷宋齊並授爵位, 年百餘歲死, 子雲, 齊隆昌中, 以爲使持節散騎常侍都督營平二州征東大將軍樂浪公.

466

12 高祖卽位, 進雲車騎大將軍, 天監七年, 詔曰, 高驪王樂浪郡公雲, 乃誠款著, 貢驛相尋, 宜隆秩命, 式弘朝典, 可撫東大將軍開府儀同三司, 持節常侍都督王並如故, 十一年, 十五年, 累遣使貢獻, 十七年, 雲死, 子安立, 普通元年, 詔安纂襲封爵, 持節督營平二州諸軍事·寧東將軍, 七年, 安卒, 子延立, 遣使貢獻, 詔以延襲爵, 中大通四年, 六年, 大同元年, 七年, 累奉表獻方物, 太淸二年, 延卒, 詔以其子襲延爵位.

13 대조를 위해 게재한『양서』,『위지』는 둘 다 오늘날 최적이라고 보는 백납본白衲本을 인용하였다. 그리고『위지』고구려전의 후반부(Ⅱ)는 생략하였다.

14 高句麗在遼東之東千里, 南與朝鮮(濊)貊, 東與沃沮, 北與夫餘接.

15 都於丸都之下, 方可二千里, 戶三萬, 多大山深谷, 無原澤, 隨山谷以爲居, 食澗水, 無良田, 雖力佃作, 不足以實口腹, 其俗節食, 好治宮室, 於所居之左右立大屋, 祭鬼神, 又祀(靈)星社稷, 其人性凶急, 喜寇(鈔), 其國有王, 其官有相加對盧沛者古(雛)加主簿優台丞使者皁衣先人, 尊卑各有等級, 東夷舊語, 以爲夫餘別種, 言語諸事, 多與夫餘同, 其性氣衣服有異, 本有五族, 有(涓)奴部絶奴部(順)奴部(灌)奴部桂婁部, 本(涓)奴部爲王, 稍微弱, 今桂婁代之, 漢時賜鼓吹技人, 常從玄菟郡, 受朝服衣幘, 高句麗令主其名籍, 後稍驕恣, 不復詣郡, 于東界築小城, 置朝服衣幘其中, 歲時來取之, 今胡猶名此城爲幘溝(漊), 溝(漊)者句(麗)名城也, 其置官有對盧則不置沛者, 有沛者則不置對盧, 王之宗族, 其大加皆稱古雛加, 涓奴部本國主, 今雖不爲王, 適統大人得稱古雛加, 亦得立宗廟, 祠靈星社稷, 絶奴部世與王婚, 加古雛之號, 諸大加亦自置使者皁衣先人, 名皆達於王, 如卿大夫之家臣, 會同坐起, 不得與王家使者皁衣先人同列, 其國中大家不佃作坐食者萬餘口, 下戶遠擔米糧魚鹽供給之.

16 其(民)喜歌(舞), 國中邑落, (暮)夜男女羣聚, 相就(歌)戲. 無大倉庫, 家家自有小倉, 名之爲桴京, 其人(絜)淸自喜, 善藏釀, 跪拜申一脚, 與夫餘異, 行步皆走, 以十月祭天, 國中大會, 名曰東(盟). 其公會衣服, 皆錦繡金銀以自飾, 大加主簿頭著幘, (如)幘而無(餘), 其小加著折風, 形如弁, 其國東有大穴, 十月國中大會, 迎隧神還于國東上, 祭之, 置木隧于神坐, 無牢獄, 有罪諸加評議, 便殺之, 沒入妻子, 爲奴婢, 其俗作婚姻, 言語已定, 女家作小屋於大屋後, 名壻屋, 壻暮至女家戶外, 自名跪拜乞得就女宿, 如是者再三, 女父母乃聽, 使就小屋中宿, 傍頓錢帛, 至生子已長大, 乃將婦歸家.

17 其俗淫, 男女已嫁娶, 便稍作送終之衣, 厚葬, 金銀財幣盡於送死, 積石爲封, 列(種)松柏, 其馬皆小, 便登山, 國人(有)氣力, 習戰鬪, 沃沮東(濊)皆屬焉, 又有小水貊, 句麗作國, 依大水而居, 西安平縣北有小水, 南流入海, 句麗別種依小水作國, 因名之爲小水貊, 出好弓, 所謂貊弓是也.

18 『위지』와 거의 동시대에 성립되어, 공통된 전거를 인용하여 찬술되었다고 생각되는『위략魏略』이 먼저 상기될 것이다. 하지만 전체 구성까지 이르는 대응 관계를 중시한다면, 『양서』고구려전의 전거로서『위지』를 추정하는 것이 타당하다고 생각한다. 또『위지』와 『위략』의 관계에 대해서는 山尾幸久, 「魏志倭人傳の史料批判」(『立命館大學』260, 1967년

2월) 참조. 또한 『위지』와 『양서』의 사료상에서의 계통 관계에 대해서는 倭國傳의 의거 관계를 고찰한 논문이지만 坂元義種, 「倭の五王—中國正史外國傳の研究から見た」(『歷史 公論』 2-2, 1976년 2월)을 참고할 수 있다.

19 『위지』 부여전(汲古閣本)에는 다음과 같이 기록되어 있다. 魏略曰, 舊志又言, 昔北方有高 離之國者, 其王者侍婢有身, 王欲殺之, 婢云, 有氣如雞子, 來下我, 故有身, 後生子, 王捐之於溷 中, 豬以喙嘘之, 徙至馬閑, 馬以氣嘘之, 不死, 王疑以爲天子, 乃令其母收畜之, 名曰東明, 常令 牧馬, 東明善射, 王恐奪其國也, 欲殺之, 東明走, 南至施掩水, 以弓擊水, 魚鼈浮爲橋, 東明得 度, 魚鼈乃解散, 追兵不得渡, 東明因都王夫餘之地.

20 男女淫, 朱邦衡曰女, 皆殺之, 尤憎妬, 已殺, 尸之國南山上, 作既殺, 女家欲得, 輸牛馬乃與之, 兄死妻嫂, 與匈奴同俗, 其國善養牲, 出名馬赤玉貂狄美珠, 珠大者如酸棗, 以弓矢刀矛爲兵, 家家自有鎧仗, 國之耆老自說古之亡人, 作城柵皆員, 有似牢獄, 行道晝夜無老幼皆歌, 通日聲 不絶, 有軍事亦祭天, 殺牛觀蹄以占吉凶, 蹄解者爲凶, 合者爲吉, 有敵, 諸加自戰, 下戶俱擔糧 飮食之, 其死夏月皆用冰, 殺人徇葬, 多者百數, 厚葬, 有槨無棺.

21 새로 추가된 사료뿐 아니라 역으로 『위지』에 기록되어 있으면서 『양서』에서는 찾지 못 한 기록("跪拜申一脚與夫餘異")이 있지만 이 역시 동일한 의도였을 것이다.

22 聞其舊語, 自謂太伯之後, 昔夏后小康之子, 封於會稽, 斷髮文身, 以避蛟龍之害.

23 田村專之助, 「魏略魏志東夷傳 性質(上)」(『歷史學硏究』 10-7, 1940년 7월), 62~63쪽.

24 '別種'의 뉘앙스를 추정하기 위해서는 『양서』 권54 諸夷傳 西北諸戎의 芮芮에 대한 다음 기록을 참고할 수 있다. "예예국은 아마 흉노의 별종이다. 위진 시대에 흉노는 수백 수천 의 部로 나뉘어 각기 명호가 있었는데 예예는 그중 한 부이다(芮芮國, 蓋匈奴別種, 魏晉世, 匈奴分爲數百千部, 各有名號, 芮芮其一部也)."

25 山尾幸久, 『魏志倭人傳』(講談社, 1972년), 46~58쪽.

26 池內宏, 「曹魏の東方經略」(『滿鮮地理歷史硏究報告』 12, 1930년 9월[原載], 『滿鮮史硏究』, 上世篇, 祖國社, 1951년 9월[所收]).

27 야마오山尾 씨는 『삼국지』 外夷列傳의 편찬 방침이 外夷의 患에 대비하는 데 있다고 강조 하였으나(『위지왜인전』 46~48쪽), 위나라의 東方經略이 '吳나라와 통하던 고구려를 복 종시킴으로써 주변 지역에 미치던 고구려의 지배권을 일제히 배제한 군사행동'이었다 고 한다면, 동방의 여러 종족 간 상호 同異는 극히 중요한 관심사였을 것이다. 또한 『삼국 지』를 편찬한 陳壽 역시 이 점을 간과했다고는 보기 어렵다. 이러한 의미에서 『위지』의 부여와 고구려의 종족 관계가 애매하게 기록되어 있는 점을 중요시해야 할 것이다.

28 위의 주석 3과 4 참조.

29 榎一雄, 「梁職貢圖について」(『東方學』 26, 1963년 7월), 41~43쪽.

30 『翰苑』 고구려조에는 「梁元帝職貢圖云」이라고 하여 고구려의 의복에 관한 일문佚文이 인

용되어 있다. 다른 문헌에 대해서는 榎一雄, 「梁職貢圖について」(앞의 글, 36~41쪽) 참조.

31 和田淸, 石原道博編 譯, 『魏志倭人傳·後漢書倭傳·宋書倭國傳·隋書倭國傳』(岩波書店, 1951년 11월), 11~24쪽.

32 『南齊書』 고구려전의 결엽缺葉과 일문佚文에 관해서는 田中俊明, 「『南齊書』 東夷傳の缺葉 について」(『村上四男博士和歌山大學退官記念 朝鮮史論文集』, 開明書院, 1981년 9월) 참조.

33 榎一雄, 「梁職貢圖について」(앞의 글), 42~43쪽.

34 榎一雄, 「滑國に關する梁職貢圖の記事について」(『東方學』 27, 1964년 2월) 15~19쪽; 「エフタル民族の人種論について」(『東方學』 29, 1965년 2월), 22~23쪽.

35 『논형論衡』 권2 길험편吉驗編에는 아래와 같이 적혀 있다.

北夷橐離國王侍婢有娠, 王欲殺之, 婢對曰, 有氣大如鷄子, 從天而下, 我故有娠, 後産子, 捐於猪溷中, 猪以口氣噓之, 不死, 復徙置馬欄中, 欲使馬藉殺之, 馬復以口氣噓之, 不死, 王疑以爲天子, 令其母收取, 奴畜之, 名東明, 令牧牛馬, 東明善射, 王恐奪其國也, 欲殺之, 東明走, 南至掩淲水, 以弓擊水, 魚鼈浮爲橋, 東明得渡, 魚鼈解散, 追兵不得渡, 因都王夫餘, 故北夷有夫餘國焉.

36 惟昔始祖鄒牟王之創基也, 出自北夫餘, 天帝之子, 母河伯女郞. 剖卵降世, 生而有聖□□□, □□命駕, 巡幸南下, 路由夫餘奄利大水, 王臨津言曰, 我是皇天之子, 母河伯女郞, 鄒牟王, 爲我連葭浮龜, 應聲卽爲連葭浮龜, 然後造渡, 於沸流谷忽本西城山上, 而建都焉 [下略].

37 이오李敖와 『위서』 고구려전에 관해서는 武田幸男, 「高句麗官位制とその展開」(『朝鮮學報』 86, 1978년 1월) 21쪽; 「牟頭婁一族と高句麗王權」(『朝鮮學報』 99·100合, 1981년 7월), 171쪽 참조.

38 高句麗者, 出於夫餘, 自言先祖朱蒙, 朱蒙母河伯女, 爲夫餘王閉於室中, 爲日所照, 引身避之, 日影又逐. 旣而有孕, 生一卵大如五升, 夫餘王棄之與犬, 犬不食, 棄之與豕, 豕又不食, 棄之於路, 牛馬避之, 後棄之野, 衆鳥以毛茹之, 夫餘王割剖之, 不能破, 遂還其母, 其母以物裏之, 置於暖處, 有一男破殼而出, 及其長也, 字之曰朱蒙, 其俗言朱者善射也, 夫餘人以朱蒙非人所生, 將有異志, 請除之, 王不聽, 命之養馬. 朱蒙每私試, 知有善惡, 駿者減食令瘦, 駑者善養令肥, 夫餘王以肥者自乘, 以瘦者給朱蒙, 後狩于田, 以朱蒙善射, 限之一矢, 朱蒙雖矢少, 殲獸甚多, 夫餘之臣, 又謀殺之, 朱蒙母陰知, 告朱蒙曰, 國將害汝, 以汝才略, 宜遠適四方, 朱蒙乃與烏引烏違等二人, 棄夫餘東南走, 中道遇一大水, 欲濟無梁, 夫餘人追之甚急, 朱蒙告水曰, 我是日子, 河伯外孫, 今日逃走, 追兵垂及, 如何得濟, 於是魚鼈並浮, 爲之成橋, 朱蒙得渡, 魚鼈乃解, 追騎不得渡, 朱蒙遂至普述水, 遇見三人, 其一人著麻衣, 一人著納衣, 一人著水藻衣, 與朱蒙至紇升骨城, 遂居焉, 號曰高句麗.

39 那珂通世, 「朝鮮古史考」(『史學雜誌』 5-9, 1994년 9월[原載], 『外交繹史』 岩波書店, 1958년 2월[所收] 101쪽.

40 内藤湖南,「舊鈔本翰苑 就」(『支那學』2-8, 1922년 4월[原載],『內藤湖南全集』제7권, 築摩 書房, 1970년 2월) 121쪽은,『한원』주注 소인所引『후한서』에 '북탁리국北橐離國'이라고 적혀 있어 '탁리'가 맞다고 보고 있다.

41 대표적으로 리준영,「高句麗의 國家起源에 대하여―朱蒙說話를 중심으로」(앞의 글); 이 병도,「扶餘考」(『韓國古代史研究』박영사, 서울, 1976년 3월[原載],『韓國古代史研究―古 代史上의 諸問題』, 學生社, 1980년 12월[所收]) 등이 있다.

42 内藤湖南,「東北亞細亞諸國의 開闢傳說」(『民族と歷史』1-4, 1919년 4월).

43 白鳥庫吉,「夫餘國의 始祖東明王의 傳說에 就いて」(앞의 책), 391쪽.

44 内藤湖南,「東北亞細亞諸國의 開闢傳說」(앞의 글, 168쪽)은 동명이나 주몽 둘 다 원래 천신 天神 혹은 제왕帝王을 의미하는 용어였다고 해석하고 있다.

45 池內宏,「高句麗의 建國傳說과 史上의 事實」(『東洋學報』28-2, 1941년 6월[原載];『滿鮮史研 究』上世篇[所收]).

46 津田左右吉,「三國史記高句麗紀의 批判」(『滿鮮地理歷史研究報告』9, 1922년 3월[原載],『津 田左右吉全集』12, 岩波書店, 1964년 9월[所收]), 395쪽은 이미 동일하게 언급하고 있다.

47 池內宏,「高句麗의 建國傳說과 史上의 事實」(앞의 책), 97~98쪽.

48 三品彰英,「神話와 文化境域」(大八洲出版, 1948년 10월[原載],『三品彰英論文集』第3卷, 平 凡社, 1972년 4월[所收]), 378~381쪽.

49 白鳥庫吉,「夫餘國의 始祖東明王의 傳說에 就いて」(앞의 책), 386~391쪽.

50 廿年庚戌, 東夫餘舊是鄒牟王屬民, 中叛不貢, 王躬率往討 [下略]

51 浜田耕策,「高句麗廣開土王陵碑文의 研究」(『朝鮮史研究會論文集』11, 1974년 3월); 武田幸男, 「廣開土王碑文辛卯年條의 再吟味」(『古代史論叢』上卷, 吉川弘文館, 1978년 9월), 60~65쪽.

52 惟昔始祖鄒牟王之創基也, 出自北夫餘, 天帝之子, 母河伯女郎.

53 현재 이용 가능한 유일한 기본자료는 池內宏,『通溝』上(日滿文化協會, 1938년 10월) 64쪽 소재의 묘지墓誌 사진이지만 이 문자 판독에는 이미 한계가 있다.

54 武田幸男,「牟頭婁一族과 高句麗王權」(앞의 글).

55 이하의『墓誌』석문·해독은 武田幸男,「牟頭婁一族과 高句麗王權」(앞의 글, 147~152쪽)에 의거하였다.

56 「河泊之孫日月之子鄒牟」「聖王元出北夫餘天下四」「方知此國都最聖□□□」「治此(都)郡 之嗣治□□□聖」「王奴客祖先□□□北夫」「餘隨聖王來奴客□□□」「之□□□□□ □□□」「世遭官恩□ [下略]」

57 「慕容鮮卑□□□人□知」「河泊之孫日月之子所生」「之地來□北夫餘大兄冉」「牟□ [下略]」

58 「世遭官恩恩□祖□北」「道城民谷民幷□□□□」「育如此至國罡上□□」「土地好太聖王緣 祖父□」「恭恩教奴客牟頭婁□□」「牟教遣令北夫餘守事河」「泊之孫日月之子聖王□」「□

470

□□昊天不弔奄便□」[下略]

59 武田幸男, 「牟頭婁一族と高句麗王權」 (앞의 글), 174~178쪽.

60 주몽 전설의 정치적 역할과 의의에 대해서는 이미 武田幸男, 「牟頭婁一族と高句麗王權」 (앞의 글, 166~174쪽)을 통해, 고구려 왕권의 기반을 이룬 군신관계의 전형적인 인격적 예속 관계 양상(성왕-노객 관계)과 관련해서 중요한 주장이 거론되었다.

61 津田左右吉, 「三國史記高句麗紀の批判」 (앞의 책); 池内宏, 「高句麗王家の上世の世系について」 (『東亞學』 3, 1940년 12월[原載]; 『滿鮮史研究』 上世篇[所收]).

62 池内宏, 「高句麗王家の上世の世系について」 (앞의 글), 213~224쪽.

63 津田左右吉, 「三國史記高句麗紀の批判」 (앞의 책), 459쪽; 白鳥庫吉, 「夫餘國の始祖東明王の傳說に就いて」 (앞의 책), 369쪽; 池内宏, 「高句麗の建國傳說と史上の事實」 (앞의 책), 90쪽.

64 末松保和, 「朝鮮古代諸國家 軍事組織」 (『古代史講座』 5, 學生社, 1962년 10월[原載]; 『青丘史草』 一, 私家版, 1965년 4월[所收]), 74쪽.

65 池内宏, 「高句麗王家の上世の世系について」 (앞의 글), 234~235쪽.

66 内藤湖南, 「東北亞細亞諸國の開闢傳說」 (앞의 글), 169쪽; 矢澤利彦, 「朱蒙」 (『東洋歷史大辭典』 제4권, 平凡社, 1937년 3월), 280쪽; 水谷悌二郎, 「好太王碑考」 (『書品』 100, 1959년 6월[原載]; 『好太王碑考』, 開明書院, 1977년 9월[所收]), 74쪽.

67 津田左右吉, 「三國史記高句麗紀の批判」 (앞의 책), 411쪽.

68 池内宏, 「夫餘考」 (『滿鮮地理歷史研究報告』 13, 1932년 7월[原載]; 『滿鮮史研究』 上世篇[所收]), 458~461쪽.

69 池内宏, 「夫餘考」 (앞의 책), 465쪽; 武田幸男, 「牟頭婁一族と高句麗王權」 (앞의 글), 162쪽.

70 始祖東明聖王, 姓高氏, 諱朱蒙 一云鄒牟, 一云衆解.

71 『舊三國』의 성립에 대해서는 末松保和, 「舊三國史と三國史記」 (『朝鮮學報』 39·40合, 1966년 4월[原載]; 『青丘史學』 二, 私家版, 1966년 7월[所收]), 4쪽에서 고려의 '건국 초부터 목종穆宗까지(918~1010년)에 편찬된 것'으로 추정하였고, 田中俊明, 「『三國史記』撰進と『舊三國史』」 (『朝鮮學報』 83, 1977년 4월), 45쪽에서는 『후한서』(李賢注)가 고려시대에 전래된 순화 4년(993) 이후로 보고 있다.

72 池内宏, 「高句麗の建國傳說と史上の事實」 (앞의 책), 97쪽.

73 津田左右吉, 「三國史記高句麗紀の批判」 (앞의 책), 397, 416쪽.

74 白鳥庫吉, 「夫餘國の始祖東明王の傳說に就いて」 (앞의 책), 376쪽.

75 以十月祭天, 中國大會, 名曰東盟.

76 以十月祭天大會, 名曰東明.

77 白鳥庫吉, 「夫餘國の始祖東明王の傳說に就いて」 (앞의 책, 379쪽)에서는 고구려의 '동맹東盟'

이 '동방과 회합하여 맹약盟約한다거나 동방과 맹약한다는 의미에서 명명한 제사 이름'
이라는 한자어로, 동명왕과는 관련이 없다고 밝힌 바 있다.

4장 고구려의 건국 전설과 왕권

1   田中俊明,「『三國史記』撰進と『舊三國史』」(『朝鮮學報』83, 1977년 4월)에서 규명된 것을
    전제로 삼는다면,『三國史記』를 비롯하여『三國遺事』권1 고구려조와『東國李相國集』
    권3 동명왕편 所引『舊三國史』에 보이는 고구려 건국 전설은 구조상 동일한 계통에 속하
    는 것으로 보이기 때문에 이하 세 계통의 사료가 전존傳存한다는 판단 아래 고찰하도록
    하겠다.

2   李成市,「『梁書』高句麗傳と東明王傳說」(早稻田大學文學部東洋史硏究室編,『中國正史 基礎
    的硏究』, 早稻田大學出版部, 1984년 3월[原載], 이 책 3장).

3   惟昔始祖鄒牟王之創基也, 出自北夫餘, 天帝之子, 母河伯女郎, 剖卵降世, 生而有聖□□□□,
    □□命駕, 巡幸南下, 路由夫餘奄利大水, 王臨津言曰, 我是皇天之子, 母河伯女郎, 鄒牟王, 爲
    我連葭浮龜, 應聲即爲連葭浮龜, 然後造渡, 於沸流谷忽本西城山上, 而建都焉.

4   高句麗者, 出於夫餘, 自言先祖朱蒙, 朱蒙母河伯女, 爲夫餘王閉於室中, 爲日所照, 引身避之,
    日影又逐. 旣而有孕, 生一卵大如五升, 夫餘王棄之與犬, 犬不食, 棄之與豕, 豕又不食, 棄之於
    路, 牛馬避之, 後棄之野, 衆鳥以毛茹之, 夫餘王割剖之, 不能破, 遂還其母, 其母以物裏之, 置於
    暖處, 有一男破殼而出, 及其長也, 字之曰朱蒙, 其俗言朱者善射也, 夫餘人以朱蒙非人所生, 將
    有異志, 請除之, 王不聽, 命之養馬. 朱蒙每私試, 知有駿惡, 駿者減食令瘦, 駑者善養令肥, 夫餘
    王以肥者自乘, 以瘦者給朱蒙, 後狩于田, 以朱蒙善射, 限之一矢, 朱蒙雖少, 殪獸甚多, 夫餘
    之臣, 又謀殺之, 朱蒙母陰知, 告朱蒙曰, 國將害汝, 以汝才略, 宜遠適四方, 朱蒙乃與烏引烏違
    等二人, 棄夫餘東南走, 中道遇一大水, 欲濟無梁, 夫餘人追之甚急, 朱蒙告水曰, 我是日子, 河
    伯外孫, 今日逃走, 追兵垂及, 如何得濟, 於是魚鼈並浮, 爲之成橋, 朱蒙得渡, 魚鼈乃解, 追騎不
    得渡, 朱蒙遂至普述水, 遇見三人, 其一人著麻衣, 一人著納衣, 一人著水藻衣, 與朱蒙至紇升骨
    城, 遂居焉, 號曰高句麗, 因以爲氏焉.

5   武田幸男,「高句麗官位制 展開」(『朝鮮學報』86, 1978년 1월), 21쪽.

6   始祖東明聖王, 姓高氏, 諱朱蒙[一云鄒牟, 一云衆解].

7   先是扶餘王解夫婁老無子, 祭山川求嗣, 其所御馬至鯤淵, 見大石相對流淚, 王怪之, 使人轉其
    石, 有小兒金色蛙形, 王喜曰, 此乃天賚我令胤乎, 乃収而養之, 名曰金蛙, 及其長立爲太子, 後
    其相阿蘭弗曰, 日者天降我曰, 將使吾子孫立國於此, 汝其避之, 東海之濱有地號曰迦葉原, 土
    壤膏腴宜五穀, 可都也, 阿蘭弗遂勸王移都於彼, 國號東扶餘, 其舊都有人不知所從來, 自稱天
    帝子解慕漱, 來都焉.

8   及解夫婁薨, 金蛙嗣位, 於是時, 得女子於大白山南優渤水, 問之曰, 我是河伯之女, 名柳花, 與

諸弟出遊, 時有一男子, 自言天帝子解慕漱, 誘我於熊心山下鴨淥邊室中私之, 即往不返. 父母 責我無媒而從人, 遂謫居優渤水, 金蛙異之.

9　幽閉於室中, 爲日所炤, 引身避之, 日影又逐而炤之, 因而有孕, 生一卵, 大如五升許, 王棄之與 犬豕, 皆不食, 又棄之路中, 牛馬避之, 後棄之野, 鳥覆翼之, 王欲剖之, 不能破, 遂還其母, 其母 以物裹之, 置於暖處, 有一男兒, 破殼而出, 骨表英奇. 年甫七歲, 嶷然異常, 自作弓矢射之, 百發 百中, 扶餘俗語, 善射爲朱蒙, 故以名云, 金蛙有七子, 常與朱蒙遊戲, 其伎能皆不及朱蒙, 其長 子帶素言於王曰, 朱蒙非人所生, 其爲, 人也勇, 若不早圖, 恐有後患, 請除之, 王不聽, 使之養 馬, 朱蒙知其駿者, 而減食令瘦, 駑者善養令肥, 王以肥者自乘, 瘦者給朱蒙, 後獵于野, 以朱蒙 善射, 與其矢小, 而朱蒙殪獸甚多, 王子及諸臣又謀殺之, 朱蒙母陰知之, 告曰, 國人將害汝, 以 汝才略, 何往而不可, 與其遲留而受辱, 不若遠適以有爲, 朱蒙乃與烏伊摩離陜父等三人爲友, 行至淹淲水〖一名盖斯水, 在今鴨綠東北〗欲渡無梁, 恐爲追兵所迫, 告水曰, 我是天帝子, 河伯 外孫, 今日逃走, 追者垂及如何, 於是魚鼈浮出成橋, 朱蒙得渡, 魚鼈乃解, 追騎不得渡, 朱蒙行 至毛屯谷〖魏書云至普述水〗遇三人, 其一人着麻衣, 一人着衲衣, 一人着水藻衣, 朱蒙問曰, 子 等何許人也, 何姓何名乎, 麻衣者曰, 名再思, 衲衣者曰, 名武骨, 水藻衣者曰, 名黙居, 而不言 姓. 朱蒙賜再思姓克氏, 武骨仲室氏, 黙居少室氏, 乃告於衆曰, 我方承景命, 欲啓元基, 而適遇 此三賢, 豈非天賜乎, 遂揆其能, 各任以事, 與之俱至卒本川〖魏書云至紇升骨城〗觀其土壤肥 美山河險固, 遂欲都焉, 而未遑作宮室, 但結廬於沸流水上居之, 國號高句麗, 因以高爲氏. 〖一 云朱蒙至卒本扶餘, 王無子, 見朱蒙知非常人, 以其女妻之, 王薨, 朱蒙嗣位〗.

10　田中俊明, 「『三國史記』撰進と『舊三國史』」(앞의 글), 2~17쪽.

11　北夷槀離國王侍婢有娠, 王欲殺之, 婢對曰, 有氣大如鷄子, 從天而下我, 故有娠, 後産子, 捐於 猪溷中, 猪以口氣嘘之, 不死, 復徙置馬欄中, 欲使馬藉殺之, 馬復以口氣嘘之, 不死, 王疑以爲 天子, 令其母收取奴畜, 名東明, 令牧牛馬, 東明善射, 王恐奪其國也, 欲殺之, 東明走, 南至 掩淲水, 以弓擊水, 魚鼈浮爲橋, 東明得渡, 魚鼈解散, 追兵不得渡, 因都王<u>夫餘</u>, 故北夷有夫餘 國焉.

12　개략적인 연구사에 대해서는 위의 주석 2의 논문 참조.

13　李成市, 「『梁書』高句麗傳と東明王傳說」(앞의 책), 139쪽.

14　其印文言濊王之印, 國有故城名濊城, 盖本濊貊之地, 而<u>夫餘</u>王其中, 自謂亡人, 抑有似也.〖魏 略曰, 舊志又言, 昔北方有高離之國者, 其王者侍婢有身, 王欲殺之, 婢云, 有氣如鷄子來下我, 故有身, 後生子, 王捐之於溷中, 豬以喙嘘之, 徙至馬閑, 馬以氣嘘之, 不死, 王疑以爲天子也, 乃 令其母收畜之, 名曰東明, 常令牧馬, 東明善射, 王恐奪其國也, 欲殺之, 東明走, 南至施掩水, 以 弓擊水, 魚鼈浮爲橋, 東明得度, 魚鼈乃解散, 追兵不得渡. 東明因都王<u>夫餘</u>之地〗.

15　井上秀雄, 『NHK市民大學 古代朝鮮史』(日本放送出版協會, 1988년 4월), 138~140쪽. 이러 한 주장의 근거가 되는 것이, 이노우에井上 씨의 「神話に現われた高句麗王の性格」(『朝鮮

學報』 81, 1976년 10월); 『古代朝鮮史序說─王者と宗教』(寧樂社, 1978년 6월)이며, 이를
통해 고구려를 비롯한 고대 조선 국왕들의 '비권력'적 성격을 강조하고 있다.

16 Marshall Sahlins, "Stranger-King, or Dumezil among Fijians", *The Journal of Pacific History*, 16-3, July 1981(上野千鶴子 譯, 「外來王─あるいはフィジーのデュメジル」, 『現代思想』, 1984년 4월호, 54~56쪽).

17 上野千鶴子, 「〈外部〉の分節─記紀の神話論理學」(『大系·佛敎と日本人1─神と佛』, 春秋社, 1985년 11월).

18 上野千鶴子, 「〈外部〉の分節─記紀の神話論理學」(앞의 책); 「異人·まれびと·外來王─または「野生の權力理論」(『現代思想』 1984년 4월호).

19 美川王〔一云好壤王〕諱乙弗〔或云憂弗〕西川王之子古鄒加咄固之子.

20 初烽上王疑弗咄固有異心, 殺之, 子乙弗畏害出遁.

21 始就水室村人陰牟家備作, 陰牟不知其何許人, 使之甚苦, 其家側草澤蛙鳴, 使乙弗夜投瓦石禁其聲, 晝日督之樵採, 不許暫息, 不勝艱苦, 周年乃去.

22 與東村人再牟販鹽, 乘舟抵鴨淥, 將鹽下寄江東思收村人家, 其家老嫗請鹽, 許之斗許, 再請不與, 其嫗恨恚, 潛以屨置之鹽中, 乙弗不知, 負而上道, 嫗追索之, 誣以屨屨, 告鴨淥宰, 宰以屨直取鹽與嫗, 決笞放之, 於是形容枯槁衣裳藍縷, 人見之不知其爲王孫也.

23 是時國相倉助利將廢王, 先遣北部祖弗東部蕭友等, 物色訪乙弗於山野, 至沸流河邊, 見一丈夫在舡上, 雖形貌憔悴, 而動止非常, 蕭友等疑是乙弗, 就而拜之曰, 今國王無道, 國相與羣臣陰謀廢之, 以王孫操行儉約仁慈愛人, 可以嗣祖業, 故遣臣等奉迎, 乙弗疑曰, 予野人非王孫也, 請更審之, 蕭友等曰, 今上失人心久矣, 固不足爲國主, 故群臣望王孫甚勤, 請無疑, 遂奉引以歸, 助利喜致於烏陌南家, 不令人知.

24 秋九月, 王獵於侯山之陰, 國相助利從之, 謂衆人曰, 與我同心者効我, 乃以蘆葉揷冠, 衆人皆揷之, 助利知衆心皆同, 遂共廢王, 幽之別室, 以兵周衞, 遂迎王孫, 上璽綬, 即王位.

25 山口昌男, 「王子の受難─王權論の一課題」(『現代諸民族の宗敎と文化』, 社會思想社, 1972년 7월)

26 赤坂憲雄, 『王と天皇』(筑摩書房, 1988년 5월), 40쪽.

27 赤坂憲雄, 『王と天皇』(앞의 책), 37~38쪽.

28 미천왕의 휘로 전해지는 을불乙弗과 우불憂弗이 표기는 다르지만 음이 상통한다는 사실은 다른 유례를 통해서도 찾아볼 수 있다.

29 고구려 건국 지역은 각각 「비문」 '비류곡沸流谷', 『위서』 '보술수普述水', 『삼국사기』 '비류수沸流水'로 되어 있다. '비류'와 '보술'이 음통音通이라는 점에는 이론의 여지가 없다.

30 池內宏, 「高句麗王家の上世の世系について」(『滿鮮史硏究』上世篇, 祖國社, 1951년 9월).

31 고구려 5부에 대해서는 武田幸男, 「六世紀における朝鮮三國の國家體制」(『東アジア世界に

おける日本古代史講座』4, 學生社, 1980년 9월) 참조.

32 本有五族, 有消奴部, 絶奴部, 順奴部, 灌奴部, 桂婁部, 本消奴部爲王, 稍微弱, 今桂婁部代之 [中略] 王之宗族, 其大加皆稱古雛加, 消奴部本國主, 今雖不爲王, 適統大人, 得稱古雛加, 亦得 立宗廟, 祠靈星・社稷, 絶奴部世與王婚, 加古雛之號, 諸大加亦自置使者・皁衣・先人, 名皆達 於王, 如卿大夫之家臣, 會同坐起, 不得與王家使者・皁衣・先人同列.

33 吉田光男, 「『翰苑』注所引「高麗記」について」(『朝鮮學報』85, 1977년 10월), 3~5쪽 참조.

34 內部雖爲王宗, 列在東部之下, 其國從事, 以東爲首, 故東部居上.

35 武田幸男, 「好太王の時代ー四・五世紀の高句麗と東アジア」(讀賣テレビ放送編, 『好太王碑 と集安の壁畵古墳』, 木耳社, 1988년 9월), 34~36쪽.

36 미천왕대가 고구려의 비약적인 발전을 이룬 기점으로서 간과할 수 없는 것은 武田幸男, 「高句麗官位制とその展開」(앞의 글)을 통해 고구려 왕권을 지지하는 인적 기반인 관위제 가 3~4세기 동안 10등에서 13등으로 격심한 변화를 거쳐 새로운 단계에 이르게 된 사실 이 밝혀졌으며, 특히 4세기가 관위제의 새 전개로 볼 수 있다는 점에서 미천왕의 재위기 와 합치된다.

37 李成市, 「『梁書』高句麗傳と東明王傳說」(앞의 책), 135~137쪽.

38 武田幸男, 「牟頭婁一族 高句麗王權」(『朝鮮學報』99・100合, 1981년 7월).

39 佐伯有淸, 「高句麗廣土王時代の墨書銘」(『東アジアの古代文化』51, 1987년 4월).

5장 고구려 천개소문의 정변에 대하여

1 蓋蘇文凶暴多不法, 其王及大臣議誅之. 蓋蘇文密知之, 悉集部兵若校閱者, 幷盛陳酒饌於城 南, 饌, 雛戀翻, 又雛皖翻. 召諸大臣共臨視, 勒兵盡殺之, 死者百餘人. 因馳入宮, 手弑其王, 斷 爲數段, 棄溝中, 斷, 丁管翻. 立王弟子藏爲王, 自爲莫離支, 其官如中國吏部兼兵部尙書也. 於 是號令遠近, 專制國事. 蓋蘇文狀貌雄偉, 意氣豪逸, 身佩五刀, 左右莫敢仰視. 每上下馬, 常令 貴人・武將伏地而履之. 將, 卽亮翻. 出行必整隊伍, 前導者長呼, 則人皆奔迸, 不避阬谷, 路絶行 者, 國人甚苦之.

2 末松保和, 「新羅建國考」(『新羅史の諸問題』, 東洋文庫, 1954년 11월)는 개소문 정변에 대 해서 『신당서新唐書』, 『구당서舊唐書』, 『통전通典』 등에서도 찾아볼 수 있으나, 『자치통감 資治通鑑』은 "가장 기본적이면서 요점을 가장 잘 파악한 기록"이라고 서술하고 있다.

3 石母田正, 『日本の古代國家』(岩波書店, 1971년 1월).

4 山尾幸久, 「六四〇年代の東アジアとヤマト国家」(『靑丘學術論集』2, 1992년 3월).

5 『三國史記』 권20 榮留王 14年 춘 2월조에는 "왕이 많은 사람들을 동원하여 장성長城을 쌓 았는데, 동북은 부여성에서 동남은 바다에 이르기까지 천여 리里였다. 모두 16년 만에 공 사를 마쳤다."라고 적혀 있다. 한편 『三國遺事』 권3 寶藏奉老條에는 "개금蓋金이 다시 아

뢰어 동북 서남에 장성長城을 쌓게 했는데, 이때 남자들은 부역에 나가고 여자들은 농사를 지었다. 공사는 16년 만에야 끝났다."라고 되어 있다.

6 吉田光男, 「『翰苑』註所引「高麗記」について」(『朝鮮學報』85, 1977년 10월).

7 『資治通鑑』, 貞觀一五年八月 乙亥條.

8 吉田光男, 「『翰苑』註所引「高麗記」について」(앞의 글).

9 吉田光男, 「『翰苑』註所引「高麗記」について」(앞의 글).

10 『資治通鑑』貞觀, 15年 8月 乙亥條.

11 『新唐書』권220 東夷傳 高麗條의 해당 부분은 "대덕大德이 다시 아뢰기를 '고창高昌'이 섬멸되었다는 말을 듣고 그의 대대로大對盧가 세 번이나 관사를 찾아와 축하하였다."라고 적혀 있다. 나중에 논하겠지만 개소문은 당시 고구려의 최고 실력자임이 분명하기 때문에 여기서 진대덕陳大德이 말하는 '대대로'란 개소문일 가능성이 높다.

12 개략적인 연구사에 대해서는 다음을 참조. 李弘植, 「淵蓋蘇文에 대한 若干의 存疑」(『李丙壽博士華甲紀念論叢』, 一潮閣, 서울, 1956년 10월).

13 연정토淵淨土에 대해서는 『三國史記』卷6 文武王六年條에 "고구려의 높은 신하인 연정토淵淨土가 12성 763호 3,543명을 이끌고 와서 항복하였다."라고 적혀 있으며, 한편 『新唐書』卷220 東夷傳 高麗條에는 "개소문蓋蘇文이 죽고 아들 남생男生이 대신하여 막리지莫離支가 되었으나, 아우인 남건男建, 남산男産과는 서로 사이가 좋지 않았다. 남생이 국내성을 점거하고 아들 헌성獻誠을 보내 입조入朝하여 구원을 청하니, 개소문의 아우 정토淨土도 역시 땅을 베어 항복할 것을 청해 왔다."라고 하여 개소문의 동생임을 알 수 있다.

14 李丙壽, 「韓國古代社會の井泉信仰」(『韓國古代史研究』, 學生社, 1980년 12월)은 '천개泉蓋'를 성씨, '소문蘇文'을 이름으로 간주하였으나 이것이 성립될 수 없는 점에 대해서는 李弘植, 「淵蓋蘇文에 대한 若干의 存疑」(앞의 책) 참조.

15 梁柱東, 『增訂 古歌研究』(一潮閣, 서울, 1965년 3월, 143쪽)에서는 '천(泉·淵)'의 원래 뜻인 '얼'을 '이리伊梨'라고 옮겨 적은 것이다. '천수泉水, 정수井水'가 '얼'이라는 것은 현재 방언(충남, 기타)에도 잔존하고 있다'고 지적하였다.

16 『泉男生墓地』의 탁본, 석문에 대해서는 다음을 참조. 稻葉君山, 「高句麗の泉男生墓地に就いて」(『朝鮮史講座』特別講義, 朝鮮史學會, 1925년), 內藤湖南, 「近獲の二三史料」(『內藤湖南全集』第七卷, 筑摩書房, 1970년 2월).

17 安鼎福, 『東史綱目』附卷上 考異篇, 泉蓋蘇文條.

18 『高麗記』의 5부 관련 기록과 『三國志』 관련 기록의 대조표는 이 책 132쪽 참조. 고구려의 5부에 대해서는 武田幸男, 「六世紀における朝鮮三國の國家體制」(『東アジア世界における日本古代史講座』四, 學生社, 1980년 9월) 참조.

19 姓高, 卽王族也. 高麗稱無姓者, 皆內部也. 又內部雖爲王宗, 列在東部之下. 其國從事, 以東爲

首故, 東部居上. 『翰苑』 所引의 『高麗記』 일문逸文에 대해서는 吉田光男 「『翰苑』註所引「高麗記」について」(앞의 글); 및 湯淺幸孫校釋, 『翰苑』(國書刊行會, 1983년 2월) 참조.

20 李乃沃, 「淵蓋蘇文의 執權과 道敎」(『歷史學報』 99·100合, 서울, 1983년 12월)에서도 『泉男生墓地』에 의거하여 개소문이 동부東部의 출자임을 지적하고 있으나 관련 사료의 취급에 미비한 점이 보인다.

21 其國建官有九等. 其一曰吐捽. 比一品. 舊名大對盧. 總知國事. 三年一[代]. 若稱職者. 或相[袛]服. 皆勒兵相[攻]. 勝者爲之. 其王但閉宮自守. 不能制禦.

22 武田幸男, 「高句麗官位制とその展開」(『朝鮮學報』 86, 1978년 1월).

23 今西龍, 「新羅骨品考」(『新羅史研究』, 國書刊行會, 1970년 9월); 鮎貝房之進, 『雜攷 新羅王攷·朝鮮國名攷』(國書刊行會, 1972년 12월).

24 末松保和, 「新羅建國考」(앞의 책).

25 武田幸男, 「高句麗官位制とその展開」(앞의 글).

26 武田幸男, 위의 글.

27 武田幸男, 위의 글.

28 『三國遺事』 卷3 寶藏奉老條는 "개금蓋金이 다시 아뢰어 동북 서남에 장성長城을 쌓게 했는데, 이때 남자들은 부역에 나가고 여자들은 농사를 지었다. 공사는 16년 만에야 끝났다."라고 하여 장성 축조 자체가 개소문의 요청에 의해 착수된 것으로 되어 있다.

29 위의 주석 11 참조.

30 고구려 지배층 내부에는 개소문을 대표로 하는 대당對唐 외교 강경파와 온건파의 대립을 상정할 수 있겠지만 남아 있는 사료가 매우 영세하여 상상의 영역을 벗어나지 못하고 있다.

31 『舊唐書』 卷199上, 東夷傳 高麗條.

32 이른바 책봉체제론冊封體制論의 이론적 기초 문헌이라고 할 수 있는 西嶋定生, 「六~八世紀の東アジア」(『岩波講座 日本歷史』 二, 岩波書店, 1962년 6월)은 책봉체제가 갖는 '논리의 자기自己 전개'의 구체적 사례로서 '신절臣節을 어길 경우 출사出師 토벌이 이루어졌던' 개소문의 쿠데타를 다루며, 이 점을 매우 중시하고 있다. 특히 고구려 토벌의 이유로서 "고려 막리지 개소문은 그 군주를 살해하고 신하를 심하게 해하였다. 몰래 변경 지역에 의거하여 탈취한 봉채蜂蠆와 같은 그 무리들을 추방할 것이다. 짐은 군신의 뜻을 가지고 인정으로도 더 이상 참을 수 없도다. 만약 하예遐穢들을 처벌하지 않으면 어찌 중화中華를 엄히 다스릴 수 있겠는가(高麗莫離支蓋蘇文弑逆其主, 酷害其臣, 竊據邊隅, 肆其蜂蠆. 朕以君臣之義, 情何可忍, 若不誅翦遐穢, 無以徵肅中華)."라고 한 '토고려조討高麗詔'를 글자 뜻 그대로 "책봉체제 내에 있는 것은 이적夷狄이지만 군신의 뜻을 가지고 따르도록 하겠다."라고 해석한다. 그러나 사태가 결코 이러한 이치대로 옮겨지지 않은 것은 이미 본

론에서 밝힌 바와 같다.

6장 울진 봉평 신라비의 기초적 연구

1   필자가 입수·실견한 것은 다음과 같다.《대구매일신문》(4월16일) 석문,《동아일보》(4월
    17일) 석문,《대구매일신문》(4월18일) 석문,《중앙일보》(4월19일) 석문,《조선일보》(4월
    19일) 석문,《한국일보》(4월20일) 석문,《통일일보》(4월22일) 석문, 한국고대사연구회
    석문, 임창순 씨 석문.

2   김창호, 「蔚珍 鳳坪 新羅碑의 檢討」(『제31회 全國歷史學大會 發表要旨』별쇄, 서울, 1988
    년 5월). 김창호 씨는 비석 발견 이후 여러 견해들을 정리하면서 비문의 정확한 판독, 비
    문 전체의 내용 분석에 입각한 발언이 아니라 비문을 단편적으로 (자의적으로) 읽은 것
    으로 비판하고 있다. 그리고 비문의 성격 규명이나 내용 파악에 있어서 중요한 것은 정
    확한 판독, 전체적인 내용 분석, 구조적 해석, 고식古式 표기의 해석이라고 말한다. 그러
    나 결론적으로 말하면 김창호 씨의 보고는 '전체적인 내용 분석, 구조적 해석'에 도달했
    다고 말하기 어려운 것이 솔직한 인상이다. 그 가장 큰 이유는 5행 9자를 '鹽(염)'으로 석
    문하고 비문 전체의 성격을 이 하나에 수렴시키고 있기 때문이다. 김창호 씨에 따르면 이
    비문은 정월 15일에 법흥왕을 비롯한 많은 요인要人들이 '거벌모라'(비석의 발견지)에
    와서 그해(갑진년)의 소금 생산을 기원하는 제사를 올렸던 것을 기록하고 있다고 한다.
    즉 이제까지 많은 논자들이 지적한 비문 속의 '장육십杖六十', '장백杖百'을 둘러싼 신라
    의 율령 등은 전혀 문제 삼지 않고, 그것은 신라 지방인의 외위外位로 해석하고 있다. 하
    지만 본래 5행 9자를 '염鹽'으로 판독하기는 어렵다. 이 글자를『무령왕릉 지석』(525년)
    의 '寧(녕)' 자와 비교 대조해보면, 그것과 매우 비슷하다는 것을 알 수 있다. 나중에 언
    급하겠지만 그렇게 석문해도 의미상에서 전혀 문제가 되지 않는다. 김창호 씨에 따르면
    '장육십', '장백'을 장형杖刑이라고 해석하기에는 누가 누구에게 어떠한 이유로 장형을
    내렸는지 규명해야 하고, 비문 자체에서는 그러한 이유를 발견할 수 없어 여기서 이 문자
    를 외위라고 해석한 것이다. 그러나 이 점은 전혀 인정하기 어렵다. 김창호 씨의 논문은
    비문 발견 후 최초의 본격적인 연구지만 이러한 점에서 커다란 문제가 있다는 사실을 지
    적함으로써 김 씨의 견해에 대한 언급은 최소한에 그치고자 한다.

3   武田幸男 씨를 비롯하여 鈴木靖民, 鈴木英夫, 田中俊明, 吉田光男 씨로부터 원비 사진, 석
    문, 탁본 복사·사진, 신문 등을 전해받았다.

4   위의 주석 1의 신문 각 지면 참조.

5   김창호, 「蔚珍 鳳坪 新羅碑의 檢討」(앞의 책, 6쪽)에 따르면 작업 시 박락된 1행 30자 이하
    (석문의 밑줄 부분 5자)는 나중에 한국고대사연구회의 현지 조사 때 발견되었다고 한다.
    해당 부분의 석문은 김창호 씨의 보고에 의거하였다.

6 위의 주석 1의 석문 게재 지면 참조.

7 김창호, 「蔚珍 鳳坪 新羅碑의 檢討」(앞의 책), 5~9쪽.

8 상부의 균열은 1행 1~2자 사이에서 옆으로, 7행 3자까지 이른다. 중간부는 1행 15자에서 옆으로 10행 16~17자에까지 미치고 있다. 그러나 석문상에서 특히 문제가 되는 것이 두 군데 있다. 이 장에서는 5행 17자를 한 글자가 아닌 두 글자('一' '二')로 간주해서 7행 17자를 비워두지 않고 문자의 흔적으로 인정하고자 한다.

9 396글자설은 문화재위원회, 398글자설은 한국고대사연구회(《대구매일신문》, 4월 18일), 401글자설은《한국일보》(4월 20일) 게재 석문. 김창호, 「蔚珍 鳳坪 新羅碑의 檢討」(앞의 책)는 398글자설을 따른다.

10 발견 당초, 연대 비정의 유력한 근거 중 하나로 거론된 것이 관위官位의 표기법이었다. 관위 표기법과 편년에 대해서는 武田幸男, 「金石文資料からみた新羅官位制」(『江上波夫教授古稀記念論集 歷史篇』, 山川出版社, 1977년 5월) 참조.

11 김창호, 「蔚珍 鳳坪 新羅碑의 檢討」(앞의 책), 13~16쪽.

12 田中俊明, 「新羅の金石文―蔚州川前里書石·乙巳年原銘」(『韓國文化』 6-7, 1984년 7월); 「新羅の金石文―蔚州川前里書石·乙巳年追銘(一)(二)」(『韓國文化』 6-10·7-1, 1984년 10월·1985년 1월).

13 《동아일보》(4월 17일), 《한국일보》(4월 20일). 『양서』의 '모진募秦'이 법흥왕의 휘 '원종原宗'과 음통音通한다는 점은 일찍이 末松保和, 「梁書新羅傳考」(『新羅史の諸問題』, 東洋文庫, 1954년 11월)에서 지적한 바 있다.

14 종래 신라의 왕호王號에 대해서는 6세기 초 '마립간'에서 '태왕太王'으로 변화한 점이 주목되어왔다. 武田幸男, 「新羅骨品制の再檢討」(『東洋文化研究所紀要』 67, 1975년 3월), 202~206쪽 참조.

15 김창호, 「蔚珍 鳳坪 新羅碑의 檢討」(앞의 책), 5쪽.

16 居柒夫【或云荒宗】, 姓金氏, 奈勿王五世孫, 祖仍宿角干, 父勿力伊湌, 居柒夫 [中略] 眞興大王六年乙丑(545), 承朝旨, 集諸文士, 修撰國史, [中略] 眞智王元年丙申(576), 居柒夫爲上大等, 以軍國事務自任. 至老終於家, 享年七十八.

17 法興王十二年(525), 春二月, 以大阿湌伊登爲沙伐州軍主.

18 비문에서 '일등지一登智'의 관위는 나마奈麻⑪인 것에 반해, 1년 뒤의 일을 적은 『삼국사기』에는 '이등伊登' 관위가 대아찬大阿湌⑤으로 되어 있어 양자의 관위 차이가 문제가 된다. 그러나 『삼국사기』는 반드시 그 시점의 관위를 기록한 것이 아니라 예를 들어 최종 관위를 적었을 가능성도 있다.

19 단국대학교 사학회편, 『사학지』12·단양 신라 적성비 특집호(서울, 1978년 11월); 武田幸男, 「眞興王代における新羅の赤城經營」(『朝鮮學報』 93, 1979년 10월), 3쪽.

20 이문기, 「金石資料를 통하여 본 新羅의 六部」(『歷史敎育論集』 2, 대구, 1981년 11월).

21 末松保和, 『新羅六部考』(『新羅史の諸問題』).

22 그러나 최근 연구에 따르면 일반적으로 6부는 6세기 초에 성립되었다고 보고 있으며, 특히 木村誠, 「三国期新羅の王畿と六部」(『人文學報』 167, 東京都立大學, 1984년 3월)는 이 무렵 6부제로서 완성되었다는 점을 강조하고 있다.

23 이기백, 《경향신문》(4월 23일).

24 비문 중의 왕경인 대부분의 관위는 이제까지 금석문에서 확인된 표기법과 일치하고 있다. 다만 (17)막차莫次와 (18)비수루比須婁 두 명의 '사족지邪足智'는 첫 사례로, 기록되어 있는 위치상 관위로 보아도 무방하겠지만 제 몇 등으로 비정해야 할지는 추정이 쉽지 않다.

25 '입석비인立石碑人'의 인명 위치에는 '박사博士'라고 적혀 있어, 이를 신문왕 2년(682)에 창설된 국학國學과 연결시켜 보려는 견해도 있다(위의 주석 1의 신문 각 지면 참조). 그러나 鈴木靖民 씨의 견해에 따르면 고대 일본에서는 '박사'를 '후히토'라 읽고 기록을 직무로 하는 자에게 사용된 예가 있으며, 또 통일기에도 기술자에게 사용된 용례가 있다(박경원, 「高麗鑄金匠考」, 『考古美術』 149, 서울, 1981년 3월). 따라서 삼국시대 신라에서도 '박사'가 동일한 기술직이었을 가능성이 높다.

26 '절서인節書人'이란 「적성비赤城碑」와 「창녕비昌寧碑」의 '서인書人'에 이제까지 많은 용례를 찾아볼 수 있는 '절節'(공사의 지휘·감독을 의미한다. 鮎貝房之進, 『雜攷 俗子攷·俗文攷·借字攷』, 國書刊行會, 1972년 11월, 367~370쪽)이 붙은 것으로 보았고, '입석비문立石碑文'은 「적성비」의 '서석입인石書入人'에 대응한다고 보아 새로 검출된 관직에는 추가하지 않았다.

27 이기백, 《경향신문》(앞의 글).

28 김창호, 「蔚珍 鳳坪 新羅碑의 檢討」(앞의 책, 23쪽)에 따르면, 봉평은 이 지역에서 〈se-tul〉이라고 부르며 거벌의 '거居' 자는 훈독하여 〈sa-da〉, '벌伐' 자는 음독하여 이 두 글자를 읽어보면 〈sal-bol〉이 되며, 이것은 〈se-tul〉과 음이 서로 통한다고 한다. 그러나 도저히 이것을 음통한다고 보기는 어렵다.

29 현존하는 지지류地誌類는 조선시대까지 모두 이 땅을 울진 관내로 기록하고 있으며 별도의 읍의 존재를 기록한 것은 없다. 따라서 이 글에서는 비석이 울진 관내에 건립되었다고 보고 논의를 전개하고자 한다.

30 武田幸男, 「中古新羅の軍事的基盤-法幢軍團とその展開」(『西嶋定生博士還曆記念—東アジア史における國家と農民』, 山川出版社, 1984년 11월), 242쪽.

31 本高句麗及伐山郡, 景德王改名, 今興州.

32 금석문의 경우 '及(급)'의 표기가 일반적이다. 또 '거벌간지居伐干支'는 539년의 「천전리 서석 추명」에서도 보이고 있다.

33 末松保和,「梁書新羅傳考」(앞의 책), 384~385쪽.

34 武田幸男,「眞興王代における新羅の赤城經營」(앞의 글), 28~31쪽.

35 李基白,「中原高句麗碑のいくつかの問題」(『韓國文化』1-10, 1979년 10월), 14쪽; 武田幸男,「五~六世紀東アジア史の一視點ー高句麗「中原碑」から新羅「赤城碑」へ」(『東アジア世界における日本古代史講座』四, 學生社, 1980년 9월), 17~18쪽.

36 王幸捺已郡, 郡人波路有女子, 名曰碧花, 年十六歲, 眞國色也, 其父衣之以錦繡, 置轝幕以色絹, 獻王, 王以爲饋食, 開見之, 歟然幼女, 恠而不納, 及還宮, 思念不已, 再三微行, 徃其家幸之, 路經古陁郡, 宿於老嫗之家, 因問曰, 今之人以國王爲何如主乎, 嫗對曰, 衆以爲聖人, 妾獨疑之, 何者, 竊聞王幸捺已之女, 屢微服而來, 夫龍爲魚服, 爲漁者所制, 今王以萬乘之位, 不自愼重, 此而爲聖, 孰非聖乎, 王聞之大慙, 則潛迎其女, 置於別室, 至生一子.

37 田中俊明,「新羅の金石文-南山新城碑·第二碑」(『韓國文化』5-11, 1983년 11월), 39~40쪽.

38 「적성비」에 보이는 이러한 형식이 고구려에서 유래했다는 점에 대해서는 武田幸男,「眞興王代における新羅の赤城經營」(앞의 글) 참조.

39 이기백,《경향신문》(앞의 글).

40 若此事失, 天大罪得誓.

41 南山新城作節如法以作, 後三年崩破者罪教事, 爲聞教令誓事之.

42 종래「남산신성비」첫머리의 구절은 河野六郎,「古事記に於ける漢字使用」(『古事記大成ー言語文字篇』, 平凡社, 1957년 12월, 192쪽)에 의해 "남산의 신성을 만들었으니 이때 법에 따라 만들었다. 3년 후, 붕괴된 자는 죄로 다스릴 것이라는 사실을 알리도록 서약하게 하였다."라고 해석되었다. 그러나 이때 발견된 비문과「적성비赤城碑」를 통해 '교사教事', '교령教令'은 왕명을 의미하는 고유 용어임이 판명됨에 따라 새로이 해석을 시도하였다.

43 이러한 맹세 문구와 유사한 표현으로『일본서기』천지천황 10년 11월 병진조의 "誓盟曰, 六人同心, 奉天皇詔 若有違者 必被天罰云云. 誓盟曰, 臣等五人, 隨於殿下, 奉天皇詔, 若有違者, 四天王打, 天神地祇, 亦復誅罰" 등을 주목할 수 있다. 이는 "만약 다른 것이 있다면 하늘(신)의 재난을 초래할 것이다."라는 내용과 일치하고 있다. 서맹의 상투적 표현의 유형으로 간주할 수 있다.

44 金昌鎬,「蔚珍 鳳坪 新羅碑의 檢討」(앞의 책, 12쪽)은 그 단위를 '호戶'라고 했지만『川前里 書石銘』에는 세 명을 '삼三'으로 적은 용례가 있다는 점, 서맹을 한두 명을 합쳐보면 400이 된다는 점에서 '삼백구십팔三百九十八'의 단위는 '명(人)'이 타당할 것이다.

45 藤本幸夫,「古代朝鮮の言語と文字文化」(『日本の古代』14, 中央公論社, 1988년 3월), 214~215쪽.

46 『삼국지』권30 위서 오환선비동이전 부여조의 해당 부분에는 "전쟁을 하게 되면 그때

도 하늘에 제사를 지내고, 소를 잡아서 그 발굽을 보아 길흉을 점치는데, 발굽이 갈라지면 흉하고 발굽이 붙으면 길하다고 생각한다.(有軍事亦祭天, 殺牛觀蹄以占吉凶, 蹄解者爲凶, 合者爲吉)"라고 하여, '살우殺牛'가 '제천祭天'과 직접 연결되는 것이 아니라 그 뒤에 적힌 소의 발굽에 따라 길흉을 점쳤다고 한다. 그러나 발해와의 통교와 깊은 관련을 가진 이시카와石川현 지케寺家 유적에서 소와 말의 이빨과 수골獸骨이 출토되어 소를 희생시킨 제사가 이루어졌음을 추정할 수 있다(小嶋芳孝, 「日本海を越えてきた渤海使節」, 『日本の古代』3, 中央公論社, 1986년 4월). 출입국 때의 제사와 본국의 제사가 아무런 연관이 없다고는 생각하기 어려우며, 게다가 이 제사유적은 다음 언급할 '한신신앙韓神信仰'과의 관련성이 인정되기 때문에(아래 주석 47 참조), 군사와 외교, 부여와 발해와의 차이는 있겠지만 이 지방에 하늘(신)의 제사로서 '살우'가 행해졌음을 확인할 수 있다고 생각한다.

47 淺香年木, 「信仰から見た日本海文化」(『古代日本海文化の源流と發達』, 大和書房, 1985년 10월) 참조. 동 논문은 佐伯有淸, 『牛と古代人の生活』(至文堂, 1967년 3월)에서 다룬 일본 고대의 '한신신앙漢神信仰'의 유래가 한반도에 있다는 것을 밝힌 점에서도 중요하다.

48 '근謹'의 '언言' 변은 명확하게 판독할 수 있다. '천天'에 대해 김창호 씨는 '맥麥'으로 석문했지만 이는 비석의 균열 부분을 문자의 일부로 본 것에 기인한다. 木村誠 씨의 의견에 따르면 '천天'으로 판독하는 것이 충분히 가능하다고 한다.

49 武田幸男, 「眞興王代における新羅の赤城經營」(앞의 책) 참조.

50 「丹陽 新羅 赤城碑 第1次 學術座談會錄」(앞의 책, 『史學志』12), 45쪽.

51 《중앙일보》(4월 19일), 《한국일보》(4월 20일).

52 武田幸男, 「牟頭婁一族と高句麗王權」(『朝鮮學報』99·100合, 1981년 7월), 169, 170쪽.

53 武田幸男, 「中古新羅の軍事的基盤-法幢軍團とその展開」(앞의 책), 253~254쪽.

54 武田幸男, 「牟頭婁一族と高句麗王權」(앞의 글, 160쪽)은 "(고구려의) 도사道使란 간선도로가 통하는 요충지에 파견된 사자의 명칭을 말하며, 지방 지배를 수행하는 중심적인 지방관이었다."라고 지적하면서, 부여와 고구려의 지방 지배에 있어서 '도로道'의 기능과 그 의의에 관해서도 신라의 '법도法道'를 해석하는 데 시사하는 바가 큰 중요한 지적이 있다.

55 小倉進平, 「鄕歌及び吏讀の硏究」(『小倉進平著作集』1, 京都大學文學部 國語學國文學硏究室, 1974년), 71~72쪽.

56 王親定國內州郡縣, 置悉直州, 以異斯夫爲軍主, 軍主之名始於此.

57 伊湌異斯夫爲何瑟羅州軍主.

58 이영식 씨의 견해에 따르면 울진군 죽변면은 동해안 연안부 지방에서는 자급自給이 충분할 만큼 벼농사가 가능한 몇 안 되는 지역의 하나라고 한다. 군대의 상주나 둔전屯田에 적절한 장소라 할 수 있을 것이다. '노인奴人'이 이 땅에 머물면서 후술하는 역무役務를 수

행했다고 한다면 '노촌奴村'은 일시적으로 이곳에 설치되었다고도 생각할 수 있다.

59 이종욱, 「南山新城碑를 통하여 본 新羅의 地方統治體制」(『歷史學報』 64, 서울, 1974년 12월); 田中俊明, 「新羅の金石文-南山新城碑·總括」(『韓國文化』 6-5, 1984년 5월).

60 『唐律疏議』, 名例·杖刑五等級; 『養老律令』, 名例·杖罪五.

61 田鳳德, 『李朝法制史』(北望社, 1971년 2월), 284~285쪽.

62 이기백, 《경향신문》(앞의 글).

63 武田幸男, 「新羅法興王代の律令と衣冠制」(朝鮮史研究會編, 『古代朝鮮と日本』, 龍溪書舍, 1974년 10월).

64 武田幸男, 「眞興王代における新羅の赤城經營」(앞의 글), 25쪽.

65 武田幸男, 「新羅官位制の成立」(旗田巍先生古稀記念會編, 『朝鮮歷史論集』 上, 龍溪書舍, 1979년 3월), 178~179쪽.

66 경위京位·외위外位의 해당 표는 7장 주석 1 참조. 『삼국사기』 외관조의 해석에 대해서는 三池賢一, 「『三國史記』職官志外位條の解釋」(『北海道駒澤大學研究紀要』 5, 1970년), 129쪽; 武田幸男, 「新羅骨品制の再檢討」(앞의 글), 172쪽.

67 武田幸男, 「新羅官位制の成立」(앞의 책), 176~177쪽. 종래 외위의 상한을 보여주는 정확한 동시대 사료는 「창녕비」 561년이며, 문헌에서는 『삼국사기』의 554년이었다.

68 여기서 말하는 '6부제六部制'는 木村誠, 「三國期新羅の王畿と六部」(앞의 글) 참조.

69 田鳳德, 『李朝法制史』(앞의 책), 284~285쪽.

70 法興王九年(522) 春三月, 加耶國王遣使請婚, 王以伊湌比助夫之妹送之.

71 十一年(524) 秋九月, 王出巡南境拓地, 加耶國王來會.

72 武田幸男, 「新羅法興王代の律令と衣冠制」(앞의 책), 93~104쪽.

7장 신라 육정의 재검토

1 이제까지 여러 논문에서 게재되었던 표와 전혀 차이 나는 부분이 없다. 다만 표에서 군관직의 하나인 '화척火尺'을 종래 '대척大尺'이라 읽었으나, 다케다 유키오武田幸男 씨의 견해에 따라 이른바 『정덕본正德本』(한국고전총서2, 민족문화추진회, 서울, 1973년 12월)을 주목해보면 '대大'는 '화火'의 오자誤字라는 것을 알 수 있어 화척으로 바꾸었다. 또 관위 규정은 아래의 표에 따라 숫자로 표시했다. 외위는 나중의 논의를 위해 병기해두었다.

	1	2	3	4	5	6	7	8	9	10	11	12	13	14	15	16	17
경위	각간	이찬	잡찬	파진찬	대아찬	아찬	일길찬	사찬	급찬	대나마	나마	대사	소사	길사	대조	소조	조위
외위							옥간	술간	고간	귀간	찬간	상간	간	일벌	일척	피일	아척
							1	2	3	4	5	6	7	8	9	10	11

2 井上秀雄,「新羅兵制考―職官志兵制の組織を中心として」(『朝鮮學報』11·12, 1957년 3월·
   58년 3월[원문 게재]; 『新羅史基礎研究』(東出版, 1974년 2월)에서는 육정을 '군단軍團'으
   로 통칭하고 대당大幢 이하의 우수정牛首停까지를 '부대部隊'로 호칭했지만, 이 장에서는
   사견私見을 토대로 대당 이하 우수정까지를 각 군단으로 부르도록 하겠다.

3 末松保和,「新羅幢停考」(『新羅史の諸問題』, 東洋文庫, 1954년 11월, 327~347쪽)의 고증에
   따르면, 각 군단의 성립 연도는 각각 대당(544년), 귀당(552년), 한산정(553년), 우수정
   (556년), 하서정(639년), 완산정(555년)으로 되어 있다. 그중 末松 氏는 하서정의 성립 연
   도를 639년으로 추정했지만, 근거가 반드시 정확하다고는 할 수 없고, 다른 다섯 군단의
   성립 연도 및 성립 배경을 통해 이 장에서는 하서정을 다른 군단과 거의 동시기에 성립된
   것으로 간주하도록 하겠다.

4 나중의 논의에서 규명되는 것처럼 이른바 '군단 소재지'는 단순하게 소재지라는 말로 규
   정할 수 없는 실태를 갖고 있다. 따라서 처음부터 엄밀하게 실태에 의거한 용어로 서술해
   야겠지만 이 장에서는 오히려 기존의 용어와 실태의 차이를 명확히 한다는 의미에서 일
   부러 군단 소재지라는 용어를 사용하였다.

5 末松保和,「新羅幢停考」(앞의 책), 327~347쪽.

6 육정을 다룬 병제사(兵制史) 연구는 末松保和,「新羅幢停考」(앞의 책); 井上秀雄,「新羅兵
   制考―職官志兵制の組織を中心として」(앞의 책) 두 논문에 불과하다. 따라서 삼국시대를
   다룬 여러 논문과 계몽서, 개설서 등에 기록된 육정은 이 두 논문에 기반한다고 해도 과
   언이 아니다. 이 장에서 언급하는 통설상의 육정은 앞서 게재한 두 논문을 부연해서 논한
   것을 포함하고 논란의 대상이 되고 있는 것은 배제해두고자 한다.

7 大幢四人, 貴幢四人, 漢山停三人, 完山停三人, 河西停二人, 牛首停二人, 爲自眞骨上堂至上臣
   爲之.

8 以金庾信爲大將軍, 仁問·眞珠·欽突爲大幢將軍, 天存·竹旨·天品爲貴幢摠管, 品日·忠常·義
   服爲上州摠管, 眞欽·衆臣·自簡爲下州摠管, 軍官·藪世·高純爲南川州摠管, 述實·達官·文穎
   爲首若州摠管, 文訓·眞純爲河西摠管, 眞福爲誓幢摠管, 義光爲郎幢摠管, 慰知爲罽衿大監.

9 村上四男,「新羅の摠管と都督」(『山崎先生退官記念 東洋史學論集』1967년 12월), 475~479쪽.

10 以大角干金庾信大幢爲大摠管, 角干金仁問·欽純·天存·文忠·迊湌眞福·波珍湌智鏡·大阿
   湌良圖·愷元·欽突爲大幢摠管, 伊湌陳純[一作春]·竹旨爲京停摠管, 伊欽品日·迊湌文訓·大
   阿欽天品爲貴幢摠管, 伊欽仁泰爲卑列道摠管, 迊欽軍官·大阿湌都儒·阿湌龍長爲漢州行軍
   摠管, 迊崇界信·大阿湌文穎·阿湌湌世爲卑列城州行軍摠管, 波珍湌宣光·阿湌長順·純長爲
   河西州行軍摠管, 波珍湌宣福·阿湌天光爲誓幢摠管, 阿湌日原·興元爲罽衿幢摠管.

11 여기서는 육정 장군으로 제한하지 않고, 두 행군에 편성된 전체 군단의 장군도 대상에 포
   함하고 있기 때문에, 장군의 일반적인 성격을 문제 삼을 수 있겠지만 앞으로의 장군에 관

한 분석은 육정 장군에 한해서 행하고자 한다.

12 표 안의 모든 대상들이 예를 들어 지경智鏡처럼 "(문무왕 8년 3월) 拜波珍湌智鏡爲中侍" "(동 10년 12월) 中侍智鏡退"라고 임관과 퇴관 기록이 남아 있는 것은 아니다. 어떤 사료적 근거가 있는 것은 단순히 연도만을 기록하고 연도에 밑줄을 친 부분은 다음의 논문들을 참고하였다. 이기백, 「上大等考」(『歷史學報』 19, 서울, 1962년 6월[원문 게재]); 『新羅政治社會史研究』(일조각, 서울, 1974년 2월); 武田幸男 監譯, 『新羅政治社會史研究』(學生社, 1982년 10월); 同 「新羅執事部의 成立」(『震檀學報』 25·26·27합, 서울 1964년 2월[원문 게재]), 『新羅政治社會史研究』(앞의 글). 또 연도에 괄호가 있는 것은 그 연도에 해당관이었다는 점만 알 수 있는 것이다.

13 두 차례 행군 편성기사에 한정된 것은 아니지만 『삼국사기』의 본기나 열전을 살펴보면 지방 군단의 군단명은 직관지 소재(모 정停)처럼은 기록되지 않았다. 이것이 어떠한 이유에 기반한 것인지는 향후 검토해야 할 중요한 문제 중 하나이다.

14 至總章元年(668) [中略] 又將百濟歸女, 嫁与新羅漢城都督朴都儒, 同謀合計, 偸取新羅兵器, 襲打一州之地, 賴得事覺, 卽斬都儒, 所謀不成. 『삼국사기』 권7 문무왕 11년 가을 7월 26일조.

15 문무왕의 서한은 총장 원년의 해당 사건을 문무왕 8년의 행군 모양을 언급한 뒤에 기록하고 있다. 따라서 도유都儒가 연루된 백제 잔당의 음모는 같은 해 행군이 종료된 뒤의 사건이라고 생각한다.

16 藤田亮策, 「新羅九州五京攷」(『朝鮮學報』 5, 1953년 10월[원문 게재]); 『朝鮮學論考』(藤田先生記念事業會, 1963년 3월[앞의 글]), 346쪽.

17 (冬十月) 二十五日, 王還國, 次褥突驛, 國原仕臣龍長大阿湌私設筵, 饗王及諸侍從, [中略] 十一月五日, 王以所虜高句麗人七千入京.

18 冬十月二十二日, 賜庾信位太大角干, 仁問大角干, 已外伊湌將軍等爲角干, 蘇判已下並增位一級 [下略]. 『삼국사기』 권6 문무왕 8년조.

19 욕돌역褥突驛 소재지는 불분명하나 국원 사신 용장龍長이 연회 주최자였다는 점, 그동안 일어난 일들의 시간적 추이(아래의 표)를 통해 모두 국원소경 부근으로 보아도 무방할 것이다. 국원소경은 왕도와 한주漢州 지방을 연결하는 군사·교통상의 요충지이기도 해서 문무왕 일행은 이 지역에 머문 뒤, 계립령鷄立嶺, 죽령竹嶺을 넘어 귀경한 것으로 보인다. 국원에 대해서는 최석남, 『韓國水軍活動史』(명양사, 서울, 1965년 4월); 村上四男, 「新羅の新州と經營, 並に北漢山州의 置廢問題について」(『和歌山大學學藝學部紀要』 13, 1963년 12월), 92쪽 참조.

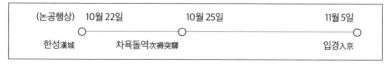

20 教賜文武官僚田有差.

21 位自眞骨上堂至上臣爲之.

22 木村誠, 「六世紀新羅における骨品制の成立」(『歷史學硏究』428, 1976년 1월), 27쪽.

23 位自級湌至伊湌爲之.

24 文武王十四年(674), 以六徒眞骨出居五京九州.

25 武田幸男, 「新羅骨品制の再檢討」(『東洋文化硏究所紀要』67, 1975년 3월), 181쪽.

26 신형식, 「新羅軍主考」(『白山學報』19, 서울, 1975년 12월)에서는 군주(도독)가 진골 출신
    대상에게만 허용된 관직이었음을 자명한 것으로 논하고 있다.

27 都督, 九人, 智證王六年(505) 以異斯夫爲悉直州軍主, 文武王元年(661)改爲惣管, 元聖王元年
    (785)稱都督.

28 『삼국사기』(朝鮮史學會, 1927년. 1961년, 國書刊行會에서 복각復刻)의 도독 연혁 기록에
    는 ‘총惣’이 와자譌字인 ‘총惣’으로 되어 있는데, 『정덕본正德本』에는 분명 ‘총惣’이라 적
    혀 있다. 더 이상 말할 필요도 없이 ‘총惣’과 ‘총摠’은 같은 글자이다.

29 村上四男, 「新羅の摠管と都督」(앞의 책), 480~481쪽.

30 가능한 사료 계통을 갖출 필요가 있기 때문에 인용은 신라본기로 제한했다.

31 육정 각 군단에 복수의 장군이 임명되었던 사실에 대해 제기할 수 있는 의문으로, 장군은
    서로 어떠한 관계였으며 누가 최고 지휘권을 장악하고 있었는지 하는 것이다. 이에 대해
    사견을 약간 언급해두겠다. 두 차례 행군 편성에는 직관지에 적혀 있는 인원수와는 어느
    정도 차이가 있겠지만, 육정 각 군단에는 2명에서 9명의 장군들이 열거되어 있어, 얼핏
    보면 병렬되어 있는 것처럼 보이기도 한다. 그러나 문무왕 8년 행군 편성기사를 주의해
    서 살펴보면, 각 군단의 장군은 관등이 높은 대상부터 낮은 대상으로 열거되어 있다는 점
    에서 예외는 없다. 게다가 최상위와 차위 사이에는 반드시 관등 차이가 있어, 각 군단에
    복수의 장군들이 임명되더라도 각 장군들 사이에 관등의 차이가 있듯이 직무상에도 차
    이가 있다고 생각할 수 있을 것이다. 지금 문제시되는 최고 지휘권 역시 최상위 대상에게
    있었다고 보아야 할 것이다. 그런데 이 절의 처음에 특정 군단에게 복수의 장군들이 배속
    되었음을 보여주는 기록은 문무왕 원년의 행군 편성기사가 처음이라고 언급하였으나,
    그 5개월 전에 다음과 같은 사료가 전해진다.
    太宗王八年(六六一)春二月, 百濟殘賊來攻泗沘城. 王命伊湌品日爲大幢將軍, 迊校湌文王·大
    阿湌良圖·阿湌忠常 等副之, 迊湌文忠爲上州將軍, 阿湌眞王副之. 阿湌義服爲下州將軍 [中
    略] 往救之.(『삼국사기』권5)
    대당 장군으로는 품일品日이, 그를 보좌하기 위해 문왕文王·양도良圖·충상忠常 등이 함
    께 임명되었고, 상주 장군의 경우도 문충과 그를 보좌하기 위해 진왕眞王이 임명되었다.
    이 사료를 그대로 읽는다면 상기와 같이 장군과 이를 보좌하는 대상으로 이루어진다. 그

486

런데 이 기록에 등장하는 이들을 표로 나타내보면, 그들이 역임한 관등 높이에 따라 기록되어 있으며 특히 대당 장군 품일 이후의 4명 구성은 문무왕 8년 행군의 각 군단 장군 구성과 흡사하다는 점을 알 수 있다. 게다가 4명이라는 숫자는 직관지에 기록된 대당 장군의 인원수와 부합된다는 점에서, 이 사료가 특별한 표기를 따르고 있다고는 볼 수 없다. 각 군단의 장군들이 본래 이 사료에 표기되어 있는 것처럼, 장군 한 명(정장군)과 기타 보좌 장군(부장군)이 되는 셈이다. 군단 내에서 구체적으로 어떠한 직무상 분담이 있었는지 알 수 없으나, 각 군단의 장군에게는 최고 지휘권을 갖는 장군과 이를 보좌하는 장군들이 있었다는 것은 틀림없는 사실이다. 이를 통해 두 행군 편성기사에 적힌 각 군단의 장군들은 최상위에 있는 사람이 그 군단의 최고 지휘권을 장악하였음을 알 수 있다.

대당 장군大幢 將軍			상주 장군上州 將軍			하주 장군下州 將軍		
품일品日	이찬伊湌	2						
문왕文王	잡찬迊湌	3	문충文忠	잡찬迊湌	3			
양도良圖	대아찬大阿湌	5						
충상忠常	아찬阿湌	6	진왕眞王	아찬阿湌	6	의복義服	아찬阿湌	6

32 우선 大庭脩, 「前漢의 將軍」(『東洋史研究』 26-4, 1968년 3월, 71쪽)에서 지적한 "장군은 한 번 임명되면 임명자의 통제 범위 밖도 가능하다는 대폭적인 독자성과 권한이 주어졌다." 라고 전한 장군의 기본적 성격은, 육정 장군의 성격을 고찰하는 데 있어서도 참고해야 하는 문제라고 생각한다.

33 以阿湌軍官爲漢山州都督.

34 여기서 사용한 군관구軍管區라는 것은 末松保和, 「新羅幢停考」(앞의 책)에서 사용한 용어를 따온 것으로, 그 의미는 신라의 삼국통일 후 9주제九州制로 성립된 주州에 해당한다. 통설에 따르면 육정은 이러한 주의 주치에 군단 소재지가 있었다고 보기 때문에, 해당 군관구 내에 파견된 도독이란 무엇보다 군단 소재지이기도 한 주치에 파견된 도독이 된다.

35 完山停, 本下州停, 神文王五年, 罷下州停, 置完山停.

36 今西龍, 「新羅上州下州考」(미정 원고, 『新羅史研究』, 國書刊行會, 1970년 9월); 鮎貝房之進 上, 「全北全州及慶南昌寧의 古名에 就きて」(『靑丘學叢』 4, 1931년 5월); 藤田亮策, 「新羅九州五京攷」(앞의 책); 전영래, 「完山과 比斯伐論」(『馬韓·百濟文化』 1, 이리, 1975년 10월).

37 末松保和, 「新羅幢停考」(앞의 책), 346쪽.

38 竹竹, 大耶州人也, 父郝熱爲撰干, 善德王時爲舍知, 佐大耶城都督金品釋幢下, 王十一年(六四二)壬寅秋八月, 百濟將軍允忠領兵來攻其城, 先是都督品釋見幕客舍知黔日之妻有色奪之, 黔日恨之, 至是爲內應, 燒其倉庫, 故城中兇懼, 恐不能固守, 品釋佐阿湌西川登城謂允忠

日, 若將軍不殺我, 願以城降, 允忠曰, 若如是, 所不与公同好者, 有如白日, 西川勸品釋及諸將

士欲出城, 竹竹止之曰, 百濟反覆之國, 不可信也, 而允忠之言甘, 必誘我也, 若出城, 必爲賊之

所虜, 与其竄伏而求生, 不若虎鬪而至死, 品釋不廳, 開門, 士卒先出, 百濟發伏兵盡殺之, 品釋

將出, 聞將士死, 先殺妻子而自刎, 竹竹收殘卒, 閉城門自拒, 舍知龍石謂竹竹曰, 今兵勢如此,

必不得全, 不若生降以圖後効, 答曰, 君言當矣, 而吾父名我以竹竹者, 使我歲寒不凋, 可折而不

可屈, 豈可畏死而生降乎, 遂力戰, 至城陷, 与龍石同死, 王聞之哀傷, 贈竹竹以級湌, 龍石以大

奈麻, 賞其妻子, 遷之王都.

39 州助【或云州輔】九人, 位自奈麻至重阿湌爲之.

40 武田幸男, 「新羅の骨品體制社會」(『歷史學研究』299, 1965년 4월, 11~12쪽)은 학열郝熱
의 아들 죽죽竹竹이 사지舍知를 역임하고, 군공에 따라 급찬級湌을 하사받은 사실에 대해
"사지는 경위 13등급인지 관직명인지 확실히 알 수 없다. 하지만 만약 후자라 하더라도
이는 경위를 뒷받침하고 있었다고 보아도 무방하다."라고 양해를 구하며 "7세기 중엽을
경계로 지방인에게 부여한 관위가 외위外位에서 경위京位로 변화되고 있었기" 때문에 죽
죽의 경우도 "바로 이러한 변화에 대응한 것이었다."라고 언급하였다.

41 是日(武烈王 7年 8月 2日) 捕斬毛尺, 毛尺本新羅人, 亡入百濟, 与大耶城黔日同謀陷城, 故斬
之, 又捉黔日, 數日, 汝在大耶城, 与毛尺謀, 引百濟之兵, 燒亡倉庫, 令一城乏食致 敗罪一也.
『삼국사기』 권5 신라본기.

42 이러한 상황의 재지 수장의 활약은, 당시 대야성에 한정되지 않았다. 예를 들어 『삼국사
기』 권47 필부전匹夫傳에는, "以匹夫爲七重城下縣令, 其明年(660)庚申秋七月, 王與唐師滅
百濟, 於是高句麗疾我, 以冬十月, 發兵來圍七重城, 匹夫守且戰二十餘日 [中略] 死傷過半, 賊
乘風縱火, 攻城突入, 匹夫與上干本宿・謀支・美齊等向賊對射."라고 하여, 칠중성에 파견된
필부가 고구려 공격에 맞서, 외위 상간을 역임한 도숙本宿, 모지謀支, 양제美齊 등과 함께
마지막까지 항쟁하였음을 알 수 있다. 여기서 도숙 등은 죽죽竹竹, 용석龍石과 마찬가지
로 재지 수장이었으며, 그들이 수행한 역할에 대해서도 죽죽의 경우와 동일하다고 사료
된다.

43 武田幸男, 「新羅の骨品體制社會」(앞의 글) 참조.

44 이 점에 대해서는 이 절의 (3)에서 언급하였다.

45 眞德王大和元年戊申, [中略] 時庾信爲押梁州軍主, 若無意於軍事, 飮酒作樂, 屢經旬月, 州人
以庾信爲庸將, 譏謗之曰, 衆人安居日久, 力有餘, 可以一戰, 而將軍慵惰如之何, 庾信聞之, 知
民可用, 告大王曰, 今觀民心, 可以有事, 請伐百濟以報大梁州之役, [中略] 王乃許之, 遂簡練州
兵赴敵.『삼국사기』 권41 김유신전.

46 尙州, 沾解王時取沙伐國爲州, 法興王十一年, 梁普通六年, 初置軍主爲上州.『삼국사기』
권34 지리지.

47 火王郡, 本比自火郡一云比斯伐, 眞興王十六年置州, 名下州.『삼국사기』권34 지리지.

48 眞興王十四年秋七月, 取百濟東北鄙, 置新州, 以阿湌武力爲軍主.『삼국사기』권4 신라본기.

49 末松保和,「新羅幢停考」(앞의 책), 331쪽.

50 今西龍,「新羅上州下州考(미정 원고)」(앞의 책), 289쪽.

51 今西龍, 위의 책.

52 明年辛末(611년) 冬十月, 百濟大發兵來, 攻椵岑城一百餘日, 眞平王命將, 以上州·下州·新州 之兵救之, 遂往与百濟人戰, 不克引還, (椵岑城縣令)讚德憤恨之, 謂士卒曰, 三州軍帥見敵强 不進.

53 末松保和,「新羅幢停考」(앞의 책), 330~347쪽.

54 사료상으로는 확인이 어려우나 하서정河西停·우수정牛首停도 동일한 성립 배경으로 설 치된 것으로 보인다. 두 군단에 상주上州·하주下州·신주新州와 같은 광의廣義의 주명州名 을 발견하지 못한 이유는, 다음과 같이 추정된다. 광의의 주명과 협의의 주명은 광의의 주 설치 당초에 차이가 있었다. 그런데 6세기 중엽 급속한 판도 확대로 인해 광주의 주명 은, 상·하·신이라는 단순한 명칭으로 충분치 못한 채, 하서정·우수정의 성립기에 이르 러 광의의 주명은 협의의 주명 = 주치명州治名으로 변경되었다. 삼국통일 이후의 9주제 九州制하에서 광의의 주명과 협의의 주명이 일치하는 것은 이러한 주제州制의 변천 귀로 로도 생각할 수 있겠다.

55 「남산신성비」를 통해 신라의 지방 지배체제를 논한 것으로는 주로 다음과 같이 논고가 있다. 石上英一,「古代における日本の稅制と新羅の稅制」(朝鮮史硏究會編,『古代朝鮮と日 本』, 龍溪書舍, 1974년 10월); 山尾幸久,「朝鮮三國の軍區組織ーコホリのミヤケ硏究序說」 (『古代朝鮮と日本』, 앞의 책); 이종욱,「南山新城碑를 통하여 본 新羅의 地方 支配體制」 (『歷史學報』64, 서울, 1974년 12월); 木村誠,「新羅郡縣制の確立過程と村主制」(『朝鮮史硏 究會論文集』13 1976년 3월). 이 장에서는 많은 부분을 이러한 연구에 의거하고 있다.

56 이종욱,「南山新城碑를 통하여 본 新羅의 地方 支配體制」(앞의 글), 41쪽.

57 이종욱, 위의 글, 39~41쪽; 木村誠,「新羅郡縣制の確立過程と村主制」(앞의 글), 12쪽.

58 진홍섭,「南山新城碑의 綜合的 考察」(『歷史學報』26, 서울, 1965년 1월[원문 게재]);『三國 時代의 美術文化』(同化出版公社, 서울, 1976년 9월[원문 게재]), 158쪽; 이종욱,「南山新城 碑를 통하여 본 新羅의 地方 支配體制」(앞의 글), 16쪽.

59 이종욱,「南山新城碑를 통하여 본 新羅의 地方 支配體制」(앞의 글), 16~19쪽. 다만 여기서 주의해야 할 중요한 점은 작업 분단을 이루는 각 성·촌 백성들이 군의 지휘하에 징발되 었으며, 왕경인의 경우도 부部의 총괄하에 리里의 백성들이 동원되었다는 사실이다.

60 石上英一,「古代における日本の稅制と新羅の稅制」(앞의 책), 243쪽.

61 百濟王明禯加良來攻管山城, [中略] 新州軍主金武力以州兵赴之, 及交戰, 裨將三年山郡高干

都刀急擊殺百濟王, 於是諸軍乘勝大克之.

62 文武王七年(667)秋八月, 王領大角干金庾信等三十將軍出京, 九月, 至漢城停以待英公, 冬十月二日, 英公到平壤城北二百里, 差遣尒同兮村主大奈麻江深, 率契丹兵八十余人, 歷阿珍含城至漢城, 移書以督兵期, 大王從之, [中略] 仍授江深位級飡, 賜粟五百石.

63 英公使人江深來云, 秦大摠管處分, 新羅兵馬不須打城, 早赴平壤, 卽給兵粮.『삼국사기』권7 문무왕 11년 7월 26일조.

64 사료 a 서두에 적혀 있는 '大角干金庾信等三十將軍'이란 본래 문무왕 원년·8년의 행군 편성기사와 같을 것이다. 그렇다면 촌주 강심江深은 상주정上州停 소속으로 한산漢山에 도착했다고 볼 수 있겠다.

65 至乾封二年, 聞摠管英國公征遼, 某往漢城州, 遣兵集於界首, 新羅兵馬, 不可獨入, 先遣細作三度, 船相次發遣, 覘候大軍, 細作廻來, 並云, 大軍未到平壤.

66 漢山州少監朴京漢, 平壤城內殺軍主述脫功第一, [中略] 君師南漢山北渠平壤城北門戰功第一, 授位述干, 賜粟一千石, 君師斧壤仇杞, 平壤南橋戰功第一, 授位述干, 賜粟七百石, 假軍師比列忽世活, 平壤少城戰功第一, 授位高干, 賜粟五百石, 漢山州少監金相京, 蚊川戰死攻第一, 贈位一吉飡, 賜租一千石.『삼국사기』권6 문무왕 8년 겨울 10월 22일조.

67 木村誠,「新羅郡縣制の確立過程と村主制」(앞의 글), 16쪽.

68 木村誠, 위의 글, 17쪽.

69 於是元宗哀奴等據沙伐州叛, 王命奈麻令奇捕捉, 令奇望賊壘, 畏不能進, 村主祐連力戰死.

70 時裂起以步騎監輔行, [中略] 遂与軍師仇近等十五人, 持弓劍走馬, [中略] 庾信告王曰, 裂起·仇近天下之勇士也, [中略] 後庾信之子三光執政, [中略] 仇近從元貞公築西原述城, 元貞公聞人言, 謂怠於事, 杖之, 仇近曰, 僕嘗与裂起入不測之地, 不辱大角干之命.『삼국사기』권47 열기전.

71 羅人謂營爲停.

72 당연한 일이지만 평상시의 군사훈련 없이 행군의 군단 편성은 불가능할 것이다. 따라서 군영軍營에서는 틀림없이 유사시에 대비한 군사훈련이 진행되었을 것이다. 군영의 이러한 기능을 감안해서 군단 소재지라고 부를 수 있을 것으로 생각한다.

8장 신라 승려 자장의 정치 외교적 역할

1 石母田正,『日本の古代國家』(岩波書店, 1971년 1월).

2 이러한 과제를 정면에서 고찰한 논고로 武田幸男,「新羅毗曇の乱の一視角」(『三上次男博士喜壽記念論文集 歷史編』, 平凡社, 1985년 8월)가 있다.

3 李成市,「新羅の內廷について」(미발표). 개요에 대해서는 제33회 朝鮮學會大會(1982년 10월 3일, 天理大學)에서 보고하였다.

4 李成市,「金春秋の對日本外交」(『歷史讀本』臨增·30-11, 1985년 6월).

5 李成市, 「新羅中代の國家と佛敎」(『東洋史研究』42-3, 1983년 12월[원문 게재], 이 책 9장).

6 자장에 대한 주요 문헌은 다음과 같다. 江田俊雄, 「新羅の慈藏と五臺山」(『文化』21-5, 1957년 9월[원문 게재], 『朝鮮佛敎史の研究』, 國書刊行會, 1977년 10월[앞의 글]); 同 「新羅慈藏による文殊感得の布敎法」(『宗敎硏究』154, 1958년 2월[원문 게재]), 『朝鮮佛敎史の研究』(앞의 글); 辛鐘遠, 「慈藏의 佛敎思想에 대한 再檢討」(『韓國史研究』37, 서울, 1982년 12월); 南東信, 「慈藏의 佛敎思想과 佛敎治國策」(『韓國史研究』76, 서울, 1992년 5월).

7 사료 A·B를 간단히 비교 대조하기 위해 생략했지만 B ③-3에는 신라의 불교 통제기관에 대한 장문의 각주가 붙어 있는데 그 말미에 "鄕傳云, 藏入唐, 太宗迎至武乾殿, 請講華嚴, 天降甘露, 開爲國師云者妄矣, 唐傳與國史皆無文."라고 하여, 『향전鄕傳』에 『속고승전』과 다른 독자적인 사료가 있음을 알 수 있다.

8 (善德王) 五年(六三六), 慈藏法師入唐求法.

9 (善德王) 十二年(六四三)三月, 入唐求法高僧慈藏還.

10 『삼국유사』 권3 황룡사구층탑조(皇龍寺九層塔條)와 同 대산오만진신조臺山五萬眞身條에도 자장의 입당 시기가 '정관貞觀 10년 병신丙申'으로 적혀 있다.

11 後大德慈藏西學到五臺山, 感文殊現身授訣, 仍囑云, 汝國皇龍寺, 乃釋迦与迦葉佛講演之地, 宴坐石猶在, 故天竺無憂王, 聚黃鐵若干斤泛海, 歷一千三百餘年, 然後乃到而國成, 安其寺, 蓋威緣使然也. [中略] 善德王代, 寺初主眞骨歡喜師, 第二主慈藏國統, 次國統惠訓, 次廂律師云.

12 經由中國大和池邊, 忽有神人出問, 胡爲至此, 藏答曰, 求菩提故, 新人禮拜又問, 汝國有何留難, 藏曰, 我國北連靺鞨, 南接倭人, 麗濟二國迭犯封陲, 隣寇縱橫, 是爲民梗, 新人云, 今汝國以女爲王, 有德而無威, 故隣國謨之, 宜速歸本國, 藏問, 歸鄉將何爲利益乎, 神曰, 皇龍寺護法龍是吾長子, 受梵王之命, 來護是寺, 歸本國成九層塔於寺中, 隣國降伏, 九韓來貢, 王祚永安矣, 建塔之後, 設八關筵, 赦罪人, 則자賊不能爲害, 更爲我於京畿南岸置一精廬, 共資豫福, 豫亦報之德矣, 言已遂奉玉而獻之, 忽隱不現.【寺中記云香禪師處, 於終南山圓 受建塔因由.】

13 상세한 논증은 생략하지만 우선 아래의 두 가지를 언급해두고자 한다. 먼저 '태화지太華池'가 오대산 중에서도 중대中臺 산정에 있다는 것은 여러 사료(『고청량전古淸涼傳』, 『화엄경전기華嚴經傳記』, 『광청량전廣淸涼傳』, 『집신주삼보감통록集神州三寶感通錄』)에서 확인할 수 있으며, 여기에 기록된 '태화지'와 『삼국유사』에 수록된 '대화지大和池'의 '화華'와 '화和'는 음통하고 있다. 또한 『입당구법순례행기入唐求法巡禮行記』(개성 5년 5월 20일)에는 "到中臺 [中略] 中心有玉花池, 四方各四丈許名爲龍池, 中心小嶋上有小堂, 置文殊像, 時人呼之龍堂, 池水淸澄, 深三尺來, 在岸透見, 底砂淨潔倂無塵草."라고 하여 엔닌圓仁이 방문한 840년에 '옥화지玉花池'라 불리던 태화지에 용이나 문수와 연관된 기록이 확인된다. 말할 필요도 없이 이는 『삼국유사』에 수록된 자장 관련 기록과 부합하고 있다.

14 자장의 오대산 신비체험은 『삼국유사』의 황룡사장육조皇龍寺丈六條, 황룡사구층탑조, 대

산오만진신조, 자장정율조 등 각각에 수록되어 있다.

15 黃壽永, 『韓國金石遺文』(제3판, 일지사, 서울, 1981년 5월), 158쪽.

16 詳夫皇龍寺九層塔者善德大王代之所建也, 昔有善宗郎, 眞骨貴人也, 少好殺生, 放鷹擊雉, 雉
出涙而泣感, 此發心請出家入道, 法號慈藏, 大王卽位七年, 大唐貞觀十二年, 我國仁平五年戊
戌歲, 隨我使神通入於西國, 王之十二年卯酉歲, 欲歸本國, 頂辭南山圓香禪師, 禪師謂曰, 吾以
觀心觀公之國, 皇龍寺建九層窣堵婆, 海東諸國, 渾降汝國, 慈藏持語, 而還以聞, 乃命監君伊干
龍樹, 大匠口濟口非等, 率小匠二百人, 造斯塔焉, 其十四年歲次乙巳, 始構建四月口口立刹柱,
明年乃畢功, 鐵盤已上高口口已下高卅步三尺, 果合三韓以爲口口君臣安樂, 至今賴之 [下略].

17 邊善雄, 「皇龍寺九層塔誌의 硏究-成典과 政法典 問題를 中心으로」(앞의 글).

18 자장에 의한 불교 정책상의 역할에 대해서는 李成市, 「新羅中代의 國家와 佛敎」(앞의 글)에
서 약간 언급하였다.

19 『삼국사기』 권5 신라본기(新羅本紀) 善德王 十年秋七月 八月, 冬條.

20 武田幸男, 「新羅骨品制의 再檢討」(『東洋文化硏究所紀要』 67, 1975년 3월).

21 三品彰英, 『朝鮮古代硏究 第一部 新羅花郎 硏究』(1943년 12월[원문 게재]); 『三品彰英論文
集』 제6권(平凡社, 1974년 8월[수록]); 李基東, 「新羅花郎徒의 社會學的 硏究」(『新羅 骨品
制 社會와 花郎徒』, 韓國硏究院, 서울, 1980년 11월).

22 (眞德)王之代有閼川·公林宗公·述宗公·虎林公【慈藏之父】·廉長公·庾信公, 會干南山亐知
巖, 議國事, 時有大虎走入座間, 諸公驚起, 而閼川公略不移動, 談笑自若, 捉虎尾撲於地而殺
之, 閼川公膂力如此, 處於席首 [中略] 新羅有四靈地, 將議大事, 則大臣必會基地謀之, 則其事
必成.

23 (眞德王) 元年二月, 排伊飡閼川爲上大等.

24 李基白, 「大等考」, 「上大等考」(『新羅政治社會史硏究』, 一潮閣, 서울, 1974년 2월); 武田幸男
監譯, 『新羅政治社會史硏究』(學生社, 1982년 10월).

25 『삼국사기』 권41 김유신전金庾信傳.

26 遣使大唐上言, 高句麗百濟侵凌臣國, 累遭攻襲數十城, 兩國連兵期之必取, 將以今玆九月大
擧, 下國社稷必不獲全, 謹遣陪臣歸命大國, 願乞偏師, 以存救援.(『삼국사기』 권5, 신라본기
선덕왕 12년)

27 (眞平王)三十年(608), 王患高句麗屢侵封場, 欲請隨兵以征高句麗, 命圓光修乞師表, 光曰, 求
自存而滅他, 非沙門之行也, 貧道在大王之土地, 食大王之水草, 敢不惟命是從, 乃述以聞.

28 『신당서新唐書』 권220 고려전은 3책策으로 되어 있고, 『책부원귀冊府元龜』는 4책으로 되
어 있으나 내용적으로는 3책으로 간주할 수 있다. 武田幸男, 「新羅毗曇の乱の一視角」(앞
의 책) 참조.

29 『책부원귀冊府元龜』 권991 외신부外臣部 비어備禦 4 貞觀十七年九月庚辰條.

30 위의 책.

31 이른바 통설의 비판에 대해서는 武田幸男, 「新羅毗曇の乱の一視角」(앞의 책) 참조.

32 井上秀雄, 「新羅政治體制の變遷過程」(『新羅史基礎研究』, 東出版, 1974년 2월); 同 『古代朝鮮』(日本放送出版協會, 1972년 11월).

33 武田幸男, 「新羅毗曇の乱の一視角」(앞의 책).

34 (善德王) 十四年三月, 創造皇龍寺塔, 從慈藏之請也.

35 李基白, 「皇龍寺와 그 建立」(『新羅時代의 國家佛教와 儒教』, 韓國研究院, 서울, 1978년 8월);
    李成市, 「新羅中代의 國家と佛教」(앞의 글).

36 又海東名賢安弘撰東都成立記云, 新羅第二十七代女王爲主, 雖有道無威, 九韓侵勞, 若龍宮南
    皇龍寺建九層塔, 則隣國之災可鎭, 第一層日本, 第二層中華, 第三層吳越, 第四層托羅, 第五層
    鷹遊, 第六層靺鞨, 第七層丹國, 第八層女狄, 第九層濊貊.

37 武田幸男, 「創寺緣起からみた新羅人の國際觀」(『中村治兵衛先生古稀記念 東洋史論叢』, 刀
    水書房, 1986년 3월)에서는 이웃 나라의 항복을 요구한 입탑연기立塔緣起가 고려 초기에
    비로소 정리되었음을 밝히고 있다.

38 黃壽永, 『韓國金石遺文』(앞의 책).

39 太昌元年歲次戊子八月廿一日癸未, 眞興太王巡狩管境, 刊石銘記也, 夫純風不扇, 則世道乖
    眞, 玄化不敷, 則邪爲交競, 是以帝王建號, 莫不修己以安百姓, 然朕歷數, 當躬仰紹太祖之基,
    纂承王位, 競身自愼, 恐違乾道.

40 신라 왕권의 전통적 권위에 대해서는 다시 논해야 하겠지만 이를 뒷받침하는 중요한 의
    미를 지닌 신궁神宮 제사와 관련해서 浜田耕策, 「新羅の神宮と百座講會と宗廟」(『東アジア
    世界における日本古代史講座』9, 學生社, 1982년 10월) 참조.

41 신라 묘제廟制에 대해서는 邊太燮, 「廟制의 變遷을 通하여 본 新羅社會의 發展過程」(『歷史
    教育』8, 서울, 1964년 8월); 浜田耕策, 「新羅の神宮と百座講會と宗廟」(앞의 책); 米田雄介,
    「三國史記に見える新羅の五廟制」(横田健一先生古稀記念會編, 『日本書紀研究 第十五 政治·
    制度篇』, 塙書房, 1987년 6월) 참조.

42 (文武王) 二年二月六日, 耽羅國主佐平徒多音律來降, 耽羅自武德以來, 臣屬百濟, 故以佐平爲
    官號, 至是降爲屬國.(卷6 新羅本紀)

43 (哀莊王) 二年冬十月, 耽羅國遣使朝貢.(卷10 新羅本紀)

44 (文武王) 十年七月, 遣使湌須彌山, 封安勝爲高句麗王, 其冊曰, 維咸亨元年歲次庚年秋八月一
    日辛丑, 新羅王致命高句麗嗣子安勝 [下略].

45 其酋長大祚榮, 始受臣藩第五品大阿餐之秩, 後至失天二年, 方受大朝寵命, 封爲渤海郡王, 邇
    來漸見倖恩, 遽聞抗禮 [下略].(『崔文昌侯全集』, 成均館大學校 大東文化研究院, 서울, 1972년
    7월).

46 慈藏法師西學, 乃於五臺感文殊授法, 文殊又云, 汝國王是天竺刹利種王, 預受佛記, 故別有因緣, 不同東夷共工之族.

47 신라 왕권의 초월적인 권위와 황룡사의 관계에 대해 흥미로운 점은 예로부터 신라에서는 신궁神宮을 모시는 것이 즉위卽位 의례의 성격을 띠고 있었지만, 신라 말기가 되면 신궁 제사를 대신하여 황룡사의 백좌강회百座講會가 즉위 의례적인 성격을 지니게 되었다는 것이다.(浜田耕策, 「新羅の神宮と百座講會と宗廟」, 앞의 책).

48 『삼국유사』권1 태종춘추공조太宗春秋公條에도 "是(武烈)王代, 始服中國衣冠牙笏, 乃法師慈藏, 請唐帝而來傳也."라고 하여, 여기서는 김춘추의 즉위 이전 활동을 즉위 이후로 잘못 이해하고 있지만, 자장이 의관제 도입에 완수한 역할에 대해 언급하고 있다.

9장 신라 중대의 국가와 불교

1 江田俊雄, 『朝鮮佛敎史의 研究』(國書刊行會, 1977년 10월); 李基白, 『新羅時代의 國家佛敎와 儒敎』(韓國硏究院, 서울, 1978년 8월).

2 末松保和, 「新羅三代考ー新羅王朝史의 時代區分」(『新羅史의 諸問題』, 東洋文庫, 1954년 11월).

3 李弘稙, 「新羅 僧官制와 佛敎政策의 諸問題」(『白性郁博士頌壽紀念 佛敎學論文集』, 서울, 1959년 7월[원문 게재]; 『韓國古代史의 研究』(新丘文化社, 서울, 1971년 3월); 井上光貞, 「日本における佛敎統制機關의 確立過程」(『日本古代國家の硏究』, 岩波書店, 1965년 11월); 中井眞孝, 「新羅における佛敎統制機關について一特にその初期に關して」(『朝鮮學報』59, 1971년 4월[원문 게재]); 『古代の朝鮮』(學生社, 1974년 5월); 邊善雄, 「皇龍寺九層塔誌의 研究ー成典과 政法典問題를 中心으로」(앞의 책).

4 政官【或云政法典】. 始以大舍一人·史二人爲司, 至元聖王元年, 初置僧官, 簡僧中有才行者, 充之. 有故則遞, 無定年限. 國統一人【一云寺主】, 眞興王十二年, 以高句麗惠亮法師爲寺主. 都唯那娘一人, 阿尼. 大都唯那一人, 興王始以寶良法師爲之. 眞德王元年, 加一人. 大書省一人, 眞興王以安藏法師爲之. 眞德王元年, 加一人. 少年書省二人, 元聖王三年, 以惠英·梵如二法師爲之. 州統九人. 郡統十八人. 『三國史記』卷40 職官志.

5 新羅眞興王十一年庚午以安藏法師爲大書省一人, 又有小書省二人. 明年辛木以高麗惠亮法師爲國統亦云寺主, 寶良法師爲大都維那一人, 及州統九人郡統十八人等. 至藏更置大國統一人 蓋非常職也. [中略] 後至元聖大王元年又置僧官名政法典, 以大舍一人史二人爲司, 揀僧中有才行者衆之有故即替無定年限. 『三國遺事』卷4 慈藏定律條.

6 中井眞孝, 「新羅における佛敎統制機關について一特にその初期に關して」(앞의 책, 93쪽)에 따르면, 승관僧官이 신라의 독자적인 관사명인 '정관政官'으로 통칭된 것은 실제 651년 이후라고 한다.

7 도유나랑에 대해서는 李基白, 「三國時代 佛敎受容과 그 社會的 意義」(『新羅時代의 國家佛

教와 儒教』, 앞의 책, 32쪽; 李弘植, 「新羅 僧官制와 佛教政策의 諸問題」(앞의 책), 477~479쪽
참조.

8   邊善雄, 「皇龍寺九層塔誌의 硏究―成典과 政法典問題를 中心으로」(앞의 글), 55~56쪽.

9   大道署 或云寺典, 或云內道監, 屬禮部. 大正一人, 眞平王四十六年置. 景德王改爲正, 後復稱
    大正. 位自級湌至阿湌爲之. 一云大正下, 有大舍二人. 主書二人, 景德王改爲主事. 位自舍知至
    奈麻爲之. 史八人.

10 井上光貞, 「日本における佛教統制機關の確立過程」(앞의 책), 329~330쪽. 다만 사전寺典에
    서 대도서大道署로 개편된 시기를 진평왕대로 삼기에는 논거가 불충하여, 본문에 게재된
    中井 氏의 견해에 따라야 할 것이다.

11 中井眞孝, 「新羅における佛教統制機關について」(앞의 책), 86쪽.

12 井上光貞, 「日本における佛教統制機關の確立過程」(앞의 책), 331쪽.

13 中井眞孝, 「新羅における佛教統制機關について」(앞의 책), 89~93쪽.

14 中井眞孝, 위의 책, 91쪽.

15 朝廷議曰, "佛教東漸雖百千齡其於住持修奉軌儀闕如也. 非夫綱理無以肅清." 啓勅藏爲大國
    統, 凡僧尼一切䂓猷惣委僧統主之. 藏値斯嘉會勇激弘通. 令僧尼五部各增奮學半月說戒, 冬
    春惣試令知持犯置貟管維持之. 又遣巡使歷撿外寺誡勵僧失嚴飭餙経像爲恒式. 一代護法於斯
    盛矣. 『三國遺事』卷4 慈藏定律條.

16 일반적으로 주통州統과 군통郡統의 지방 파견은 정원수를 통해 9주제九州制 성립(685년)
    이후라고 추정된다. 그러나 자장의 여러 정책 중에는 외사外寺에 대한 검찰이 있어, 주
    통·군통 설치도 이 시기에 이미 시작되었다고 볼 수 있다. 또한 앞서 언급한 것처럼 신라
    의 불교 통제기관은 원성왕元聖王 원년(785)에도 큰 변화가 있었다. 하지만 하대의 이 변
    화가 구체적으로 어떠한 것이었는지 자세한 것은 분명치 않으며 앞으로의 큰 과제 중 하
    나로 남아 있다.

17 표는 木村誠, 「統一新羅 官僚制」(『東アジア世界における日本古代史講座』6, 學生社, 1982
    년 9월, 140~141쪽)를 토대로 일부 보완하였다.

18 봉은사 성전에 대해서는, "奉思寺成典, 衿荷臣一人. 惠恭王始置, 哀莊王改爲令, 副使一人, 惠
    恭王始置, 尋改爲上堂, 哀莊王又改爲卿, 大舍二人, 史二人."라고 하여, 혜공왕대(765~779년)
    에 설치된 것을 알 수 있다.

19 기타 사원성전에 대해서는, 「成德大王神鐘之銘」(771년); 黃壽永, 『韓國金石遺文』(앞의
    책, 288쪽)에서 '檢校眞智大王寺使'라는 관직명을 찾아볼 수 있으며, 「皇龍寺九層木塔刹
    柱本紀」(872년); 『韓國金石遺文』(앞의 책, 158쪽)에는 '성전成典'으로 '감수성탑사수監
    修成塔事守' 이하 '상당上堂', '적위赤位', '황위黃位' 등의 관직명을 확인할 수 있다. 이로
    부터 진지대왕사眞智大王寺 성전과 황룡사 성전이 존재했던 것으로 보고 있다.(邊善雄,

「皇龍寺 九層塔誌의 研究」[앞의 글]; 浜田耕策, 「新羅の寺院成典と皇龍寺の歷史」(『學習院大學文學部研究年報』28, 1982년 3월). 그러나 진지대왕사 성전이 존재했을 가능성은 충분히 확인할 수 있더라도, 황룡사 성전에 대해서는 보류하지 않을 수 없다. 왜냐하면 장관長官의 관직명 '감수성탑사수'는 황룡사 구층탑의 수리를 관장한다(감수監修)는 의미가 있는데, 경문왕 8년(868)에 낙뢰落雷가 있고 나서 경문왕 11년 탑의 대규모 개조 공사가 진행되었을 때 마련한 임시 관직이었을 가능성이 높다. 중대의 사원성전은 나중에 언급하겠지만, 이처럼 개별 공사를 위한 임시 조직으로 보기 어렵기 때문에 『찰주본기』에서 황룡사 성전의 존재를 추정하기는 다소 곤란하다.

20 각 사원의 창건 시기에 대해서는 후술하는 것처럼 가장 이른 것이 사천왕사 679년이며, 가장 늦은 것이 봉성사 8세기 중엽이다. 이러한 사원성전들은 모두 애장왕대에 관직명이 개칭되었기 때문에 적어도 이 시기까지는 확실히 존재했을 것이다. 덧붙여 三池賢一, 「新羅內廷官制考」(『朝鮮學報』61, 1971년 10월, 8~9쪽)에 따르면 애장왕대의 개칭 시기는 애장왕 6,7년(805~806)으로 추정된다.

21 『삼국유사』권2 문호왕법민조文虎王法敏條.

22 『삼국유사』권2 만파식적조萬波息笛條에는 "第三十一神文大王 [中略] 爲聖考文武大王創感恩寺扵東海邊."으로 되어 있다.

23 "寺中記云, 文武王欲鎮倭兵, 故始創此寺, 未畢而崩爲海龍, 其子神文立開耀二年畢, 排金堂砌下東向開一穴, 乃龍之入寺旋繞之備, 盖遺詔之藏骨處, 名大王岩, 寺名感恩寺, 後見龍現形処, 名利見臺."

24 金載元 · 尹武炳, 『感恩寺址發掘調査報告書』(國立博物館特別調査報告 · 第二冊, 乙酉文化社, 서울, 1961년 5월), 5쪽.

25 朕身後願爲護國大龍, 崇奉佛法守護邦家, 『三國遺事』卷2, 文虎王法敏條.

26 李昊榮, 「新羅 中代王室과 奉德寺」(『史學志』8, 서울, 1974년 11월, 16쪽)은 봉덕사와 중대 왕실과의 관계를 강조하면서, 봉덕사는 중대 왕실의 원찰이며 "이는 왕권의 권위와 그 전제를 선조先祖와 혈통으로 대변하고자 한 것이다."라고 언급한 바 있다. 浜田耕策, 「新羅の聖德大王神鍾と中代の王室」(『响沫集』3, 1981년 12월, 33~34쪽) 역시 대체로 이호영씨의 견해를 따르고 있다.

27 李基白, 「景德王과 斷俗寺 · 怨歌」(『韓國思想』5, 서울, 1962년 11월[원문 게재]); 『新羅政治社會史研究』(一潮閣, 서울, 1974년 2월); 武田幸男 監譯, 『新羅政治社會史研究』(學生社, 1982년 10월), 268쪽.

28 浜田耕策, 「新羅の寺院成典と皇龍寺の歷史」(앞의 글), 214쪽.

29 浜田耕策, 위의 글, 211~214쪽; 邊善雄, 「皇龍寺九層塔誌의 研究」(앞의 글, 60쪽)에는 성전이 "국왕의 직접적 지배를 받는 국가 행정 관사官司"라고 표현되어 있다.

30 李成市, 「新羅の内廷について」(미발표). 관련 개요에 대해서는 제33회 朝鮮學會大會 (1982년 10월 3일, 天理大學)에서 보고한 바 있다.

31 第三十三聖德王神龍二年丙午, 歲禾不登人民飢甚. 丁未正月初一日至七月三十日, 救民給租, 一口一日三升爲式. 終事而計三十万五百碩也. 王爲太宗大王刱奉德寺, 設仁王道場七日, 大赦. 『삼국유사』卷2, 聖德王條.

32 寺乃孝成王開元二十六年戊寅, 爲先考聖德大王奉福所創也. 『三國遺事』卷3, 皇龍寺鐘 · 芬皇寺藥師 · 奉德寺鐘條.

33 李昊榮, 「新羅 中代王室과 奉德寺」(앞의 글), 3~9쪽.

34 ①에 대해서는 성덕왕 5년 가을 8월조(聖德王五年秋八月條)의 "民多饑死, 給栗人一日三升, 至七月", ④에 대해서는 성덕왕 5년 2월조의 "大赦, 賜百姓五穀種子有差"가 각각 대응하고 있다.

35 李昊榮, 「新羅 中代王室과 奉德寺」(앞의 글), 4쪽.

36 浜田耕策, 「新羅の神宮と百座講會と宗廟」(『東アジア世界における日本古代史講座』9, 學生社, 1982년 10월), 253쪽.

37 浜田耕策, 「新羅の神宮と百座講會と宗廟」(앞의 책), 253쪽.

38 봉덕사의 건립 유래에 관한 두 번째 문제는 '상이한 선왕의 원찰이라는 전승을 어떻게 이해해야 하는가'이다. 이에 대해 이호영 씨는 봉덕사 건립 공사를 계속 추진한 성덕왕이 공사를 완성시킨 효성왕에게 추선됨으로써 성덕왕의 원찰이 되었는데, 이는 감은사가 공사를 지속, 완성시킨 신문왕에 의해 발원자인 문무왕의 원찰이 된 것과 동일한 현상으로 보고 있다. 사원 건립에는 오랜 시간이 필요하기 때문에 시간의 흐름과 함께 당초 창건의 의미가 상실되거나 어느덧 부왕父王을 위한 원찰의 성격을 지니게 된다. 따라서 이호영 씨는 봉덕사를 성덕왕의 원찰로 삼은 의견은 지양하고 태종대왕太宗大王의 원찰로 간주하고 있다. 이러한 견해는 두 가지 설이 지닌 모순을 해결할 매우 합리적인 해석이라고 생각된다. 덧붙여서 선왕의 추선을 위해 사원 창건을 발원한 왕이 도중에 승하하자 나중에 완성된 사원에서 그 왕이 '선왕'과 함께 명복을 기원하는 사례를 실제로 찾아볼 수 있다.(「皇福寺石塔金銅舍利函銘」, 『韓國金石遺文』(앞의 책), 140쪽). 다만 이에 따르면 발원 당초의 의미는 명확히 계승되고 있어, 봉덕사의 경우도 한쪽의 설을 완전히 부정하는 것이 아니라 실제로는 당초 의미를 유지하면서 새로운 의미가 부가된 것으로 생각된다. 그렇지만 이호영 씨는 어디까지나 '爲太宗大王刱奉德寺'라고 적혀 있는 점을 중시하였기 때문에, 봉덕사가 지닌 호국사원으로서의 성격을 인정하면서도 봉덕사 건립을 조상 숭배 사상과 연관시켜 건립 의의를 왕실 혈통의 정통성과 전제왕권강화라는 문제에서 찾아내고자 하였다. 뒤집어 생각해보면 선왕先王의 선양이나 추선과 국가 안태의 기원은 불가분의 관계라서 『성덕대왕신종지명』(앞의 책) 중에 "所以王者元功克銘其上, 群生離苦

亦在其中也."라든지 "乃至瓊之叢, 共金柯以永茂, 邦家之業, 將鐵圍而彌昌."이라는 표현도 찾아볼 수 있다. 이로써 봉덕사의 건립 목적도 단순히 원찰로서 왕실 내 문제로 제한될 것이 아니라 건립에 이르는 경위를 중시한다면 먼저 국가적 의의에 유의해야 할 것이다.

39 初神文王發疽背請候於通, 通至呪之立活. 乃曰 "陛下曩昔爲宰官身誤決臧人信忠爲隷, 信忠有怨生生報. 今玆惡疽亦信忠所祟, 宜爲忠創伽藍, 奉寘祐以解之." 王深然之, 創寺号信忠奉聖寺. 寺成空中唱云, "因王創寺脫苦生天怨已解矣."

40 李基白,「景德王과 斷俗寺 · 怨歌」(앞의 책), 268쪽.

41 孝成王潛邸時, 與賢士信忠圍碁於宮庭栢樹下, 嘗謂曰, "他日若忿卿有如栢樹." 信忠興拜. 隔數月王即位賞功臣, 忿忠而不第之. 忠怨而作歌帖於栢樹, 樹忽黃悴. [中略] 乃召之賜爵祿, 栢樹乃蘇. [中略] 由是龍現於兩朝.

42 李基白,「景德王과 斷俗寺 · 怨歌」(앞의 책), 267~268쪽. 신충의 상대등 재직 기간은 경덕왕 15년 정월부터 22년 8월까지 7년 7개월에 해당한다. 이는 한 나라 왕에 대해 한 명의 상대등이 그 진퇴를 함께한다는 원칙이 깨진 중대라고 하더라도 단기간에 속한다. 李基白,「上大等考」(『歷史學報』 19, 서울, 1962년 12월[원문 게재];『新羅政治社會史研究』(앞의 책), 122~130쪽.

43 『삼국사기』 권9 신라본기에는 "十三年八月, 旱, 蝗." "十四年, 春, 穀貴民饑."라고 적혀 있으며, 권48 향덕전向德傳에는 "天保十四年 乙未, 年荒民饑, 加之以疫癘."라고 하여 당시 웅천주熊川州의 기근 실태를 전해주고 있다.

44 以比年災異屢見, 上疏極論時政得失. 王嘉納之.

45 李基白,「上大等考」(앞의 책, 127~128쪽)은 당시 김사인金思仁의 면직을 경덕왕과의 한화漢化 정책을 둘러싼 대립과 김사인의 패배에 의한 것으로 해석하고 있다. 그러나 상소上疏가 재해와 관련되어 있다는 것은 명백한 사실이며, 김사인의 상대등 면직도 직접적으로는 당시 재해 관련 상소에서 기인한다고 볼 수 있다.

46 『삼국유사』 권5 피은避隱 신충괘관조信忠掛冠條에는 "景德王 王即孝成之弟也. 二十二年癸卯, 忠與二友相約掛冠入南岳, 再徵不就落髮爲沙門, 爲王創斷俗寺居焉, 願終身丘壑以奉福大王."으로 되어 있다.

47 주석 38 참조.

48 주석 30 참조.

49 관직의 구성이 기록되어 있는 것은 다음과 같다. "阿尼典, 母六人", "願堂典, 大舍二人, 從舍知二人" "僧房典, 大舍二人, 從舍知二人."

50 651년에 그때까지의 관사가 확대 개편된 결과, 중앙행정 관청과 내정 관청으로 분리된 관사의 사례로는 영객부領客府 · 왜전倭典이 있다. 이 점에 대해서는 이 책 378쪽 이하 참조.

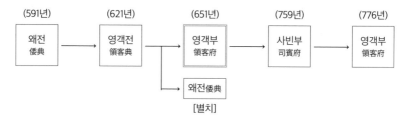

[별치]

51 李弘植,「新羅 僧官制와 佛教政策의 諸問題」(앞의 책), 478쪽.

52 「민애대왕석탑기敏哀大王石塔記」863년,『한국금석유문韓國金石遺文』(앞의 책), 151쪽에
는 '원당(願堂)'이란 표현을 볼 수 있는데, 이는 황수영 씨가 결실 부분을「桐華寺蹟碑銘
幷序」(1931년)에 의거하여 추정한 글자에 해당된다. 黃壽永,「新羅敏哀大王石塔記—桐華
寺毘盧庵三層石塔의 調査」(『史學志』3, 서울, 1969년 7월), 64쪽 참조.

53 其二曰, 諸寺院, 皆道詵推占山水順逆而開創, 道詵云, '吾所占定外, 妄加創造, 則損薄地德, 祚
業不永.' 朕念後世國王公侯后妃朝臣, 各稱願堂, 或增創造, 則大可憂也, 新羅之末, 競造浮屠,
衰損地德, 以底於亡, 可不戒哉.(『高麗史』권2 태조세가 26년 4월조).

54 중대 왕실 관계 사원은 다수 건립된 것으로 추정되지만,『皇福寺石塔金銅舍利函銘』(앞의
책)에는 왕실 관계 사원의 전형적인 모습을 발견할 수 있다.

55 宣帝十四年, [中略] 教下望水里南等宅共出, 金一百六十分租二千斛, 助充裝餙功德寺宣教
省.(「寶林寺普照禪師彰聖塔碑」, 朝鮮總督府編;『朝鮮金石總覽』上, 國書刊行會, 1971년 11월,
63쪽).

56 獻康大王, 遽飛鳳筆, 徵赴龍庭, 仍以師子山興寧禪院, 隷于中使省, 屬之.(「興寧寺澄曉大師寶
印塔碑」,『朝鮮金石總覽』上[앞의 책], 159쪽.)

57 선교성善教省과 중사성中事省에 대해서는 李基東,「羅末麗初 近侍機構와 文翰機構의 擴
張—中世的 側近政治의 志向」(『歷史學報』77, 서울, 1978년 3월[원문 게재];『新羅 骨品制
社會와 花郎徒』(韓國研究院, 서울, 1980년 11월), 233~246쪽 참조.

58 문헌사료를 통해 본 황룡사의 건립 과정은 李基白,「皇龍寺와 그 創建」(앞의 책,『新羅時
代의 國家佛教와 儒教』), 67~79쪽; 창건 가람·중건 가람을 중심으로 한 고고학적 관점에
서의 건립 과정은 李基白,「皇龍寺」(『韓國古代文化展—新羅千年의 美』, 東京國立博物館·
中日新聞社, 1983년 8월), 145~147년 참조.

59 李基白,「皇龍寺와 그 創建」(앞의 책), 71쪽.

60 隋使王世儀至皇龍寺, 設百高座, 邀圓光等法師, 說經.

61 『삼국사기』권44 거칠부전居柒夫傳에는 551년 혜량법사惠亮法師가 고구려에서 건너와
백좌강회와 팔관八關에 대한 법이 처음 설치되었다고 적혀 있다. 그러나 당시에는 황룡
사가 존재하지 않았다. 571년 팔관연회八關筵會가 '외사外寺'에서 개최되는 등 이러한 실

태가 확실치 않기에 나중에 언급할 중고기 백좌강회의 성격을 통해 추정해본다면 그것들을 호국 법회로 간주하기에는 다소 어려움이 있다.

62 李基白, 「皇龍寺와 그 創建」(앞의 책), 58쪽; 中井眞孝, 「新羅における佛敎統制機關について」(앞의 책), 92쪽.

63 『삼국유사』 권4·의해義解·원광서학조圓光西學條에도 "建福三十年癸酉 即眞平王即位三十五年也. 秋, 隋使王世儀至, 於皇龍寺設百座道場, 請諸高德說経, 光最居上首."라고 하여 백좌강회를 왕세의 도착과 연관지어 기록하고 있다.

64 신라의 백좌강회는 하대로 내려오면서 즉위 의례의 일환으로 편입된다는 지적도 있지만, 백좌강회의 성격이 이처럼 일관되지 않다는 데 유의해야 할 필요가 있다. 浜田耕策, 「新羅の神宮と百座講會と宗廟」(앞의 책), 236~238쪽 참조.

65 王疾, 醫禱無效, 於皇龍寺設百高座, 集僧講仁王經, 許度僧一百人.

66 李基白, 「皇龍寺와 그 創建」(앞의 책), 61~67쪽.

67 眞平五年甲辰金堂造成, 善德王代寺初主眞骨歡喜師, 第二主慈藏國統, 次國統惠訓, 次廂律師云.

68 貞觀十年丙申慈藏法師西學, 乃於五臺感文殊授法. [中略] 藏問, "歸鄕將何爲利益乎." 神曰 "皇龍寺護法龍是吾長子, 受梵王之命來護是寺, 歸本國成九層塔於寺中, 隣國降伏九韓來貢, 王祚永安矣. 建塔之後, 設八關會赦罪人, 外賊不能爲害. [中略] 予亦報之德矣.

69 黃壽永, 『韓國金石遺文』(앞의 책), 158쪽.

70 禪師謂曰 吾以觀心 觀公之國 皇龍寺建九層窣堵波 海東諸國渾降汝國 慈藏持語而還 以聞乃命監君伊干龍樹 [中略] 造斯塔焉.

71 十四年, 春二月, 王命所司築新宮於月城東, 黃龍見其地. 王疑之, 改爲佛寺, 賜號曰皇龍.

72 『삼국유사』 권3 탑상塔像 황룡사장육조皇龍寺丈六條.

73 金正基, 「皇龍寺」(앞의 책), 147쪽.

74 金正基, 「皇龍寺」(앞의 책), 147쪽.

75 金哲埈, 「新羅 上代社會의 Dual organizaion(下)」(『歷史學報』 2, 서울, 1952년 11월), 91쪽.

76 李基白, 「新羅 初期佛敎와 貴族勢力」(『震檀學報』 40, 서울, 1975년 10월[원문 게재]; 『新羅時代의 國家佛敎와 儒敎』(앞의 책), 86~94쪽.

10장 신라 병제의 패강진전

1 패강진전에 대해 언급한 논고로는 다음과 같은 것이 있다. 津田左右吉, 「新羅北境考」(『滿洲地理歷史硏究』 1, 1913년 9월[원문 게재]); 『津田左右吉全集』 11(岩波書店, 1964년 8월[수록]); 藤田亮策, 「新羅九州五京攷」(『朝鮮學報』 5, 1953년 10월[원문 게재]); 『朝鮮學論考』, 藤田先生記念事業會(1963년 3월[수록]); 李基白, 「高麗京軍考」(『李丙燾博士華甲記念

論叢』, 一潮閣, 서울, 1956년 10월[원문 게재]); 『高麗兵制史研究』(一潮閣, 서울, 1968년 6월[수록]); 井上秀雄, 「新羅兵制考―職官志兵制の組織を中心として」(『朝鮮學報』 11·12, 1957년 3월·58년 3월[원문 게재]); 『新羅史基礎研究』(東出版, 1974년 2월[수록]); 李基白, 「高麗太祖時의 鎭」(『朝鮮學報』 10, 서울, 1958년 9월[원문 게재]); 『高麗兵制史研究』(앞의 책[수록]); 井上秀雄, 「『三國史記』 地理志の史料批判」(『朝鮮學報』 21·22合, 1961년 10월 [원문 게재]); 『新羅史基礎研究』(앞의 책[수록]); 末松保和, 「新羅の郡縣制, 特にその完成 期の二三の問題」(『學習院大學文學部研究年報』 21, 1965년 3월); 李基東, 「新羅 下代의 浿 江鎭―高麗王朝의 成立과 關聯하여」(『韓國學報』 4, 서울, 1976년 9월); 木村誠, 「統一新羅 の郡縣制と浿江地方經營」(旗田巍先生古稀記念會編, 『朝鮮歷史論集』 上, 龍溪書舍, 1979년 3월).

2   浿江鎭典, 頭上大監一人, 宣德王三年(782)始置, 大谷城頭上, 位自級飡至四重阿飡爲之, 大監 七人, 位与大守同, 頭上弟監一人, 位自舍知至大奈麻爲之, 弟監一人, 位自幢至奈麻爲之, 步監 一人, 位与縣令同, 少監六人, 位自先沮知至大舍爲之.

3   井上秀雄, 「新羅兵制考―職官志兵制の組織を中心として」(앞의 책), 132쪽.

4   패강진전 두상대감이 아닌 패강진 두상대감이어야 하는 점에 대해서는 末松保和, 「新羅 の郡縣制, 特にその完成期の二三の問題」(앞의 글), 78~79쪽 참조.

5   津田左右吉, 「新羅北境考」(앞의 책), 210쪽; 李丙燾, 『譯註 三國史記』 二(博文書館, 서울, 1940년), 295쪽; 李基白, 「高麗京軍考」(앞의 책), 47쪽; 木村誠, 「統一新羅の郡縣制と浿江 地方經營」(앞의 책), 253쪽.

6   井上秀雄, 「新羅兵制考―職官志兵制の組織を中心として」(앞의 책), 196쪽; 李基白, 「高麗 太祖 時의 鎭」(앞의 책), 231쪽; 末松保和, 「新羅の郡縣制, 特にその完成期の二三の問題」(앞 의 글), 79쪽; 李基東, 「新羅 下代의 浿江鎭―高麗王朝의 成立과 關聯하여」(앞의 글), 10쪽.

7   末松保和, 「新羅の郡縣制, 特にその完成期の二三の問題」(앞의 글), 79쪽.

8   (宣德王三年) 二月, 王巡幸漢山州, 移民戶於浿江鎭.

9   (宣德王) 四年春正月, 以阿飡体信爲大谷鎭軍主.

10   遣阿飡貞節等, 檢察北邊, 始置大谷城等十四郡縣.

11   여기서의 14군현이 『삼국사기』 권35 잡지 제4 지리2의 한주관하漢州管下에 게재된 14군 현(502쪽 주석 18의 표)이라는 사실을 津田左右吉, 「新羅北境考」(앞의 책, 209쪽)에서 처 음으로 규명하였다.

12   末松保和, 「新羅の郡縣制, 特にその完成期の二三の問題」(앞의 글), 75쪽.

13   (興德王) 四年(829)春二月, 以唐恩郡爲唐城鎭, 以沙飡極正往守之.

14   (文聖王) 六年(844) 秋八月, 置穴口鎭, 以阿飡啓弘爲鎭頭.

15   木村 氏는 '진두鎭頭'가 정확히 '혈구진 두상대감穴口鎭 頭上大監'이라고 주장한 바 있으

나(「統一新羅 の郡縣制と浿江地方經營」, 앞의 책, 262쪽), 나중에 언급하는 것처럼 두상두頭上과 두상대감頭上大監의 차이는 유의해야 하겠지만 혈구진의 경우 단순히 '두상頭上'에 해당된다.

16 『삼국사기』 권9 경덕왕 21년 하 5월조.

17 末松保和, 「新羅の郡縣制, 特にその完成期の二三の問題」(앞의 글), 79~80쪽.

18 이미 패강진전은 설치 당초, 대곡성에 마련된 군진軍鎭이었다는 점을 강조하지만, 대곡성 두상에서 패강진 두상대감으로 개편된 그 이면에는 하나의 군에 설치된 군진에서 여러 부서를 갖춘 조직으로 발전, 확대된 과정이 있었다고 추정해볼 수 있다. 이러한 사실을 인정할 수 있다면, '패강진'이란 호칭 역시 마찬가지로 조직 확대가 실현된 뒤 대곡진大谷鎭에서 개칭되었을 것이다.

구분	통일신라	고구려	고려
1	영풍군永豊郡	대곡군大谷郡	평천平川
2	단계현檀溪縣	대곡성현大谷城縣	협계현俠溪縣
3	진단현鎭湍縣	십곡성현十谷城縣	곡주谷州
4	해고군海皐郡	동삼홀군冬三忽郡	염주鹽州
5	구택현雊澤縣	도랍현刀臘縣	백주白州
6	폭지군瀑池郡	내미군內米忽郡	해주海州
7	중반군重盤郡	식성군息城郡	안주安州
8	서암군栖巖郡	휴암군鵂巖郡	봉주鳳州
9	오관군五關郡	오곡군五谷郡	동주洞州
10	장새현獐塞縣	장새현獐塞縣	수안군遂安郡
11	취성군取城郡	동홀冬忽	황주黃州
12	토산현土山縣	식달息達	토산현土山縣
13	당악현唐嶽縣	가화압加火押	중화현中和縣
14	송현현松峴縣	부사파의현夫斯波衣縣	속중화현屬中和縣

19 李基東, 「新羅 下代의 浿江鎭─高麗王朝의 成立과 關聯하여」(앞의 글), 13~16쪽; 木村誠, 「統一新羅の郡縣制と浿江地方經營」(앞의 책), 239~263쪽. 그러나 패강 지방에 두 행정 구획의 존재를 주장하는 기무라 씨의 견해를 수용하기가 어렵다. 503쪽 주석 24 참조.

20 '대방위소大防衛所'와 '소방위소小防衛所'에 대해서는 구체적으로 언급하고 있지 않지만, 적어도 '대방위소'에 대해서는 군郡 규모를 상정할 수 있다고 생각한다.

21 『삼국사기』에는 다음과 같은 기사가 남아 있다. 仇乙峴 一云屈迁. 今豊州, 闕口今儒州, 栗口 一云栗川. 今殷栗縣, 長淵今因之, 麻耕伊今青松縣, 楊岳今安嶽郡, 板麻串今嘉禾縣, 熊閑

伊今水寧縣, 甕迁今甕津縣, 付珍伊今永康縣, 鵠島今白嶺鎭, 升山今信州. 또한 지도상에서 12개 지역의 비정은 津田左右吉,「新羅北境考」(앞의 책) 부록 지도 3을 따랐다.

22 末松保和,「新羅の郡縣制, 特にその完成期の二三の問題」(앞의 글), 76~80쪽.

23 李基東,「新羅 下代의 浿江鎭－高麗王朝의 成立과 關聯하여」(앞의 글), 9~13쪽.

24 木村誠,「統一新羅の郡縣制と浿江地方經營」(앞의 책). 기무라 씨는 패강진 두상대감頭上大監과 대곡성 두상頭上을 별개의 존재로 간주하고, 두 군진軍鎭이 서로 다른 지역에 설치되어 각각 '패강도浿江道', '패서도浿西道'라는 행정구획을 통할하였다고 보았다. 앞서 패강진 두상대감과 대곡성 두상의 두 사람을 별개의 존재로 본 해석이 성립되지 않는다고 언급하였으나, 기무라 씨가 첫 번째로 든 논거에 대해서도 승복하기 어려운 점이 있다. 782년(대곡성 두상 설치) 이전의 패강진 두상대감 설치에 대한 방증으로, 김암金巖이 혜공왕 5년(769)에 패강진 두상대감으로 취임했을 가능성이 있다고 지적한 바 있다. 그러나 김암의 관직 이력(사천대박사司天大博士, 량良·강康·한주태수漢州太守, 집사시랑執事侍郎, 패강진 두상)에서 보건대, 패강진 두상대감은 그에게 마지막 관직이어야만 한다(李基東,「新羅 下代의 浿江鎭－高麗王朝의 成立과 關聯하여」, 앞의 책, 14~16쪽 참조). 기무라 씨가 언급한 것처럼 김암의 일본 파견 당시(779년) 관위가 급찬級湌이었다고 한다면, 해당 관직의 관위 규정('位自級湌至四重阿湌爲之')에 의거하여 그가 769년 패강진 두상대감에 취임했을 가능성은 거의 없다고 생각된다.

25 (七四八年) 遣阿湌貞節等, 檢察北邊, 始置大谷城等十四郡縣.

26 (七六二年) 築五谷·鵂嵒·漢城·獐塞·池城·德谷六城各置太守.

27 (七八二年) 王巡幸漢山州, 移民戶於浿江鎭.

28 (八二六年) 命牛岑太守白水, 徵漢山北諸州郡人一万, 築浿江長城三百里. 『삼국사기』 권10 헌덕왕 18년 가을 칠월조.

29 藤田亮策,「新羅九州五京攷」(앞의 책), 362쪽.

30 末松 氏는 앞서 헌덕왕대(809~826년)로 하는 취성군 외 3현의 설치를 패강장성浿江長城 축조 기록과 연관시켜 이곳의 설치 연대를 826년으로 추정하였다. 또한 이 시기에 축조된 장성을 황주(黃州, 취성군) 극성진棘城鎭으로 추정하고 있다(「新羅の郡縣制, 特にその完成期の二三の問題」[앞의 글], 75~76쪽).

31 (寂忍)禪師 [中略] 嘗住天台山國淸寺 [中略] 唐, 初與罪徒同舡, 到取城郡, 郡監知之, 枷禁推得欵, 禪師不言黑白, 亦同下獄, 監具申奏, 准敎斬三十餘人, 訖次當禪師, 師顏容怡悅, 不似罪人, 自就刑所, 監不忍便殺, 尋有後命, 而幷釋放.「谷城大安寺寂忍禪師照輪淸淨塔碑」(朝鮮總督府編『朝鮮金石總覽』上, 國書刊行會, 1971년 11월, 118쪽.) 탑비를 세운 연도는 명문에 함통咸通 13년(872)으로 되어 있으나, 비문 중 적인선사의 행적을 통해 9세기 전반의 일로 추측된다.

32 『신당서新唐書』권43하 지리지에는 다음과 같이 기록되어 있다. 登州東北海行, 過大謝島·龜歆島·末島·烏湖島三百里. 北渡烏湖海, 至馬石山東之都里鎭二百里. 東傍海壖, 過靑泥浦·桃花浦·杏花浦·石人汪·橐駝灣·烏骨江八百里. 乃南傍海壖, 過烏牧島, 貝江口, 椒島, 得新羅西北之長口鎭. 又過秦王石橋·麻田島·古寺島·得物島, 千里至鴨渌江唐恩浦口. 乃東南陸行, 七百里至新羅王城.

33 酒寄雅志, 「八世紀における日本の外交と東アジアの情勢ー渤海との關係を中心として」(『國史學』 103, 1977년 10월)은 신라의 패강 이남 지역 획득 이후로 북방 경영이 발해를 자극하였고, 덴표호지天平寶字 연간에는 발해와 일본 간 군사동맹이 체결되었음을 규명한 바 있다.

34 李基白, 「高麗京軍考」(앞의 책), 47쪽; 李基東, 「新羅 下代의 浿江鎭ー高麗王朝의 成立과 關聯하여」(앞의 글), 17~20쪽.

35 末松 氏가 패강진전의 통할 지역으로 추정한 A 지역은, 가령 패강진전과의 직접적인 연관성이 없다고 하더라도 신라에 극히 중요한 지역이라는 점에는 변함이 없다. B 지역과는 재령강과 멸악산맥 일부를 사이에 두고 있지만 A지역에도 어떤 군사시설이 틀림없이 존재했었을 것이다. 예를 들어 위의 주석 32에 인용한 『신당서』 지리지에는 '新羅西北之長口鎭'이라 하여 津田左右吉 氏는 이를 A 지역의 연안으로 추정하고 있다(이 책 302쪽 지도 참조). 그러나 이것이 신라가 설치한 것인지의 여부는 『삼국사기』 지리지에도 장구진長口鎭의 명칭을 찾아볼 수 없어 확인할 방법이 없다. 어쨌든 앞으로 큰 과제 중 하나로 남을 것이다.

36 李基東, 「新羅 下代의 浿江鎭ー高麗王朝의 成立과 關聯하여」(앞의 글), 13쪽.

37 李基東, 위의 글, 16쪽.

11장 고구려와 수일 외교

1 왜가 수나라에 보낸 견사한 회수에 관해서는, 增村宏, 「隋書と書紀推古紀ー遣隋使をめぐって(正·續)」(『鹿兒島大學法文學部紀要 文學科論集』 4·5, 1968년 12월·69년 12월[원문 게재]; 『遣唐使の研究』(同朋舍出版, 1988년 12월[수록]; 坂元義種, 「遣隋使の基礎的考察ーとくに遣使回數について」(井上薰教授退官記念會編, 『日本古代の國家と宗教』下, 吉川弘文館, 1980년 5월)를 따랐다.

2 총론에 대해서는 西嶋定生, 『日本歷史の国際環境』(東京大學出版會, 1985년 1월) 참조.

3 西嶋定生, 『日本歷史の国際環境』(앞의 책).

4 西嶋定生, 「六~八世紀の東アジア」(『岩波講座 日本歷史』 2, 岩波書店, 1962년 6월), 253쪽; 同 「遣唐使と國書問題」(『学士會會報』 776, 1987년 7월), 44쪽.

5 정치성보다 문화적 목적만을 강조하는 것도 있다. 森克己, 『遣唐使』(至文堂, 1955년 10월)

에서는 견수사가 정치적 성격이 아닌 문화를 추구한 견사였음을 역설하고 있다. 또한 三品彰英,「聖德太子の任那對策」(『聖德太子論集』, 平樂寺書店, 1971년 11월)은 "순수한 문화적 성격을 띠고 있어 정치적 군사적인 성격은 배제되어 있었다."라고 언급하고 있다.

6 西嶋定生,『日本歷史の国際環境』(앞의 책).

7 山尾幸久,『日本古代王權形成史論』(岩波書店, 1983년 4월); 鈴木靖民,「武(雄略)の王權と東アジア」(『古代を考える雄略天皇とその時代』, 吉川弘文館, 1988년 2월); 同「好太王碑の倭の記事と倭の實體」(讀賣テレビ放送編,『好太王碑と集安の壁畫古墳』, 木耳社, 1988년 9월); 武田幸男,『高句麗史と東アジア』(岩波書店, 1989년 6월).

8 山尾幸久,「大化前後の東アジアの情勢と日本の政局」(『日本歷史』229, 1967년 6월); 井上光貞,「推古朝外交政策の展開」(『聖德太子論集』, 앞의 책); 滝川政次郎,「聖德太子の外交政策と外交方針」(『聖德太子論集』, 앞의 책); 同「日唐戰爭」(『皇學館論叢』4-3, 1971년 6월); 坂元義種,「推古朝の外交ーとくに隋との關係を中心に」(『歷史と人物』100, 1979년 12월); 佐伯有淸,「推古朝の對外政策と文化」(『日本の古代國家と東アジア』雄山閣, 1986년 11월).

9 坂元義種,「推古朝の外交ーとくに隋との關係を中心に」(앞의 글), 49~50쪽.

10 坂元義種, 위의 글.

11 山尾幸久,「大化前後の東アジアの情勢と日本の政局」(앞의 글), 29쪽; 栗原朋信,「上代の對外關係」(『對外關係史』, 山川出版社, 1978년 8월), 27쪽.

12 주지하는 것처럼『일본서기』敏達天皇 元年五月丙辰條에는, 당시 전달된 고구려의 국서 형태를 "又高麗上表疏 書于烏羽 字隨羽黑 旣無識者 辰爾乃蒸羽於飯氣 以帛印羽 悉寫其字 朝庭悉異之."라고 기록하고 있으며, 후세에 이를 '오우지표(烏羽之表)'라고 칭하였다.

13 「中原高句麗碑」에 대해서는『史學志』13·中原高句麗碑特輯號(서울, 1979년 11월) 참조.

14 고구려와 왜의 대외관계에 대해서 유의해야 할 것은『일본서기』, 應神天皇 二八年秋九月條의 "高麗王遣使朝貢 因以上表 其表曰 高麗王教日本國也 時太子菟道稚郎子讀其表 怒之責高麗之使 以表狀無禮 則破其表."라는 설화적 기록이며, 이러한 쌍방의 인식 차이로 인한 엇갈림은 '표表' 서두의 문언을 통해 살펴보면 (동시대 사료에서는 고구려의 왕명이 '교教'라고 되어 있다), 실재했을 가능성이 높고 그 이전의 양국 관계를 고찰하는 데 있어 경시하기 어렵다.

15 武田幸男,「五~六世紀東アジア史の一視點ー高句麗「中原碑」から新羅「赤城碑」へ」(『東アジア世界における日本古代史講座』4, 學生社, 1980년 9월) 참조.

16 신라의 당대 외교정책 전환에 대해서는 武田幸男,「新羅官位制の成立」(旗田巍先生古稀記念會編,『朝鮮歷史論集』上, 龍溪書舍, 1979년 3월), 181~186쪽 참조.

17 栗原朋信,「上代の對外關係」, 27쪽.

18 田中俊明,「高句麗長安城の位置とその遷都の有無」(『史林』67-4, 1983년 7월); 同「高句麗

長安城城壁石刻の基礎的研究」(『史林』68-4, 1985년 7월).

19 三品彰英, 「高句麗王都考—三國史記高句麗本紀の批判を中心にして」(『朝鮮學報』1, 1951년 5월).

20 武田幸男, 「朝鮮三國の動亂」(『週刊朝日百科 日本の歷史』45, 朝日新聞社, 1987년 2월). 또한 田中俊明, 「朝鮮古代の王都を訪ねる 第四會 平壤(二)」(『NHK라디오 안녕하십니까?—한글講座』, 1989년 7월호, 日本放送出版協會)에서도 "당시 천도를 계획했다고 하는 것은 신라의 강대화에 대항하며 한반도 남부의 경영을 후퇴하지 않고 도모하고자 한 데에 전향적인 자세를 엿볼 수 있다."라고 지적한 바 있다.

21 장안성의 구조적 특징에 대해서는 關野貞, 「高句麗の平壤及び長安城に就いて」(『史學雜誌』39-1, 1928년 1월[원문 게재];『朝鮮の建築と藝術』(岩波書店, 1941년 8월), 수록; 崔羲林, 『高句麗平壤城』(科學·百科事典出版社, 평양, 1978년) 참조.

22 예를 들어 통일신라 시대의 외교 교섭을 관장하는 관사官司는 영객부司賓府였으나, 그 전신을 찾아가면 591년 창설된 왜전倭典에 이른다.(武田幸男, 「六世紀における朝鮮三國の國家體制」[『東アジア世界における日本古代史講座』4, 學生社, 1980년 9월], 62, 64쪽.) 왜전의 성립 시기와 이 관사의 기능은 이러한 상황과 깊이 연관되어 있어 유의할 필요가 있다.

23 (推古天皇三年) 五月戊午朔丁卯, 高麗僧慧慈歸化. 則皇太子師之. 是歲, 百濟僧慧聡來之. 此兩僧, 弘演佛教, 並爲三寶棟梁.

24 (同元年) 夏四月庚午朔己卯 立廐戶豊聰耳皇子 爲皇太子 仍錄攝政. [中略] 生而能言 有聖智及壯 一聞十人訴 以勿失能辨 兼知未然 且習內教於高麗僧慧慈 學外典於博士覺哿 竝悉達矣.

25 是月 葬上宮太子於磯長陵 當于是時 高麗僧慧慈 聞上宮太子薨 以大悲之 爲皇太子 請僧而設齋 仍親說經之日 誓願曰 於日本國有聖人 曰上宮豊聰耳皇子 固天攸縱 以玄聖之德 生日本之國 苟貫三統 纂先聖之宏猷 恭敬三寶 救黎元之厄 是實大聖也 今太子旣薨之 我雖異國 心在斷金 其獨生之 何益矣 我以來年二月五日必死 因以遇上宮太子於淨土 以共化衆生 於是 慧慈當于期日而死之 是以 時人之彼此共言 其獨非上宮太子之聖 慧慈亦聖也.

26 堀敏一, 「隋代東アジアの國際關係」(唐代史研究會編, 『隋唐帝國と東アジア世界, 汲古書院, 1979년 8월), 123쪽.

27 幸啓民帳, 時高麗遣使, 先通于突厥, 啓民不敢隱, 引之見帝.

28 高麗私通使啓民所, 啓民推誠奉國, 不敢隱境外之交. 是日, 將高麗使人見, 敕令牛弘宣旨謂之曰 "朕以啓民誠心奉國, 故親至其所. 明年當往涿郡. 爾還日, 語高麗王知, 宜早來朝, 勿自疑懼. 存育之禮, 當同於啓民. 如或不朝, 必將啓民巡行彼土." 使人甚懼.

29 『수서(隋書)』장손성전(長孫晟傳)에는 "大業三年, 煬帝幸楡林, 欲出塞外, 陳兵耀武, 經突厥中, 指于涿郡. 仍恐染干驚懼, 先遣晟往喩旨, 稱述帝意. 染干聽之, 因召所部諸國, 奚·霫·室韋等種落數十酋長咸萃. 晟以牙中草穢, 欲令染干親自除之, 示諸部落, 以明威重, 乃指帳前草曰:

「此根大香.」染干遽嗅之曰：「殊不香也.」晟曰：「天子行幸所在, 諸侯躬親灑掃, 耘除御路, 以表至敬之心. 今牙中蕪穢, 謂是留香草耳.」染干乃悟曰：「奴罪過. 奴之骨肉, 皆天子賜也, 得効筋力, 豈敢有辭! 特以邊人不知法耳, 賴將軍恩澤而敎導之. 將軍之惠, 奴之幸也.」遂拔所佩刀, 親自芟草, 其貴人及諸部爭放效之. 乃發楡林北境, 至于其牙, 又東達于薊, 長三千里, 廣百步, 擧國就役而開御道. 帝聞晟策, 乃益嘉焉.」라고 되어 있다. 이 기록을 堀敏一, 「隋代東アジアの國際關係」(앞의 책, 123쪽)는 "계민가한啓民可汗은 돌궐 소속의 해奚, 습霫, 실위室韋 등 수십여 종의 부락 추장酋長을 모두 모아서 양제煬帝 앞에서 직접 천막 안 잡초를 잘라 보이며, 중국 황제의 위광威光을 보였다."라고 해석한 바 있으나, 앞의 사료를 이와 같이 이해하기에는 다소 무리가 있다.

30 소련연방 우즈벡(현재 우즈베키스탄) 사마르칸트시의 외곽 아프라시압 궁전유적에서 발견된 7세기 후반 추정의 벽화에는 조우관鳥羽冠을 쓰고 황색 상의와 바지를 두르고 허리에 환두대도環頭大刀를 패용한 채 공수拱手 자세를 한두 명의 인물상이 표현되어 있다. 이를 신라 사절로 보는 견해도 있으나(金元龍, 「사마르칸드 아프라시압 宮殿壁畫의 使節圖」[『考古美術』 129·130합, 서울, 1976년 6월]), 이제까지 알 수 있는 여러 자료에 의거하여 살펴보더라도 고구려 사절로 보는 견해(穴澤咊光, 馬目順一, 「アフラシャブ都城址出土の壁畫にみられる朝鮮人使節について」[『朝鮮學報』 80, 1976년 7월])가 타당하다고 생각된다. 그렇다면 아프라시압 벽화는 고구려 말기의 당과 작렬하게 대립하던 가운데 전개된 서방국가에 대한 고구려 외교활동의 일면을 보여주는 것이라고 할 수 있을 것이다. 고구려는 수·당과의 치열한 대립 항쟁 속에서 전략적 요청으로 일관되게 서방국가와의 외교를 추진했다고 볼 수 있다.

31 其國書曰, '日出處天子, 致書日沒處天子, 無恙'云云. 帝覽之不悅. 謂鴻臚卿曰, '蛮夷書有無禮者, 勿復以聞.'

32 西嶋定生, 『日本歷史の国際環境』(앞의 책).

33 栗原朋信, 「日本から隋へ贈った國書ーとくに '日出處天子致書日沒處天子'の句について」(『日本歷史』 203, 1965년 4월[원문 게재]); 『上代日本對外關係 硏究』(吉川弘文館, 1978년 9월[수록]); 同 「日隋外交 一側面ー國書問題 再考察」(『中國古代史硏究』 第三, 吉川弘文館, 1969년 11월[원문 게재]); 『上代日本對外關係 硏究』(앞의 책), 수록.

34 이 문제의 논쟁에 관해서는 栗原朋信氏와 增村宏氏의 앞에 게재한 논문과 徐先堯, 「隋倭國交の對等性について」(『文化』 29-2, 1965년 11월) 참조; 石曉軍, 「'日沒處天子'に関する一考察ー栗原朋信博士 '傾斜說'を中心に」(『日本史硏究』 327, 1989년 11월) 참조.

35 坂元義種, 「推古朝の外交ーとくに隋との關係を中心に」(앞의 글, 53쪽)의 간단한 정리에 따르면, 주된 해석으로 '배세청의 일본 파견은 일본의 대등 외교가 성공하였음을 말해주고 있다거나, 양제는 고구려 정벌을 앞에 두고 일본을 내치기보다 회유하는 쪽이 유리하

다고 판단한 것이며, 중국 왕조의 전통적 외번초무책外蕃招撫策의 일환이거나 혹은 단적
으로 말하자면 답례사答禮使나 선론사宣論使'라는 등의 견해가 있으며, '그중에는 이를
종합한 해석을 제시한 견해'도 있다.

36 新羅·百濟皆以倭爲大國, 多珍物, 並敬仰之, 恒通使往來.

37 기존에 이 사료는 당시 왜와 한반도 국가의 객관적인 역할 관계를 보여주는 것으로 해석
되어 중시되어왔다. 이른바 동이의 '소중화제국小中華帝國'론도 이를 유력한 근거로 삼
고 있었다. 그러나 이에 고구려가 포함되어 있지 않은 것은, 이를 처음 언급한 西嶋定生
씨의 주장과 합치되지 않은 부분도 있어 나중에 언급하겠지만 무엇보다 이러한 주장이
제기된 배경을 고찰하는 데에도 주목할 만한 사실이다.

38 國王 [中略] 遣解魏語人, 問宋雲曰, '卿是日出人也.' 宋雲答曰, '我國東界有大海水, 日出其
中, 實如來旨.'

39 增村宏, 「日出處天子と日沒處天子ー倭國王の國書について」(『遣唐使の研究』, 앞의 책), 16쪽.

40 增村宏, 「日出ずる處と日沒ずる處について栗原氏の批判に答える」(『遣唐使の研究』, 앞의
책), 70쪽.

41 주요 용례에 대한 검토는, 增村宏, 「日出ずる處と日沒ずる處についてー栗原氏の批判に答
える」(앞의 책) 참조.

42 蠻夷所處, 日入之部, 慕義向化, 歸日出主.

43 당시 귀순한 백낭은 강족계羌族系 민족이며, 현재 감자장족자치주(甘孜藏族自治州) 동
남부에 거주했다고 추정된다. 羌族簡史編寫組, 『羌族簡史』(四川民族出版社, 1986년 9월),
12쪽; 任乃强, 『華陽國志校補圖注』(上海古籍出版社, 1987년 10월), 186~187쪽 참조. 앞의
문헌에 대해서는 岡安勇 씨의 가르침을 받았다.

44 景初中, 大興師旅, 誅(公孫)淵, 又潛軍浮海, 收樂浪·帶方之郡, 而後海表謐然, 東夷屈服. 其後
高句麗背叛, 又遣偏師致討, 窮追極遠, 踰烏丸·骨都, 過沃沮踐肅愼之庭, 東臨大海. 長老說,
'有異面之人, 近日之所出'. 遂周觀諸國, 采其法俗, 小大區別, 各有名號, 可得詳記. 雖夷狄之
邦, 而俎豆之象存. 中國失禮, 求之四夷, 猶信. 故撰次其國, 列其同異, 以接前史之所未備焉.

45 외교전략에 미친 승려의 역할에 대한 사례로는 신라 승려 원광이 대수對隋 외교에서 '걸
사표乞師表'를 작성하는 등 신라의 대수 외교활동에 직접 관여한 사실이 특히 잘 알려져
있다. 또 김춘추의 대당 외교에서 신라 승려 자장이 고문 역할을 수행하면서 640년대의
난국을 타개한 사례를 참고할 수 있을 것이다. 후자에 대해서는 사견의 개요를 서술한 적
이 있다.(이 책, 8장 '신라 승려 자장의 정치·외교적 역할' 참조).

46 佐伯有淸, 「推古朝の對外政策と文化」(앞의 책, 175~176쪽)에서는, 국서의 "서書를 …드리
옵니다."라는 표현이 대등 관계 여부를 떠나 서한의 문장체를 제대로 갖추지 않은 상식
밖의 표현이었기 때문에 양제가 불쾌감을 드러냈다고 주장하는 外山軍治 씨의 지적(「隋

唐帝國」,『東洋の歷史』5, 人物往來社, 1967년 2월)을 기반으로 삼고 있다. 즉 이러한 "표현을 포함시킨 것은 고구려의 의향을 고수했던 학문 승 혜자의 소행이 아니었을까." "고구려는 왜국이 무례한 국서를 수나라에 가져감으로써 양제의 눈을 왜 쪽으로 돌려, 수의 고구려 출병을 피하고자 한 것은 아닐까."라고 해석하였다.

47 井上光貞, 「推古朝外交政策の展開」(앞의 책), 42쪽.

48 예를 들어 淺井基文, 『日本外交 反省 轉換』(岩波書店, 1989년 8월, 28쪽)의 수일 외교에 대한 해석 참조.

49 增村宏, 「隋書と日本書紀の遣隋使記事─宮田俊彦氏の隋書に對する問いかけについて」(『遣唐使の硏究』, 앞의 책), 180, 195쪽; 西嶋定生, 「遣隋使の國書問題」, 앞의 글, 41쪽 참조.

50 其年(大業三年), 又遣使者王孝鄰入獻, 請討高麗, 煬帝許之, 令覘高麗動靜.

51 『수서』백제전(百濟傳)에는 "然璋內與高麗通和, 挾詐以窺中國"이라고 적혀 있다.

52 三品彰英, 「聖德太子 任那對策」(앞의 책, 22~25쪽)에는 별도 관점에서의 약취(掠取)가 사실이었다고 하였다.

53 倭王以天爲兄, 以日爲弟, 天未明時, 出聽政跏趺坐, 日出便停理務, 云委我弟.

54 三尾幸久, 「古代天皇制の成立」(『天皇制と民衆』東京大學出版會, 1976년 10월), 12쪽.

55 武田幸男, 「牟頭婁一族と高句麗王權」(『朝鮮學報』99·100合, 1981년 7월), 171~173쪽.

56 宮崎市定, 「三韓時代の位階制について」(『朝鮮學報』14, 1959년 10월).

57 예를 들어 아스카飛鳥 불교에 대한 고구려의 역할에 대해서는, 이미 사원의 가람 배치 등을 가지고 비교된 바 있으나, 당시의 인적교류(주로 고구려 승려 다수의 일본 방문)도 가장 우선적으로 주목해야 할 문제이다.

58 고구려와의 연계를 염두에 두지 않은 해석 사례로, 井上光貞, 「推古朝外交政策の展開」(앞의 책, 33쪽)는 "동일한 600년이란 해에 한쪽에서는 신라에 군사공격을 가하고, 다른 한쪽에서는 수에 사신을 보냈다는 사실"이 수의 한반도 개입에 대한 반응이라는 점에 주목하였으나, 이를 어디까지나 왜의 임나 문제에 대한 집착으로 해석하여 한반도의 새로운 정세에 편승한 공세로 간주하고 있다.

59 今西龍, 「百濟史講話」(『文敎の朝鮮』79, 1932년 1월[원문 게재]); 『百濟史硏究』(國書刊行會, 1970년 9월[수록]) 214~216쪽; 山尾幸久, 「大化前後の東アジアの情勢と日本の政局」(앞의 글), 28~29쪽; 井上光貞, 「推古朝外交政策の展開」(앞의 책), 36~37쪽.

60 최근의 가야 제국사 연구 성과에 대해서는 田中俊明, 『大伽倻聯盟の興亡と'任那'─加耶琴だけが殘った』(吉川弘文館, 1990년 8월) 참조.

61 그 명칭과는 별개로 '임나의 조'는 오랫동안 백제와의 쟁탈을 반복해온 옛 가야 제국 지역에 대한 안전보장의 대가이며, 왜의 강경한 외교 자세를 수용하지 않을 수 없었던 신라 측의 타협적인 대응책으로서 실재하였을 것이다. 이미 지적한 바와 같이 591년 신라에

왜전倭典이 설치된 것은 당시 왜와의 외교 교섭이 절실해진 사정을 반영하고 있다고 생각한다.

62 鬼頭淸明, 『日本古代國家の形成と東アジア』(校倉書房, 1976년 6월)은 일찍이 동일한 비판과 제언이 있었다. 그 뒤 西嶋定生, 『日本歷史の國際環境』(앞의 책), 238~240쪽; 井上光貞, 「推古朝外交政策の展開」(앞의 책), 28~29쪽 등의 재비판도 있지만 鬼頭 씨의 주장은 유효성을 갖는다고 생각한다.

63 근대 국민국가와 전근대 왕조국가는 국가 간 상호 교섭을 분석하는 데 있어 원리적으로 구별하는 방법이 필요하다. 山尾幸久, 「戰後歷史學の古代東アジア史認識」(『戰後價値の再檢討』有斐閣, 1986년 9월)은 일본 사학계의 문제점으로서 "근대 천황제 국가의 국민을 막연하게 야마토大和 조정의 국토 통일에 포개놓은 것처럼 보인다."라고 지적하였다. "오늘날에도 고대를 대상으로 한 견해는 현대 일본의 전통적인 것을 고대에서 발견함으로써 일본의 고유한 일관성을 찾고자 한 경향이 강한 부분"을 경계하고 있다. 그러나 淺井基文의 『日本外交 反省 轉換』(앞의 책, 주석 48 참조)에서 알 수 있는 것처럼 이 문제를 극복하기란 결코 쉽지 않을 것이다.

64 森公章, 「古代日本における對唐觀の硏究」(『國史硏究』 84, 1988년 3월)는 "대당 외교는 기본적으로 조공이며, 견당사는 국서를 휴대하였다."라는 것을 토대로, 일본과 당이 대등하다고 본 견해는 "어디까지나 주관적, 국내적 관념에 머물러 있다고 보아야 하며, 실제 당일唐日 통교에 있어서 '대등 외교'가 이루어졌다는 명확한 증거를 도출하기란 어렵다."라고 지적하였다. 주목해야 할 점은 "대등 외교의 근거는 결국 견당사의 국서를 [중략] 대등의 서식書式으로 보는 점, 견당사가 국서를 휴대하지 않았다는 점으로 요약된다."라고 하였는데 그렇게 보면 대수·대당 관계를 '대등'이라고 간주할 수 있는 근거는 완전히 없어지는 셈이다.

12장 쇼소인 소장 신라 전첩포기 연구

1 이 시기 신라와 일본의 국제관계에 대해서는 다음을 참조. 鈴木靖民, 「日本律令國家と新羅·渤海」(『東アジア世界における日本古代史講座』 6, 學生社, 1982년 9월[원문 게재]); 『古代對外關係史の硏究』(吉川弘文館, 1985년, 12월[수록]); 古畑徹, 「七世紀末から八世紀初にかけての新羅·唐關係—新羅外交史の一試論」(『朝鮮學報』 107, 1983년 4월).

2 井上秀雄, 「三國文化の影響」(井上秀雄·上田正昭編, 『日本と朝鮮の二千年』 1, 太平出版社, 1969년 4월); 同 「離れゆく二つの國家」(『セミナー日朝關係史』 1, 櫻楓社, 1969년 10월); 石井正敏, 「新羅·渤海との交渉はどのように進められたか」(森克己·田中健夫編, 『海外交渉史の視點』 1, 日本書籍, 1975년 10월); 浜田耕策, 「新羅の中·下代の內政と對日外交—外交形式と交易をめぐって」(『學習院史學』 21, 1983년 4월); 東野治之, 「日唐間における渤海の中

繼貿易」(『日本歷史』438, 1984년 11월[원문 게재]);『遣唐使と正倉院』(岩波書店, 1992년 7월[수록]); 石井正敏, 「八・九世紀の日羅關係」(田中健夫編, 『日本前近代の國家と對外關係』, 吉川弘文館, 1987년 4월).

3 河田貞, 「正倉院寶物に關聯する近年の新羅古墳出土遺物 (『MUSEUM』369, 1981년 12월); 鈴木靖民, 「正倉院の新羅文物―日羅文化交流の實相」(『季刊三千里』29, 1982년 2월[원문 게재]);『古代對外關係史の研究』(앞의 책[수록]).

4 鈴木靖民, 「正倉院佐波理加盤付屬文書の基礎的研究」(『朝鮮學報』85, 1977년 10월[원문 게재]);『古代對外關係史の研究』(앞의 책[수록]); 同 「正倉院佐波理加盤付屬文書の解讀」(末松保和博士古稀記念會編, 『古代東アジア史論集』上, 吉川弘文館, 1978년 3월[원문 게재]);『古代對外關係史の研究』(앞의 책[수록]).

5 浜田耕策, 「新羅の中・下代の內政と對日外交―外交形式と交易をめぐって」(앞의 글).

6 東野治之, 「正倉院氈の墨書と新羅の對外交易」(『正倉院文書と木簡の研究』, 塙書房, 1977년 9월).

7 福山敏男, 「東大寺の諸倉と正倉院寶庫 付錄 正倉院寶庫年表」(『日本建築史研究』, 墨水書房, 1968년 6월); 杉山二郎, 『正倉院』(瑠璃書房, 1975년 10월).

8 정창원 소장의 화전은 북창北倉에 31점(正倉院事務所編, 『正倉院寶物 北倉』[朝日新聞社, 1962년 5월], 46쪽]), 색전色氈은 홍색 3점, 자색 4점, 갈색 3점, 백색 4점 등 14점(關根眞隆, 「六六 色氈」, 東京國立博物館編, 『特別展 正倉院寶物目錄』, 1981년 10월)이 현존한다고 한다. 나아가 중창中倉의 당궤唐櫃 속에 여러 점의 화전이 현존한다고 하여(後藤四郎編, 『日本美術全集』5[天平の美術 II, 學習研究社, 1978년 10월], 210쪽), 화전과 색전을 합친 정확한 수량은 불분명하다. 모전에 대해서는 앞에 게재한 각 저서의 설명과 함께 原田淑人, 「古代毛織物雜考」(『聖心女子大學論叢』26, 1966년 3월[원문 게재]);『東亞古文化說苑』(原田淑人先生米壽記念會, 1973년 7월[수록]) 참조.

9 지금까지 전첩포기氈貼布記에 대해 언급한 문헌은 다음과 같다. 藤田亮策, 「靑丘遺文(一)」(『大和文化研究』2-4, 1954년 8월[원문 게재]);『朝鮮學論考』(藤田先生記念事業會, 1963년 3월[수록]); 原田淑人, 「多胡碑に見える'給羊'の新解釋」(『考古學雜誌』40-4, 1955년 3월[원문 게재]);『東亞古文化論考』(吉川弘文館, 1962년 4월[수록]); 東野治之, 「正倉院氈の墨書と新羅の對外交易」(앞의 책); 東京國立博物館編, 『特別展 正倉院寶物目錄』(앞의 책); 鈴木靖民, 「正倉院の新羅文物―日羅文化交流の實相」(앞의 책); 李成市, 「正倉院寶物氈貼布記を通して見た八世紀の日羅關係」(『朝鮮史研究會會報』67, 1982년 7월); 「古代史研究から見た異國」(『思想 科學』26, 1995년 3월).

10 東野治之, 「正倉院氈の墨書と新羅の對外交易」(앞의 책).

11 東野治之, 위의 책, 350쪽.

12 東野治之, 위의 책, 354~355쪽.

13 出成貞王后, 賜彩五百匹·田二百結·租一萬石·宅一區. 宅買康申公舊居, 賜之.

14 王下敎, 賜租三百斛·宅一區·口分田若干.

15 大王聞之, 亦賜租五百石·家一區, 復除征役.

16 洗宅, 景德王改爲中事省, 後復故, 大舍八人, 從舍知二人.

17 洗宅, 大舍四人, 從舍知二人.

18 文化財管理局,『雁鴨池發掘調査報告書』(서울, 1978년 12월); 李基東, 「雁鴨池에서 出土된 新羅 木簡에 대하여」(『慶北史學』1, 대구, 1979년 3월[원문 게재]);『新羅骨品制社會와 花郎徒』(韓國硏究院, 서울, 1980년 11월[수록]); 李成市, 「新羅と百濟の木簡」(平野邦雄·鈴木靖民編,『木簡が語る古代史』上, 吉川弘文館, 1996년 9월).

19 李基東, 「羅末麗初近侍機構와 文翰機構의 擴張」(『新羅骨品制社會와 花郎徒』, 앞의 책).

20 又四節有宅, 春東野宅, 夏谷良宅, 秋仇知宅, 冬加伊宅.

21 『大華嚴首座圓通兩重大大師均如傳』. 同傳은 일반적으로『釋均如傳』으로 불리며, 朝鮮史學會編·末松保和校訂,『三國遺事』(國書刊行會, 1971년 7월)에도 부록으로 수록되어 있다. 同傳에 대해서는 小倉進平, 「鄕歌及び吏讀の硏究」(京城帝國大學, 京城, 1929년 3월);『小倉進平著集』一(京都大學文學部 國語學國文學硏究室, 1974년[수록]), 28~32쪽 참조.

22 小倉進平, 「鄕歌及び吏讀の硏究」(앞의 책), 135쪽에서는 해당 부분을 "참회할 수 있는 나쁜 업업도 법성궁性宮의 보물이 된다."라고 해석하고 있다.

23 小倉進平, 「鄕歌及び吏讀の硏究」(앞의 책), 31쪽.

24 王軍死者過半, 時王在西郊大樹之下, 左右皆散, 獨立不知所爲, 奔入月遊宅, 兵士尋而害之.

25 李基東, 「新羅金入宅考」(『震檀學報』45, 서울, 1978년 10월[원문 게재]);『新羅骨品制社會와 花郎徒』(앞의 책[수록]), 192쪽.

26 新羅全盛之時, 京中十七万八千九百三十六戶, 一千三百六十坊, 五十五里, 三十五金入宅[言富潤大宅也].

27 李基東, 앞의 책, 187쪽.

28 李基東, 앞의 책.

29 鮎貝房之進,『雜攷 第六輯 上編』(朝鮮印刷, 1934년 6월[원문 게재]);『雜攷 俗子攷·俗文攷·借字攷』(國書刊行會, 1972년 11월[수록]), 376~377쪽; 藤田亮策,『靑丘遺文』一(앞의 책), 205쪽.

30 李基東, 앞의 책(185쪽)에서는『삼국유사』의 '三十五金入宅'이 헌강왕대(875~886)의 일괄 사료라는 점을 이제까지의 견해를 바탕으로 강조하고 있다.

31 왕녀王女로서의 글자 '낭娘' 자의 용례에 대해서는『開仙寺石燈記』(전라남도 담양군 남면 학선리)에 진성왕의 즉위 전을 '대낭주大娘主'라고 표기하고 있다(鮎貝房之進,『雜攷

第六輯 上編』, 앞의 책, 446쪽). 또『三國史記』권41 김유신전(金庾信傳)에는 "春秋公女子
古陀娘從夫品釋死焉"이라고 되어 있다. 한편 왕비의 사례로서『三國遺事』왕력王曆에는
제41대 헌덕왕에게 '妃貴勝娘'으로 되어 있다.

32 여성이 택호宅號의 유래가 될 수 있는 사례로는 '삼십오금입택三十五金入宅' 중에 '재매
정택財買井宅'이 있으며, 여기에 '유신공조종庾信公祖宗'이라는 각주가 있어 김유신의 종
가 가호가 유신의 처 재매부인財買夫人과 연관이 있음을 알 수 있다. 또 '금입택'의 구체
적인 공간구성에 대해 재매정택의 발굴조사가 이루어지고 있어, 조만간 왕경 조방제條
坊制와의 관계가 조만간 밝혀질 것이라 생각된다. 현 단계의 발굴 성과는 국립경주문화
재연구소, 「91年度 主要事業推進狀況4 財買井址發掘調查」(『年報』2, 경주, 1992년 4월),
63~69쪽; 국립경주문화재연구소, 『財買井址發掘調查報告書』(경주, 1996년 2월) 참조.

33 武田幸男, 「金石文資料からみた新羅宮位制」(『江上波夫敎授古稀記念論集 歷史編』, 山川出
版社, 1977년 5월), 57쪽.

34 武田幸男, 위의 책, 52~53쪽.

35 8세기 신라의 공적인 사절은『續日本紀』에 따르면, 779년까지 일본에 파견되었으나 사
절명이 기록된 것은 32개의 사례를 들 수 있는데, 그중에 석씨昔氏 성이 한 차례, 살씨薩氏
성이 한 차례, 그 밖에는 모두 김씨金氏 성에 해당한다.

36 『續日本紀』권23 天平寶字 四年 九月 癸卯(16일)條.

37 『계림유사』의 원본은 현존하지 않으며,『고금도서집성古今圖書集成』과『설부說郛』에 해
당 초록抄錄이 전해지고 있다. 陳泰夏,『계림유사연구』(명지대학교출판부, 서울, 1974년)
는 현전본現傳本 6종을 게재하였으며 이 장은 이를 참고하였다.

38 前間恭作, 「鷄林類事麗言攷」(『東洋文庫論叢』三, 1925년 6월[원문 게재]); 京都大學文學部
國語學硏究室編, 『前間恭作著作集』下(京都大學國文學會, 1974년 6월[수록]).

39 前間恭作, 위의 책, 188쪽.

40 「買新羅物解」에 대해서는 鬼頭淸明, 「新羅と日本との貿易」(『日朝關係史』一, 앞의 책); 東
野治之, 「鳥毛立女屏風下帖文書の硏究―買新羅物解の基礎的考察」(『史林』57-6, 1974년
11월, 원문 게재);『正倉院文書と木簡の硏究』(앞의 책[수록]); 杉本一樹, 「鳥毛立女屏風本
紙裏面の調査」(『正倉院年報』12, 1990년 3월); 皆川完一, 「買新羅物解拾遺」(『正倉院文書
硏究』二, 吉川弘文館, 1994년 11월); 池田溫, 「天保後期の唐·羅·關係をめぐって」(『春史
卞麟錫敎授還曆記念 唐史論叢』(唐史論叢編纂委員會, 서울, 1995년) 등을 참조.

41 東野治之 氏의 조사 후 검출된 「買新羅物解」는 杉本一樹, 「鳥毛立女屏風本紙裏面の調査」
(앞의 글); 皆川完一, 「買新羅物解拾遺」(앞의 책) 참조.

42 東野治之, 「鳥毛立女屏風下貼文書の硏究―買新羅物解の基礎的考察」(앞의 책).

43 東野治之, 「正倉院甔の墨書と新羅の對外交易」(앞의 책, 350쪽)에 따르면 일본에서 '염물

念物'과 '신라물新羅物'이 동일한 의미로 사용되던 것은 본래 신라에서 '교역물交易物'이라는 용어가 일본에서는 '신라의 교역품'이라는 뜻으로 수용되어 한정된 뜻으로 사용되었기 때문이라고 설명하고 있다.

44 東野治之, 위의 책(349쪽)은 종래 '올亐'을 '혜兮'로 석문했지만, '우于'일 보아야 한다는 것을 지적하고 있다. '우于'의 이체자 '올亐'은 한국 문헌에는 비교적 많이 발견되는데 예를 들어 『삼국유사』 중에서도 '우于'와 '올亐'은 종종 호환적으로 사용되고 있다.

45 '추우追于'를 비롯해서 부사로 '우于를 수반하는 이두에 대해서는 小倉進平, 『鄕歌及び吏牘の硏究』(앞의 책), 304쪽 참조.

46 鈴木靖民, 「正倉院の新羅文物—日羅文化交流の實相」(앞의 책), 432쪽. '득추울(得追亐)'의 해석은 河野六郞 씨가 鈴木靖民 씨에게 보낸 개인 서한(1981년 12월 16일 자)을 통해 직접 확인할 수 있었다.

47 小倉進平, 「鄕歌及び吏讀の硏究」(앞의 책), 324쪽; 末松保和, 「竅興寺鐘銘(附)村主について」(『新羅史の諸問題』(東洋文庫, 1954년 11월), 481쪽; 梁柱東, 『增訂 古歌硏究』(一潮閣, 서울, 1965년 3월), 632쪽.

48 이러한 견제품의 상세한 내용에 대해서는 關根眞隆, 『奈良朝服飾の硏究』(吉川弘文館, 1974년 3월), 17~26쪽 참조.

49 東野治之, 「鳥毛立女屛風下貼文書の硏究—買新羅物解の基礎的考察」(앞의 책), 352쪽.

50 賜左右大臣大宰綿各二万屯, 大納言諱・弓削御淨朝臣淸人各一萬屯, 從二位文室眞人淨三六千屯, 中務卿從三位右上朝臣宅嗣四千屯, 正四位下伊福部女王一千屯, 爲買新羅交關物也.

51 『延喜式』大藏省賜蕃客例條.

52 東野治之, 「正倉院氈の墨書と新羅の對外交易」(앞의 책), 351쪽.

53 東野治之, 위의 책, 352쪽.

54 색전 1매가 15근소(一五斤小)에 해당되는 셈이지만 약 100년 정도의 격차가 있어도 『日本書紀』 卷26 齊明天皇 五年(659) 是歲條에는 고구려 사신이 일본에 가져온 곰 가죽 1장의 가격을 면 60근이라고 주장하지만, 시사市司는 상대하지 않은 사실이 기록되어 있다. 면綿의 가치가 대략 그 정도로 가늠되었음을 알 수 있다.

55 大木秀樹, 「綿の數量「屯」について」(『續日本紀硏究』 200, 1978년 12월); 大平聰, 「白綿一千斤—『續日本紀』養老元年一一月丙年條の檢討」(『古代史硏究』 二, 1984년 11월); 松島順正, 「奈良時代の度, 量, 衡—正倉院の寶物より見た」(正倉院事務所編, 『正倉院寶物 南倉』 부록 「正倉院の窓」, 朝日新聞社, 1961년 5월).

56 大平聰, 「白綿一千斤—『續日本紀』養老元年一一月丙年條の檢討」(앞의 글).

57 關根眞隆, 『奈良朝服飾の硏究』(앞의 책), 26쪽; 大木秀樹, 「綿の數量「屯」について」(앞의

글), 55쪽. 쇼소인 보물에서 알 수 있는 가격에 의하면 대근大斤 671그램, 소근小斤 224그램
이 된다고 한다.(松島順正, 「奈良時代の度, 量. 衡―正倉院の寶物より見た」, 앞의 글, 7쪽).

58 『正倉院展目錄』(奈良國立博物館, 1963년).

59 東野治之, 「正倉院氈の墨書と新羅の對外交易」(앞의 책), 353쪽.

60 鈴木靖民, 「正倉院の新羅文物―日羅文化交流の實相」(앞의 책), 424쪽.

61 폭량개검曝涼開檢에 대해서는 다음을 참조. 後藤四郎, 「平安初期の正倉院について」(『正倉
院年報』一, 1979년 3월); 柳雄太郎, 「東大寺獻物帳と檢診財帳」(『南都佛教』三一, 1973년
12월); 栗原治夫, 「正倉院曝涼と四通の曝涼目錄」(『大和文化研究』12-1, 1967년 1월).

62 東野治之, 「鳥毛立女屛風下貼文書の研究―買新羅物解の基礎的考察」(앞의 책), 323~325쪽.

63 杉村棟, 「絨毯―シルクロードの華」(朝日新聞社, 1995년 4월), 144쪽; 『平成九年 正倉院展
目錄』(奈良國立博物館, 1997년 10월), 19쪽. 다만 原田淑人 氏와 東野治之 氏처럼 묵서가
신라인이 작성한 사실에 주목하여 모전毛氈이 신라의 특산품임을 강조한 견해도 있다.

64 東野治之, 「正倉院氈の墨書と新羅の對外交易」(앞의 책), 353쪽. 물품 주인과 제조업자가
수입 상인을 겸하고 있었다는 점도 추정할 수 있다(같은 책, 355쪽).

65 興德王卽位九年, 大和八年, 下敎曰, "人有上下, 位有尊卑, 名例不同, 衣服亦異. 俗漸澆薄, 民
競奢華, 只尚異物之珍奇, 却嫌土産之鄙野, 禮數失於逼僭, 風俗至於陵夷. 敢率舊章, 以申明
命, 苟或故犯, 固有常刑."

66 武田幸男, 「新羅骨品制の再檢討」(『東洋文化研究所紀要』六七, 1975년 3월), 130~132쪽 참조.

67 李基東, 「新羅金入宅考」(앞의 책), 191~193쪽.

68 신라의 조방條坊과 왕경인 저택에 대해서는 東潮 · 田中俊明, 「新羅における王京の成立」
(『朝鮮史研究會論文集』30, 1992년 10월) 참조.

69 常買其分保坪大業渚畓四結[畦□□/□□□]/[東令行土北同/土南池宅土西川]奧畓十結[
□東令行土西北同/畦土南池宅土].

70 旗田巍, 「新羅高麗 田券」(『史學雜誌』79-3, 1970년 3월[원문 게재]); 『朝鮮中世社會史 研
究』(法政大學出版局, 1972년 10월[수록]), 182쪽. 해석은 鄭早苗, 「開仙寺石燈記」(『朝鮮學
報』107, 1983년 4월)에 의거하였다.

71 旗田巍, 「新羅高麗の田券」(앞의 책), 184쪽.

72 鮎貝房之進, 『雜攷 第六輯 上編』(앞의 책), 452~453쪽.

73 頒馬阹凡一百七十四所, 屬所內二十二, 官十. 賜庚信太大角干六, 仁問太角干五, 角干七人各
三, 伊湌五人各二, 蘇判四人各二, 波珍湌六人, 大阿湌十二人各一, 以下七十四所, 隨宜賜之.

74 '소내所內'가 내정內廷의 또다른 표기라는 점은 濱田耕策, 「「新羅村落文書」研究の成果と
課題―作成年および內省の祿邑說を中心に」(唐代史研究會編, 『律令制―中國朝鮮の法と
國家』, 汲古書院, 1986년 2월), 595쪽 참조.

75 南都泳,「三國時代의 馬政—近朝鮮馬政研究의 一端」(『東國史學』 七, 서울, 1964년 1월), 70쪽.

76 卯時, 到武州南界黃茅嶋泥浦泊舩. 亦名丘草嶋. 有四五人在山上, 差人取之, 其人走藏, 取不 得處. 是新羅國第三宰相放馬處. 從高移嶋到此草嶋, 山嶋相連, 向東南遥見躭羅嶋.(大中 元年 [847] 9月 6日條)

77 宰相家不絶祿, 奴僮三千人, 甲兵牛馬猪秤之, 畜牧海中山, 須食乃射.

78 新羅第三十五, 景德大王, 以天寶十三甲午, 鑄皇龍寺鍾, 長一丈三寸, 厚九寸, 入重四十九万七 千五百八十一尺, 施主孝貞伊干·三毛夫人, 匠人里上宅下典.

79 坪井良平,『朝鮮鐘』(角川書店, 1974년 7월), 69쪽.

80 金正基 외,「皇龍寺遺蹟發掘調査報告書 I」(慶州古跡發掘調査團, 1983년 12월).

81 황룡사의 연혁과 가람 변천에 대해서는 李成市,「新羅中代의 國家와 佛教」(『東洋史研究』 42-3, 1983년 12월[원문 게재], 이 책 9장); 東潮·田中俊明,『韓國의 古代遺蹟1 新羅編』(앞 의 책), 143~151쪽 참조.

82 坪井良平,『朝鮮鐘』(앞의 책), 43쪽.

83 照南毛匠 仕□ 大舍.

84 李基東,「新羅金入宅考」(앞의 책), 186쪽; 金義滿,「新羅匠人側의 形成과 그 身分」(『新羅文 化祭學術發表會論文集』 13, 서울, 1992년 2월).

85 왕실과 금입택金入宅의 관계에 대해서는 혼인 관계임을 앞서 지적한 바 있으나,「보림사 보조선사 창성비寶林寺 普照禪師 彰聖碑」에는 "(憲安大王) 宣帝4年(860) [中略] 教下望水 里南等宅 共出金一百六十分, 租二千斛, 助充裝餝功德, 寺隷宣教省"이라 하여 '三十五金入 宅'에 적힌 '望水·里南'의 두 택宅이 내성의 관사 선교성宣教省이 관할하는 사원을 위해 금품을 제공한 사실이 보이고 있다. 왕실과 금입택의 밀접한 정치적 경제적 관계를 짐작 할 수 있는 부분이다.

86 朴敬源,「高麗鑄金匠考—韓仲叙와 그 作品」(『考古美術』 149, 서울, 1981년 3월), 14쪽.

87 朴敬源, 위의 책, 15쪽.

88 新羅人李長行等進殺羅羊二, 白羊四, 山羊一, 鵞二.

89 原田淑人,「多胡碑에 보이는「給羊」의 新解釋」(앞의 책)에서는 신라인과 양모羊毛의 연관성 을 다각도로 규명하였다.

90 褥子, 用綾, 絹已下, 不過二重. 坐子, 用紬錦二色·綾已下.

91 褥子, 用絁·絹已下. 坐子, 用絁·絹·布.

92 褥子, 只用氈若布.

93 眞骨, 禁金銀及鍍金.

94 六頭品·五頭品, 禁金銀及鍍金銀. 又不用虎皮, 毬毹, 毾㲪.

95 四頭品至百姓, 禁金銀鍮石朱裏平文物. 宇禁毬毯, 氍毹, 虎皮, 大唐毯.

96 구유氍毹가 모전毛氈이라는 점에 대해서는 原田淑人, 「古代毛織物雜考」(앞의 책), 196쪽.

97 王(景德王)又聞唐代宗皇帝優崇釋. 命工作五色氍毹.

98 池田溫, 「麗宋通交の一面―進奉・下賜品をめぐって」(『三上次男博士頌壽記念 東洋史・考古學論集』, 朋友書店, 1979년 3월), 53쪽.

99 原田淑人, 「多胡碑に見える「給羊」の新解釋」(앞의 책), 97~98쪽.

100 松岡靜雄, 『增補 日本古語大辭典』(刀江書院, 1937년 12월), 387쪽.

101 正倉院事務所編, 『正倉院の金工』(日本經濟新聞社, 1976년 3월).

102 鈴木靖民, 「正倉院佐波理加盤付屬文書の基礎的研究」(앞의 책), 52쪽.

103 關根眞隆, 「奈良時代の廚房用具」(『奈良朝食生活の研究』, 吉川弘文館, 1969년 7월), 314쪽.

104 李蘭暎, 「統一新羅の銅製器皿について」(田村圓澄編, 『九州歷史資料館開館十周年記念 大宰府古文化論叢』下, 吉川弘文館, 1983년 2월), 390쪽.

105 東野治之, 「鳥毛立女屛風下貼文書の研究―買新羅物解の基礎的考察」(앞의 책), 324쪽.

106 武田幸男, 「金石文資料からみた新羅官位制」(앞의 책), 57쪽.

107 福山敏男, 「東大寺の諸倉と正倉院寶庫 付錄 正倉院寶庫年表」(앞의 책); 杉山二郎, 『正倉院』(앞의 책).

108 東野治之, 「鳥毛立女屛風下貼文書の研究―買新羅物解の基礎的考察」(앞의 책), 337~346쪽; 皆川完一, 「買新羅物解拾遺」(앞의 글), 151~152쪽의 석문 참조.

109 平野卓治, 「日本古代の客館に關する一考察」(『國學院雜誌』89-3, 1988년 3월); 同 「山陽道と蕃客」(『國史學』135, 1988년 5월) 참조.

110 武者小路穰, 『天平藝術の工房』(敎育社, 1981년 2월), 137쪽.

111 管見에 한해서는 그 논거로서 浜田耕策, 「新羅の中・下代の內政と對日外交―外交形式と交易をめぐって」(앞의 글, 66~69쪽)에 기반하고 있다.

112 『속일본기續日本紀』卷一二・天平七年二月癸卯條에는 "新羅使金相貞等入京. 癸丑, 遺中納言正三位多治比眞人縣守於兵部曹司, 問新羅使入朝之旨, 而新羅國輒改本號曰王城國, 因玆返却其使."라고 적혀 있다. '왕성王城이란, '금성金城', '금경金京', '서나벌徐那伐'과 함께 '신라新羅'와 동일한 뜻을 지닌 다른 표기에 지나지 않는다. 세세한 용어(표기)에 집착한 점에서도 일본 측이 취한 신라의 대응 방법을 간파할 수 있다.

113 新羅王子金泰廉等拜朝, 幷貢調, 因奏曰, '新羅國王言, 日本照臨天皇朝庭, 新羅國者, 始自遠朝, 世世不絶, 舟楫並連, 來奉國家, 今欲國王親來朝貢進御調, 而顧念, 一日無主, 國政弛亂, 是以遣王子韓阿湌泰廉, 代王爲首, 率使下三百七十餘人入朝, 兼令貢種種御調, 謹以申聞'.

114 是日, 饗新羅使於朝堂. 詔曰, '新羅國來奉朝庭者, 始自氣長足媛皇太后平定彼國, 以至于今, 爲我蕃屛. 而前王承慶大夫思慕等, 言行怠慢, 闕失恒禮, 由欲遣使問罪之間. 今彼王軒英, 改悔

前過冀親來庭. 而爲顧國政, 因遣王子泰廉等, 代而入朝. 兼貢御調. 朕所以嘉歡勤欵, 進位賜物也'. 又詔, '自今以後, 國王親來, 宜以辭奏. 如遣餘人, 入朝, 必須令欵表文'.

115 왜전倭典의 연혁 및 관사官司의 성격에 대해서는 鈴木靖民, 「新羅の倭典について」(『古事類苑(外交部)月報』 33, 吉川弘文館, 1969년 12월); 奧田尙, 「任那日本府と新羅倭典」(大阪歷史學會編 『古代國家の形成と展開』, 吉川弘文館, 1976년 1월); 武田幸男, 「六世紀における朝鮮三國の國家體制」(『東アジア世界における日本古代史講座』 4, 學生社, 1980년 9월); 李成市, 「金春秋の來日に見る新羅の外交政策の變革」(『歷史讀本』 臨增 30-11, 1985년 4월) 참조.

116 李基東, 「新羅中代의 官僚制와 骨品制」(『新羅 骨品制社會와 花郞徒』, 앞의 책) 참조.

117 李成市, 「新羅僧·慈藏の政治外交上の役割」(『朝鮮文化硏究』 2, 1995년 3월[원문 게재], 이 책 8장), 77~79쪽.

118 그동안의 과정에 대해서는 李成市, 위의 글 참조.

119 신라 목간의 형태와 기능에 대한 개요는 李成市, 「新羅と百濟の木簡」(앞의 책) 참조.

120 井上秀雄, 「律令時代の對外交涉」(『海外交涉史の視點』 1, 앞의 책), 105쪽.

121 古畑徹, 「日渤交涉開始期の東アジア情勢一渤海對日通交開始要因の再檢討」(『朝鮮史硏究會論文集』 23, 1986년 3월), 93~94쪽.

122 李成市, 「八世紀新羅·渤海關係の一視覺一『新唐書』新羅傳長人記事の再檢討」(『國學院雜誌』 92-4, 1991년 4월[원문 게재], 이 책 13장), 26쪽.

123 酒寄雅志, 「渤海國家の史的展開と國際關係」(『朝鮮史硏究會論文集』 16, 1979년 3월), 9~10쪽.

124 古畑徹, 「唐渤紛爭の展開と國際情勢」(『集刊東洋學』 55, 1986년 5월), 25쪽.

125 末松保和, 「新羅の郡縣制, 特に完成期の二三の問題」(『學習院大學文學部硏究年報』 21, 1975년 3월), 62~80쪽.

126 李成市, 「新羅兵制における浿江鎭典」(『文學硏究科紀要別冊』 7, 早稻田大學, 1981년 3월[원문 게재], 이 책 10장), 200~204쪽.

127 石井正敏, 「初期日渤交涉における一問題」(『史學論集 對外關係と政治文化』 1, 吉川弘文館, 1974년 2월).

128 『續日本紀』 권21·天平寶字二年 一二月戊申(10日)條.

129 岸俊男, 『藤原仲麻呂』(吉川弘文館, 1969년 3월); 酒寄雅志, 「藤原仲麻呂政權と新羅征伐計畫」(『韓國文化』 8-1, 1986년 1월).

130 岸俊男, 『藤原仲麻呂』(앞의 책), 283~292쪽.

131 鈴木靖敏, 「天平期の對新羅關係」(『古代對外關係史の硏究』, 앞의 책).

132 李成市, 「八世紀新羅·渤海關係の一視覺一『新唐書』新羅傳長人記事の再檢討」(앞의 글), 27쪽.

133 738년에는 147명, 742년에는 187명이 각각 모두 다자이후大宰府에서 연회를 마치고 '되돌려(放還)'졌다. 743년에는 인원수가 분명치 않지만 예법을 중히 여기지 않았다는 이유로 '반환返還'되었다.

134 小野田守의 신라 파견에 대해서는,『속일본기續日本紀』卷二三 天平寶字四年九月癸卯條에 "王子泰廉入朝之日, 申云, 每事遵古迹將供奉, 其後遣小野田守時, 彼國闕禮, 故田守不行使事而還歸"라고 적혀 있으며, 이를『삼국사기』卷九 新羅本紀 景德王一二年(753) 秋八月條에는 "日本國使至, 慢而無禮. 王不見之, 乃迴"라고 전하고 있어, 양국의 사료는 내용에서 일치하고 있다.

135 李成市,「金春秋の來日に見る新羅の外交政策の變革」(앞의 글).

136 遣數大夫於難波郡檢百濟國調與獻物, 於是大夫問調使日, 所進國調缺少前例, 送大臣物, 不改去年所還之色, 送群卿物, 亦全不將來, 皆爲前例, 其狀何也, 大使達率自斯·副使恩率軍善, 俱答諮日, 卽今可備.

137 李成市,「高句麗と日隋外交―いわゆる國書問題に關する一試論」(『思想』795, 1990년 9월 [원문 게재], 이 책 11장) 참조.

138 『일본서기日本書紀』권27 덴지天智 천황 7년 추 9월 정미丁未·경술庚戌 조에는 "中臣內臣使沙門法辨·秦筆, 賜新羅上臣大角干庾信船一隻, 付東嚴等" "使布勢臣耳麻呂, 賜新羅王輸御調船一隻, 付東嚴等."라고 적혀 있으며, 同 11월 신사삭辛巳朔 조에는 "賜新羅王, 絹五十匹·綿五百斤·韋一百枚, 付金東嚴等."이라 되어 있다. 이 기록의 외교적 의미에 대해서는, 井上光貞 외,『大化改新と東アジア』(山川出版社, 1981년 2월), 168~169쪽 참조.

139 奈良國立文化財研究所編,『平城京長屋王邸宅と木簡』(吉川弘文館, 1991년 1월);「木簡―釋文と圖版」30, 54쪽.

140 '발해' 목간이 출토된 곳은 동이방東二坊 방간로坊間路의 서측 도랑(SD002, 뒤에 SD4669)이며(『平城京長屋王邸宅と木簡』, 앞의 책, 30쪽), 이 유구에서는 1988년도 조사에서 약 400여 점의 목간이 출토되었다(奈良國立文化財研究所編,『昭和六三年度平城京跡發掘調査部發掘調査槪報』, 1989년 6월, 81쪽). 여기서 출토된 목간은 화동和銅 8년(715)에서 천평天平 원년(729)까지 제조된 것으로(같은 책, 82쪽), 그중에서 천평 원년의 목간이 많아 이 유구가 천평 원년에 기능이 정지되었다고 볼 수 있을 것이다(酒寄雅志,「長屋王木簡 渤海」, 朝鮮史研究會例會報告, 1989년 4월 22일).

141 酒寄雅志,「東北アジアの動向と古代日本」(田村晃一·鈴木靖民編,『新版 古代の日本』2, 角川書店, 1992년 5월), 315쪽.

142 酒寄雅志,「長屋王木簡と渤海」(앞의 책).

143 東野治之,「鳥毛立女屛風下貼文書の研究―買新羅物解の基礎的考察」(앞의 책), 308쪽.

144 신라 사절의 입경 경로와 나니와쓰(難波津, 難波館)가 맡은 역할에 대해서는 平野卓治,

「日本古代の客館に關する一考察」(앞의 글); 「山陽道と蕃客」(앞의 글) 참조.

145 이미 언급한 것처럼 『속일본기續日本紀』에서는 김태렴 일행의 배조拜朝 일자(6월 14일)가 적혀 있지만, 입경入京 과정(교역, 객관 안치 등)에 관한 기록은 없다. 입경한 뒤 배조까지는 일정한 기간이 필요했을 것이다.

146 東野治之, 「鳥毛立女屛風下貼文書の硏究ー買新羅物解の基礎的考察」(앞의 책, 337~338쪽)의 「鳥毛立女屛風下貼文書釋文」 참조.

147 皆川完一, 「買新羅物解拾遺」(앞의 글, 152쪽)의 '四 某家買物解' 석문 참조.

148 지금까지 검출된 「買新羅物解」 중에는 문서의 가치에 대한 '감정勘定'과 관련하여 이필異筆에 의해 추기推記된 것이 있어, 관련 관사官司에서 이를 정리하여 교역을 관리·관할했던 과정을 구체적으로 확인할 수 있다.(東野治之, 「鳥毛立女屛風下貼文書の硏究ー買新羅物解の基礎的考察」, 앞의 책, 308쪽).

149 浜田耕策, 「新羅の中·下代の內政と對日外交ー外交形式と交易をめぐって」(앞의 글).

150 浜田耕策, 위의 글, 69~70쪽.

151 浜田耕策, 위의 글, 69쪽.

152 石井正敏, 「新羅·渤海との交涉はどのように進められたか」(앞의 책), 150쪽.

153 石井正敏, 「八·九世紀の日羅關係」(앞의 책), 82쪽.

154 東野治之, 「日唐間における渤海の中繼貿易」(앞의 책), 82쪽.

155 클로드 레비 스트로스Claude Levi-Strauss, "Guerre et Commerce chez les Indiens de l'Amerique du sud", *Renaissance*, Vol, 1, 1943, New York.(原毅彦 번역, 「南アメリカのインディオにおける戰爭と交易」, 『季刊GS』 4, 1986년 12월, 646쪽).

156 칼 폴라니Karl Polanyi, *Trade and Market in the Early Empires*, The Free Oress, Glencoce, 1957.(玉野井芳郎·平野健一郎 편역, 『經濟の文明史』 日本經濟新聞社, 1975년 3월).

157 栗本愼一郎, 『經濟人類學』(東洋經濟新報社, 1979년 12월).

158 森公章, 「古代難波における外交儀禮とその變遷」(『前近代の日本と東アジア』, 吉川弘文館, 1995년 1월), 187쪽.

159 凡蕃客來朝應交關者, 丞錄·史生率藏部價長等赴客館, 與內藏寮共交關.

160 田島公, 「大宰府鴻臚館の終焉ー八世紀~十一世紀の對外交易システムの解明」(『日本史硏究』389, 1995년 1월), 18쪽.

161 당과 일본의 빈례 상호 관계에 대해서는 田島公, 「日本律令國家の'賓禮'ー外交儀禮より見た天皇と太政官」(『史林』 68-3, 1985년 5월).

162 東野治之, 「鳥毛立女屛風下貼文書の硏究ー買新羅物解の基礎的考察」(앞의 책), 308쪽; 田島公, 「大宰府鴻臚館の終焉ー八世紀~十一世紀の對外交易システムの解明」(앞의 글), 15쪽.

163 關根眞隆, 「大陸と日本との交流はどのようであったか」(『海外交涉史の視點』 1, 160~161쪽)

은 「매신라물해」 소재의 문물에 대해, 신라 사절이 공조貢調한 물품들을 판매한 것이거나 아니면 신라 사절이(처음부터 판매를 목적으로 반입한 것을) 직접 판매한 것 둘 중 어느 한쪽이라고 보고 있다. 앞서 언급했듯이 '직접 판매'하는 것이 자유 거래를 의미한다면 그것은 결코 있을 수 없는 일이기에 판매 대상이 된 것이 조공품이었는지의 여부가 중요한 문제라 할 수 있다. 그러나 본문에서 서술한 것처럼 어느 쪽이든 거시적으로 보면 그 교역의 의미는 변하지 않는다고 생각한다.

164 鈴木靖民, 「八世紀の日本と新羅との外交」(『セミナー日韓關係史』 1, 앞의 책, 108쪽)은 752년 신라의 대일본 외교의 본질이 "대발해 관계를 고려한 신라의 교묘한 보안책"이었다고 지적하고 있다.

165 田村圓澄, 「東大寺大佛參拜團の來日」(『日本歷史』 483, 1988년 8월)에서는 김태렴 일행을 '조공사貢調使'에 '도다이지 대불 참배단'이 편승한 것이라고 보고, 김태렴의 방일 목적도 도다이지 대불의 참배에 있었다고 설명하였다. 관련 사료가 거의 없는 관계로 이처럼 한 면만 강조하는 견해는 동의하기 어렵지만, 다시금 본문의 문맥에서 김태렴의 대불 참배가 갖는 의미에 유의하고자 한다.

166 奈良國立文化財研究所編, 『平城宮長屋王邸宅と木簡』(앞의 책); 平石充, 「'長屋王木簡'にみえる家政機關」(『史學研究集錄』 17, 1992년 3월).

167 李基白, 『新羅政治社會史研究』(一潮閣, 서울, 1974년 2월).

168 鈴木靖民, 「東アジアにおける國家形成」(『巖波講座 日本通史』 3, 巖波書店, 1994년 4월)에서는 6~7세기의 문제로 다루고 있지만 이러한 관점은 8세기 신라·일본의 사회 분석에도 유효하다고 생각된다.

169 李成市, 「新羅と百濟の木簡」(앞의 책), 61쪽.

170 李成市, 『東アジアの王權と交易―正倉院の寶物が來たもうひとつの道』(青木書店, 1997년 7월), 159~184쪽.

13장 8세기 신라·발해 관계의 일시각

1 新羅, [中略] 東拒長人, [中略] 長人者, 人類長三丈, 鋸牙鉤爪, 黑毛覆身, 不火食, 噬禽獸, 或搏人以食, 得婦人, 以治衣服. 其國連山數十里, 有峽, 固以鐵闔, 號關門, 新羅常屯弩士數千守之.

2 新書又云, "東距長人, 長人者, 人長三丈, 鋸牙鉤爪, 搏人以食. 新羅常屯弩士數千, 守之." 此皆傳聞懸說, 非實錄也.

3 관문성(關門城)에 대해서는 나중에 서술하겠지만 현황에 대해서는 鄭永鎬, 「新羅 關門城에 대한 小考」(『古文化』 14, 서울, 1977년 5월); 朴方龍, 「新羅 關門城의 銘文石 考察」(『美術史料』 31, 서울, 1982년 12월) 참조.

4 方善柱, 「新唐書 新羅傳 所載 長人 記事에 대하여」(『史叢』 8, 서울, 1963년 11월).

5 　新羅, 弁韓苗裔也. 居漢樂浪地, 橫千里, 縱三千里, 東拒長人, 東南日本, 西百濟, 南瀕海, 北高麗. 而王居金城, 環八里所, 衛兵三千人. 謂城爲侵牟羅, 邑在內曰喙評, 外曰邑勒. 有喙評六, 邑勒五十二. 朝服尙白, 好祠山神. 八月望日, 大宴賚官吏, 射. [其建官, 以親屬爲上, 其族名第一骨·第二骨以自別. 兄弟女·姑·姨·從姊妹, 皆聘爲妻. 王族爲第一骨, 妻亦其族, 生子皆爲第一骨, 不娶第二骨女, 雖娶, 常爲妾媵. 官有宰相·侍中·司農卿·太府令, 凡十有七等, 第二骨得爲之.] 事必與衆議, 號和白, 一人異則罷. 宰相家不絶祿, 奴僮三千人, 甲兵牛馬猪稱之. 畜牧海中山, 須食乃射. 息穀米於人, 償不滿, 庸爲奴婢. 王姓金, 貴人姓朴, 民無氏有名. 食用柳杯若銅·瓦. 元日相慶, 是日拜日月神. 男子褐袴. 婦長襦, 見人必跪, 則以手据地爲恭. 不粉黛, 率美髮以繚首, 以珠綵飾之. 男子翦髮鬻, 冒以黑巾. 市皆婦女貿販. 冬則作竈堂中, 夏以食置冰上. 畜無羊, 少驢·贏, 多馬. 馬雖高大, 不善行. 長人者, 人類長三丈, 鋸牙鉤爪, 黑毛覆身, 不火食, 噬禽獸, 或搏人以食, 得婦人, 以治衣服. 其國連山數十里, 有峽, 固以鐵闔, 號關門, 新羅常屯弩士數千守之.

6 　고음顧愔의 신라 파견과 『신라국기新羅國記』에 대해서는 아래의 사료와 함께 岡田英弘, 「新羅國記と 大中遺事とについて」(『朝鮮學報』二, 1951년 10월)에 의거하고 있다.
　顧愔, 『新羅國記』一卷, 大曆中, 歸崇敬使新羅 愔爲從事.(『新唐書』卷五八, 藝文志)
　大曆三年, 上遣倉部郎中·兼御史中丞·賜紫金魚袋歸崇敬, 持節齎册書, 往弔册之.(『舊唐書』卷一九九, 新羅傳)
　大曆初, 憲英死, 子乾運立, 甫卌, 遣金隱居入朝待命. 詔倉部郎中歸崇敬往弔, 監察御史陸珽, 顧愔爲副册授之, 幷母金爲太妃.(『新唐書』卷二二〇, 東夷傳 新羅條)

7 　武田幸男, 「新羅骨品制の再檢討」(『東洋文化研究所紀要』六七, 1975년 3월).

8 　『신당서新唐書』 신라전新羅傳의 신라 관직은 759~776년에만 존재하고 있다. 고음의 사신 파견은 768년이다.

9 　今西龍, 『新羅史硏究』(國書刊行會, 1970년 9월), 198쪽.

10 　宰相家不絶祿, 奴僮三千人, 甲兵牛馬猪稱之. 畜牧海中山, 須食乃射. 息穀米於人, 償不滿, 庸爲奴婢.

11 　卯時到武州南界黃茅嶋泥浦泊舡. 亦名丘草嶋. 有四五人在山上差人取之, 其人走藏取不得處. 是新羅國第三宰相放馬處. 從高移嶋到此草嶋山嶋相連, 向東南遙見躭羅嶋.

12 　『삼국사기三國史記』, 『당회요唐會要』, 『冊府元龜』 등에 따르면 8세기 신라에서 당에 조공으로 바친 두발頭髮은 다음과 같다.
　성덕왕 22년(723) 미체美髢
　상동 29년(730) 두발 80량兩
　상동 33년(734) 두발 100량兩
　경덕왕 7년(748) 두발

13 　新羅國, 東南與日本隣, 東與長人國接. 長人身三丈, 鋸牙鉤爪, 不火食, 逐禽獸而食之. 時亦食人. 裸其軀, 黑毛覆之. 其境限以連山數千里, 中有山峽, 固以鐵門, 謂之鐵關. 常使弓弩數千守之, 由是不過. 出紀聞.

14 　又① 天寶(742~755)初, 使贊善大夫魏曜使新羅, 策立幼主. 曜年老, 深憚之. 有客曾到新羅, 因訪其行路. 客曰, 「永徽中(650~655), 新羅・日本皆通好, 遣使兼報之. 使人旣達新羅, 將赴日本國. 海中遇風, 波濤大起, 數十日不止. 隨波漂流, 不知所屆, 忽風止波靜. 至海岸邊, 日方欲暮, 時同志數船, 乃維舟登岸. 約百有餘人, 岸高二三十丈, 望見屋宇. 爭往趨之, 有長人出, 長二丈, 身具衣服, 言語不通. 見唐人至, 大喜. 于是遮擁令入宅中, 以石塡門, 而皆出去. 俄有種類百餘, 相隨而到. ② 乃簡閱唐人膚體肥充者, 得五十餘人, 盡烹之. 相與食瞰, 兼出醇酒, 同爲宴樂. 夜深皆醉, 諸人因得至諸院, ③ 後院有婦人三十人, 皆前後風漂, 爲所擄者. 自言男子盡被食之, 唯留婦人. 使造衣服. 汝等今乘其醉, 何爲不去. 吾請道焉. 衆悅, 婦人出其練縷數百匹負之, 然後取刀, 盡斷醉者首. 乃行至海岸, 岸高, 昏黑不可下. 皆以帛繫身, 自縋而下. 諸人更相縋下, 至水濱. 皆得入船, 及天曙船發. 聞山頭叫聲, 顧來處, 已有千餘矣. 絡繹下山, 須臾至岸, 旣不及船. 唬吼振騰, 使者及婦人並得還.」 出紀聞.

15 　山內知也, 「牛肅と『紀聞』について」(『隋唐小說硏究』, 木耳社, 1977년 1월).

16 　天寶二年(743), 承慶卒, 詔遣贊善大夫魏曜弔祭之. 冊立其弟憲英爲新羅王, 幷襲其兄官爵.

17 　본문 중에 『신당서』 신라전과 『태평광기』 인용 『기문』을 비교 대조해보았지만 전거로 추정되는 후자는 "得婦人, 以治衣服"과 대응하는 부분이 결여되어 있다. 하지만 전체적인 대응 관계를 살펴보면 원래 있던 것이 『태평광기』에 전재될 때 탈락되었을 가능성이 높다. 만약 원래 『기문』에 없던 내용이 『신당서』를 편찬할 때 새롭게 삽입되었다면, B에 의거해서 보완되었기 때문에 본론에서 전개한 논지에 지장을 주는 것은 아니다.

18 　다만 B의 밑줄 친 ① 부분을 살펴보면 과거 신라를 방문한 적이 있는 '객'이 그 이전(영휘 연간)에 신라에 파견된 다른 사람의 체험담을 위요에게 말한 것이라는 해석도 불가능한 것은 아니다.

19 　池內宏, 「眞興王の戊子巡境碑と新羅の東北境」(『朝鮮總督府古蹟調査特別報告』六, 1928년 8월[원문 게재]); 『滿鮮史硏究』(上世第二冊, 吉川弘文館, 1960년 6월[수록])은 장인에 대해 전혀 언급하지 않았지만 군사시설에 한해 역사적 사실과의 연관성을 고증하고 있다.

20 　橫千里, 縱三千里, 東拒長人, 東南日本, 西百濟, 南瀨海, 北高麗.

21 　東及南方俱限大海, 西接百濟, 北鄰高麗. 東西千里, 南北二千里.

22 　朔庭郡, 本高句麗比列忽郡, 眞興王十七年, 梁大平元年, 爲比列州, 置軍主. 孝昭王時築城, 周一千一百八十步.

23 　緣安北河設關城, 又築鐵關城.

24 　安北河邊築鐵城.

25 池内宏, 「高句麗滅亡後の遺民の叛亂及び唐と新羅との關係」(『滿鮮史硏究』上世第二冊, 앞의 책), 478쪽.

26 井泉郡, 本高句麗泉井郡, 文武王二十一年取之. 景德王改名, 築炭項關門. 今湧州.

27 開元十年壬戌十月, 始築關門於毛火郡. 今毛火村屬慶州東南境, 乃防日本塞垣也. 周迴六千七百九十二步五尺, 役徒三万九千二百六十二人, 掌貟元眞角干.

28 築毛伐郡城, 以遮日本賊路.

29 鄭永鎬, 「新羅 關門城에 대한 小考」(앞의 글); 朴方龍, 「新羅 關門城의 銘文石 考察」(앞의 글) 참조.

30 지도 1은 東潮·田中俊明, 『韓國 古代遺蹟1 新羅編』(中央公論社, 1988년 7월, 276쪽)의 일부를 전재(轉載).

31 『삼국사기』 권10 신라본기 헌덕왕憲德王 14년 3월 18일 조에는 "각간角干 충공忠恭과 잡찬迊湌 윤응允膺은 문화관문蚊火關門을 지켰다."라고 하여(모벌毛伐과 문화蚊火는 소리가 같다.) 신라본기에서도 '모벌군성毛伐郡城'과 '관문關門城' 양쪽의 명칭을 사용하고 있다.

32 池内宏, 「眞興王の戊子巡境碑と新羅の東北境」(앞의 책, 40~72쪽)은 각각 별개의 것으로 보고, 675년 지금의 덕원군 부근 망덕산에 '철관성'을 축조하면서 동시에 덕원읍德源邑에는 '관성'을 설치하고, 681년에는 천정군(영흥)에 '탄항관문炭項關門'을 설치, 721년이 관문을 확장하여 장성長城을 축조한 것으로 보고 있다. 이 고증은 설득력이 있어 대세로서는 따라야 할 것으로 생각하지만, 현지 조사에 의한 유적이 확인되지 않은 현 단계에서는 어디까지나 추측의 영역을 벗어나기 어려워 결정적 근거가 결여되어 있다고 하겠다.

33 이 지역은 후세에 '철관성'으로 불렸는데, 안정복(1712~91)의 『동사강목東史綱目』에는 "東北滅貊地, 曾已入羅, 而至井泉郡〔今德源府〕新羅北界止於井泉郡, 景德王築炭項關門, 疑今德源府鐵關之地也."(附下 新羅疆域考)라고 해서 그 위치 비정과 함께 이곳이 '덕원부 철관의 땅(德源府鐵關之地)'임을 명기하여 18세기 말 '철관鐵關'으로 불렸던 점을 주목할 수 있다. 주석 32 池内宏 씨의 견해와 함께 향후 현지 조사를 기대하고자 한다.

34 본문에서 인용한 것처럼 『삼국사기』 지리지의 정천군에는 "井泉郡, 本高句麗泉井郡, 文武王二十一年取之. 景德王改名, 築炭項關門, 今湧州."이라 해서 경덕왕대 행해진 것이 천정군泉井郡에서 정천군井泉郡으로 개명한 것뿐인지 탄항관문을 세운 것까지 해당되는지는 단정하기 어렵다. 안정복은 경덕왕대에 축조되었다고 보았지만(주석 33 참조), 池内宏 씨는 개명뿐이라고 보고 있어, 탄항관문의 축조 시기를 별도로 고찰하였다(주석 32 참조).

35 古畑徹, 「日渤交涉開始期の東アジア情勢—渤海對日通交開始要因の再檢討」(『朝鮮史硏究會論文集』23, 1986년 3월).

36 『삼국사기』 권8 신라본기 성덕왕 20년 추 7월 조.

37 『삼국사기』 권8 신라본기 성덕왕 32년 추 7월 조.

38 『삼국사기』 권8 신라본기 성덕왕 34년 조. 당나라가 패강浿江 이남以南 지역을 할양割讓한 배경에 대해서는 末松保和, 「新羅の郡縣制、特に完成期の二三の問題」(『學習院大學文學部研究年報』 21, 1975년 3월) 참조.

39 『삼국사기』 권8 신라본기 성덕왕 35년 조.

40 『삼국사기』 권9 신라본기 경덕왕 7년 조.

41 패강진전의 형성과정에 대해서는 李基東, 「新羅下代의 浿江鎭典―高麗王朝의 成立과 關聯하여」(『韓國學報』 四, 서울, 1976년 9월); 李成市, 「新羅兵制における浿江鎭典」(『文學研究科紀要別冊』 七, 早稻田大學, 1981년 3월[원문 게재], 이 책 10장) 참조.

42 朴方龍, 「新羅 關門城의 銘文石 考察」(앞의 글)에 따르면, 관문성의 경우 이미 7세기부터 해당 지역에 성이 있었고, 여기에 장성長城이 증강된 것임을 명확히 하였다. 북변의 '관문'도 이 점을 참고할 수 있을 것이다. 그때 장성으로서의 증강된 획기는 우선 721년으로 구할 수 있지 않을까 한다. 또 경덕왕대에 축조되었다면 하면 그것은 이 시기에 전국적으로 영향을 미친 지방통치의 개편·강화책의 일환으로 종전의 장성에 대한 보수·증강이 있었다고 추정해두고자 한다.

43 北鎭奏, "狄國人入鎭, 以片木掛樹而歸." 遂取以獻, 其木書十五字云, "寶露國與黑水國人, 共向新羅國和通."

44 북진(北鎭)에 대해서는 『삼국사기』 무열왕 5년(658) 3월조에는, "王以何瑟羅地連靺鞨, 人不能安, 罷京爲州, 置都督以鎭之. 又以悉直爲北鎭"라고 적혀 있는데, 이 시대의 소재지는 삭정군朔庭郡으로 추정된다. 李秉燾, 『삼국사기 국역 편』(乙酉文化社, 서울, 1977년 7월), 195쪽 참조.

45 池內宏, 「鐵利考」(『滿鮮史研究』, 中世第一冊, 吉川弘文館, 1979년 5월), 170쪽; 同 「眞興王の戊子巡境碑と新羅の東北境」(앞의 책), 56쪽.

46 『택리지擇里志』의 성립 시기는 小石晶子, 「李重煥と『擇里志』」(『朝鮮學報』 115, 1985년 4월) 참조.

47 李成市, 「渤海史研究における國家と民族―「南北時代」論の檢討を中心に」(『朝鮮史研究會論文集』 25, 1988년 3월), 44~46쪽.

48 李成市, 「渤海史研究における國家と民族―「南北時代」論の檢討を中心に」(앞의 글), 48쪽.

14장 발해의 대일본 외교 분석

1 皆先告我, 今請唐官不吾告, 是必與唐腹背攻我也.

2 酒奇雅志, 「渤海國家の史的展開と國際關係」(『朝鮮史研究會論文集』 16, 1979년 3월).

3 古畑徹, 「日渤交涉開始期の東アジア情勢―渤海對日通交開始要因の再檢討」(『朝鮮史研究

　　會論文集』23, 1986년 3월).

4　親仁結援, 庶叶前經, 通使聘隣, 始乎今日.

5　石井正敏, 「初期日渤交渉における一問題」(森克己博士古稀記念會編, 『史學論集 對外關係
　　政治文化』1, 吉川弘文館, 1974년 2월).

6　古畑徹, 「大門藝の亡命年時について―唐渤分爭に至る渤海の情勢」(『集刊東洋學』51,
　　1984년 5월); 同「唐渤分爭の展開と國際情勢」(『集刊東洋學』55, 1986년 5월).

7　李成市, 「新羅兵制における浿江鎭典」(『文學研究科紀要別冊』7, 早稻田大學, 1981년 3월
　　[원문 수록], 이 책 10장).

8　酒寄雅志, 「八世紀における日本の外交と東アジアの情勢―渤海との關係を中心にして」
　　(『國史學』103, 1977년 10월).

9　岸俊男, 『藤原仲麻呂』(吉川弘文館, 1969년 3월); 酒寄雅志, 「藤原仲麻呂政權と新羅征伐計
　　畫」(『韓國文化』8-1, 1986년 1월).

10　石井正敏, 「初期日渤交渉における一問題」(앞의 책)은 일본 측에서 발해로 보낸 사절 파견
　　에 대해 특히 유의하여 고찰을 더하였다.

11　石井正敏, 위의 책.

12　石井正敏, 「大宰府の外交面における機能―奈良時代について」(『法政史學』22, 1970년 3월).

13　중국 황제가 외신外臣의 상호 안전성을 보장해야 한다는 것은, 栗原朋信, 「中華世界 成立」
　　(『史滴』1, 1980년 3월) 참조.

14　石井正敏, 「大宰府の外交面における機能―奈良時代について」(앞의 글).

15　石井正敏, 위의 글.

16　발해와 대치하던 신라 측의 구체적인 동향은 남겨진 사료만으로는 알 수 없다. 그러나 경
　　시할 수 없는 것이 760년 정권의 핵심 관직인 중시中侍에 김옹金邕이 취임하고 그 뒤 십
　　수 년간 계속해서 요직을 역임했다는 사실이다.(鈴木靖敏, 「金順貞·金邕論」(『朝鮮學報』
　　45, 1967년 10월). 이는 김옹의 조부 김순정金順貞이 720년대 대일본 외교를 적극 추진하
　　던 고관高官으로서 당시 일본에도 강한 인상을 심어준 인물이며, 손자인 김옹이 당시 요
　　직에 등용된 것이 774년 신라 사절에 의해 일본 측에 전해졌기 때문이다. 772년 신라 사
　　절의 내항來航을 계기로 이제까지 강경하던 일본 측 대응에 변화가 보이는 등 신라 외교
　　역시 김옹의 등장과 함께 화평 노선으로 전환한 것으로 추정된다.

17　石井正敏, 「大宰府の外交面における機能―奈良時代について」(앞의 글).

18　李成市, 「渤海史をめぐる民族と國家―國民國家の境界をこえて」(『歷史學研究』626, 1991년
　　11월).

19　酒寄雅志, 「東北アジアの動向と古代日本」(田村晃一·鈴木靖敏編, 『新版 古代の日本』2, 角
　　川書店, 1992년 5월).

20 大隅晃弘,「渤海の首領制―渤海國家と東アジア世界」(『新潟史學』17, 1984년 10월).

21 大隅晃弘, 위의 글.

22 但來使輕微 不足爲實 今欲遣使給饗自彼放還.

23 押領高洋粥等 進表無禮 宜勿令進 又不就筑紫 巧言求便宜.

24 "鐵利의 官人이 (高)說昌의 윗자리에 앉기를 다투며 항상 오만하여 남을 업신여기는 기운
   이 있으니(鐵利官人, 爭坐說昌之上 恒有凌侮之氣者)", 『續日本紀』권35 寶龜 10년 11월 병
   자조.

25 酒奇雅志,「渤海國家の史的展開と國際關係」(앞의 글).

26 酒奇雅志,「渤海國中臺省牒 基礎的研究」(林陸朗先生還暦記念會編, 『日本古代 政治 制度』,
   續群書類從完成會, 1985년 11월).

27 『연희식延喜式』, 大藏省賜蕃客禮條.

28 鈴木靖民,「渤海の首領制に關する豫備的考察」(『古代對外關係史の研究』, 吉川弘文館, 1985년
   12월).

29
답례품 합계	견견 40필	시면 475필	사사 420구	면면 2,040둔
수령 답례품	–	시면 325필	–	면면 1,300둔

30 新羅國, [中略] 東與長人國接. 長人身三丈, 鋸牙鉤爪, 不火食, 逐禽獸而食之. 時亦食人. 裸其
   軀, 黑毛覆之. 其境限以連山數千里, 中有山峽, 固以鐵門, 謂之鐵關. 常使弓弩數千守之, 由是
   不過.

31 李成市,「八世紀新羅・渤海關係の一視角―『新唐書』新羅傳長人記事の再檢討」(『國學院雜
   誌』92-4, 1991년 4월[원문 수록], 이 책 13장).

32 북진北鎭에서 아뢰기를 "적국인狄國人이 진에 들어와 판자조각을 나무에 걸고 돌아갔습
   니다."라고 하고, 드디어 가져다 바쳤다. 그 나무조각(木片)에는 글자가 15자 쓰여 있었는
   데, "보로국과 흑수국 사람이 함께 신라국과 화친해 소통하고자 한다."(『삼국사기』권11
   신라본기 헌강왕 11년 조).

33 李成市,「八世紀新羅・渤海關係の一視角―『新唐書』新羅傳長人記事の再檢討」(앞의 글).

34 池內宏,「高麗太祖の經略」「高麗朝に於ける東女眞の海寇」(『滿鮮史研究』中世 第2冊, 吉川
   弘文館, 1979년 6월); 三上次男,「新羅東北境外に於ける黑水・鐵勒・達姑等の諸族につい
   て」(『高句麗と渤海』吉川弘文館, 1990년 12월).

35 李成市,「渤海史をめぐる民族と國家―國民國家の境界をこえて」(앞의 글).

36 李成市,「穢族の生業とその民族的性格」(武田幸男編, 『朝鮮社會の史的展開と東アジア』, 山
   川出版社, 1997년 4월[원문 수록], 이 책 2장).

37 『신당서新唐書』권219 북적北狄전 발해조.

38 河上洋,「渤海の交通路と五京」(『史林』72-6, 1989년 11월).

39 河上洋, 위의 글.

40 『汪淸縣文物志』(吉林省文物志編委會, 長春, 1984년 9월).

41 小嶋芳孝,「渤海の日本道を訪ねて」(『石川考古』214, 1992년 12월); 酒奇雅志,「渤海遺跡
   再訪」(『栃木史學』7, 1993년 3월); 李成市,「渤海史をめぐる二、三の問題」(『月刊しにか』
   4-6, 1993년 6월).

42 吉林省文物考古硏究所의 王培新 씨에 따르면, 이 연구소는 근래 '일본도'와 '조공도' 조
   사를 적극 추진하여 그 조사 결과가 『渤海交通道硏究』에 간행되었다고 한다.